LAW&BUSINESS

新公司法

司法实务与办案指引

NEW COMPANY LAW

THE PRACTICE AND THE GUIDELINES

云闯 著

法律出版社 | LAW PRESS
北京

图书在版编目(CIP)数据

新公司法司法实务与办案指引 / 云闯著. -- 北京 : 法律出版社, 2024
ISBN 978-7-5197-8775-2

Ⅰ. ①新… Ⅱ. ①云… Ⅲ. ①公司法-中国 Ⅳ. ①D922.291.91

中国国家版本馆 CIP 数据核字(2024)第 026154 号

新公司法司法实务与办案指引
XIN GONGSIFA SIFA SHIWU YU BAN'AN ZHIYIN

云 闯 著

责任编辑 慕雪丹 章 雯
装帧设计 汪奇峰 鲍龙卉

出版发行 法律出版社
编辑统筹 法商出版分社
责任校对 赵明霞
责任印制 胡晓雅
经　　销 新华书店

开本 787 毫米×1092 毫米 1/16
印张 37.5　字数 772 千
版本 2024 年 3 月第 1 版
印次 2024 年 3 月第 1 次印刷
印刷 固安华明印业有限公司

地址:北京市丰台区莲花池西里 7 号(100073)
网址:www.lawpress.com.cn
投稿邮箱:info@lawpress.com.cn
举报盗版邮箱:jbwq@lawpress.com.cn
销售电话:010-83938349
客服电话:010-83938350
咨询电话:010-63939796

书号:ISBN 978-7-5197-8775-2
定价:148.00 元
凡购买本社图书,如有印装错误,我社负责退换。电话:010-83938349

自　　序

2023年12月29日，第十四届全国人民代表大会常务委员会第七次会议审议通过修订后的《中华人民共和国公司法》，新修订的《公司法》自2024年7月1日起施行。这是现行《公司法》自1993年制定以来的再次全面修订，修订内容之广、幅度之大、影响之深均堪称历次之最。同日，立法机关还表决通过《刑法修正案（十二）》，将民营企业内部发生的非法经营同类营业、为亲友非法牟利以及徇私舞弊、低价折股损害民营企业权益的行为界定为犯罪并追究刑事责任。

近10年来，商事登记制度改革、鼓励“大众创新、万众创业”、注册资本认缴制、“放管服”改革、加强事中事后监管以及“双随机、一公开”的执法模式等都对公司法制的发展产生了深远的影响。中共中央、国务院《关于促进民营经济发展壮大的意见》以及《证券法》的修订、《优化营商环境条例》《市场主体登记管理条例》《外商投资法》《民法典》等重大政策、法规的出台，也使得《公司法》的修订既有必要性，也有紧迫性。

2023年《公司法》修订，纠正了全面认缴制甚至长期“认而不缴”带来的弊端，强化了股东出资义务及资本充实责任，使得公司不再是“虚胖的巨人”。5年最长认缴期限一经公布，大量公司迅速着手减资，市场反应之迅捷可见一斑。在公司治理模式上，新修订的《公司法》既允许采取传统的“董监二元制”结构，也允许在董事会中设置审计委员会替代监事会的单层制治理结构。在承认一人股份有限公司的同时，为顺应股份多元化的现实需求，明确规定了类别股份制度。此外，为增强资本发行的弹性，导入了授权资本制，在股份有限公司制度中赋予公司章程适度的自治空间。这都使得新修订的《公司法》在面对市场主体纷繁多样的现实需求时具有更强的张力。

2023年修订的《公司法》还贯彻落实了对中小股东以及债权人的保护，旨在弘扬企业家精神，完善中国特色现代企业制度，鼓励公司承担社会责任，公布社会责任报告。2023年《公司法》修订，新增股东知情权的穿透行使、双层代表诉讼制度，同时全面、系统地设置董事、监事、高级管理人员、控股股东、实际控制人的受信义务及法律责任，这将有效地提升我国公司治理水平，切实保障中小股东的权益，推动公司治理的高质量发展。

任何制度都不是凭空产生的,都有其深刻的时代背景和演化路径。作为一名长期在一线办案的律师,笔者始终对公司法律制度的发展、《公司法》的修订情况保持着高度关注。同时,通过办理数百起公司股权类争议案件,也深切体会到实践中法律制度供给不足以及对于公司法律制度改革的迫切需求。

拙著《公司法司法实务与办案指引》自2014年在法律出版社付梓以来,经历2016年修订二版、2019年修订三版后,一直在市场上保持较高的热度,并有幸忝列《公司法》实务畅销书之列;先后荣获"2014年贵阳读书月百本推荐书目""2018年江苏省优秀版权作品""2019年度江苏省社科应用精品研究工程"。根据2023年《公司法》全面修订的内容,结合近年司法实践新动态、自身办理公司股权纠纷案件的实践经验,对拙著进行全面、系统的修订,并推出全新版本,正当其时。

本书紧扣最新《公司法》修订内容,一如既往地秉持"既着眼司法实务,又兼顾理论前沿,直面公司法实践中的具体问题"这一宗旨,具有较强的针对性和实操性。因此,本书非常适合公司法务、企业合规专员、有志于从事公司法业务的律师甚至仲裁员、司法审判人员。公司法的学习和实践是永无止境的,笔者也将继续深耕公司法这一领域。法治之路,愿一路同行。囿于学识所限,对书中舛误与纰漏,亦望行业先进及诸位师友批评指正,以期改进。联系邮箱:clarenceyun@163.com。

是为序。

目　录

案例索引

第一章　公司设立与发起人责任纠纷

■ 第一节　公司设立概述

公司设立，是指发起人依照法律规定的条件和程序，为组建公司并使之取得法人资格而采取或实施的一系列法律行为的总称。只有顺利经过设立程序，公司才得以成立并具有法人资格，从而可以开展正常的商业活动。

《公司法》第29条[①]规定，设立公司，应当依法向公司登记机关申请设立登记。法律、行政法规规定设立公司必须报经批准的[②]，应当在公司登记前依法办理批准手续。第30条第1款规定，申请设立公司，应当提交设立登记申请书、公司章程等文件，提交的相关材料应当真实、合法和有效。第32条第1款规定，公司登记事项包括：(1)名称；(2)住所；(3)注册资本；(4)经营范围；(5)法定代表人的姓名；(6)有限责任公司股东、股份有限公司发起人的姓名或者名称。

依照《公司法》《市场主体登记管理条例》的相关规定，设立有限责任公司，应当具备下列条件：

1. 股东符合法律规定。《公司法》第42条规定，有限责任公司由1个以上50个以下股东出资设立。实践中如存在隐名股东、股权继承等情形，可能使有限责任公司股东人数超过50名。在此种情况下，法院通常亦可以确认其股东资格（见本书第二章第四节），但市场监督管理部门可以责令公司纠正并予以行政处罚。[③] 2023年《公司法》修订后承认一人股份有限公司。《公司法》第92条规定，设立股份有限公司，应当有1人以上200人以下为发起人，其中应当有半数以上的发起人在中华人民共和国境内有住所。

2. 有符合公司章程规定的全体股东认缴的出资额。《公司法》第47条规定，有限责任

---

① 如无特别说明，本书《公司法》条文一般指2023年修订的《公司法》条文。

② 如根据《商业银行法》《证券法》《保险法》等法律规定，设立商业银行、证券公司、保险公司等应当依法报请国家相关主管部门批准。

③ 《市场主体登记管理条例》第15条规定，市场主体实行实名登记。申请人应当配合登记机关核验身份信息。第39条规定，登记机关对市场主体涉嫌违反本条例规定的行为进行查处。

公司的注册资本为在公司登记机关登记的全体股东认缴的出资额。全体股东认缴的出资额由股东按照公司章程的规定自公司成立之日起5年内缴足。法律、行政法规以及国务院决定对有限责任公司注册资本实缴、注册资本最低限额、股东出资期限另有规定的，从其规定。根据《国务院关于印发注册资本登记制度改革方案的通知》（国发〔2014〕7号），其附件中仍列明对商业银行、金融资产管理公司、劳务派遣公司、基金管理公司等27类行业暂不实行注册资本认缴登记制。

3. 股东共同制定公司章程。《公司法》第45条规定，设立有限责任公司，应当由股东共同制定公司章程。第46条规定，有限责任公司章程应当载明下列事项：（1）公司名称和住所；（2）公司经营范围；（3）公司注册资本；（4）股东的姓名或者名称；（5）股东的出资额、出资方式和出资日期；（6）公司的机构及其产生办法、职权、议事规则；（7）公司法定代表人的产生、变更办法；（8）股东会认为需要规定的其他事项。股东应当在公司章程上签名或者盖章。关于公司章程的内容，见本书第三章的相关论述。

4. 有符合法律规定的公司名称。《公司法》第6条规定，公司应当有自己的名称。公司名称应当符合国家有关规定。公司的名称权受法律保护。《市场主体登记管理条例》第10条规定，市场主体只能登记一个名称，经登记的市场主体名称受法律保护。市场主体名称由申请人依法自主申报。依照《企业名称登记管理规定》第23条的规定，使用企业名称应当遵守法律法规，诚实守信，不得损害他人合法权益。人民法院或者企业登记机关依法认定企业名称应当停止使用的，企业应当自收到人民法院生效的法律文书或者企业登记机关的处理决定之日起30日内办理企业名称变更登记。名称变更前，由企业登记机关以统一社会信用代码代替其名称。企业逾期未办理变更登记的，企业登记机关将其列入经营异常名录；完成变更登记后，企业登记机关将其移出经营异常名录。

【案例1.1】 爱尔眼科医院集团股份有限公司与江阴爱尔眼科医院有限公司变更企业名称强制执行案①

爱尔眼科医院集团股份有限公司（以下简称爱尔集团）与江阴爱尔眼科医院有限公司（以下简称江阴爱尔公司）不正当竞争纠纷一案，经江阴市人民法院审理后作出（2018）苏0281民初字8128号民事判决，内容为：（1）江阴爱尔公司于该判决发生法律效力后1个月内到工商登记机关办理企业名称变更登记手续，变更后的企业名称中不得含有“爱尔”字样；（2）江阴爱尔公司于该判决发生法律效力之日起15日内赔偿爱尔集团经济损失3万元；（3）江阴爱尔公司于该判决发生法律效力之日起15日内赔偿爱

① 江苏省江阴市人民法院（2019）苏0281执2211号协助执行通知书、协助公示通知书（执行）。需要指出的是，本案执行时，尚无上位法依据，将企业名称以其统一社会信用代码代替，属于实践中首创。《企业名称登记管理规定》于2020年12月14日经国务院第118次常务会议修订通过时，吸纳了实践中的探索，将相关内容规定于第23条。

> 尔集团为制止该案侵权支付的合理费用合计 2 万元;(4)驳回爱尔集团的其他诉讼请求。江阴爱尔公司不服,提起上诉,江苏省无锡市中级人民法院作出(2018)苏 02 民终 4560 号民事判决书,驳回上诉,维持原判。后爱尔集团向江阴市人民法院申请强制执行。
>
> 执行法官在督促被执行人江阴爱尔公司限期履行义务无果后,及时与申请执行人爱尔集团和江阴市行政审批局取得联系,鉴于涉强制变更公司名称执行案件在江阴市尚属首例,江阴市行政审批局考虑到配合执行的慎重和完善,积极主动向无锡市、江苏省行政审批部门汇报后,依法、果断、有力地协助江阴市人民法院将江阴爱尔公司企业名称变更为该公司统一社会信用代码。①

5. 有公司住所。《公司法》第 8 条规定,公司以其主要办事机构所在地为住所。《市场主体登记管理条例》第 11 条规定,市场主体只能登记一个住所或者主要经营场所。电子商务平台内的自然人经营者可以根据国家有关规定,将电子商务平台提供的网络经营场所作为经营场所。省、自治区、直辖市人民政府可以根据有关法律、行政法规的规定和本地区实际情况,自行或者授权下级人民政府对住所或者主要经营场所作出更加便利市场主体从事经营活动的具体规定。另根据《市场主体登记管理条例》第 30 条第 5 款的规定,市场主体歇业期间,可以以法律文书送达地址代替住所或者主要经营场所。

《市场主体登记管理条例》第 16 条规定,申请办理市场主体登记,应当提交下列材料:(1)申请书;(2)申请人资格文件、自然人身份证明;(3)住所或者主要经营场所相关文件;(4)公司、非公司企业法人、农民专业合作社(联合社)章程或者合伙企业合伙协议;(5)法律、行政法规和国务院市场监督管理部门规定提交的其他材料。国务院市场监督管理部门应当根据市场主体类型分别制定登记材料清单和文书格式样本,通过政府网站、登记机关服务窗口等向社会公开。登记机关能够通过政务信息共享平台获取的市场主体登记相关信息,不得要求申请人重复提供。

第二节　发起人与设立中公司的法律地位

一、发起人的法律地位——设立中公司的法律机关

从《公司法》的文本表述进行分析,“发起人”这一概念似乎是股份有限公司的特有概

① 国家企业信用信息公示系统显示:2019 年 8 月 9 日,江阴爱尔眼科医院有限公司名称变更为该公司统一社会信用代码 91320281354936412H;2020 年 7 月 7 日,该公司因“决议解散”而注销。

念，对于有限责任公司来说，法律文本使用的是“设立时的股东”这一表述。无论是股份有限公司的发起人，还是有限责任公司设立时的股东，其在法律地位、职责、法律责任上具有高度同一性，因此可以统一到“发起人”这一概念之中。

《最高人民法院关于适用〈中华人民共和国公司法〉若干问题的规定（三）》（法释〔2020〕18 号）（以下简称《公司法司法解释（三）》）第 1 条将法律规定的发起人的范围作了扩张解释，使之涵盖了有限责任公司设立时的股东。该条规定，为设立公司而签署公司章程、向公司认购出资或者股份并履行公司设立职责的人，应当认定为公司的发起人，包括有限责任公司设立时的股东。

尽管现代公司法简化了公司的设立过程，但毋庸置疑的是，公司设立仍需经过必要的法律程序，如制定公司章程、认缴出资、租赁场所、报请设立等。在公司设立过程中，发起人系设立中公司具体事务的承办者，其地位依法理系属“设立中公司的法律机关”。如我国台湾地区“公司法”第 8 条明确规定，股份有限公司之发起人、监察人、检查人、重整人或重整监督人，在执行职务范围内，亦为公司负责人。我国台湾地区“最高法院”1983 年“台上字第 2127 号判决”认为：……公司于设立前，由发起人为设立中之公司所为之行为，发生之权利义务，自公司设立登记以后，应归公司行使及负担。①

事实上，我国《公司法》关于发起人地位的规定亦是将之视为“设立中公司的法律机关”。依照相关司法解释的规定，发起人必须“履行公司设立职责”，其立法理由也作如是说明：发起人是设立中公司的代表机关和执行机关，对外代表设立中公司进行民事活动。②

二、设立中公司的法律地位——发起人之间的合伙

《公司法》第 33 条第 1 款规定，依法设立的公司，由公司登记机关发给公司营业执照。公司营业执照签发日期为公司成立日期。因此，设立中的公司尚不具有独立的法律人格，也不能享有法人财产权。关于设立中公司的法律地位，我国台湾地区理论界及实务界采“同一体说”。认为“设立中公司乃是即将成立公司之前身，犹如自然人之胎儿，两者间在实质上属于同一个体……设立阶段时之法律关系，在效果上即是属于成立后公司之法律关系”③。我国台湾地区“最高法院”1999 年“台上字第 2619 号民事判决”亦认同上述观点，其裁判要旨谓：“依照同一体说之见解，设立中公司与成立后公司属于同一体，因此设立中公司之法律关系即系成立后公司之法律关系。申言之，发起人以设立中公司之执行及代表机关所为有关设立之必要行为，其法律效果，于公司成立时，当然归属于公司。”④上述观点已被我国台湾地区“最高法院”此后一系列判决所延续，已然成为我国台湾地区理论界与实务

① 参见廖大颖：《公司法原论》（增订 6 版），台北，三民书局股份有限公司 2012 年版，第 86 页。

② 参见最高人民法院民事审判第二庭编著：《最高人民法院关于公司法解释（三）、清算纪要理解与适用》（注释版），人民法院出版社 2014 年版，第 38 页。

③ 参见廖大颖：《公司法原论》（增订 6 版），台北，三民书局股份有限公司 2012 年版，第 86－87 页。

④ 参见廖大颖：《公司法原论》（增订 6 版），台北，三民书局股份有限公司 2012 年版，第 87 页。

界的通说。

我国《公司法》就设立中公司与设立后公司之间的关系，亦坚持“同一体说”。对此，《民法典》第75条第1款前段规定，设立人为设立法人从事的民事活动，其法律后果由法人承受。《公司法》第44条第1款亦同样规定，有限责任公司设立时的股东为设立公司从事的民事活动，其法律后果由公司承受。

以上论述均是以公司能够有效设立作为前提的，如果公司未能有效设立，而发起人又为设立公司实施了一定的行为，此时应该将设立中的公司视为全体发起人之间的合伙，按照合伙的相关规则进行法律评价。对此，《民法典》第75条第1款后段规定，法人未成立的，其法律后果由设立人承受，设立人为二人以上的，享有连带债权，承担连带债务。《公司法》第44条第2款亦作如是规定，公司未成立的，其法律后果由公司设立时的股东承受；设立时的股东为二人以上的，享有连带债权，承担连带债务。

湖南省浏阳市中级人民法院在**欧阳某与湖南绿叶家居科技发展有限公司、杨某蓉等公司设立纠纷案**[①]中指出，设立中的公司在法律性质上属于发起人之间的合伙。若公司顺利成立，则设立过程中所产生的债权债务由设立后的公司承继；若公司未成立，则相关的法律责任由发起人对外承担连带责任。

辽宁省沈阳市中级人民法院在**姜某、李某与于某辰等合伙协议纠纷案**[②]再审裁定中指出，设立中的公司尚不具有独立的法律人格，也不能享有法人财产权。如果公司未能有效设立，而发起人又为设立公司实施了一定的行为，此时应该将设立中的公司视为全体发起人之间的合伙，按照合伙的相关规则进行法律评价。本案中目标公司虽已进行了预登记，但尚未继续办理设立登记，即该目标公司并未实际设立成功。故姜某等人与于某辰之间的《投资协议》合法有效，相应的后续法律后果应按照合伙关系进行处理。

三、公司取得主体资格的基准日——营业执照签发日

按照《公司法》的规定，对于采取注册资本认缴登记制的公司，在设立过程中不再强制要求进行验资[③]。如同自然人权利能力始于出生一样，公司只有顺利设立并取得公司登记机关的正式登记后，才具有独立法律人格，并真正独立于发起人及股东。对此，《民法典》第59条规定，法人的民事权利能力和民事行为能力，从法人成立时产生，到法人终止时消灭。第77条规定，营利法人经依法登记成立。第78条规定，依法设立的营利法人，由登记机关

---

① 参见湖南省浏阳市中级人民法院(2016)湘0181民初2706号民事判决书(一审)。

② 参见沈阳市沈河区人民法院(2017)辽0103民初16943号民事判决书(一审)，辽宁省沈阳市中级人民法院(2019)辽01民终6976号民事判决书(二审)，辽宁省沈阳市中级人民法院(2020)辽01民申51号民事裁定书(再审)。本案二审判决指出，“五人共同为公司的发起人形成的股东协议具有合伙协议性质”。笔者认为，本案中将案由确定为“合伙协议纠纷”值得商榷，宜确定为“公司设立纠纷”。

③ 对于仍采取注册资本实缴登记制的27类公司，在设立之时仍需进行验资，本书如无特别指出，所称的公司均为采取注册资本认缴登记制的公司。

发给营利法人营业执照。营业执照签发日期为营利法人的成立日期。《公司法》第 33 条第 1 款规定,依法设立的公司,由公司登记机关发给公司营业执照。公司营业执照签发日期为公司成立日期。

股东享受有限责任保护的前提是已经全面履行了自己的出资义务。在取消验资以及注册资本认缴制语境下,股东如需证明自己已经全面履行出资义务存在一定的难度。尽管 2023 年修订后的《公司法》第 40 条第 1 款第 1 项要求有限责任公司应当通过国家企业信用信息公示系统公示股东认缴和实缴的出资额、出资方式和出资日期等信息,但并不能直接据此认定登记情况属实。在债权人提出初步证据证明股东可能存在出资瑕疵的情况下,并不能根据公示信息直接豁免股东资本充实的证据提出责任。因此,尽管《公司法》不再强制要求验资,仍有一部分公司在设立之时聘请会计师事务所进行验资。从举证角度来看,验资报告本身可以构成股东出资的初步证据。从公司人格独立性角度来看,对于股东(发起人)为设立公司而交付的财产,只有在公司成立后,才真正转移为公司所有。因此,下面一则案例在取消强制验资以及注册资本认缴制语境下,仍有其意义:

【案例 1.2】 建湖隆昌纺织有限公司对法院扣划被执行人张某宏在该公司设立中投资的异议案[①]

本案中,被执行人张某宏为设立建湖隆昌纺织有限公司(以下简称隆昌公司)向其验资账户中存入 174600 元作为出资款,参与设立隆昌公司。法院应张某宏债权人的申请,扣划该笔款项。隆昌公司以法院扣划的 174600 元为公司所有,该笔资金自股东张某宏将其存于“特定账户”时起,其所有权即发生了转移为由,提出执行异议,被法院驳回。法院认为:国家工商总局关于“股东资金一旦投入不得随意动用”的规定,是公司对其股东的内部约束。相对于设立中的公司而言,股东资金一旦投入,投资人就失去了对该笔资金的控制,不得随意动用。但这种约束对外不发生效力。在对外关系上,由于设立中的公司不具备主体资格,因而无法以其独立的法律人格对抗他人。本案张某宏投入注册资金成立公司,在公司未成立之前,由于法院的公权力行为,客观上造成了公司注册资金不能到位的责任,对于该责任应由投资人张某宏负担。隆昌公司应向张某宏主张相应权利。

---

① 参见江苏省建湖县人民法院(2005)建执监字第 22 号执行裁定书(执行监督),江苏省盐城市中级人民法院(2006)盐执监字第 27 号执行裁定书(执行监督)。

■ 第三节 发起人责任纠纷及司法实务

一、发起人法律责任概述

发起人是设立中公司的法律机关,《公司法》第 93 条第 1 款规定,股份有限公司发起人承担公司筹办事务。有限责任公司设立时的股东系有限责任公司的发起人。发起人在从事公司设立事务时,对于其对内对外的具体法律责任,需要进行进一步分析。

(一)公司设立失败情况下的发起人责任

由于设立中的公司尚不具有独立的法律人格,其在法律性质上被认为是发起人之间的合伙。如公司顺利成立,依照“同一体说”,设立过程中所产生的债权债务由设立后的公司承继。一旦公司设立失败,相关的法律责任由所有发起人对外连带承担。对此,《民法典》第 75 条第 1 款、《公司法》第 44 条第 2 款已作出明确规定。

《公司法司法解释(三)》第 4 条对债权人的追诉权以及发起人的内部责任作出了进一步规定:公司因故未成立,债权人请求全体或者部分发起人对设立公司行为所产生的费用和债务承担连带清偿责任的,人民法院应予支持。部分发起人依照上述规定承担责任后,请求其他发起人分担的,人民法院应当判令其他发起人按照约定的责任承担比例分担责任;没有约定责任承担比例的,按照约定的出资比例分担责任;没有约定出资比例的,按照均等份额分担责任。因部分发起人的过错导致公司未成立,其他发起人主张其承担设立行为所产生的费用和债务的,人民法院应当根据过错情况,确定过错一方的责任范围。

(二)设立侵权情况下的发起人责任

发起人系设立中公司的法律机关,其因履行设立职责所造成的侵权行为一般应由设立后的公司承担赔偿责任。因设立中公司在法律评价上被视为发起人之间的合伙,因此如果公司最终并未成立,则应由全体发起人共同对侵权行为承担连带责任。对此,《公司法司法解释(三)》第 5 条规定,发起人因履行公司设立职责造成他人损害,公司成立后受害人请求公司承担侵权赔偿责任的,人民法院应予支持;公司未成立,受害人请求全体发起人承担连带赔偿责任的,人民法院应予支持。公司或者无过错的发起人承担赔偿责任后,可以向有过错的发起人追偿。2023 年《公司法》修订后,其第 44 条第 4 款吸收了司法解释中的部分内容,将其直接上升为法律规范,即设立时的股东因履行公司设立职责造成他人损害的,公司或者无过错的股东承担赔偿责任后,可以向有过错的股东追偿。

（三）发起人为设立公司以自己名义对外签订合同情况下的法律责任

由于公司自营业执照签发之日起才具有独立法律人格，因此在承租及装修办公场所时，公司仍可能处于设立阶段。此时，发起人以自己名义签署相关租赁协议、装修设计合同等较为常见。特别是在公司设立后又陷入经营困难的情况下，相关合同如何履行，发起人如何承担责任等都会发生争议。对此，《民法典》第 75 条第 2 款规定，设立人为设立法人以自己的名义从事民事活动产生的民事责任，第三人有权选择请求法人或者设立人承担。《公司法》第 44 条第 3 款亦相应规定，设立时的股东为设立公司以自己的名义从事民事活动产生的民事责任，第三人有权选择请求公司或者公司设立时的股东承担。

《公司法司法解释（三）》第 2 条对于相对人的选择权进行了进一步明确，发起人为设立公司以自己名义对外签订合同，合同相对人请求该发起人承担合同责任的，人民法院应予支持；公司成立后合同相对人请求公司承担合同责任的，人民法院应予支持。从司法实践来看，此种情形下的发起人责任的承担所引发的案件数量较多，发起人责任的承担也较为典型。对此，本节第二部分将展开详细探讨。

（四）出资瑕疵担保责任与出资连带责任

《公司法》第 50 条规定，有限责任公司设立时，股东未按照公司章程规定实际缴纳出资，或者实际出资的非货币财产的实际价额显著低于所认缴的出资额的，设立时的其他股东与该股东在出资不足的范围内承担连带责任。对于股份有限公司，《公司法》要求发起人在公司成立之前足额缴纳股款。《公司法》第 98 条第 1 款规定，发起人应当在公司成立前按照其认购的股份全额缴纳股款。第 99 条规定，发起人不按照其认购的股份缴纳股款，或者作为出资的非货币财产的实际价额显著低于所认购的股份的，其他发起人与该发起人在出资不足的范围内承担连带责任。

《公司法司法解释（三）》第 13 条第 3 款规定，股东在公司设立时未履行或者未全面履行出资义务，依照该条第 1 款或者第 2 款提起诉讼的原告，请求公司的发起人与被告股东承担连带责任的，人民法院应予支持；公司的发起人承担责任后，可以向被告股东追偿。依照《公司法司法解释（三）》第 13 条第 2 款、第 19 条第 2 款的规定，公司债权人可以请求未履行出资义务或者未全面履行出资义务的股东在未出资本息范围内对公司债务不能清偿的部分承担补充清偿责任，且此种清偿责任不受诉讼时效限制。

需要特别指出的是，发起人之间的出资瑕疵担保及出资连带责任有着严格的适用限制，即公司设立时，须按照公司章程规定实际缴纳出资。在公司设立以后，核查股东出资及资本催收的责任就由董事会行使。对此，《公司法》第 51 条规定，有限责任公司成立后，董事会应当对股东的出资情况进行核查，发现股东未按期足额缴纳公司章程规定的出资的，应当由公司向该股东发出书面催缴书，催缴出资。未及时履行前款规定的义务，给公司造成损失的，负有责任的董事应当承担赔偿责任。

【案例1.3】　文化公司诉刘某、朱某、陈某等股东出资纠纷案[①]

2015年9月9日，朱某、季某、马某、许某作为发起人设立文化公司，注册资本500万元，每人认缴出资125万元，出资时间为2045年8月28日。2016年12月23日，经股权转让，原股东退出，文化公司股东变更为刘某、朱某，刘某持股95%，朱某持股5%，出资时间仍为2045年8月28日。后经多次转让，刘某持股76.5%，惠某持股10%，陈某、王某、黄某分别持股4.5%，出资时间仍为2045年8月28日，上述股权转让协议中均约定股权转让款为0元。2019年9月18日，文化公司进入破产程序，管理人经核查，刘某、陈某、王某未履行出资义务，遂起诉主张刘某、陈某、王某的出资义务加速到期，应向文化公司缴纳出资款，朱某、季某、马某、许某作为发起人对上述债务承担连带责任。

一审法院认为，股东未履行或未全面履行出资义务，公司的发起人应与股东承担连带责任，遂判决支持文化公司诉讼请求。二审法院认为，《公司法司法解释(三)》第13条第3款规定，股东在公司设立时未履行或者未全面履行出资义务，依照该条第1款或者第2款提起诉讼的原告，请求公司的发起人与被告股东承担连带责任的，人民法院应予支持。该条款是指公司设立时，如果股东没有按照章程规定按期足额缴纳出资，则发起人股东与该股东承担连带责任。在公司注册资本认缴制度下，股东享有出资的期限利益，公司设立时出资期限未届满的股东尚未完全缴纳其出资份额不应被认定为设立时未履行或者未全面履行出资义务，公司及债权人亦无权据此要求发起人股东承担连带责任。本案中，文化公司的四名发起人的出资期限为2045年8月28日，刘某于2016年12月23日受让四发起人的股权时，出资期限亦未届满，不属于股东未履行或者未全面履行出资义务的情形，而法律、行政法规并未禁止股东在出资期限届满前转让股权，故对文化公司要求朱某等四发起人对刘某、陈某、王某未出资部分承担连带责任的主张不应支持。

本案的典型意义在于：股东在公司设立时未履行或者未全面履行出资义务的，发起人方才承担连带责任。认缴出资的股东对出资享有期限利益，其在公司设立时未缴纳出资不属于未履行或者未全面履行出资义务，公司债权人起诉请求公司发起人与被告股东承担连带责任的，人民法院将不予支持。准确认定发起人的责任范围，有利于消除发起人股东的后顾之忧，从而让企业家专心创业放心投资安心经营。[②]

---

① 参见《2020－2021年江苏法院公司审判典型案例》，载微信公众号“江苏高院”2022年9月29日。

② 《公司法》第50条以及《公司法司法解释(三)》第13条第3款规定的发起人出资瑕疵担保及连带责任仅限于“有限责任公司设立时”即负有出资义务的情形。本案中，公司设立时发起人仅认缴出资而非切实地需要将认缴资本在设立时缴纳到位，故本案不符合发起人承担出资连带责任的情形。但2023年《公司法》修订后，第88条第1款规定，未届出资期限转让股权的转让人对受让股东未能履行资本充实义务承担补充责任。如该案发生在2023年《公司法》修订实施后，管理人可据此追索转让股东的责任。

(五)发起人出资违约责任

关于发起人的出资违约责任,在2023年《公司法》修订前及修订审议中均被保留。如《公司法》(2018年修正)第28条第2款规定,股东不按照前款规定缴纳出资的,除应当向公司足额缴纳外,还应当向已按期足额缴纳出资的股东承担违约责任。事实上,违约责任的本质是合同责任,以当事人之间存在《发起人协议》《设立协议》等合同为前提。修订前的法律强调"应当按照发起人协议承担违约责任",应当将其理解为对此种责任的强调与重申,而非法律直接设定违约责任。正是由于违约责任完全可以通过发起人之间的协议进行约定,无须法律特别强调和重申,因此在最终修订通过的《公司法》中,类似条款均被删除。如果发起人之间对这一问题有约定,则按照其约定处理。

二、发起人责任纠纷司法实务

《公司法》第43条规定,有限责任公司设立时的股东可以签订设立协议,明确各自在公司设立过程中的权利和义务。第93条第2款规定,发起人应当签订发起人协议,明确各自在公司设立过程中的权利和义务。由此,围绕着设立协议、发起人协议的履行及解除等,发起人之间可能产生纠纷。

(一)案由确定规则

《民事案件案由规定》规定了"公司设立纠纷"与"发起人责任纠纷"两个相互独立的案由。"对于公司设立过程中发起人责任的承担,由发起人责任纠纷予以规范。"①本书认为,准确区分两个不同案由的关键在于原告自身的法律地位以及其诉请承担责任的对象。如果原、被告同属于发起人,因设立公司而产生内部争议,应当由"公司设立纠纷"案由进行调整和规范;如果原告不具有发起人身份(如系案外债权人或者非属于发起人的股份有限公司认股人)且诉请承担责任的对象系发起人,则应由"发起人责任纠纷"案由进行规范。同时也应注意,发起人为设立公司以自己名义对外订立合同的,由此产生的发起人责任纠纷,在实践中往往按照外部法律关系确定案由,例如,被"房屋租赁合同纠纷""装饰装修合同纠纷"等案由所吸收。

上海市第二中级人民法院在**上海吉玛摄影有限公司与施某公司设立纠纷案**②中指出,根据相关公司法原理,所谓发起人,在法律上须同时具备以下三个法律特征:即为设立公司一要签署公司章程,二要向公司认购出资或者股份,三要履行公司设立职责。本案中,上海

---

① 最高人民法院民事案件案由规定课题组编著:《最高人民法院民事案件案由规定理解与适用》,人民法院出版社2011年版,第389页。

② 参见上海市闸北区人民法院(2011)闸民二(商)初字第517号民事判决书(一审),上海市第二中级人民法院(2012)沪二中民四(商)终字第508号民事判决书(二审)。

吉玛摄影有限公司（以下简称吉玛公司）与施某签订《股份合作协议书》后，始终未能就设立艺匠摄影共同签署公司章程。因此，无论是吉玛公司还是施某，均不具备须“签署公司章程”的法律要件，非法律意义上的发起人。故原审将本案案由定为发起人责任纠纷不当。根据吉玛公司和施某签订的《股份合作协议书》，双方共同确定成立艺匠摄影，故本案的案由应为公司设立纠纷。

广西壮族自治区高级人民法院在**钟某伸与黄某平、卢某珍及第三人广州市位拉服装有限公司发起人责任纠纷案**[①]中指出，本案基础法律关系的载体是《股东合作章程》，该协议的文本内容体现出混合合同的性质，既涉及发起设立公司的相关事项，又包含了关于合作代理销售 V－PULL 品牌的相关条款，且钟某伸在一、二审中的陈述与主张也印证了以成立公司的方式进行合作经营是当事人的真实意愿。因此，钟某伸有权依据发起设立公司的法律关系主张权利，一审法院将钟某伸定性为公司发起人并无不当，但一审法院将本案案由定为发起人责任纠纷存在错误。发起人责任具有特定的适用范围，在公司设立失败的情况下，其主要涉及发起人的“对外”责任：一是对设立行为所产生的债务和费用负连带责任；二是对股份有限公司在募集设立时的认股人负返还股款及支付利息的连带责任。本案中，钟某伸本身就是发起人，而并非股份有限公司中的认购人，其与发起人黄某平或其他公司设立参与人之间的纠纷属于公司设立纠纷，故本院将案由纠正为公司设立纠纷。

实践中，准确确定案由还需要区分“公司设立纠纷”与“合同纠纷”两个案由。在设立公司过程中，投资人之间还会签订《设立协议》《发起人协议》等合同，如公司未成立、各方未签订公司章程等事由，导致投资人无法在法律上被评价为公司的“发起人”，投资人之间基于《设立协议》《发起人协议》追究责任引发诉讼的，可能被归入“合同纠纷”这一案由之中。

浙江省绍兴市中级人民法院在**倪某钢与宋某发起人责任纠纷案**[②]中纠正了一审法院的案由定性。二审法院指出：为设立公司“签署公司章程”“向公司认购出资或者股份”“履行公司设立职责”构成了公司发起人同时具备的三个法律特征，也可将其视为构成公司发起人的三个法定条件，依照《公司法》和相关司法解释追究公司发起人的法律责任时，该发起人应同时满足以上三个条件，因倪某钢不满足上述发起人条件，本案案由不宜定为发起人责任纠纷。同时，公司设立是指发起人依照法律规定的条件和程序，为组建公司并使其取得法人资格而依法完成的一系列法律行为的总称，对于在倪某钢不满足发起人条件的情况下所产生的纠纷，也不宜将案由确定为公司设立纠纷。根据双方陈述及倪某钢作出的承诺，本案系倪某钢与宋某、成某月三人投资创办新思维教育公司过程中所产生的纠纷，宋某、成某月依据倪某钢出具的承诺书向倪某钢主张权利，故本案案由宜定为合同纠纷。

---

① 参见广西壮族自治区南宁市中级人民法院（2016）桂 01 民初 690 号民事判决书（一审），广西壮族自治区高级人民法院（2019）桂民终 416 号民事判决书（二审），最高人民法院（2020）最高法民申 2491 号民事裁定书（再审）。

② 参见浙江省绍兴市上虞区人民法院（2020）浙 0604 民初 952 号民事判决书（一审），浙江省绍兴市中级人民法院（2020）浙 06 民终 1558 号民事判决书（二审），浙江省高级人民法院（2020）浙民申 3461 号民事裁定书（再审）。

北京市第一中级人民法院在**绿野传奇旅游科技发展(北京)有限公司、曹某与王某毅发起人责任纠纷案**①中指出,《公司法司法解释(三)》第4条规定:"公司因故未成立,债权人请求全体或者部分发起人对设立公司行为所产生的费用和债务承担连带清偿责任的,人民法院应予支持。部分发起人依照前款规定承担责任后,请求其他发起人分担的,人民法院应当判令其他发起人按照约定的责任承担比例分担责任;没有约定责任承担比例的,按照约定的出资比例分担责任;没有约定出资比例的,按照均等份额分担责任。因部分发起人的过错导致公司未成立,其他发起人主张其承担设立行为所产生的费用和债务的,人民法院应当根据过错情况,确定过错一方的责任范围。"据此可知,上述规定应当适用于公司未设立,债权人请求全体股东、发起人承担责任时,各发起人、股东的责任认定。本案涉及的是各发起人之间因发起人协议的履行而产生的纠纷,并未涉及公司债权人,因此一审法院适用上述司法解释的规定,将本案案由确定为发起人责任纠纷是错误的。二审法院认为,本案王某毅依据发起人协议的约定,主张绿野传奇旅游科技发展(北京)有限公司及曹某未将其登记为大运星空(北京)旅游文化传媒有限公司股东的违约责任,故本案应以各方基础法律关系为依据,其案由应被确定为合同纠纷,一审法院对此认定有误,二审法院予以纠正。

综合司法实践情况,大致可以作如下总结:(1)因公司设立引发的内部责任承担问题,被告不具有发起人身份的,对于各方争议可以用"合同纠纷"这一案由进行规范;(2)因公司设立引发的内部责任承担,各方之间均具有发起人身份的,由"公司设立纠纷"这一案由进行规范;(3)外部债权人基于侵权以及认股人基于公司未成立主张发起人返还出资并加算银行同期存款利息引发的纠纷,由"发起人责任纠纷"这一案由进行规范;(4)外部债权人基于发起人在公司设立过程中签订的合同提起诉讼的,根据具体的合同属性确定相应的案由,如房屋租赁合同纠纷、装饰装修合同纠纷等;(5)公司已经成立,发起人基于设立协议、发起人协议的约定,以其他发起人未规范出资追究其违约责任的,一般由"公司出资纠纷"这一案由进行规范。

(二)违反设立协议、发起人协议导致公司未成立引发的纠纷

1. 公司未成立的情况下,设立费用的分担

公司因故未成立的,相当于发起人为设立公司而签订的《设立协议》或《发起人协议》的目的不能实现,发生了法定的合同解除的效果。《民法典》第566条第1款规定,合同解除后,尚未履行的,终止履行;已经履行的,根据履行情况和合同性质,当事人可以请求恢复原状或者采取其他补救措施,并有权请求赔偿损失。如公司未成立系部分发起人导致的,则相当于因该部分发起人的违约事由,合同目的不能实现。对此,《民法典》第566条第2款规定,合同因违约解除的,解除权人可以请求违约方承担违约责任,但是当事人另有约定的

① 参见北京市海淀区人民法院(2018)京0108民初64109号民事判决书(一审),北京市第一中级人民法院(2020)京01民终848号民事判决书(二审)。

除外。对此,《公司法司法解释(三)》第4条第3款亦规定,因部分发起人的过错导致公司未成立,其他发起人主张其承担设立行为所产生的费用和债务的,人民法院应当根据过错情况,确定过错一方的责任范围。

【案例1.4】　王某与雷某公司设立纠纷案①

2017年12月10日,雷某与王某签订《云南省原森高科技智能环保有限公司投资股东协议》(以下简称《投资股东协议》),决定成立云南省原森高科技智能环保有限公司(暂定名),并约定由王某牵头,投资规模为60万元、每股股金6000元,王某投资60000元,持14股(含4股资源股),其他股东投资限8股内,股东雷某投资48000元;公司法人由王某担任。《投资股东协议》签订后,雷某、王某委托公司副总经理何某前往云南筹办公司成立事宜,其间,何某通过中介公司签订《房屋租赁合同》,租用房屋用于开展对外运营等办公业务。自2017年12月至2018年5月,何某共收取王某转款47630元用于支付其在云南昆明经营期间产生的生活费、交通费、接待费等;另外王某还向案外人唐某转款48000元,委托其代为购买三套智能家居设备以便开展项目运营。另查明,王某陈述其于2018年1月知道云南省原森高科技智能环保有限公司在工商登记过程中存在同行业重名的事由不能被注册成功,出于一边开展经营业务一边另选公司名称注册的考虑,自2017年12月起至2018年5月关闭,一直由王某、何某负责云南昆明智能家居业务经营。

雷某向一审法院起诉请求:(1)判决解除雷某、王某签订的《投资股东协议》;(2)判令王某返还雷某投资款48000元及资金占用利息(以48000元为基数,自2017年12月30日起按同期农商银行贷款利率计算至款清之日止)。

四川省泸州市龙马潭区人民法院一审认为:雷某、王某签订了《投资股东协议》,形成共同组建成立云南省原森高科技智能环保有限公司的合作意向,随后公司未能成立,就设立公司行为所产生的费用、债务债权以及返还投资款所产生的纠纷,符合公司设立纠纷的法律特征,应将其定性为公司设立纠纷。云南省原森高科技智能环保有限公司未能成立,因设立该公司所产生的费用、债务以及返还投资款等民事责任,适用的是有约定从约定,无约定按过错责任承担的原则。公司的设立离不开公司设立人在签订协议后,为组建公司并使其取得法人资格而依法完成的一系列法律行为,包括设立人共同制定公司章程、为确认公司住所而购买或租赁房屋等必要行为。《投资股东协议》中约定由王某负责公司的设立运营及财务管理等工作,王某实际是公司设立的核心,因此,

① 参见四川省泸州市龙马潭区人民法院(2020)川0504民初4756号民事判决书(一审),四川省泸州市中级人民法院(2021)川05民终291号民事判决书(二审)。

在新公司是否能够设立这一点上，王某应承担更多的设立义务。王某在2018年1月明知公司未能注册时，没有及时告知雷某公司未注册事宜，系其未尽到公司设立人的责任；然后又在未与雷某协商的情形下，单方开展智能家居业务的经营行为，也已超出了设立公司的必要范围，其在协议履行过程中存在过错。现在雷某要求返还投资款，实际是对合作经营期间所产生的债权债务进行清算，雷某、王某签订的《投资股东协议》并未约定公司设立行为所产生的费用和债务的承担，根据雷某、王某在公司设立行为中承担的义务、持股情况及过错程度，从诚实信用、公平公正的原则出发，就公司设立行为产生的费用和债务，酌情认定雷某承担20%的责任，王某承担80%的责任，故王某应退还雷某投资款48000元－(47630元＋48000元)×20%＝28874元。另关于返还投资款占用期间利息的问题，王某于2018年5月底已关闭了云南昆明的智能家居经营业务，无论盈亏，其均应及时与雷某清算公司设立行为产生的债权债务，王某至今未结算而继续占用投资款的行为客观上给雷某造成了一定的资金占用损失，考虑到业务关闭后需要合理期限进行清算，故雷某主张的资金占用利息应以28874元为基数进行计算。遂判决：(1)解除雷某与王某于2017年12月10日签订的《投资股东协议》；(2)王某于一审判决书生效之日起3日内返还雷某投资款28874元及资金占用利息(以28874元为基数，自2018年7月1日起按照中国人民银行同期同类贷款利率标准计算至2019年8月19日止，自2019年8月20日起按照全国银行间同业拆借中心公布的贷款市场报价利率计算至款清之日止)；(3)驳回雷某的其他诉讼请求。

四川省泸州市中级人民法院二审认为：本案中的王某、雷某为了共同成立公司进行经营，任命何某为总经理，具体负责房屋租赁、装修、设备的采购等营运业务。后因公司设立失败，双方就前述公司设立行为所产生的债务和费用的分担问题发生了争议，属于公司设立纠纷。在公司设立不能的情况下，王某、雷某之间的关系可以视为民法上的合伙关系。鉴于双方未对公司设立失败产生的债权债务如何处理进行约定，一审法院结合双方当事人的出资比例、在公司设立中的具体情况，根据诚信原则、公平原则，确定由王某对公司设立行为产生的费用和债务承担80%的责任，并无不当，本院予以确认。遂维持一审判决。

司法实践中，对于公司未成立情况下设立过程中的费用及债务分担，适用的是约定优先，没有约定的则按照过错责任分担的原则。在各方当事人已经就设立费用及债务分担作出明确约定的情况下，法律关系相对简单，人民法院只要尊重当事人的意思自治并据以裁判即可。设立协议或发起人协议对于公司未成立情况下设立过程中的费用及债务分担没有约定的，法院往往需要综合全案情况，运用自由裁量权处理具体案件。

2. 公司未成立的情况下，返还投资款本息

《公司法》第105条第1款规定，公司设立时应发行的股份未募足，或者发行股份的股款缴足后，发起人在30日内未召开成立大会的，认股人可以按照所缴股款并加算银行同期存款利息，要求发起人返还。对于这一问题，在解释上不应局限于股份有限公司。根据法律规定，有限责任公司股东不超过50人。在有限责任公司设立过程中，完全可能出现由部分股东从事公司设立、筹办工作，而另一部分股东仅作为单纯的投资人进行出资的情况。此时，单纯出资而不参与具体事务办理的股东就相当于"认股人"。如公司未能成立，其有权要求发起人返还投资款本息。

新疆维吾尔自治区和田地区中级人民法院在**李某强与宋某东、任某萍发起人责任纠纷案**[①]中指出，李某强、宋某东的真实意思表示为形成共同组建成立中科华睿建筑工程建设工程有限公司新疆分公司的合作意向，后公司未能成立。公司未成立时请求返还投资款所产生的纠纷，符合发起人责任纠纷的法律特征，本案案由应认定为发起人责任纠纷。《公司法》（2018年修正）第94条规定："股份有限公司的发起人应当承担下列责任：……（二）公司不能成立时，对认股人已缴纳的股款，负返还股款并加算银行同期存款利息的连带责任……"该规定是针对股份有限公司的设立而言的，《公司法》未对有限责任公司作相应规定。但根据《公司法》中发起人责任规定的立法宗旨，有限责任公司的设立股东（发起人）可以参照该规定来承担类似的责任。宋某东、任某萍实际是公司设立的核心。因此，在公司是否能够设立这一点上，宋某东、任某萍理应承担更多的设立义务。但最终公司未能成立，宋某东、任某萍对公司未能成立具有过错，故宋某东、任某萍应承担投资款57.6万元的返还责任。因此前已经返还20万元，遂改判宋某东于该判决生效之日起10日内连带返还投资款37.6万元及利息10368.70元。

实践中主张设立协议或发起人协议约定的目标未成立请求返还投资款的案件还存在以下两种情形：一种情形是协议约定设立A公司，最终部分发起人设立的是B公司，此种情况下未同意设立B公司的投资人有权要求返还投资款。另一种情形是协议约定共同设立有限责任公司或者股份有限公司，最终行为人设立的目标公司的名称尽管与协议相同，但却将部分投资人排除在外，被排除在外的投资人可以要求返还投资款。

最高人民法院在**谢某与刘某窑、李某泰等公司设立纠纷案**[②]再审裁定书中指出，贵州奔马汽车维修服务有限公司（以下简称奔马维修公司）与贵州西南贵港汽车维修服务有限公司（以下简称贵港维修公司）系两个完全不同的公司主体。谢某作为股东在奔马维修公司的章程上签字并出资表明其有设立奔马维修公司的意思表示，现有证据不足以证明谢某作

① 参见新疆维吾尔自治区和田市人民法院（2021）新3201民初1152号民事判决书（一审），新疆维吾尔自治区和田地区中级人民法院（2021）新32民终743号民事判决书（二审）。

② 参见贵州省高级人民法院（2019）黔民终645号民事判决书（一审），最高人民法院（2020）最高法民申2211号民事裁定书（再审）。

出了同意将奔马维修公司名称变更为贵港维修公司的意思表示。作为小股东的谢某并未实际参与公司设立的过程，在奔马维修公司未成立的情形下，其要求返还投资款的诉请符合常理。

【案例1.5】 徐某源与温某杰公司设立纠纷案[①]

2019年1月10日，温某杰和徐某源签订《青松教育培训中心股东合作协议书》(以下简称《股东合作协议书》)，约定双方共同投资设立南京市青松教育培训中心有限责任公司(以下简称青松公司)，注册资本50万元，温某杰占股15%，徐某源占股85%，徐某源负责办理公司设立登记手续，一方违约须向公司承担违约责任，并向守约方支付违约金10万元。同日，温某杰支付给徐某源30万元出资款。2019年2月25日，徐某源设立青松公司，注册资本为800万元，由徐某源一人独资。

江苏省南京市浦口区人民法院一审认为：温某杰和徐某源签订的《股东合作协议书》不违反法律规定，双方应严格履行。徐某源收到温某杰出资款后，未按约设立公司，未将温某杰登记为出资股东，且其设立一人公司后未将温某杰出资款予以返还，属违约行为，应承担违约责任。故温某杰主张徐某源返还出资款并承担违约责任，一审法院予以支持。双方约定的违约金过高，一审法院调整至9万元。违约金已足以弥补损失，故温某杰主张利息损失一审法院不予支持。遂判决：(1)徐某源自判决生效之日起5日内返还给温某杰30万元；(2)徐某源自判决生效之日起5日内支付给温某杰违约金9万元；(3)驳回温某杰的其他诉讼请求。

江苏省南京市中级人民法院二审认为：温某杰与徐某源签订《股东合作协议书》系双方当事人的真实意思表示，且内容并不违反法律、行政法规的强制性规定，合法有效，双方均应严格按约履行各自义务。现温某杰已按约支付出资款30万元，但徐某源其后设立的青松公司并未将温某杰登记为股东，且注册资本提高至800万元，明显与《股东合作协议书》中的约定不符，徐某源构成根本违约，温某杰有权要求徐某源返还出资款30万元并支付违约金。徐某源上诉主张双方实际变更了履约内容，但其提交的证据不足以证明该主张所依据的事实，故本院不予支持。遂驳回上诉，维持一审判决。

3. 公司未成立的情况下，对外部债权人的连带责任

在公司设立的过程中，往往还会涉及承租办公场所、装修办公场所、采购办公设备、聘用员工等情形。在公司未能成立的情况下，这些外部债权人有权要求公司发起人连带承担

① 参见江苏省南京市浦口区人民法院(2020)苏0111民初382号民事判决书(一审)，江苏省南京市中级人民法院(2020)苏01民终5955号民事判决书(二审)。

责任。

河南省郑州市中级人民法院在**河南新农村频道传媒有限公司等与秦某峰劳动争议纠纷案**[①]中认定，河南新农村频道传媒有限公司（以下简称新农村频道）、河南中广农业信息开发有限公司（以下简称中广农业公司）、河南买卖多电子商务有限公司（以下简称买卖多电子商务公司）在发起设立河南广电县域传媒有限公司（以下简称县域传媒公司）的过程中聘用秦某峰进入县域传媒公司筹备组工作，后县域传媒公司未能成立并拖欠秦某峰劳动报酬138223元。公司因故未成立，债权人请求全体或者部分发起人对设立公司行为所产生的费用和债务承担连带清偿责任的，人民法院应予支持。遂维持一审法院关于新农村频道、中广农业公司、买卖多电子商务公司连带支付原告秦某峰工资138223元的判决。

（三）设立协议、发起人协议解除纠纷

1. 公司未成立，符合法律规定或协议约定的解除条件的，可以解除设立协议、发起人协议

设立协议、发起人协议并未被规定在《民法典》合同编中，属于无名合同。设立协议及发起人协议的首要目的就是设立公司，使公司取得法人资格。因此，如果公司因故未能成立，则属于合同目的不能实现，同样可以适用《民法典》规定的合同解除规则。

广东省深圳市中级人民法院在**林某与南某公司设立纠纷案**[②]中指出，涉案合作协议约定，公司因客观原因未能设立，协议终止，因此，林某有权解除双方的合作协议，遂确认双方于2015年9月13日签订的《MISS南餐吧股东合作协议书》已于2019年12月9日解除。吉林省长春市中级人民法院在**王某伟与宋某波等公司设立纠纷案**[③]中指出，宋某波、杨某付与王某伟等6人于2019年5月24日签订的《股东合作协议》载明，各方共同投资设立银行半岛有限公司，投资资本主要用于公司注册以及启动，并用于公司开业后的资金流动；同时对公司名称、住所、法定代表人、经营范围、性质、出资额、管理分工、盈余分配、退股、增资扩股、转让等事项进行了约定。根据协议内容可以认定各方是以设立公司为目的签订该协议的。因目标公司未依约设立，合同目的无法实现，宋某波、杨某付诉请解除《股东合作协议》于法有据。

2. 公司依法设立后，原则上不得主张解除设立协议、发起人协议

随着公司的设立，发起人之间就设立公司的权利义务关系也相应地转化为设立后的股东的权利义务关系。公司设立后，发起人再主张解除设立协议的，一般不应支持。如在**谈某**

---

① 参见河南省郑州高新技术产业开发区人民法院（2020）豫0191民初18532号民事判决书（一审），河南省郑州市中级人民法院（2021）豫01民终1111号民事判决书（二审）。

② 参见广东省深圳市福田区人民法院（2019）粤0304民初51369号民事判决书（一审），广东省深圳市中级人民法院（2021）粤03民终1914号民事判决书（二审）。

③ 参见吉林省公主岭市人民法院（2020）吉0184民初3214号民事判决书（一审），吉林省长春市中级人民法院（2021）吉01民终3510号民事判决书（二审）。

与苏州禾田农业科技有限公司公司设立纠纷案[①]中，法院认为：股东间的《合作协议》订立于公司发起设立阶段，目的是发起设立公司。公司的设立过程，也就是《合作协议》的履行过程，公司的成立就是履行设立协议的结果。公司依法成立后，发起人之间订立设立协议的目的已经实现，发起人之间原本依《合作协议》产生的权利义务关系已经变更为依章程约定和公司法规定的权利义务关系，股东应当依照《公司法》的规定主张相应的权利。股东无法定事由，主张解除《合作协议》、退还出资款的诉讼请求不应被支持。

需要指出的是，设立协议与发起人协议也并不一定随着公司设立而自动终止。西藏自治区高级人民法院在**西藏银江实业有限公司与西藏烽特商贸有限公司等公司设立纠纷案**[②]中指出，从《设立有限公司协议书》的内容上看，有关公司成立后的相关权利义务的约定并不因公司依法成立而终止，公司成立后未被公司章程吸纳的约定，依然对各方具有约束力，各方应当按照约定继续履行相关权利义务。根据庭审查明的事实及各方陈述的意见，可以确认在西藏银江实业有限公司（以下简称银江公司）向一审法院起诉请求终止协议时，协议各方已无继续履行《设立有限公司协议书》的意愿，继续履行的基础已不存在，因此，银江公司请求终止协议的诉请，本院予以支持。

3. 公司设立后，特定情况下解除设立协议、发起人协议的，构成公司解散事由

最高人民法院在**王某侃与潍坊振兴焦化有限公司合同纠纷案**[③]中指出，《合同法》第 97 条[④]规定："合同解除后，尚未履行的，终止履行；已经履行的，根据履行情况和合同性质，当事人可以要求恢复原状、采取其他补救措施，并有权要求赔偿损失"。本案《合资协议书》及《补充条款》解除后，尚未履行的部分终止履行，已经履行的部分如何处理，应根据履行情况和合同性质决定。王某侃要求返还出资款及利息，实为要求"恢复原状"，但是本案中合资公司已经成立，王某侃的 1000 万元出资和潍坊振兴焦化有限公司（以下简称焦化公司）的 9000 万元出资均已转化为了合资公司的注册资本，合资公司作为企业法人，其设立、运营、解散、清算均应遵守《公司法》的规定。依据《公司法》（2018 年修正）第 35 条的规定，"公司成立后，股东不得抽逃出资"[⑤]，合资公司成立后，王某侃和焦化公司作为股东均不得要求抽回出资。另外，虽然焦化公司构成违约，但《合资协议书》及《补充条款》并没有约定违约方应返还另一方出资款。故王某侃提出的返还出资款及利息的请求缺乏法律依据和事实依据，法院对此不予支持。但因合资公司是依据《合资协议书》设立的，《合资协议书》解除后，合资公司具备解散事由，故在本案审结后，双方当事人可依据《公司法》的相

---

① 参见苏州工业园区人民法院（2014）园商初字第 0879 号民事判决书（一审），苏州市中级人民法院（2015）苏中商终字第 00216 号民事判决书（二审），江苏省高级人民法院（2015）苏审二商申字第 00549 号民事裁定书（再审）。

② 参见西藏自治区拉萨市中级人民法院（2020）藏 01 民初 142 号民事判决书（一审），西藏自治区高级人民法院（2021）藏民终 111 号民事判决书（二审）。

③ 参见山东省高级人民法院（2017）鲁民初 102 号民事判决书（一审），最高人民法院（2018）最高法民终 196 号民事判决书（二审）。

④ 《民法典》施行后《合同法》被废止，该条现规定于《民法典》第 566 条第 1 款。

⑤ 2023 年《公司法》修订后，该内容规定于《公司法》第 53 条第 1 款。

关规定，另行通过合资公司的解散、清算程序解决剩余财产分配问题。

（四）发起人为设立公司以自己名义对外签订合同的责任承担

《公司法》第44条第3款规定，设立时的股东为设立公司以自己的名义从事民事活动产生的民事责任，第三人有权选择请求公司或者公司设立时的股东承担。“发起人是设立中公司的代表机关和执行机关，对外代表设立中公司进行民事活动。发起人对外订立合同，相对人不知道发起人是为设立中公司的利益时，根据《合同法》第403条[①]关于隐名代理的规定，公司成立后应享有介入权，相对人应享有选择权。”[②]如果公司成立后行使介入权，其法律后果就表现为不得撤回，合同相对方即可行使选择权。同理，“合同相对人一经选定该发起人或者公司承担合同责任后，不得再行变更。”[③]本书认为，相对人可以选择发起人或公司承担责任的原因有二：一是基于合同相对性原则，相对人自然有权选择发起人承担责任；二是发起人系设立中公司的法律机关，代表设立中的公司从事设立活动属于“职务行为”，发起人的行为即为设立中公司的行为。根据“同一体说”，发起人的行为在公司设立后自然由公司承受。当然，亦可基于《民法典》关于隐名代理的规则予以解释。需要指出的是，为了平衡相对人利益保护与股东有限责任，应当对相对人的选择权作相对宽松的解释：一旦债权人明确选定或者以其行为表明其选定以公司作为合同相对方，便不得再行主张发起人承担责任。

山东省青岛市中级人民法院在**青岛海都集团有限公司诉青岛中山巴黎春天百货有限公司、青岛四季春天百货有限公司等发起人责任纠纷案**[④]中指出，被上诉人青岛海都集团有限公司（以下简称海都集团）通过与青岛四季春天百货有限公司（以下简称四季百货公司）签订协议的形式确认了在四季百货公司成立前被上诉人海都集团与上诉人青岛中山巴黎

---

① 《民法典》施行后《合同法》被废止，该条现规定于《民法典》第926条，即受托人以自己的名义与第三人订立合同时，第三人不知道受托人与委托人之间的代理关系的，受托人因第三人的原因对委托人不履行义务，受托人应当向委托人披露第三人，委托人因此可以行使受托人对第三人的权利。但是，第三人与受托人订立合同时如果知道该委托人就不会订立合同的除外。受托人因委托人的原因对第三人不履行义务，受托人应当向第三人披露委托人，第三人因此可以选择受托人或者委托人作为相对人主张其权利，但是第三人不得变更选定的相对人。委托人行使受托人对第三人的权利的，第三人可以向委托人主张其对受托人的抗辩。第三人选定委托人作为其相对人的，委托人可以向第三人主张其对受托人的抗辩以及受托人对第三人的抗辩。

② 最高人民法院民事审判第二庭编著：《最高人民法院关于公司法解释（三）、清算纪要理解与适用》（注释版），人民法院出版社2014年版，第38页。

③ 最高人民法院民事审判第二庭编著：《最高人民法院关于公司法解释（三）、清算纪要理解与适用》（注释版），人民法院出版社2014年版，第38页。

④ 参见青岛市城阳区人民法院（2013）城民初字第452号民事判决书（一审），山东省青岛市中级人民法院（2014）青民二商终字第979号民事判决书（二审）。该案中，四季百货公司系由巴黎百货公司、四季商业公司、纪某环共同发起设立的有限责任公司。巴黎百货公司与四季商业公司在设立四季百货公司的过程中，为了对商场进行装修，向出租人海都集团出具《承诺书》，表示在四季百货公司成立后的第6个月和第12个月分两次支付装修款项。四季百货公司成立后，经营不善，但为了处理相关债权债务，与海都集团签订了一份协议，表示由四季百货公司支付相关装修款。

春天百货有限公司所签订的《承诺函》的内容，且四季百货公司已向被上诉人海都集团履行了部分义务，即被上诉人海都集团已通过其行为选择了向四季百货公司主张权利，就不能再要求发起人承担责任。

江西省南昌市中级人民法院在**江西豪城大酒店有限公司与新中源（南昌）房产开发有限公司房屋买卖合同纠纷案**①中指出，从各方的陈述和提供的证据可以看出，在朱某琥、陈某荣、廖某平和袁某鹏作为江西豪城大酒店有限公司（以下简称豪城大酒店）的发起人与新中源（南昌）房产开发有限公司（以下简称新中源公司）签订《出售酒店协议书》后，除朱某琥向新中源公司转款500万元外，其余2.3027亿元的购房款均由豪城大酒店支付，且最终在南昌市房管局备案的《南昌市商品房买卖合同》也是由新中源公司与豪城大酒店签订的，可见，豪城大酒店在成立后已经实际享有了《出售酒店协议书》中约定的合同权利并且履行了合同义务，新中源公司也以实际行为选择了由豪城大酒店承担合同责任。根据合同相对性原则，《出售酒店协议书》合同的相对人已变更为豪城大酒店，豪城大酒店应承担欠付购房款的责任，新中源公司要求朱某琥承担还款责任，于法无据，不予支持。

同时也应注意，在发起人为设立公司以自己名义对外签订合同的情况下，相对人虽然享有选择权，但在无合同约定或者无法律特别规定的情况下，其无权要求发起人与设立后的公司共同承担合同责任。上海市闵行区人民法院在**上海造建建筑工程有限公司诉上海羽鸣酒店管理有限公司、马某甲装修装饰合同纠纷案**②中指出，被告马某甲系上海羽鸣酒店管理有限公司（以下简称羽鸣公司）的发起人股东之一，其在羽鸣公司设立过程中以自己名义对外签订了本案所涉的施工合同，且羽鸣公司在成立后对该份施工合同进行了确认，羽鸣公司也实际享有合同权利并履行合同义务。作为合同相对人的原告上海造建建筑工程有限公司（以下简称造建公司）有选择权，即有权选择羽鸣公司或马某甲承担合同责任，但无权要求两个民事主体共同承担合同责任。虽然原告造建公司将两位民事主体同时作为被告起诉，但现其明确选择羽鸣公司作为合同责任主体符合法律规定，故被告羽鸣公司系本案所涉施工合同的相对方，该份施工合同体现了原告与羽鸣公司的真实意思表示，合同依法成立，且未违反法律、行政法规中的效力性的强制性规定，合同当属有效，对双方当事人均具有合同约束力，原告造建公司及羽鸣公司均应按照合同约定全面履行各自的合同义务。既然被告马某甲并非合同相对方，则原告造建公司无权再要求其承担民事责任。

西藏自治区高级人民法院在**昌都市康巴国际大酒店有限公司与夏某永、昌都市华协医院有限公司房屋租赁合同纠纷案**③中查明夏某永与昌都市康巴国际大酒店有限公司（以下简称康巴酒店）签订《房屋租赁合同》并约定该房屋用于开办医院，同时明确在夏某永合作

① 参见江西省南昌市中级人民法院（2018）赣01民初289号民事判决书（一审），江西省高级人民法院（2019）赣民终351号民事判决书（二审）。

② 参见上海市闵行区人民法院（2014）闵民五（民）初字第612号民事判决书（一审）。

③ 参见西藏自治区高级人民法院（2018）藏民初9号民事判决书（一审），最高人民法院（2019）最高法民终1694号民事判决书（二审）。

开办的医院设立后，医院作为该合同的承租方。《房屋租赁合同》签订当日，夏某永与郭某富签订《民营医院合作协议书》，就昌都市华协医院有限公司（以下简称华协医院）的设立事宜作出约定。但最终华协医院登记注册的股东为郭某富及其配偶漆某红。西藏自治区高级人民法院一审指出，《房屋租赁合同》的签订主体及承诺付款义务人为夏某永，但是成立华协医院之后，夏某永却不是公司股东或需对华协医院承担责任的人，虽华协医院自认房屋租赁后果的承担，但权利人康巴酒店为了实现合法债权，依据合同相对性原则向夏某永主张权利，该维权行为并无不当，应得到支持，因此本案房屋租赁费及违约责任应由夏某永和华协医院共同承担。该判决结果得到了最高人民法院的维持。

（五）发起人在撤销公司登记的情况下应承担（连带）责任

首先，《公司法》第44条第2款明确规定，公司未成立的，其法律后果由公司设立时的股东承受；设立时的股东为二人以上的，享有连带债权，承担连带债务。其次，《公司法》第二章专章规定了公司登记，第39条规定，虚报注册资本、提交虚假材料或者采取其他欺诈手段隐瞒重要事实取得公司设立登记的，公司登记机关应当依照法律、行政法规的规定予以撤销。公司登记管理机关撤销公司登记的行为具有溯及力，公司被撤销登记的，自始无主体资格，不再受《公司法》的规范，由此发生的一切后果，只能由行为人承担。

【案例1.6】　朱某与湖北秭归利宏电子有限公司、周某国、周某军民间借贷纠纷案①

2012年3月20日，湖北秭归利宏电子有限公司（以下简称秭归利宏电子公司）因资金周转需要向朱某借款30万元，承诺在1个月内归还并出具借条，但该借款到期后秭归利宏电子公司没有清偿。因秭归利宏电子公司的经营场所被人民法院查封、拍卖，该公司法定代表人周某国又因犯罪被判刑，周某国、周某军作为公司股东，在公司停止经营后怠于履行清算义务，侵害了朱某的合法权益。朱某诉至法院，请求判令秭归利宏电子公司向其清偿债务30万元，周某国、周某军负连带清偿责任。

秭归利宏电子公司于2011年5月23日经秭归县工商局登记成立，注册资本为人民币100万元，其中周某国认缴注册资本51万元，周某军认缴注册资本49万元，法定代表人为周某国。秭归县工商局根据周某军举报，于2014年1月8日作出秭工商处字（2014）190号行政处罚决定书，认定周某国在未经周某军同意且在周某军不知情的情况下，伪造周某军的签名后委托中介人员在秭归县工商局骗取公司登记注册的行为，构成了提交虚假材料或者采取其他欺诈手段隐瞒重要事实的公司行为，决定撤销公司登记。

① 参见湖北省秭归县人民法院（2016）鄂0527民初944号民事判决书（一审），湖北省宜昌市中级人民法院（2017）鄂05民终2037号民事判决书（二审）。

湖北省秭归县人民法院及湖北省宜昌市中级人民法院先后作出(2014)鄂秭归民初字第01274号民事判决、(2015)鄂宜昌中民一终字第00448号民事判决,以“周某国、周某军作为秭归利宏电子公司股东在公司被撤销登记,企业状态被登记为吊销后,在法律规定的期限内不履行清算义务,应对秭归利宏电子公司的债务承担连带清偿责任”为由,判决秭归利宏电子公司在判决生效后10日内偿还朱某款项30万元;周某国、周某军对秭归利宏电子公司上述借款承担连带偿还责任。周某军不服上述判决,向湖北省高级人民法院申请再审。

湖北省高级人民法院作出(2016)鄂民再104号民事裁定书,撤销前述一、二审判决,发回秭归县人民法院重审。裁定理由指出:公司成立的依据是工商行政管理部门准予的设立登记,公司的主体资格自核准登记之日起取得。如果因为公司设立申请人的过错导致公司设立登记被撤销,即意味着申请人申请设立的“公司”已经没有了法律意义上的公司主体资格,即该“公司”自始无主体资格,不再受《公司法》的规范,由此发生的一切后果,只能由该申请人承担。本案中,周某国未经周某军同意,且在周某军不知情的情况下,伪造周某军的签名,擅自将周某军作为股东,并委托登记注册中介机构办事人员在秭归县工商局办理了秭归利宏电子公司的设立登记。秭归县工商局在接到周某军举报后,对周某国提交虚假材料、骗取公司注册登记的违法行为进行了立案调查,并于2014年1月8日作出秭工商处字(2014)190号行政处罚决定书,撤销了秭归利宏电子公司的登记。秭归利宏电子公司的设立登记被撤销后,其民事主体资格和诉讼主体资格均自始不存在,亦不存在清算问题。① 此前以秭归利宏电子公司名义对外所进行的一切活动所产生的民事责任,应由行为人周某国本人承担。一、二审判决以秭归利宏电子公司“虽然被撤销公司登记,但未被清算注销,仍可作为民事诉讼主体参加诉讼”为由,进而将秭归利宏电子公司列为本案当事人并判决其承担民事责任不当。原一、二审判决认定事实部分不清,适用法律错误,实体处理不当。

湖北省秭归县人民法院及湖北省宜昌市中级人民法院重审后认为:秭归利宏电子公司被撤销注册登记后,该“公司”自始不具有法律意义上的公司主体资格、不具有民事主体资格、不具备本案诉讼主体资格、不应承担民事责任,由此造成的一切后果应由行为人即周某国承担。基于此,周某军不能被认定为秭归利宏电子公司的股东,其对周某国、秭归利宏电子公司的借款行为亦不应承担(连带)责任。最终判决:周某国向朱某偿还借款30万元,驳回朱某的其他诉讼请求。

---

① 笔者认为,湖北省高级人民法院关于“秭归利宏电子公司的设立登记被撤销后,其民事主体资格和诉讼主体资格均自始不存在,亦不存在清算问题”的观点有待探讨。《公司法》第229条规定,公司因下列原因解散,其中第4项为“依法被吊销营业执照、责令关闭或者被撤销”。第232条第1款前段规定:“公司因本法第二百二十九条第一款第一项、第二项、第四项、第五项规定而解散的,应当清算。”因此,即便公司被撤销,也应当依法开展清算活动,清理债权债务。

第二章　股东出资与股东资格理论与司法实务

第一节　《公司法》资本制度修订概述

2023年《公司法》修订，深入总结了企业注册资本制度的改革成果，吸收借鉴了国外公司的法律制度经验，丰富完善了公司资本制度。主要表现为以下六个方面：

一、修正注册资本认缴制

2023年《公司法》修订，对注册资本认缴登记制进行了重大限制。一是在《公司法》第47条第1款规定了最长5年的认缴期限，即有限责任公司的注册资本为在公司登记机关登记的全体股东认缴的出资额。全体股东认缴的出资额由股东按照公司章程的规定自公司成立之日起5年内缴足。同时，为重点行业领域设置短于5年的认缴期限留出了制度空间。对此，《公司法》第47条第2款规定，法律、行政法规以及国务院决定对有限责任公司注册资本实缴、注册资本最低限额、股东出资期限另有规定的，从其规定。二是对于股份有限公司发起人实行注册资本实缴制。《公司法》第98条第1款规定，发起人应当在公司成立前按照其认购的股份全额缴纳股款。第96条第1款后段规定，在发起人认购的股份缴足前，不得向他人募集股份。因此，对于股份有限公司的发起人来说，已经不允许认缴注册资本。

二、引入授权资本制

在坚持注册资本认缴登记制的前提下，在股份有限公司中引入了授权资本制。《公司法》第152条规定，公司章程或者股东会可以授权董事会在3年内决定发行不超过已发行股份50%的股份。但以非货币财产作价出资的应当经股东会决议。董事会依照前款规定决定发行股份导致公司注册资本、已发行股份数发生变化的，对公司章程该项记载事项的修改不需再由股东会表决。第153条规定，公司章程或者股东会授权董事会决定发行新股的，董事会决议应当经全体董事2/3以上通过。

授权资本制,即股份有限公司设立时只需发行部分股份的,公司章程或者股东会可以作出授权,由董事会根据公司运营的实际需要决定发行剩余股份。这样既方便股份有限公司的设立,又使公司发行新股筹集资本具有灵活性。

根据《公司法》第32条的规定,公司注册资本、股份有限公司发起人的姓名或者名称属于公司登记事项。《公司法》第95条规定,股份有限公司注册资本、已发行的股份数和设立时发行的股份数均属于应载明于公司章程的必要记载事项。"授权资本制乃调和股份有限公司的资本概念与股份发行程序的一种设计……公司法授权公司得于章程所定的资本总额,在预定发行股份总数的范围内,得分次发行者,载明第一次发行的股份数额,并认足或募足之,即可完成公司设立登记,开始营业;其后,所余未发行之股份,亦得依其需求,经董事会的特别决议,即可分次发行新股,现金增资无需再经过股东会变更章程等程序,有效建立股份有限公司筹措企业资金的弹性机制。"①

三、引入类别股份制度

《公司法》(2018年修正)第131条规定:"国务院可以对公司发行本法规定以外的其他种类的股份,另行作出规定。"实践中,优先股以及特殊表决权股等已经在资本市场上得到了认可。《优先股试点管理办法》(中国证券监督管理委员会令第209号)第2条规定,本办法所称优先股是指依照《公司法》,在一般规定的普通种类股份之外,另行规定的其他种类股份,其股份持有人优先于普通股股东分配公司利润和剩余财产,但参与公司决策管理等权利受到限制。再如关于特殊表决权股,为贯彻国务院、证监会的相关意见,《上海证券交易所科创板股票上市规则》(2023年修订)第4.5.4条规定,上市公司章程应当规定每份特别表决权股份的表决权数量。每份特别表决权股份的表决权数量应当相同,且不得超过每份普通股份的表决权数量的10倍。

关于特殊表决权股,深圳经济特区利用享有的地方立法权,进行了先行先试。2020年8月26日深圳市第六届人民代表大会常务委员会第四十四次会议通过了《深圳经济特区科技创新条例》(以下简称《深圳科创条例》)。《深圳科创条例》第99条规定:"在本市依照《中华人民共和国公司法》登记的科技企业可以设置特殊股权结构,在公司章程中约定表决权差异安排,在普通股份之外,设置拥有大于普通股份表决权数量的特别表决权股份。有特别表决权股份的股东,可以包括公司的创始股东和其他对公司技术进步、业务发展有重大贡献并且在公司的后续发展中持续发挥重要作用的股东,以及上述人员实际控制的持股主体。设置特殊股权结构的公司,其他方面符合有关上市规则的,可以通过证券交易机构上市交易。"2020年10月29日深圳市第六届人民代表大会常务委员会第四十五次会议通过了修订后的《深圳经济特区商事登记若干规定》(以下简称《深圳商事登记规定》)。《深

① 廖大颖:《公司法原论》(增订6版),台北,三民书局股份有限公司2012年版,第111页。

圳商事登记规定》第 4 条第 3 款规定，公司依法设置特殊股权结构的，应当在章程中明确表决权差异安排。至此，在深圳经济特区注册的所有公司均可在公司章程中设置表决权差异安排。

2023 年《公司法》修订对类别股份作出了具体明确的规定。《公司法》第 144 条第 1 款规定，公司可以按照公司章程的规定发行下列与普通股权利不同的类别股：(1)优先或劣后分配利润或者剩余财产的股份；(2)每一股的表决权数多于或者少于普通股的股份；(3)转让须经公司同意等转让受限的股份；(4)国务院规定的其他类别股。《公司法》第 95 条也明确将“发行类别股的，每一类别股的股份数及其权利和义务”作为股份有限公司章程的必要记载事项。

由于类别股的存在，股份有限公司股东会出现了分层；相应地区分为普通股股东会和类别股股东会。根据股份有限公司发行类别股的具体情况，在类别股股东会中还需要进一步再划分，如优先股股东会、特殊表决权股股东会、劣后股股东会等。

《公司法》第 116 条第 3 款规定，(股份有限公司)股东会作出修改公司章程、增加或者减少注册资本的决议，以及公司合并、分立、解散或者变更公司形式的决议，应当经出席会议的股东所持表决权的 2/3 以上通过。第 146 条进一步规定：“发行类别股的公司，有本法第一百一十六条第三款规定的事项等可能影响类别股股东权利的，除应当依照第一百一十六条第三款的规定经股东会决议外，还应当经出席类别股股东会议的股东所持表决权的三分之二以上通过。公司章程可以对需经类别股股东会议决议的其他事项作出规定。”

四、新增股东失权制度

《公司法司法解释(三)》第 17 条第 1 款规定了股东除名制度，即有限责任公司的股东未履行出资义务或者抽逃全部出资，经公司催告缴纳或者返还，其在合理期间内仍未缴纳或者返还出资，公司以股东会决议解除该股东的股东资格，该股东请求确认该解除行为无效的，人民法院不予支持。

2023 年《公司法》修订后，新增了股东失权制度。《公司法》第 51 条规定：“有限责任公司成立后，董事会应当对股东的出资情况进行核查，发现股东未按期足额缴纳公司章程规定的出资的，应当由公司向该股东发出书面催缴书，催缴出资。未及时履行前款规定的义务，给公司造成损失的，负有责任的董事应当承担赔偿责任。”第 52 条规定：“股东未按照公司章程规定的出资日期缴纳出资，公司依照前条第一款规定发出书面催缴书催缴出资的，可以载明缴纳出资的宽限期；宽限期自公司发出催缴书之日起，不得少于六十日。宽限期届满，股东仍未履行出资义务的，公司经董事会决议可以向该股东发出失权通知，通知应当以书面形式发出。自通知发出之日起，该股东丧失其未缴纳出资的股权。依照前款规定丧失的股权应当依法转让，或者相应减少注册资本并注销该股权；六个月内未转让或者注销的，由公司其他股东按照其出资比例足额缴纳相应出资。股东对失权有异议的，应当自接到失权通知之日起三十日内，向人民法院提起诉讼。”

根据《公司法》第107条的规定，《公司法》第51条、第52条关于有限责任公司董事会核查注册资本以及股东失权的规定，同样适用于股份有限公司。

五、新增股东出资加速到期制度

2023年修订后的《公司法》还就有限责任公司股东出资加速到期作出了明确规定。《公司法》第54条规定，公司不能清偿到期债务的，公司或者已到期债权的债权人有权要求已认缴出资但未届出资期限的股东提前缴纳出资。

六、新增简易减资制度

简易减资源于司法实践中的形式减资。在形式减资的情况下，由于并未向股东进行分配，因此司法实践中允许形式减资的相关“瑕疵”（如未书面通知债权人），而不以违法减资论处。对此，《公司法》第225条规定：“公司依照本法第二百一十四条第二款的规定弥补亏损后，仍有亏损的，可以减少注册资本弥补亏损。减少注册资本弥补亏损的，公司不得向股东分配，也不得免除股东缴纳出资或者股款的义务。依照前款规定减少注册资本的，不适用前条第二款的规定，但应当自股东会作出减少注册资本决议之日起三十日内在报纸上或者国家企业信用信息公示系统公告。公司依照前两款的规定减少注册资本后，在法定公积金和任意公积金累计额达到公司注册资本百分之五十前，不得分配利润。”由此可见，简易减资，就是司法实践中的“形式减资”，可适时挤掉公司亏损的“水分”，使得公司注册资本与公司实有资产相匹配，实际上是资本维持原则的要求。简易减资并不会使股东抽回出资，亦不得豁免股东的出资责任，不会减少公司的“资产”，不会降低公司对债权人的偿债能力，因此在程序上可以从宽。当然，如果不符合简易减资的要求而强行减资，借简易减资之名抽逃出资，则应当承担相应的法律责任，即该减资行为无效，不得对抗债权人。

第二节　股东出资概述

【案例2.1】 环宇公司出资纠纷案

> 环宇公司由股东甲、乙、丙、丁、戊五人发起设立，各股东约定出资如下：甲以其在某大型国企多年的管理经验出资，作价人民币10万元，并担任公司董事长；乙以货币10万美元出资；丙以其从专利权人王某处取得的专利使用权出资，作价10万元；丁以其一

套城市房屋作价 50 万元出资，但该房屋上为张某设定了抵押权；戊以其持有的 A 公司的 30% 的股权出资。

问：以上各股东的出资方式是否符合《公司法》的规定？

一、2023 年修订后的《公司法》关于股东出资的规定

《公司法》第 48 条第 1 款对股东出资问题作出了明确的规定，即股东可以用货币出资，也可以用实物、知识产权、土地使用权、股权、债权等可以用货币估价并可以依法转让的非货币财产作价出资；但是，法律、行政法规规定不得作为出资的财产除外。

根据《公司法》第 48 条第 1 款的规定，出资方式可以分为货币出资及非货币出资两类。股东以货币出资在实务中相对简单，以非货币出资则相对复杂。按照《公司法》的规定，作为出资的非货币财产必须同时满足两个条件：(1) 可以用货币估价（评估作价）；(2) 可以依法转让。如果不满足这两个条件，则不可以作为股东出资。部分经济特区或者经国家授权行使特区立法权、特别立法权的区域调整法律、行政法规相关规定适用的除外。

《市场主体登记管理条例》第 13 条第 2 款规定，出资方式应当符合法律、行政法规的规定。公司股东、非公司企业法人出资人、农民专业合作社（联合社）成员不得以劳务、信用、自然人姓名、商誉、特许经营权或者设定担保的财产等作价出资。之所以不能以上述财产或权利出资，是因为其与人身不可分割，不满足具有可转让性的特征。同时如信用、自然人姓名等也不满足《公司法》关于非货币财产评估作价的规定。之所以不能以设定担保的财产出资，是因为设定担保的财产随时可能被债权人追偿；即使登记到公司的名下，在先设立的担保物权也具有优先效力，一旦债权人行使担保物权，必然会造成公司财产的流失，这不符合公司资本维持的原则，因而不能以设定担保的财产出资。

需要注意的是，股东以非货币财产出资的，必须办理价值评估、交付公司并办理权属变更手续。《公司法》第 48 条第 2 款规定，对作为出资的非货币财产应当评估作价，核实财产，不得高估或者低估作价。法律、行政法规对评估作价有规定的，从其规定。在注册资本认缴登记制下，设立公司无须提交验资报告，因此如无法律、行政法规的特殊规定，也可以对评估作价进行简化处理。只要全体股东一致认可非货币财产的价额即可，无须通过专门的会计师事务所、评估师事务所进行专项评估作价。《公司法司法解释（三）》第 10 条规定："出资人以房屋、土地使用权或者需要办理权属登记的知识产权等财产出资，已经交付公司使用但未办理权属变更手续，公司、其他股东或者公司债权人主张认定出资人未履行出资义务的，人民法院应当责令当事人在指定的合理期间内办理权属变更手续；在前述期间内办理了权属变更手续的，人民法院应当认定其已经履行了出资义务；出资人主张自其实际交付财产给公司使用时享有相应股东权利的，人民法院应予支持。出资人以前款规定的财

产出资，已经办理权属变更手续但未交付给公司使用，公司或者其他股东主张其向公司交付、并在实际交付之前不享有相应股东权利的，人民法院应予支持。”可见，司法解释对于出资人能否主张股东权利采取的是实质出资标准。形式上虽然未办理权属变更手续，但只要具有出资事实，且事后可以通过办理权属变更登记消除瑕疵的，不影响出资人的股东权利。

二、股东出资中的特殊问题

实践中，还可能会遇到几种特殊的出资情形，本书分别予以探讨。

（一）股权出资

股东认缴出资而享有的股权，是一种综合性的权利，包含财产性权利。对于上市公司来说，股权有其市值；对于非上市股份有限公司以及有限责任公司来说，股权的价值可以通过专业的评估机构予以评估。同时，股权也可以转让。因此，股权完全符合非货币财产出资的条件，可以作为股东出资的方式。事实上，以股权出资的本质属于“股权置换”。如张某持有 A 公司的股权，全部用作出资，投入 B 公司；在股权出资之后，张某成为 B 公司的股东而不再是 A 公司的股东；同时由于 B 公司持有了 A 公司的股权，因此 B 公司取代了张某而成为 A 公司的股东。其持股链条变为“张某—B 公司—A 公司”的关系。部分以股权出资的情形与此类似。就转出作为出资的股权而言，持股链条为“张某—B 公司—A 公司”，未转出作为出资部分仍为“张某—A 公司”。

2023 年《公司法》修订正式在法律层面上将以股权出资的方式予以了明确。事实上，原国家工商行政管理总局在 2014 年 2 月 20 日通过的《公司注册资本登记管理规定》①即明确认可了以股权出资的方式。《市场主体登记管理条例实施细则》第 13 条第 3 款规定，依法以境内公司股权或者债权出资的，应当权属清楚、权能完整，依法可以评估、转让，符合公司章程规定。

《公司法司法解释（三）》第 11 条规定：“出资人以其他公司股权出资，符合下列条件的，人民法院应当认定出资人已履行出资义务：（一）出资的股权由出资人合法持有并依法可以转让；（二）出资的股权无权利瑕疵或者权利负担；（三）出资人已履行关于股权转让的法定手续；（四）出资的股权已依法进行了价值评估。股权出资不符合前款第（一）、（二）、（三）项的规定，公司、其他股东或者公司债权人请求认定出资人未履行出资义务的，人民法院应当责令该出资人在指定的合理期间内采取补正措施，以符合上述条件；逾期未补正的，人民法院应当认定其未依法全面履行出资义务。股权出资不符合本条第一款第（四）项的规定，公司、其他股东或者公司债权人请求认定出资人未履行出资义务的，人民法院应当按照本

---

① 2022 年 3 月 1 日，国家市场监督管理总局令第 52 号发布《市场主体登记管理条例实施细则》，自公布之日起施行，《公司注册资本登记管理规定》相应废止。

规定第九条①的规定处理。”

还需稍作讨论的是两个公司交叉持股的情况。顾名思义，交叉持股是指两个公司相互持有对方股权，并成为对方股东的情形。交叉持股可能造成资本虚增。比如张某将某机器设备作为出资投入甲公司后，甲公司又以该机器设备投资入股乙公司。其后，乙公司受让甲公司的部分股权，支付的对价仍是该项机器设备。在整个过程中，张某原先所有的机器设备被用作两次出资（张某向甲公司的出资以及甲公司向乙公司的出资）、一次购买对价（乙公司受让甲公司股权的对价）。由此必然造成资本虚增的后果。在关联公司中，相互持股公司的表决权会受到限制，比如我国台湾地区“公司法”第369条之10第1项规定，相互投资公司知有相互投资之事实者，其得行使之表决权，不得超过被投资公司已发行有表决权股份总数或资本总额之1/3。但以盈余或公积增资配股所得之股份，仍得行使表决权。2023年《公司法》修订后，针对上市公司特别于第141条规定，上市公司控股子公司不得取得该上市公司的股份。上市公司控股子公司因公司合并、质权行使等原因持有上市公司股份的，不得行使所持股份对应的表决权，并应当及时处分相关上市公司股份。对于交叉持股的限制，证监会的一些规章②亦多有涉及，在实务中应引起相应的重视。

（二）专利权出资

以专利所有权出资，符合《公司法》关于以非货币财产出资的规定，只需办理“评估作价—交付公司—权属变更”手续即可。实践中，对于股东能否以专利使用权出资，存在争议。支持者认为，专利使用权是专利权人使用该项专利应用于生产并获得收益的权利，属于知识产权中财产权利的范畴，应当允许其作为股东的出资方式。反对者认为，专利使用权只是专利权的一项权能，属于特许经营权的一种，且专利权人无法单独就专利使用权办理财产转移手续，不符合《公司法》第49条第2款“以非货币财产出资的，应当依法办理其财产权的转移手续”的规定。如果专利使用权可以作为出资，那么公司接受该专利使用权后即应取得对于自身财产的完整支配权，可以再行处置。但是公司再行处置专利使用权会受到专利权人的影响和干预。再者，如果专利使用权可以作为公司资产，债权人就可以申请查封、拍卖甚至以专利使用权抵偿债务；但这些措施能否仅仅施加于专利使用权，现行法律均未作明确规定。因此不宜认定专利使用权可以作为出资。

根据2014年12月9日发布的《湖南省科学技术厅、省工商行政管理局、省知识产权局

---

① 《公司法司法解释（三）》第9条规定，出资人以非货币财产出资，未依法评估作价，公司、其他股东或者公司债权人请求认定出资人未履行出资义务的，人民法院应当委托具有合法资格的评估机构对该财产评估作价。评估确定的价额显著低于公司章程所定价额的，人民法院应当认定出资人未依法全面履行出资义务。

② 如证监会《证券公司设立子公司试行规定》（中国证券监督管理委员会公告〔2012〕27号）第10条规定，子公司不得直接或者间接持有其控股股东、受同一证券公司控股的其他子公司的股权或股份，或者以其他方式向其控股股东、受同一证券公司控股的其他子公司投资。

关于支持以专利使用权出资登记注册公司的若干规定(试行)》(湘科政字〔2014〕144号)[①]第3条,用专利使用权作价出资登记注册公司应当具备以下条件:(1)对用于出资的专利使用权由有资质的专业评估机构进行评估作价,并不得高估或者低估作价;(2)专利许可方式为在中国境内独占许可,即双方应签订独占专利实施许可合同,包括专利权人在内的任何第三方都不得具有对该项专利技术的使用权;(3)以专利使用权出资方具有持续获取与所在公司业务发展相关专利的能力;(4)符合登记注册公司相关规定。同时该规定第5条、第6条规定,出资方应当按时缴纳专利年费,保持专利权的有效性。以专利使用权出资方可以用新的专利权或者专利使用权作价用于公司资本维持。

湖北省武汉市蔡甸区人民法院在**海信科龙电器股份有限公司与武汉市万欣机械有限公司、西安科龙制冷有限公司出资纠纷案**[②]中指出,专利使用权只是专利权的一部分,该出资方式与《公司法》(2005年修订)第28条[③]"以非货币财产出资的,应当依法办理其财产权的转移手续"的规定不符,并据此认定海信科龙电器股份有限公司出资不实,应在出资不实的范围内对西安科龙制冷有限公司的债务承担连带责任。

广东省高级人民法院在**东莞分享电器科技有限公司与宁某杰、宁某专利权权属纠纷案**[④]中指出,"上述证据能够相互印证,足以证明宁某杰是以ZL20112028××××.9号实用新型专利的许可使用权出资的,并不是以该专利的所有权出资的",并在此基础上,驳回东莞分享电器科技有限公司请求确认宁某杰与宁某转让涉案专利的行为无效以及将涉案实用新型专利权登记转移到公司名下的诉请。

本书认为,专利使用权作为专利权的一项权能,不宜作为出资。一般情况下,股东将出资财产投入公司,该项财产即应完整地脱离股东而成为公司财产。公司可以任意且自由地处分自身财产,无须原出资人的配合及协助。专利使用权作为出资财产后,公司对于自身财产的保有和处置,仍需专利权人的协助(如按时缴纳专利年费以维持专利权的有效性),这与一般的以非货币财产出资的规定存在区别。况且,如何办理专利使用权权属变更登记,使之转移至公司名下,现行法律均未作出明确规定。因此,不宜将专利使用权单独作为股东出资予以认定。此外,即便允许以专利使用权出资,权利人也需要特别注意。如果在专

---

① 该规定第7条规定,本规定试行期2年。换言之,该规定已于2016年12月9日自动失效。但经笔者检索,未发现湖南省相关部门在该规定试行期满后发布新的政策。

② 参见湖北省武汉市蔡甸区人民法院(2009)蔡民二初字第2号民事判决书(一审),湖北省武汉市中级人民法院(2009)武民商终字第1355号民事调解书(二审),该案二审中经调解,三方当事人达成由海信科龙电器股份有限公司向武汉市万欣机械有限公司清偿债务的调解协议。

③ 2023年《公司法》修订后,条文序号调整为第49条。

④ 参见广州知识产权法院(2017)粤73民初4262号民事判决书(一审),广东省高级人民法院(2018)粤民终1405号民事判决书(二审)。有意思的是,该案中广州知识产权法院一审认为,东莞分享电器科技有限公司提交的证据不能证明宁某杰已将涉案专利权作为非货币财产出资投入东莞分享电器科技有限公司,该主张也不能否定宁某杰与宁某有效转让涉案专利;东莞分享电器科技有限公司要求宁某杰配合将涉案专利权转移登记到东莞分享电器科技有限公司名下的诉讼请求,没有事实和法律依据,不予支持。

利使用权存续期间，公司因经营不善发生清算事由，该剩余期限的专利使用权将作为公司财产被处置。此时，专利使用权人在剩余期限内重新选择被许可对象的权利将受到限制。实践中，以专利等知识产权使用权出资并不常见。“以知识产权使用权作价投资，不具有推广意义，只有在特定情况下使用，国家政策法规不必对此作出限制或禁止，也不必大加鼓励，更不必为此出台专门的政策法规文件，以免浪费宝贵的行政资源和政策资源。”①

实践中，如果全体股东对于专利使用权投入公司没有异议，则可以巧用《公司法》第 210 条第 4 款②的规定，通过协商变更股东分红比例，以达到对专利权人的补偿。

（三）债权出资（债转股）

债权作为一种对债务人的财产性请求权，可以依照《民法典》的规定转让。《民法典》第 545 条第 1 款规定，债权人可以将债权的全部或者部分转让给第三人，但是有下列情形之一的除外：（1）根据债权性质不得转让；（2）按照当事人约定不得转让；（3）依照法律规定不得转让。2023 年《公司法》修订后，在法律层面正式明确债权可以作为股东出资的财产形态。

但现实中，有些债权，甚至是生效裁判文书确定的债权，都有可能因债务人不具有相应的偿债能力而大打折扣。在我国法院处理的破产案件中，普通债权的清偿比例一般在 20% 以下，甚至根本无产可破。因此以债权出资的，同样需要评估该债权的实际价值。

事实上，在公司重整程序中，债转股往往作为重整方案的重要内容，并以此挽救企业免于破产清算。

（四）人力资本出资

早在 2005 年，上海浦东新区就试行人力资本作为股东出资方式。2005 年 3 月 18 日，上海市工商行政管理局、浦东新区人民政府即联合发布了《关于印发〈浦东新区企业年检申报备案试行办法〉等三项“试行办法”的通知》（沪工商办〔2005〕60 号，已失效）。根据《浦东新区人力资本出资试行办法》（以下简称《浦东办法》）第 1 条对人力资本的定义，人力资本是指依附在投资者身上，能够给公司带来预期经济效益的人才资源，通过法定形式转化而成的资本。表现为：管理人才、技术人才、营销人才的知识、技能、经验等。《浦东办法》第 2 条第 1 款规定，在浦东新区范围内登记注册的有限责任公司和股份有限公司（不含外商投资企业），属于以金融为核心的现代服务业、以高新技术为主导的先进制造业、以自主知识产权为特征的创新创意产业的，可以人力资本作价投资入股。以人力资本作价出资的金额不得超过公司注册资本的 35%。关于人力资本作价，《浦东办法》第 3 条规定，人力资本可经

---

① 吴寿仁、吴静以：《科技成果转化若干热点问题解析（二十七）——关于知识产权使用权作价投资的思考》，载《科技中国》2019 年第 8 期。

② 《公司法》第 210 条第 4 款规定，公司弥补亏损和提取公积金后所余税后利润，有限责任公司按照股东实缴的出资比例分配利润，全体股东约定不按照出资比例分配利润的除外；股份有限公司按照股东所持有的股份比例分配利润，公司章程另有规定的除外。

法定评估机构评估作价，也可经全体股东协商作价并出具由全体股东签字同意的作价协议。人力资本作价入股应当提交由法定验资机构出具的验资证明。为强化公司资本充实责任，保障债权人的利益，《浦东办法》第4条还特别规定，以人力资本出资登记的，股东应当将人力资本的出资方式、作价方式以及其他股东对人力资本出资部分承担连带责任等事项在公司章程中予以载明。

2006年2月15日，中共温州市委办公室、温州市人民政府办公室联合发布《关于印发〈温州市人力资本出资登记试行办法〉和〈温州市人力资本出资入股认定试行办法〉的通知》（温委办〔2006〕6号）。根据《温州市人力资本出资登记办法（试行）》（以下简称《温州办法》）第4条的规定，人力资本出资必须经法定评估机构评估作价，报经市人力资本出资试点工作领导小组确认后一次性投资入股。人力资本出资企业注册资本最低限额为人民币100万元，出资比例不得超过公司注册资本总额30%。同样，为保证公司资本充实，《温州办法》第6条规定，人力资本出资股东必须与非人力资本出资股东订立协议，明确双方权利和义务，非人力资本出资股东对人力资本出资部分承担连带责任。第15条规定，公司注销清算时，必须提交审计报告。公司以其全部资产对公司的债务承担责任，非人力资本出资股东除对公司承担其出资额责任外，还应对人力资本出资部分承担连带责任。在清算过程中，当公司非人力资本资产不能抵偿公司的债务时，人力资本出资股东应以对等的其他方式资产弥补人力资本的出资部分，或由其他方式出资的股东对人力资本出资部分承担连带偿还责任，用以抵偿公司债务。关于人力资本的界定，《温州办法》第2条的规定与前述《浦东办法》第1条的规定完全相同。

2016年12月30日，珠海市横琴新区管委会办公室发布《中国（广东）自由贸易试验区珠海横琴新区片区人力资本出资管理办法（试行）》（珠横新办〔2016〕44号，已失效，以下简称《横琴管理办法》）。《横琴管理办法》第2条对人力资本作出定义，即本办法所称人力资本，是指依附于公司股东人身，在一定期限内以劳动、服务等形式提供给公司，能够为公司带来一定预期经济效益的人力资源，通过法定形式转化而成的资本，表现为技术人才、管理人才、营销人才的研发技能、管理才能等。《横琴管理办法》第3条对于适用范围明确规定为在横琴自贸片区登记的有限责任公司，其自然人股东可以人力资本作价出资。第4条对人力资本出资比例进行限制，即人力资本出资额不得超过公司注册资本的1/3。关于人力资本评估，《横琴管理办法》第10条规定，人力资本出资额由全体股东协商评估，或者由第三方评估机构评估并由全体股东确认。关于人力资本的具体履行，《横琴管理办法》第8条规定，人力资本出资截止时间不能晚于人力资本股东与公司签订的劳动合同或者服务合同的截止时间。第9条规定，人力资本出资期限到期，人力资本股东在出资期限内始终维持与公司的劳动合同或者服务合同的，视为股东完成人力资本出资实缴；但是，公司章程另有规定或者全体股东另有约定的除外。对于人力资本出资所形成股权的转投资，《横琴管理办法》第11条规定，人力资本应当一次性作价入股，不得重复入股其他公司；但是，公司章程另有规定或者全体股东另有约定的除外。

2020 年 6 月 5 日，山东省济南市委市政府召开新闻发布会，对出台的《人力资本价值出资管理办法（试行）》进行政策发布和解读。在中国（山东）自由贸易试验区济南片区登记注册的有限责任公司，可以以创新创业者的人力资本价值作价出资注册，向济南高新区市场监督管理局提交材料办理。《人力资本价值出资管理办法（试行）》第 2 条规定，本办法所称人力资本价值，是指依附在出资者身上的创造力、影响力、信用度，能够创造经济效益并通过评估确定的一种综合量化价值，可表现为出资者的研发能力、管理才能、营销技能等。第 4 条规定，人力资本价值出资额最高可占公司注册资本总额的 70%。《人力资本价值出资管理办法（试行）》的上位法授权依据是《国务院关于印发 6 个新设自由贸易试验区总体方案的通知》（国发〔2019〕16 号）所附的《中国（山东）自由贸易试验区总体方案》。《中国（山东）自由贸易试验区总体方案》中有"探索人才和技术资本化评估机制，实现知识产权可作价、成果转化能估价、人才团队有身价"的表述。

前已述及，《市场主体登记管理条例》第 13 条第 2 款后段规定，公司股东、非公司企业法人出资人、农民专业合作社（联合社）成员不得以劳务、信用、自然人姓名、商誉、特许经营权或者设定担保的财产等作价出资。据此，个人能力、劳务、人脉等因不满足可以评估作价及转让的条件，不得作为股东出资的方式。因此，无论是早期的《浦东办法》《温州办法》，还是《横琴管理办法》以及中国（山东）自由贸易试验区济南片区《人力资本价值出资管理办法（试行）》，都是与上位法《公司法》及《市场主体登记管理条例》相冲突的。其在实践中究竟效果如何，如何保障债权人的利益，都不无疑问。根据《横琴管理办法》第 8 条及第 9 条的规定，人力资本股东在出资期限内始终维持与公司的劳动关系或者服务关系的，视为履行了实缴出资的义务。问题在于：如果在人力资本股东出资时限截止前公司发生破产或强制清算事由，其未出资的部分应当如何加速到期？是否根据尚未履行的期限在整体服务期限内的比例进行折算，《横琴管理办法》未作规定。相反，早期的《浦东办法》《温州办法》对于非人力资本出资股东的连带责任进行了明确。另外，《横琴管理办法》规定，人力资本出资的评估由全体股东协商或者由第三方评估机构评估并经全体股东认可。一旦债权人起诉追究人力资本股东低值高估、虚假评估的责任时又该如何应对？再者，由于人力资本具有高度的人身依附属性，对人力资本究竟应该以什么标准进行评估作价，实践中也难以操作。如果全部由股东协商解决，则在公司经营出现问题时，或者在倒查和回溯机制不畅的情况下，都将引发争议。

事实上，人力资本的出资问题，完全可以通过一些替代性的方式进行解决。实践中，可以采取如下几种变通的解决方式：一是可以根据《公司法》第 210 条第 4 款的授权，由以个人能力、劳务、人脉资源出资的股东象征性地缴纳注册资本金，同时在股东协议及公司章程中特别约定，不按照注册资本的比例分配公司股权以及盈余；这样就使象征性出资的股东（实际上以个人能力、劳务、人脉资源出资）能够获得较高的股权比例和投资收益。二是可以设立一家合伙企业，由以个人能力、劳务、人脉资源出资的股东作为合伙人，然后由该合伙企业投资入股拟成立的公司。三是可以对劳务出资的出资人进行股权激励或者通过绩效工资奖励的方式，解决其投资回报的问题。四是在投融资过程中，投资方与公司股东（一般也是公司的实际经营者）的对赌协议在一定程度上也具有认可人力资本出资的性质。

（五）股东出资的来源

认定股东资格应当侧重于该股东是否有认缴出资的事实，而非股东出资的来源。股东出资来源非法或者甚至将违法犯罪所得作为出资内容的，都不能据此否认股东资格，其出资行为也不当然无效。对此，《公司法司法解释（三）》第7条规定，出资人以不享有处分权的财产出资，当事人之间对于出资行为效力产生争议的，人民法院可以参照《民法典》第311条的规定予以认定。以贪污、受贿、侵占、挪用等违法犯罪所得的货币出资后取得股权的，对违法犯罪行为予以追究、处罚时，应当采取拍卖或者变卖的方式处置其股权。

在资本市场上进行公司控制权收购时，为了防止可能发生的系统性风险，应对收购人课以披露收购资金来源的义务。[①] 此时，收购资金来源是否适当（如通过不合理的结构化并购基金参与上市公司并购重组）会受到严格的监管。根据《上市公司收购管理办法》（2020年修正）第29条的规定，要约收购报告书应当载明收购所需资金额、资金来源及资金保证，或者其他支付安排。第36条第2款规定，收购人聘请的财务顾问应当对收购人支付收购价款的能力和资金来源进行充分的尽职调查，详细披露核查的过程和依据，说明收购人是否具备要约收购的能力。在上市公司重大资产重组中亦有类似的要求。因此，在涉及资本市场问题时，收购交易是否合规，能否通过收购、重组取得上市公司股东股权，收购人的资金来源将会成为一个重要的审查标准。

【案例2.2】 王某华、王某、苟某荣与文某兵等股权转让纠纷案[②]

2013年1月4日完成备案的《四川金信置业有限公司章程》显示：四川金信置业有限公司（以下简称金信公司）实收注册资本为800万元，股东为王某、李某俭及文某兵分别出资252万元、257.04万元及290.96万元。

2013年11月15日，转让方（甲方）王某、王某华、苟某荣与受让方（乙方）文某兵、第三方股东李某俭及金信公司（加盖了骑缝章）共同签订《股权、债权、债务转让协议书》（以下简称《协议书》），主要内容为：王某在金信公司的投资中有王某华、苟某荣的

---

① 如在备受争议的万科控制权争夺案中，对于保险资金配合实际控制人的公司举牌收购上市公司、大规模使用杠杆资金进行上市公司收购都是广受批评的。

② 参见四川省成都市青羊区人民法院（2015）青羊民初字第9966号民事判决书（一审），四川省成都市中级人民法院（2017）川01民终6169号民事判决书（二审）。

投资和债权，经该三人协商，将全部占有金信公司26%的股权及金信公司借甲方的借款共8542000元转让给乙方，不计息，股权转让款乙方已支付，借款尚未付。乙方在签订本协议时支付本金8542000元的50%即4271000元，余款在2014年1月20日前支付。《协议书》签订后，文某兵按约向王某华、王某、苟某荣支付了第一笔4271000元的款项，王某亦于当月将持有的股权变更登记到了文某兵名下，但文某兵至今未支付剩余50%的合同价款4271000元，故王某华、王某、苟某荣提起原审诉讼要求支付。

另查，王某华、王某、苟某荣及李某俭涉嫌诈骗拆迁补偿款一案由通江县公安局立案侦查，相关人员诈骗的拆迁补偿款用于向金信公司投资（入股及借贷）。

四川省成都市青羊区人民法院一审认为：根据证据规则，应由文某兵就王某华、王某、苟某荣持有金信公司股权不合法承担举证责任，而非由王某华、王某、苟某荣就其持有股权合法承担证明义务。遂判决文某兵向王某华、王某、苟某荣支付欠付的4271000元及违约金（调减为按中国人民银行公布的人民币同期同档贷款基准利率的1.3倍计算）。

四川省成都市中级人民法院二审认为：本案中，即使王某华、王某、苟某荣所涉嫌的诈骗罪名成立，诈骗所得也为金钱，受害人的损失亦为金钱，弥补受害人的方式将是通过刑事案件的执行程序追缴王某华、王某、苟某荣的犯罪行为所得的款物。对于《公司法司法解释（三）》第7条第2款"以贪污、受贿、侵占、挪用等违法犯罪所得的货币出资后取得股权的，对违法犯罪行为予以追究、处罚时，应当采取拍卖或者变卖的方式处置其股权"的规定的理解应当是"通过拍卖或者变卖的方式处置其股权以变成金钱，从而弥补受害人的损失"，该条规定并未界定"股权"为赃物。本案中，即使王某华、王某、苟某荣所涉嫌的诈骗罪名成立，其所诈骗的金钱也已通过投资的方式演变为金信公司的股权，然后又通过转让股权的方式演变为金钱或债权，因此，应当通过刑事案件的执行程序追回王某华、王某、苟某荣通过股权转让方式所获得的金钱或债权，同时，依据《最高人民法院关于刑事裁判涉财产部分执行的若干规定》第11条第2款"第三人善意取得涉案财物的，执行程序中不予追缴。作为原所有人的被害人对该涉案财物主张权利的，人民法院应当告知其通过诉讼程序处理"的规定，刑事案件的执行程序并不会影响本案所涉《协议书》的效力以及履行。王某华、王某、苟某荣与文某兵签订《协议书》时意思表示真实，内容并不违反法律、行政法规的强制性规定，因此，该《协议书》合法有效，当事人应当按约履行义务，享受权利。文某兵据此提出的"因股权将会被追赃""合同无效""瑕疵担保责任"的主张于法无据，不予支持，遂维持一审判决。

（六）代为垫资的法律后果

代为垫资的现象在实践中屡见不鲜，在很多地方一度形成了产业。代为垫资往往使皮包公司大量存在，诱发市场投机行为。垫资现象的存在也是因为对于注册资本的迷信。另外，在政府采购、招标投标主体资格审核、申请政府补贴以及在一些科技园区内注册公司时，曾经也需要附加对于注册资本的要求。

2013 年《公司法》就公司注册资本采取了认缴登记制，且在公司登记设立过程中无须再提交验资报告，这就从源头上铲除了垫资现象存在的制度土壤。

【案例2.3】 上海凤舞汽车经营有限公司与上海砖桥贸易城有限公司、上海鞍福物资贸易有限公司、费某灿等买卖合同纠纷案①

上海砖桥贸易城有限公司(以下简称砖桥公司)在上海鞍福物资贸易有限公司(以下简称鞍福公司)注册过程中提供一条龙服务，包括出借 100 万元帮助鞍福公司注册成立。鞍福公司成立后，该资金即全部被抽出归还砖桥公司。后鞍福公司与上海凤舞汽车经营公司(以下简称汽车公司)签订汽车购销合同，购买汽车公司 26 辆汽车，总价值 1165200 元，欠款 742800 元无力偿还。

该案中砖桥公司对该笔欠款应否承担责任，在当时引起很大的争议。经上海市高级人民法院请示，最高人民法院作出(2001)民二他字第 4 号答复称，砖桥公司的不当行为，虽然没有直接给当事人造成损害后果，但使得鞍福公司得以成立，并从事与之实际履行能力不相适应的交易活动，给他人造成了不应有的损害后果。因此，砖桥公司是有过错的。砖桥公司应在鞍福公司注册资金不实的范围内承担补充赔偿责任。

最高人民法院以司法答复的方式对上海市高级人民法院的请示予以回复，系因为在当时的情况下，制定司法解释的时机还不成熟。修改前的《公司法司法解释(三)》第 15 条②对代垫资行为的法律后果作出了明确的规定。按照司法解释的规定，第三人在公司设立过程中代垫资金协助发起设立公司，随后又抽逃的，其应当连带承担发起人因抽回出资而产生的相应责任。

《公司法》在 2013 年修正时，将注册资本制度从之前的折中授权资本制，改为原则上采取认缴登记制，公司设立之时无须再行提交验资报告。相应地，《公司法司法解释(三)》在 2014 年修正时删除了原第 15 条关于代垫资法律责任的条款，但这并不意味着代垫资行为无须承担任何法律责任。一方面，司法解释删除相关条款是为了满足《公司法》改采注册资

① 参见上海市奉贤区人民法院(2002)奉民二(商)重字第 1 号民事判决书(一审)，上海市第一中级人民法院(2002)沪一中民四(商)终字第 1116 号民事判决书(二审)。

② 《公司法司法解释(三)》(2011 年)第 15 条规定，第三人代垫资金协助发起人设立公司，双方明确约定在公司验资后或者在公司成立后将该发起人的出资抽回以偿还该第三人，发起人依照前述约定抽回出资偿还第三人后又不能补足出资，相关权利人请求第三人连带承担发起人因抽回出资而产生的相应责任的，人民法院应予支持。

本认缴登记制的需要。但在实践中对于股东自愿采取实缴登记并注册公司的,法律并未予以干预。既然仍有股东在公司设立之时进行注册资本实缴登记,借资出资以及代为垫资行为就仍有可能存在而无法从根本上禁绝。另一方面,现今法律已经认同了侵害债权的侵权行为,对于代垫资行为显然可以作出"帮助侵权"的法律评价。事实上,代垫资行为承担责任的法律依据为《民法典》第 1169 条第 1 款,即教唆、帮助他人实施侵权行为的,应当与行为人承担连带责任。因此,本书认为砖桥公司案中所遵循的裁判思路在注册资本认缴登记的情况下仍具有参考意义,只不过责任形态从答复所称的补充赔偿责任改为法律规定的连带责任。

江苏省苏州市中级人民法院在**江苏泰利投资担保有限公司与沈某、江苏三源泰富建筑装饰工程有限公司等追偿权纠纷案**①中指出,被告沈某以 2011 年《公司法司法解释(三)》第 15 条已被删除为由,主张其不承担责任,该抗辩理由不能成立。虽然自 2014 年 3 月 1 日起施行的《最高人民法院关于修改关于适用〈中华人民共和国公司法〉若干问题的规定的决定》明确将上述司法解释的规定予以删除,但该条规定被删除是因为从 2014 年 3 月 1 日起新设公司登记时已实行注册资本认缴制,这并不意味着在此之前存在上述司法解释规定情形的第三人无须承担相应法律责任。因为公司是依法成立的具有独立民事主体地位的企业法人,股东出资后,出资财产即脱离了原出资股东而归入公司财产范围。当股东抽回出资或虚报公司注册资本时,其主观上存在侵害公司财产的故意,客观上造成损害公司财产的结果,属于侵犯公司财产权的行为。如果第三人与股东事先约定协助其骗取验资或登记后就抽回出资,则该第三人的行为在一定程度上就是协助股东侵害公司财产权,故其亦应承担相应的侵权责任。

需要指出的是,2023 年《公司法》修订就公司注册资本认缴制添加了一些限制,纠正了实践中存在的偏差。一方面,对于有限责任公司,《公司法》第 47 条第 1 款后段规定,全体股东认缴的出资额由股东按照公司章程的规定自公司成立之日起 5 年内缴足。同时,对于股份有限公司,《公司法》第 98 条第 1 款规定,发起人应当在公司成立前按照其认购的股份全额缴纳股款。因此,2023 年《公司法》修订后,对于代垫资行为仍应判令承担连带责任。当然,这一裁判思路可以通过司法解释或者指导性案例予以明确。

(七)超额出资及对其的法律评价

实践中还存在股东超过公司章程规定的认缴出资额向公司投入资金的情况。比如在政府招商引资的情况下,先由一家公司与政府签订《合作协议》或者《备忘录》,约定投资规模;然后在当地设立项目公司。投资规模与项目公司的注册资本可能存在差异。这种情况

① 参见苏州工业园区人民法院(2014)园商初字第 00421 号民事判决书(一审),江苏省苏州市中级人民法院(2015)苏中商终字第 01224 号民事判决书(二审);该案为江苏省高级人民法院发布的公司审判典型案例。

下对超额出资应当如何进行法律评价，是将其列入资本公积金[①]还是作为股东对公司的借款，存在争议。

【案例2.4】 曲靖市东方置地实业有限公司与深圳市东方置地集团有限公司企业借贷纠纷案[②]

曲靖市东方置地实业有限公司（以下简称曲靖公司）系深圳市东方置地集团有限公司（以下简称深圳公司）投资设立的控股公司，深圳公司持有曲靖公司80%的股权。深圳公司在诉讼中主张其于2009年至2010年先后借给曲靖公司多笔款项，累计金额为6.28亿元。但深圳公司仅能提供借款合同复印件以及经过公证的借款借据（公证书中的附件），上述证据能够证明深圳公司直接或通过他人间接借给曲靖公司6.27779亿元，另有22.1万元未能提供支付凭证或充分的已付款证据。另查明，2009年12月30日，曲靖公司与云南省曲靖市国土资源局签订了一份《国有建设用地使用权出让合同》，约定出让的建设用地使用权宗地面积为187934平方米，出让价为6.83亿元。曲靖公司主张，其之所以签订上述合同，系因为深圳公司曾于2009年7月24日与曲靖市政府签订了开发曲靖市麒麟区的《项目投资协议书》。曲靖公司称深圳公司拨付的款项系支付相关建设用地使用权出让的投资款而非借款，同时确认深圳公司依照曲靖公司章程的规定已经出资到位，相关建设用地使用权已经登记至曲靖公司名下。二审中，曲靖公司申请法院向曲靖市政府调取《项目投资协议书》。最高人民法院审理后认为：曲靖公司所称的深圳公司与曲靖市政府签订的《项目投资协议书》中关于深圳公司投资数额的约定，系深圳公司对曲靖市政府作出的投资承诺，该承诺并不当然决定深圳公司向曲靖公司提供的相关款项的性质。《项目投资协议书》与曲靖公司的主张没有法律上的关系，本院对曲靖公司提出的向曲靖市政府调取《项目投资协议书》的申请不予考虑。股东向公司提供投资款项时，如双方未明确约定款项属于股东对公司的增资款，则法院不宜直接认定该款项属于股东增资款。一般情况下公司不能无偿取得该笔款项，而应当

---

① 在江门市江建建筑有限公司与江门市金华物业投资管理有限公司、江门市金华投资有限公司执行异议之诉案中，最高人民法院审理后认为，股东实际出资大于应缴出资形成的资本溢价，性质上属于公司的资本公积金，不构成股东对公司的借款，股东以此作为借款债权而与公司以物抵债的，构成变相抽逃出资，不符合《最高人民法院关于人民法院民事执行中查封、扣押、冻结财产的规定》（2008年）第17条规定的阻却人民法院执行的条件，不发生标的物所有权变动的法律效力。具体参见广东省江门市中级人民法院（2010）江中法民一初字第9号民事判决书（一审），广东省高级人民法院（2012）粤高法民一终字第3号民事判决书（二审），最高人民法院（2013）民提字第226号民事判决书（再审）。关于本案所涉相关法律问题以及与曲靖公司案的相关区别的探讨，见本书第九章第三节的相关内容。

② 参见广东省高级人民法院（2012）粤高法民二初字第9号民事判决书（一审），最高人民法院（2013）民二终字第119号民事判决书（二审）。

> 返还该款项及相应利息。在曲靖公司没有证据表明上述6.27779亿元款项系深圳公司提供给曲靖公司的增资款或无须返还之款项的情形下,对于深圳公司要求曲靖公司返还上述款项的诉讼请求,本院予以支持。

实践中,很多中外合资企业的公司章程对于投资规模和注册资本都作出了明确规定,例如章程规定“总投资规模为1.5亿元,其中8000万元作为公司的注册资本,超额部分作为股东借款”,这种做法值得借鉴。

(八)股东变更出资方式法律实务

通常情况下,股东具体的出资方式在股东协议或者公司章程中均会有明确的记载。根据《公司法》第46条的规定,有限责任公司章程应当记载股东的出资额、出资方式和出资日期。股东能否变更出资的方式,法律没有明确的规定。实践中,通常认为在不损害公司、其他股东及债权人利益的情况下,股东可以变更出资方式。

四川省成都市中级人民法院在**济南斗丰商贸有限公司与成都成飞企业管理有限公司、成都成飞建设有限公司执行异议纠纷案**①中维持一审判决。该案一审判决以“经第三方独立机构立信会计师事务所验资,于2017年8月14日所出具了《验资报告》,确认成都成飞企业管理有限公司对第三人成都成飞建设有限公司变更出资方式,即以货币资金47979335元更换原实物出资47979334.62元,且已于2017年6月27日交付到位”为由,判决不得追加成都成飞企业管理有限公司为(2018)川0105执275号执行案件的被执行人。

山东省烟台市中级人民法院在**华夏银行股份有限公司烟台分行与烟台开发区永胜铝合金加工有限公司、烟台久隆食品有限公司等金融借款合同纠纷案**②再审判决中查明:烟台久隆食品有限公司(以下简称久隆公司)成立时,烟台开发区永胜铝合金加工有限公司(以下简称永胜公司)认缴出资额795.2万元人民币,其中土地使用权195.2万元人民币,厂房600万元人民币,但久隆公司后通过修改公司章程、向烟台开发区管理委员会申请变更股东出资方式并经批准的合法程序,将股东永胜公司的出资方式修改为以人民币现金出资,折合99.4万美元,该出资已实缴到位,因此,永胜公司已完全履行了缴纳出资义务,事实清楚、证据充分。

根据《最高人民法院关于适用〈中华人民共和国民事诉讼法〉的解释》(以下简称《民事诉讼法解释》)(2022年修正)第91条第2项的规定,主张法律关系变更、消灭或者权利受到

① 参见四川省成都市青羊区人民法院(2018)川0105民初6949号民事判决书(一审),四川省成都市中级人民法院(2019)川01民终1471号民事判决书(二审)。

② 参见山东省烟台市中级人民法院(2018)鲁06民初305号民事判决书(一审),山东省烟台市中级人民法院(2021)鲁06民再62号民事判决书(再审)。

妨害的当事人,应当对该法律关系变更、消灭或者权利受到妨害的基本事实承担举证证明责任。换言之,在股东主张变更出资方式的场景下,该股东应当举证证明以下情形:(1)变更出资方式得到其他股东的同意。已经办理变更登记、获得相关主管部门批准、获得公司聘请的第三方验资机构的《验资报告》等事实可以反推这种同意。(2)变更后的出资方式符合法律的规定。即以货币出资的,应当以存入公司开立的银行账户的方式交付公司;以非货币财产出资的,应当符合"评估作价—交付公司—办理财产权转移"手续的要求。(3)变更出资方式不损害债权人的利益,不构成对股东出资责任的减损,不妨碍对公司的资本充实义务。

【案例2.5】 徐某辉与广州市聚缘餐饮管理有限公司股东出资纠纷案①

本案中,广州市聚缘餐饮管理有限公司(以下简称聚缘公司)向法院起诉,请求判令徐某辉根据《出资协议》履行出资义务向聚缘公司支付30万元出资款。经审理查明:2018年4月5日,徐某辉与黄某干、潘某贤就共同出资设立聚缘公司签订了《出资协议》,约定徐某辉出资额为30万元,以实体门店(广卫路门店)出资,占注册资本的30%,其他二人以货币出资。聚缘公司登记信息显示,该公司系一人公司,股东为梁某臻,出资数额为货币出资50万元。各方均确认徐某辉以及黄某干、潘某贤系聚缘公司的隐名股东,由梁某臻代为持股。

关于为何在本案诉请徐某辉以货币出资,聚缘公司表示:广卫路门店系徐某辉租赁而来的,无法办理登记,徐某辉也无法以该店铺的经营权出资,经协商将徐某辉的出资方式变更为以货币出资。徐某辉对此不予认可,认为其是以非货币财产出资,具体是以门店的收益以及设备出资。动产通过指示交付,不需要进行产权变更登记,门店的收益以及利用门店的设备赚取的经营款已归聚缘公司所有。黄某干、潘某贤同意徐某辉以门店经营权出资是看中了门店稳定的收益,实际就是公司收购门店,但因为个体经营没办法将其转名到公司名下。

2019年7月24日,聚缘公司向徐某辉发出《投资款催告函》,其中第3条为:投资人徐某辉的出资款项30万元至今仍未出资到位,您以广卫路门店进行出资,但该门店的所有权原来并不属于您,您仅是向他人进行租赁出资,但您亦没有支付完毕30万元的租金并用于公司经营。现聚缘公司陷入亏损状态,您理应完全履行出资协议中约定的义务出资30万元。

---

① 参见广州市越秀区人民法院(2019)粤0104民初39336号民事判决书(一审),广东省广州市中级人民法院(2020)粤01民终9919号民事判决书(二审)。

广州市越秀区人民法院一审认为：徐某辉与黄某干、潘某贤签订《出资协议》约定成立聚缘公司，且指定梁某臻作为申请人，向公司登记机关申请公司名称预先核准登记和设立登记；同时，各方均确认徐某辉以及黄某干、潘某贤系聚缘公司的隐名股东，梁某臻也在庭审中确认其系代徐某辉以及黄某干、潘某贤持股的，故本案聚缘公司可对徐某辉提起股东出资纠纷的诉讼。本案争议焦点为《出资协议》中的"以实体门店出资"如何理解。聚缘公司主张系以该门店的产权出资，但上述条款并未明确载明以该广卫路门店的产权或者物权出资的内容，且聚缘公司自2018年5月开始就以自己的名义支付广卫路门店的租金，可知聚缘公司对广卫路门店系租赁而来的事实知悉且清楚，故对聚缘公司认为徐某辉应以广卫路门店产权出资的主张不予采信。对于徐某辉主张其系以广卫路门店的经营权或以收益权及设备等出资的问题，虽聚缘公司确认经营广卫路门店期间的收益已由聚缘公司收取，但广卫路门店并未变更登记至聚缘公司名下；虽徐某辉还表示已将广卫路门店的设备都交付给了聚缘公司，但并无交付的证据；且徐某辉现表示广卫路门店已由业主收回。故徐某辉关于其已用广卫路门店的经营权进行了出资的陈述不符合上述关于非货币财产出资的规定，该院对徐某辉的上述意见亦不予采信。自2018年12月7日起，徐某辉陆续向聚缘公司法定代表人账户支付共计4.9万元并主张上述款项系代黄某干、潘某贤垫付的出资但并无证据予以证实，徐某辉也未能对其支付上述款项的用途给予合理解释，而聚缘公司确认上述款项系徐某辉支付的出资款，并同意在徐某辉应出资的金额中扣减，主张已达成徐某辉以货币方式完成出资的协议，黄某干、潘某贤也对徐某辉以货币方式出资并无异议，故徐某辉上述向聚缘公司付款的行为，应视为徐某辉现已同意以货币方式完成出资。故徐某辉还应以货币方式向聚缘公司出资25.1万元。遂判决徐某辉在判决生效之日起10日内向聚缘公司支付出资款25.1万元。

广州市中级人民法院二审认为本案争议焦点为：徐某辉在聚缘公司设立时是否完成其作为股东的出资义务。该院分析认定如下：第一，聚缘公司、黄某干、潘某贤虽称对该门店系由徐某辉承租经营的不清楚，但从聚缘公司接手该门店后实际缴纳租金的情况来看，聚缘公司、黄某干、潘某贤至少在2018年4月，就已经对徐某辉不是该门店房产权属人的情况有了清楚认识。聚缘公司、黄某干、潘某贤坚持认为徐某辉的出资方式，必须是办理该门店房屋产权的变更登记，显属不能实现，且聚缘公司、黄某干、潘某贤亦未在接手门店经营后近一年时间内提出异议。法院有理由相信，各方在《出资协议》中约定的以门店出资的方式，系以该门店经营权出资。第二，《出资协议》虽约定用实物出资的，应当评估作价、核实财产，并依法办理财产权的转移手续。但基于涉案实体门店无法办理产权转移的客观现实，以及聚缘公司在接手该店后一直未进行评估作价的行为，可以视为聚缘公司、黄某干、潘某贤对其享有的股东权利的放弃。徐某辉称各方在签署《出资协议》前，已对于该门店的经营权价值有预估和判断，具有合理性。综

> 上，法院有理由相信，聚缘公司接手经营涉案实体门店的行为，已表明其确认徐某辉在交付涉案实体门店整体经营权后，已完成其出资义务。第三，聚缘公司在接手涉案实体门店经营后，对该门店租金、水电费、人工费、物品采买等相关开支的承担以及对门店经营收入的取得，都是基于其获得该形式资本并将其纳入公司正常经营资产后，而应当享有的权利及承担的义务，与公司对股东货币出资享有的权益在本质上并无不同。聚缘公司认为徐某辉须承担该门店的租金费用，方体现其以出租房产出资的意义和价值，并无事实和法律依据，不予采信。第四，聚缘公司、黄某干、潘某贤称其在得知涉案门店系租赁而来后，与徐某辉口头协商将出资方式变更为以货币出资，但未能提供证据予以证实。此外，若真如聚缘公司、黄某干、潘某贤所述，各方早已协商一致变更徐某辉的出资方式，则在涉案《投资款催告函》中，聚缘公司、黄某干、潘某贤应当是开宗明义地要求徐某辉履行货币出资义务，而非先行陈述其认为徐某辉未履行店铺出资义务，进而要求其以现金出资。因此，本院对聚缘公司、黄某干、潘某贤关于各方协商一致变更徐某辉的出资方式的陈述不予采信。第五，聚缘公司、黄某干、潘某贤称，徐某辉转账4.9万元的行为，可以被视为其以实际行动履行了货币出资义务。但是，徐某辉在转账中对该4.9万元的性质并未作备注，徐某辉亦不认可聚缘公司、黄某干、潘某贤的陈述意见。双方资金往来存在多种可能和基础关系，仅凭款项流动的事实，不足以证实徐某辉同意以货币形式变更其出资方式。法院对该4.9万元的款项性质不作认定。综上所述，徐某辉的上诉请求和事实理由部分有理，一审法院对于徐某辉是否完成出资义务的认定错误，遂撤销一审判决，改判驳回聚缘公司的全部诉讼请求。

回到本节所拟设的案例，根据《公司法》的相关规定，对环宇公司各股东的出资可以作如下之分析：甲股东以管理经验出资，因其带有人身专属性质，不具有可转让性，因而不符合《公司法》《市场主体登记管理条例》关于出资的规定；乙股东以货币出资（无论是人民币还是外币）符合《公司法》出资的规定；丙股东以专利使用权出资，在实务中可能会遇到麻烦，但可以巧妙地利用好《公司法》第65条①、第210条第4款②的规定，通过协商约定盈余分配比例和表决权比例的方式达到事实上的出资效果；丁股东以设定抵押权的房屋出资，应该通过向债权人偿还债务或者另行提供其他担保的方式，涤除该房屋上的权利负担，从而使自己的出资符合法律的规定；戊股东以其他公司的股权出资，符合《公司法》的规定，但需要办理"评估作价—交付公司—权属变更"的程序。同时需要注意的是，以股权出资需要

---

① 《公司法》第65条规定，股东会会议由股东按照出资比例行使表决权；但是，公司章程另有规定的除外。

② 《公司法》第210条第4款规定，公司弥补亏损和提取公积金后所余税后利润，有限责任公司按照股东实缴的出资比例分配利润，全体股东约定不按照出资比例分配利润的除外；股份有限公司按照股东所持有的股份比例分配利润，公司章程另有规定的除外。

办理权属转移，此亦属于股权转让的一种方式。如以有限责任公司的股权出资，将涉及其他股东的优先购买权问题，对此详见本书第六章的有关内容。

■ 第三节 股东出资瑕疵的法律责任

从广义上讲，公司出资瑕疵既包括虚假出资、出资不符合法律规定的情况，也包括出资后抽逃出资的情况。所谓虚假出资，是指公司发起人、股东不履行出资义务或违反出资规定，未交付货币、实物或者未转移财产权等，欺骗公司、债权人及社会公众，骗取公司登记的行为。如发起人或者股东将本属于公司的财产用于出资，规避出资义务，制造自己已经实际出资的假象即属于此种情形。所谓抽逃出资，是指股东将作为出资的财产交付公司后，又将已经形成公司资产的出资暗中予以撤回，但仍保留股东身份及原有出资数额的一种欺诈性违法行为。

按照《公司法》及相关司法解释的规定，股东出资存在瑕疵可能承担的法律后果有以下内容。

一、向公司承担补足出资的责任，且不受诉讼时效的限制

公司作为独立的民商事主体，对出资不足或者抽逃出资的股东可以要求其规范出资。具体而言，公司可以要求未出资或者出资不足的股东补足出资，可以要求抽逃出资的股东返还出资。要求补足出资以及返还出资均可同时主张利息损失。

根据《最高人民法院关于审理民事案件适用诉讼时效制度若干问题的规定》(2020 年修正)第 1 条第 3 项的规定，基于投资关系产生的缴付出资请求权不适用诉讼时效制度，股东不得以超过诉讼时效为由进行抗辩。《公司法司法解释(三)》第 19 条第 1 款规定，公司股东未履行或者未全面履行出资义务或者抽逃出资，公司或者其他股东请求其向公司全面履行出资义务或者返还出资，被告股东以诉讼时效为由进行抗辩的，人民法院不予支持。

本书认为，之所以追究股东出资责任不受诉讼时效的限制，实际上是将股东未规范履行出资义务视为对公司的侵权。且只要未规范出资处于持续状态，即视为股东对公司的侵权行为处于继续状态。另外，股东出资是公司资本的原始、直接的来源，基于公司资本维持原则，规定股东资本充实责任不受诉讼时效限制，也能更好地保护公司及债权人的利益。

二、向其他依法出资的股东承担违约责任

关于有限责任公司股东承担出资违约责任的问题，2018 年《公司法》第 28 条第 2 款规定，股东不按照前款规定缴纳出资的，除应当向公司足额缴纳外，还应当向已按期足额缴纳

出资的股东承担违约责任。在2023年《公司法》修订过程中,前述规定曾一度被保留。如《公司法(修订草案一审稿)》第45条规定,股东未按期足额缴纳出资,或者作为出资的非货币财产的实际价额显著低于所认缴的出资额的,应当向已按期足额缴纳出资的股东承担违约责任。《公司法(修订草案二审稿)》第50条将其调整为,股东未按期足额缴纳出资,或者作为出资的非货币财产的实际价额显著低于所认缴的出资额的,应当按照股东之间的约定向已按期足额缴纳出资的股东承担违约责任。即就有限责任公司的出资违约责任增加了"按照股东之间的约定"这一限制,从而与第99条关于股份公司中发起人出资瑕疵时"应当按照发起人协议对其他发起人承担违约责任"的规定统一起来。2023年《公司法》修订后,无论是有限责任公司还是股份有限公司,都不再专门规定股东的出资违约责任。

本书历来主张,违约责任作为合同责任,以当事人之间的约定为前提,在发起人协议、设立协议以及公司章程未作出明确约定的情况下,由法律直接规定承担违约责任显属不妥。因此,《公司法(修订草案二审稿)》增加"按照股东之间的约定"的规定值得肯定。最终2023年《公司法》修订后予以删除亦无伤大雅,毕竟,应否约定出资瑕疵违约责任,完全可以交由股东自治解决。

在此前司法实践中,有的法院以股东认缴的出资额为基础,加算同期银行贷款利息计算其应当承担的出资违约责任。如云南省普洱市中级人民法院在**普洱市产业投资有限责任公司与贵州博思艾迪大数据有限公司股东出资纠纷案**①中指出,因贵州博思艾迪大数据有限公司(以下简称博思艾迪公司)并未在公司章程规定的出资时间完成实物及货币出资,根据《公司法》第28条②的规定,一审判令博思艾迪公司向普洱市产业投资医疗器械有限公司履行245万元的出资义务并支付利息(自章程规定的出资之日起至出资款项实际付清之日止,以245万元为基数,按年利率3.85%计算)并无不当,本院予以维持。

也有法院对此持反对态度,认为在公司章程及股东协议未作约定的情况下,不能根据修订前《公司法》第28条③的规定直接判决承担违约责任。如黑龙江省牡丹江市中级人民法院在**车某波与赵某影、黑龙江利达驾驶员培训服务有限公司股东出资纠纷案**④中就以"车某波未按公司章程约定认缴出资额,但双方对违约条款未作约定……因此,赵某影主张车某波对其承担违约责任,缺乏事实与法律依据"为由,撤销一审判决。该案中,一审法院以车某波应缴纳的出资额200万元为基础,加算迟延履行期间同期贷款利息以及以同期全国银行间同业拆借中心公布的贷款市场报价利率分段计算迟延履行的利息损失合计107304.51元,判令其向赵某影承担出资违约责任。

---

① 参见云南省普洱市思茅区人民法院(2021)云0802民初133号民事判决书(一审),云南省普洱市中级人民法院(2021)云08民终1295号民事判决书(二审)。

② 指2018年《公司法》第28条。

③ 指2018年《公司法》第28条。

④ 参见黑龙江省牡丹江市阳明区人民法院(2019)黑1003民初1069号民事判决书(一审),黑龙江省牡丹江市中级人民法院(2020)黑10民终527号民事判决书(二审)。

因此本书建议股东在发起设立公司或者在公司进行增资扩股时，应就此种违约责任的承担作出明确的约定。比如约定：

> 股东未按照本协议约定的期间向公司缴付出资，或者以实物出资的股东存在低值高估情形的，或者股东存在抽逃出资行为的，除应向公司规范出资、补足差额外，还应向其他全面履行出资义务的股东承担违约责任。
>
> 违约责任的具体承担方式为：以到期尚未缴纳的出资额、低值高估与认缴出资的差额或者抽逃出资的金额为基础，按照该基础30%的标准，向其他股东支付违约金；该违约金在其他股东之间按照其向公司实缴的出资比例进行分配。

还需指出的是，尽管出资瑕疵的股东向公司承担规范出资责任以及就出资瑕疵部分向债权人承担补充赔偿责任不受诉讼时效限制，但规范出资的股东追究出资瑕疵股东的违约责任应受诉讼时效规制。广西壮族自治区高级人民法院在**精盈国际集团有限公司诉广东粤林林产化工有限公司股东出资纠纷案**[①]中以该案经过诉讼时效为由，撤销一审判决，改判驳回原告的诉讼请求。广西壮族自治区高级人民法院指出，公司诉请股东主张缴付出资请求权与规范出资股东追究瑕疵出资股东违约责任二者的请求权基础是不同的。缴付出资请求权是基于股东的法定出资义务而由公司享有的法定债权请求权，不同于基于当事人合意产生的意定债权请求权——可以由当事人自由约定处置，故不适用诉讼时效的规定。本案属于已足额缴付出资的股东向其他未依约履行合同约定出资义务的股东，按照合同约定追究违约责任。该股东的请求权不能适用《最高人民法院关于审理民事案件适用诉讼时效制度若干问题的规定》第1条第3项的规定，应受诉讼时效的规制。

山西省高级人民法院在**深圳市中电淼浩固体光源有限公司与长治高科产业投资有限公司、长治市南烨实业集团有限公司股东出资纠纷案**[②]中撤销一审判决，改判驳回长治高科产业投资有限公司（以下简称长治高科公司）、长治市南烨实业集团有限公司（以下简称长治南烨公司）的诉讼请求。法院指出，长治高科公司、长治南烨公司因深圳市中电淼浩固体光源有限公司（以下简称深圳中电淼浩公司）迟延履行出资义务而要求其承担违约责任，该请求权虽然是因投资关系而产生的，但其基础关系仍然是违约责任，并非全面履行出资义务或者返还出资。所以，长治高科公司、长治南烨公司主张深圳中电淼浩公司支付违约金的请求，应适用诉讼时效的相关规定。

三、向公司债权人承担补充清偿责任，且不受诉讼时效的限制

依照《公司法司法解释（三）》第13条第2款、第14条第2款及第19条的规定，公司债

---

① 参见广西壮族自治区梧州市中级人民法院（2011）梧民三初字第4号民事判决书（一审），广西壮族自治区高级人民法院（2012）桂民四终字第7号民事判决书（二审）。

② 参见山西省长治市中级人民法院（2016）晋04民初11号民事判决书（一审），山西省高级人民法院（2017）晋民终152号民事判决书（二审），该案中长治高科公司、长治南烨公司以及深圳中电淼浩公司共同发起设立长治虹源科技固态显示有限公司，系股东相互之间追究出资违约责任。

权人可以请求未履行或者未全面履行出资义务的股东以及抽逃出资的股东在未出资或者抽逃出资的本息范围内对公司债务不能清偿的部分承担补充赔偿责任，此种补充赔偿责任也不受诉讼时效限制。需要指出的是，不受诉讼时效限制的是股东的出资行为本身，而不是债权人对于公司的债权。如果公司债权人对于公司的债权已经经过诉讼时效，且无中断、中止或者延长的情形，其诉请股东承担补充赔偿责任，自不应得到法院的支持。

《公司法司法解释（三）》第 18 条第 1 款规定："有限责任公司的股东未履行或者未全面履行出资义务即转让股权，受让人对此知道或者应当知道，公司请求该股东履行出资义务、受让人对此承担连带责任的，人民法院应予支持；公司债权人依照本规定第十三条第二款向该股东提起诉讼，同时请求前述受让人对此承担连带责任的，人民法院应予支持。"这一司法解释的规定被 2023 年修订后的《公司法》吸收。《公司法》第 88 条规定，股东转让已认缴出资但未届出资期限的股权的，由受让人承担缴纳该出资的义务；受让人未按期足额缴纳出资的，转让人对受让人未按期缴纳的出资承担补充责任。未按照公司章程规定的出资日期缴纳出资或者作为出资的非货币财产的实际价额显著低于所认缴的出资额的股东转让股权的，转让人与受让人在出资不足的范围内承担连带责任；受让人不知道且不应当知道存在上述情形的，由转让人承担责任。

还需要注意的是，一般来说，只要股东在未出资本息范围内对任一债权人承担了补充清偿责任，出资瑕疵的责任即告解除，其他债权人再提出相同请求的，法院不予支持。司法实践中，如股东恶意规避对特定对象的补充清偿责任，法院也可能认定其补充清偿责任并不解除。

【案例 2.6】 严某华因抽逃注册资本在被裁定追加执行后又抢先履行后诉调解书之执行异议案①

严某华、陈某才系张家港保税区天妃国际贸易有限公司（以下简称天妃公司）设立时的股东。江苏省江阴市人民法院（以下简称江阴法院）在执行天妃公司与江阴舒卡纤维有限公司（以下简称舒卡公司）买卖合同纠纷案的过程中，因天妃公司无其他财产可供执行，于 2007 年 7 月 20 日裁定追加严某华、陈某才为该案的被执行人，在各自抽逃出资范围内对舒卡公司承担清偿责任，并在抽逃出资 495000 元范围内互负连带责任。严某华、陈某才收到执行裁定后未提出异议，也未履行义务。江阴法院遂查封严某华在张家港市通用新村××幢×××室的房屋及车库。另查明，江苏省张家港市人民法院（以下简称张家港法院）在 2007 年 9 月 24 日受理了张家港市港龙织带有限公司（以下简称

① 参见江苏省江阴市人民法院（2008）澄民执异字第 11 号民事裁定书（一审），江苏省无锡市中级人民法院（2008）锡执异复字第 22 号民事裁定书（二审）；参见《江苏省高级人民法院公报》2011 年第 1 期。

港龙公司)与天妃公司、严某华、陈某才的买卖合同纠纷案,同月26日作出(2007)张民二初字第1450号民事调解书:天妃公司结欠港龙公司货款554000元,由严某华、陈某才在抽逃注册资金495000元范围内于2007年9月28日前共同偿付,余款59000元港龙公司自愿放弃。次日(27日),严某华、陈某才各自向港龙公司交付了现金250000元。2008年6月12日,严某华向江阴法院提出执行异议,以其根据张家港法院(2007)张民二初字第1450号民事调解书履行了抽逃注册资金495000元的责任,不应再次承担抽逃注册资金的责任为由,请求法院对其房屋解除查封,对严某华、陈某才终止执行。

江阴法院经审查认为:尽管《最高人民法院关于人民法院执行工作若干问题的规定(试行)》第82条①规定,被执行人的开办单位已经在注册资金范围内向债权人承担了全部责任的,人民法院不得裁定开办单位重复承担责任;但在江阴法院追加严某华、陈某才为被执行人的裁定依法送达时,尚未有其他法院作出要求严某华、陈某才承担抽逃注册资金的责任的裁判,且在江阴法院送达追加裁定时,该二人也从未承担过抽逃注册资金的责任。在江阴法院先行裁定确定的义务范围内,严某华、陈某才不得以其对张家港法院调解协议书的自愿履行对抗其本应履行的法院执行裁定确定的义务。江苏省无锡市中级人民法院在复议后进一步指出,严某华、陈某才拒不偿还已进入强制执行程序的舒卡公司债务而选择偿还尚未进入强制执行程序的港龙公司债务,违反相关法律精神,其偿还时间在后的债务不能免除其偿还时间在先债务的责任。江阴法院追加严某华、陈某才为被执行人的裁定具有限制该二人偿还债务金额、对象等确定的拘束力。遂据此驳回严某华的复议申请。

追加出资瑕疵股东以及瑕疵股权的受让人并责令其在出资瑕疵范围内对公司债务承担补充清偿责任的,不局限于普通的诉讼程序,在执行程序中亦可以得到支持。对此,《最高人民法院关于民事执行中变更、追加当事人若干问题的规定》(2020年修正)第17条规定,作为被执行人的营利法人,财产不足以清偿生效法律文书确定的债务,申请执行人申请变更、追加未缴纳或未足额缴纳出资的股东、出资人或依公司法规定对该出资承担连带责任的发起人为被执行人,在尚未缴纳出资的范围内依法承担责任的,人民法院应予支持。第19条规定,作为被执行人的公司,财产不足以清偿生效法律文书确定的债务,其股东未依法履行出资义务即转让股权,申请执行人申请变更、追加该原股东或依公司法规定对该出资承担连带责任的发起人为被执行人,在未依法出资的范围内承担责任的,人民法院应予支持。

① 该司法解释于2020年被修改,有关开办单位责任的内容并入修正后的《最高人民法院关于民事执行中变更、追加当事人若干问题的规定》之中。

四、在公司法人人格被否认的情况下，全体“股东”须对“公司”债权人承担连带责任

公司法人独立人格要求公司依法成立，且公司的人格与股东的人格相互分离。在注册资本实缴登记制下，以资本不足否定公司法人人格有着较为明确的评判标准。即只要所有股东的实际出资总额未能达到法定的设立该类公司的最低注册资本金额，则公司设立无效，从而也不具备独立的法律人格。此际，公司被视为所有的“股东”之间的合伙，因而所有“股东”均需向债权人承担连带责任。

2023 年修订后的《公司法》采注册资本认缴登记制，对于有限责任公司、一人有限责任公司以及股份有限公司均废除了最低注册资本的要求。此种情况下，如何认定公司资本严重不足，似乎不再有明确而清晰的标准，只能委诸于法官的自有裁量权。公司资本严重不足，冒险经营，必将对正常的经济秩序和债权人的权利产生影响，因而大多数国家都将此种情形作为揭开公司面纱并否认公司法律人格的条件，以期保护债权人的权利。关于揭开公司面纱制度的论述见本书第九章第二节。

还需指出的是，《公司法》第 39 条规定，虚报注册资本、提交虚假材料或者采取其他欺诈手段隐瞒重要事实取得公司设立登记的，公司登记机关应当依照法律、行政法规的规定予以撤销。公司被撤销注册登记后，该“公司”自始不具有法律意义上的公司主体资格、不具有民事主体资格及诉讼主体资格，也无法承担民事责任，由此造成的一切后果应由行为人即设立、增资时的“股东”承担。

五、部分股东权利被限制、失权甚至被除名

根据《公司法司法解释（三）》第 16 条的规定，对于未履行或者未全面履行出资义务或者抽逃出资的股东，公司可以根据公司章程或者股东会决议对其利润分配请求权、新股优先认购权、剩余财产分配请求权等股东权利作出相应的合理限制，该股东请求认定该限制无效的，人民法院不予支持。如果有限责任公司的股东未履行出资义务或者抽逃全部出资，在经过公司催缴或返还后，在合理期限内仍未缴纳或者返还的，公司可以依照上述司法解释第 17 条第 1 款的规定，以股东会决议的形式解除该股东的股东资格。

【案例2.7】 安达新世纪·巨鹰投资发展有限公司与北京首都国际投资管理有限责任公司、协和健康医药产业发展有限公司股东权确权赔偿纠纷案①

> 该案中,协和健康医药产业发展有限公司(以下简称协和健康公司)(原名海泰生物公司)系由海泰集团公司、北京首都国际投资管理有限责任公司(以下简称首都国际公司)以及新纪元公司共同发起设立的有限责任公司,公司注册资本3亿元,三股东单位认缴的出资分别为1.3亿元、1.3亿元、4000万元。其中,首都国际公司足额出资到位,海泰集团公司、新纪元公司将出资汇入协和健康公司验资账户后又全部抽逃。经多次股权转让,协和健康公司诉讼时的股权结构为:协和医药公司应出资0.15亿元(未到位)、安达新世纪·巨鹰投资发展有限公司(以下简称安达巨鹰公司)应出资1.65亿元(未到位)、首都国际公司应出资1.1亿元(已缴纳)、新纪元公司应出资0.1亿元(已缴纳)。安达巨鹰公司在另案诉讼中与案外人达成执行和解,以其对协和健康公司的股权1.65亿元折价3500万元一次性抵偿给案外人,并就此征询首都国际公司是否行使优先购买权。首都国际公司向黑龙江省高级人民法院提起诉讼,请求法院判令确认安达巨鹰公司不享有对协和健康公司的16500万股股权的股东权利、判令安达巨鹰公司立即补足对协和健康公司的出资并依约承担出资违约责任等,得到了黑龙江省高级人民法院及最高人民法院的支持。法院判决确认安达巨鹰公司如不能补足16500万元出资,则其不享有对协和健康公司16500万股的表决权、利润分配权及新股认购权并判令其依约承担出资违约责任。需要指出的是,本案诉讼肇始于2006年,彼时《公司法司法解释(三)》尚未出台。法院结合公司法理论认为,股东权利的享受和行使须按其投入公司的资本额大小确定,股东在没有履行出资义务的情况下主张权利,则其投资收益与出资风险间不存在联系,明显有违公平原则,亦损害其他股东利益,应对其股东权利加以限制。

对瑕疵出资股东的表决权是否可以进行限制,《公司法》及其司法解释未作出明确规定。实务中一般认为作为控制权的表决权,亦可基于股东出资瑕疵的前提进行适当限制。如在**梁某力与俞某根、华某平、南京云帆科技实业有限公司股东会决议效力纠纷案**②中,法院公布的裁判要旨即为:股东表决权是股东的一项法定权利。股东表决权应否因股东瑕疵履行出资义务而受到限制,《公司法》对此并未作出明确的规定。《公司法司法解释(三)》第16条规定,可以限制股东自益权,但未指向共益权。表决权作为股东参与公司管理的经

① 参见吴庆宝主编:《权威点评最高法院公司法指导案例》,中国法制出版社2010年版,第114-126页。

② 参见江苏省南京市玄武区人民法院(2012)玄商初字第507号民事判决书(一审),江苏省南京市中级人民法院(2012)宁商终字第991号民事判决书(二审);关于本案亦可参见樊荣禧:《瑕疵出资股东表决权的行使与限制》,载《人民司法》2013年第10期。

济民主权利,原则上属于共益权,但又具有一定的特殊性。股东通过资本多数决的表决机制选择或罢免董事、确立公司的运营方式、决策重大事项等,借以实现对公司的有效管理和控制,其中也包括控制公司财产权,故表决权实质上是一种控制权,同时亦兼有保障股东自益权行使与实现之功能,具有工具性质和双重属性。公司对瑕疵出资股东的表决权进行合理限制,符合《公司法》和司法解释相关规定的立法精神,亦能体现法律的公平公正,可以得到支持,但对股东表决权限制应属于赋权性限制,非强制性限制。

2019 年 11 月 8 日,最高人民法院发布《全国法院民商事审判工作会议纪要》(法〔2019〕254 号,以下简称《九民纪要》)。《九民纪要》第 7 条规定,股东认缴的出资未届履行期限,对未缴纳部分的出资是否享有以及如何行使表决权等问题,应当根据公司章程来确定。公司章程没有规定的,应当按照认缴出资的比例确定。如果股东(大)会作出不按认缴出资比例而按实际出资比例或者其他标准确定表决权的决议,股东请求确认决议无效的,人民法院应当审查该决议是否符合修改公司章程所要求的表决程序,即必须经代表 2/3 以上表决权的股东通过。符合的,人民法院不予支持;反之,则依法予以支持。

《最高人民法院公报》(2023 年第 1 期)刊载的**陈某与陕西博鑫体育文化传播有限公司等公司解散纠纷案**①的裁判摘要指出,根据《公司法司法解释(三)》第 16 条的规定,股东因未履行或者未全面履行出资义务而受限的股东权利,并不包括其提起解散公司之诉的权利。

2023 年《公司法》修订后,于第 52 条规定了股东失权制度,使得对于瑕疵出资股东股权的限制更具有张力,详见本章第六节的相关内容。

六、行政及刑事责任

根据《公司法》第 250 条、第 252 条、第 253 条的规定,公司登记机关对于虚报注册资本、未交付或者未按期交付作为出资的货币或者非货币财产以及抽逃出资等违法情形,处案涉金额 5% 以上 15% 以下的罚款。《市场主体登记管理条例》第 49 条规定:"违反本条例规定的,登记机关确定罚款金额时,应当综合考虑市场主体的类型、规模、违法情节等因素。"

由于《公司法》在 2013 年修正后即原则上采取注册资本认缴登记制,相应地,《刑法》中关于虚报注册资本罪、抽逃出资罪的适用范围也被限缩在仍继续实行注册资本实缴登记制的公司中。根据 2014 年 4 月 24 日通过的《全国人民代表大会常务委员会关于〈中华人民共和国刑法〉第一百五十八条、第一百五十九条的解释》,《刑法》第 158 条(虚报注册资本罪)、第 159 条(抽逃出资罪)的规定,只适用于依法实行注册资本实缴登记制的公司。

七、股东出资加速到期问题的演化路径

在注册资本认缴登记制下,能否在特定情况下让股东出资义务加速到期,《公司法》

---

① 参见陕西省高级人民法院(2021)陕民终 206 号民事判决书(二审),最高人民法院(2021)最高法民申 6453 号民事裁定书(再审)。

（2018 年修正）没有作出规定，司法实践中，该问题经历了曲折的演化路径。2023 年《公司法》修订前，法律体系中关于股东出资加速到期的规范主要集中在以下两种情形：

1. 公司破产。《企业破产法》第 35 条规定，人民法院受理破产申请后，债务人的出资人尚未完全履行出资义务的，管理人应当要求该出资人缴纳所认缴的出资，而不受出资期限的限制。广东省广州市中级人民法院在**唐某明、盘某芳与广州洛伏特汽车用品有限公司等追收未缴出资纠纷案**[①]中指出，唐某明、盘某芳至今仍系广州洛伏特汽车用品有限公司（以下简称洛伏特公司）的工商登记股东，其理应按公司章程规定的期限认缴出资。虽然公司章程规定的认缴出资期限为 2035 年 12 月 1 日，但因白云区人民法院已受理对洛伏特公司的破产清算申请，根据《企业破产法》第 35 条的规定，唐某明、盘某芳缴纳认缴出资已不受上述出资期限的限制。

2. 公司发生解散事由。《最高人民法院关于适用〈中华人民共和国公司法〉若干问题的规定（二）》（以下简称《公司法司法解释（二）》）第 22 条第 1 款规定，公司解散时，股东尚未缴纳的出资均应作为清算财产。股东尚未缴纳的出资，包括到期应缴未缴的出资，以及依照《公司法》第 26 条和第 80 条的规定分期缴纳尚未届满缴纳期限的出资。[②] 上海市第一中级人民法院在**徐某生与上海青丹香贵食品有限公司股东出资纠纷案**[③]中指出，根据上海青丹香贵食品有限公司（以下简称青丹香贵食品公司）章程的规定，徐某生履行出资义务的时间是 2025 年 12 月 31 日前。但是，青丹香贵食品公司已经作出股东会决议，解散公司，成立清算组，目前没有任何证据可以认定该决议已被撤销或被确认无效。因此，虽然章程约定的出资期限尚未到期，但徐某生应当提前履行出资义务。

司法实践中，对于股东出资加速到期问题存在重大分歧，素有肯定说与否定说之争，且两种主张都有相关司法判决支撑。

肯定说认为，“2013 年《公司法》修改后，股东在章程中自由约定出资缴纳期限是公司法赋予股东的一项利益，即期限利益。在公司可以偿付对外债务的情况下，这种期限利益应当受到肯定和保护。但是，在公司已经丧失清偿能力而不能向债权人清偿到期债务时，股东享有的期限利益就应当丧失。单个或部分债权人请求股东在其未缴纳（且未到期）的出资额范围内对债务承担清偿责任的，法院应通过对现有法律、司法解释扩大解释予以支持”[④]。如在**上海香通国际贸易有限公司与上海昊跃投资管理有限公司、徐某松等股权转让**

---

① 参见广东省广州市白云区人民法院（2021）粤 0111 民初 1165 号民事判决书（一审），广东省广州市中级人民法院（2021）粤 01 民终 23034 号民事判决书（二审）。

② 2023 年《公司法》修订后，有限责任公司股东认缴出资的内容规定于第 47 条。关于股份有限公司，依照《公司法》第 98 条第 1 款关于“发起人应当在公司成立前按照其认购的股份全额缴纳股款”的规定，对于股份有限公司发起人已经改为适用注册资本实缴登记制。

③ 参见上海市松江区人民法院（2021）沪 0117 民初 11385 号民事判决书（一审），上海市第一中级人民法院（2021）沪 01 民终 16374 号民事判决书（二审）。

④ 贺小荣主编：《最高人民法院民事审判第二庭法官会议纪要》，人民法院出版社 2018 年版，第 140 页。

纠纷案[①]中,上海市普陀区人民法院明确支持股东出资加速到期,其裁判理由指出,认缴制下公司股东的出资义务只是暂缓缴纳,而不是永久免除。在公司经营发生重大变化时,公司包括债权人可以要求公司股东缴纳出资,以用于清偿公司债务。当股东认缴出资时所作出相关承诺的背景、公司经营客观条件发生重大变化、足以改变相对人(债权人)预期的时候,如果再僵化地坚持股东一直到认缴期间届满时才负有出资义务,只会让注册资本认缴制成为个别股东逃避法律责任的借口。公司有限责任制度不应该成为股东逃避责任的保护伞。如果完全固守认缴制下的股东一直要等到承诺的期限届满才负有缴纳出资的义务这一观点,则可能会让负债累累的公司的股东悠然自得地待在公司有限责任这一保护伞之下,看着债权人急切而又无可奈何的样子暗自窃喜。只让股东享受认缴制的利益(主要是指延期缴纳出资的期限利益),而不让其承担相应风险和责任的结局,不符合《公司法》修改时设立资本认缴制的初衷。在公司负有巨额到期债务的情况下,公司股东采取认缴制的期限利益就失去了基础。两相比较,在审理中直接判令股东缴纳出资以清偿债务,要比事后判决股东在破产程序中缴纳出资,更加能够保护债权人的合法利益,维护市场经济秩序。

否定说认为,股东在缴纳出资上享有的期限利益是法定利益。从 2005 年 10 月 27 日《公司法》修订采取折中授权资本制度[②]以来的司法实践来看,股东在出资期限届满前所享有的利益是法定利益,在出资期限届满前转让股权不属于瑕疵股权转让。既然《企业破产法》第 35 条、《公司法司法解释(二)》第 22 条第 1 款已经为债权人提供了救济措施,法院不能在个案中判决股东出资加速到期,否则将造成法律体系的紊乱。

《最高人民法院关于当前商事审判工作中的若干具体问题》(2015 年 12 月 24 日发布)倾向性意见认为:如果公司不能清偿单个债权人到期债权,那么其往往也资不抵债,或者明显缺乏清偿能力,或者有丧失清偿能力可能。此时按照《企业破产法》第 2 条,公司已经符合破产条件,所以更应当保障全体债权人的利益。单个的债权追及诉讼不尽符合《企业破产法》第 31 条、第 32 条的精神。债权人应当申请债务人破产,进入破产程序后再按照《企业破产法》第 35 条使股东出资义务加速到期,最终在真正意义上保护全体债权人利益。

2017 年 12 月 2 日,最高人民法院民事审判第二庭第 7 次法官会议意见对于坚持否定说发生了一定程度的松动。法官会议意见改采"原则否定—例外肯定"说,认为"公司不能清偿到期债务时,单个或部分债权人起诉请求股东以其认缴但未届出资期限的出资承担清偿责任的,人民法院一般不应支持。某项债权发生时,股东的相关行为已使得债权人对股东

---

① 参见上海市普陀区人民法院(2014)普民二(商)初字第 5182 号民事判决书(一审),上海市第二中级人民法院(2015)沪二中民四(商)终字第 1398 号民事裁定书(二审),本案二审裁定准许原审原告上海香通国际贸易有限公司撤回起诉,同时撤销一审判决。

② 《公司法》(2005 年修订)第 26 条规定:有限责任公司的注册资本为在公司登记机关登记的全体股东认缴的出资额。公司全体股东的首次出资额不得低于注册资本的 20%,也不得低于法定的注册资本最低限额,其余部分由股东自公司成立之日起 2 年内缴足;其中,投资公司可以在 5 年内缴足。有限责任公司注册资本的最低限额为人民币 3 万元。法律、行政法规对有限责任公司注册资本的最低限额有较高规定的,从其规定。

未届出资期限的出资额产生高度确信和信赖，在公司不能清偿该债权时，法院可以判令特定的股东以其尚未届满出资期限的出资额向该债权人承担清偿责任”①。

《九民纪要》(2019 年 11 月 8 日发布)第 6 条规定，在注册资本认缴制下，股东依法享有期限利益。债权人以公司不能清偿到期债务为由，请求未届出资期限的股东在未出资范围内对公司不能清偿的债务承担补充赔偿责任的，人民法院不予支持。但是，下列情形除外：(1)公司作为被执行人的案件，人民法院穷尽执行措施无财产可供执行，已具备破产原因，但不申请破产的；(2)在公司债务产生后，公司股东(大)会决议或以其他方式延长股东出资期限的。

2023 年《公司法》全面修订，吸收了 2013 年修法至今的实践经验，规定了公司的注册资本核查制度、股东失权制度以及股东出资加速到期的制度，同时明确了董事、监事、高级管理人员在公司注册资本维持方面的受信义务。《公司法》第 54 条规定，公司不能清偿到期债务的，公司或者已到期债权的债权人有权要求已认缴出资但未届出资期限的股东提前缴纳出资。

需要说明的是，有权要求股东提前出资的主体既可以是公司，也可以是公司的债权人。公司要求股东提前出资，需要遵循必要性原则并公平对待所有股东。比如，公司运营过程中仅需要部分资金的，不应要求股东将所有未届出资期限的出资全部缴纳，也不应仅要求个别股东缴纳而其余股东不缴纳。

第四节 股东资格确认与隐名股东司法实务

一、股东资格的确认标准与司法实践

在公司实务中，由于公司登记的股东与公司真实股东不一致而引发的股东资格确认纠纷较为常见。如在国企改制过程中，由于职工股东人数众多，往往不会对职工股东进行一一登记。再如股东进行股权转让而没有及时办理变更登记，以及在一定情况下，某些主体可能出于特殊原因②，不愿意进行工商登记等，都可能出现工商登记的股东与公司真实股东不一致的情况。在这种情况下，名义出资人(又称“名义股东”“显名股东”)和实际出资人(又称“隐名股东”“实际股东”)之间的关系有待于厘清。

整体来说，《公司法》及《民法典》在股东资格确定问题上分为三个层面：一为合同层面。

---

① 贺小荣主编：《最高人民法院民事审判第二庭法官会议纪要》，人民法院出版社 2018 年版，第 141 - 142 页。

② 在某些主体已经是其他公司股东的情况下，如果再投资设立新公司，在法律上两家公司会被认定为关联公司；而投资人并不想对外彰显公司之间的关联关系。甚至在有些情况下，投资人试图故意规避法律规定等。

无论是设立协议、发起人协议、增资入股协议还是股权转让协议、股权代持协议，只要不存在合同无效事由，在当事人之间即产生合同效力。二为对抗公司层面。《公司法》第56条第2款规定，记载于股东名册的股东，可以依股东名册主张行使股东权利。针对股权转让，《公司法》第86条规定，股东转让股权的，应当书面通知公司，请求变更股东名册；需要办理变更登记的，并请求公司向公司登记机关办理变更登记。公司拒绝或者在合理期限内不予答复的，转让人、受让人可以依法向人民法院提起诉讼。股权转让的，受让人自记载于股东名册时起可以向公司主张行使股东权利。三为对抗善意相对人层面。《民法典》第65条规定，法人的实际情况与登记的事项不一致的，不得对抗善意相对人。《公司法》第34条规定，公司登记事项发生变更的，应当依法办理变更登记。公司登记事项未经登记或者未经变更登记，不得对抗善意相对人。

对于因此而引发的股东资格确认纠纷，应根据案件的不同情况，分别处理。

（一）利用隐名股东的形式规避法律强制性规定依法应当认定为无效的，隐名出资行为无效

《民法典》第153条规定，违反法律、行政法规的强制性规定的民事法律行为无效。但是，该强制性规定不导致该民事法律行为无效的除外。违背公序良俗的民事法律行为无效。

2023年12月4日公布的《最高人民法院关于适用〈中华人民共和国民法典〉合同编通则若干问题的解释》（法释〔2023〕13号，以下简称《合同编通则解释》）已经不再采取区分效力性强制性规范和管理性强制性规范的解释路径。依照《合同编通则解释》第16条的规定，合同违反法律、行政法规的强制性规定，由行为人承担行政责任或者刑事责任能够实现强制性规定的立法目的的，人民法院可以依据《民法典》第153条第1款关于“该强制性规定不导致该民事法律行为无效的除外”的规定认定该合同不因违反强制性规定无效。法律、行政法规的强制性规定旨在规制合同订立后的履行行为，当事人以合同违反强制性规定为由请求认定合同无效的，人民法院不予支持。但是，合同履行必然导致违反强制性规定或者法律、司法解释另有规定的除外。

最高人民法院在**福建伟杰投资有限公司与福州天策实业有限公司营业信托纠纷案**①中指出，福州天策实业有限公司（以下简称天策公司）、福建伟杰投资有限公司（以下简称伟杰公司）签订的《信托持股协议》违反原中国保险监督管理委员会制定的《保险公司股权管理办法》（2014年修订）第8条关于“任何单位或者个人不得委托他人或者接受他人委托持有保险公司的股权”的规定。尽管《保险公司股权管理办法》在法律规范的效力位阶上属于部门规章，并非法律、行政法规，但原中国保险监督管理委员会是依据《保险法》第134条关于

---

① 参见福建省高级人民法院（2015）闽民初字第129号民事判决书（一审），最高人民法院（2017）最高法民终529号民事裁定书（二审）。

"国务院保险监督管理机构依照法律、行政法规制定并发布有关保险业监督管理的规章"的明确授权，为保持保险公司经营稳定，保护投资人和被保险人的合法权益，加强保险公司股权监管而制定的。据此可以看出，该管理办法关于禁止代持保险公司股权的规定与《保险法》的立法目的一致，都是为了加强对保险业的监督管理，维护社会经济秩序和社会公共利益，促进保险事业的健康发展。从代持保险公司股权的危害后果来看，允许隐名持有保险公司股权，将使得真正的保险公司投资人游离于国家有关职能部门的监管之外，如此势必加大保险公司的经营风险，妨害保险行业的健康有序发展。加之由于保险行业涉及众多不特定被保险人的切身利益，保险公司这种潜在的经营风险在一定情况下还将危及金融秩序和社会稳定，进而直接损害社会公共利益。综上可见，违反《保险公司股权管理办法》有关禁止代持保险公司股权规定的行为，在一定程度上具有与直接违反《保险法》等法律、行政法规一样的法律后果，同时还将出现破坏国家金融管理秩序、损害社会公共利益的危害后果。故依照《合同法》第 52 条第 4 项[①]等的规定，本案天策公司、伟杰公司之间签订的《信托持股协议》属于"损害社会公共利益"，应认定为无效。天策公司依据该《信托持股协议》要求将讼争 4 亿股股份过户至其名下的诉讼请求依法不能得到支持。

除保险公司股权代持被确认无效外，法院对于上市公司股权代持亦持否定态度。在**杨某国与林某坤、常州亚玛顿股份有限公司股权转让纠纷案**[②]中，最高人民法院指出，《证券法》(2014 年修正)第 63 条[③]规定发行人、上市公司依法披露的信息，必须真实、准确、完整，不得有虚假记载、误导性陈述或者重大遗漏。证监会相关规章也对股权代持持否定态度。公司上市发行人必须股权清晰，且股份不存在重大权属纠纷，且公司上市需遵守如实披露的义务，披露的信息必须真实、准确、完整，这是证券行业监管的基本要求，也是证券行业的基本共识。由此可见，上市公司发行人必须真实，不允许发行过程中隐匿真实股东，否则公司股票不得上市发行，通俗而言，即上市公司股权不得隐名代持。法律及相关监管规则要求拟上市公司股权必须清晰，约束上市公司不得隐名代持股权，系对上市公司监管的基本要求，如果上市公司的真实股东都不清晰，其他对于上市公司系列信息披露要求、关联交易审查、高级管理人员任职回避等监管举措必然落空，必然损害到广大非特定投资者的合法权益，从而损害到资本市场基本交易秩序与基本交易安全，损害到金融安全与社会稳定，损害到社会公共利益。

---

① 2021 年 1 月 1 日《民法典》施行后，《合同法》被废止，该条规定现对应于《民法典》第 153 条。

② 参见江苏省高级人民法院(2016)苏民终 1031 号民事判决书(二审)，最高人民法院(2017)最高法民申 2454 号民事裁定书(再审)。

③ 《证券法》2019 年修订后，该条款调整为第 78 条，其内容为：发行人及法律、行政法规和国务院证券监督管理机构规定的其他信息披露义务人，应当及时依法履行信息披露义务。信息披露义务人披露的信息，应当真实、准确、完整，简明清晰，通俗易懂，不得有虚假记载、误导性陈述或者重大遗漏。证券同时在境内境外公开发行、交易的，其信息披露义务人在境外披露的信息，应当在境内同时披露。

(二)负面清单外的涉外股权代持应属有效

需要注意的是,第十三届全国人民代表大会第二次会议于2019年3月15日通过了《外商投资法》,并自2020年1月1日起施行。《外商投资法》第4条规定了"负面清单+国民待遇"原则,即"国家对外商投资实行准入前国民待遇加负面清单管理制度。前款所称准入前国民待遇,是指在投资准入阶段给予外国投资者及其投资不低于本国投资者及其投资的待遇;所称负面清单,是指国家规定在特定领域对外商投资实施的准入特别管理措施。国家对负面清单之外的外商投资,给予国民待遇。负面清单由国务院发布或者批准发布。中华人民共和国缔结或者参加的国际条约、协定对外国投资者准入待遇有更优惠规定的,可以按照相关规定执行"。《外商投资法》施行后,《中外合资经营企业法》《中外合作经营企业法》《外资企业法》均相应废止。因此,自2020年1月1日起,外国人委托他人代持股权的,被投资企业所属领域只要不属于负面清单规定的限制领域,隐名出资行为就应当被认定为有效。

【案例2.8】 程某平(Carson JunPing Cheng)与上海纽鑫达进出口有限公司等股东资格确认纠纷案[①]

2009年11月10日,程某平(Carson JunPing Cheng,美国籍)与张某、程某签订一份《股份协议书》,约定成立贸易公司(后来的上海纽鑫达进出口有限公司,以下简称纽鑫达公司),由于程某平为美国籍,当时无法与国内自然人成立合资公司,三人同意先期以张某、程某两人名义成立公司,等条件成熟后,程某平与该公司成立中外合资公司,各方仍按约定的比例出资。纽鑫达公司的注册资本为100万元,各股东持股比例为程某平51%,张某25%,程某24%,均按持股比例出资。2009年11月3日,程某平通过程某向张某打款458762元。程某平和程某均表示,458762元中的26万元系程某平以张某名义缴纳的纽鑫达公司出资,程某平另有25万元出资系在程某的49万元出资中。

2009年11月11日,纽鑫达公司成立,类型为有限责任公司(自然人投资或控股),法定代表人张某,注册资本100万元,股东为张某(占51%股权)、程某(占49%股权)。

另查明,2009年至2018年,张某先后通过电子邮箱与程某平、程某等有众多电子邮件往来,汇报纽鑫达公司及相关企业的运营情况等。其中,2010年1月7日,程某向张某邮箱发送"办公室账目"的电子邮件,邮件附件中的"纽鑫达公司股东出资额"载明:程某平占51%,出资额51万元;张某占25%,出资额25万元,注册额51万元,其中26%

---

① 参见上海市浦东新区人民法院(2019)沪0115民初6248号民事判决书(一审),上海市第一中级人民法院(2020)沪01民终3024号民事判决书(二审)。

(26 万元)为程某平的股份;程某占24%,出资额24 万元,注册额49 万元,其中25%(25 万元)为程某平的股份。2013 年9 月 16 日,张某向程某平发送电子邮件称:Carson,您好!请看附件,按您的要求,我写了下方案,请您过目,谢谢!该邮件的附件《纽鑫达公司分红案》载明:截至 2011 年 12 月 31 日,纽鑫达公司总计盈利 11391327 元,经股东决议,将其中 1000 万元向各股东分红。按各股东所持股份比例分配如下:程某平 510 万元,张某 250 万元,程某 240 万元。经股东一致同意,按比例分别支付给各股东如下金额:程某平 424.9999 万元,张某 250 万元,程某 220 万元。剩余未支付的分红款项,作为各股东的投资再次投入公司。另外,未分配利润 1391327 元,留在公司,作为周转资金使用。

上海市浦东新区人民法院一审认为:本案系股东资格确认纠纷,因程某平系美国国籍,故本案系涉外案件。《涉外民事关系法律适用法》第 14 条第 1 款规定,法人及其分支机构的民事权利能力、民事行为能力、组织机构、股东权利义务等事项,适用登记地法律。本案标的公司即纽鑫达公司的登记地位于中华人民共和国,故本案应当适用中华人民共和国法律进行审理。本案的争议焦点是:(1)张某是否代持了程某平所有的26%的纽鑫达公司股权;(2)程某平能否要求纽鑫达公司办理相应的股权变更手续,变更是否存在法律或政策上的障碍。关于争议焦点一。首先,双方有一系列明确的协议相互印证程某平实际享有纽鑫达公司 51% 的股权。2009 年 11 月 10 日的《股份协议书》、2012 年 10 月 29 日的《股份协议书》以及 2018 年 8 月 6 日的《出资证明书》均基于各方的真实意思表示,均能证实程某平实际享有纽鑫达公司 51% 的股权,其中 26% 的股权由张某代持,25% 的股权由程某代持。其次,程某平已举证证明其对纽鑫达公司履行了相应的出资义务。程某平称 2009 年 11 月 3 日程某向张某打款 458762 元中的 26 万元系程某平以张某名义缴纳的纽鑫达公司出资,程某对此表示认可,同时也承认其出资的 49 万元中的 25 万元实际系程某平出资。纽鑫达公司及张某虽然否认,但没有提供充分的证据予以佐证,且根据后来的《股份协议书》《出资证明书》及分红方案等,亦可推断程某平已经实际履行了出资义务。最后,从各方往来的一系列电子邮件可以看出,程某平事实上参与了纽鑫达公司的经营管理,特别是重大事项的决策,履行了其作为大股东的权利和义务。综上,一审法院认定程某平系纽鑫达公司的隐名股东,张某名下26% 的纽鑫达公司股权的实际拥有人是程某平。关于争议焦点二。纽鑫达公司系有限责任公司(自然人投资或控股),显名股东为张某、程某,均系国内自然人;隐名股东为程某平,系美国国籍。如变更相应的工商登记,使隐名股东显名,主要存在以下争议:(1)关于国内自然人能否与外国人成立外商投资企业问题。2020 年 1 月 1 日施行的《外商投资法》已经取消《中外合资经营企业法》中关于中国合营者需为公司、企业或其他经营组织(未列明个人)的限制。《最高人民法院关于适用〈中华人民共和国外商投资法〉若干问题的解释》(法释〔2019〕20 号)第 2 条规定:“对外商投资法第四条所指的外商投资准入负面清单之外的领域形成的投资合同,当事人以合同未经有关行政主管部门批准、登记为由主张合同无效或者未生效的,人民法院不予支持。前款规定的投资合同签订于外商投资法施行前,但人民法院在外商投资法施行时尚未作出生效裁判的,适用前款规定认定合同的效力。”因此,本案中纽鑫达公司及张某要求确认程某平与其他第三人共同成立公司的行为无效,一审法院不予支持。(2)关于外国人成为公司股东是否需要办理相关审批手续问题。《外商投资法》施行后,我国对外商投资实行准入前国民待遇加负面清单管理制度。所谓准入前国民待遇,是指在投资准入阶段给予外国投资者及其投资不低于本国投资者及其投资的待遇;所谓负面清单,是指国家规定在特定领域对外商投资实施的准入特别管理措施。国家对负面清单之外的外商投资,给予国民待遇。本案中,一审法院致函上海市商务委员会,就“如确认程某平为纽鑫达公司股东,上海市商务委员会是否同意将程某平变更为纽鑫达公司股东,并将纽鑫达公司变更为外商投资企业”进行咨询。浦东新区商务委投资促进处复函称:“……纽鑫达公司所从事领域不属于外商投资准入特别管理措施(负面清单)的范围,我委办理将Carson JunPing Cheng 变更为纽鑫达公司股东,并将纽鑫达公司变更为外商投资企业的备案手续不存在法律障碍。”因此,程某平要求变更为纽鑫达公司股东,不需要履行特别的审批手续,亦不存在法律上的障碍。此外,根据《公司法司法解释(三)》第 24 条的规定,实际出资人请求公司变更股东、签发出资证明书、记载于股东名册、记载于公司章程并办理公司登记机关登记的,应当经公司其他股东半数以上同意。本案中,除名义股东张某以外的其他股东,即程某明确认可程某平的股东身份,也同意将程某平变更登记为纽鑫达公司股东。因此,程某平要求纽鑫达公司将张某代持的纽鑫达公司 26% 的股权变更登记到自己名下,符合法律及司法解释的规定,一审法院予以支持。据此,判决确认登记在张某名下的纽鑫达公司 26% 的股权系程某平所有;纽鑫达公司将张某名下的纽鑫达公司 26% 的股权变更登记到程某平名下,张某应当予以配合。

纽鑫达公司、张某不服一审判决提起上诉。上海市第一中级人民法院经审理后,维持了一审判决。

上海市第一中级人民法院还在**金某必与上海人子贸易有限公司、薛某玲股东资格确认纠纷案**①中指出,上诉人薛某玲、被上诉人金某必(Kim Jun Pil,韩国籍)均主张自己为上海人子贸易有限公司(以下简称人子公司)的实际股东,应予举证。综合双方的举证情况,金

① 参见上海市浦东新区人民法院(2020)沪 0115 民初 7377 号民事判决书(一审),上海市第一中级人民法院(2021)沪 01 民终 5935 号民事判决书(二审)。

某必提供证据的证明力强于薛某玲提供证据的证明力，尤其是从代持股合意、相互地位、作用、实际履行事实方面，能够证明薛某玲系代金某必持股的事实成立，并由此维持一审法院确认金某必（Kim Jun Pil）系人子公司的股东，享有人子公司 100% 的股权的判决。

（三）公务员投资参股的，不仅因违反《公务员法》第 59 条的规定而无效

《公务员法》第 59 条第 16 项规定，公务员不得违反有关规定从事或者参与营利性活动，在企业或者其他营利性组织中兼任职务。实践中，公务员委托他人代持股权或者直接参股公司的情况也时有发生。前已述及，《合同编通则解释》已经不再区分效力性强制性规范和管理性强制性规范。但在此前的司法实践中，对于公务员参股投资公司的，法院亦不否认其效力；但主管机关应当依照相关规定对公职人员进行政务处分。对此，《公职人员政务处分法》第 36 条规定，违反规定从事或者参与营利性活动，或者违反规定兼任职务、领取报酬的，予以警告、记过或者记大过；情节较重的，予以降级或者撤职；情节严重的，予以开除。

江苏省南通市中级人民法院在**杨某、缪某梅与江苏衡源项目管理有限公司股东资格确认纠纷案**①中指出，缪某梅与杨某先后签订过两份江苏衡源项目管理有限公司（以下简称衡源公司）主要出资人投资协议，该两份协议均明确载明了杨某与缪某梅在衡源公司等额出资，以缪某梅名义登记的股权，杨某享有一半的份额，在衡源公司杨某享有与缪某梅同等的权利和收益，承担同等的义务和责任，能够认定缪某梅与杨某之间确实存在股权代持关系。我国《公务员法》虽然规定公务员不得从事或参与营利性活动，但该规定属管理性禁止性规定，而非效力性强制性规定，公务员若违反了该规定，应由其管理机关追究相应责任，但并不影响公务员作为民事主体签订合同的效力。故缪某梅以此主张案涉两份投资协议无效不能成立。

贵州省遵义市中级人民法院在**胡某与道真自治县东升汽车驾驶员培训学校有限公司股东资格确认纠纷案**②中指出，胡某系道真自治县市场监督管理局事业编制人员，通过张某旭代持道真自治县东升汽车驾驶员培训学校有限公司（以下简称东升驾校）股权违反了《公务员法》第 59 条第 16 项的规定；但该规定系管理性规范，并非效力性强制性规范，胡某违反前述规定应由其管理机关追究其相关责任，但胡某通过张某旭代持股的行为并不因违反上述规定而无效。

（四）在公司内部确认股东资格时法院应当进行实质审查

对于原告以公司登记股东为名义股东为由，诉请确认其股东资格的，法院应进行实质

① 参见江苏省如东县人民法院（2018）苏 0623 民初 6210 号民事判决书（一审），江苏省南通市中级人民法院（2020）苏 06 民终 6 号民事判决书（二审）。

② 参见贵州省道真仡佬族苗族自治县人民法院（2019）黔 0325 民初 2562 号民事判决书（一审），贵州省遵义市中级人民法院（2020）黔 03 民终 2654 号民事判决书（二审）。

审查。法院在对股东资格进行实质审查时，应综合公司章程、股东名册、公司登记、出资情况、出资证明书、是否有成为股东的意思、是否实际行使股东权利、公司其他股东是否认可原告的股东资格等因素，充分考虑当事人实施民事行为的真实意思表示，对股东资格作出认定。

如在**贵州捷安投资有限公司诉贵阳黔峰生物制品有限责任公司等股权确认及新增资本认购纠纷案**[①]中，贵州省高级人民法院认为，就股东资格而言，工商登记仅是宣示性登记，而非设权性登记，只具有对抗善意第三人的效力。因此，当公司内部发生股东资格争议时，不应仅以工商登记为准，还应对取得股东资格的实质性条件如是否出资、是否有成为股东的意思、是否参与公司的经营管理、是否享受股东权益和承担股东义务、其他股东是否明知等事实进行审查，并据实作出认定。本案一系列事实表明，贵州捷安投资有限公司（以下简称捷安公司）不仅对贵阳黔峰生物制品有限责任公司（以下简称黔峰公司）出资，而且以自己的名义参与经营管理，并为其他股东所知悉和认同。因此，法院应根据真意主义原则，认定捷安公司是黔峰公司的股东。

浙江省高级人民法院将**周某明诉邵某梅股东权纠纷案**[②]的裁判要旨归纳为：在公司与股东、股东与股东之间的股权确认纠纷中，因不涉及善意第三人利益的保护，对股东资格的判断应优先考虑实际出资、签署公司章程等实质特征。为顺利实现企业公司制改造，使用他人名义出资的，只要具备缴纳出资、签署公司章程、实际享有股东权利等公司股东实质要件，仍可根据相应的证据确认实际出资者的股东资格。

（五）公司组织法框架下隐名股东的显名问题

《公司法司法解释（三）》第 24 条规定："有限责任公司的实际出资人与名义出资人订立合同，约定由实际出资人出资并享有投资权益，以名义出资人为名义股东，实际出资人与名义股东对该合同效力发生争议的，如无法律规定的无效情形，人民法院应当认定该合同有效。前款规定的实际出资人与名义股东因投资权益的归属发生争议，实际出资人以其实际履行了出资义务为由向名义股东主张权利的，人民法院应予支持。名义股东以公司股东名册记载、公司登记机关登记为由否认实际出资人权利的，人民法院不予支持。实际出资人未经公司其他股东半数以上同意，请求公司变更股东、签发出资证明书、记载于股东名册、记载于公司章程并办理公司登记机关登记的，人民法院不予支持。"

隐名股东在一定条件下，可以请求司法确认其股东资格，这也就是实务中经常涉及的隐名股东的显名问题。对前述《公司法司法解释（三）》第 24 条第 3 款进行反向解释，可以

① 参见贵州省高级人民法院（2007）黔高民二初字第 28 号民事判决书（一审），最高人民法院（2009）民二终字第 3 号民事判决书（二审），最高人民法院（2010）民申字第 1275 号民事判决书（再审）。

② 参见浙江省临安市人民法院（2007）临昌民二初字第 128 号民事判决书（一审），浙江省杭州市中级人民法院（2008）杭民二终字第 459 号民事判决书（二审）。

得出:隐名股东(实际出资人)经过公司其他股东过半数通过后,即可请求确认自己的股东身份。为了保证有限责任公司的人合性,这里的"公司其他股东半数以上"应该遵循"人数多数"而非"资本多数",即只要公司其他股东中超过半数的股东同意该实际出资人为公司股东即可,而不在于同意该股东显名的公司其他股东所持有的公司表决权是否超过公司股权的半数。

《九民纪要》在公司内部认定股东资格上有松绑的倾向。该纪要第28条规定,实际出资人能够提供证据证明有限责任公司过半数的其他股东知道其实际出资的事实,且对其实际行使股东权利未曾提出异议的,对实际出资人提出的登记为公司股东的请求,人民法院依法予以支持。公司以实际出资人的请求不符合《公司法司法解释(三)》第24条的规定为由抗辩的,人民法院不予支持。本书认为,《九民纪要》在尊重投资的基础上,将《公司法司法解释(三)》的"经过其他股东过半数同意"作了目的解释,从司法解释蕴含的"积极同意"扩张至无伤有限责任公司人合性的"不反对"。如果隐名股东在公司中属于"内部公然型"的投资,则在诉讼中无须就已经取得其他股东过半数同意进行举证。"在实际出资人本就是公司股东的情况下,将实际出资人的股权份额登记为其真实持有的状态,只涉及股东权利的调整,而不会存在破坏有限责任公司人合性的问题。"①

《广西壮族自治区高级人民法院民二庭关于审理公司纠纷案件若干问题的裁判指引》(桂高法民二〔2020〕19号)第30条第6项指出,隐名出资法律关系并不当然包含实际出资人是否有权或如何成为显名股东的内容,隐名出资合同终止后并非意味着实际出资人当然地获得股东资格。实际出资人想要成为显名股东或真正的股东,实质上是要形成新的股权转让关系,即由名义股东将其股权转让给实际出资人。具体有两类情形:(1)若当事人在合同中约定隐名出资关系解除时名义股东应将股权转给实际出资人,则可视为双方已达成股权转让合意;其中,若实际出资人并非公司股东的,"隐转显"本质上属于股权的外部转让,故应取得其他股东的半数同意(《公司法司法解释(三)》第24条第3款)②,若实际出资人本身也是该公司股东的,则"隐转显"属于股权的内部转让,无须取得其他股东同意。(2)若当事人在隐名出资合同中没有约定关系解除时应如何处理名义股东的股权,双方在解除关系后也未就此达成补充协议的,原则上实际出资人不得直接以其隐名出资合同权利向名义股东或公司请求变更股权,名义股东仅向实际出资人承担隐名出资合同中的补偿或赔偿责任;但根据隐名关系存续中的相关约定或行为能够推定双方存在"隐转显"合意的除外。

(六)善意取得与股东资格确认

股东资格确认纠纷中,可能存在第三人善意取得股权的问题。依照《公司法司法解释

① 最高人民法院民事审判第二庭编著:《〈全国法院民商事审判工作会议纪要〉理解与适用》,人民法院出版社2019年版,第232页。

② 2023年《公司法》修订后第84条关于有限责任公司股权转让不再需要取得其他股东的半数同意,关于股权转让的具体内容,详见本书第六章的相关内容。

(三)》第25条的规定,名义股东将登记于其名下的股权转让、质押或者以其他方式处分,实际出资人以其对于股权享有实际权利为由,请求认定处分股权行为无效的,人民法院可以参照《民法典》第311条的规定处理。名义股东处分股权造成实际出资人损失,实际出资人请求名义股东承担赔偿责任的,人民法院应予支持。涉及外部第三人的股东资格确认,应尽量尊重公司登记的证据效力。如果第三人在受让股权时善意且无过失,可以适用善意取得制度。

【案例2.9】 崔某龙、俞某林与无锡市荣耀置业有限公司、燕某等股权转让纠纷案①

2002年7月,无锡市荣耀置业有限公司(以下简称荣耀公司)取得无锡市荣华大厦房地产开发项目。2003年4月,崔某龙、俞某林与荣耀公司就开发荣华大厦项目签订《股东投资协议》。并随后依照《股东投资协议》三方共同出资设立了无锡市荣耀世纪房地产开发有限公司(以下简称世纪公司),公司注册资本为人民币500万元,崔某龙、俞某林、荣耀公司分别出资270万元、30万元、200万元,占世纪公司注册资本的54%、6%、40%。2003年9月25日,荣耀公司、燕某等四人与崔某龙、俞某林签订了五份《股权转让协议书》及一份《股东会决议》;分别按14%、10%、10%、10%、10%的比例受让崔某龙54%的股权,荣耀公司同时还受让了俞某林6%的股权,并相应在工商部门办理变更登记。2003年12月17日,荣耀公司、燕某等四人与孙某源等五人分别签订五份《股权转让协议》,约定荣耀公司、燕某等四人将实际公司总计80%的股权以4000万元的价格转让给孙某源等五人。在签订协议前,孙某源到工商部门核实,荣耀公司、燕某等四人确实拥有世纪公司的全部股权。同年12月29日,世纪公司办理工商变更手续,其股权结构为荣耀公司持股20%,孙某源等五人持股80%。2004年3月9日,崔某龙、俞某林得知自己股权被冒名转让向工商部门提出撤销股东变更登记、恢复原登记事项的申请。无锡市工商局受理崔某龙、俞某林申请后,委托无锡市人民检察院进行笔迹鉴定,鉴定结论为2003年9月25日《股权转让协议》《股东会决议》中"崔某龙""俞某林"的签名不是本人签署。后,崔某龙、俞某林诉至法院请求确认相关《股权转让协议》无效并确认其在世纪公司中的股权。法院经审理后认为,争议的世纪公司股权原属崔某龙、俞某林所有,其二人转让股权的《股东会决议》《股权转让协议书》并非本人签名,因此荣耀公司、燕某等四人对本案争议股权不享有处分权。孙某源等五人受让争议股权适用善意取得制度,理由在于:第一,孙某源等五人受让股权时,并不明知转让的股权中有

① 参见江苏省高级人民法院(2005)苏民二终字第26号民事判决书(一审),最高人民法院(2006)民二终字第1号民事判决书(二审)。

> 部分股权实际属于崔某龙和俞某林。在股权转让前，孙某源等五人还到工商部门查询，证实世纪公司的股东就是荣耀公司、燕某等四人，尽到谨慎注意义务。同时工商部门的登记具有公信力，公示性最强，就权利外观而言，孙某源等五人有理由相信本案争议股权的所有人就是荣耀公司、燕某等四人。另外，处理涉及公司内部纠纷时须按照实质约定来确定当事人的权利义务，对外则主要应当遵循公示主义原则和外观主义原则，侧重保护交易安全和善意第三人，公司内部纠纷不得对抗善意第三人。第二，孙某源等五人通过交换取得股权，支付了合理对价。第三，孙某源等五人在工商部门办理了相关股权变更手续，此后又实际行使股东权利。在孙某源等五人行使股东权利的过程中，世纪公司的经营情况已经发生了重大变化，即使孙某源等五人返还股权，崔某龙、俞某林所获权益与其所受侵害亦不对等。综合上述因素，法院认为孙某源等五人受让股权是出于善意并且有偿取得，实际行使了股东权利并使股权发生重大变化，从保护善意第三人、鼓励交易、维护交易安全以及维持公司法律关系稳定性出发，应当保护孙某源等五人受让股权的权利。争议的股权原权利人崔某龙、俞某林因丧失股权和股东身份，可以向相关侵权人主张承担民事责任，如果发生争议，可以另行起诉。

需要指出的是，在主张股权善意取得的案件中，善意取得的主体必须是基于对公司登记的信赖而进行股权受让行为，才能够最终取得相应股权。换言之，无处分权人有权处分争议股权的“权利外观”应仅限于公司登记将其记载为公司股东的登记行为。如欠缺此等权利外观，一般不能适用股权善意取得制度。

（七）股东资格的消极确认

司法实践中，还存在股东资格的消极确认，对于此类案件法院应当依法予以受理。如在**郝某与太原鑫和淼钰商贸有限公司股东资格确认纠纷案**①中，太原市中级人民法院指出：股东资格确认纠纷是指股东与股东之间或者股东与公司之间就股东资格是否存在，或者股东持有数额、比例等争议产生的纠纷。本案属于公司内部关系中股东与公司之间的诉讼，郝某请求确认公司工商登记的股东不具有股东资格，法院应当根据公司法的相关规定、公司股东应当具备的各项条件对相关主体是否具有股东资格进行判断，并作出实体认定和判决，不能以案件属于行政诉讼受案范围、不属于民事诉讼范围为由裁定驳回起诉。遂裁定撤销一审裁定，指令太原市迎泽区人民法院审理。② 同样，湖南省衡阳市中级人民法院在**王**

---

① 参见太原市迎泽区人民法院（2018）晋 0106 民初 3844 号民事裁定书（一审），山西省太原市中级人民法院（2019）晋 01 民终 1390 号民事裁定书（二审）。

② 指令审理后，原告郝某于 2019 年 9 月 17 日向太原市迎泽区人民法院申请撤回起诉，该院以（2019）晋 0106 民初 3127 号民事裁定书准许郝某撤诉。

某平与衡阳市嘉盛房地产开发有限公司股东资格确认纠纷案[1]以及安徽省合肥市中级人民法院在**谢某年与安徽飞豹智能化工程有限公司股东资格确认纠纷案**[2]中,均撤销一审裁定,指定一审法院对原告提起的股东资格消极确认之诉进行实体审理。

实践中,原告请求法院否认自己的股东资格,大多因其系被冒名登记为公司股东。此类案件涉及对于债权人的保护问题,通常难以得到法院支持。法院不支持原告的理由主要有:公司设立登记或增资、股权转让等变更登记中留存的原告身份证复印件往往加盖"与原件核对一致"的章,说明原告有成为公司股东或者为他人代持公司股权的意思表示。公司登记机关将原告登记为公司股东,属于行政行为,该行政行为在依法被撤销前具有确定的法律效力,法院不宜在民事诉讼程序中直接否定其效力。即便原告能够提供证据证明相关签字并非本人所签,但代签字的情况在实践中也比较常见,难以仅凭此认定原告不具有股东资格。另外,原告请求否认自己的股东资格,往往也是因为此时公司已经经营不善,面临众多债务,甚至原告已经被判令对公司债务负担清偿责任,此时判决确认原告不具有股东身份,无疑将损害债权人的利益,致使原告得以借此逃避承担相应的法律责任。在可能涉及外部债权人利益保护的情况下,法院对于股东资格的审查将更多强调商事外观主义,主要审查公司登记及所带来的权利表征与权利外观。不具有股东资格属于消极确认之诉,原告举证证明自己不是公司股东本身就存在相当大的难度,以原告未能提供充分证据证明其系被冒名因而不具有股东资格为由驳回其诉讼请求,也是法院常用的理由。

贵州省黔东南苗族侗族自治州中级人民法院在**付某婵与贵州建轩佳数控机械设备有限公司、第三人张某兴股东资格确认纠纷案**[3]中指出,有限责任公司股东资格的确认,涉及实际出资数额、公司章程、股东名册、出资证明书、工商登记、参与公司经营管理、行使股东权利等多种因素,牵涉股东、公司和债权人等多方主体利益,故对事实证据的审查认定,应从保持公司内部法律关系的相对稳定,保护善意第三人的合法权利,维护交易秩序和安全,以及当事人具体实施民事行为的真实意思表示,综合予以考虑。最终,法院驳回了付某婵请求确认其不具备贵州建轩佳数控机械设备有限公司股东资格的诉讼请求。

同样地,上海市第一中级人民法院在**顾某良诉上海卫邦管道有限公司股东资格确认纠纷案**[4]中,驳回了顾某良请求确认其不具有股东资格的诉讼请求。法院特别指出:股东是否实际出资、是否享受分红、是否参与公司经营管理等事实,并不具有公示性,不具有使第三人信赖的外观特征,公司债权人或者公司、股东以外的第三人并没有法律上的义务去了解,

---

① 参见湖南省衡阳市珠晖区人民法院(2019)湘0405民初4037号民事裁定书(一审),湖南省衡阳市中级人民法院(2020)湘04民终141号民事裁定书(二审)。

② 参见安徽省合肥市蜀山区人民法院(2019)皖0104民初7147号民事裁定书(一审),安徽省合肥市中级人民法院(2020)皖01民终766号民事裁定书(二审)。

③ 参见贵州省黔东南苗族侗族自治州中级人民法院(2018)黔26民初112号民事判决书(一审),贵州省高级人民法院(2018)黔民终1217号民事判决书(二审)。

④ 参见上海市奉贤区人民法院(2016)沪0120民初2571号民事判决书(一审),上海市第一中级人民法院(2016)沪01民终4844号民事判决书(二审)。

在客观上也无法调查。因此，在本案讼争事项实际已涉及第三人利益的情况下，上述事项不应作为判断顾某良股东身份的依据。从法律相关规定看，股东不出资或其他出资瑕疵行为只是会导致相应的民事责任、行政责任甚至刑事责任，现行法并未规定股东出资瑕疵或未出资是否定股东资格的法定理由。从逻辑上讲，享有股东权利是取得股东身份的结果，而不是取得股东身份的条件或原因。股东应当享有股东权利，但不能反过来认为没有实际享有股东权利的人就不是公司股东。顾某良以未参与公司具体的经营管理活动为由否定其股东身份也缺乏充分依据。

2022 年 3 月 1 日，国家市场监督管理总局令第 52 号公布《市场主体登记管理条例实施细则》。《市场主体登记管理条例实施细则》第 16 条规定，在办理登记、备案事项时，申请人应当配合登记机关通过实名认证系统，采用人脸识别等方式对下列人员进行实名验证：(1)法定代表人、执行事务合伙人(含委派代表)、负责人；(2)有限责任公司股东、股份有限公司发起人、公司董事、监事及高级管理人员……因特殊原因，当事人无法通过实名认证系统核验身份信息的，可以提交经依法公证的自然人身份证明文件，或者由本人持身份证件到现场办理。这一规定施行后，被冒名登记的情况得到有效整改。

(八)超过有限责任公司股东人数上限的股东资格确认

《公司法》第 42 条规定，有限责任公司由 1 个以上 50 个以下股东出资设立。实践中，股东人数突破《公司法》关于有限责任公司股东人数上限的规定，并不影响司法上对于股东资格的确认；但在行政上，公司登记机关应当责令公司进行整改纠正，以使得股东人数符合法律规定。

在**杨某中诉辉县市新阳纺织有限公司股东权纠纷案**[①]中，一审法院即以“杨某中虽持有新阳公司为其出具的股权凭证，但持有此证的人数已经超过了一百人，如果确认杨某中为新阳公司的股东，将违反公司法关于有限责任公司设立的有关规定”为由，驳回杨某中关于确认股东资格的诉讼请求。二审法院纠正了一审法院的判决，认为“杨某中作为出资人，持有新阳公司的股权证书，并按其持股比例享有相应的资产收益、经营管理等股东权利，其应当具备新阳公司合法的股东身份”，遂撤销原判，改判确认其股东资格。

黑龙江省高级人民法院在**大庆市石人沟渔业有限公司与孙某启等 32 人股东资格确认纠纷案**[②]再审审查裁定中指出，大庆市石人沟渔业有限公司主张如确认孙某启等 32 名出资人股东身份导致公司股东人数超过 50 人，但这是石人沟水产养殖场产权制度改革中发生的问题。孙某启等 32 人既是原养殖场职工也是大庆市石人沟渔业有限公司的出资人，确认为公司股东才能保障职工的合法权益。且公司股东人数超过 50 人可通过将有限责任公司转化

① 参见河南省辉县市人民法院(2007)辉经初字第 423 号民事判决书(一审)，河南省新乡市中级人民法院(2009)新中民二终字第 290 号民事判决书(二审)。

② 参见黑龙江省大庆市中级人民法院(2016)黑 06 民终 2189 号民事判决书(二审)，黑龙江省高级人民法院(2017)黑民申 451 号民事裁定书(再审)。

为股份有限公司,亦可通过股权代持、成立有限合伙、股权托管或股权信托等方式予以解决。

二、隐名股东的权利保护

《公司法司法解释(三)》第24条第1款规定,有限责任公司的实际出资人与名义出资人订立合同,约定由实际出资人出资并享有投资权益,以名义出资人为名义股东,实际出资人与名义股东对该合同效力发生争议的,如无法律规定的无效情形,人民法院应当认定该合同有效。

对于隐名股东的法律权益,应当依照其与显名股东之间的合同约定,向显名股东提出主张。对此,《公司法司法解释(三)》第24条第2款规定,前款规定的实际出资人与名义股东因投资权益的归属发生争议,实际出资人以其实际履行了出资义务为由向名义股东主张权利的,人民法院应予支持。名义股东以公司股东名册记载、公司登记机关登记为由否认实际出资人权利的,人民法院不予支持。

【案例2.10】 青海省创业(集团)有限公司诉中国科学院西北高原生物研究所股利归属纠纷案[①]

1994年青海省创业(集团)有限公司(以下简称创业集团)与中国科学院西北高原生物研究所(以下简称西北研究所)签订本质上为委托投资关系[②]的合同,从而使得创业集团实际出资并以西北研究所的名义作为青海药业发展股份有限公司的发起人并持有公司股权。2007年,西北研究所未按照协议征求创业集团的意见,擅自将其持有的青海药业发展股份有限公司的股权对外转让,获利10612745.9元。创业集团遂以自己属于青海药业发展股份有限公司的隐名股东为由,依照1994年的协议向西北研究所主张返还"借款"(实为委托投资的出资款)33.3万元及转让所得股利。青海省高级人民法院审理后认为:作为名义股东的西北研究所在转让股权时,未与实际投资人创业集团按照相应协议进行处理,对转让所获得的股利进行单方占有是不当的,违背了双方签订协议的真实意思和投资目的。但考虑到西北研究所作为科研单位对青海药业发展股份有限公司所提供的科研支持以及为该公司成立、顺利上市所作出的贡献,以及在适当时机转让股权获得利益所起的作用等因素,确定对其予以一定的补偿。遂判决西北研究所将投资本金33.3万元返还创业集团,对于股权转让获利的10612745.9元,由创业集团分得60%即6367647.54元,由西北研究所分得40%即4245098.36元。

---

① 参见青海省西宁市中级人民法院(2008)宁民二初字第28号民事判决书(一审),青海省高级人民法院(2008)青民二终字第45号民事判决书(二审)。

② 由于当时我国市场经济处于雏形,合同法律制度滞后,并且引入西北研究所是为了增强青海药业发展股份有限公司的科研能力,便于公司上市融资。综观该协议中西北研究所的地位及基本无任何投资风险的事实,青海省高级人民法院认定该所谓的含有"借款"字样的协议,本质上属于委托投资协议。

需要指出的是,实际投资人与名义投资人之间的法律关系属于委托合同关系。对此,《民法典》第 919 条规定,委托合同是委托人和受托人约定,由受托人处理委托人事务的合同。第 927 条规定,受托人处理委托事务取得的财产,应当转交给委托人。因此,在实际投资人的法律保护上,应依照其与名义投资人之间的委托合同约定的内容确定双方权利义务关系。在股权代持的情况下,既涉及实际出资人与名义出资人之间的合同关系,又涉及二者与公司之间的团体组织法上的关系。对于前者,即委托关系部分,根据《民法典》第 933 条的规定,委托人或者受托人可以随时解除委托合同。实际出资人与名义出资人之间基于委托关系均享有任意解除权,但实际出资人即便解除委托关系,也并不意味着其当然可以取代名义出资人成为公司股东;其能否成为公司股东,仍需要从公司人合性角度,即团体组织法的角度进行考量,即是否经过其他股东过半数同意(或至少不反对)。如果实际出资人符合股东显名登记的条件,则可以对公司提出显名的主张。委托合同法律关系即便被解除,实际投资人也不能主张名义投资人返还投资款,因为"投资"本身已经成为标的公司的"资产",在未依法减资、盈余分配的情况下,无论实际出资人还是名义出资人均不得从公司中抽回出资,否则将构成抽逃出资,为法律所不许。

广东省东莞市中级人民法院在**岑某恒与吴某强、东莞市蓝某资产管理有限公司等委托合同纠纷案**[①]中指出,委托人与受托人之间的权利义务关系受《合同法》[②]调整,而岑某恒大篇幅论及的其以实际投资人、管理人身份直接参与管理、运营公司的权益受到侵犯,属于公司内部成员之间的法律关系,受《公司法》调整,不属于本案审查的范围。岑某恒行使委托合同的任意解除权应予支持,但其要求吴某强返还投资款无法律及合同根据,其上诉请求不能成立,应予驳回。

辽宁省高级人民法院在**毛某学与穆某佳委托合同纠纷案**[③]中认定,穆某佳具有不按照委托人的指示处理委托事务并侵占毛某学财产的故意和过错。该案的基本案情为:穆某佳向毛某学发送《关于购买 8000—9000 吨船舶可行性报告》,建议毛某学投资货船盈利,毛某学基于投资获得分红的目的将其投资款交由穆某佳实际代为投资,穆某佳接受该投资款并实际代为投资。穆某佳向毛某学出具了 7 号船的收款收据及投资证明,上述材料中均记载了毛某学的投资标的为 7 号船,投资证明上同时记载了 7 号船所有权人为 RICH OCEAN SHIPPING CO,LIMITED。但事实上穆某佳没有向 7 号船公司的股东披露毛某学投资的事实,而是将毛某学的投资款作为自己向 7 号船公司的投资款,同时,穆某佳向毛某学出具的 7 号船公司投资证明是其伪造的,使毛某学一直认为自己是 7 号船公司的股东。法院审理后认为穆某佳违反诚实信用的民事活动基本原则,不履行职责,造成毛某学损害,毛某学主

① 参见广东省东莞市第一人民法院(2019)粤 1971 民初 18365 号民事判决书(一审),广东省东莞市中级人民法院(2020)粤 19 民终 4677 号民事判决书(二审)。

② 2021 年 1 月 1 日《民法典》施行后,《合同法》被废止。

③ 参见大连海事法院(2019)辽 72 民初 496 号民事判决书(一审),辽宁省高级人民法院(2020)辽民终 133 号民事判决书(二审)。

张返还人民币 4145612 元和 20 万美元并赔偿利息损失的诉讼请求依法有据,予以支持。

需要注意的是,在毛某学委托穆某佳投资参与投资货船案件中,毛某学的委托内容并不是成为货船公司的隐名股东(实际出资人),其委托的目的是成为货船公司的真实股东,因此双方之间并非股权代持的委托关系,而是委托穆某佳代为办理投资入股的委托关系。因受托人穆某佳未能按照委托人毛某学的指示处理委托事务,将投资所形成的股权据为己有,且出具虚假伪造的投资证明,其行为已经构成了违约,侵占了毛某学的财产权利。法院遂按照《民法总则》第 164 条第 1 款[①]规定,判令穆某佳承担赔偿责任,而非以委托合同解除为由,判令穆某佳向毛某学返还投资款。

三、冒名登记及司法救济

(一)冒名登记与借名登记

顾名思义,冒名股东是指被他人冒用名义而在公司登记机关登记为公司股东的情形。因被冒名的主体没有出资的意思表示,因而其不享有公司股东身份也不承担公司股东负有的出资责任。相应的法律责任均应由冒用他人名义的冒名登记人自行承担。《公司法司法解释(三)》第 28 条规定,冒用他人名义出资并将该他人作为股东在公司登记机关登记的,冒名登记行为人应当承担相应责任;公司、其他股东或者公司债权人以未履行出资义务为由,请求被冒名登记为股东的承担补足出资责任或者对公司债务不能清偿部分的赔偿责任的,人民法院不予支持。《市场主体登记管理条例实施细则》第 16 条规定:办理登记、备案事项时,申请人应当配合登记机关通过实名认证系统,采用人脸识别等方式进行实名验证;因特殊原因,当事人无法通过实名认证系统核验身份信息的,可以提交经依法公证的自然人身份证明文件,或者由本人持身份证件到现场办理。随着这一制度的实施,冒名登记将逐渐成为历史。

与冒名登记相类似的情形是借名登记,即不以自己的实名登记,而将股权登记在其他人的名下,即借用他人的名义登记。区分冒名登记还是借名登记的关键在于该"他人"是否知情同意或者可以推定该他人是否同意,以及实际出资人主观上是否有侵犯他人姓名权或放任他人今后承担被追究股东出资责任的侵权故意。如果该"他人"同意借用名义,则属于受托持股,双方之间形成委托持股的法律关系。

最高人民法院在**许某全、许某友诉攀枝花市开明房地产开发有限责任公司、涂某元、舒某股权转让纠纷案**[②]中认定,涂某元在设立攀枝花市开明房地产开发有限责任公司(以下简

---

① 《民法典》施行后,《民法总则》相应废止。《民法典》第 164 条第 1 款规定,代理人不履行或者不完全履行职责,造成被代理人损害的,应当承担民事责任。

② 参见四川省攀枝花市中级人民法院(2005)攀民初字第 126 号民事判决书(一审),四川省高级人民法院(2006)川民终字第 69 号民事裁定书(二审),四川省攀枝花市中级人民法院(2007)攀民初字第 8 号民事判决书(一审),四川省高级人民法院(2007)川民终字第 623 号民事判决书(二审),最高人民法院(2011)民提字第 78 号民事判决书(再审)。

称开明房产公司)时将许某全、许某友登记为开明房产公司股东,但该二人并没有与涂某元共同设立公司的意思表示。涂某元利用许某全、许某友的身份证复印件并暗中将开明房产公司的部分股权登记在其名下,系冒名出资的行为。因许某全、许某友系被冒名登记的股东,该二人名下股权的实际权益人仍是涂某元。涂某元以自己的意思处分其事前暗中登记在他人名下的股权,系实际出资人处分自己投资权益的行为,该行为虽然可能损害他人姓名权,但没有损害被冒名者的股东权益,其处分行为应认为有效,受让人舒某的股东资格应予确认。

【案例2.11】 钱某平与江阴市华源科技有限公司股东资格确认纠纷案①

江苏省高级人民法院撤销该案一审判决,改判确认钱某平不具有江阴市华源科技有限公司(以下简称华源公司)股东资格。法院指出,冒名登记是指实际出资人自己行使股权,但虚构法律主体或者盗用他人名义并将该主体或他人作为股东在公司登记机关登记的行为。被冒名者因不知情,且从未作出过持有股权的意思表示、实际不出资、不参与公司管理,而不应被视为法律上的股东。判断冒名还是借名,最主要的法律特征是被冒名者对其名称被冒用是否知情。本案中,虽然工商登记将钱某平记载为华源公司的股东,但从查明的事实分析,本院认定该登记为华源公司冒名操作具有高度的可能性,钱某平不应被认定为华源公司股东。理由在于:(1)一审法院已经查明,经苏州同济司法鉴定所鉴定,华源公司工商登记材料中相关华源公司股东会决议、章程等材料中有“钱某平”签名字迹(共28处)的,均非钱某平本人所签。如果钱某平确为公司股东或自愿被借名,由其本人签名不存在障碍,即使客观原因由他人代签,也不应自2008年起至2014年的相关工商登记材料中的28处签名均由他人代签。(2)以股东“钱某平”名义的两次增资行为分别为发生于2005年9月8日的900万元、2006年5月25日的1400万元,该两笔巨额出资款分别来自江阴市南闸斌斌日杂用品店以及江阴市宝阳金属材料有限公司,而该日杂店、宝阳公司与钱某平并无关联关系。(3)从钱某平经济状况看,其只是飞轮公司一名普通员工,工资收入不高,家庭较为困难,不足以承担如此大的投资。(4)钱某平作为长期在公司工作的人员,应当知道作为股东在利益上的得失,而多年来其从未在华源公司参与管理,也未享受华源公司的分红,这与认定其为华源公司股东缺乏逻辑联系。(5)钱某平与华源公司的其他股东、实际控制人并无过深交情,仅作为业务单位飞轮公司员工负责联系质量、安排生产事宜,其缺乏为华源公司借名登

① 参见江苏省无锡市中级人民法院(2015)锡商初字第00075号民事判决书(一审),江苏省高级人民法院(2016)苏民终837号民事判决书(二审)。

记而使华源公司完成招商引资任务或享有优惠政策的利益上的驱动。(6)华源公司系张某华实际控制,从公司股权变更情况来看,其他股东已发生了多次变更,而唯独“钱某平”自2005年成为股东后一直保留股东身份,而公司从未为股东“钱某平”分过红,这在一定程度上也印证张某华所述利用外地人“钱某平”身份,将其登记为股东可完成当地招商引资任务并享受优惠政策的目的。(7)虽然工商登记资料中有钱某平新旧版身份证复印件,且有“与原件核对无误”“此复印件与原件一致”,但仅凭此点很难认定钱某平借名出资的事实成立,一是工商部门在办理“钱某平”入股手续时是否严格核对身份证原件并不确实,二是钱某平与华源公司联系业务时,联系函上有钱某平的身份证复印件,故不排除被华源公司所利用的可能。且因“钱某平”出资距本案诉讼近10年,钱某平又认为其并未对华源公司有出资入股的意思表示,故其在一审中对身份证被使用的两种可能性分析并非明显不合情理。综上所述,由于没有证据证明钱某平有出资、分红、管理公司的事实,且认定钱某平借名出资也缺乏客观性、合理性基础,故本院认定钱某平系被冒名登记为华源公司股东,钱某平要求确认其并非华源公司股东的上诉理由成立。

需要指出的是,因借名登记而最终假戏真做的案件经常发生,特别是在巨额经济利益面前,亲属之间因此反目的案件十分常见。因此,本书建议无论是股权代持还是借名登记,为了避免不必要的麻烦,一定要签订书面协议,明确各方权利义务。

(二)被冒名登记人可以请求确认不具有股东资格

如前所述,提起股东资格消极确认之诉亦属于法院受理民事诉讼的范围,人民法院不应径行裁定驳回起诉。通常情况下,起诉股东资格消极确认之诉的案件主要目的是对抗公司债权人追索权。在没有债权人追诉的情况下,行为人一般很难意识到自己被冒名登记为公司股东。但从案件审理的结果来看,能够成功被认定为冒名股东的案件较为少见,主要原因在于司法裁判的价值取向。法院通常情况下会优先保障交易安全,即保护债权人的合法权益。

在**陆某增与苏州双鼎物资贸易有限公司、王某兴股东损害公司债权人利益责任纠纷案**①检察院审查期间,经陆某增申请,江苏省无锡市人民检察院对无锡市东德机械成套设备有限公司(以下简称东德公司)的工商资料中所有陆某增签名进行了鉴定,于2012年10月25日作出锡检技鉴字(2012)68号文件检验鉴定书,鉴定意见为送检的东德公司工商登记

① 参见江苏省无锡市滨湖区人民法院(2011)锡滨商初字第0218号民事判决书(一审),江苏省无锡市滨湖区人民法院(2013)锡滨商再初字第0001号民事判决书(再审)。

资料中所有陆某增的签名均不是其本人所写。法院再审后认定东德公司系王某兴儿子王某东冒用陆某增、王某兴的名义出资并将该二人作为股东在公司登记机关登记，该二人未有出资也未参与东德公司的任何经营活动，陆某增、王某兴并非东德公司的股东。

江苏省高级人民法院在**张某与江苏大有重工机械有限公司股东资格确认纠纷案**[①]中指出，不能因为胡某兴和张某相识且持有张某的身份证件，即认定张某知情并同意胡某兴借用其名义将其登记为江苏大有重工机械有限公司（以下简称大有公司）股东。本院基于上述分析以及结合张某未实际出资也未参与大有公司经营管理的事实，认定张某系被冒名登记为大有公司的股东。在该案中司法鉴定意见证实相关签名并非上诉人张某本人所签。法院在确认相关签名系伪造的基础上，进一步结合全案证据，综合分析后排除张某同意借名登记的情况后方确认其并非公司股东。

（三）被冒名登记人可以提起姓名权侵权诉讼

被冒名登记为公司股东的主体，可以通过提起侵害姓名权诉讼的方式维护自己的合法权益。《民法典》第 1012 条规定，自然人享有姓名权，有权依法决定、使用、变更或者许可他人使用自己的姓名，但是不得违背公序良俗。第 1014 条规定，任何组织或者个人不得以干涉、盗用、假冒等方式侵害他人的姓名权或者名称权。实务中，被冒用姓名登记为公司股东的自然人可以对公司或行为人提起侵害姓名权诉讼。如经过审理，认定侵权事实成立，自然也可以起到确认自己不是公司股东的法律效果。

广西壮族自治区南宁市中级人民法院在**唐某霞与黄某成、闭某杰、第三人南宁乾瀚商贸有限公司姓名权纠纷案**[②]中指出，黄某成为了达到符合设立南宁乾瀚商贸有限公司（以下简称乾瀚公司）时我国《公司法》（指 1999 修正的公司法。——笔者注）规定的“有限责任公司由二个以上五十个以下股东共同出资设立”的要求，利用唐某霞已作废的身份证，伪造唐某霞签名，冒用唐某霞身份作为股东，设立由黄某成、唐某霞两人共同出资的乾瀚公司，并委托闭某杰办理了乾瀚公司工商登记注册手续。黄某成的行为侵害了唐某霞的姓名权，依法应当承担相应的侵权责任。一审法院判决：（1）黄某成停止侵犯唐某霞姓名权的行为；（2）黄某成对唐某霞进行书面赔礼道歉；（3）黄某成赔偿唐某霞精神损害抚慰金 10000 元。这一判决在二审中得到维持。

另外，四川省成都市锦江区人民法院在**刘某云与赵某、陈某梅、成都峰歌广告有限公司姓名权纠纷案**[③]中指出，成都峰歌广告有限公司的《公司设立登记申请书》《指定代表或者共

---

① 参见江苏省泰州市中级人民法院（2016）苏 12 民初 1 号民事判决书（一审），江苏省高级人民法院（2017）苏民终 2208 号民事判决书（二审）。

② 参见广西壮族自治区南宁市西乡塘区人民法院（2017）桂 0107 民初 6874 号民事判决书（一审），广西壮族自治区南宁市中级人民法院（2020）桂 01 民终 3657 号民事判决书（二审）。

③ 参见四川省成都市锦江区人民法院（2018）川 0104 民初 2406 号民事判决书（一审），四川省成都市中级人民法院（2019）川 01 民终 20052 号民事判决书（二审）。

同委托代理人的证明》《第一次股东会决议》上的“刘某云”签名均不是刘某云所写，刘某云无发起并成为成都峰歌广告有限公司股东、法定代表人的意思表示，成都峰歌广告有限公司未经刘某云同意或授权，擅自冒用刘某云的名义进行公司登记，成都峰歌广告有限公司从该行为中获取了相应的既得利益即有限责任公司的设立成立，而刘某云则姓名权利受损。因此，成都峰歌广告有限公司在公司设立过程中，盗用、假冒刘某云姓名的行为，构成对刘某云姓名权的侵犯。该院作出一审判决，判令成都峰歌广告有限公司、赵某、陈某梅立即停止使用刘某云姓名的侵权行为，并于判决发生法律效力之日起10日内办理工商信息变更登记，申请撤销刘某云为成都峰歌广告有限公司股东和法定代表人的登记信息。同时，还需书面赔礼道歉并赔偿刘某云损失6000元。这一判决得到四川省成都市中级人民法院二审维持。

（四）被冒名登记人可以提起执行异议之诉

股东因出资瑕疵可能在民事执行程序中被追加为共同被执行人，被责令在出资瑕疵范围内对公司债务承担补充清偿责任。一人公司股东还可能因无法证明自身财产独立于公司财产被追加为被执行人后，被责令承担连带责任。《最高人民法院关于民事执行中变更、追加当事人若干问题的规定》（2020年修正）第17条规定，作为被执行人的营利法人，财产不足以清偿生效法律文书确定的债务，申请执行人申请变更、追加未缴纳或未足额缴纳出资的股东、出资人或依公司法规定对该出资承担连带责任的发起人为被执行人，在尚未缴纳出资的范围内依法承担责任的，人民法院应予支持。第18条规定，作为被执行人的营利法人，财产不足以清偿生效法律文书确定的债务，申请执行人申请变更、追加抽逃出资的股东、出资人为被执行人，在抽逃出资的范围内承担责任的，人民法院应予支持。对于一人公司股东、瑕疵出资进行股权转让、未经清算即注销公司等相关行为人、责任人的追加，该司法解释均作出规定。第32条规定，被申请人或申请人对执行法院依据本规定第14条第2款、第17条至第21条规定作出的变更、追加裁定或驳回申请裁定不服的，可以自裁定书送达之日起15日内，向执行法院提起执行异议之诉。被申请人提起执行异议之诉的，以申请人为被告。申请人提起执行异议之诉的，以被申请人为被告。

基于上述规定，在冒名登记的情况下，形式上被登记为公司股东的人可以向执行法院提出执行异议，对执行异议结果不服的，可以提起执行异议之诉。此时，相对于执行申请人（公司债权人）与被执行人（债务人公司）而言，被追加为被执行人的冒名登记股东在双方争讼之外，在执行程序中属于案外人。一旦被追加为被执行人并提起执行异议之诉，冒名登记股东应当就自己享有足以排除强制执行的民事权益承担举证证明责任。对此，《民事诉讼法解释》第309条规定，案外人或者申请执行人提起执行异议之诉的，案外人应当就其对执行标的享有足以排除强制执行的民事权益承担举证证明责任。

【案例 2.12】 王某军与中海油能源物流有限公司案外人执行异议之诉纠纷案[①]

中海油能源物流有限公司（以下简称中海油公司）（债权人）与山东澳信石化装备工程有限公司（以下简称澳信石化公司）（被执行公司）海上、通海水域货物运输合同纠纷一案，经青岛海事法院审理作出（2017）鲁72民初1378号民事判决书（已生效）。申请人中海油公司（债权人）以澳信石化公司为被申请人向该院申请强制执行，应申请人中海油公司的申请，该院作出（2018）鲁72执28号之二执行裁定书，追加王某军为该案的被执行人，王某军不服，向该院提出执行异议，该院作出（2018）鲁72执异26号执行裁定书驳回其异议申请。王某军不服，提起本案执行异议之诉。

中海油公司申请追加王某军为（2018）鲁72执28号案件被执行人的理由是，2007年澳信石化公司增资1468万元系虚假增资，包括王某军（缴纳增资款47.8403万元）在内所有股东增资款合计1468万元均系银行贷款及对外借款，增资后即全部抽逃。

对于王某军提起的案外人执行异议之诉，青岛海事法院一审认为，股东增资的真实意思表示、有效的股东会决议是公司合法有效增资的前提条件，根据本案查明的事实，澳信石化公司2007年增资是公司利用未经包括原告在内的部分股东同意使用的身份证复印件，安排有关人员伪造股东现金缴款单、分红方案等增资申报材料办理的工商登记，增资款来源于银行贷款和公司借款，并非股东个人出资，且至少包括王某军在内的部分股东对此次增资不知情，也未参与，其既没有增资的意思表示，也没有增资的行为。2018年《公司法》第26条第1款规定，有限责任公司的注册资本为在公司登记机关登记的全体股东认缴的出资额。第22条第1款规定，公司股东会或者股东大会、董事会的决议内容违反法律、行政法规的无效。澳信石化公司2007年增资违反了上述规定，构成虚假增资，应认定无效。工商行政管理部门对公司增资事项的审查属于形式审查，对公司增资是否经股东会决议通过、股东会召集之前是否已通知所有股东、召集程序是否合法、股东签章是否真实等事项是程序性审查，因此，工商变更登记是工商行政管理机关对公司变更管理的程序性要求，不具有创设权利的效力，公司虚假增资的违法性不因完成登记而合法，也不因完成工商登记而对原股东产生拘束力。该院对原告王某军关于澳信石化公司冒用其名义增资并进行工商登记、其对公司2007年虚假增资无任何过错的主张予以支持。依照《公司法司法解释（三）》第28条规定，“冒用他人名义出资并将该他人作为股东在公司登记机关登记的，冒名登记行为人应当承担相应责任；公司、

① 参见青岛海事法院（2019）鲁72民初639号民事判决书（一审），山东省高级人民法院（2019）鲁民终2884号民事判决书（二审）。

其他股东或者公司债权人以未履行出资义务为由，请求被冒名登记为股东的承担补足出资责任或者对公司债务不能清偿部分的赔偿责任的，人民法院不予支持”，该院对被告要求追加原告王某军为被执行人并要求其在未出资本息范围内对公司债务不能清偿的部分承担补充赔偿责任的请求不予支持。遂判决不得追加原告王某军为(2018)鲁72执28号案件的被执行人。被告中海油公司①不服，提起上诉。

山东省高级人民法院二审认为，本案为中海油公司申请追加王某军为被执行人的执行异议之诉，其申请追加的理由为王某军未履行增资义务，中海油公司提供2007年11月6日股东会决议等证据证明王某军对增资是明知的，主张其应承担未出资的责任。但王某军对股东会决议上的签名不予认可，中海油公司未申请司法鉴定，中海油公司提供的证据不能证明王某军对于增资行为予以书面确认，根据现有证据尚不能认定王某军构成虚假出资。中海油公司申请追加王某军为被执行人，由其在尚未缴纳出资的范围内依法承担责任的理由不成立。遂驳回上诉，维持原判。

需要指出的是，在执行程序中已经有对公司债权人予以司法保护的现实需要，如果主张被冒名登记的股东不能提供充分的证据证实自己系被冒名登记，则很难推翻此前追加其为被执行人的执行裁定书。毕竟在对外关系上，判断股东资格的标准主要是公司登记信息。主张自己为冒名登记股东并推翻公司登记这一行政行为，向法院出示让法院信服的、享有足以排除强制执行的民事实体权益的证据，实属不易。因此，在绝大多数的案外人执行异议之诉案件中，原告主张自己系被冒名登记为公司股东，都难以得到司法支持。

(五)被冒名登记人可以提起行政诉讼

在民事诉讼中，原告主张自己系冒名股东，需要承担极为严苛的证明责任；而在行政诉讼中，原告仅需要提供初步证据，证明登记行为合法性的举证责任由行政机关承担。从司法实践来看，通过行政诉讼的方式会比民事诉讼的方式更为有效。

① 在中海油公司与澳信石化公司海上、通海水域货物运输合同纠纷案即(2017)鲁72民初1378号案件中，中海油公司的法律地位为原告。该案判决生效后，中海油公司申请执行，青岛海事法院立执行案件，案号为(2018)鲁72执28号，在该起执行案件中，中海油公司的法律地位为申请执行人。因王某军对追加其为被执行人的(2018)鲁72执28号之二执行裁定书不服，有权提起执行异议之诉。依照法律规定，王某军应以执行申请人即中海油公司为被告提起执行异议之诉，因此在执行异议之诉案件即青岛海事法院(2019)鲁72民初639号案件中，中海油公司的法律地位为被告。

【案例 2.13】 北京蓝色光标电子商务股份有限公司诉苏州工业园区行政审批局、第三人苏州锦岳天下投资咨询有限公司、李某岳工商行政登记纠纷案①

原告北京蓝色光标电子商务股份有限公司(以下简称蓝色光标公司)是新三板挂牌企业,在其不知情的情况下被登记为第三人苏州锦岳天下投资咨询有限公司(以下简称锦岳公司)的股东。因锦岳公司及其法定代表人李某岳去向不明,锦岳公司投资人通过查询公司登记信息得知蓝色光标公司系注册登记的持有锦岳公司50%的股东。相关投资人遂向蓝色光标公司主张投资权益,并向中国证监会提出举报。至此,原告蓝色光标公司知悉其被冒名登记为锦岳公司的股东,遂委托律师提起诉讼。

法院经审理查明:被告苏州工业园区行政审批局依第三人锦岳公司申请于2016年7月21日作出变更登记通知书,核准锦岳公司企业类型与股东变更,法定代表人仍为第三人李某岳。在申请材料中的新股东会决议、公司章程、股权转让协议、蓝色光标公司的营业执照等处盖有新进股东蓝色光标公司的公章,该公章与原告经公安部门核准刻制并备案的公章印鉴明显不一致。蓝色光标公司认为变更登记材料中其公章及营业执照系伪造。

法院认为:现有证据表明,涉案公司变更登记材料中作为股权受让方的蓝色光标公司印章与原告经公安部门核准刻制并留存的印鉴明显不一致,且无其他证据表明原告刻制或使用过该印章,故申请材料存在虚假,由此导致涉案公司变更登记错误。根据《最高人民法院关于审理公司登记行政案件若干问题的座谈会纪要》第1条第1款规定,因申请人隐瞒有关情况或者提供虚假登记材料导致错误登记的,登记机关可以在诉讼中依法予以更正。登记机关拒不更正的,人民法院可以根据具体情况判决撤销登记行为、确认登记行为违法或者判决登记机关履行更正职责。第2款规定,公司法定代表人、股东等以申请材料不是其本人签字或者盖章为由,请求确认登记行为违法或者撤销登记行为的,人民法院原则上应按照本条第1款规定处理,但能够证明原告此前已明知该情况却未提出异议,并在此基础上从事过相关管理和经营活动的,人民法院对原告的诉讼请求一般不予支持。现涉案公司变更登记申请材料中蓝色光标公司印鉴虚假,又无证据表明原告知晓该公司变更登记且从事过第三人锦岳公司的相关管理和经营活动,故原告要求撤销涉案公司变更登记应予以支持。遂判决撤销被告苏州工业园区行政审批局于2016年7月21日作出(05940101)公司变更[2016]第07200028号公司准予变更登记通知书。

① 参见江苏省苏州市姑苏区人民法院(2017)苏0508行初25号行政判决书(一审)。

由于冒名登记在实践中普遍存在，为了推进这一问题的解决，国家市场监督管理总局于2019年6月28日印发《市场监管总局关于撤销冒用他人身份信息取得公司登记的指导意见》（国市监信〔2019〕128号，已失效）。2022年3月1日起施行的《市场主体登记管理条例》第40条规定，提交虚假材料或者采取其他欺诈手段隐瞒重要事实取得市场主体登记的，受虚假市场主体登记影响的自然人、法人和其他组织可以向登记机关提出撤销市场主体登记的申请。登记机关受理申请后，应当及时开展调查。经调查认定存在虚假市场主体登记情形的，登记机关应当撤销市场主体登记。相关市场主体和人员无法联系或者拒不配合的，登记机关可以将相关市场主体的登记时间、登记事项等通过国家企业信用信息公示系统向社会公示，公示期为45日。相关市场主体及其利害关系人在公示期内没有提出异议的，登记机关可以撤销市场主体登记。因虚假市场主体登记被撤销的市场主体，其直接责任人自市场主体登记被撤销之日起3年内不得再次申请市场主体登记。登记机关应当通过国家企业信用信息公示系统予以公示。《市场主体登记管理条例实施细则》第八章专章规定"撤销登记"，对此作出进一步细化规定。

四、实际出资人执行异议之诉裁判路径

《民事诉讼法》第238条规定，执行过程中，案外人对执行标的提出书面异议的，人民法院应当自收到书面异议之日起15日内审查，理由成立的，裁定中止对该标的的执行；理由不成立的，裁定驳回。案外人、当事人对裁定不服，认为原判决、裁定错误的，依照审判监督程序办理；与原判决、裁定无关的，可以自裁定送达之日起15日内向人民法院提起诉讼。在涉及股权交易的情况下，对于外部权利人的保护可适用善意取得制度，优先保护因信赖商事登记而进行股权交易的外部债权人的利益。在非股权交易情况下，如何平衡实际出资人（隐名股东）与名义股东的债权人之间的利益是司法实践中的一大难题。实践中，此类实际出资人执行异议之诉大量存在。

案外人作为被执行的有限责任公司股权的实际出资人，能否排除名义出资人（又称名义股东）非股权交易的其他债权人对于该股权的强制执行，是执行异议之诉审理中的一个难点问题。实践中素有"肯定说"与"否定说"两种截然相反的观点。司伟发表于2018年8月22日《人民法院报》第7版的《有限责任公司实际出资人执行异议之诉裁判理念》一文明确支持"否定说"，认为有限责任公司实际出资人不能通过执行异议之诉程序对抗名义股东的其他债权人。[①] 从司法实践来看，"肯定说"与"否定说"都能找到判决支撑，最高人民法院也有两种截然不同的裁判观点。本书观点与《有限责任公司实际出资人执行异议之诉裁判理念》一文的观点相左，认为"肯定说"更合乎法理与情理。

首先，如同《有限责任公司实际出资人执行异议之诉裁判理念》一文指出的那样，"应当

---

① 本节论述中引号引用的内容均出自《有限责任公司实际出资人执行异议之诉的裁判理念》，仅作理论探讨。

正确认识外观主义的适用范围及其存在的内在机理”。对此，该文进一步指出，应将外观主义上升到更宏观层面，着眼于整个商事交易的安全和效率的大环境。笔者对此不敢苟同。如果将商事外观主义无限拔高，则超越了这一原则的应有内涵，所谓矫枉过正是也。商事外观主义的内涵在于促进商事交易、减少交易成本、维护交易安全；其核心在于相对人如果对商事主体对外公示的外观事实产生合理信赖，并由此从事相应行为，即使外观事实与真实事实不一致，仍按照外观事实认定行为的法律效力。商事行为首先是交易行为，只有在交易行为中才涉及商事外观主义的适用问题。名义股东非股权交易的债权人对于商事登记信息并无进行交易的“合理信赖”，其债权的产生系基于借贷、合同、侵权等其他法律关系，而非直接与名义股东名下登记的股权相关，因此并无外观主义适用的余地。换言之，如果不是基于信赖商事登记信息并进而从事商事交易，则不涉及相对人信赖利益保护的问题。名义股东债权人的债权无法实现的根本原因在于作为债务人的名义股东自身责任财产不足，而非名义股东与实际出资人之间的股权代持安排。

其次，究竟是采“肯定说”还是采“否定说”还涉及对《公司法》条文的准确理解。《有限责任公司实际出资人执行异议之诉裁判理念》一文指出，“将《公司法》第三十二条第三款①所称的‘第三人’限缩解释为交易中的第三人，并不妥当”。本书认为这恰是“否定说”的致命之处。原《民法总则》第65条规定，“法人的实际情况与登记的事项不一致的，不得对抗善意相对人”。原《民法总则》这一规定是从2013年《公司法》第32条第3款抽取提炼而来，并上升为法人登记乃至商事外观主义的一般规则。需要指出的是，原《民法总则》规定的“不得对抗善意相对人”与原《物权法》中登记对抗制度的规定是一脉相承的。作为颁布在后的基本法律，原《民法总则》的这一规定，构成了对2013年《公司法》第32条第3款立法漏洞的填补与立法瑕疵的矫正，使得2013年《公司法》第32条第3款的“第三人”回归到“善意相对人”，即合理信赖登记信息并从事交易的“第三人”。2019年11月8日，最高人民法院发布《九民纪要》。《九民纪要》第3条指出，“民法总则制定时有意修正公司法有关条款的，应当适用民法总则的规定。例如，《公司法》第32条第3款规定：‘公司应当将股东的姓名或者名称及其出资额向公司登记机关登记；登记事项发生变更的，应当办理变更登记。未经登记或者变更登记的，不得对抗第三人。’而《民法总则》第65条的规定则把‘不得对抗第三人’修正为‘不得对抗善意相对人’。经查询有关立法理由，可以认为，此种情况应当适用民法总则的规定。”2021年1月1日《民法典》施行后，《民法总则》被废止，原《民法总则》第65条的规定相应成为《民法典》第65条。2023年《公司法》全面修订，将当时《民法典》的立法意旨吸收到《公司法》之中，第34条规定，公司登记事项发生变更的，应当依法办理

① 2023年《公司法》修订前，2013年、2018年《公司法》第32条第3款均规定，公司应当将股东的姓名或者名称向公司登记机关登记；登记事项发生变更的，应当办理变更登记。未经登记或者变更登记的，不得对抗第三人。2023年修订后《公司法》第34条规定，公司登记事项发生变更的，应当依法办理变更登记。公司登记事项未经登记或者未经变更登记，不得对抗善意相对人。

变更登记。公司登记事项未经登记或者未经变更登记,不得对抗善意相对人。《有限责任公司实际出资人执行异议之诉裁判理念》一文的论据之一还在于借助比较法方法,援引《日本公司法》第130条第1款的规定,即"股份的转让,未将其股份取得者的姓名或名称及住所记载,或记录在股东名册上,不得对抗股份公司及其他第三人"。这一论据同样存在问题。《日本公司法》仅规定股份有限公司和持份公司,并已经于2005年废止了有限责任公司制度,因此《日本公司法》关于股份转让的规定,对这一问题的讨论并不具有参照意义。

再次,"否定说"还从实际出资人的显名规则出发,考虑公司组织法上有限责任公司股东显名的人合性要件,这就涉及"经过其他股东过半数同意"的问题。根据股东显名规则,实际出资人如要显名为公司股东,应当以公司为被告提起股东资格确认之诉。而在案外人执行异议之诉中,实际出资人应当以申请执行人(名义股东的债权人)为被告提起诉讼,这就在表面上造成了程序冲突和不兼容的问题。事实上,这一问题并非无解。在股东代表诉讼中,作为实际权利人的公司就"屈居"第三人的地位,而公司的诉讼权利完全由原告股东代为行使,股东的原告地位仅仅是形式上的。目前,并无法律规定禁止在案外人执行异议程序中追加第三人参与诉讼。何况即便不追加公司作为第三人参与实际出资人提起的执行异议之诉,也有可能通过实际出资人举证证明其符合股东显名规则。在裁判理念上,无视案件场景的具体情形,一味采"否定说"显然不妥。《有限责任公司实际出资人执行异议之诉裁判理念》一文指出,"由法院在执行异议之诉中直接认定其为实际出资人并以此为由支持其排除执行的请求,在实质上有违实际出资人主张权利的规则,并不妥当"。诚然,无论是案外人还是申请执行人提起的执行异议之诉,均需审查案外人是否享有实体权益,以及该实体权益能否排除法院强制执行,并由案外人对此承担举证证明责任。但执行异议之诉的审查标准为实质审查,是司法诉讼程序的审查,需要经过法庭审理查明;这有别于执行异议程序中以形式审查、书面审查为主的审查方式。《九民纪要》明确提出穿透式审判思维这一新提法,要求贯彻穿透式审判思维,查明当事人的真实意思,探求真实法律关系。当司法查明执行标的股权其实际出资人为案外人,债务人仅是名义股东,作出不准许或不得强制执行该股权的判决,又有何不可?当实际出资人能够同时举证证明其符合股东显名规则的情况下,确认其为实际权利人亦于法有据。对此,《民事诉讼法解释》第310条第2款明确规定,案外人同时提出确认其权利的诉讼请求的,人民法院可以在判决中一并作出裁判。

最后,从价值引导和利益衡量角度考虑,《有限责任公司实际出资人执行异议之诉裁判理念》一文指出,"法律规范不仅确认和保障社会生活的存在状态,也塑造着人们对特定行为后果的期待,从而引导人们的生活方式",本书对此完全赞同。法律规范是通过法律实践塑造和引导人们的生活方式的,其中司法实践居于核心地位。本书不否认实践中部分出资人遮遮掩掩,"不可避免地带有规避法律、逃避监管、贪占法律优惠等与法律背道而驰的基因",从而对权利的实际状态与登记状态的差异形成具有"本人与因"。但"本人与因"的代价并不是直接导致财产权益被司法执行划转的原因。"本人与因"的法律后果更多应表现为行政责任(如登记机关的查处)以及善意第三人权利获得优先保护(如善意取得),而不应表现为执行异议之诉程序中已经查明其为真实权利人的情况下,仍进行强制执行。

事实上,本书还有一种隐约的担忧:在通过执行异议之诉审理程序已然查明标的股权为实际出资人(案外人)所有的情况下,仍强制执行该股权,无限放大实际出资人"本人与因",是不是存在法院解决"执行难"这一问题的部门利益?依照"否定说"的逻辑,则无法理解何以能够强制执行未成年人名下的房产和股权,为何在让与担保中不能责令被登记为"股东"的让与担保债权人承担资本充实责任,此时的外观主义又当作何理解,这是不是构成一种选择性司法?因此,本书认为如能查明股权归属于实际出资人,在实际出资人提起的执行异议之诉中,应当坚持"肯定说",排除对该股权的执行。

【案例2.14】 海航集团有限公司诉中信银行济南分行、中商财富融资担保有限公司案外人执行异议之诉纠纷案①

2010年6月28日,海航集团有限公司(以下简称海航集团)与中商财富融资担保有限公司(以下简称中商财富)签订《委托投资入股代理协议》,约定由中商财富作为海航集团对营口银行的出资入股代理人;委托资金总额为9360万元,其中7200万元用于出资,余款2160万元用于弥补亏损和置换不良资产等相关银行设立费用。上述《委托投资入股协议代理协议》到期后,双方于2013年6月27日又续签《补充协议》,约定中商财富代持期限顺延3年。海航集团于2011年1月18日、2013年9月6日,分别支付中商财富委托代理费各100万元。

2010年12月10日,营口银行设立,中商财富系其发起人,出资7200万元,持有7200万股股份,占股比例为4.8%。2011年1月17日,营口银行向中商财富出具发起人股记名股权证,并登记于营口银行股东名册。

2013年1月28日,中信银行济南分行因与中商财富借款合同纠纷诉至济南市中级人民法院。经济南市中级人民法院审理,作出(2013)济商初字第9号民事判决,判令中商财富偿还中信银行济南分行4500万元及利息。判决生效后,中信银行济南分行申请济南市中级人民法院强制执行。执行期间,济南市中级人民法院查封、拍卖中商财富持有的营口银行7200万股股份。海航集团提出执行异议,济南市中级人民法院作出(2013)济中法执字第727-2号民事裁定书,驳回海航集团的异议。

① 参见山东省济南市中级人民法院(2014)济民四初第4号民事判决书(一审),山东省高级人民法院(2015)鲁商终字第307号民事判决书(二审),最高人民法院(2016)最高法民再360号民事判决书(再审)。

海航集团提起案外人执行异议之诉,诉请:(1)立即停止对海航集团实际所有、登记在中商财富名下的营口银行7200万股股份及未分配红利的执行,并解除保全措施;(2)确认海航集团享有登记在中商财富名下的营口银行7200万股股份及未分配红利的所有权;(3)由中信银行济南分行与中商财富承担诉讼费用。

济南市中级人民法院一审认为:涉案股份登记于中商财富名下,中商财富持有涉案股份的股权证,依据法律和营口银行公司章程,中商财富是营口银行7200万股的所有权人。海航集团依据与中商财富的《委托投资入股代理协议》要求确认其享有营口银行7200万股及未分配红利的所有权,无事实依据和法律依据,不予支持。海航集团作为案外人应当就其对执行标的股份享有足以排除强制执行的民事权益承担举证证明责任。海航集团提供了与中商财富之间的《委托投资入股代理协议》,该协议不违反法律的强制性规定,为有效协议,但该协议仅是海航集团与中商财富之间的内部约定,确定的是双方之间委托代理关系、出资关系,海航集团并不因此取得营口银行的股东地位,不是涉案股份的持有人,该协议约定不能对抗第三人,也不能对抗司法机关所采取的强制措施。故此,海航集团请求停止执行中商财富持有的营口银行7200万股股份和解除财产保全措施,证据不足,不予支持。海航集团不服,提起上诉。

山东省高级人民法院二审认为:(1)海航集团与中商财富签订的代持股协议,不违反法律、行政法规的效力性强制性规定,合法有效。未上市股份公司与有限责任公司一样,均是封闭性公司,《公司法司法解释(三)》第24条关于有限责任公司股权代持的规定,可以适用于本案中关于营口银行(系未上市股份公司)股份代持的情形。中商财富作为名义股东,其名下7200万股股份之实际权利及未分配利润应归海航集团所有。(2)尽管中商财富持有营口银行发起人股记名股权证,且在公司登记机关登记为股东。但公司登记部门所公示的信息仅是权利的表征,作为权利外观仅具有权利推定的效力,并不一定与实际权利相符。在权利外观与实际权利不一致的情况下,善意第三人基于权利外观的信赖而与名义权利人进行民事法律行为的,为维护交易安全,该民事法律行为效力受到法律优先保护。本案中,中信银行济南分行并没有与中商财富就登记在其名下的7200万股股份从事民事法律行为,从权利外观原则来看,中信银行济南分行不是基于信赖权利外观而需要保护的民事法律行为之善意第三人。本案亦没有需要维护的交易安全,中信银行济南分行的债权请求权不能受到优先于实际权利人海航集团的保护。即使中信银行济南分行的借款债权不能因执行登记在中商财富名下的7200万股股权而实现,其根本原因系中商财富责任财产不足,该损失也与海航集团和中商财富之间的委托持股没有因果关系。据此,改判撤销一审判决,支持上诉人海航集团的原审诉讼请求。

最高人民法院再审认为，法律规定明确否定超标的查封，申请执行人为了实现对某项特定财产的查封，必须放弃对其他财产的查封，如果对该查封利益不予保护，对申请执行人有失公允。因此，不能苛求被执行人的债权人与名义股东必须是就登记在名义股东名下的特定代持股权从事民事法律行为时才能适用善意第三人制度。在涉案股份的实际出资人与公示的名义股东不符的情况下，法律不仅应优先保护信赖公示的与名义股东进行交易的善意第三人，也应优先保护名义股东的债权人的权利。债权人对名义股东的财产判断只能通过外部信息、股权信息查询获得，但代持关系较难知悉，属于债权人无法预见的风险，不能苛求债权人尽此查询义务，风险分担上应向保护债权人倾斜，制度以此运行则产生的社会成本更小。实际出资人在显名为股东之前，其心理预期或期待的利益仅仅是得到合同法上的权益，而非得到公司法上的保护。本案中，海航集团在相关代持协议中与中商财富就代持股份可能被采取强制执行措施的情形已作了特别约定即是明证。从禁止代持商业银行股权规定的规范目的、内容实质以及实践中允许代持商业银行股权可能出现的危害后果进行综合分析认定，可以看出对商业银行股权代持的监管体现出逐渐严格和否定的趋势。为了维护交易安全，也为倒逼隐名股东在选择名义股东时更加谨慎，依法判决实际出资人海航集团不能对抗人民法院对涉案股权强制执行，有利于规范商业银行股权法律关系，防止实际出资人违法让他人代持股份或者规避法律。最终，再审撤销二审判决，维持一审判决。①

可资借鉴的是，我国台湾地区“公司法”第 12 条规定，公司设立登记后，有应登记之事项而不登记，或已登记之事项有变更而不为变更之登记者，不得以其事项对抗第三人。② 根据大理院 1925 年上字第 3562 号判例，认为北洋政府 1914 年颁布的《公司条例》第 6 条（相当于“公司法”第 12 条）所谓第三人者，并无善意恶意之别。因此，“公司法”第 12 条所谓不得对抗第三人，并无善意、恶意之别，均不得对抗之，立法原意，盖求法律关系的划一与确定。③ 我国台湾地区“公司法”对于公司登记事项发生变更而未登记，不得对抗任何第三人（无论善意、恶意）的裁判思路是一以贯之的，如我国台湾新北地方法院“2015 年度重诉字第

---

① 关于应采“肯定说”的理由前已详述，对最高人民法院的再审裁判观点本书持保留意见，毕竟最高人民法院在其他类案中亦作出过相反的判决。况且从原《民法总则》的颁布到《民法典》的制定再到《公司法》的修订，已经将“不得对抗第三人”限缩到“不得对抗善意相对人”，这一立法路径值得关注。同时，笔者注意到，2021 年 12 月 20 日发布的《最高人民法院关于人民法院强制执行股权若干问题的规定》（法释〔2021〕20 号），对这一问题作了留白处理，该司法解释第 4 条第 2 款规定，案外人基于实体权利对被冻结股权提出排除执行异议的，人民法院应当依照当时生效的《民事诉讼法》第 227 条（现行法为第 238 条）的规定进行审查。对这一问题，我们可以持续关注，看最高人民法院建立的统一法律适用机制以及今后强制执行法中是否有进一步的规定。

② 我国台湾地区“民法”第 31 条规定：法人登记后，有应登记之事项而不登记，或已登记之事项有变更而不为变更登记者，不得以其事项对抗第三人。由此可见，我国台湾地区未限定“善意第三人”。

③ 参见柯芳枝：《公司法论》，中国政法大学出版社 2004 年版，第 17 页。

240 号第三人异议之诉民事判决书”即指出“‘公司法’第 12 条所谓‘不得对抗第三人’，系不问善意或恶意均不得对抗，原告又未能证明被告有何权利滥用之情形，其所称被告不得主张该规定对抗原告云云，亦无足采”。因此，我国台湾地区实践中，实际出资人依照“强制执行法”第 15 条[①]提起的第三人异议之诉，无法得到法院支持。

与我国台湾地区不同的是，大陆实践中对于公司股东资格认定尚无法采取公司登记一元主义，将公司登记作为认定股东资格的唯一标准。《民法典》及《公司法》均将法人的实际情况与登记的事项不一致的情况下，特意限定“不得对抗善意相对人”即为适例。[②]

还需要指出的是，关于商事外观主义，《九民纪要》在“引言”部分明确指出，从现行法律规则看，外观主义是为保护交易安全设置的例外规定，一般适用于因合理信赖权利外观或意思表示外观的交易行为。实际权利人与名义权利人的关系，应注重财产的实质归属，而不单纯地取决于公示外观。总之，审判实务中要准确把握外观主义的适用边界，避免泛化和滥用。

从裁判动向上看，法院的审理思路似乎又发生了一些变化。最高人民法院在**云南能投新能源投资开发有限公司与中航光合(上海)新能源有限公司、内蒙古山路能源集团有限责任公司等执行异议之诉案**[③]中指出，《公司法》(2018 年修正)第 32 条第 3 款中的变更登记作为对抗要件，所针对的“第三人”仅限于与名义股东存在交易的第三人。中航光合(上海)新能源有限公司在该案中对涉案股权主张执行，并不是基于涉案股权为标的的交易行为，而是基于与上海山晟太阳能科技有限公司之间的民间借贷纠纷，以民事调解书确定的普通债权而申请查封并执行内蒙古山路能源集团有限责任公司名下涉案股权，其权利基础系普通债权。中航光合(上海)新能源有限公司不属于商事外观主义保护的第三人，并无信赖利益保护的需要。

《商事审判指导》(2020 年卷)刊载的《实际出资人执行异议之诉裁判规则研究》“内容摘要”明确指出，登记对抗制度之善意取得人，是指具有物权利益的相对人，执行异议之诉中名义股东的债权人不属于善意第三人，无法对抗享有股权的实际出资人。该文结论指出，执行异议之诉中代持股权的处理应遵循实际出资人是否享有股权、实际出资人享有的权利能否对抗名义股东债权人两个思考层次展开。在修正形式主义股权变动模式下，判断实际出资人是否享有股权须结合个案并区分不同情形。在完全隐名下，应以股权变动的形式要件作为判断标准，实际出资人因欠缺形式要件而不享有股权；在不完全隐名下，若实际出资人有充分证据证明其实际行使权利并且其他股东过半数同意的，可以认定实际出资人享有股权。外观主义原则有其严格的适用边界，执行异议之诉中应倡导实质重于形式原则，运用穿透式审判思维，探寻当事人的真实意思表示和真实权利状态。同时，登记对抗效力之善意第三人应指善意取得人，是具有物权利益的相对人，执行异议之诉中名义股东的

---

① 我国台湾地区“强制执行法”第 15 条规定：第三人就执行标的物有足以排除强制执行之权利者，得于强制执行程序终结前，向执行法院对债权人提起异议之诉。如债务人亦否认其权利时，并得以债务人为被告。

② 我国《民法典》第 65 条以及《公司法》第 34 条第 2 款均将登记对抗事项限定为“善意第三人”。

③ 参见上海市高级人民法院(2020)沪民终 486 号民事判决书(二审)，最高人民法院(2022)最高法民再 117 号民事判决书(再审)。

债权人不属于善意第三人，无法对抗享有股权的实际出资人[1]。

2023年《公司法》修订后第34条已经将原第32条第3款中“不得对抗第三人”改为“不得对抗善意相对人”，且《民事强制执行法（草案）》已经处于审议之中。随着司法实践的发展，相信最高人民法院会通过修订《公司法》相关司法解释或者发布指导性、典型性案例的方式对这一问题明确裁判尺度。

【委托持股协议书范本】

委托持股协议书

甲方（委托方）：黄某，基本信息（包括出生年月、民族、性别、住址、身份证号、联系方式等）。

乙方（受托方）：朱某，基本信息。

丙方：×××有限责任公司。

鉴于：甲方黄某与乙方朱某共同出资设立×××有限责任公司（丙方）。丙方注册资本为人民币________万元（小写：________万元）。其中甲方实际出资额为人民币________万元（小写：________），占丙方公司股权的百分之××（　　%）。

上述各方本着平等互利的原则，经友好协商，就乙方代持甲方在丙方中的股权事宜，达成协议如下：

第一条　甲方自愿委托乙方作为其对丙方出资所享有的股权的名义持有人，并代为行使相关股东权利。乙方自愿接受甲方的委托，以自己名义对丙方出资，并代为行使甲方所享有的对丙方的权利。丙方对甲方实际股东的身份及甲乙双方的股权代持安排知情并不持异议。

第二条　甲方委托乙方代为行使的权利包括：由乙方以自己的名义在丙方股东名册以及相关公司登记上具名、以公司股东身份参与公司相应活动、出席股东会并行使表决权、代为收取股息或红利，以及行使《公司法》与公司章程授予股东的其他权利。

第三条　甲方享有下列权利

（1）知情权：甲方享有对丙方经营管理状况的知情权，有权通过乙方或者直接向丙方了解公司的实际生产经营状况、财务状况、重大决策以及利润分配方案等。

（2）参与管理权：甲方有权通过乙方或者直接参与对丙方的管理。乙方参加公司股东会、董事会前，应与甲方进行沟通；就丙方的具体经营事务行使表决权时，乙方必须事前和甲方进行沟通，并按照甲方的指令代甲方行使表决权。

[1] 参见最高人民法院民事审判第二庭编：《商事审判指导》（2020年卷），人民法院出版社2021年版，第362页。

(3)甲方基于其对丙方的实际出资,对公司享有实际的股东权利并有权获得分红及其他收益等全部投资收益。乙方应将代为行使该项权利所产生的收益及时移转甲方。

(4)转让出资权利:在委托持股期限内,甲方有权将相关股东权益转移到自己指定的任何第三人名下,同时由该第三人依照本协议享有甲方所应享有的一切权利,无论该第三人与乙方是否重新签署委托持股协议。

(5)剩余财产分配权:在本协议有效期内,如丙方解散并进行清算,甲方仍委托乙方参加清算,如经清算后丙方有剩余财产,甲方有权取得依照出资比例分配的丙方的财产;乙方应将甲方应取得的丙方财产转交甲方。

(6)新增资本优先认缴权:为避免甲方股权因丙方增资而遭受的股权稀释,甲方有权依照《公司法》及丙方章程的规定,依照同等比例优先认缴增加的注册资本金。

第四条 甲方以其委托出资的金额为限,承担对丙方出资的投资风险。乙方不对甲方的出资承担保值增值责任,甲方不得就出资财产的亏损,要求乙方承担补偿或赔偿责任;但乙方未依照本协议的约定,擅自处分甲方权益或者实施其他损害甲方权益的行为,造成甲方损失的,应当对甲方所受到的损失承担赔偿责任。

第五条 乙方有权依本协议约定行使股东权利,具体包括:

(1)乙方作为丙方的登记股东,有权依据《公司法》及公司章程的规定行使股东权利,但乙方行使股东权利时需受本协议内容的限制并不得违背甲方意思。

(2)乙方不得利用持有甲方在丙方中的股权为自己牟取任何私利。

(3)乙方仅可以其本人在丙方中的实际出资额为限,处置其股东权利和权益[①](包括但不限于股东权益的转让、质押、赠予、放弃等);乙方向外转让其本人实际持有的丙方的股权时,甲方在相同条件下有优先受让的权利。

第六条 乙方仅得以自己名义将甲方的出资投入丙方并代甲方持有该投资所形成的股东权益,未经甲方事先书面同意,乙方不得处置(包括但不限于转让、赠予、放弃或设置任何形式的担保等处置行为)上述代持股份及其股东权益,也不得实施任何可能损害甲方利益的行为。未经甲方事前书面同意,乙方不得转委托第三方持有上述代持股份及其股东权益。

第七条 乙方承诺将其未来所收到的因代持股份所产生的任何投资收益(包括现金股息、红利或任何其他收益分配)均全部转交给甲方,并承诺将在获得该投资收益后五日内按照甲方指定的方式移转给甲方。如果乙方不能及时交付,应向甲方支付等同于同期银行逾期贷款利息之违约金。

第八条 如甲方拟将相应股东权益转移到自己指定的任何第三人名下时,乙方

① 本例中乙方本身也在公司中出资。

应对此提供必要的协助及便利；无论是否签署书面股权转让协议，在甲方向乙方发出书面指令后，受让方自动取代甲方的地位与乙方形成股权代持法律关系。

第九条　甲方与乙方的此项委托关系为无偿委托，乙方无权就此委托事项向甲方收取报酬。

第十条　甲方随时可解除与乙方的委托持股协议并签署股权转让协议，使甲方成为丙方的登记股东；乙方及丙方应予以配合并不收取相关费用，相关变更登记所产生的费用由甲方负担。

第十一条　凡因履行本协议所发生的或与本协议有关的任何争议，各方应友好协商解决；协商不能解决的，任何一方均有权向甲方所在地人民法院提起诉讼。

第十二条　本协议自甲方、乙方、丙方签字或盖章之日起生效，至甲方登记为丙方股东之日或公司解散并办理注销登记之日终止。如乙方终止本协议，丙方有义务为甲方办理股东显名登记以使得甲方被真实登记为股东，乙方对此应予以配合。

第十三条　本协议未尽事宜，由协议各方友好协商解决。各方协商一致的，可以签订补充协议，补充协议与本协议具同等法律效力。

第十四条　本协议一式三份，协议各方各持一份，具有同等法律效力。

甲方：　　　　　　　　　　　　　　乙方：

丙方：×××有限责任公司（盖章）

法定代表人：

签署日期：

备注：丙方其他股东对于甲方委托乙方的代持安排不持异议，并特此签名确认如下：

（丙方其他股东签字确认）[①]

■ 第五节　抽逃出资的认定及法律责任

一、抽逃出资的认定

抽逃出资的股东应对公司债权人承担补充清偿责任，但在债权人要求抽逃出资的股东

① 考虑到当前司法实践，由公司及其他股东对代持安排作出确认，便于保障实际出资人的权益，实际出资人可以随时确认其自身股东身份。因此，建议公司其他股东确认股权代持安排。

承担民事责任的案件中，作为原告的债权人往往存在举证方面的困难和障碍。这是因为通常情况下股东抽逃出资的行为不易为外人察觉，公司的业务往来账册、资产负债表等关键证据均保存于公司内部，因而使得司法实务中认定股东抽逃出资存在一定的难度。对此，《公司法司法解释(三)》第12条作出了列举性规定，公司成立后，公司、股东或者公司债权人以相关股东的行为符合下列情形之一且损害公司权益为由，请求认定该股东抽逃出资的，人民法院应予支持：(1)制作虚假财务会计报表虚增利润进行分配；(2)通过虚构债权债务关系将其出资转出；(3)利用关联交易将出资转出；(4)其他未经法定程序将出资抽回的行为。

下面结合司法实践中的相关案例，对股东抽逃出资行为进行分析。

(一)将出资款转入公司账户后又转出

2014年《公司法司法解释(三)》删除了原第12条第1项“将出资款项转入公司账户验资后又转出”认定为抽逃出资的规定。本书认为，司法解释之所以删除该项规定是因为《公司法》(2013年修正)取消了强制验资的规定，并实行注册资本认缴登记制。但是，该项规定的删除并不意味着“将出资款项转入公司(验资)账户后又转出”的行为不再被认定为抽逃出资。对此，最高人民法院在给河北省高级人民法院的答复即最高人民法院(2014)民二他字第19号答复中指出：2014年2月20日发布的《最高人民法院关于适用〈中华人民共和国公司法〉若干问题的规定(三)》施行后尚未终审的股东出资相关纠纷案件，人民法院经审理查明，公司成立后，股东将出资款项转入公司账户验资后，未经法定程序又转出，损害公司权益的，可以依照该规定第12条第4项的规定，认定该股东抽逃出资。

最高人民法院在**张某军、天津宏凯房地产开发有限公司股东出资纠纷案**①中明确指出：股东未经法定程序将出资抽回，损害公司权益的，属于抽逃出资。2013年修正前后的《公司法》均规定：“公司成立后，股东不得抽逃出资。”法释〔2014〕2号和法释〔2011〕3号司法解释②关于抽逃出资的认定中，均有“其他未经法定程序将出资抽回的行为”属抽逃出资的规定。张某军主张天津宏凯房地产开发有限公司转出的款项是正常的股东借款，但是未提交证据证明。故原判决依据《公司法》认定张某军以公司资金归还张某军个人借款和利息的行为属于抽逃出资，与法释〔2014〕2号司法解释的相关规定一致，不属于适用法律确有错误。

另外，注册资本认缴登记制与取消强制验资并不等于股东将出资款转入公司账户后立即转出的行为就不再被视为“抽逃出资”。相反，股东将出资款转入公司账户后又立即转出的事实，仍可以成为股东抽逃出资的初步证据。《公司法司法解释(三)》第21条规定，当事人之间对是否履行出资义务发生争议，原告提供对股东履行出资义务产生合理怀疑证据的，被告股东应当就其已履行出资义务承担举证责任。

---

① 参见天津市高级人民法院(2014)津高民二终第0069号民事判决书(二审)，最高人民法院(2015)民申字第162号民事裁定书(再审)。

② 即2014年修订前后的《公司法司法解释(三)》。

最高人民法院在**长春市商业银行北国支行与新产业投资股份有限公司、吉林省商务厅等借款合同纠纷案**[1]的裁判要旨中明确：出资人从公司收回资金，在其没有证据证明除注册资金外，另有其他形式资金投入公司的情况下，应当认定出资人收回的资金系公司资产的组成部分，出资人的行为属于抽逃公司资产，对于公司对外所负债务，公司首先应以其自有财产清偿，如果公司的财产不足以清偿债务，出资人应当承担相应的赔偿责任。

最高人民法院在**贾某富与旌德县新义莹石有限公司股东出资纠纷案**[2]中认可一审法院查明的事实，即贾某富、陈某玲于2009年11月11日召开临时股东会，决定公司增资1680万元，其中贾某富以现金增资1512万元，陈某玲以现金增资168万元。同日，张某芳将1512万元转至贾某富银行账户，将168万元转至陈某玲银行账户；贾某富、陈某玲随后将1680万元缴存至旌德县新义莹石有限公司账户，并于次日经会计师事务所验资后，以公司"预付货款"的名义将1680万元转给张某芳……一审判决认定贾某富、陈某玲将增资款转入公司账户验资后未经法定程序将增资抽回的行为，构成抽逃出资，应当承担返还之责任。该认定有事实和法律依据，并无不当，二审法院予以维持。最高人民法院在二审中还进一步指出，公司和股东在公司运营过程中，应当将公司财产与股东个人财产严格区分与隔离，这对于公司生存以及股东权益保护、风险隔离起到防火墙之作用。如果无法正确认识公司与股东个人、公司财产与股东个人财产的关系，出现公司财产与股东个人财产混同的情况，尤其再加之公司资本运营不规范、公司财务管理混乱、交易证据与实际交易活动不符等情形，公司与股东都可能面临法律风险。

（二）制作虚假财务会计报表虚增利润进行分配

在公司不具备分配盈余条件的情况下进行盈余分配，或者向股东分配的盈余超过公司当期可分配的盈余与公司提取法定公积金的总和，即应当认定为抽逃出资。在**姜某先诉昌邑市华新矿业有限公司股东资格确认案**[3]中，法院即认定被告自成立以来一直按照每百元每月两元支付股东股息的做法属于变相抽逃出资。公司盈余分配应遵循"无盈不分"的原则，详见本书第四章的相关论述。

（三）通过虚构债权债务关系将其出资转出

在**湖北省建工第五建设有限公司厦门分公司诉庄某安、第三人厦门嘉隆房地产开发有**

---

① 参见吉林省高级人民法院（2002）吉民二初字第1号民事判决书（一审），吉林省高级人民法院（2006）吉民二初字第34号民事判决书（经最高人民法院发回重审后的一审），最高人民法院（2007）民二终字第215号民事判决书（二审）。

② 参见安徽省高级人民法院（2016）皖民初1号民事判决书（一审），最高人民法院（2018）最高法民终390号民事判决书（二审）。

③ 参见山东省潍坊市中级人民法院（2005）潍民二初字第241号民事判决书（一审），山东省高级人民法院（2007）鲁民二终字第63号民事判决书（二审），山东省高级人民法院（2009）鲁民再字第4号民事判决书（再审）。

限公司等股东滥用公司法人独立地位和股东有限责任赔偿纠纷案[①]中，法院查明，作为厦门嘉隆房地产开发有限公司（以下简称嘉隆公司）注册资本金的1991.2万港元汇入该公司后，即大量地以"借款"等名义退还投资单位。法院同时明确，股东与公司之间的款项往来属于借款还是抽逃出资，应从有无借款合同、有无还款期限、有无支付利息、公司是否催讨债务、有无担保、公司有无召开董事会或股东会进行讨论、进出款项的数额大小及款项进出的时间关系等方面综合进行判断。但被告庄某安以及第三人嘉隆公司均未能举证证明嘉隆公司与所谓的投资单位之间存在借款合同、担保合同、还款期限、利息支付以及公司就所谓的借款召开董事会或股东会予以讨论的事实。因此，在本案中，嘉隆公司股东庄某安的行为属于抽逃出资而非借款。

广东省深圳市中级人民法院在**深圳市爱华动力电池有限公司与深圳市爱华电子有限公司股东出资纠纷案**[②]中指出，各股东的借款经过了股东会议决议，签署了书面的《借款协议》，也记入了财务账册，因此，就深圳市爱华动力电池有限公司（以下简称爱华电池公司）向各股东提供借款的行为本身而言，既非虚构的债权债务关系，也不违反《公司法》规定和公司章程，应认定合法有效，不符合上述抽逃出资的形式要件。从是否损害公司权益看，公司财产有多种形式，借款后爱华电池公司因享有债权其资产并未减少。故各股东从爱华电池公司借款的行为不能认定为抽逃出资。最高人民法院在该案再审审查裁定书中指出，区分股东抽逃出资行为和股东向公司借款行为的关键问题为是否有真实合理的债权债务关系。股东抽逃出资，往往在股东与公司之间无实质的债权债务关系，如无须支付对价和提供担保，无返还期限的约定等，或者违反了有关金融管理、财务制度的规定等。

【案例2.15】 光彩宝龙兰州新区建设有限公司、宝纳资源控股（集团）有限公司与袁某岷、龙湾港集团有限公司股东出资纠纷案[③]

> 光彩宝龙兰州新区建设有限公司（以下简称光彩宝龙公司）系龙湾港集团有限公司（以下简称龙湾港公司）与宝纳资源控股（集团）有限公司的前身中宝纳资源控股有限公司（以下均简称宝纳公司）共同发起设立的有限责任公司。其中龙湾港公司以货币出资2719.2万元持有公司股权的51.5%，宝纳公司出资2650.8万元（已缴纳）持有公司

① 参见福建省厦门市中级人民法院（2009）厦民初字第260号民事判决书（一审），福建省高级人民法院（2011）闽民终字第81号民事判决书（二审）。

② 参见广东省深圳市中级人民法院（2018）粤03民初1670号民事判决书（一审），广东省高级人民法院（2019）粤民终1609号民事判决书（二审），最高人民法院（2020）最高法民申4625号民事裁定书（再审）。

③ 参见甘肃省高级人民法院（2012）甘民二初字第3号民事判决书（一审），最高人民法院（2014）民二终字第92号民事判决书（二审）。

股权的48.5%。龙湾港公司为履行其出资义务，向珠海经济特区瑞福星医药工业公司(以下简称瑞福星公司)借款1439万元，该借款由宝纳公司提供担保。嗣后龙湾港公司分两笔向光彩宝龙公司足额缴纳了出资。2007年12月4日，光彩宝龙公司以支付工程款的名义向疏浚公司(系龙湾港公司持股80%的控股子公司，袁某岷在龙湾港公司、光彩宝龙公司、疏浚公司三家公司中均担任法定代表人)汇款1439万元。次日，疏浚公司又以工程款名义将上述款项转付给瑞福星公司。最高人民法院另案判决认定疏浚公司与光彩宝龙公司没有事实上的工程合同关系或者委托关系，光彩宝龙公司支付给疏浚公司的1439万元未用于工程建设，而是由疏浚公司支付给瑞福星公司偿付了借款。光彩宝龙公司、宝纳公司诉至法院请求确认龙港湾公司抽逃了对光彩宝龙公司的出资，并判令袁某岷对抽逃出资行为承担连带责任，得到了甘肃省高级人民法院及最高人民法院的部分支持①。法院认为，被告袁某岷利用关联公司的便利，从光彩宝龙公司以支付工程款的名义向疏浚公司汇款1439万元，第二天又从疏浚公司将该笔款再次以工程款的名义转付给瑞福星公司，生效判决已经认定二者没有事实上的工程合同及委托关系……故被告袁某岷将龙湾港公司投到光彩宝龙公司的1439万元注册资金，以虚构的工程款名义转到了关联公司疏浚公司，再由疏浚公司支付给瑞福星公司，最终偿还了龙港湾公司向瑞福星公司的1439万元借款。由此可见，该行为已构成抽逃出资。

(四)利用关联关系抽逃出资

相对于从公司中直接抽回出资的方式，股东更愿意采取不易被发现的间接抽逃出资的方式，其中最常见的便是利用关联关系抽逃出资。《公司法》第22条规定，公司的控股股东、实际控制人、董事、监事、高级管理人员不得利用关联关系损害公司利益。违反前款规定，给公司造成损失的，应当承担赔偿责任。

《最高人民法院关于适用〈中华人民共和国公司法〉若干问题的规定(五)》(以下简称《公司法司法解释(五)》)第1条对于利用关联交易损害公司利益的情形作出了明确的规定，即关联交易损害公司利益，原告公司依据《民法典》第84条、《公司法》第21条②规定请求控股股东、实际控制人、董事、监事、高级管理人员赔偿所造成的损失，被告仅以该交易已经履行了信息披露、经股东会或者股东大会同意等法律、行政法规或者公司章程规定的程序为由抗辩的，人民法院不予支持。公司没有提起诉讼的，符合《公司法》第151条③第1款

① 原告起诉金额过高，超过1439万元的部分，因涉及其他诉讼，法院未在本案中认定为抽逃出资。
② 2023年《公司法》修订后，条文序号调整为第22条。
③ 2023年《公司法》修订后，条文序号调整为第189条。

规定条件的股东，可以依据《公司法》第151条[①]第2款、第3款规定向人民法院提起诉讼。股东出资是公司财产的主要来源，一旦出资完毕，相关财产权属即转移到公司名下。利用关联交易抽逃出资，必然损害公司的法人财产权益，公司及股东可以依照司法解释的规定，追究相关人员的责任。公司债权人也可以根据《公司法司法解释（三）》的相关规定，追究相关责任人员的法律责任。

（五）其他抽逃出资的行为

司法解释难以将抽逃出资的情形一一予以列举，故设置此兜底条款。在**张某华诉常德市美丽房产有限公司民间借贷纠纷案**[②]中，法院认定股东将公司对外投资形成的股权转让给自己，构成抽逃出资。该案基本案件事实是，常德市美丽房产有限公司（以下简称美丽房产公司）以酒店房产等实物出资2100万元与陈某军货币出资900万元于2009年4月7日注册成立常德市托斯卡纳商贸有限公司。4月16日，陈某军、黄某（均系美丽房产公司股东）即与美丽房产公司签订股权转让协议，将美丽房产公司在常德市托斯卡纳商贸有限公司的股权转至自己名下，并进行工商登记。湖南省高级人民法院审理后认为，作为美丽房产公司的股东，陈某军将公司对外投资形成的股权转让给自己，足以使债权人对其抽逃出资产生合理怀疑，其应当在未能证明自己足额出资1200万元的本息范围内对公司债务不能清偿部分承担补充赔偿责任。

根据《公司法司法解释（三）》第20条的规定，在司法实务中，原告对股东是否履行出资义务如能提供产生合理怀疑的初步证据，就应当由被告股东举证证明其已经实际履行出资义务的事实。如果被告股东不能提供充分证据证明其已履行出资义务，应当承担举证不能的法律后果。换言之，在股东是否履行出资义务的举证责任分配上，一方面考虑到权利人举证上的现实困难，将是否依法履行出资义务的举证责任分配给被告股东；另一方面为防止滥诉又未简单规定为举证责任倒置，而是要求原告提供能够产生合理怀疑的初步证据后再将举证责任分配给被告股东。[③]

债权人追究出资瑕疵股东在瑕疵出资或抽逃出资的范围内对公司债务承担补充清偿责任的法理基础为《民法典》所规定的代位权制度。《民法典》第535条规定，因债务人怠于行使其债权或者与该债权有关的从权利，影响债权人的到期债权实现的，债权人可以向人民法院请求以自己的名义代位行使债务人对相对人的权利，但是该权利专属于债务人自身的除外。代位权的行使范围以债权人的到期债权为限。债权人行使代位权的必要费用，由债务人负担。相对人对债务人的抗辩，可以向债权人主张。在股东违反资本充实义务的情

① 2023年《公司法》修订后，条文序号调整为第189条。

② 参见湖南省常德市中级人民法院（2014）常民四初字第8号民事判决书（一审），湖南省高级人民法院（2015）湘高法民一终字第9号民事判决书（二审）。

③ 参见最高人民法院民事审判第二庭编著：《最高人民法院关于公司法解释（三）、清算纪要理解与适用》，人民法院出版社2014年版，第325页。

况下，其应对公司承担规范出资的义务，公司对该股东享有规范出资的请求权。在“债权人—公司—股东”这一请求权链条上，股东于债权人而言，处于次债务人地位。对抽逃出资情形作进一步扩张解释，即便股东或者实际控制人转移公司的资产不构成抽回出资的“股本”，亦不影响公司对自身“被抽逃”的财产享有请求权。如债权人能够证明股东或实际控制人有转移公司资产的行为，亦可参照适用抽逃出资的规则，主张行为人在转移公司资产的范围内对债权人承担补充清偿责任。

《最高人民法院公报》(2021 年第 2 期)刊载的**海南碧桂园房地产开发有限公司与三亚凯利投资有限公司、张某男等确认合同效力纠纷案**①裁判要旨为：公司股东仅存在单笔转移公司资金的行为，尚不足以否认公司独立人格的，不应依据《公司法》第 20 条第 3 款②判决公司股东对公司的债务承担连带责任。但该行为客观上转移并减少了公司资产，降低了公司的偿债能力，根据“举重以明轻”的原则参照《公司法司法解释(三)》第 14 条关于股东抽逃出资情况下的责任形态之规定，可判决公司股东对公司债务不能清偿的部分在其转移资金的金额及相应利息范围内承担补充赔偿责任。

二、抽逃出资及出资瑕疵的特殊问题

(一)股东针对其他股东瑕疵出资提起的诉讼系直接诉讼

股东根据《公司法司法解释(三)》第 13 条第 1 款、第 14 条第 1 款的规定，对其他出资瑕疵股东提起的诉讼在性质上属于股东直接诉讼而非代表诉讼，③对于原告股东并无资格上的限制，也无须履行任何前置程序。④

---

① 参见海南省高级人民法院(2018)琼民初 6 号民事判决书(一审)，最高人民法院(2019)最高法民终 960 号民事判决书(二审)。

② 2023 年《公司法》修订后，条文序号调整为第 23 条第 1 款。

③ 从法理上讲，未规范出资的出资瑕疵与抽逃出资的出资瑕疵在股东提起诉讼时应当有所区分。设立公司或者公司增资属于共同法律行为，股东之间存在股东协议这一契约，一股东对另一股东的未规范出资行为提起直接诉讼有合同依据。而抽逃出资则不然，股东出资后，其财产权属已经转为公司所有，此时抽逃出资行为构成对公司财产权的侵害；享有直接诉权的是公司而非股东，此时股东代位追究抽逃出资的法律责任，宜通过代表诉讼的方式提起。

④ 根据《公司法》第 189 条的规定，能够提起股东代表诉讼的股东，必须是有限责任公司的股东以及连续持股 180 日以上且单独或者合计持有公司 1% 以上股份的股份有限公司的股东。股东在提起代表诉讼前必须履行书面请求董事会或者监事会起诉的程序，只有情况紧急，不立即起诉将会使公司利益受到难以弥补的损害的，才可以直接提起代表诉讼。关于股东代表诉讼的内容，详见本书第十二章。

【案例2.16】（株）圃木园控股与上海福生豆制食品有限公司、上海市张小宝绿色食品发展有限公司股东出资纠纷案[①]

2008年11月17日，上海福生豆制食品有限公司（以下简称福生公司）、上海市张小宝绿色食品发展有限公司（以下简称张小宝公司）与（株）圃木园控股共同出资设立了上海圃园福生绿色食品有限公司（以下简称圃园福生公司），公司注册资本2200万美元，（株）圃木园控股持股51%，应出资1122万美元。现（株）圃木园控股已出资902万美元，尚有220万美元理应按约在2010年11月底前完成。然而（株）圃木园控股非但不履行出资义务，反而从2009年11月起编造种种理由不断恶意诉讼，擅自拿走圃园福生公司经营用的公章、法人章、财务章等。经几次发函要求履行出资义务，至今拒不履行。故福生公司与张小宝公司代为起诉请求判令：（株）圃木园控股向圃园福生公司履行出资220万美元的义务，暂计人民币1408万元；（株）圃木园控股向圃园福生公司赔偿经济损失人民币600万元；本案诉讼费由被告负担。上海市第二中级人民法院及上海市高级人民法院审理后认为，福生公司与张小宝公司作为圃园福生公司股东，合计持有圃园福生公司49%的股权，在7人董事会中仅占3席[（株）圃木园控股占4席]、3人监事会仅占1席[（株）圃木园控股占1席，另设1名职工监事]的情况下，要求福生公司、张小宝公司先行请求公司董事会或监事会对（株）圃木园控股提起诉讼已无实质意义，[②]其直接提起股东代表诉讼属合理。两级法院遂判决（株）圃木园控股应向圃园福生公司缴付出资220万美元并支付相应利息。对福生公司、张小宝公司诉请（株）圃木园控股应向圃园福生公司赔偿损失的诉请，因缺乏相关证据，故不予支持。

最高人民法院提审后认为本案纠纷应适用2005年《公司法》第152条[③]第3款的规定，即“他人侵犯公司合法权益，给公司造成损失的，本条第一款规定的股东可以依照前两款的规定向人民法院提起诉讼”。本案股东代表诉讼属于该条第3款规定的情形，但对于“他人”应当作狭义解释，即只有在不能通过其他途径获得救济的情况下，才能适用股东代表诉讼。股东代表诉讼制度的设置基础在于股东本没有诉权而公司又怠于行使诉权或者因情况紧急可能损害公司利益时，赋予股东代表公司提起诉讼的权利。当股东能够通过自身起诉的途径获得救济时，则不应提起代表诉讼，否则将有悖股东代表诉讼制度的设置意图。根据《公司法司法解释（三）》第13条第1款的规定，福生公司、张小宝公司作为股东本身即享有诉权，而通过股东代表诉讼起诉的后果，则剥夺了另一方

① 参见上海市第二中级人民法院（2011）沪二中民四（商）初字第55号民事判决书（一审），上海市高级人民法院（2013）沪高民二（商）终字第36号民事判决书（二审），最高人民法院（2014）民提字第170号民事裁定书（再审）。

② 二审庭审中，各方承认圃园福生公司现已无法形成有效的董事会决议，且没有依法成立的监事会。

③ 2023年《公司法》修订后，条文序号调整为第189条。

> 股东(株)圃木园控股反诉福生公司、张小宝公司履行出资义务的诉讼权利,因为其无法针对合资公司提起反诉,由此造成股东之间诉讼权利的不平等。因此,福生公司、张小宝公司无权提起本案股东代表诉讼,其起诉应予驳回。

(二)董事、监事、高级管理人员、其他股东、实际控制人协助抽逃出资的,应承担连带责任

在前述**光彩宝龙兰州新区建设有限公司、宝纳资源控股(集团)有限公司与袁某岷、龙湾港集团有限公司股东出资纠纷案**①中,甘肃省高级人民法院认为:被告龙港湾公司虚构债权债务关系抽逃1439万元出资偿还其借款时,袁某岷既是龙港湾公司的法定代表人,也是光彩宝龙公司的法定代表人,没有袁某岷的协助,龙港湾公司是不可能实现抽逃其出资的。根据《公司法司法解释(三)》第14条第1款的规定,袁某岷应当对龙湾港公司返还抽逃出资的本息承担连带责任。最高人民法院在二审判决中进一步指出,根据司法解释的规定,公司的其他股东、董事、高级管理人员等,只要实施了协助股东抽逃出资的行为,即应承担连带责任,而与协助行为对抽逃出资所起作用大小、是否为抽逃出资的必要条件等无关。

需要注意的是,根据《公司法》第53条第2款的规定,对于股东抽逃出资给公司造成损失的,负有责任的董事、监事、高级管理人员应当与该股东承担连带赔偿责任。

(三)公司是否有能力清偿债务与判令股东承担出资责任无关

在**广西梧州市亿能水电投资有限公司、精盈国际集团有限公司诉广东粤林林产化工有限公司股东出资纠纷案**②中,广东粤林林产化工有限公司认为广西梧州市亿能水电投资有限公司处于清算阶段且无负债,支付出资款没有意义为由提出抗辩。对此,广西壮族自治区高级人民法院认为,广西梧州市亿能水电投资有限公司经清算后是否负债,与广东粤林林产化工有限公司的出资义务是不同法律关系,况且法律并未赋予当事人以清算结果抗辩出资义务的权利。

湖南省高级人民法院在**张某华诉常德市美丽房产有限公司民间借贷纠纷案**③中指出,公司债权人起诉公司股东承担股东责任,只需举证证明股东未足额履行出资义务或对公司股东履行出资义务提出合理怀疑的证据即可,公司是否有能力清偿其全部债务,不是判断

---

① 参见甘肃省高级人民法院(2012)甘民二初字第3号民事判决书(一审),最高人民法院(2014)民二终字第00092号民事判决书(二审)。

② 参见广西壮族自治区梧州市中级人民法院(2013)梧民三初字第12号民事判决书(一审),广西壮族自治区高级人民法院(2014)桂民四终字第6号民事判决书(二审)。

③ 参见湖南省常德市中级人民法院(2014)常民四初字第8号民事判决书(一审),湖南省高级人民法院(2015)湘高法民一终字第9号民事判决书(二审)。

股东承担有限责任所需要确认的法律要件事实,而是在执行生效判决所确定的股东有限责任时所需要确认的法律要件事实。

■ 第六节 股东除名与失权制度及司法实务

由于有限责任公司具有人合性和封闭性的特征,因此较之于股份有限公司而言,有限责任公司更需要良好的股东人际关系以保证公司的正常运营。在特定的情况下,能否通过股东除名的方式保证有限责任公司的人合性,2023 年《公司法》修订前并未作出规定。《公司法司法解释(三)》第 17 条首次就股东除名问题作出规定,有限责任公司的股东未履行出资义务或者抽逃全部出资,经公司催告缴纳或者返还,其在合理期间内仍未缴纳或者返还出资,公司以股东会决议解除该股东的股东资格,该股东请求确认该解除行为无效的,人民法院不予支持。在前款规定的情形下,人民法院在判决时应当释明,公司应当及时办理法定减资程序或者由其他股东或者第三人缴纳相应的出资。在办理法定减资程序或者其他股东或者第三人缴纳相应的出资之前,公司债权人依照本规定第 13 条或者第 14 条请求相关当事人承担相应责任的,人民法院应予支持。研读上述条文不难发现,司法解释所规定的股东除名事由是非常狭窄的,仅限于股东完全未出资或者抽逃全部出资的情形。

许多论述股东除名问题的文章,都曾对我国台湾地区"公司法"的相关规定进行分析。引述我国台湾地区"公司法"第 67 条的规定,即"股东有下列各款情事之一者,得经其他股东全体之同意议决除名。但非通知后不得对抗该股东:一、应出之资本不能照缴或屡催不缴者。二、违反第五十四条第一项之规定者。三、有不正当行为妨害公司之利益者。四、对于公司不尽重要之义务者",其中第 54 条第 1 项为股东与公司进行同类营业的行为,并由此展开论证。需要指出的是,我国台湾地区"公司法"第 67 条的规定系专门规定在第二章"无限公司"之第四节"退股"中的,其规范的公司类型非我国《公司法》意义上的有限责任公司。我国台湾地区"公司法"所规定的"无限公司"与我国《合伙企业法》所规定的"普通合伙企业"在法律组织上是一致的。[①] 事实上,我国《合伙企业法》第 49 条的规定与我国台湾地区"公司法"第 67 条的规定是相似的。《合伙企业法》第 49 条规定:合伙人有下列情形之一的,经其他合伙人一致同意,可以决议将其除名:(1)未履行出资义务;(2)因故意或者重大过失给合伙企业造成损失;(3)执行合伙事务时有不正当行为;(4)发生合伙协议约定的事

---

① 我国台湾地区"公司法"所规定的"两合公司"与《合伙企业法》所规定的"有限合伙企业"相类似。我国台湾地区"公司法"第 114 条第 1 款规定,两合公司以无限责任股东与有限责任股东组织之。无限责任股东对公司债务负无限连带清偿责任,有限责任股东以出资额为限,对公司债务负其责任。第 125 条对两合公司中有限责任股东的除名事由规定为以下两种:(1)不履行出资义务者。(2)有不正当行为妨害公司利益者。

由。对合伙人的除名决议应当书面通知被除名人。被除名人接到除名通知之日,除名生效,被除名人退伙。被除名人对除名决议有异议的,可以自接到除名通知之日起30日内,向人民法院起诉。上述规定,可以在我国公司除名的实务中进行参照。

2023年《公司法》修订后,在第52条第1条规定了股东失权制度:股东未按照公司章程规定的出资日期缴纳出资,公司依照前条第1款规定发出书面催缴书催缴出资的,可以载明缴纳出资的宽限期;宽限期自公司发出催缴书之日起,不得少于60日。宽限期届满,股东仍未履行出资义务的,公司经董事会决议可以向该股东发出失权通知,通知应当以书面形式发出。自通知发出之日起,该股东丧失其未缴纳出资的股权。

一、股东除名及失权的事由

公司对股东进行除名的事由有哪些?可归责于股东的"重大事由"是适用除名规则的前提,依照德国公司法学说,所谓"重大事由"即基于要被除名的股东的行为或个人原因,公司连同要被除名的股东一起继续存在对于其他股东来说过于苛刻。也就是说,继续保留该股东的成员身份将使公司的继续存在成为不可能或者被真实地威胁到,这并不需要建立在过错的基础上。司法判例中"重大事由"通常包括以下两种。一是股东自身存在的重大事由,包括:(1)年老、精神异常、长期患病卧床等由于生理因素从而影响其参与公司经营的可能,给公司运转带来严重困难;(2)公司章程中规定股东需具备特定的资格或身份,如家族公司中所需要的家族成员身份。二是存在重大事由的股东行为,包括:(1)股东财务状况严重恶化或濒临破产。(2)股东的行为严重违反忠实义务,滥用股东权利对公司及其他股东利益造成严重侵害;或者股东私底下经由资本参与,以妨害于公司的方式投资其他同属竞争关系之公司者,均可视为"重大事由"。①

本书认为,根据《公司法》第52条、《公司法司法解释(三)》第17条的规定,可以在借鉴德国法律实践的基础上,参照我国台湾地区"公司法"第67条以及我国《合伙企业法》第49条的规定,司法实践中对于以下情况可以进行股东除名或书面通知失权。

(一)出资瑕疵或者抽逃出资

《公司法司法解释(三)》第17条规定的范围失之过窄,仅针对根本未出资及抽逃全部出资的情况。《公司法》第52条规定的股东失权制度已经对此作出矫正:在遵循"催告规范出资—给予不少于60日宽限期—书面通知失权"的程序后,即可以对瑕疵出资股东作失权处理。需要指出的是,法律并未因此排除公司章程将失权事由作为除名事项予以规定。毕竟失权有可能是部分失权,而除名则可以从根本上取消股东资格,二者有质的区别。对此,公司章程有充分自治空间。

---

① 参见凤建军:《公司股东的"除名"与"失权":从概念到规范》,载《法律科学(西北政法大学学报)》2013年第2期。

（二）股东竞业行为

股东不负有法定的竞业禁止义务，但并不影响有限责任公司基于公司人合性和封闭性考量，对股东竞业禁止行为作出特别约定。考虑到有限责任公司股东人数较少，在初始公司章程或者全体股东对竞业禁止作出特殊约定的情况下，应将其作为股东的一项合同义务。

【案例2.17】 河南聚汽涞新能源技术有限公司与郭某田公司决议纠纷案①

2019年12月27日，郭某田（乙方）与案外人宋某群（甲方）签订了《合作协议》一份。就共同设立“河南聚汽涞新能源技术咨询有限公司”（暂定名，以工商行政管理部门核准为准，以下简称新公司），《合作协议》还约定乙方需遵守竞业限制义务、不从公司离职并不得劝诱本公司员工，如有违反，该行为所产生的归属该股东的一切收益都归公司所有，新公司及其股东会有权将乙方除名，除名后乙方无条件零元将其持有新公司的股权转让至甲方名下。《合作协议》还约定新设立公司的公司章程与《合作协议》有冲突的，以《合作协议》为准。

2020年1月8日，郭某田与宋某群在新郑市市场监督管理局注册成立了河南聚汽涞新能源技术有限公司（以下简称聚汽涞公司），该公司章程中未规定股东竞业可以除名。

2020年12月10日，聚汽涞公司向郭某田发出了《关于召开2020年第1次股东会的通知》，拟对郭某田进行股东除名问题进行表决……2020年12月28日，聚汽涞公司作出《2020年第1次股东会决议》，载明对郭某田除名，并要求郭某田将其所持有的聚汽涞公司35%的股权以0元对价转让至宋某群名下。

另查明，郭某田2019年10月31日注册成立郑州星喆新能源科技有限公司（以下简称星喆公司），并招募聚汽涞公司员工王某林到星喆公司任职。

郭某田诉至法院，请求确认聚汽涞公司《2020年第1次股东会决议》不成立。

一审法院认为，聚汽涞公司作出的股东会决议应当符合《公司法》及公司章程的规定，而不应以股东宋某群和郭某田之间签订的《合作协议》为据。《合作协议》仅应对股东宋某群和郭某田之间产生相应的法律效力，如两股东之间因履行《合作协议》产生了纠纷，守约方股东可依据《合作协议》的约定向违约方股东主张相应的权利。遂判决确认聚汽涞公司作出的《2020年第1次股东会决议》不成立。

---

① 参见河南省新郑市人民法院（2021）豫0184民初5009号民事判决书（一审），河南省郑州市中级人民法院（2021）豫01民终8685号民事判决书（二审）。

> 二审法院认为，本案双方争议主要在于聚汽涞公司能否依据《合作协议》对郭某田股东除名。《公司法司法解释（三）》第17条的规定属于法定除名事由，但法律并未禁止股东之间通过合意的方式约定其他除名情形。本案中，《合作协议》是聚汽涞公司发起人宋某群、郭某田为设立公司而签订的设立协议，双方在该协议中明确约定禁止郭某田与公司有同业竞争行为，否则公司股东会有权将其除名，除名后郭某田应零对价将其股权转让给宋某群，该约定系郭某田、宋某群的真实意思表示，不违反法律、行政法规的强制性规定，合法有效。而之后制定的聚汽涞公司章程实际上亦是股东郭某田、宋某群之间达成的合意，属于合同约定，其内容中虽未再载有上述除名条款，但结合《合作协议》约定的"本协议与后续成立的新公司的章程不一致的，以本协议为准"的内容，应认定相关除名条款对各缔约股东依然具有规范和约束的效力。现本案事实证明郭某田在聚汽涞公司成立后，仍在与聚汽涞公司有着相同业务的公司任职，且有招募聚汽涞公司员工到其公司任职的行为，故聚汽涞公司依据《合作协议》对郭某田作出除名的股东会决议，依据充分，不违反法律规定。公司为消除不履行义务的股东对公司和其他股东所产生不利影响而对其采取除名决议时，因该表决事项与拟除名股东存在利害关系，该股东不得就其持有的股权行使表决权。本案在排除郭某田所持35%表决权后，宋某群主持并形成的股东会决议，即是以100%表决权通过对郭某田股东除名，故涉案股东会决议的表决方式亦符合法律及公司章程的规定。遂撤销一审判决，改判驳回郭某田的诉讼请求。

（三）实施严重损害公司利益的行为

股东实施严重损害公司利益的行为，应允许公司根据章程或者股东协议的约定对其作出除名。

湖南省祁阳县人民法院在**唐某与永州博成生态发展有限公司公司决议效力确认纠纷案**①中指出，《公司法》虽未明确规定公司可以对股东除名事由进行规定，但该法及其相关法律也并未禁止公司不能对股东除名事由另行规定。根据法无禁止即可为的法律原则，公司可以自治设立股东除名的事项和事由。另外，资本维持原则是公司法的一般原则，但公司法赋予了公司的自治权力，公司可以通过章程等规定股东的"除名事由"，若公司股东出现上述规定的"除名事由"，即可以对股东予以除名。本案中，被告公司入股协议规定：如股东泄露公司机密，经查实无条件退出公司股份。被告公司的会议纪要规定，公司工作人员将工作群的内容对外透漏，一律作泄露机密论处。原告唐某将工作群股东关于曾某民的聊天内容泄露给曾某民符合上述关于泄露公司机密的内部规定，被告依照上述内部的规定，作

① 参见湖南省祁阳县人民法院（2020）湘1121民初1305号民事判决书（一审）。

出对股东唐某除名的决议，属于公司的自治行为，并未违反法律的禁止性规定。

（四）股东死亡或丧失行为能力

对于有限责任公司，《公司法》第90条规定，自然人股东死亡后，其合法继承人可以继承股东资格；但是，公司章程另有规定的除外。上述规定本身就赋予有限责任公司以章程规定的形式就自然人股东死亡的情形作出除名决议的权利。

另外，虽然无行为能力人或者限制行为能力人可以成为股东，只是其股东权利的行使由其法定代理人或者监护人代为行使，但如果公司章程规定当自然人股东丧失行为能力时可以予以除名，并且公司章程的这一规定遵循公平原则，不构成对个别股东的恶意排挤，司法也应当尊重公司自治，对此予以认可。

（五）股东丧失某种资格

对于以有限责任公司形式组建的会计师事务所、税务师事务所等，其公司章程可以规定，股东必须具有会计师或者税务师从业资格。嗣后如发生某股东因未依法执业被吊销从业资格证书的情况下，自可依照公司章程的相关规定，对其予以除名。

（六）"人走股留"条款

有些公司章程规定股东在达到退休年龄或者离职时应当退股，此种规定在实践中也得到司法机关的认可。在**上海大成资产评估有限公司诉楼某华等其他与公司有关的纠纷案**[①]中，法院认为公司章程是公司组织及活动的基本准则。在作为特殊企业的资产评估公司章程规定股东退休时必须退股，退股时以退股月份上月为结算月份，退还其在公司享有的净资产份额时，股东与公司应该按章履行。

关于"人走股留"条款，最高人民法院第96号指导案例**宋某军诉西安市大华餐饮有限公司股东资格确认纠纷案**[②]裁判要点指出：国有企业改制为有限责任公司，其初始章程对股权转让进行限制，明确约定公司回购条款，只要不违反《公司法》等法律强制性规定，可认定为有效。有限责任公司按照初始章程约定，支付合理对价回购股东股权，且通过转让给其他股东等方式进行合理处置的，人民法院应予支持。

除以上情形外，实践中在一定情况下还需要进行股份让渡或者股份拍卖以解决相关问题。这些措施一定程度上带有股东除名的性质，如我国台湾地区"公司法"第311条规定，"公司重整完成后，有左列之效力：……（二）股东权因重整而变更或减除之部分，其权利消

---

① 参见上海市闸北区人民法院（2008）闸民二（商）初字第540号民事判决书（一审），上海市第二中级人民法院（2010）沪二中民四（商）终字第41号（二审）。

② 参见陕西省西安市碑林区人民法院（2014）碑民初字第01339号民事判决书（一审），陕西省西安市中级人民法院（2014）西中民四终字第00277号民事判决书（二审），陕西省高级人民法院（2014）陕民二申字第00215号民事裁定书（再审）。

灭;未申报之无记名股票之权利亦同”。尽管我国《企业破产法》未作类似规定,但在公司重整实践中,根据实际情况对出资人(股东)权益进行调减亦十分常见。

例如,在**江苏霞客环保色纺股份有限公司破产重整案**①中,《重整计划》指出,“霞客环保已严重资不抵债,生产经营和财务状况均陷困境。如霞客环保破产清算,现有资产无法满足债务清偿,出资人权益将为零。为挽救霞客环保,避免退市和破产清算的风险,出资人需与债权人共同努力,分担霞客环保的重生成本。因此,本重整计划草案实施出资人权益调整。”“(股东)中基矿业让渡其所持股份的6%即1259406股、(股东)陈某忠让渡其所持股份的6%即1100062股……让渡的股份由管理人公开变卖,变卖所得用于提供霞客环保偿债资金和预留霞客环保生产经营资金……”相关股东就其让渡的股份范围内,亦产生股东权消灭的法律效果。

再如,《日本公司法》规定,如果连续5年以上公司的通知或者催告无法到达股东的,则之后不需要再向该去向不明股东发出通知或者催告。但是,这并不是使该股东的股东权利归于消灭。因此,公司必须在消灭时效之前妥善保管原本应当向该股东派发的分红。为此,《日本公司法》出于减轻公司事务负担的目的,允许公司将去向不明股东的股份进行拍卖。此时,拍卖所得的价款仍必须向该股东进行支付。② 此种支付可以通过提存解决。这种针对去向不明股东的处理措施,也具有股东除名的性质。

二、公司章程在股东除名问题上的作为

针对司法解释规定的除名事由失之过窄的弊端,修订后的《公司法》规定了股东失权制度。很显然,仅针对资本瑕疵设定股东失权或除名,在实践中仍不敷使用。最高人民法院以第96号指导案例的方式允许公司初始章程规定“人走股留”。在股权激励实践中,也大量以协议、公司规章制度的方式设定特定情况下被激励对象丧失股东身份等内容。因此,在股东失权和除名上,公司章程、股东协议可以在法定除名及失权事由之外,创设约定除名及失权事项。

《公司法》第5条规定,设立公司应当依法制定公司章程。公司章程对公司、股东、董事、监事、高级管理人员具有约束力。第84条第3款规定,公司章程对股权转让另有规定的,从其规定。上述条款即可理解为法律对公司章程规范股东除名问题的授权。

例如,在**南京安盛财务顾问有限公司诉祝某股东会决议罚款纠纷案**③中,南京安盛财务

① 参见江苏省无锡市中级人民法院(2014)锡破字第0009－14号民事裁定书(一审)。

② 参见[日]近藤光男:《最新日本公司法》(第7版),梁爽译,法律出版社2016年版,第82页。

③ 参见《最高人民法院公报》2012年第10期。

顾问有限公司依照该公司章程[①]的规定,以祝某"具有主观故意侵占或损害公司利益、利用在公司的地位和职权为自己谋私利、违反公司同业禁止约定的行为"为由作出股东会决议,由公司强行回购祝某在公司中的全部股份。

又如,在**吕某卿诉浙江新昌同兴食品实业有限公司确认公司章程条款无效纠纷案**[②]中,法院认可了公司章程中有关股东除名条款的效力。浙江省新昌县人民法院指出,公司章程是调整公司内部组织关系和经营行为的自治规则,是公司内部契约,是股东就公司重大事项的预想,并根据公司实际情况通过充分协商达成的。只要公司章程的内容不违反《公司法》的强行性规定,就应属合法有效,在规范公司内部事务、涉及公司治理结构以及相关的外部利益保护过程中,就应得到尊重和遵照。浙江省绍兴市中级人民法院进一步阐释了公司章程的自治性,认为本案中股东除名系以公司资本公积作为回购股权的对价,不违反《公司法》关于"公司股东不得抽回出资"的规定,也不具有其他法律所规定的无效情形。

公司章程可以就股东除名事项作出规定,绝不代表可以随意设置股东除名事由。股东除名制度的建立,是对股权自由转让和股东权利的限制,它赋予了特定情况下公司强行剥夺股东资格的权力。无论对于公司还是对于股东,股东除名制度都是一把"双刃剑",用得好可以避免和化解公司僵局,促进公司良性经营;使用不当甚至滥用则有可能使之蜕变为股权压迫,将公司变成派系斗争的战场,影响公司的发展。因此,从司法审查的角度分析,应当对公司章程设置股东除名事由进行一定的审查。本书认为,公司章程设置股东除名事由必须遵循以下原则。

(一)股权平等原则

《公司法》第21条规定,公司股东应当遵守法律、行政法规和公司章程,依法行使股东权利,不得滥用股东权利损害公司或者其他股东的利益。公司股东滥用股东权利给公司或者其他股东造成损失的,应当承担赔偿责任。该条对股权行使作出了规范。事实上,公司股权原则上只有权重的差异而无权能的差别,这是资本民主原则的题中应有之义。如果公司章程对股东除名的规定以及嗣后公司据此作出相应的除名决议,系出于股权压迫和股权欺凌,相关章程规定及股东会决议因违反股权平等及公平原则,应属无效。

---

① 《南京安盛财务顾问有限公司章程》第36条规定,股东退出分为自愿退出和强制退出。任何股东有下列行为之一出现时,必须全部转让其在公司的股份,由股东会强制取消其股东身份:(1)主观故意侵占或损害公司利益者;(2)利用在公司的地位和职权为自己谋私利者;(3)利用职权收受贿赂或者其他非法收入者;(4)私自动用公司资金或者将公司资金借贷给他人或者用本公司资产为个人债务提供担保者;(5)不按本章程的议事规则和国家有关法律、法规解决股东间有关公司发展和公司治理的分歧,而采取非法手段者;(6)违反公司同业禁止约定者;(7)受公司除名处分者;(8)其他有损公司利益,董事会决议强制退出者。此种情况下转让股份的价值按当时公司账面净值折算后扣除给公司造成的损失及股东会决议的罚款后的余额计算。该章程条款在案件诉讼之中并未为法院所确认为无效。

② 参见浙江省新昌县人民法院(2008)新民二初字第781号民事判决书(一审),浙江省绍兴市中级人民法院(2009)浙绍商终字第36号民事判决书(二审)。

湖北省武汉市东西湖区人民法院在**湖北粤创联合科技有限公司与余某彬公司决议纠纷案**[①]中指出，第三人武汉华路文旅发展集团股份有限公司未实际出资，其申请召开临时股东会，行使表决权对其他未出资股东除名，一方面致使除名规则异化为控股股东打压中小股东的工具，违背除名制度设立的初衷；另一方面导致有限责任公司人合性正当重构规则的落空，故未出资股东表决权排除是股东除名规则的基本要件。法院经审理后，认定作出除名决议的股东会无效。

《最高人民法院公报》（2023年第2期）刊载的**刘某芳诉常州凯瑞化学科技有限公司公司决议效力确认纠纷案**[②]裁判要旨指出，有限责任公司的股东未履行出资义务或者抽逃全部出资，经公司催告缴纳或者返还，在合理期间内仍未缴纳或者返还出资的，公司可以股东会决议解除其股东资格。但如公司股东均为虚假出资或抽逃全部出资，部分股东通过股东会决议解除特定股东的股东资格，由于该部分股东本身亦非诚信守约股东，其行使除名表决权丧失合法性基础，该除名决议应认定为无效。

实践中，公司在某一股东死亡后，有针对性地修改公司章程规定股权不得继承，以及无正当理由修改公司章程提前要求股东履行出资义务等，均会被认定为滥用股东权利，相关修改章程的股东会决议应为无效。

（二）除名事由须具有正当性基础

司法实务中，股东除名制度的滥用情形十分常见。笔者曾接触这样一起案例：华宇公司由甲、乙、丙、丁四名股东组成，因融资需要向A银行借款300万元。银行要求华宇公司全体股东甲、乙、丙、丁以个人财产对上述借款承担保证责任，股东甲、乙、丙三人同意保证并签字。股东丁（持股比例为25%）不同意对上述借款承担保证责任。最终华宇公司未能从A银行借得款项。于是华宇公司召开股东会，甲、乙、丙以丁损害公司利益为由，对丁作出除名决议。本书认为此种除名决议即不具有正当性基础。所谓要求股东个人为公司债务提供保证担保是A银行防控风险的商业安排，本身并不构成华宇公司股东的法律义务。换言之，丁作为华宇公司的股东，在其本人明确反对的情况下，并不负有向华宇公司提供保证担保的法定或者约定义务。况且，华宇公司作为独立的商事主体，可以自行与A银行签订借款合同，或者通过其他方式解决公司经营中所需要的资金问题。进一步讲，即便华宇公司与A银行的借款合同中约定由公司所有股东为该借款提供保证担保，对股东丁也不具有约束力。因为公司具有独立的法人人格，其与A银行之间的合同不能突破合同相对性原则而为作为第三方的股东丁设置合同义务。因此在本案中股东丁不向银行提供担保并不构成

---

① 参见湖北省武汉市东西湖区人民法院（2019）鄂0112民初4848号民事判决书（一审），湖北省武汉市中级人民法院（2021）鄂01民终1723号民事判决书（二审）。

② 参见江苏省常州市钟楼区人民法院（2018）苏0404民初515号民事判决书（一审），江苏省常州市中级人民法院（2018）苏04民终1874号民事判决书（二审）。

其对于公司义务的违反。虽然客观上造成华宇公司无法取得A银行贷款的后果，但华宇公司并不能就此对其作出除名决议。再进一步言之，即便华宇公司就此召开股东会，并作出决议要求所有股东为公司向A银行的借款提供担保，丁亦可以诉请法院请求宣告该股东会决议无效。

（三）除名事由以用尽公司内部救济为前提，具有不得已及最后性

德国的司法实践中要求法院作出除名判决时，既要考虑对拟被除名的股东采取《德国商法典》第117条"剥夺业务执行权"和第227条"剥夺代表权"这样相对温和之手段是否已经够用，又要对"重大事由"进行审查，即是否存在股东故意或因重大过失而违背其依公司合同负担的重大义务或此种义务的履行成为不可能的情形。①

股东除名是对股东资格的根本剥夺，必然对被除名股东的利益产生重大影响，因此在实务操作中应当予以特别重视。事实上，在一些国家，必须通过司法程序才能进行股东除名。

事实上，在发起人协议、公司章程没有规定并且所有股东也未作出特别约定的情况下，对于出资存在部分瑕疵的股东，公司仅可依照《公司法》第52条的规定对该股东作部分股权的失权处理。在没有章程规定或者股东协议约定的情况下，尚不能直接作除名处理。根据《公司法》及相关司法解释的规定，在除名或通知失权前，还应履行催告程序，给予宽限期。

（四）对被除名股东给予公平救济

公司对股东作出除名决议，必须对被除名的股东给予公平救济。除名决议虽然从根本上否定了股东资格，但不能无条件没收股东在公司中的利益，仍应当根据公司现存价值或者按照有关约定对被除名的股东给予补偿。股东除名与退股的法律后果是相同的，被除名的股东有权要求公司支付其股权对价。《公司法》第52条第3款规定，股东对失权有异议的，应当自接到失权通知之日起30日内，向人民法院提起诉讼。根据举轻以明重的解释路径，对于股东除名决议，股东亦得依照该规定提起诉讼。由于《公司法》第52条第1款规定发出失权通知的前提需经过"公司经董事会决议"，因此被失权及被除名的股东也可以通过提起公司决议效力确认纠纷维护自己的权利。换言之，如果公司滥用除名制度，在未给予被除名股东公平救济的情况下，被除名的股东可以向法院提起诉讼，请求法院确认除名决议无效从而恢复其股东资格。同时，对于因错误除名决议所造成的损失，被除名的股东也有权要求公司予以赔偿。

---

① 参见凤建军：《公司股东的"除名"与"失权"：从概念到规范》，载《法律科学（西北政法大学学报）》2013年第2期。

三、股东除名司法实务中的特殊问题

(一)股东除名事项是否属于公司自治范围

根据《公司法司法解释(三)》第17条的规定,如果股东未出资或抽逃全部出资,经催告后仍未规范出资,公司可以以股东会决议的形式解除该股东的资格。股东会据此作出解除股东资格时,能否诉请法院对除名决议予以确认,司法实践中存在争议。

甘肃省高级人民法院在**孙某等与赵某兰、甘肃西凉肥业有限公司公司决议效力确认纠纷案**[①]中指出,虽然《公司法》(2013年修正)只规定了决议无效之诉和撤销之诉,但并不排除当事人提起一般的确认之诉,本案原审原告赵某兰提起确认股东会决议有效之诉,具有诉的利益,有进行审理并作出裁判的必要性,因此,人民法院可予受理。

广东省深圳市中级人民法院在**全某、周某康与深圳市梧桐会投资发展有限公司公司决议效力确认纠纷案**[②]中指出,本案的争议焦点为全某、周某康请求确认股东会决议有效是否属于人民法院受理案件范围。公司股东能否提起确认公司决议有效之诉,《公司法》及《最高人民法院关于适用〈中华人民共和国公司法〉若干问题的规定(四)》(以下简称《公司法司法解释(四)》)未予明确。本院认为,公司法上的确认公司决议无效或者不成立之诉是民事诉讼法上一般确认之诉的特别类型,其并未排除当事人在符合条件时提起民事诉讼法上的一般确认之诉,不能因《公司法》及其司法解释仅规定了确认公司决议无效或者不成立之诉及公司决议撤销之诉就当然否定当事人提起的确认公司决议有效之诉。股东会决议属于公司自治范畴事项,通常情况下,股东会作出的决议,对全体股东均具有拘束力,其有效性无须通过司法确认加以确定。考察司法是否有必要介入公司治理,应主要考量个案中股东确认股东会决议有效的请求是否具有可诉性,是否有必要以司法裁判的形式给当事人以救济,即股东对此是否具有诉的利益。本案中因股东之间就股东会决议的效力存在争议,导致无法变更公司执行董事和法定代表人的登记,该股东会决议作出后实际未得到及时、有效履行,股东提起确认股东会决议有效之诉,属于人民法院受理案件范围。一审法院以全某、周某康的诉请无法律依据及不具有诉的利益为由认定本案不属于人民法院受理案件范围不当,本院予以纠正。遂撤销一审裁定,指令一审法院实体审理。另外,福建省厦门市中级人民法院在**南平威达绿色能源开发有限公司与福建泰龙电力股份有限公司与公司有关的纠纷案**[③]中亦以相同的理由,撤销一审裁定,指令一审法院进行实体审理。

从国外司法实践来看,对于股东除名事件,有些国家(如德国)规定只得以诉讼为之,特

---

① 参见甘肃省武威市凉州区人民法院(2015)凉民初字第6694号民事判决书(一审),甘肃省武威市中级人民法院(2016)甘06民终451号民事判决书(二审),甘肃省高级人民法院(2017)甘民再58号民事判决书(再审)。

② 参见广东省深圳市南山区人民法院(2017)粤0305民初5972号民事裁定书(一审),广东省深圳市中级人民法院(2018)粤03民终11880号民事裁定书(二审)。

③ 参见福建省厦门市思明区(2016)闽0203民初7770号民事裁定书(一审),福建省厦门市中级人民法院(2016)闽02民终4409号民事裁定书(二审)。

别是控制股东实施抽逃出资以及其他不法行为的情况下，应当允许公司或者对公司决议具有利益的一方股东提起确认公司决议有效的诉讼。

（二）股东除名决议与表决权排除规则

如果未规范出资的股东本身在公司中持有较大份额的股权，甚至是控股股东，如何通过股东会决议进行除名不无疑问。**安达新世纪·巨鹰投资发展有限公司与北京首都国际投资管理有限责任公司、协和健康医药产业发展有限公司股东权确权赔偿纠纷案**[①]中，即系小股东通过诉讼方式请求法院判令控股股东在规范出资前，对公司不享有表决权、利润分配权及新增资本认购权并承担出资违约责任，最终获得法院支持。

【案例2.18】 宋某祥与上海万禹国际贸易有限公司、杭州豪旭贸易有限公司公司决议效力确认纠纷案[②]

本案中，上海万禹国际贸易有限公司（以下简称万禹公司）增资后注册资本为1亿元，3名股东各自出资和持股比例分别为：宋某祥出资60万元，持有公司0.6%的股权；高某出资40万元，持有公司0.4%的股权；杭州豪旭贸易有限公司（以下简称豪旭公司）出资9900万元，持有公司99%的股权。但豪旭公司将9900万元资金汇入万禹公司后随即抽逃。2013年12月27日，万禹公司向豪旭公司发出《催告返还抽逃出资函》，要求豪旭公司在3日内返还全部抽逃出资，否则将通过股东会解除豪旭公司股东资格。豪旭公司于2013年12月30日签收该份函件。2014年3月25日，在提前通知豪旭公司的前提下，万禹公司召开临时股东会。在全体股东均出席的情况下，就解除豪旭公司股东资格事宜进行表决，宋某祥、高某投赞成票，豪旭公司代表俞某琴投反对票。万禹公司出具股东会决议，载明：因股东豪旭公司抽逃全部出资，且经合理催告后仍未及时归还，故经其他所有股东协商一致，决议解除其作为万禹公司股东的资格。万禹公司于本决议作出后30日内向公司登记机关申请办理股东变更登记及减资手续。以上事项表决结果：同意的，占总股数1%；不同意的，占总股数99%。宋某祥、高某在该股东会决议尾部签字。豪旭公司代理人拒绝签字。嗣后因豪旭公司不认可上述股东会决议，宋某祥遂诉至法院，请求确认临时股东会决议有效。在本案审理过程中，二审法院上海市第二中级人民法院撤销上海市黄浦区人民法院的一审判决，认可出资瑕疵股东就解除

① 参见吴庆宝主编：《权威点评最高法院公司法指导案例》，中国法制出版社2010年版，第114－126页。

② 参见上海市黄浦区人民法院（2014）黄浦民二（商）初字第589号民事判决书（一审），上海市第二中级人民法院（2014）沪二中民四（商）终字第1261号民事判决书（二审）。

股东资格决议应当适用表决权排除规则。二审法院认为,《公司法司法解释(三)》第17条中规定的股东除名权是公司为消除不履行义务的股东对公司和其他股东所产生不利影响而享有的一种法定权能,是不以征求被除名股东的意思为前提和基础的。在特定情形下,股东除名决议作出时,会涉及被除名股东可能操纵表决权的情形。故当某一股东与股东会讨论的决议事项有特别利害关系时,该股东不得就其持有的股权行使表决权。本案中,豪旭公司是持有万禹公司99%股权的大股东,万禹公司召开系争股东会会议前通知了豪旭公司参加会议,并由其委托的代理人在会议上进行了申辩和提出反对意见,已尽到了对拟被除名股东权利的保护。但如前所述,豪旭公司在系争决议表决时,其所持股权对应的表决权应被排除在外。二审法院认为,本案系争除名决议已获除豪旭公司以外的其他股东一致表决同意,即以100%表决权同意并通过,故万禹公司2014年3月25日作出的股东会决议应属有效。本院对原审判决予以改判。此外需要说明的是,豪旭公司股东资格被解除后,万禹公司应当及时办理法定减资程序或者由其他股东或者第三人缴纳相应的出资。

在审议股东除名的股东会上,拟被除名的出资瑕疵及未出资的股东表决权应予以排除,已经是司法实践中的通行做法。最高人民法院在**张某萍、臧某存与青岛凯发置业有限公司公司决议纠纷案**①再审判决中指出,被除名的股东不享有表决权,主要理由为:一是股权来自出资,在拟被除名股东没有任何出资或者抽逃全部出资的情况下,其不应享有股权,自然也不享有表决权;二是除名权是形成权,在符合一定条件下,公司即享有单方面解除未履行出资义务或抽逃全部出资股东的股东资格的权利。如果认为被除名的大股东仍然享有表决权的话,那么《公司法司法解释(三)》第17条的规定将会被虚置,失去其意义。②

(三)公司发生解散事由后不得再进行股东除名

依照《民法典》第70条第1款、《公司法》第232条第1款的规定,公司解散的,除合并或者分立的情形外,清算义务人应当及时组成清算组进行清算。《民法典》第72条第1款、《公司法》第236条第3款规定,清算期间,公司存续,但不得开展与清算无关的经营活动。实践中,个别公司在清算期间对股东进行除名,这一决议亦会被法院确认无效。

山东省淄博市中级人民法院在**淄博依信行轻工工艺制品有限公司与刘某法公司决议**

① 参见山东省青岛市中级人民法院(2016)鲁02民初132号民事判决书(一审),山东省高级人民法院(2017)鲁民终183号民事判决书(二审),最高人民法院(2018)最高法民再328号民事判决书(再审)。

② 在这起案件中最高人民法院明确排除了张某萍(持股35%)的表决权,但因另一位股东李某国(持股35%)未参加会议,该次股东会未达到法定表决权比例,属于公司决议不成立。

效力确认纠纷案[①]中指出，根据《公司法》第180条和第183条[②]的规定，淄博依信行轻工工艺制品有限公司营业执照被依法吊销，属于公司解散的法定事由，其应当在被吊销营业执照之日起15日内成立清算组开始清算。清算组由股东组成[③]，清算组在清算期间应根据《公司法》第184条[④]的规定，行使与公司清算有关的职权，公司不得开展与清算无关的经营活动。淄博依信行轻工工艺制品有限公司未依法进行清算，却召开股东会，作出解除刘某法股东资格的股东会决议，涉及公司重大事项，超出了公司清算范围，不具有合法性。一审判决确认股东会决议无效符合法律规定，上诉人淄博依信行轻工工艺制品有限公司的上诉理由不成立，本院不予采信。

---

① 参见山东省淄博市张店区人民法院(2020)鲁0303民初628号民事判决书(一审)，山东省淄博市中级人民法院(2020)鲁03民终1934号民事判决书(二审)。

② 2023年《公司法》修订后，条文序号调整为第229条、第232条。

③ 2023年《公司法》修订后，第232条第2款规定：清算组由董事组成，但是公司章程另有规定或者股东会决议另选他人的除外。

④ 2023年《公司法》修订后，条文序号调整为第236条第3款。

第三章　公司章程与公司治理

■第一节　公司章程与股东协议

一、公司章程的法律地位

2013 年《公司法》修正时改折中授权资本制为认缴登记制，通过商事登记制度改革、“放管服”改革及加强事中、事后监管等途径，进一步放松监管、激活市场主体的活力。2023 年《公司法》全面修订，在矫正全面认缴制弊端的基础上，延续此前的松绑政策，进一步尊重公司自治，将更多的可以通过公司自治处理的问题授权并交由公司章程予以规定。《公司法》第 5 条规定，设立公司应当依法制定公司章程。公司章程对公司、股东、董事、监事、高级管理人员具有约束力。因此，可以这样说，公司章程是公司自治的最高行为准则。

根据《公司法》的规定，公司章程在以下事项上有充分的自治空间：公司经营范围（第 9 条）；法定代表人任职人选（第 10 条）；对外担保、对外投资限额及决策程序（第 15 条）；公司会议议事方式、表决方式及程序（第 24 条、第 65 条、第 66 条）；有限责任公司股东出资认缴期限（第 47 条第 1 款）；监事会中职工代表比例（第 76 条第 2 款）；股权转让限制（第 84 条第 3 款）；排除股东资格继承（第 90 条）；股份公司查阅会计账簿、凭证的持股比例（第 110 条第 2 款）；累积投票制（第 117 条第 1 款）；设置审计委员会替代监事会（第 69 条、第 121 条）；面额股与无面额股及其转换（第 142 条）；类别股份（第 144 条）；授权资本制（第 152 条）；规范财务资助（第 163 条）；董事、监事、高级管理人员关联交易，竞业限制，利用公司机会的豁免及程序（第 182 ~ 185 条）；清算组组成（第 232 条第 2 款）；公司高级管理人员范围（第 265 条）等。

需要指出的是，法律明确规定公司章程可以另行作出规定的事项，可以看作对股东或发起人制定公司章程的指引与提示。除了法律明确规定的事项外，对于公司经营的其他事项，只要与法律的强制性规定不相违背，均可通过公司章程自治。

二、公司章程与设立协议

公司章程与发起人协议、设立协议二者间具有一定的共性，如均会就公司形式、股东出资方式、出资时限、公司组织架构等作出明确约定。并且，通常情况下，公司章程以设立协议为基础，吸收设立协议的核心内容。尽管公司章程与设立协议的目标具有一致性，但二者在性质和功能上也是不完全相同的。主要表现在以下几个方面：

首先，调整二者的法律不同。股东协议是调整公司设立过程中的股东及发起人之间权利义务的合同，其在公司有效设立前产生；作为发起人之间的协议，股东协议受《民法典》调整，无须进行强制登记并公示。公司章程以公司有效设立为前提，在公司成立后才能生效并对股东产生拘束力，必须在公司登记部门登记并公示。设立协议受《民法典》调整，而公司章程受《公司法》规制。

其次，二者适用的效力范围与效力期间不同。从效力的范围来看，设立协议由全体发起人订立，调整的是发起人之间的权利义务关系；根据合同相对性原理，只在缔约的发起人之间具有法律约束力。公司章程调整的是所有股东之间、股东与公司之间、公司的管理机构与公司之间的法律关系。从效力期间来看，设立协议调整的是公司设立过程中的法律关系和法律行为，因而它的效力期间通常是从设立行为开始到设立过程终止，公司的成立一般也意味着协议的终止。公司章程的效力则及于公司成立及之后整个存续过程，直至公司经清算后办理注销登记。对于设立协议中作出规定但并没有内化为公司章程的内容，在公司成立后通常认为可以在缔约的股东之间继续有效。如山西省高级人民法院在**孝义市晟龙大酒店有限公司与山西金晖隆泰煤业有限公司等民间借贷纠纷案**①中指出，公司作为独立的法人，其法人人格特征应当且只能在公司章程中予以体现，股东在公司设立之前约定的内容若超出公司章程范围，或者说不在公司章程中予以体现，说明公司对相关协议内容是不予认可的，这些协议内容最多只能在股东之间产生效力，不能对公司产生约束力。

最后，公司章程与股东协议最大的不同是，公司章程可以不经各方主体一致同意而进行修改，并且可以自动拘束新股东，因此比章程之外的协议运作得更为平滑。②

这里还需要讨论一个问题，即在公司有效设立后，设立协议与公司章程存在冲突，应当如何处理？在设立协议中未能进入公司章程的条款，对于公司设立后所涉争议，是否仍有效力？由于公司设立章程、细则等文件，至少就其表面而言，已经为公司提供了一套完整的治理规则，发起人协议通常对设立后的公司不再具有拘束力……为了确保这种先公司协议的某些内容在公司成立后能继续有效，最好的办法就是让公司明示承认这种先公司协议，

① 参见山西省吕梁市中级人民法院(2020)晋11民初1号民事判决书书(一审)，山西省高级人民法院(2021)晋民终9号民事判决书(二审)。

② 参见[美]莱纳·克拉克曼、亨利·汉斯曼等:《公司法剖析：比较与功能的视角》(第2版)，罗培新译，法律出版社2012年版，第194-195页。

或者与股东签订单独的协议,就发起人协议中的有关问题,诸如股份的认购(如果公开发行股份的话),贷款的偿还计划,以及其他通常不会出现在公司正式文件中的问题等,进行规定。①

【案例3.1】　曾某与上海产联电气科技有限公司公司决议撤销纠纷案②

上海产联电气科技有限公司(以下简称产联公司)成立于2009年10月21日,曾某、李某友系该公司初始股东。2011年4月9日,王某加入产联公司,为此曾某、李某友与其签订《增资扩股协议》,约定曾某、李某友享有以下特别权利:"(1)在股东会行使的职权或者按照章程董事会须报股东会批准的事项,对决定或者批准事项拥有否决权;(2)任命公司执行董事或者成立董事会时任命公司董事长……"其后,2011年10月14日及2012年2月1日,产联公司形成《产联公司关于江某臣加入后增资扩股事宜股东决定》以及《产联公司关于袁某加入后增资扩股事宜股东决定》,两份新股东增资扩股决议记载有江某臣、袁某作为新股东"同意遵守产联公司原有的股东协议及公司章程"等内容,产联公司所有股东均在前述两份增资扩股协议上签字。2011年10月8日,产联公司形成公司章程。其中第12条规定:股东会会议应对所议事项作出决议。股东会应当对所议事项的决定作出会议记录,出席会议的股东应当在会议记录上签名。股东另有协议约定的,按照股东协议的约定行使表决权及否决权。关于董事长的产生,公司章程约定由董事会选举产生。同时,该章程约定公司的法定代表人由总经理担任。产联公司董事会成员由此前3人扩增至5人,由曾某、江某臣、李某友、王某、袁某组成。曾某担任公司总经理兼法定代表人。

2013年1月10日,李某友、王某、袁某、曾某作为公司董事召开董事会,形成董事会决议,内容包括"解聘原总经理曾某,聘任李某友为公司新一任总经理"等。该董事会决议"同意"一栏中,李某友、王某、袁某签名,曾某在空白处书写"会议非法无效。否决所有内容,曾某2013.1.10　曾某代江某臣2013.1.10"。同日,李某友、王某、曾某作为公司股东,形成股东会决议,内容为"继续将股东曾某涉嫌犯罪的事宜交由经侦处理;解除曾某的股东资格;免去曾某的股东资格"等。该股东会决议"同意"一栏中,李某友签名、王某书写"王某代陈某岳"并签名(李某友、陈某岳合计持有公司60%股权),曾某在空白处书写"会议非法无效,否决所有内容。曾某2013.1.10"。随后,曾某以上述董事会、股东会召集程序、表决方式、决议内容违反法律及公司章程的规定为由,请求法院予以撤销。

① 参见施天涛:《公司法论》(第2版),法律出版社2006年版,第116页。

② 参见上海市杨浦区人民法院(2013)杨民二(商)初字第179号民事判决书(一审),上海市第二中级人民法院(2013)沪二中民四(商)终字第851号民事判决书(二审)。

上海市杨浦区人民法院及上海市第二中级人民法院审理后均认为，根据《增资扩股协议》，特别权利的约定立足于对曾某、李某友创始股东地位的肯定和保护，系当事人对各自民事权利的处分，应属有效。公司章程第12条明确，“股东另有协议约定的，按照股东协议的约定行使表决权和否决权”，可见产联公司在股东会的议事方式、表决程序、股东表决权方面通过公司章程对曾某、李某友享有的特别权利予以确认。故两级法院均认为案涉股东会决议因内容违反章程规定，应予撤销。

关于案涉董事会决议应否撤销，上海市杨浦区人民法院认为，公司章程关于董事会的职权范围、议事方式、表决程序、总经理的选聘等方面与《公司法》规定一致，未作特别约定，可以认为形成在后的公司章程缩小了之前《增资扩股协议》中关于创始股东特别权利的适用范围，曾某无权在董事会的职权范围、表决程序、总经理的任命等事项上行使其特权，故对于曾某要求撤销案涉董事会决议的诉请不予支持。上海市第二中级人民法院审理后认为，公司为资合与人合的统一体，其实质为各股东间达成一种合作意向和合作模式，仅为通过公司这个平台得以反映并得到规范的指引和运作。故无论是股东协议抑或公司章程均应属于各股东的合意表示。当然，前提是不得违反相应法律、法规的规定。故只要股东间协议体现了各股东的真实意思表示，且不违反法律、法规以及与公司章程相冲突，即应当与公司章程具有同样的法律效力……虽然产联公司章程关于董事会的职权范围、议事方式、表决程序、总经理选聘等方面未作出特别约定，看似形成在后的公司章程缩小了形成在前的《增资扩股协议》中关于曾某创始股东特别权利的适用范围，但由于形成在公司章程之后的两份新股东增资扩股协议中仍记载有“同意遵守产联公司原有的股东协议及公司章程”等内容，且由全体股东进行了签名。这一事实表明全体股东对于曾某创始股东特别权利的确认态度，故此特别权利并不因公司章程记载的不全面而缩小适用范围。基于此，该院认为曾某的特别权利同样适用于董事会职权。鉴于涉案董事会决议的内容同样违反了各股东间的协议，故二审法院对原审判决中该部分裁判予以改判，撤销案涉董事会决议。

■ 第二节　公司机构与公司治理结构

公司章程在公司运作过程中起着至关重要的作用。一方面，公司章程弥补《公司法》的不足，在遵循公司法原则和精神的前提下，对具体事项作出细化规定；另一方面，公司章程也可以依照《公司法》的授权，在不违背法律强制规范的前提下，对公司运作中的具体事项，作出与《公司法》相反的规定。

《公司法》第30条第1款规定，申请设立公司，应当提交设立登记申请书、公司章程等文件，提交的相关材料应当真实、合法和有效。《市场主体登记管理条例》第19条第1款前段明确公司登记机关的审查为形式审查。第17条规定，申请人应当对提交材料的真实性、合法性和有效性负责。这一规定，改变了原《公司登记管理条例》第23条[①]的规定，法律、行政法规不再要求公司登记机关对诸如公司章程、民事合同等行为的效力进行审查。各方就公司决议效力、股权转让效力等引发的纠纷，应当通过民事诉讼程序解决。

最高人民法院在**海南升辉实业有限公司与海南省市场监督管理局等撤销股东变更登记纠纷案**[②]中指出，申请人办理公司登记时，应对申请文件、材料的真实性、合法性、有效性负责。对于申请人到公司登记机关提出申请，提交的申请文件、材料齐全，符合法定形式的，公司登记主管机关在受理后，应当当场作出准予登记的决定。关于工商登记机关对登记文件、材料的审查义务，是仅限于形式审查，还是要做到实质审查，法律并未明确规定，[③]但是鉴于公司登记行为具有行政管理性质，工商登记机关应当在其能力范围内尽到审慎的审查义务。也就是说，工商登记机关在审查登记行为时，主要对于申请材料是否完整和齐备、是否符合法定形式进行审查，对于相关材料的实质真实性、合法有效性，登记机关只能在职责范围内尽审慎的审查义务……作为公司登记机关，对于双方签字、盖章真实的协议依法予以认可，已经尽到了合理谨慎的注意义务，不应再过度增加登记机关的审查注意义务……（各方对股权转让所涉的民事争议）应循其他法律途径予以解决，不属于本案行政诉讼的审查范围。

公司作为法律拟制的主体，其行为和意思表示也离不开公司组织机构。从某种意义上讲，公司组织机构的运行过程，就是公司治理的过程。依照我国《公司法》的规定，公司组织机构主要包括公司的权力机构（股东会）、公司的执行机构（董事会、董事会秘书、经理、高级管理人员等）以及公司的监督机构（监事会、监事、审计委员会、独立董事等）。本书结合《公司法》的具体规定，以有限责任公司为例，对此展开具体的分析和探讨。

一、公司的权力机构——股东会

（一）股东会的组成及职权

依照《公司法》第58条的规定，有限责任公司股东会由全体股东组成。股东会是公司的权力机构，依照本法行使职权。可见，有限责任公司的股东会作为公司的权力机构，举凡

---

① 《市场主体登记管理条例》于2022年3月1日施行后，《公司登记管理条例》相应废止。原《公司登记管理条例》第23条规定，公司章程有违反法律、行政法规的内容的，公司登记机关有权要求公司作相应修改。

② 参见海南省海口市中级人民法院（2017）琼01行初1017号行政判决书（一审），海南省高级人民法院（2018）琼行终135号行政判决书（二审），最高人民法院（2019）最高法行申1337号行政裁定书（再审）。

③ 该案再审裁定的作出时间为2019年8月13日，2018年《公司法》和《公司登记管理条例》等未明确公司登记机关对于申请材料的审查为形式审查。

公司重大事项,均应由公司股东会进行决议。依照《公司法》第59条第1款规定,股东会的职权包括:(1)选举和更换董事、监事,决定有关董事、监事的报酬事项;(2)审议批准董事会的报告;(3)审议批准监事会的报告;(4)审议批准公司的利润分配方案和弥补亏损方案;(5)对公司增加或者减少注册资本作出决议;(6)对发行公司债券作出决议;(7)对公司合并、分立、解散、清算或者变更公司形式作出决议;(8)修改公司章程;(9)公司章程规定的其他职权。《公司法》第59条第2款规定,股东会可以授权董事会对发行公司债券作出决议。

(二)股东会的召集与主持

依照《公司法》的规定,股东会分股东会常会(又称定期会议)和股东会临时会议。在公司发起设立的过程中首次股东会的召集最为重要。股东会的召集系属公司事务的具体执行,应当由公司执行机构负责。但因首次股东会召开之时,公司董事会和监事会尚未选出,故《公司法》第61条特别规定,首次股东会会议由出资最多的股东召集和主持,依照该法规定行使职权。通常在首次股东会上需要进行公司董事会及监事会的选举。只有选举了公司的执行机构和监督机构,公司才能正常运作。

在公司设立之后,因公司组织机构已经完备,故对于股东会的召集和主持,法律有了明确的规定。依照《公司法》第63条第1款的规定:股东会会议由董事会召集,董事长主持;董事长不能履行职务或者不履行职务的,由副董事长主持;副董事长不能履行职务或者不履行职务的,由半数以上董事共同推举一名董事主持。当董事会不履行或者无法履行召集股东会的职责时,说明公司执行机构已经存在缺陷,此时作为公司监督机构的监事会应当履行此项职责。对此,《公司法》第63条第2款规定:董事会不能履行或者不履行召集股东会会议职责的,由监事会召集和主持;监事会不召集和主持的,代表1/10以上表决权的股东可以自行召集和主持。由此可见,对于股东会的召集和主持,《公司法》明确规定了相应的顺位,只有在前一顺位的主体不履行召集和主持职责时,才可由下一顺位的主体进行召集和主持。根据《公司法》的规定,股东会召集、主持的顺位依次为:(1)董事会召集、董事长主持;董事长不能履行职务或者不履行职务的,由副董事长主持;副董事长不能履行职务或者不履职务的,由半数以上董事推举一名董事主持。(2)监事会召集、主持。(3)代表1/10以上表决权的股东自行召集、主持。

董事会、监事会不履行召集、主持股东会职责,固然违背了勤勉义务,但能否通过司法裁判令其履行这一职责,在实践中存在分歧。如在**马某等诉阜康市商贸有限责任公司等未按公司章程按时召开股东会议请求判令召集案**[①]中,阜康市商贸有限责任公司的《公司章

---

① 参见最高人民法院中国应用法学研究所编:《人民法院案例选》(总第45辑),人民法院出版社2004年版,第292-297页。本案一审法院为新疆维吾尔自治区阜康市人民法院,二审法院为新疆维吾尔自治区昌吉回族自治州中级人民法院。

程》规定，公司每年召开一次股东会。但公司董事会一直未履行召集和主持股东会的职责，作为公司股东的原告马某等人诉至法院请求判决相关主体依照公司章程的规定履行相应职责，得到法院的支持。最终法院判令阜康市商贸有限责任公司董事会成员杨某等五位董事应于判决生效后30日内召开股东大会，并于15日前将开会的时间、地点通知全体股东。

目前实务中多数意见认为，法院不宜强行判决令董事会、监事会召集股东会。对此，《九民纪要》第29条规定，“公司召开股东（大）会本质上属于公司内部治理范畴。股东请求判令公司召开股东（大）会的，人民法院应当告知其按照《公司法》第40条或者第101条[①]规定的程序自行召开。股东坚持起诉的，人民法院应当裁定不予受理；已经受理的，裁定驳回起诉”。

（三）股东会通知

《公司法》第64条第1款规定：召开股东会会议，应当于会议召开15日前通知全体股东；但是，公司章程另有规定或者全体股东另有约定的除外。

【案例3.2】 刘某兰等诉新沂市恒大机械有限公司公司决议纠纷案[②]

在该案中，徐州市中级人民法院即以股东大会通知不合法为由，改判撤销新沂市恒大机械有限公司（以下简称恒大公司）2007年3月18日召开的股东大会作出的董事会、监事会改选决议。徐州市中级人民法院指出，从《公司法》立法的精神来看，设计股东会会议通知制度的目的在于成功地向股东通知开会事宜。发布股东会会议通知是股东得以参加股东会并行使“干预权”的前提。尤其是在经营者和控股股东合二为一的情况下，参加股东会已成为少数股东要求大股东解决其疑问并提出反对意见的唯一途径。不论采用何种通知形式，成功地通知股东始终是通知制度应实现的第一位目标。提高通知效率、节约通知成本只能作为第二位的附属目标。本案中，恒大公司召开股东会，仅是在其单位的公告栏内张贴公告，并未通过多种途径去通知股东，不能使所有权利人都得知通知，因此，刘某兰等股东获得通知的权利事实上被剥夺。该通知方式存在瑕疵，导致股东会会议召集程序违法，故恒大公司股东大会作出的决议应予撤销。

需要指出的是，股东会会议召开未提前15日通知全体股东的，法院也可以从维护公司法律关系稳定性出发，支持公司股东会决议。对此，将在本章第四节予以详细论述。

---

① 2023年《公司法》修订后，条文序号调整为第63条、第114条。

② 参见江苏省新沂市人民法院（2007）新民二初字第279号民事判决书（一审），二审法院为江苏省徐州市中级人民法院。详情见徐州市中级人民法院网，2015年9月3日访问，也可参见《人民司法·案例》2008年第24期。

（四）股东会召开地点

股东会的召集地点。关于股东会应该在何地召集，《公司法》并无具体明确的规定。一般来说，按照“法无明文规定即为自由”的原则，对于股东会的召集地点，只要不存在明显的恶意排除某些股东的表决权，控制股东滥用股东权利进行股权压迫等情形的，应当认定为公司自治事项。

随着电子科技的发展以及疫情期间的管控限制等，2023 年《公司法》修订时认可通过电子通信方式召开会议并表决。对此，《公司法》第 24 条规定，公司股东会、董事会、监事会召开会议和表决可以采用电子通信方式，公司章程另有规定的除外。

（五）股东会的议事方式及表决程序

《公司法》第 66 条规定，股东会的议事方式和表决程序，除本法有规定的外，由公司章程规定。股东会作出决议，应当经代表过半数表决权的股东通过。股东会作出修改公司章程、增加或者减少注册资本的决议，以及公司合并、分立、解散或者变更公司形式的决议，应当经代表 2/3 以上表决权的股东通过。

对于发行类别股的股份有限公司，如公司重大事项（公司合并、分立、增资、减资、解散、变更形式等）可能影响类别股股东权利的，还应当经出席类别股股东会议持有 2/3 以上表决权的股东通过。此即为股东会分层的情形。

关于股东的表决权，《公司法》第 65 条规定：股东会会议由股东按照出资比例行使表决权；但是，公司章程另有规定的除外。这是资本民主的原则的体现。考虑到公司的人合性，如果公司章程另行规定不按照出资比例而按照股东人数采用一人一票的方式行使表决权，也应该认定为有效。

在实践中，还存在公司章程中规定某股东享有一票否决权，这一规定也是有效的。公司章程的这一规定，即为《公司法》第 65 条但书条款的除外规定。只要是股东一致同意的结果或者是自初始章程延续而来，就应当尊重公司自治，认定其效力。事实上，关于一票否决权的约定可以分为明示约定与默示约定两种类型。在章程中直接载明某一股东享有一票否决权的约定属于明示约定。章程中虽未约定某一股东享有一票否决权，但章程中关于表决机制的设置事实上使某一股东享有一票否决权的，属于默示约定。如《苏州富勒姆能源环境有限公司章程》第 18 条规定，股东会会议应当对所议事项作出决议，决议应当由全体股东同意通过。再如，北京市西山国家森林公园有限责任公司两股东持股比例分别为 70% 和 30%，而该公司章程第 16 条规定，股东会议应对所议事项作出决议，决议应由代表 4/5 以上表决权的股东表决通过……显然，公司章程中关于此类表决机制的约定属于对股东一票否决权的默示约定。

（六）临时股东会

临时股东会是对股东会定期会议的补充，在公司发生特殊事由的情况下，可以依法召集临时股东会以有效解决公司运作中存在的问题。依照《公司法》第 62 条第 2 款的规定，代表 1/10 以上表决权的股东、1/3 以上的董事或者监事会提议召开临时会议的，应当召开股东会临时会议。

临时股东会可以决议的事项以及表决、通知等均与股东会定期会议相同。

二、公司的执行机构

在 2023 年《公司法》修订过程中，曾一度全面采取董事会中心主义。如《公司法（修订草案一审稿）》第 62 条就曾规定，有限责任公司设董事会。董事会是公司的执行机构，行使公司法和公司章程规定的属于股东会职权之外的职权。公司章程对董事会的权利限制不得对抗善意相对人。同时取消对于董事会职权的列举。但这一改动幅度太大，最终又回到了董事会职权列举的方案。

2023 年修订后的《公司法》取消了董事会人数的上限①，第 68 条规定，有限责任公司董事会成员为 3 人以上，其成员中可以有公司职工代表。职工人数 300 人以上的有限责任公司，除依法设监事会并有公司职工代表的外，其董事会成员中应当有公司职工代表。董事会中的职工代表由公司职工通过职工代表大会、职工大会或者其他形式民主选举产生。董事会设董事长一人，可以设副董事长。董事长、副董事长的产生办法由公司章程规定。

关于董事会会议召集及议事方式，《公司法》第 72 条规定：董事会会议由董事长召集和主持；董事长不能履行职务或者不履行职务的，由副董事长召集和主持；副董事长不能履行职务或者不履行职务的，由过半数的董事共同推举一名董事召集和主持。

与股东会实行资本多数决不同，董事会会议的表决，应当一人一票。之所以董事会会议实行一人一票，是因为董事与公司之间的关系为委托代理关系。在“股东—董事”关系中，董事是全体股东的代理人。关于共同代理，《民法典》第 166 条规定，“数人为同一代理事项的代理人的，应当共同行使代理权，但是当事人另有约定的除外”。

由此引申的问题是，在董事会上设置一票否决权将不具有合法性。2023 年《公司法》于第 73 条第 3 款、第 124 条第 2 款针对两类公司均明确规定，“董事会决议的表决，应当一人一票”。

---

① 2023 年《公司法》修订前，规定有限公司董事会成员为 3 ~ 13 人，股份公司董事会成员为 5 ~ 19 人。2023 年《公司法》修订后，不再规定董事会人数的上限，同时对于规模较小的股份公司，也规定可以不设置董事会而只设置 1 名董事，从而使公司治理结构更加灵活。

【案例3.3】 孙某祥与吉林麦达斯轻合金有限公司劳动争议纠纷案[1]

孙某祥于2001年3月起在吉林麦达斯铝业有限公司任财务总监，后在麦达斯控股系统内关联公司任职。2017年7月20日，其被麦达斯控股调任吉林麦达斯轻合金有限公司（以下简称麦达斯轻合金）任董事长兼法定代表人，月薪税后7万元。2018年3月6日，麦达斯轻合金与外服公司签订人事服务合同，约定：麦达斯轻合金委托外服公司为其办理员工的人事手续并提供员工社会保险、福利及管理方面的服务；养老失业保险、医疗工伤生育保险及住房公积金缴费基数为7万元/月，住房公积金公司缴纳比例7%、个人缴纳比例7%；合同期限为2018年2月1日~2019年1月31日。2018年2月7日，孙某祥被麦达斯控股免去麦达斯轻合金董事长职务，孙某祥与现任麦达斯轻合金董事长进行了工作交接。交接完毕后，麦达斯控股及麦达斯轻合金没有安排孙某祥其他工作，工资自2018年3月起没有发放，五险一金也没有缴纳。2018年2月~2018年10月，孙某祥共计垫付五险一金费用92327.49元。2018年4月19日，吉林省辽源市中级人民法院立案审查麦达斯轻合金破产重整申请，并作出（2018）吉04破申4号民事裁定，受理麦达斯轻合金进行重整的申请。

因职务安排、工资及五险一金缴纳问题，孙某祥与麦达斯轻合金多次交涉未果。在麦达斯轻合金破产管理人建议下，孙某祥向辽源市劳动人事争议仲裁院申请仲裁，仲裁院以案件不属于劳动争议处理范围为由不予受理。孙某祥遂起诉至一审法院，即为本案。

另查明，麦达斯控股免去孙某祥麦达斯轻合金董事长职务，并无孙某祥经营管理过错原因，属企业内部正常职务调整。麦达斯控股与吉林麦达斯铝业有限公司、麦达斯轻合金系关联公司。2001年4月，吉林麦达斯铝业有限公司由新加坡东北工业有限公司独资设立。2011年3月，麦达斯控股独资设立麦达斯轻合金。

最高人民法院认为，根据各方当事人的诉辩主张，本案再审中当事人争议的焦点问题为：（1）麦达斯轻合金与孙某祥之间是否存在无固定期限劳动合同关系；（2）麦达斯轻合金应否支付孙某祥解聘后的工资、赔偿金及垫付的“五险一金”。

关于麦达斯轻合金与孙某祥之间是否存在无固定期限劳动合同关系的问题：首先，法院认为麦达斯轻合金与孙某祥之间存在事实上的劳动合同关系。2017年7月20日，孙某祥被麦达斯控股调任其全资子公司麦达斯轻合金任董事长兼法定代表人，月薪为税后7万元。自此，孙某祥既作为麦达斯轻合金的董事、董事长参加董事会行使公司法赋予的职权，同时还作为麦达斯轻合金的法定代表人参与公司日常经营管理。从公司

[1] 参见吉林省辽源市中级人民法院（2018）吉04民初193号民事判决书（一审），吉林省高级人民法院（2019）吉民终19号民事判决书（二审），最高人民法院（2020）最高法民再50号民事判决书（再审）。

法的角度来看，公司依据章程规定及股东会决议聘任董事行使法定职权，董事同意任职并依法开展委托事项，公司与董事之间即形成委任关系，从双方法律行为的角度看实为委托合同关系。但公司与董事之间的委任关系并不排斥劳动合同关系的存在，即二者之间在符合特定条件时还可以同时构成劳动法上的劳动合同关系。2018年《公司法》第44条第2款规定，“两个以上的国有企业或者两个以上的其他国有投资主体投资设立的有限责任公司，其董事会成员中应当有公司职工代表；其他有限责任公司董事会成员中可以有公司职工代表”，这就以法律形式明确肯定了董事与公司之间可以形成劳动关系，委任关系与劳动关系并非绝对排斥、不能兼容。本案中，孙某祥于2017年7月被任命为麦达斯轻合金董事长，与公司形成委任关系。孙某祥虽未与麦达斯轻合金签订书面劳动合同，但其被任命为董事长的同时，还担任公司法定代表人，负责公司融资、对外协调及财务管理等大量具体经营管理事务，受公司规章制度管理和约束，麦达斯轻合金按月向其支付工资并委托外服公司代缴“五险一金”费用。故孙某祥因担任法定代表人而从事除董事职权以外的公司其他具体业务，并以工资为主要生活来源等事实，符合劳动关系的构成要素，足以认定麦达斯轻合金与孙某祥同时形成委任关系和事实上的劳动合同关系。因此，孙某祥关于与麦达斯轻合金存在劳动合同关系的主张，法院予以支持。其次，法院认为麦达斯轻合金与孙某祥之间事实上的劳动合同关系随着孙某祥职务被免除而解除，双方之间不存在无固定期限劳动合同关系。孙某祥为麦达斯轻合金法定代表人，并非公司普通员工，本有条件与公司签订劳动合同，但其在任职期间并未与公司订立书面劳动合同，二者之间的劳动关系是基于孙某祥担任公司法定代表人，从事公司经营管理事务、从公司领取固定报酬等事实而形成的。2018年2月，麦达斯轻合金在被裁定破产重整前夕，免除了孙某祥董事长、法定代表人职务，且未再安排孙某祥从事其他工作，孙某祥与麦达斯轻合金形成事实劳动关系的基础已经丧失，事实劳动关系应相应解除。2019年1月18日，麦达斯轻合金被裁定宣告破产，其与所有员工的劳动关系均应依法终止。故在孙某祥被解聘后，其与公司形成事实劳动关系的基础已经丧失，且麦达斯轻合金亦先后进入破产重整、破产清算程序，孙某祥诉请确认与麦达斯轻合金存在无固定期限劳动合同关系，缺乏事实基础和法律依据，法院不予支持。如此处理，既可以对公司董事和高管利益予以必要保护，又可以防止公司在因经营发展需要而无因解除董事、法定代表人职务时，不得不背负沉重的、难以摆脱的劳动合同负担。

关于麦达斯轻合金应否支付孙某祥解聘后的工资、赔偿金及垫付的“五险一金”的问题，如前所述，案涉委任关系及劳动关系一并解除后，麦达斯轻合金不再具有向孙某祥支付工资及缴纳社会福利费用的法定义务，亦不符合《劳动合同法》第85条规定的因未依法支付劳动报酬而支付赔偿金的法定情形，故对孙某祥关于补发解聘后工资、支付赔偿金及返还垫付的“五险一金”费用的主张，法院不予支持。但公司行使任意解除权解聘董事后，为平衡双方利益，应综合考虑解聘原因、董事薪酬、剩余任期等因素，确定是否补偿及补偿的合理数额。本案中，孙某祥长期在麦达斯轻合金及其关联公司工作，受麦达斯控股调任而赴麦达斯轻合金任职，被解聘也并非自身过错而导致，现其已接近退休年龄，法院综合考虑上述情形，酌定麦达斯轻合金应参照孙某祥任职时的薪酬对其给予合理补偿。但因麦达斯轻合金在诉讼期间已经被宣告破产，根据《企业破产法》第113条第3款"破产企业的董事、监事和高级管理人员的工资按照该企业职工的平均工资计算"之规定，法院酌定麦达斯轻合金按被宣告破产时职工月平均工资向孙某祥支付6个月的补偿金，该补偿金债权应按照职工债权顺序在破产程序中进行清偿。

最终，最高人民法院撤销原一、二审判决，改判确认孙某祥对麦达斯轻合金享有补偿金债权，债权金额以麦达斯轻合金被裁定宣告破产时的职工月平均工资为标准计算6个月。

《公司法司法解释(五)》第3条规定，董事任期届满前被股东会或者股东大会有效决议解除职务，其主张解除不发生法律效力的，人民法院不予支持。董事职务被解除后，因补偿与公司发生纠纷提起诉讼的，人民法院应当依据法律、行政法规、公司章程的规定或者合同的约定，综合考虑解除的原因、剩余任期、董事薪酬等因素，确定是否补偿以及补偿的合理数额。

2023年修订《公司法》时将上述规定吸收，于第70条第3款规定了董事辞任制度，即董事辞任的，应当以书面形式通知公司，公司收到通知之日辞任生效，但存在前款规定情形的，董事应当继续履行职务。第71条就公司解任董事作出规定，即股东会可以决议解任董事，决议作出之日解任生效。无正当理由，在任期届满前解任董事的，该董事可以要求公司予以赔偿。

董事解任补偿问题还存在于反并购策略之中，如金降落伞条款、董事轮换条款等。前者是指如果公司无端解聘董事职务，公司应当向董事支付高额的补偿金或赔偿金，后者是指每一年度内仅能更换改选部分董事。这就为敌意收购方取得公司控制权制造了障碍，使敌意收购成本大大增强。

三、公司的监督机构

2023年《公司法》修订，在公司治理结构上赋予公司更多自治权：不仅表现为松绑了董事会成员人数上限，还表现为允许采取"董监二元制"或"董事会一元制"。

采取"董监二元制"的公司治理模式是大陆法系国家通行的做法。我国《公司法》自1993年制定以来，一直坚持"董监二元制"的公司治理模式。2023年《公司法》修订后，监事会仍为法律默认的监督机构。以有限责任公司为例，《公司法》第76条第1款规定，有限责任公司设监事会，本法第 69 条、第 83 条另有规定的除外。

2023 年《公司法》亦允许在董事会中设置审计委员会来代替监事会。第 69 条规定，有限责任公司可以按照公司章程的规定在董事会中设置由董事组成的审计委员会，行使本法规定的监事会的职权，不设监事会或者监事。公司董事会成员中的职工代表可以成为审计委员会成员。这样，在董事会中内设相对独立的审计委员会就使公司治理结构成了英美法系默认采取的“董事会一元制”。

对于采取“董监二元制”的公司，如果规模较小，也可以简化监督机构的设置。对此，根据《公司法》第 83 条、第 133 条规定，规模较小或者股东人数较少的公司——无论是有限责任公司抑或股份有限公司——均可以不设监事会，设 1 名监事，行使《公司法》规定的监事会的职权。对于有限责任公司，在经全体股东一致同意的情况下，也可以不设监事。

综合《公司法》的规定，公司中的监督机构大致有以下几种类型：

1. 监事（会）。这是我国《公司法》规定的最传统的监督机构。

2. 审计委员会。2023 年《公司法》修订后，允许在董事会中设审计委员会来取代传统的监事（会）。

3. 独立董事。《公司法》第 136 条第 1 款规定，上市公司设独立董事，具体办法由国务院证券监督管理机构规定。2023 年 8 月 1 日，中国证券监督管理委员会令第 220 号发布了新版《上市公司独立董事管理办法》，对独立董事的任免、职责、履职保障、监管等作出全面规定。

4. 外部董事。对于国有独资公司，《公司法》第 173 条第 2 款规定，国有独资公司董事会成员中，应当过半数为外部董事，并应当有公司职工代表。

5. 股东自身。股东比谁都关心自己的权益，行使知情权等股东权利，本身就是对公司治理的监督。《公司法》第 187 条规定，股东会要求董事、监事、高级管理人员列席会议的，董事、监事、高级管理人员应当列席并接受股东的质询。

关于监督机构的职权，以默认的监督机构监事会为例，《公司法》第 78 条规定，监事会行使下列职权：（1）检查公司财务；（2）对董事、高级管理人员执行职务的行为进行监督，对违反法律、行政法规、公司章程或者股东会决议的董事、高级管理人员提出解任的建议；（3）当董事、高级管理人员的行为损害公司的利益时，要求董事、高级管理人员予以纠正；（4）提议召开临时股东会会议，在董事会不履行本法规定的召集和主持股东会会议职责时召集和主持股东会会议；（5）向股东会会议提出提案；（6）依照本法第 189 条的规定，对董事、高级管理人员提起诉讼；（7）公司章程规定的其他职权。

《公司法》第 79 条还规定了监事的质询及调查权利：监事可以列席董事会会议，并对董事会决议事项提出质询或者建议。监事会发现公司经营情况异常，可以进行调查；必要时，可以聘请会计师事务所等协助其工作，费用由公司承担。第 80 条第 1 款规定，监事会可以要求董事、高级管理人员提交执行职务的报告。关于监事会履职保障，《公司法》第 82 条特别规定，监事会行使职权所必需的费用，由公司承担。这些规定均旨在强化公司中监督机构的职权，以便实现《公司法》第1条立法目的之“完善中国特色现代企业制度”“维护社会经济秩序，促进社会主义市场经济的发展”。

四、股东会与董事会的权限划分

2023年《公司法》修订时曾于草案中规定，“董事会是公司的执行机构，行使本法和公司章程规定属于股东会职权之外的职权”，并删除了关于董事会职权列举的条款。遗憾的是，最终通过的版本中未能作出如此规定，又重新走回了董事会职权列举的“老路”。2023年的《公司法》明确股东会可以将有关权限授权董事会行使。如对于有限责任公司，《公司法》第59条第2款规定，股东会可以授权董事会对发行公司债券作出决议。对于股份有限公司，《公司法》第152条第1款明确规定，公司章程或者股东会可以授权董事会在3年内决定发行不超过已发行股份50%的股份。但以非货币财产作价出资的应当经股东会决议。

从比较法的视角分析，股东会与董事会的职权划分具有强制性，这也是公司“集中管理”“所有权与经营权相分离”原则的体现。对此，《日本公司法》明确指出股东大会职权的弱化，即“无机能化”。《日本公司法》对于股东大会的权限，按照没有设置董事会的公司（这是以闭锁型公司作为蓝本）和设置董事会的公司分别作出了不同的规定。对于前者，原则上公司股东大会对于公司的组织形态、公司运营、公司管理等其他有关公司的所有事项均可进行表决（《日本公司法》第295条第1款）。对于后者，设置董事会的公司的股东大会可以就公司法以及公司章程所规定的事项进行决议（《日本公司法》第295条第2款）。这意味着，如果非公开公司设置了公司董事会，则可以通过公司章程对股东大会的权限进行制约。《日本公司法》规定关于股东大会的法定决议事项，如果公司章程规定股东大会可以将决议权限授权于其他公司机关行使的，该公司章程规定归于无效（《日本公司法》第295条第3款）。[①] 因为董事会的业务执行权限（《日本公司法》第362条第2款）是强行法的规定，公司章程不应该对强行法的规定进行变更。《日本公司法》第295条第3款也明确规定，对于法律规定的必须由股东大会决议的事项，章程不得规定由其他公司机关决定，否则章程条款无效。[②]

我国台湾地区“公司法”第202条规定，公司业务之执行，除本法和章程规定应由股东会决议之事项外，均应由董事会决议行之。这一规定是为强化董事会之企业经营权限，以公司法或章程的明文列举方式为限，缩小股东会的职权，将未为明文列举的属于股东会的“剩余权限”划归于董事会，因而认为股东会仅是公司必要的意思机关，非绝对的最高权力

---

① 参见［日］近藤光男：《最新日本公司法》，梁爽译，法律出版社2016年版，第179－180页。

② 参见［日］森田章：《公开公司法论》，黄晓林编译，中国政法大学出版社2012年版，第139页。

机关。[①]

《上市公司章程指引》(2022年修订)(中国证券监督管理委员会公告〔2022〕2号)第41条规定了股东大会的职权,该条注释明确指出"上述股东大会的职权不得通过授权的形式由董事会或其他机构和个人代为行使"。由此亦可见,监管机构对股东会与董事会职权划分系强行法规范的认可。

如在**沈某松等与贵州熏酒有限公司公司决议效力确认纠纷案**[②]中,贵州省铜仁市中级人民法院认为,《公司法》(2013年修正)第49条[③]规定,有限责任公司可以设经理,由董事会决定聘任或者解聘。本案所涉股东会决议的内容是解聘胡某云的法定代表人兼总经理职务,三原告以临时股东会决议作出解聘胡某云的法定代表人兼总经理职务,不符合上述规定,超越了股东会的职权,故上述临时股东会决议不符合法律和该公司章程的规定,应属无效。股东会与董事会是公司内部两个独立的组织机构,其职权、召集程序及表决方式均不同,二者不能相互代替。贵州省高级人民法院二审判决中认定《公司法》(2013年修正)关于"经理由董事会聘任或者解聘"的规定属于强制性规定,虽然股东会是公司的最高权力机构,但也必须遵守法律的强制性规定和公司章程相关规定。

贵州省高级人民法院在**徐某霞等诉安顺绿洲报业宾馆有限公司公司决议效力确认纠纷案**[④]中指出,从法律规定来看,董事会、股东会均有法定职权和章程规定职权两类。无论是法定职权还是章程规定职权,强调的都是权利,在法律没有明确禁止的情况下,权利可以行使、可以放弃,也可以委托他人行使。法律规定股东会会议作出修改公司章程、增加或者减少注册资本的决议,以及公司合并、分立、解散或者变更公司形式的决议,必须经代表2/3以上表决权的股东同意。将股东会审议重大事项的法定权利授权董事会行使,违反法律的强制性规定。

同样,尽管股东会系公司的权力机构,其亦无权作出决议撤销董事会决议。北京市第二中级人民法院在**杨某等与德华智造(北京)科技有限公司请求变更公司登记纠纷案**[⑤]中指出,《公司法》并没有规定股东会决议可以直接否定董事会决议,德华智造(北京)科技有限公司(以下简称德华智造公司)的公司章程也没有规定股东会享有相应职权。公司大股东想控制董事会、使自己意志在公司董事会中得到体现,应召开股东会,通过选举、改选公司董事的方式,使公司大股东的意志能够通过董事会的决议得到体现和落实。本案中,朱某斌、邓某、杨某均是德华智造公司的股东,也是经合法选举的德华智造公司董事,在案涉董事会决议合法有效的情况

① 参见廖大颖:《公司法原论》(增订6版),台北,三民书局股份有限公司2012年版,第179页。

② 参见贵州省铜仁市中级人民法院(2014)铜中民商初字第4号民事判决书(一审),贵州省高级人民法院(2015)黔高民商终字第1号民事判决书(二审)。

③ 2023年《公司法》修订后,条文序号调整为第74条。

④ 参见贵州省安顺市中级人民法院(2015)安市民商初字第3号民事判决书(一审),贵州省高级人民法院(2015)黔高民商终字第61号民事判决书(二审)。

⑤ 参见北京市丰台区人民法院(2020)京0106民初12256号民事判决书(一审),北京市第二中级人民法院(2021)京02民终4173号民事判决书(二审)。

下,一审法院仅以占72%股权比例的朱某斌在庭审中表示不同意变更法定代表人为由,直接否定了案涉董事会决议的效力,没有法律依据,法院予以纠正。

■ 第三节 公司法定代表人

一、公司法定代表人的法律地位

《公司法》第10条第1款规定,公司的法定代表人按照公司章程的规定,由代表公司执行公司事务的董事或者经理担任。第11条规定,法定代表人以公司名义从事的民事活动,其法律后果由公司承受。公司章程或者股东会对法定代表人职权的限制,不得对抗善意相对人。法定代表人因执行职务造成他人损害的,由公司承担民事责任。公司承担民事责任后,依照法律或者公司章程的规定,可以向有过错的法定代表人追偿。《公司法》的上述规定与《民法典》第61条、第62条的规定相同。

关于法定代表人的法律地位,可以从以下三个层面进行理解:

其一,理论及实践中对于法定代表人的代表权,经历从"当然代表说"到"代表权限制说"的限缩。根据《公司法》第15条的规定,公司为股东或者实际控制人提供关联担保,不是法定代表人个人能够决定的事项,必须经过公司股东会决议。对此,《最高人民法院关于适用〈中华人民共和国民法典〉有关担保制度的解释》(法释〔2020〕28号,以下简称《民法典担保制度解释》)以及《合同编通则解释》有详细的规定,本书将在第九章展开讨论。

其二,在公司内部,法定代表人与公司是委任关系,对其身份及权限应当依附于公司决议,进行实质审查。

其三,对于法定代表人的职务侵权,原则上应由公司对外承担侵权责任。公司承担责任后,可以向有过错的法定代表人追偿。但《公司法》第191条后段规定了董事、高级管理人员对第三人的直接赔偿责任,即"董事、高级管理人员存在故意或者重大过失的,也应当承担赔偿责任"。

由于公司是拟制的法律人格,其权利由法定代表人行使。法定代表人对内行使管理职权,对外代表公司开展相关活动。为表征这种权力,法律规定公司法定代表人必须进行登记。公司对外进行意思表示既可以通过加盖公司印章的形式行使,也可以通过法定代表人签字的形式行使,二者的法律效力是相当的。如在公司证照返还纠纷等案件中,法定代表人可以自己签字代表公司进行诉讼活动。

需要指出的是,法定代表人的职权源自公司相关决议,变更法定代表人须依照法律规定及公司章程规定的程序作出相关决议,而不可私相授受。最高人民法院在**广西金伍岳能**

源集团有限公司与广西物资储备有限公司等确认合同无效纠纷案[①]中指出，袁某伟因被采取监视居住而不能正常履行广西物资储备有限公司（以下简称物资储备公司）董事长及法定代表人职务时，其在未经公司股东会或董事会决议的情况下，向丁某顺出具《授权委托书》，委托其"代为行使物资储备公司董事长和法定代表人职权、保管公司公章印鉴并依法开展公司经营活动"，将其公司董事长、法定代表人的职权概括授权给丁某顺，违背了公司法的相关规定，丁某顺不能因此获得物资储备公司法定代表人及董事长的权限，其代表物资储备公司与物资集团公司签订《债权转让合同》的行为无效，而非物资储备公司的真实意思表示。

二、法定代表人变更

一般来说，公司法定代表人应以公司登记为准。但在公司经营过程中，也经常发生控制权的争夺，通过临时股东会罢免原法定代表人、重新选举新的法定代表人的情况屡见不鲜。实践中，由于被罢免的原法定代表人往往拒绝配合办理公司变更登记，并对临时股东会决议的合法性提出质疑，此时认定何者能够代表公司不无疑问。最高人民法院在**大拇指环保科技集团（福建）有限公司与中华环保科技集团有限公司股东出资纠纷案**[②]中对此作出了明确的回应。该案裁判要旨指出，对法定代表人变更事项进行登记，其意义在于向社会公示公司意志代表权的基本状态。工商登记的法定代表人具有对外公示效力，如果涉及公司以外的第三人因公司代表权而产生外部争议，应以工商登记为准。对于公司与股东之间因法定代表人任免产生的内部争议，则应以有效的股东会任免决议为准，并在公司内部产生法定代表人变更的法律效果。

实践中，因公司控制权争夺，通过临时股东会罢免现任法定代表人，往往难以得到被罢免的法定代表人的配合；现任法定代表人往往拒绝出席临时股东会，声称临时股东会非法。在依照公司临时股东会决议等办理法定代表人变更登记时，由于原法定代表人不配合，往往无法顺利办理变更登记。对此，《市场主体登记管理条例》第 19 条第 1 款明确登记机关的审查为形式审查。《公司法》第 35 条第 3 款规定，公司变更法定代表人的，变更登记申请书由变更后的法定代表人签署。当然，如果原法定代表人或者其他股东对变更登记有异议的，可以针对公司决议提起效力确认之诉或撤销之诉，通过司法途径进行处理。

---

① 参见广西壮族自治区南宁市中级人民法院（2017）桂 01 民初 267 号民事判决书（一审），广西壮族自治区高级人民法院（2018）桂民终 7 号民事判决书（二审），最高人民法院（2019）最高法民再 35 号民事判决书（再审）。

② 参见福建省高级人民法院（2013）闽民初字第 43 号民事判决书（一审），最高人民法院（2014）民四终字第 20 号民事裁定书（二审）。

【案例3.4】 真功夫餐饮管理有限公司、潘某海等损害公司利益责任纠纷案[①]

《真功夫餐饮管理有限公司章程》(2007年11月20日)第4.2条组成和任期规定,董事会由五名董事组成,由甲(蔡某标)、乙、丙、丁、戊方各任命一名董事。除非各方另有书面协议,否则董事长应由甲方任命,副董事长应由乙方任命。第4.3条规定,董事长是合营公司的法人代表,只依照董事会的具体决定、决议和指示行事。当董事长不能履行其职责时,董事长应授权副董事长或另一位董事代表合营公司。章程中的甲方为蔡某标。第4.6条规定,章程的修正应由全体五名董事(本人或派代理人出席)在按规定程序召开的董事会议上一致投赞成票方可通过。2011年3月17日,蔡某标出具委托书,委派蔡某红担任真功夫餐饮管理有限公司(以下简称真功夫公司)董事和董事长职务。

2013年12月9日,真功夫公司董事会作出《2013年度真功夫餐饮管理有限公司第二次临时董事会会议决议》,内容为修改公司章程以及通过选举潘某海为公司董事长的议案。2013年12月31日,广东省东莞市工商行政管理局根据申请将真功夫公司的法定代表人由蔡某标变更为潘某海。2016年7月20日,广州市天河区人民法院就蔡某标提起的公司决议撤销纠纷一案,作出(2014)穗天法民二初字第1246号民事判决,判决撤销真功夫公司董事会于2013年12月9日作出的《2013年度真功夫餐饮管理有限公司第二次临时董事会会议决议》,二审法院予以维持,该判决已生效。

真功夫公司向一审法院起诉请求:(1)判令蔡某标赔偿因其不当履行公司职务造成真功夫公司损失暂计782527223.67元;(2)判令蔡某标、蔡某红、王某斌共同赔偿真功夫公司为王某斌缴纳的社保费及王某斌侵占真功夫公司车辆损失1617421元;(3)判令蔡某标向真功夫公司委派董事长和法定代表人的行为构成侵权并责令其停止侵权行为;(4)判令蔡某红立即停止使用"真功夫董事长"的名义,并在蔡某红的新浪微博上及《中国青年报》、新浪财经、人民网网站主页显著位置刊登声明,消除影响;(5)判令蔡某红就蔡某标赔偿公司贬值承担连带责任,王某斌作为蔡某红的配偶,以夫妻共同财产承担赔偿责任;(6)判令蔡某标、蔡某红、王某斌承担本案诉讼费用。

广东省高级人民法院一审认为:真功夫公司董事会于2013年12月9日作出的关于选举潘某海为公司董事长和修改公司章程等议题的董事会决议已经被撤销。真功夫公司现任法定代表人潘某海正是根据该份决议在东莞市工商行政管理局被核准变更为法定代表人。虽然真功夫公司原法定代表人蔡某标因刑事犯罪被羁押而无法行使董事长

---

① 参见广东省高级人民法院(2016)粤民初50号之三民事裁定书(一审),最高人民法院(2021)最高法民终2号民事裁定书(二审)。

及法定代表人职责，但其并未授权潘某海作为公司代表。在上述关于任命潘某海为真功夫公司董事长的董事会决议被撤销之后，潘某海作为真功夫公司法定代表人就缺乏合法依据，潘某海不能代表真功夫公司提起本案诉讼。同时，真功夫公司的起诉状虽加盖了该公司公章，但公司公章的使用是认定公司意思的最基础的初步证据，如有实质性的证据证明公章加盖者无权加盖公章或者公章加盖者不能体现公司的真实意思，则可以切断公章与公司真实意思的关联，公司公章不能产生代表公司的法律效力，不足以反映公司起诉时的真实意思表示。在本案中，考虑到潘某海和蔡某标作为真功夫公司的两个大股东矛盾由来已久，蔡某标被羁押至今真功夫公司实为潘某海控制，公司公章亦为潘某海掌管，故在现有证据能够证明潘某海并非真功夫公司合法的法定代表人的情况下，仅根据起诉状加盖真功夫公司公章的事实，不能认定本案诉讼为真功夫公司的真实意思表示。因此，潘某海作为真功夫公司法定代表人提起的本案诉讼不符合法定条件。法院裁定驳回潘某海作为真功夫公司法定代表人提起的起诉。

最高人民法院二审认为，公司法定代表人的确定是公司通过章程表达全体股东共同意志的结果。尽管公司法定代表人需要登记，但这并不意味着公司法定代表人是公司登记机关赋予的。公司法定代表人登记只是行政机关对公司全体股东的意思表示的确认。公司法定代表人依法登记具有对外公示效力，但不具有确定公司在法定代表人问题上真实意思表示的效力。因此，在对内效力方面，公司法定代表人应当以章程体现出来的股东意志表示为准。本案中，虽然工商登记资料中载明真功夫公司的法定代表人仍是潘某海，但其被推选为董事长的真功夫公司董事会决议已被生效民事判决撤销。因此一审判决不认可潘某海为真功夫公司法定代表人，认定事实有证据支持。本案起诉状除潘某海签字外，还加盖了真功夫公司公章。但根据已经查明的事实，蔡某标被羁押至今，真功夫公司实为潘某海控制，公司公章亦为潘某海掌管。至二审期间，真功夫公司也没有证据证明该公司又召开新的董事会，并形成提起本案诉讼或明确授权潘某海提起本案诉讼的决议。故仅根据起诉状加盖真功夫公司公章的事实，不足以认定本案诉讼为真功夫公司的真实意思表示。关于本案是否属于公司外部侵权纠纷的问题，在本案中，真功夫公司不仅对股东蔡某标提起诉讼，还对蔡某红、王某斌等股东之外的人员提起诉讼。尽管蔡某红和王某斌不是真功夫公司股东，但蔡某红和王某斌夫妻均为蔡某标的亲属。从真功夫公司的创立、发展及股权构成看，其具有鲜明的家族企业特征。本案的实质仍是公司股东之间的纠纷，且不符合表见代表的适用情形。故本案纠纷不符合公司外部侵权纠纷的本质特征。法院遂驳回上诉，维持原裁定。

本书认为，根据临时股东会决议申请办理公司变更登记（不仅局限于公司法定代表人变更登记），如遇公司登记部门不作为，其救济方式大致有以下两种：

1. 以公司登记机关为被告提起行政诉讼,请求人民法院判令其依法履行职责。尽管办理变更登记属于公司的义务,但司法实践中通常认定申请办理公司变更登记的股东因与案件有法律上利害关系,具备原告主体资格。如在**刘某宁等15人不服南宁市工商行政管理局工商行政变更登记纠纷案**[①]中,法院认定:虽然《公司法》和《公司登记管理条例》[②]规定公司变更法定代表人应以公司名义向原公司登记机关提出申请,但本案中,因红白蓝公司法定代表人钟某掌控公章、营业执照等公司资源后离境,并涉嫌职务侵占犯罪,公安机关已作出拘留决定;上述情况的出现,会对公司的正常经营活动造成影响,进而影响股东的权益。据此,红白蓝公司股东召开临时股东大会通过决议免除第三人钟某的公司法定代表人职务,并向被告南宁市工商局提出变更企业法定代表人的申请,该申请事项不但与公司利益相关,亦与股东利益相关。因此,15名原告以红白蓝公司股东名义代表该公司向被告市工商局提出变更企业法定代表人的申请;其与申请事项具有法律上的利害关系,即具备申请公司法定代表人变更登记的主体资格。

2. 股东、利害关系人等可以以公司为被告提起请求变更公司登记纠纷。《公司法》第34条第1款规定,公司登记事项发生变更的,应当依法办理变更登记。《市场主体登记管理条例实施细则》第31条第1款规定,市场主体变更登记事项,应当自作出变更决议、决定或者法定变更事项发生之日起30日内申请办理变更登记。在案件审理中,相关公司决议的效力认定是案件审理无法逾越的环节。如法院判决公司履行办理变更登记的义务,该判决可以申请强制执行。

对于公司法定代表人的变更,各方争议较大的,还可以根据《行政许可法》第47条第1款[③]的规定,通过听证的方式进行审查。如在深圳市金之彩文化创意有限公司法定代表人变更登记案中,深圳市市场监督管理局作出深市监听通字〔2017〕第9号《行政许可听证通知书》:根据《行政许可法》及2006年《深圳市行政听证办法》,决定对该公司法定代表人(董事长)变更登记事项举行行政听证。经听证审查,许可该公司变更法定代表人。

又如在南通新邦化工科技有限公司变更法定代表人时,如皋市行政审批局作出〔2018〕皋行审驳第001号《登记驳回通知书》。[④] 该局认为:公司股东会决议是申请公司法定代表人变更登记的必备材料,现利害关系人周某涛对2018年5月21日南通新邦化工科技有限公司临时股东会决议的效力提出异议,并于2018年8月29日向如皋市人民法院提起民事诉讼,请求确认上述临时股东会决议不成立,现该案尚未审结,因变更登记申请所依据的临

---

① 参见广西壮族自治区南宁市青秀区人民法院(2013)青行重字第3号行政判决书(一审),广西壮族自治区南宁市中级人民法院(2014)南市行一终字第20号行政判决书(二审)。

② 2022年3月1日《市场主体登记管理条例》施行后,《公司登记管理条例》相应废止。

③ 《行政许可法》第47条第1款规定:行政许可直接涉及申请人与他人之间重大利益关系的,行政机关在作出行政许可决定前,应当告知申请人、利害关系人享有要求听证的权利;申请人、利害关系人在被告知听证权利之日起5日内提出听证申请的,行政机关应当在20日内组织听证。

④ 该案是笔者承办的案件。

时股东会决议法律效力尚未确认，需要等待民事案件的审理结果进行核实，遂驳回南通新邦化工科技有限公司的变更登记申请。

三、法定代表人的辞任与涤除登记

实践中，法定代表人有辞任及涤除登记的现实需要。《最高人民法院关于限制被执行人高消费及有关消费的若干规定》（法释〔2015〕17 号）第 3 条第 2 款规定，被执行人为单位的，被采取限制消费措施后，被执行人及其法定代表人、主要负责人、影响债务履行的直接责任人员、实际控制人不得实施前款规定的行为。因私消费以个人财产实施前款规定行为的，可以向执行法院提出申请。执行法院审查属实的，应予准许。2020 年《最高人民法院关于适用〈中华人民共和国民事诉讼法〉执行程序若干问题的解释》第 24 条第 1 款规定，被执行人为单位的，可以对其法定代表人、主要负责人或者影响债务履行的责任人员限制出境。根据上述规定，在被纳入失信被执行人名单及被采取限制消费后，公司的法定代表人不得乘坐飞机、列车软卧、G 字头动车，旅游，度假，子女不得就读高收费私立学校等，会给自己的生活带来许多不便。故实践中通过诉讼要求涤除法定代表人登记的案件十分常见。

关于法定代表人的辞任及由此引发的涤除登记，实践中主要有两种解决途径：

一是通过提起请求变更公司登记诉讼解决。最高人民法院在**王某廷与巴州赛瑞机械设备安装有限公司请求变更公司登记纠纷再审案**[①]中指出，王某廷基于其已离职之事实，请求终止其与巴州赛瑞机械设备安装有限公司（以下简称赛瑞公司）之间法定代表人的委任关系并办理法定代表人变更登记，该纠纷属平等主体之间的民事争议。王某廷对赛瑞公司办理法定代表人变更登记的诉讼请求具有诉的利益，属于人民法院受理民事诉讼的范围，人民法院应当予以立案受理。遂撤销一、二审裁定，指令新疆维吾尔自治区巴音郭楞蒙古自治州中级人民法院立案受理。

上海市第一中级人民法院在**吴某敏与上海睿志贸易有限公司请求变更公司登记纠纷案**[②]中改判支持吴某敏的诉讼请求。法院指出，法定代表人作为代表公司法人进行经营活动的负责人，理应实际参与公司的经营管理，而吴某敏于 2011 年 8 月 ~2015 年 6 月仅作为上海睿志贸易有限公司（以下简称睿志公司）从事行政人事工作的普通员工，并未实际参与公司经营管理，故可以认定吴某敏仅系睿志公司名义上的法定代表人。综合考虑吴某敏提出辞职、任期届满以及睿志公司长期处于停止经营的状态，遂改判支持吴某敏要求涤除其作为睿志公司法定代表人登记的诉讼请求。

二是通过提起侵害姓名权诉讼解决。如上海市浦东新区人民法院在**邱某婕与波驷贸**

---

① 参见新疆维吾尔自治区巴音郭楞蒙古自治州中级人民法院（2019）新 28 民初 25 号民事裁定书（一审），新疆维吾尔自治区高级人民法院（2019）新民终 392 号民事裁定书（二审），最高人民法院（2020）最高法民再 88 号民事裁定书（再审）。

② 上海市闵行区人民法院（2019）沪 0112 民初 465 号民事判决书（一审），上海市第一中级人民法院（2019）沪 01 民终 6027 号民事判决书（二审）。

易(上海)有限公司姓名权纠纷案[①]中指出,原告作出不再担任法定代表人的声明系原告单方解除委托的意思表示,该意思表示并不当然产生公司法上的法律效力,并未形成公司意志。但是,综合考虑全案因素,法院认为,被告拒绝作出公司意志,其行为构成侵犯姓名权的侵权行为。遂判令,被告波驷贸易(上海)有限公司应于判决生效之日起10日内协助原告邱某婕办理涤除其作为公司法定代表人的登记事项。

2023年《公司法》对于法定代表人辞任事宜作出了明确规定。《公司法》第10条第2款规定,担任法定代表人的董事或者经理辞任的,视为同时辞去法定代表人。第3款规定,法定代表人辞任的,公司应当在法定代表人辞任之日起30日内确定新的法定代表人。因此,在法律已经作出明确规定的情况下,法定代表人可基于辞任请求公司办理涤除登记。

关于董事、经理、监事、审计委员会委员等的辞任与涤除,亦可参照法定代表人的辞任与涤除规则执行。法定代表人请求公司办理涤除登记在得到判决支持后,公司登记部门如何配合办理,实践中存在疑问。公司登记机关一度认为法定代表人属于公司必须登记的事项,在公司机构未重新选举、委派法定代表人的情况下,其不能越权替公司作出决定。故无论相关主体是提起请求公司变更登记诉讼还是侵害姓名权诉讼,判决生效之后仅能起到不被法院采取限制消费措施的效果,而无法现实地办理涤除登记。近年来,公司登记部门对此也作出了一些尝试和探索。大致有以下几种处理方式:

其一,将法定代表人一栏登记为"涤除"或者"已涤除"。如厦门市大雅实业有限公司的法定代表人登记一栏即为"张某凯[根据思明法院(2021)闽0203执11256号协助执行通知书及(2019)闽0203民初12549号判决书涤除]"。

其二,将法定代表人一栏登记为"空缺"。如云南千裕有飞商贸有限公司的监事信息即登记为"空缺(执行法院判决)"。

其三,将法定代表人(董事、监事亦同)涤除后,以企业注册号即统一社会信用代码予以登记公示。《企业名称登记管理规定实施办法》第31条第1款的规定,企业登记机关发现已经登记的企业名称不符合企业名称登记管理相关规定的,应当依法及时纠正,责令企业变更名称。对不立即变更可能严重损害社会公共利益或者产生不良社会影响的企业名称,经企业登记机关主要负责人批准,可以用统一社会信用代码代替。参照上述规定,完全可以将法定代表人登记信息中登记事项去除,以统一社会信用代码公示。如北京全峰快递有限责任公司潍坊分公司的登记信息中就标注"青州人民法院2023.3.28涤除司某春负责人职务",并将该分公司负责人登记为其企业统一社会信用代码,即"负责人:91370781494070067X"。

---

① 参见上海市浦东新区人民法院(2019)沪0115民初31371号民事判决书(一审)。

四、法定代表人与公司争讼情况下的公司代表权问题

(一)法定代表人作为原告的诉讼案件

司法实践中已经发生多起公司法定代表人与公司争讼的案件。如笔者曾代理**潘某才诉苏州富泰来装饰工程有限公司股东知情权纠纷案**①以及**张某诉苏州德鑫陶氏工艺品有限公司公司解散纠纷案**②,两起案件的原告均是被告公司的法定代表人。在前一案中,江苏省苏州市姑苏区人民法院即通过公告送达并缺席审理的方式支持原告诉请。在后一案中,江苏省苏州市吴中区人民法院认可笔者作为原告张某的诉讼代理人代表其参与诉讼,但因张某同时具有苏州德鑫陶氏工艺品有限公司(以下简称德鑫公司)法定代表人的身份,仍认可其代表德鑫公司参加诉讼。江苏省苏州市吴中区人民法院经审理后,判令解散德鑫公司,支持原告张某的诉请请求。③

在法定代表人同时具有股东身份的前提下,作为原告的法定代表人依照公司法及公司章程规定的股东权利提起相应诉讼,行使的是股东的固有权利。如在**詹某威诉南京南连光华液化气有限公司股东知情权纠纷案**④中,南京市中级人民法院即认定,詹某威虽然是南京南连光华液化气有限公司(以下简称南连光华公司)的法定代表人,但其同时又是南连光华公司的股东,其起诉公司系其作为股东的维权行为,不存在诉讼关系混乱及无法理顺的情况。

在法定代表人作为原告起诉公司的案件中,公司一方应当如何参与诉讼;换言之,在法定代表人与公司发生争讼的情形下,应当由谁来代表公司,不无疑问。司法实践中,大体有以下几种处理方式:

一是采取公告送达的方式,在公告期满后缺席审理。此种方式值得反思之处是在公司其他股东均可以参与相关诉讼的案件中,公告送达是否仍有意义。如在公司解散案件中,其他股东作为共同原告或第三人参与诉讼,此时仅因公司代表权不明即采取公告送达的方式显然没有意义。又如公司仅有两名股东,并且小股东担任公司法定代表人;在法定代表人起诉公司的情况下,由利益相悖的另一方股东代表公司进行诉讼,已经能够形成实质性对抗,并无公告送达之必要。

二是通过法院指定诉讼代表人的方式进行诉讼。如在**光彩宝龙兰州新区建设有限公**

---

① 参见江苏省苏州市姑苏区人民法院(2013)姑苏商初字第1466号民事判决书(一审)。

② 参见江苏省苏州市吴中区人民法院(2015)吴中商初字第507号民事判决书(一审)。

③ 在审理过程中,江苏省苏州市吴中区人民法院特别作出释明,鉴于原告同时具有被告德鑫公司法定代表人身份,要求原告诉讼代理人及张某如实陈述相关事实,对事实陈述的真实性负责,如经调查属于虚假诉讼,法院可根据相关规定依法处理。

④ 参见江苏省南京市中级人民法院(2002)宁民五初字第18号民事判决书(一审),江苏省高级人民法院(2003)苏民三终字第29号民事判决书(二审)。

司、宝纳资源控股(集团)有限公司与袁某岷、龙湾港集团有限公司股东出资纠纷案[①]中,甘肃省高级人民法院指出,一般情况下,公司的法定代表人有权对外代表公司处理事务,法定代表人的行为后果由公司承受。但是,担任法定代表人的股东或董事,在与公司发生纠纷引发诉讼时,股东、董事的个人利益与公司利益发生冲突。为确保案件审理的正常进行,依法维护公司的合法权益,法院可指定与担任法定代表人的股东、董事提起的诉讼没有明显利害关系的其他股东作为公司诉讼代表人。本案中,袁某岷虽是光彩宝龙公司的法定代表人,但袁某岷与光彩宝龙公司之间存在利益冲突,故袁某岷不应再担任光彩宝龙公司的诉讼代表人。同样,在**宋某祥与上海万禹国际贸易有限公司、杭州豪旭贸易有限公司公司决议效力确认纠纷案**[②]中,作为上海万禹国际贸易有限公司(以下简称万禹公司)法定代表人的宋某祥以万禹公司为被告提起民事诉讼。法院在列明宋某祥系万禹公司法定代表人的同时,增列万禹公司监事高某为诉讼代表人。相应地,万禹公司诉讼权利由监事高某行使。我国台湾地区"公司法"第213条即明确规定,公司与董事间诉讼,除法律另有规定外,由监察人代表公司,股东会亦得另选代表公司为诉讼之人。在董监二元制的公司治理结构中,可以由监事会主席代表公司参与诉讼;在设置审计委员会的公司中,亦可由审计委员会负责人代表公司进行诉讼。在强制清算及企业破产程序中,则由清算组、破产管理人负责人代表公司参与诉讼。

三是在公司追究法定代表人责任时,通过提起股东代表诉讼的方式实现公司权益,此时由于在原告股东与被告法定代表人之间已经能够形成实质性对抗,公司作为第三人在诉讼中可以空缺。如在**李某忠等28人诉金某中等损害公司利益责任纠纷案**[③]中,因被告金某中系南川市五金交电化工有限责任公司(以下简称五金公司)的法定代表人,李某忠等28人通过提起股东代表诉讼的方式,追究其因偷税犯罪给公司造成的损失,得到法院的支持。该案在审理过程中,第三人五金公司的位置是空缺的。五金公司董事长、副董事长、监事均构成犯罪且在服刑期,不可能代表公司参与诉讼。对此,法院在开庭审理前通过向五金公司发出《司法建议书》,建议该公司按照《公司法》及公司章程的相关规定,依照法定程序解除被告金某中等的职务,并按《公司法》的规定另行推选法定代表人出庭参加诉讼。法院同时指出,按照公司登记的有关法律法规规定,公司法定代表人的更换应当进行变更登记。在前述程序未完成之前,法院的司法权不能代替行政权和公司自治原则而对公司法定代表人作出更换。虽然开庭前28名股东签名决定解除金某中等被告在公司所任职务,另行推选了2名股东代表公司参加诉讼,但该推举未在工商登记部门办理变更登记,因此在程序上还尚显欠缺。另外,股东提起的代表诉讼的判决结果将直接归于公司,公司作为第三人参加

---

① 参见甘肃省高级人民法院(2012)甘民二初字第3号民事判决书(一审),最高人民法院(2014)民二终字第00092号民事判决书(二审)。

② 参见上海市黄浦区人民法院(2014)黄浦民二(商)初字第589号民事判决书(一审),上海市第二中级人民法院(2014)沪二中民四(商)终字第1261号民事判决书(二审)。

③ 参见重庆市南川区人民法院(2006)南川法民初字第538号民事判决书(一审)。

诉讼只是接收利益，是利益获得者，其在诉讼中的陈述并不重要，因此争论谁能代表公司出庭其实意义并不太大。列第三人的法定代表人只是为了保证裁判文书中当事人名称表述的完整性。因此，在判决书中当事人名称部分第三人的法定代表人只能列金某中，待公司另行推选出法定代表人并依法变更登记后再予更换。

（二）法定代表人作为被告的诉讼案件

最高人民法院在**青海碱业有限公司、宁波市康盛投资有限公司与冯某成损害公司利益责任纠纷案**[①]中指出，根据我国法律规定，青海碱业有限公司（以下简称青海碱业）作为法人提起诉讼，与自然人不同，必须由公司法定代表人进行。[②] 本案中，青海碱业的起诉状虽加盖有青海碱业的公章，但该起诉行为没有经过法定代表人同意，没有经过股东会讨论通过，公司股东也没有请求监事会起诉冯某成，故青海碱业起诉状上的公章和授权委托书上的公章皆非青海碱业的法定代表人或股东会同意加盖，不能认定为是青海碱业的意思表示。青海碱业的“代理人”的授权委托取得不合法，该“代理人”无权代理本案诉讼，其以青海碱业名义提起的诉讼不能认定为是青海碱业的意思表示，因此，该案的起诉既不符合《民事诉讼法》的规定，也不符合公司法关于股东代表诉讼的规定，应予驳回。法院遂裁定撤销原一、二审判决，驳回青海碱业的起诉。

北京市第三中级人民法院在**黄某英与北京华友天下影视文化有限公司损害公司利益责任纠纷案**[③]中，裁定撤销一审判决，驳回北京华友天下影视文化有限公司（以下简称华友公司）的起诉。法院指出，华友公司在一审起诉时，其法定代表人系于某军。二审期间，华友公司通过股东会决议，选举黄某英为华友公司执行董事、法定代表人。因公司法定代表人的确定是公司内部自治事项，故其变更属于公司内部人事关系的变化，应遵从公司内部自治原则。华友公司与黄某英就任免问题发生的内部争议，应当以公司有效的决议为准。现就变更法定代表人的新的股东会决议双方都没有提起诉讼，在该股东会决议未经法定程序被撤销或确认不成立的情况下，无论是华友公司内部抑或工商登记显示，黄某英均系华友公司的法定代表人。根据法律规定，法人由其法定代表人进行诉讼，现华友公司的法定代表人系黄某英，华友公司起诉时的时任法定代表人于某军现已无法代表华友公司的意志。并且，黄某英作为本案上诉人，明确表示不同意于某军作为法定代表人时华友公司的诉讼请求，亦不同意于某军代表华友公司继续参与本案诉讼。故在华友公司法定代表人发生变更且明确不同意本案起诉请求的情况下，该案诉讼请求已非华友公司真实的意思表

---

① 参见青海省海西蒙古族藏族自治州中级人民法院（2011）西民二初字第38号民事判决书（一审），青海省高级人民法院（2012）青民二终字第60号民事判决书（二审），最高人民法院（2014）民提字第143－1号民事裁定书（再审）。

② 《民事诉讼法》第51条第2款规定，法人由其法定代表人进行诉讼。其他组织由其主要负责人进行诉讼。

③ 参见北京市朝阳区人民法院（2019）京0105民初81270号民事判决书（一审），北京市第三中级人民法院（2021）京03民终11886号民事裁定书（二审）。

示,华友公司的起诉法院应予驳回。综上所述,由于本案二审期间出现了华友公司法定代表人变更的新事实,法院依法予以改判。

【案例3.5】 长沙华德科技开发有限公司与何某日等股东出资纠纷案①

长沙华德科技开发有限公司(以下简称华德公司)向一审法院起诉请求主张何某日(系该公司法定代表人)、戴某英等应向公司履行规范出资义务,并加算同期贷款利息,被告何某日协助其他股东虚假出资、抽逃出资,应对其他股东未履行规范出资义务承担连带责任。

湖南省长沙市岳麓区人民法院一审认为,公司提起诉讼应出自其真实的意思表示,该意思表示应具体、明确、唯一。在该院审理期间,华德公司的法定代表人何某日于2021年4月9日向法院提交书面申请,以华德公司公章被公司股东非法持有、本案诉讼并非华德公司真实意思表示为由,申请撤回起诉或裁定驳回起诉。华德公司经法院释明后,未在指定的期间内提交关于本次诉讼的股东会决议或其他能够证明本次诉讼系出自华德公司真实意思表示的证据。故本次的诉讼行为,系持有公司公章的股东与公司法定代表人的意思表示不一致,上述事实导致本次诉讼无法继续进行。华德公司的起诉不符合《民事诉讼法》的相关规定,法院遂裁定驳回该公司的起诉。

湖南省长沙市中级人民法院二审认为,经审查,在本案的诉讼中,华德公司加盖公章授权的委托诉讼代理人要求进行本案诉讼,而该公司的法定代表人则要求撤回起诉或上诉并向法院提交了书面的撤回申请。双方至今未能就是否进行本案诉讼达成一致意见,也未提交关于同意进行本案诉讼的股东会决议等证据,根据现有的情况,尚无法确认本案诉讼系华德公司的真实意思表示,也无法明确案涉诉讼请求、事实和理由系华德公司提出,故一审法院裁定驳回起诉并无不当,二审法院予以维持。

本书认为,基于公司法律人格的拟制性,其诉讼行为原则上应通过法定代表人行使。但当法定代表人同时就是损害公司利益的侵权人时,则无法代表公司提起诉讼。此时,如公司能够通过公司决议选举出新的法定代表人,无论新法定代表人是否在公司登记部门备案,均可代表公司对原法定代表人提起诉讼。如原法定代表人本身就是公司的控股股东,公司无法通过公司决议的方式重新选举法定代表人,则应通过监事代表诉讼、股东代表诉讼的方式,由公司监事会主席、审计委员会负责人或股东依法代表公司行使诉权。在强制清算及破产程序中,亦可由清算组、破产管理人代表公司提起诉讼。

---

① 参见湖南省长沙市岳麓区人民法院(2021)湘0104民初4749号之一民事裁定书(一审),湖南省长沙市中级人民法院(2021)湘01民终14811号民事裁定书(二审)。

第四节　公司决议纠纷司法实务

一、公司决议瑕疵“三分法”

公司决议，根据其瑕疵形态，可分为公司决议不成立、可撤销的公司决议以及公司决议无效三种类型。

（一）公司决议不成立

公司决议作为民事法律行为的一种，只有在依法成立的基础上，方可以评判其效力。对此，《民法典》第134条第2款规定，法人、非法人组织依照法律或者章程规定的议事方式和表决程序作出决议的，该决议行为成立。如果决议行为不成立，自然不能产生公司组织法上的效果，即便在公司登记机关办理了变更登记，亦应当予以撤销。

关于公司决议不成立的事由，《公司法》吸收了《公司法司法解释（四）》的规定，将其上升为法律规定。第27条规定，有下列情形之一的，公司股东会、董事会的决议不成立：（1）未召开股东会、董事会作出决议；（2）股东会、董事会会议未对决议事项进行表决；（3）出席会议的人数或者所持表决权数未达到本法或者公司章程规定的人数或者所持表决权数；（4）同意决议事项的人数或者所持表决权数未达到本法或者公司章程规定的人数或者所持表决权数。

（二）可撤销的公司决议

《公司法》第26条规定，公司股东会、董事会的会议召集程序、表决方式违反法律、行政法规或者公司章程，或者决议内容违反公司章程的，股东自决议作出之日起60日内，可以请求人民法院撤销。但是，股东会、董事会的会议召集程序或者表决方式仅有轻微瑕疵，对决议未产生实质影响的除外。未被通知参加股东会会议的股东自知道或者应当知道股东会决议作出之日起60日内，可以请求人民法院撤销；自决议作出之日起1年内没有行使撤销权的，撤销权消灭。

（三）公司决议无效

关于公司决议无效事由，《公司法》第25条规定，公司股东会、董事会的决议内容违反法律、行政法规的无效。《民法典》第153条第1款规定，违反法律、行政法规的强制性规定的民事法律行为无效。但是，该强制性规定不导致该民事法律行为无效的除外。因此，公司决议无效主要表现为违背强制性规定。

关于公司决议瑕疵的法律后果,《公司法》第 28 条第 1 款规定,公司股东会、董事会决议被人民法院宣告无效、撤销或者确认不成立的,公司应当向公司登记机关申请撤销根据该决议已经办理的登记。

考虑到公司可能在瑕疵决议的基础上,与外部相对人开展商业活动。根据内外有别的处理路径,《公司法》第 28 条第 2 款特别规定,股东会、董事会决议被人民法院宣告无效、撤销或者确认不成立的,公司根据该决议与善意相对人形成的民事法律关系不受影响。

需要指出的是,公司决议无效、不成立之诉属于确认之诉,不适用诉讼时效的规定。公司决议撤销之诉,属于变更之诉,受 60 日起诉期限的限制。对于获知会议通知的股东,其主张撤销公司决议的起算时点为决议作出之日。未获知会议通知的主体,提起撤销之诉的起算点为知道或者应当知道决议作出之日。如河南省新乡市中级人民法院在**黄某顺等与河南太行振动机械股份有限公司公司决议撤销纠纷案**[①]中指出,《民法典》第 199 条规定,法律规定或者当事人约定的撤销权、解除权等权利的存续期间,除法律另有规定外,自权利人知道或者应当知道权利产生之日起计算,不适用有关诉讼时效中止、中断和延长的规定。存续期间届满,撤销权、解除权等权利消灭。本案中,黄某顺等三人作为公司股东,在河南太行振动机械股份有限公司股东大会的召集程序违反公司章程精神的情况下,应从知道或者应当知道决议作出之日起 60 日内请求法院撤销。

另外,公司章程的制定及章程条款的修正均依附于公司股东会决议,因此对公司章程条款的司法审查,其本质仍是对公司决议的效力审查。另外,由于法律尊重公司自治,存在大量的授权性规范,允许公司章程对法律的默认规则作出修改。因此,实践中,存在大量的公司章程对公司治理及股东权利事项作出例外规定。当公司章程作出的例外规定超越了法律授权的范围,构成对公司股东固有权利的侵害,或者不正当地限缩股东法定权利,均可能引发司法的强行介入,以矫正、恢复正常的公司治理秩序。

二、确认公司决议不成立司法实务

公司决议不成立的情形主要是指违反会议制度、未能形成团体意志的情形,包括未开会、未表决以及虽召开会议但出席人数及表决权重不够,无法形成有效的团体意志的情形。

股东会会议制度的一个例外是“传签决定”。《公司法》第 59 条第 3 款规定,对该条第 1 款所列事项(股东会职权事项)股东以书面形式一致表示同意的,可以不召开股东会会议,直接作出决定,并由全体股东在决定文件上签名或者盖章。

天津市第二中级人民法院在**天津利和华星达投资发展有限公司与姜某嘉等公司决议**

---

① 参见河南省新乡县人民法院(2020)豫 0721 民初 1059 号民事判决书(一审),河南省新乡市中级人民法院(2020)豫 07 民终 6399 号民事判决书(二审)。

效力确认纠纷案[①]中认定争议股东会、董事会不成立。法院指出，有限责任公司通过股东会对变更公司章程，解散原董事会、监事会，成立新董事会、监事会等事项作出决议，其实质是公司股东通过参加股东会行使股东权利、决定变更其自身与公司的民事法律关系的过程，因此公司股东实际参与股东会并作出真实意思表示，是股东会及其决议有效的必要条件。在不能认定2015年12月21日天津利和华星达投资发展有限公司实际召开了股东会、董事会的情况下，不能认定该次会议形成了真实有效的股东会决议。该案中，一审法院指出，公司决议不成立自始没有法律约束力，不因时间的经过而改变决议未成立的法律性质，因此股东会决议不成立之诉不适用诉讼时效期间的规定。

北京市第二中级人民法院在**北京易谱精灵电子商务有限公司等与杨某公司决议效力确认纠纷案**[②]中指出，根据《民事诉讼法》及《公司法司法解释(四)》的规定，公司决议不成立之诉的原告应为公司的股东、董事、监事以及其他与股东会决议有直接利害关系的人。在涉案股东会决议产生前，杨某就与杨某友之间存在股权代持协议，杨某系北京易谱精灵电子商务有限公司(以下简称易谱精灵公司)隐名股东，而后北京市第二中级人民法院(2020)京02民终717号民事判决已确认杨某系易谱精灵公司的股东，并判令易谱精灵公司办理工商变更登记，且杨某现已变更成为易谱精灵公司股东，与涉案股东会决议具有直接利害关系，在本案中具备原告诉讼主体资格。易谱精灵公司认可涉案股东会决议是以全体股东签字的形式形成的，未实际召开股东会。经鉴定，涉案股东会决议上"杨某友"签字非本人所签，且现有证据不能证明杨某友及杨某对涉案股东会决议内容知情并同意。因此，在未经全体股东同意的情况下，涉案股东会未实际召开，涉案股东会决议应被确认为不成立。

江苏省高级人民法院在**姜某松等与江苏省江之海投资发展有限公司等公司决议效力确认纠纷案**[③]中指出，2018年8月29日案涉股东会决议延长公司经营期限，虽经过代表75%表决权的股东通过，但不符合《江苏省江之海投资发展有限公司章程》第30条关于"修改公司章程应由全体股东表决通过"的规定，该决议不成立。

北京市第二中级人民法院在**霍尔果斯丽日文化传播有限公司等与北京盛廷文化发展有限公司等公司决议撤销纠纷案**[④]中指出，就北京盛廷文化发展有限公司(以下简称晟廷公司)股东会一般决议事项通过的比例，公司法及晟廷公司章程未作出规定，但依据"资本多数决"原则，作为有限责任公司的股东会决议，应经代表过半数表决权的股东通过，方能成

① 参见天津市河西区人民法院(2020)津0103民初17360号民事判决书(一审)，天津市第二中级人民法院(2021)津02民终5268号民事判决书(二审)。

② 参见北京市大兴区人民法院(2020)京0115民初15622号民事判决书(一审)，北京市第二中级人民法院(2021)京02民终2932号民事判决书(二审)。

③ 参见江苏省南京市中级人民法院(2020)苏01民初3027号民事判决书(一审)，江苏省高级人民法院(2021)苏民终232号民事判决书(二审)。

④ 参见北京市西城区人民法院(2021)京0102民初15392号民事判决书(一审)，北京市第二中级人民法院(2021)京02民终17045号民事判决书(二审)。

立。现涉案争议股东会决议仅有代表41%表决权的股东通过，该股东会决议不成立。公司决议的撤销应以决议成立为前提，故在案涉决议不成立的情况下，对亿和公司要求撤销于2021年2月20日在北京市西城区新街口北大街1号新华百货六层作出的《北京晟廷文化发展有限公司股东会会议决议》的诉讼请求，两级法院均不予支持。

三、公司决议撤销纠纷司法实务

根据《公司法》第26条的规定，公司决议可撤销事由分为两类：一是程序瑕疵，表现为会议的召集程序、表决程序等违反法律、行政法规或者公司章程；二是内容瑕疵，即决议的内容违反公司章程。

最高人民法院第10号指导案例**李某军诉上海佳动力环保科技有限公司公司决议撤销纠纷案**①裁判要旨为：人民法院在审理公司决议撤销纠纷案件中应当审查会议召集程序、表决方式是否违反法律、行政法规或者公司章程以及决议内容是否违反公司章程。在未违反上述规定的前提下，解聘总经理职务的决议所依据的事实是否属实，理由是否成立，不属于司法审查范围。

实务中，股东以程序瑕疵为由提起公司决议撤销之诉，应当限缩解释为该程序瑕疵影响股东自己的利益，而不得越俎代庖以程序瑕疵影响其他股东利益为由提起诉讼。

【案例3.6】 柳某诉苏州易升电梯部件有限公司公司决议撤销纠纷案②

苏州易升电梯部件有限公司(以下简称易升公司)的创始股东为翁某方、顾某健、柳某三人。翁某方任公司董事长、柳某任公司总经理。其后为实施股权激励、鼓励员工持股，设立持股平台苏州和淳投资企业(有限合伙)(以下简称和淳投资)，三名创始股东均担任和淳投资的普通合伙人。2021年8月20日，易升公司董事长翁某方向顾某健、柳某发出《关于召开苏州易升电梯部件有限公司临时股东会的通知》，就免去柳某董事职务事宜定于2021年9月10日召开临时股东会。顾某健、柳某收悉该通知，柳某委托律师参加会议。临时股东会作出决议免去柳某董事职务。对于临时股东会审议事项，翁某方、顾某健(均持有易升公司30.5%的股权)表示同意，柳某(持有易升30.5%的股权)表示反对。另外，翁某方、顾某健作为和淳投资的普通合伙人代表和淳投资(持有易升公司8.5%的股权)表达同意意见并加盖和淳投资公章。柳某不服该决议，起诉至法院要求撤销。

---

① 参见上海市黄浦区人民法院(2009)黄民二(商)初字第4569号民事判决书(一审)，上海市第二中级人民法院(2010)沪二中民四(商)终字第436号民事判决书(二审)。

② 参见江苏省苏州市吴江区人民法院(2021)苏0509民初12607号民事裁定书(一审)，江苏省苏州市中级人民法院(2022)苏05民终359号民事判决书(二审)。本案为笔者承办的案件。

江苏省苏州市吴江区人民法院审理后认为:公司自身具有权力运行机制,司法对公司权力运行的干预应具有法律依据。公司章程兼具程序性内容,被纳入公司法调整范围的权力运行事项,构成当事人的诉权基础,除此之外的事项,均由公司自治,司法不予干预。公司法赋予股东对公司决议提起撤销之诉的权利,系股东的共益权,其功能在于通过公司内部成员的司法救济维护公司正当的内部治理。矫正因决议存在瑕疵而损及公司整体利益,属于法律给予受到不公平对待一方的救济措施。因此,公司法将是否撤销的选择权交由股东。如果公司决议的瑕疵仅针对某特定股东,该特定股东并未提出异议,即该特定股东认可了公司决议所代表的团体意志,在这种情况下,如果允许其他股东以此为由撤销决议,则违背了决议撤销之诉的制度本意,也不利于公司的正常运营。柳某要求撤销股东会决议的事由为易升公司未按规定时间提前通知另一股东即和淳投资,该程序瑕疵并未损害其利益。柳某提起的本案诉讼欠缺程序法上的依据,不具有诉权。综上,该案不属于人民法院受理民事诉讼的范围,应依法予以驳回,遂裁定驳回柳某的起诉。

江苏省苏州市中级人民法院二审认为:柳某既是易升公司的自然人股东,又是易升公司的另一股东和淳投资的执行事务合伙人。柳某起诉本案的理由为易升公司在2021年9月10日作出的临时股东会决议中存在程序瑕疵,即未按规定通知和淳投资。首先,柳某仅是和淳投资的执行事务合伙人之一,其无权代表和淳投资起诉本案。其次,案涉程序瑕疵的利益受损方为和淳投资,本案撤销之诉应由其提出;柳某与和淳投资同为易升公司股东,柳某也无权代表和淳投资提起本案诉讼。最后,柳某自认和淳投资不可能提出异议,即其对和淳投资的真实意思表示举证不能。故一审认定柳某不具有本案诉权并无不当。法院遂裁定驳回上诉,维持原裁定。

(一)对表决权的审查

最高人民法院在**深圳市启迪信息技术有限公司与郑州国华投资有限公司等股权确认纠纷案**[①]中撤销一、二审判决,其公布的裁判要旨为:在公司注册资本符合法定要求的情况下,各股东的实际出资数额和持有股权比例应属于公司股东意思自治的范畴。股东持有股权的比例一般与其实际出资比例一致,但有限责任公司的全体股东也可以约定不按实际出资比例持有股权,这样的约定并不影响公司资本对公司债权担保等对外基本功能实现。如该约定是各方当事人的真实意思表示,且未损害他人的利益,不违反法律和行政法规的规定,应属有效,股东按照约定持有的股权应当受到法律的保护。

在表决权分配上,有限责任公司按照股东人数采取一人一票的方式分配表决权并不违

---

① 参见河南省开封市中级人民法院(2007)汴民初字第69号民事判决书(一审),河南省高级人民法院(2009)豫法民二终字第20号民事判决书(二审),最高人民法院(2011)民提字第6号民事判决书(再审)。

背公司法的强制性规定。在**上海浦东心族广告有限公司与史某今等股东权纠纷案**[①]中，法院确认公司章程第25条规定的“本公司股东会议决议按一个股东一票制表决产生”与公司法的规定并不冲突，该条款系各股东真实意思表示，且未违反国家法律、法规的强制性或禁止性规定，应认定为合法有效。

事实上，我国台湾地区对于有限责任公司表决权的规定即考虑了公司的人合性特征，原则上采取“一人一票”的方式行使表决权，但同时指出公司章程可以规定按照出资比例行使表决权。每一股东不问出资多寡，均有一表决权。但得以章程订定按出资多寡比例分配表决权。

在股东表决权问题上还涉及股东具体表决权的计算问题。在认缴制下，股东表决权如何计算，公司法未有明确规定。在一些案件中，原告股东可能提出按照实际出资比例行使表决权，并对股东会中部分股东的表决权进行限制。关于某些股东的表决权是否需要限制，必须明确该股东是否存在出资瑕疵。本书第二章已经论述，对于存在出资瑕疵的股东，可以适当限制其表决权。反之，如果股东并未构成出资瑕疵，则司法机关不能对其表决权进行限制并在此基础上判断公司决议的效力。如在**梁某力诉江苏省南京云帆科技实业有限公司公司决议纠纷案**[②]以及**李某与南京赛贝生物科技有限公司公司决议纠纷案**[③]中，法院均认可在股东约定的出资期限尚未届至前，股东不构成出资瑕疵。相应地，也就不能对股东行使表决权进行限制。当然，公司章程可以就是否限制未出资到位的股东的表决权另行作出规定。

表决权的审查还涉及回避表决的问题。如在公司为股东或实际控制人提供关联担保的事项上，就明确规定了回避表决。《公司法》第15条第3款规定，“前款规定的股东或者受前款规定的实际控制人支配的股东，不得参加前款规定事项的表决。该项表决由出席会议的其他股东所持表决权的过半数通过”。股东会在审议豁免董事竞业限制义务、许可关联交易、允许董事利用公司商业机会时，关联董事亦应回避表决。《公司法》第185条规定，董事会对本法第182～184条规定的事项决议时，关联董事不得参与表决，其表决权不计入表决权总数。出席董事会会议的无关联关系董事人数不足3人的，应当将该事项提交股东会审议。第139条规定，上市公司董事与董事会会议决议事项所涉及的企业或者个人有关联关系的，该董事应当及时向董事会书面报告。有关联关系的董事不得对该项决议行使表决权，也不得代理其他董事行使表决权。该董事会会议由过半数的无关联关系董事出席即可举行，董事会会议所作决议须经无关联关系董事过半数通过。出席董事会会议的无关联

---

① 参见上海市浦东新区人民法院(2002)浦民二(商)初字第902号民事判决书(一审)，上海市第一中级人民法院(2002)沪一中民三(商)终字第173号民事判决书(二审)。

② 参见江苏省南京市玄武区人民法院(2012)玄商初字第507号民事判决书(一审)，江苏省南京市中级人民法院(2012)宁商终字第991号民事判决书(二审)，本案入选《人民司法·案例》2013年第10期。

③ 参见江苏省南京市栖霞区人民法院(2014)栖商初字第101号民事判决书(一审)，江苏省南京市中级人民法院(2014)宁商终字第1017号民事判决书(二审)。

关系董事人数不足3人的,应当将该事项提交上市公司股东会审议。这些关于回避表决的规定,在计算表决权时亦应当予以特别注意。

(二)对会议通知、召集、主持、表决等程序性事项的审查

若公司未按照法律及公司章程的规定,将公司决议中拟审议事项通知相关主体,或者召集、主持会议的主体与公司法及公司章程的规定相违背的,法院可以应股东的诉请,撤销相应的公司决议。

在**付某方诉濮阳市沃意迪新能源科技有限公司等公司决议撤销纠纷案**①中,法院认为《公司法》授权公司章程就召集股东会通知股东事宜另行作出规定,故而《濮阳市沃意迪新能源科技有限公司章程》第五章第42条所规定的"董事会应当在会议召开10日以前通知公司股东"符合《公司法》的授权规定,应属有效。但在诉讼过程中被告濮阳市沃意迪新能源科技有限公司未能举证证明公司董事会在召集股东会之时已经按照公司章程的要求,提前10日通知原告,遂以该股东会召集通知程序违法为由判决予以撤销。

在**赵某建诉原阳县同力水泥有限公司股东会决议撤销纠纷案**②中,原阳县同力水泥有限公司召开公司股东会仅提前1日通知原告,且在股东会决议上采取"举手表决"的方式进行,违反了"应提前15日通知股东"以及"股东按照出资比例行使表决权"的规定,法院据此判决撤销原阳县同力水泥有限公司股东会2009年10月28日会议决议。

公司究竟应以何种方式通知股东召开相关会议,公司法并无强制性规定,而是授权公司章程自行规定。但根据立法目的和实践情况,股东在股东会上有效表达自己意见系以其有效受领公司股东会召集通知及拟议事项为前提。正如江苏省徐州市中级人民法院在**刘某兰等诉新沂市恒大机械有限公司公司决议纠纷案**③中所阐释的那样:发出股东会会议通知是股东得以参加股东会并行使其干预权的前提,公司仅以公告形式作出通知不能视为已经成功地通知股东。根据《公司法》的立法精神,公司通知股东参加股东会,应为实质意义的通知,即既要有公司的"告诉",又要有股东的"知晓",而不能为仅走通知形式的程序性通知。对于公司未经有效通知股东而召开股东会所作出的决议,未能参会的股东有权请求人民法院予以撤销。设计股东会会议通知制度的目的在于成功地向股东通知开会事宜,发出股东会会议通知是股东得以参加股东会并行使"干预权"的前提,尤其是在经营者和控股股东合二为一的情况下,股东会已成为少数股东要求大股东解决其疑问并提出反对意见的唯一场所。不论采用何种通知形式,成功地通知股东始终是通知制度应实现的第一位目标;而提高通知效率、节约通知成本只能作为附属目标。本案中,新沂

---

① 参见河南省濮阳市华龙区人民法院(2011)华法民初字第3361号民事判决书(一审)。

② 参见河南省原阳县人民法院(2009)原民初字第1089号民事判决书(一审)。

③ 参见江苏省新沂市人民法院(2007)新民二初字第279号民事判决书(一审),二审法院为江苏省徐州市中级人民法院,本案入选《人民司法·案例》2008年第24期。二审判决书可参阅江苏省徐州市中级人民法院网,http://xzzy.chinacourt.org/public/detail.php?id=13187,2015年9月15日访问。

市恒大机械有限公司(以下简称恒大公司)召开股东会,仅在其单位的公告栏内张贴公告,并未通过多种途径通知股东,不能使所有权利人都接收到通知,因此,刘某兰等股东获得通知的权利事实上被剥夺。因其通知的方式存在瑕疵,从而导致股东会会议召集程序违法,故恒大公司股东会作出的决议应予撤销。

在**张家港康得新光电材料有限公司、熊某等与广东康得新窗膜有限公司公司决议撤销纠纷案**①中,法院指出,在董事会、监事不存在不履行或不能履行职务的情况下,张家港康得新光电材料有限公司以股东身份自行召集临时股东会会议,召集程序违反了公司法及公司章程的规定,存在明显瑕疵,应予撤销。

(三)对提案、议案、议程的审查

司法实践中还经常出现公司未按照事先约定的议程、决议事项进行决议的情形。如在股东会或者董事会上任意增加决议事项,此种决议依法也属于可撤销的公司决议。

针对股份有限公司,《公司法》第115条规定:召开股东会会议,应当将会议召开的时间、地点和审议的事项于会议召开20日前通知各股东;临时股东会会议应当于会议召开15日前通知各股东。单独或者合计持有公司1%以上股份的股东,可以在股东会会议召开10日前提出临时提案并书面提交董事会。临时提案应当有明确议题和具体决议事项。董事会应当在收到提案后2日内通知其他股东,并将该临时提案提交股东会审议;但临时提案违反法律、行政法规或者公司章程的规定,或者不属于股东会职权范围的除外。公司不得提高提出临时提案股东的持股比例。公开发行股份的公司,应当以公告方式作出前两款规定的通知。股东会不得对通知中未列明的事项作出决议。

【案例3.7】 俞某、卞某益与江苏弘盛建设工程集团有限公司公司决议撤销纠纷案②

俞某、卞某益为江苏弘盛建设工程集团有限公司(以下简称弘盛公司)的股东,分别持有弘盛公司3.53%的股权。公司章程中与本案有关的部分内容如下:董事会认为必要时,应当在2个月内召开临时股东大会。股东大会由董事会召集,董事长主持;董事

① 参见广东省广州市白云区人民法院(2020)粤0111民初15428号民事判决书(一审),广东省广州市中级人民法院(2021)粤01民终14476号民事判决书(二审)。

② 参见江苏省高邮市人民法院(2017)苏1084民初3790号民事判决书(一审),江苏省扬州市中级人民法院(2018)苏10民终1058号民事判决书(二审)。这起案件中弘盛公司为有限公司,但其章程规定明显带有股份公司的特征。2023年《公司法》修订,将股份公司"股东大会"这一机构名称修改为"股东会"。

长不能履行职务或者不履行职务的，由半数以上董事共同推举一名董事主持。董事会不能履行或者不履行召集股东大会会议职责的，监事应当及时召集和主持；监事不召集和主持的，连续90日以上单独或者合计持有公司10%以上股份的股东可以自行召集和主持。召开股东大会会议，应当将会议召开的时间、地点和审议的事项于会议召开15日前通知各股东，召开临时股东大会应当于会议召开15日前通知各股东。股东大会不得对通知中未列明的事项作出决议。

弘盛公司董事长为胡某春，2017年5月5日，弘盛公司办公室职员汪某通过手机短信，向俞某、卞某益发送关于召开第三届第十一次股东大会预备通知，通知内容为：经集团公司董事会研究，初步议定于2017年5月19日8:30在集团公司2楼第四会议室召开第三届第十一次股东大会。会议的主要内容为：集团公司经营情况及财务状况报告、2016年审计结论通报、股权结构改善及其他相关事项。请各位股东及股东代表接此通知后妥善安排好工作，准时参加会议，最终确定的会议时间另行通知。

2017年5月19日，弘盛公司召开股东大会，俞某、卞某益参加了会议并在会议签到表上签字。会议由弘盛公司董事长胡某春主持，根据会议材料，本次股东大会议程共有十一项，包括：(1)公司改善股权结构的方案；(2)吸纳郭某冬、居某名为公司新股东，并为显名股东，将华某亮、王某、陈某华、卞某兵转为显名股东，增加颜某春和徐某祥的显名股权比例；(3)公司经营及财务状况报告；(4)公司审计、评估报告；(5)股权对外转让方案；(6)公司原股东的权利；(7)对失职股东进行经济处罚；(8)调整显名代持股东，将龚某骏代持的股权全部调整为由王某代偿，并在适当时候完善代持股东与被代偿股东的代偿协议；(9)选举公司董事会成员；(10)选举公司监事会成员；(11)调整公司章程内容。

针对上述议程，股东大会作出若干项决议：决议一，改善公司股权结构；决议三，审核经营和财务状况；决议四，审计、评估报告；决议五，对外转让股权；决议六，分红方案调整；决议七，对失职股东进行经济处罚；决议八，选举董事、监事。其中决议一，出席的股东共16名，占公司100%股权。决议三至决议八，出席股东均为22名，包括郭某东、居某民等。因缺少决议二，俞某、卞某益提出了异议，经一审法院询问，弘盛公司陈述关于股东大会议程二吸纳郭某东、居某民为公司新股东并为显名股东等，并没有形成决议。另外，七份决议吴某勇均参与表决并签字，但股东胡某未参加及签字，对此弘盛公司解释胡某委托吴某勇参加会议，但弘盛公司未提交证据予以证明。在上述七份决议中，股东俞某、卞某益、戎某有的在表决时投了反对票，有的弃权，有的未投票，但均未在决议上签字。

江苏省高邮市人民法院一审认为：(1)关于通知瑕疵。虽然公司章程规定召开股东大会应提前15日通知股东，但股东大会提前14日以短信方式进行通知，实际并不会影响俞某、卞某益有效行使股东权利，故上述情况虽然属于程序瑕疵，但没有妨碍股东公平地参与多数意思的形成和获知对其作出意思表示所需必要信息，应认定为轻微瑕疵，并不影响股东会决议的效力。(2)关于股东大会召集主体存在瑕疵。在弘盛公司没有其他证据证明的情况下，应认定本案股东大会的召集，并没有经过董事会会议并形成决议。因此，弘盛公司办公室职员汪某在没有董事会决议的情况下，就向包括俞某、卞某益在内的股东发送短信，通知召开股东大会，在此情况下，涉案股东大会的召集主体以及召集权存在瑕疵，该行为违反了现行法律关于股东大会召集程序的强制性规定，该次股东大会所作决议，因此应当被撤销。(3)关于是否增加临时议案。在汪某短信通知中股东大会议题为“集团公司经营情况及财务状况报告、2016年审计结论通报、股权结构改善及其他相关事项”，但根据会议资料，会议议程达十一项，其中除了公司改善股权结构的方案，公司经营及财务状况报告，公司审计、评估报告外，还有其他议程，如股权对外转让方案，股东分红方案调整，对失职股东进行经济处罚，选举董事、监事，等等，上述内容与股权结构改善相互独立，应认为股东大会临时增加了议题，法院对于弘盛公司陈述股权结构改善包括其他议程的抗辩，不予支持。虽然公司法对于有限责任公司召开股东大会，并不禁止会议期间临时增加议题和对增加的议题进行表决，但弘盛公司的章程明确约定了股东大会不得对股东大会通知中未列明的事项作出决议，故根据这一约定，超出通知事项的决议，应当被撤销。(4)关于是否存在无表决权人参与相关决议的表决。因弘盛公司未提交胡某委托吴某勇参加股东大会的证据，一审法院认定吴某勇无权参与会议表决。另外因弘盛公司明确表示股东大会议程二，即关于吸纳郭某冬、居某名为公司新股东等并没有形成决议，故郭某冬、居某名等并不具备股东资格，无权参加表决。根据上述分析的内容，涉案股东大会决议存在多人无表决权却参加表决的情形，应当被撤销。综上，一审法院认为，弘盛公司2017年5月19日股东大会的召集过程、表决方式存在瑕疵，违反了《公司法》的强制规定或者公司章程的约定，对该股东大会的所有决议应予撤销。

江苏省扬州市中级人民法院二审认为：抛开弘盛公司召集2017年5月19日股东大会时在通知程序、召集主体方面的瑕疵不谈，单就2017年5月19日股东大会决议的表决方式而言，即应对相关决议予以撤销。其一，2017年5月19日股东大会对会议通知中未列明的事项作出了决议。在汪某短信通知中股东大会议题为“集团公司经营情况及财务状况报告、2016年审计结论通报、股权结构改善及其他相关事项”，但根据会议资料，会议议程为十一项，其中除了公司改善股权结构的方案，公司经营及财务状况报告，公司审计、评估报告外，还有股权对外转让方案，股东分红方案调整，对失职股东进行经济处罚，选举董事、监事等其他议程，这些议程与改善股权结构方案相互独立，并不能被“股权结构改善”所涵盖，2017年5月19日股东大会对短信通知中未列明的事项作出决议,应认定为违反弘盛公司章程的约定,超出通知事项的决议,应予撤销。其二,2017 年 5 月 19 日股东大会相关决议有无表决权人参与表决。弘盛公司提交的七项股东大会决议均有吴某勇参加表决,但其并非公司股东,对应的股东应为胡某,但弘盛公司并未提交胡某委托吴某勇参加股东大会的证据,应认定吴某勇无权参与表决。此外,弘盛公司明确表示股东大会议程二,即关于吸纳郭某冬、居某名等人为公司新股东的提案并没有形成决议,故应认定郭某冬、居某名等人不具备股东资格,无权参加表决。可见,涉案股东大会决议存在多人无表决权却参加表决的情形,反映了公司治理的不规范,且有对决议产生实质影响的现实可能,故相关决议应予撤销。法院遂驳回上诉,维持原判。

北京市第二中级人民法院在**浙江华瑞集团有限公司、浙江吉华集团有限公司与都邦财产保险股份有限公司董事会决议效力纠纷案**[①]中指出,都邦财产保险股份有限公司 2008 年 7 月 12 日召开董事会会议,通知的会议议题不包括讨论免去战某总裁职务,而董事会决议却作出免去战某总裁职务的决定,违反了《董事会议事规则》的规定。法院遂判决撤销该董事会会议。

实践中,股东会议事规则、董事会议事规则等内容可以视为准公司章程内容,公司决议违反内部议事规则的约定,亦构成可撤销事由。

(四)对决议内容是否违反公司章程进行审查

上海市第一中级人民法院在**艾荻环境技术(上海)有限公司与上海境闲机械设备制造有限公司、上海艾荻瑞环保科技有限公司公司决议撤销纠纷案**[②]中,撤销一审判决,改判撤销上海艾荻瑞环保科技有限公司(以下简称上海艾荻瑞公司)2017 年 7 月 27 日董事会决议第三项、第四项。法院认为艾荻环境技术(上海)有限公司(以下简称艾荻公司)与上海境闲机械设备制造有限公司(以下简称境闲公司)所签《共同投资合作协议书》约定,由境闲公司人员担任上海艾荻瑞公司总经理。上海艾荻瑞公司章程约定公司的法定代表人由总经理担任。《共同投资合作协议书》第 9 条载明,公司各股东同意由于某瑞担任公司的法定代表人。上述约定相结合,可确定上海艾荻瑞公司的总经理是于某瑞。上海艾荻瑞公司章程虽规定,公司设总经理一名,由董事会选举产生,但该章程同时规定,本章程中的各项条款若与《共同投资合作协议书》的条款相抵触,以《共同投资合作协议书》的条款为准。《共同投

① 参见北京市朝阳区人民法院(2008)朝民初字第 22938 号民事判决书(一审),北京市第二中级人民法院(2009)二中民终字第 08443 号民事判决书(二审)。

② 参见上海市闵行区人民法院(2017)沪 0112 民初 30099 号民事判决书(一审),上海市第一中级人民法院(2018)沪 01 民终 3109 号民事判决书(二审)。

资合作协议书》和公司章程均由上海艾获瑞公司全部两名股东的一致书面决定，具有决定公司内部自治事务的最高效力。上海艾获瑞公司2017年7月27日董事会作出免除于某瑞总经理职务，选举周某刚担任总经理的决议，违反了公司股东的一致决定及公司章程的规定。境闲公司请求撤销该部分董事会决议，法院应予支持。[①]

四、确认公司决议无效司法实务

通过对司法实践中公司决议被确认为无效的案件进行梳理，本书认为，大致可将公司无效事由细分为以下几种类型。

（一）违反法律的强制性规定

《公司法》设置了一些强制性法律规则。如第53条第1款规定，公司成立后，股东不得抽逃出资。第178条第2款规定，违反前款规定选举、委派董事、监事或者聘任高级管理人员的，该选举、委派或者聘任无效。

【案例3.8】 周某平与铜仁市道忠房地产开发有限公司、张某忠等公司决议效力确认纠纷案[②]

2011年3月30日，铜仁市道忠房地产开发有限公司（以下简称道忠房开公司）与案外人签订《房地产买卖合同》，受让取得坐落于铜仁市××号的铜房权证市房字第××海珠酒楼房产，并于同年11月3日办理了房屋所有权证。2011年8月15日，道忠房开公司向周某平出具内容为"收到周某平入股款人民币叁佰壹拾伍万元整（合伙开发海珠酒楼地段）"的收条。2012年5月30日，周某平分别与道忠房开公司股东张某忠、赵某保签订《股权转让合同》，合同约定，张某忠将其持有的公司60%股权中的一半和赵某保持有的公司股权的20%转让给周某平。至此，赵某保退出道忠房开公司经营，公司股东变更为张某忠、周某平和周某国，其三人分别持有公司股权比例为30%、50%和20%。2015年4月12日，张某忠、周某平和周某国达成股东会议决议，该决议议定："一、道忠房开公司于2011年11月30日，购买海珠酒楼即铜仁市××号地产，以450万

① 由于《公司法》的默认规则是董事长由董事会选举、总经理由董事会聘任。在实务中，为了使某一方股东指定的人员能够当选董事长或者受聘为总经理，通常在公司章程或者股东协议中作出如下约定：董事长/总经理应由××股东或者其委派的董事提名，董事会根据××股东的提名选举董事长、聘任总经理；如果该项决议未通过，××股东有权再次提名。公司常利用"提名—决议"这样的程序，确保某一方股东推荐的人能够当选。

② 参见贵州省铜仁市中级人民法院（2015）铜中民商初字第14号民事判决书（一审），贵州省高级人民法院（2016）黔民终9号民事判决书（二审）。

元成交,其中周某平出资350万元。二、现道忠房开公司决定以490万元转让。成交后周某平只收回350万元成本,余下部分归张某忠、周某国所有。倘若交易价更高,周某平只认领350万元。三、道忠房开公司与任何人或公司达成协议后,先支付400万元到周某平账上,办理完过户,股权转让手续后再付余款。四、道忠房开公司股东有责任和义务协助买方办理相关手续。在办理中如原股东(周某平、张某忠、周某国)违约造成不能转让的,视为自动放弃该公司的股份。五、买方支付的款项到周某平账上后,还清周某平房产证抵押的银行借款,并取回房产证和土地使用证,交接完成后,余款交付给张某忠、周某国所有。"上述股东会决议形成后,周某平认为张某忠和周某国拒不按照决议履行配合对外转让海珠酒楼房产事宜,致使其出资不能收回,利益受损,故向法院提起诉讼。请求判令:(1)确认道忠房开公司于2015年4月12日作出的股东会议决定有效;(2)三被告共同履行上述股东会决定;(3)本案诉讼费用由被告承担。

贵州省铜仁市中级人民法院一审认为:被告道忠房开公司通过受让形式取得坐落于铜仁市××号的海珠酒楼财产,且已办理房屋产权登记手续,事实清楚,予以认定。在被告道忠房开公司存续期间,公司未发生解散事实或经过清算,原告周某平和被告张某忠、周某国于2015年4月12日形成通过处分公司所有的海珠酒楼地产的方式收回出资的股东会议决议。该决议违反了2018年《公司法》第35条①"公司成立后,股东不得抽逃出资"的规定,所形成的股东会议决议依法应认定无效。原告周某平要求被告道忠房开公司、张某忠、周某国执行股东会决议,没有事实和法律依据,法院对其诉讼请求依法不予支持,遂判决驳回原告周某平的诉讼请求。

贵州省高级人民法院二审认为,公司成立后,公司对股东投入的资产或公司购入的资产享有所有权,股东对投入的资产享有股权,股东要实现其投入的资产收益,可以基于股权行使利润分配权,而股东要收回投入的资产,只能通过解散公司,对公司资产进行清算后,按照自己的出资额或股权比例分配公司的剩余财产来实现。本案中,公司股东张某忠、周某平和周某国达成股东会议决议,约定道忠房开公司以490万元的价格将公司资产海珠酒楼转让,转让金额在张某忠、周某平和周某国之间分配,并办理相应的股份转让事宜,这实际上是在公司存续期间,在没有对公司资产进行清算的情况下,将公司资产予以变卖并在股东之间分配,股东因此退出公司,违反了公司法的相关规定,应为无效。法院遂判决驳回上诉,维持一审判决。

关于公司违反董事、监事、高级管理人员的任职条件,选举、委派不具有任职资格的人员担任公司董事、监事、高级管理人员,相关决议被确认为无效,详见本书第十章第一节的

① 2023年《公司法》修订后,条文序号调整为第53条第1款。

相关内容。

(二)侵害股东固有权利、法定权利

在股东权利体系中,有一些权利属于固有权利,即只与股东身份相关的权利。对于固有权利,公司不得通过决议予以剥夺。如《公司法司法解释(四)》第9条规定,公司章程、股东之间的协议等实质性剥夺股东依据公司法规定查阅或者复制公司文件材料的权利,公司以此为由拒绝股东查阅或复制的,人民法院不予支持。此外,同比例减资权、股权转让权、有限公司股东新增资本优先认缴权、股权继承的权利等,如果被公司决议非法限制、排除的,相关公司决议亦应认定为无效。

湖南省株洲市中级人民法院在**株洲豪信工贸有限公司与黄某等公司决议纠纷案**①中指出,不等比例减资直接改变了公司设立时经发起人一致形成的股权架构。因持股比例直接关系股东的基本权利和义务,任何未经股东同意而改变股权比例的行为都是对股东财产权的侵害。故对于不等比例减资,应当经全体股东一致同意,除非全体股东另有约定。该案中,一审法院认定公司决议无效的理由为:案涉决议涉及公司股权结构的重新调整,未经全体股东一致同意,不符合决议的议事规则,而决议内容因增加了不知情股东即本案原告对外承担责任的风险,损害了原告的股东利益,应认定为无效。

除了不等比例减资外,公司无正当理由作出决议要求股东提前出资亦会被认定为无效。江苏省宜兴市人民法院在**宜兴法阿姆工业电池有限公司与无锡法阿姆新能源科技有限公司公司决议效力确认纠纷案**②中指出,在注册资本认缴制下,股东依法享有期限利益,在不存在股东认缴出资加速到期的情况下,该种期限利益应当受到肯定和保护。在该案中,被告仅提交证据证明双方发生纠纷,并未提供充分证据证明其要求股东提前出资的合理性和紧迫性,在这种情况下,出资期限提前涉及股东基本利益,不能通过多数决予以提前,且要求原告在15日内缴纳200万元出资,未考虑到股东资金周转、经济状况等因素,显然不合情理;法院遂判决确认无锡法阿姆新能源科技有限公司于2020年11月8日作出的临时股东会决议无效。

湖南省长沙市中级人民法院在**张某等与依据数据(湖南)科技有限公司、第三人王某南等公司决议纠纷案**③中撤销一审判决,改判确认依据数据(湖南)科技有限公司于2019年7月5日作出的全体股东剩余注册资本缴纳时间由2034年12月31日提前至2019年8月5日的股东会决议无效。法院指出,法律并未禁止公司设立后对股东认缴出资的时间作出修改,公司有权通过股东会决议方式将股东认缴出资期限加速到期,但在注册资本认缴制下,

---

① 参见湖南省株洲市天元区人民法院(2020)湘0211民初3782号民事判决书(一审),湖南省株洲市中级人民法院(2021)湘02民终1355号民事判决书(二审)。

② 参见江苏省宜兴市人民法院(2020)苏0282民初11958号民事判决书(一审)。

③ 参见湖南省长沙市岳麓区人民法院(2019)湘0104民初12369号民事判决书(一审),湖南省长沙市中级人民法院(2020)湘01民终4500号民事判决书(二审)。

股东依法享有期限利益,公司将出资时间提前必须基于公司经营发展需要,具有紧迫性、正当性和合理性,且不存在大股东滥用控制地位、损害小股东合法利益的情形。案涉股东会决议系大股东滥用控制地位作出,损害了小股东的合法利益,应当认定为无效。

(三)滥用股东权利

禁止权利滥用是一项法律原则。《民法典》第 83 条第 1 款规定:营利法人的出资人不得滥用出资人权利损害法人或者其他出资人的利益;滥用出资人权利造成法人或者其他出资人损失的,应当依法承担民事责任。《公司法》第 21 条第 1 款亦规定,公司股东应当遵守法律、行政法规和公司章程,依法行使股东权利,不得滥用股东权利损害公司或者其他股东的利益。

江苏省高级人民法院在**江苏省古典建筑园林建设有限公司等与江苏经纬建设集团有限公司、第三人南京图瑞尔建筑规划设计有限公司公司决议效力确认纠纷案**[①]中,认定南京图瑞尔建筑规划设计有限公司(以下简称图瑞尔公司)作为江苏省古典建筑园林建设有限公司(以下简称古典园林公司)的登记股东,参加古典园林公司股东会,决议新增股东并由新增股东进行增资,在实际出资人江苏经纬建设集团有限公司(以下简称经纬公司)未予追认的情况下,应属无效。该案中,图瑞尔公司系古典园林公司的登记股东(持股 100%),法院在经纬公司已经提起的股东资格确认纠纷案中作出一审判决,认定经纬公司为实际股东,为了达到对抗经纬公司的目的,图瑞尔公司恶意对古典园林公司进行增资,并作出决议,最后该决议被法院依法确认为无效。

浙江省高级人民法院在**江苏大通风机股份有限公司等与张某新等公司决议效力确认纠纷案**[②]中,维持一审判决,确认江苏大通风机股份有限公司(以下简称大通公司)于 2018 年 11 月 12 日作出的董事会决议无效。法院指出:根据案涉大通公司董事会为宝富公司提供担保的议案内容反映,宝富公司对盾安公司的负债超过 5.4 亿元,财务状况持续恶化,明显缺乏偿债能力。在此情况下,大通公司为宝富公司提供担保,案涉宝富公司对盾安公司的债务显然将由大通公司承担。案涉宝富公司对盾安公司的债务系多年累积形成,虽然宝富公司系大通公司的控股子公司,但是鉴于宝富公司的经营状况以及案涉宝富公司对盾安公司债务的形成历史,大通公司此时为宝富公司债务提供担保,难谓合理的商业安排。大通公司为宝富公司既存且明显无法清偿的债务提供担保,将使大通公司承担巨额的担保责任,除了作为债权人的盾安公司因此获益外,作为担保人的大通公司及其小股东的利益都将受损,因此,该董事会决议损害大通公司小股东利益。大通公司、宝富公司及盾安公司为

---

① 参见江苏省南京市中级人民法院(2019)苏 01 民初 163 号民事判决书(一审),江苏省高级人民法院(2019)苏民终 1332 号民事判决书(二审)。

② 参见浙江省杭州市中级人民法院(2019)浙 01 民初 3428 号民事判决书(一审),浙江省高级人民法院(2020)浙民终 395 号民事判决书(二审)。

关联公司,大通公司为宝富公司对盾安公司的债务提供担保属于关联交易。盾安公司为宝富公司的债权人,同时又系大通公司的控股股东。大通公司董事长冯某波和董事江某候同时又系盾安公司高管。一审判决认定案涉董事会决议系盾安公司滥用其控股股东权利作出,利用关联交易损害了公司及公司小股东的利益,具有事实依据。

(四)超越组织权限

《公司法》第58条规定股东会是公司的权力机构,依照该法行使职权。股东会是公司的权力机构并不意味着股东会是万能的,可以对任何事项作出决议。考察股东会的可决事项,应当将其置于公司治理这一场景之下。超越公司治理范畴则无所谓的最高权力机构。《上市公司章程指引》(2023年修正)(中国证券监督管理委员会公告〔2023〕62号)第53条规定,提案的内容应当属于股东大会职权范围,有明确议题和具体决议事项,并且符合法律、行政法规和本章程的有关规定。实践中,经常发生公司机构超越职权范围作出相关决议,这一行为毫无疑问也是有关股东、董事滥用权利的结果,因此具有一定的特殊性。

四川省成都市中级人民法院在**四川省成都普迅达印务有限公司与陈某红与公司有关的纠纷案**[①]中指出,股东会的职权主要是决定公司的经营方针、投资计划、财务和利润方案、人事安排、增减注册资本、发行债券、公司存续以及修改公司章程等公司日常经营发展和运行管理事项。作为一种典型的意思自治的私人秩序安排,股东会并不能为公司以外的他人和组织设定义务。除非股东共同达成合意,否则公司部分股东是不能借助表面符合公司法程序、形式的股东会,通过决议和修改章程,设定其他股东对公司法定义务之外的其他义务,尤其是同业禁止义务的设定,实际上损害甚至剥夺了该股东投资同类业务的合法的财产权、经营权和收益权。因而,多数股东的这种行为虽然具有合法的"外壳",但仍然是无效的。

广东省清远市中级人民法院在**冯某等与广东南方盛世投资控股有限公司、第三人广东省南方智媒产业发展有限公司公司决议效力确认纠纷案**[②]中指出,公司决议中"3位自然人股东与广东省南方文化地产有限公司相互豁免对方继续注入资源的义务,互不追责",实质是变相决定股东不履行出资义务,无形中造成公司财产的减少,且会损害公司债权人的利益,故股东无权成为互相豁免出资的主体;该议案内容不属于公司内部经营管理事项,应不属于股东会可决议的范围。另外,公司股东之间的纠纷如何处理亦不属于公司股东会的可决事项。法院遂撤销原判,改判确认超越股东会权限作出的决议无效。

---

① 参见四川成都高新技术产业开发区人民法院(2009)高新民初字第729号民事判决书(一审),四川省成都市中级人民法院(2010)成民终字第2921号民事判决书(二审)。

② 参见广东省佛冈县人民法院(2020)粤1821民初1291号民事判决书(一审),广东省清远市中级人民法院(2020)粤18民终3831号民事判决书(二审)。

【案例3.9】　深圳市金之彩文化创意有限公司与泸州市金之彩包装有限公司公司决议效力确认纠纷案①

泸州市金之彩包装有限公司(以下简称泸州金之彩公司)系深圳市金之彩文化创意有限公司(以下简称深圳金之彩公司)的全资子公司。2013年10月25日,美盈森集团与深圳金之彩公司全体股东签订收购协议,收购深圳金之彩公司70%的股权。深圳金之彩公司法定代表人欧阳某本人在美盈森集团收购后对深圳金之彩公司的持股比例降为20.57%。收购后,深圳金之彩公司设立5人组成的董事会,其中美盈森集团委派3名董事,欧阳某等原股东委派2名董事,欧阳某继续担任法定代表人。

美盈森集团在收购深圳金之彩公司时,与欧阳某等原公司股东设定业绩对赌协议,但欧阳某等原股东未能达成对赌协议设定的业绩。后美盈森集团行使大股东权利,强行接管深圳金之彩公司并通过深圳金之彩公司董事会决议免去欧阳某的董事长、法定代表人职务。欧阳某等人利用掌握深圳金之彩公司公章的便利,于2017年7月17日作出《泸州金之彩公司股东决定》,修改泸州金之彩公司章程。修改后的公司章程第26条载明:"股东委派和更换执行董事应出具由深圳金之彩公司80%以上(含80%)股东同意的股东决议",对于修改泸州金之彩公司章程亦作如此规定。深圳金之彩公司作为泸州金之彩公司股东,以2017年7月17日泸州金之彩公司股东决定及其修改的公司章程无效为由诉至法院。

泸州市纳溪区人民法院审理后认为:股东会决议及董事会决议等公司决议作为相应公司机关的意思表示,只有在决议意思表示真实,且决议内容合法、公正的情况下才能发生法律效力;反之,如果决议意思表示不真实,决议内容违反法律、行政法规的规定,就不能认定是正当的团体意思表示,对其效力应作否定性评价。赋予股东对公司决议瑕疵意思表示和公司决议违反法律、行政法规情形下的司法救济权,是保护股东权益的重要手段。深圳金之彩公司系泸州金之彩公司的唯一股东,即是其意思表示机关。在案证据能够表明2017年7月17日泸州金之彩公司股东决定系欧阳某等人利用其持有深圳金之彩公司公章的便利擅自作出的,该股东决定事前未经深圳金之彩公司股东会或董事会讨论表决即形成,不能体现深圳金之彩公司的意志。《公司法》(2013年修正)第61条规定,一人有限公司不设股东会。股东行使本法第37条第1款所列职权作出决定时,应当采用书面形式,并由股东签名后置备公司。但2017年7月17日泸州金之彩公司股东决定及其修改的公司章程规定变更执行董事或者修改公司章程应出具由深圳金之彩公司80%以上(含80%)股东同意的股东决议,该股东决定的内容明显违

① 参见四川省泸州市纳溪区人民法院(2018)川0503民初526号民事判决书(一审),四川省泸州市中级人民法院(2018)川05民终1328号民事判决书(二审)。本案为笔者承办的案件。

反了《公司法》(2013 年修正)第 61 条的规定。法院遂判决确认 2017 年 7 月 17 日泸州金之彩公司股东决定无效。

四川省泸州市中级人民法院二审认为:泸州金之彩公司系深圳金之彩公司的全资子公司,泸州金之彩公司 2017 年 7 月 17 日作出股东决定前,深圳金之彩公司的股东间(体现为美盈森集团与欧阳某等原股东)就深圳金之彩公司的内部管理问题已产生严重分歧。根据在案证据,不能确定 2017 年 7 月 17 日股东决定系深圳金之彩公司的真实意思表示,且该股东决定中关于公司章程的修改内容也与《公司法》(2013 年修正)第 61 条的规定相悖。法院遂驳回泸州金之彩公司的上诉,维持一审判决。

2017 年 7 月 17 日泸州金之彩公司股东决定通过的公司章程违反法律强制性规定。该份公司章程第 25 条规定,股东行使以下权利……(8)修改公司章程。修改章程应出具由深圳金之彩公司 80% 以上(含 80%)股东同意的股东会决议。第 26 条规定,本公司不设董事会,只设执行董事一名,执行董事由股东委派。股东委派执行董事应出具由深圳金之彩公司 80% 以上(含 80%)股东同意的股东会决议。第 44 条规定,公司可以修改章程,修改章程须经股东同意,修改章程应出具由深圳金之彩公司 80% 以上(含 80%)股东同意的股东会决议。由公司法定代表人签署并报公司登记机关备案。以上条款改变了法律规定的公司治理结构,将公司最高权力机构从股东会(不设股东会公司的唯一股东)变更为“股东的股东”,并且要求母公司以 80% 以上超级多数股东来决定公司事项,因此是无效的。

深圳金之彩公司作为泸州金之彩公司的唯一股东,有权自行决定对于子公司的管理控制,如果深圳金之彩公司将修改子公司章程、更改子公司治理结构等事项设定为需要股东会多数股东同意并写入深圳金之彩公司的章程,则这一行为符合法律规定,属于深圳金之彩公司的自治行为。但本案中,泸州金之彩公司在章程内载明上述内容,则是将公司最终决定权和最高权力机构设定为“股东的股东”,改变了法律设定的公司治理结构,违反《公司法》(2013 年修正)第 61 条①的强制性规定。

五、公司自身不得作为原告主张决议瑕疵

《公司法》第 25 ~ 27 条规定的公司决议瑕疵形态为利害关系人提供了救济的途径。在公司决议纠纷案件中,被告是恒定的即公司自身。实践中,曾有公司以原告身份提起诉讼,请求否定自身决议的效力,因不满足原告适格的要求;对其起诉,人民法院应不予受理或者驳回起诉。

① 2023 年修订后的《公司法》第 60 条规定:“只有一个股东的有限责任公司不设股东会。股东作出前条第一款所列事项的决定时,应当采用书面形式,并由股东签名或者盖章后置备于公司。”

河南省高级人民法院在**南阳非凡置业有限公司与河南中信国安慧盛禾科技服务有限公司公司决议效力确认纠纷案**①中指出，涉及公司决议效力的案件只有公司才是适格被告，而本案中河南中信国安慧盛禾科技服务有限公司（以下简称慧盛禾科技公司）作为原告起诉，不符合上述司法解释的规定，慧盛禾科技公司不具有提起该诉的主体资格，故慧盛禾科技公司提起的公司决议效力确认之诉也不在人民法院审理范围内。

广西壮族自治区高级人民法院在**贵州华堃矿业股份有限公司与广西有色金属集团有限公司公司决议效力确认纠纷案**②中指出，《公司法》及相关司法解释并未规定公司在作出对出资瑕疵股东的权利进行限制的股东会决议后具有提起确认公司决定有效的民事诉讼的资格。本案系贵州华堃矿业股份有限公司（以下简称贵州华堃公司）在没有股东对限制的决议提出异议情况下提起的确权之诉，亦没有诉的利益。原审法院对贵州华堃公司的起诉予以驳回的处理适当。

■ 第五节　司法审查与公司自治

公司决议纠纷案件中还面临一个问题就是司法究竟应该在多大程度上介入对公司决议的审查。一方面，如果司法介入过深，容易导致司法对于公司决策的干预过度，将法官置于公司决策者之上去处理公司事务。既没有尊重公司组织自治，也是法官能力所不能胜任的。另一方面，如果司法对公司决策仅作形式审查，又可能造成公司控股股东、实际控制人滥用持股及控制优势损害中小股东或者债权人利益的行为无法受到有效的监管。这就涉及司法审查与公司自治之间的关系问题。

简言之，如果一项事务依其性质属于公司自治的事项，可以通过公司自治予以解决，则司法应保持克制与谦抑，尊重公司自治。反之，如果公司股东、实际控制人、董事等违背法律及受信义务，滥用其持股优势以及对于公司的控制地位，损害其他股东或者债权人的利益，则司法应予以审查并对失范的法律秩序进行校正。

一、裁量驳回制度

裁量驳回制度源于《日本商法典》。所谓裁量驳回制度，是指对于程序瑕疵的可撤销决议，当撤销权人向法院提起撤销之诉时，法院可以权衡决议瑕疵与决议所生利益之利弊，对

① 参见河南省南阳市中级人民法院（2021）豫13民初113号民事判决书（一审），河南省高级人民法院（2021）豫民终1186号民事判决书（二审）。

② 参见广西壮族自治区南宁市中级人民法院（2017）桂01民初461号之一民事裁定书（一审），广西壮族自治区高级人民法院（2018）桂民终447号民事裁定书（二审）。

撤销请求予以驳回。《日本公司法典》第 831 条第 2 款规定，在提起撤销决议之诉的情形下，法院如果认为召集程序或者决议方法虽然违反法令或者章程，但其违反的事实不严重而且不影响决议时，可以驳回请求。[①] 我国台湾地区“公司法”第 189 条之一规定，法院对于前条撤销决议之诉，认为其违反之事非属重大且于决议无影响者，得驳回其请求。

裁量驳回制度在司法实践中实现了司法干预与维护公司决议稳定的平衡。如公司决议本身仅存在轻微瑕疵，即便撤销该决议，公司重新作出的决议也在很大程度上与之前的决议一致，且对于其他股东或者债权人的损害及影响均相对轻微，法院可以作出驳回原告股东要求撤销公司决议的诉请以维护公司决策及公司秩序的稳定。

《公司法司法解释(四)》第 4 条正式引入裁量驳回制度。2023 年《公司法》修订时将其上升为法律规定。第 26 条第 1 款后段“但书”规定，股东会、董事会会议的召集程序或者表决方式仅有轻微瑕疵，对决议未产生实质影响的除外。

【案例 3.10】 陈某新诉上海国电实业有限公司公司决议撤销纠纷案[②]

2006 年 11 月 22 日，上海国电实业有限公司(以下简称国电公司)股东胡某华向原告陈某新(国电公司执行董事、法定代表人)发出提议于 12 月 20 日召开股东会临时会议的函，由原告本人于 11 月 24 日签收。2006 年 12 月 3 日，第三人胡某华因未收到原告召集股东会的通知，再行向原告发函，通知原告于 12 月 19 日参加公司临时股东会，该函件由原告之妻、被告国电公司职员叶某瑛于 12 月 4 日签收。同年 12 月 19 日，在原告缺席的情形下，国电公司通过了国电股东会(2006)第 1 号、第 2 号、第 3 号决议，决定免去原告执行董事和法定代表人职务，推选王某伟担任法定代表人，修改公司章程、注册资本及各股东的出资比例。原告陈某新以 2006 年 12 月 19 日的股东会未按照公司法规定提前 15 日通知股东为由，诉请法院予以撤销。一、二审法院均予以驳回，法院认为：“从《公司法》关于通知时限的本意分析，其目的是保障股东有足够的时间对股东会需审议事项进行相应准备，确保股东有效行使权利。本案中，对系争股东会审议的相关事项，公司其他股东于 2005 年 12 月开始即不断提出，在原告拒绝召集股东会的情况下，通过监事召集临时股东会议的方式进行审议。因此，陈某新对审议的事项应属明知，通知时限短少 1 日并不影响其对审议事项进行准备，也不影响其股东权利的实际行使。从公司治理的效率原则以及股东行使权利应遵循诚信原则出发，《公司法》规定的

---

① 参见《最新日本公司法》，于敏、杨冬译，法律出版社 2006 年版，第 450 页。转引自刘龙飞：《公司诉讼实务精要》，中国法制出版社 2011 年版，第 176 页。

② 参见上海市黄浦区人民法院(2007)黄民二(商)初字第 1198 号民事判决书(一审)，上海市第二中级人民法院(2007)沪二中民三(商)终字第 443 号民事判决书(二审)。

> 通知时限，不能成为股东拒绝参加股东会议的当然理由。如陈某新认为该通知时限过短，影响到其对审议事项的准备，应当向公司明示异议，并提出合理的理由。陈某新以收到通知距股东会召开之日不满15日为由，要求撤销股东会决议，不符合诚信原则。”

该案中，国电公司临时股东会的通知程序确实存在违反公司法关于提前15日通知股东的规定，但该违法性瑕疵是轻微的（仅短少1日），法院从诚实信用原则出发，在衡量临时股东会违法性瑕疵与公司秩序稳定二者间的关系后，作出驳回原告诉讼请求的判决，可谓在司法实践中开运用裁量驳回制度先河的经典案例。该案裁判时，《公司法司法解释（四）》尚未出台，法院亦只能援引诚实信用原则裁判。

【案例3.11】　湖南慈华企业管理咨询合伙企业（有限合伙）与湖南习创医疗科技有限公司等公司决议撤销纠纷案[①]

> 湖南习创医疗科技有限公司（以下简称习创公司）三股东单位为湖南慈华企业管理咨询合伙企业（有限合伙）（以下简称慈华合伙）（持股14.25%）、慈宁合伙（持股80.75%）、星辰合伙（持股5%）。
>
> 2020年3月11日，慈宁合伙及其合伙事务执行人李某向习创公司法定代表人及执行董事王某鸿提议召开公司2020年度第一次临时股东会，并提出公司法定代表人由王某鸿变更为李某、审议解决公司经营困难方案、完善公司组织架构及职务任免等议案。当日，王某鸿针对慈宁合伙的提议进行回复，载明：“鉴于本次股东会审议内容涉及公司重大事项，经与相关人员沟通，本次股东会的召开应确保全体股东到会，并当面作出有效决议，但考虑到目前疫情仍未解除，各位股东事务繁忙且出行不便，为确保各位董事、股东的安全健康，本次股东会将酌情推迟召开，具体召开时间将尽快确定后另行通知。”2020年3月14日，慈宁合伙向习创公司监事王某提议召开临时股东会，2020年3月21日，监事王某回复称因多方面压力以及新冠疫情影响，无法召集股东会议。2020年3月23日，李某以习创公司李某的名义作出《关于召开湖南习创公司2020年第1次临时股东会会议的通知》，且该通知附件所载明的四个议案均以习创公司名义提出，其中议案二即变更公司法定代表人的议案（提议法定代表人及执行董事由王某鸿变更为屈某）与2020年3月11日向习创公司执行董事提出的议案（提议法定代表人及执行董事由王某鸿变更为李某）不一致。2020年4月3日，习创公司及法定代表人（执行董事）王某鸿

① 参见湖南省宁乡市人民法院（2020）湘0124民初4407号民事判决书（一审），湖南省长沙市中级人民法院（2021）湘01民终6193号民事判决书（二审）。

针对上述召开2020年临时股东会议通知回复如下:"1.从当前的疫情情况来看,暂缓召开股东大会是执行政府要求的具体实际行动,不能认定为执行董事不履行召集股东会会议职责;2.该通知是以公司名义提议召开临时股东会议,且没有慈宁合伙的印签,召集主体身份不合法;3.现无证据证明公司执行董事和监事不召集和主持股东会会议,以慈宁合伙的名义召开临时股东会会议违反了公司章程;4.现公司正进行审计,公司意待审计结果出来后再召开临时股东会会议。"2020年3月24日,李某向慈华合伙邮寄召开2020年临时股东会议通知的相关材料,次日(25日)慈华合伙回复意见与习创公司执行董事意见一致,同意股东会延期召开。2020年4月6日,星辰合伙在微信群中就召开2020年临时股东会议通知发出回复函,表明其现已收悉该通知,其相关意见与习创公司执行董事意见一致,希望相关事项明确后尽快召开股东会。2020年4月7日,慈宁合伙召开临时股东会并作出习创公司2020年第一次临时股东会决议,慈华合伙认为该股东会议及决议违反了《公司法》和公司章程相关规定,故诉至法院请求撤销该临时股东会决议。

湖南省宁乡市人民法院一审认为:李某并非习创公司股东,其以习创公司李某名义提起召开公司股东会,该通知并未加盖慈宁合伙印章,故李某并不具有提起召集股东会的主体资格。星辰合伙于2020年4月6日知悉时距股东会召开时间仅剩1天,且明确表示召集程序违反规定,未到会参加表决。慈华合伙于2020年3月25日收到该通知,距股东会召开时间已不足15日,其亦明确表示召集程序违反公司章程规定,未到会参加表决。综上,本案临时股东会召开的程序违反了公司章程和法律规定,慈华合伙请求撤销习创公司2020年第一次临时股东会决议的请求,于法有据,法院依法予以支持。法院遂判决确认习创公司于2020年4月7日作出的股东会决议不成立。

湖南省长沙市中级人民法院二审裁判理由如下:(1)关于召集主体。法院认为,"习创股东群"中的召开股东会申请及向各股东邮寄的股东会会议通知虽系李某发送,但落款均系慈宁合伙。李某作为执行事务合伙人对外代表慈宁合伙执行合伙事务,并无不当。慈宁合伙持有习创公司80.75%的股权,在请求习创公司执行董事、监事召集股东会被拒绝后,有权自行召集临时股东会。(2)关于召集程序。二审法院指出,股东会会议系股东治理公司、推动公司正常经营管理和有效运作的决策机制,人民法院审理股东会决议效力案件,既要依法维护小股东的正当程序权利,防止其被架空,也要考虑撤销公司决议的成本以及公司决议被否定可能给公司正常经营带来的挑战,特别要避免因小股东不配合参加股东会导致股东会无法召开、公司决策机制失灵进而影响公司正常运行的消极情况发生。本案中,案涉临时股东会决议本质为解决公司经营管理权变更问题,慈宁合伙作为持股80.75%的大股东在请求习创公司执行董事及监事召集股东会被拒的情况下,以自己的名义召集股东会。虽然慈宁合伙没有严格按照《公司法》

及公司章程规定，于股东会议召开前15日前通知全体股东，而是在股东会议召开前14日通知股东，在程序上存在一定瑕疵。但慈华合伙、星辰合伙显然并不因为未提早1天通知影响其是否决定参加股东会及表决结果，而是以不配合、拒绝参加股东会的实际行为表明对慈宁合伙提出的议案的否定。[①] 2020年4月虽然还存在疫情防控隐患，但可以通过现场会议、线上会议、网络表决等多种形式召开股东会，不能成为不召开案涉股东会的合理理由。综上所述，上述程序瑕疵并不会影响慈华合伙、星辰合伙对表决事项的充分考虑和表决，由此根据《公司法司法解释（四）》第4条规定，案涉股东会决议的轻微程序瑕疵并不能导致股东会决议被撤销。（3）关于决议内容与议案内容不一致问题。慈宁合伙申请习创公司执行董事、监事召集股东会时，提交的决议为将习创公司执行董事王某鸿变更为李某等，但在邮寄给慈华合伙、星辰合伙的召开股东会通知及议案中，已把“将习创公司执行董事王某鸿变更为李某”更改为“变更为屈某”，与2020年4月7日习创公司股东会决议内容一致。法院认为，慈宁合伙向执行董事、监事申请召开股东会对应的是慈宁合伙召集主体是否合法的问题，即在执行董事、监事拒绝召开本次临时股东会时，慈宁合伙有权作为代表拥有1/10以上表决权的股东召集股东会，并非要求股东在请求执行董事、监事召开股东会时提交与决议内容完全一致的议案。慈宁合伙在通知习创公司各股东召开股东会时，也提交了与股东会决议内容一致的议案，故该事由不能作为撤销案涉股东会决议的理由。（4）关于表决程序。如前所述，轻微程序瑕疵不导致股东会决议被撤销，慈华合伙、星辰合伙经通知未出席股东会议，也未授权代表参加会议，持有公司80.75%股权的股东慈宁合伙表决通过案涉股东会决议内容，不违反法律规定，具有法律效力。综上，二审法院运用裁量驳回制度，撤销一审判决，改判驳回慈华合伙的诉讼请求。

适用裁量驳回制度需要注意以下几点：第一，只有在公司决议撤销案件中，裁量驳回制度才有适用的余地。对于瑕疵程度较为严重的不成立、无效的决议形态，不能适用裁量驳回制度。第二，在公司决议撤销纠纷案件中，仅适用于程序瑕疵的情形，即存在会议召集程序或者表决方式等程序瑕疵时方可适用，对于“决议内容违反公司章程”这一内容瑕疵，裁量驳回制度并无适用空间。第三，公司决议存在的程序瑕疵必须是“轻微瑕疵”并且“对公司决议未产生实质影响”。换言之，如果瑕疵程度较为严重，如根本未通知小股东，影响到小股东参与股东会这一固有权利，则不能适用裁量驳回制度。另外，能够适用裁量驳回还必须满足程序瑕疵对决议未产生实质性影响的条件。判断“对决议未产生实质影响”的一个常用方法，就是将原告股东的表决票计入反对票中，如该项决议仍得以通过，即意味着这

① 在该案中，星辰合伙并没有作为原告提起诉讼，而是作为第三人参加诉讼。故法院在审查案涉股东会决议瑕疵时，仅需考虑对慈宁合伙的通知程序等是否存在程序瑕疵。对此，提请读者注意。

种轻微瑕疵未对决议结果产生实质性影响。第四,法院适用裁量驳回制度驳回原告的诉讼请求,并不意味着法院支持被告公司的做法,对于公司决议中的程序瑕疵仍应予以指出,并作否定性的评价。

二、接受、追认与公司决议瑕疵治愈

我国《民法典》及公司法对公司决议在性质上坚持“法律行为说”,认为决议行为是当事人基于共同意思表示而意图实现一定法律效果的行为。关于意思表示,《民法典》第 140 条第 1 款明确,行为人可以明示或者默示作出意思表示。在公司决议案件中,基于瑕疵接受、追认以及相关事实能够推定原告已经接受瑕疵决议的情况下,司法机关应当尊重这种瑕疵治愈,不宜再判决撤销或者确认其不成立。

《公司法司法解释(四)(征求意见稿)》第 8 条规定,股东起诉撤销股东会或者股东大会、董事会决议,公司有证据证明存在下列情形之一的,应当驳回诉讼请求:(1)决议作出后,股东明确表示同意决议内容;(2)决议作出后,股东以自己的行为明确表示接受决议内容;(3)作出新的决议,实质认可股东诉讼请求的内容。尽管这一规定在最终发布的司法解释中被删去,但从维护公司决议稳定的角度分析,这一规定仍有其现实的价值。司法实践中仍可予以参照。

广东省深圳市中级人民法院在**赵某、郑某轩与深圳市金凯龙建筑工程有限公司公司决议效力确认纠纷案**①中指出,另案股权转让纠纷生效判决查明,在股权转让变更登记过程中,赵某、郑某轩二人参与该股权变更登记的人脸识别验证,并将身份证原件提交给王某华具体办理涉案股权转让手续,二人的行为表明其已对股东会决议中的相关事实予以认可,故其再主张股东决议不成立,缺乏依据,不予支持。

山东省济南市中级人民法院在**王某梁与山东科尔本高分子新材料有限公司公司决议撤销纠纷案**②中指出,王某梁在 2018 年 9 月 12 日召开会议之前即签署《关于放弃优先认购权的声明》,声明中载明山东科尔本高分子新材料有限公司拟增资扩股的事实,拟将注册资本由 1000 万元增至 3000 万元,王某梁自愿放弃优先认购权,并且王某梁放弃优先认购权的行为是无条件和不可撤销的。王某梁实际已在实体上放弃了优先认购权,其复以“剥夺了其优先认购权”为由提起诉讼,有违诚实信用原则。王某梁上诉称《关于放弃优先认购权的声明》仅为意向书,与声明载明的内容不符,法院不予采信。

三、伪造签名的实务处理

伪造股东、董事签名所形成的公司决议,如无证据表明被伪造签名的股东、董事存在事

---

① 参见广东省深圳市福田区人民法院(2020)粤 0304 民初 33417 号民事判决书(一审),广东省深圳市中级人民法院(2021)粤 03 民终 25430 号民事判决书(二审)。

② 参见山东省济南高新技术产业开发区人民法院(2019)鲁 0191 民初 284 号民事判决书(一审),山东省济南市中级人民法院(2019)鲁 01 民终 4347 号民事判决书(二审)。

前同意或者事后追认的情形的，此前的司法实践中大多确认公司决议无效。①《最高人民法院关于审理公司登记行政案件若干问题的座谈会纪要》（法办〔2012〕62号）第1条第2款规定，公司法定代表人、股东等以申请材料不是其本人签字或者盖章为由，请求确认登记行为违法或者撤销登记行为的，人民法院原则上应按照本条第一款规定处理，但能够证明原告此前已明知该情况却未提出异议，并在此基础上从事过相关管理和经营活动的，人民法院对原告的诉讼请求一般不予支持。从某种意义上说，撤销公司决议行为与撤销公司登记行为具有一定的可比拟性。

新近司法实践表明，对于伪造签名的股东会决议也并非一概认定为无效。只有伪造的股东会决议内容违反法律、行政法规的规定，才可以认定为无效。这也体现出司法干预公司内部决策的谨慎与克制。

【案例3.12】 谷某满与北京康弘娱乐有限责任公司公司决议效力确认纠纷案②

北京康弘娱乐有限责任公司（以下简称康弘公司）由一家国有企业改制而成，改制后的公司由杨某妹等22名股东出资设立，谷某满系该公司股东之一。康弘公司章程中关于股东会召集、表决等规定与公司法一致。2009年8月20日，康弘公司形成第三届第一次股东会决议并将该决议提交工商登记机关备案。该决议第1页记载的内容为："1. 全体股东一致同意将公司注册资本变更为320万元，其中增加部分由杨某妹投入133.78元；2. 全体股东一致同意将股东杨某峰的姓名改为杨某丰；3. 全体股东一致同意杨某妹接受王某荣转让本公司股份1.429万元；4. 全体股东一致同意选举杨某妹、万某军、任某华为新董事；5. 全体股东一致同意公司营业期限变更为50年；6. 全体股东一致同意修改后的公司章程；7. 本决议经全体股东签字（盖章）后生效。"该决议第2页为签字页，无正文。庭审中，谷某满提出股东会决议第2页空白页上签字不是为该案争议的股东会决议所签，而是康弘公司在召开其他会议过程中要求谷某满等股东在很多空白纸上签字，然后挪到上述股东会决议后伪造的，并不是谷某满的真实意思表示。后经鉴定，该案股东会会议记录股东签名处"谷某满"不是本人所写。北京市怀柔区人民法院即以案涉股东会会议记录上"谷某满"签字并非本人所签，康弘公司亦无其他证据证明谷某满同意会议记录所载事项或授权他人代为签字。该股东会决议实为冒用谷某满名

---

① 《公司法》（2018年修正）并未规定"公司决议不成立"这一瑕疵类型。另外，诉请撤销公司决议需要自公司决议作出之日起60日内提出，超过这一除斥期间的，原则上不得再提出公司决议撤销之诉。伪造签名、根本未通知股东等瑕疵属于重大瑕疵，剥夺了股东的固有权利，此前的司法实践中大多确认决议无效。

② 参见北京市怀柔区人民法院（2012）怀民初字第00184号民事判决书（一审），北京市第二中级人民法院（2013）二中民终字第05629号民事判决书（二审），北京市第二中级人民法院（2014）二中民（商）再终字第11672号民事判决书（再审）。

义所形成，该决议中“全体股东一致同意”的表述与客观事实不符，内容不真实，而且侵犯了谷某满在接受其他股东转让股权过程中享有的优先购买权，有违相关法律规定。法院遂判决确认康弘公司第三届第一次股东会决议无效。

北京市第二中级人民法院在二审中认为，2013 年《公司法》第 22 条第 1 款[①]规定，公司股东会或者股东大会、董事会的决议内容违反法律、行政法规的无效。虽经鉴定股东会会议记录上谷某满签字并非其本人所签，但经法院审查，康弘公司股东会决议内容并未违反法律、行政法规的规定，对于谷某满诉请确认股东会决议无效的请求，法院不予支持。

谷某满不服二审判决，向北京市高级人民法院申请再审。北京市高级人民法院指令北京市第二中级人民法院再审本案。在法院再审中，康弘公司提供由谷某满签字的《征求股东意见稿》。从《征求股东意见稿》内容可以看出，在召开案涉股东会前，谷某满已经知晓公司因装修宾馆需要增资，向公司股东按照出资比例募集资金，亦知晓所募资金不退还，直接进入股额。谷某满明确以书面形式表示“同意装修宾馆，不同意缴纳募集资金，同意由股东会解决资金来源”。经再审，该院认为，尽管经鉴定股东会会议记录上“谷某满”的签字并非本人所签，但依现有证据，尚不足以证明康弘公司第三届第一次股东会决议未经全体股东一致同意，亦不足以证明该股东会决议侵犯了谷某满按照出资比例优先认缴增资的权利，更不足以证明该股东会决议违法无效。故该院对于谷某满的再审请求不予支持，并维持该院原二审判决。

在康弘公司案判决书中，北京市第二中级人民法院的说理似乎过于笼统。但该案真正判决理由在于：“对于公司决议效力性的否定仅限于决议内容违反法律、行政法规的无效，至于决议产生所依赖的程序、动机、目的等均不应在认定其效力性时作为予以审查的要素。这里的法律、行政法规规定仅指效力性、强制性[②]的规定，而对于违反法律及行政法规的一般性、规范性规定及违反公司章程内容的决议，不应当然地被认定为无效。结合涉案股东会决议内容来看，康弘公司作为有限责任公司，其将注册资本变更为 320 万元，不低于法定的注册资本最低限额[③]，未违反法律规定；因杨某妹、王某荣、张某武均为康弘公司股东，其 3 人之间的股权相互转让并未侵害谷某满的优先购买权，亦不违反法律规定；选举和更换董事、变更营业期限及修改公司章程的行为均为股东会行使职权，也未违反法律、行政法规。

① 2023 年《公司法》修订后，条文序号调整为第 25 条。

② 《合同编通则解释》施行后，认定合同效力已不再采取将法律规范区分为效力性强制性规范与管理性强制性规范的路径，而直接依《民法典》第 153 条第 1 款进行认定。

③ 2023 年《公司法》修订后已经取消了有限责任公司注册资本最低限额，但案涉股东会决议作出时，2005 年《公司法》采折中授权资本制，规定有限责任公司最低注册资本不得低于人民币 3 万元。

因此，康弘公司的涉案股东会决议均未有违反法律、行政法规的规定之情形，不符合被确认为无效的法定条件。审判实践中，大量被伪造签名的股东会决议都是在股东未参会的情况下形成的，这种情况通常被认定为股东会的召集程序不符合法律规定……《公司法》中之所以规定了公司股东会的召集程序，其目的是确保有参会资格的股东能有充分的时间考虑和准备出席股东会议，以保障股东能够充分行使表决权。同时《公司法》在第22条第2款①中又对公司股东会召集程序不符合法律或章程规定的情形时，股东该如何保障自己的权益作出明确规定，即股东会或者股东大会、董事会的会议召集程序、表决方式违反法律、行政法规或公司章程，或者决议内容违反公司章程的，股东可以自决议作出之日起60日内，请求人民法院撤销。"②

2023年《公司法》修订后，对于伪造签名的公司决议，应当区分以下几种情形分别处理：一是如果伪造股东、董事签名，剔除被伪造股东、董事的表决权，该项公司决议难以认定为形成公司团体意志的（如有效表决权不足、未遵循会议制度等），应确认该决议不成立；二是如果公司决议可以评价为形成团体意志，但决议的内容违反法律的强制性规定的，应确认该决议无效；三是公司决议形成团体意志且不具有无效事由的，应通过由被伪造签名的股东、董事等提起公司决议撤销之诉解决。

对此，还需要注意的是，根据《市场主体登记管理条例》第41条的规定，即便是提交虚假材料或者采取其他欺诈手段隐瞒重要事实取得市场主体登记，但有下列情形之一的，登记机关也可以不予撤销市场主体登记：(1)撤销市场主体登记可能对社会公共利益造成重大损害；(2)撤销市场主体登记后无法恢复到登记前的状态；(3)法律、行政法规规定的其他情形。因此，伪造签名所形成的公司决议即便符合不成立、可撤销的情形，也未必能撤销。

西藏自治区高级人民法院在**西藏林芝江南实业有限责任公司与艾某宇、何某濛公司决议效力确认纠纷案**③中撤销一审判决，改判驳回艾某宇、何某濛的全部诉讼请求。法院指出，虽西藏林芝江南实业有限责任公司（以下简称江南实业公司）未通知艾某宇、何某濛参加股东会，《股东会决议》中股东签名已经鉴定机构确认并非艾某宇、何某濛二人本人所签，但基于工商增资变更登记具有公示效力，且江南实业公司现已向一审法院申请破产，从保护债权人利益的角度考量，不宜轻易否定伪造行为的法律效力，故该《股东会决议》应认定有效。

在**王某健与贵州贵安消防工程有限公司公司决议效力确认纠纷案**④中，法院查明贵州

---

① 2023年《公司法》修订后，公司决议撤销规定于第26条。

② 周晓莉：《瑕疵股东会决议并非当然无效》，载《人民法院报》2014年8月7日，第6版，引用时有改动。

③ 参见西藏自治区林芝市中级人民法院(2019)藏04民初6号民事判决书（一审），西藏自治区高级人民法院(2020)藏民终50号民事判决书（二审），最高人民法院(2020)最高法民申6122号民事裁定书（再审）。该案最高人民法院再审审查裁定简单地以公司决议撤销之诉已过60日撤销期间为由，驳回了艾某宇、何某濛的再审申请。

④ 参见贵州省贵阳市中级人民法院(2019)黔01民初1157号民事判决书（一审），贵州省高级人民法院(2020)黔民终92号民事判决书（二审）。在本案审理过程中，王某廷死亡，其子王某健继承其权利，继续本案诉讼，其余继承人均放弃继承。

贵安消防工程有限公司(以下简称贵安消防公司)2002 年 3 月 26 日通过股东会决议将公司注册资本由 50 万元增加到 550 万元,增加的 500 万元由李某投入,使王某廷的股权被稀释。庭审中各方认为王某廷并未在案涉股东会决议上签字,也未在公司成立及经营过程中的其他文件上签字。但截至本案诉讼,贵安消防公司经过多次变更登记,均由王某廷女儿王某敏办理,王某廷作为原占有 40% 股权的股东,对上述行为均未表示异议。贵州省高级人民法院认为,案涉 2002 年 3 月 26 日的股东会决议虽不成立,但贵安消防公司自成立之日起,工商登记中的三个股东分别为李某、王某廷、王某敏,其中,李某与王某敏当时为夫妻关系,王某廷、王某敏为父女关系。李某、王某敏于 2013 年离婚,在离婚协议中也就贵安消防公司股权进行了分割,王某廷为王某敏的父亲,且贵安消防公司的股权分割问题也与其有着直接密切关系,显然 2013 年李某、王某敏离婚后王某廷也应当知晓自己在贵安消防公司的股权变动事实。上述事实均可以印证,王某廷在知道他人以自己的名义签字这一事实后在一定时间内没有提出异议或者默示接受了投票结果,则系对该伪造签名的瑕疵予以了补正,符合法律或者章程规定,股东大会决议成立生效。现王某健主张享有贵安消防公司 40% 的股权和办理变更登记的诉讼请求,实际上与王某廷在 2002 年 3 月 26 日股东会决议中的真实意思表示相背离,法院不予支持。

四、监事会、审计委员会决议能否撤销

监事会及审计委员会是公司法定的监督机构,对于监事会决议及审计委员会决议能否撤销,从公司法中并未找到明确的依据。对此,实践中有两种截然不同的裁判观点。

一种观点认为,监事会决议不具有可诉性,人民法院对于主张监事会决议瑕疵的,应不予受理。四川省成都市中级人民法院在**唐某坤等 27 人与成都国腾电子集团有限公司与公司决议纠纷案**①中指出,监事会仅为监督机构,无权处分公司的实体权利。从法律及司法解释相关规定可以看出,公司决议效力之诉的审查对象仅为股东(大)会、董事会决议,并不包含监事会决议。唐某坤等 27 人诉请确认监事会决议不成立,不属于人民法院受理民事诉讼的范围,一审法院驳回唐某坤等 27 人的起诉并无不当。浙江省岱山县人民法院在**张某敬与岱山县对港船舶修造有限公司公司决议撤销纠纷案**②中亦持此观点,对原告张某敬主张的撤销监事会决议,认为无法律依据,不予支持。

另一种观点认为,对于监事会决议瑕疵,应参照股东会、董事会决议瑕疵受理并依法处理。山东省高级人民法院在**烟台市建筑设计研究股份有限公司与烟建集团有限公司公司决议撤销纠纷案**③中维持一审判决,一审判决的第八项为"依法撤销 2012 年 3 月 23 日被告

① 参见四川省成都高新技术产业开发区人民法院(2020)川 0191 民初 580 号民事裁定书(一审),四川省成都市中级人民法院(2020)川 01 民终 12628 号民事裁定书(二审)。

② 参见浙江省岱山县人民法院(2020)浙 0921 民初 506 号民事判决书(一审)。

③ 参见山东省烟台市中级人民法院(2012)烟商初字第 30 号民事判决书(一审),山东省高级人民法院(2014)鲁商终字第 17 号民事判决书(二审)。

监事会关于选举张某原为公司监事会主席的决议”。广西壮族自治区南宁市中级人民法院在**焦某华等与南宁鸿基水泥制品有限责任公司公司决议效力确认纠纷案**[①]中维持一审法院确认南鸿基监字[2006]01号监事会决议不成立的判决。

我国《公司法》对于监事会决议作出了明确的规定。《公司法》第81条、第132条均规定监事会的议事方式和表决程序,除本法有规定的外,由公司章程规定。监事会决议应当经全体监事的过半数通过。监事会的表决,应当一人一票。从上述规定来看,对监事会明显采取与董事会一样的团体决策机制。《公司法》第121条对于股份有限公司中审计委员会亦作类似规定。

事实上,我国台湾地区“公司法”在公司治理中则明确规定监察人(监事)的独立地位。我国台湾地区“公司法”第221条规定,监察人各得单独行使监察权。“原则上,各监察人均是公司个别的监察机关,因而目前无所谓的监察人会制度,这如主管机关经济部83－8－3商字第214137号释函‘公司如事实上设置监察人会,当不发生法律效力’;易言之,监察权之行使系采‘单独执行制’,监察人非但无需事先征求其他监察人之同意,即使与其他监察人意见相左,亦无妨,以确保监察人行使职权之独立性。”[②]

除了监事会、审计委员会决议外,《公司法》第204条还规定,公开发行公司债券的,应当为同期债券持有人设立债券持有人会议,并在债券募集办法中对债券持有人会议的召集程序、会议规则和其他重要事项作出规定。债券持有人会议可以对与债券持有人有利害关系的事项作出决议。除公司债券募集办法另有约定外,债券持有人会议决议对同期全体债券持有人发生效力。《企业破产法》还规定了债权人会议等组织,它们的决议瑕疵可否通过司法诉讼解决,均值得思考。

本书认为,《民法典》第134条第2款规定,“法人、非法人组织依照法律或者章程规定的议事方式和表决程序作出决议的,该决议行为成立”。从公司决议属于民事法律行为的角度出发,参照《公司法》第25～27条的规定,从程序及内容两个角度对监事会决议、审计委员会决议、债券持有人会议决议、债权人会议决议等进行审查并作出裁判,亦有其必要性。

五、司法的实质介入

最高人民法院第10号指导案例**李某军诉上海佳动力环保科技有限公司公司决议撤销纠纷案**[③]裁判要旨为:人民法院在审理公司决议撤销纠纷案件中应当审查会议召集程序、表决方式是否违反法律、行政法规或者公司章程以及决议内容是否违反公司章程。在未违反

---

① 参见广西壮族自治区南宁市江南区人民法院(2016)桂0105民初4242号民事判决书(一审),广西壮族自治区高级人民法院(2019)桂01民终7357号民事判决书(二审)。

② 廖大颖:《公司法原论》(修订6版),台北,三民书局股份有限公司2012年版,第271页。

③ 参见上海市黄浦区人民法院(2009)黄民二(商)初字第4569号民事判决书(一审),上海市第二中级人民法院(2010)沪二中民四(商)终字第436号民事判决书(二审)。

上述规定的前提下，解聘总经理职务的决议所依据的事实是否属实，理由是否成立，不属于司法审查范围。通常情况下，司法应当尊重公司自治，对于可撤销的公司决议应只做形式审查。但是在审理过程中，如果发现存在股东滥用持股优势损害其他股东利益的，则不应止步于形式审查，而需要对利益受到损害的股东进行司法救济。

【案例3.13】 杨某生与中审会计师事务所有限公司及赵某中、雷某平、于某廷、阴某银、曾某焯、史某利股东会决议撤销纠纷案①

在该案中，法院即实质性地介入了对于公司决策的具体审查，并最终认定中审公司临时股东会所作出的关于罢免原告杨某生董事长、法定代表人等有关决议属于（其他）股东滥用持股优势、损害杨某生股东权益的行为，进而确认其无效。

该案中被告中审会计师事务所有限责任公司（以下简称中审公司）由8家会计师事务所吸收合并而成，即由原中审公司吸收辽宁兴华会计师事务所有限责任公司、四川华西会计师事务所有限责任公司、天津市华北有限责任会计师事务所等7家会计师事务所合并而成。合并之后，原8家会计师事务所均注销其法人资格，成为中审公司的下属所，统一以中审公司的名义对外开展业务；相应地，被吸收合并的原7家会计师事务所分别改称"中审中南会计师事务所""中审兴华会计师事务所""中审华西会计师事务所""中审华北会计师事务所"等。原中审公司法定代表人杨某生担任合并后中审公司的董事长、法定代表人。2000年7月20日，合并前8家单位的法定代表人以公证方式签署了《中审会计师事务所有限公司合并协议》（以下简称《合并协议》），约定中审公司注册资本为800万元，合并各方原法定代表人分别代表合并各方的出资人成为合并后单位的"发起人"。同时，《合并协议》专门对下属经济实体的经营方式作出规定："享有下属经济实体的人事管理权，有权决定人员聘用、工资分配、劳保福利等事项；在上交管理费后，享有下属经济实体的财务管理权，有权决定收入、支出、利润分配和资金运用等事项……"中审公司合并设立后，将原各单位投入的700万元（原中审公司除外）又返还给各被吸收合并方。另外，合并后中审公司章程第25条规定："对以下事项需经全体股东表决通过：（一）公司合并、分立、变更形式；（二）公司解散；（三）修改章程；（四）股东退出或加入；（五）应当由董事会提请股东大会作出决议的其他重要事项……"因经营过程中发生分歧，2007年12月16日，杨某生（甲方）与赵某中、阴某银、于某廷、雷某平、曾某焯、史某利（乙方，即原被吸收合并的各公司法定代表人）签署《中审会计师事务所有限公司相关事宜的协议书》，约定："一、甲方同意乙方管理下的资产和负债以及风险

① 参见北京市海淀区人民法院（2008）海民初字第10313号民事判决书（一审）。本案发生在最高人民法院第10号指导案例公布之前，但由于本案的事实与第10号指导案例并不相同，即便发生在第10号指导案例公布之后，亦应当根据本案的实际情况，进行实质审查。

基金,归乙方所有,并承担相应责任。乙方同意甲方管理下的资产和负债以及风险基金,归甲方所有,并承担相应责任。二、甲乙双方到工商局对中审会计师事务所有限公司变更名称,同时变更法定代表人,变更章程,双方均不得再单独使用中审会计师事务所有限公司名称。原中审会计师事务所有限公司各类图章一律作废。三、甲乙双方协商同意,将各项执业资质留给乙方。四、甲乙双方缴纳的管理费用,经审计后进行结算。五、甲乙双方以'中审会计师事务所有限公司'的名义已承办和正在承办的业务,仍由原承办方承办,不得相互拆台……"但上述协议签订后第三天即2007年12月18日,赵某中、雷某平、于某廷、阴某银、曾某焯、史某利以中审公司董事会的名义,在公证人员的现场监督下,向杨某生邮寄送达《关于召开中审会计师事务所有限公司临时股东大会的通知》;并嗣后于2008年1月4日在公证员公证下召开中审公司临时股东会,作出"免去杨某生公司董事长职务,解聘杨某生总经理(所长、主任会计师)职务,同意选举赵某中为公司董事长、法定代表人"、修改公司章程等多项决议。

法院对本案进行了实质审查,在判决理由部分叙明:"在确定中审公司董事长更换等决议效力时,必须考虑中审公司在2000年合并过程中所形成的特殊管理结构。根据当时的合并协议、工商登记情况可以看出,原中审公司与7家会计师事务所的吸收式合并,实际形成了以原中审公司为合并后的'总所',其他7家会计师事务所分别注销原法人组织而成为合并后的'分所'的管理结构。该管理结构是由湖北立华等7家会计师事务所并入中审公司的吸收式合并决定的,并为财政部的相关批复所认可,杨某生获准继续担任合并后中审公司的主任会计师。杨某生的法定代表人身份、董事长职位因中审公司的存续而存续。但是,7家'分所'在合并后的经营中保持着人事、财产、经营上的独立,而杨某生所代表的原中审公司因其在吸收式合并中所扮演的'吸收方'的角色而全部被吸收进了合并后的中审公司。由于原中审公司在合并后的中审公司中没有一个相对应的'分所'作为依托,所以原中审公司在合并后并不能像合并协议中约定的其他'分所'那样有相对独立的人事权、管理权。如果原中审公司与合并后的中审公司的法定代表人、董事长由不同人员担任,则原中审公司的法定代表人、董事长的身份不能存续,必然失去自己对其原中审公司财产权益的控制权。换句话说,'中审会计师事务所有限公司'这块招牌以及相应的人员、资产,是杨某生在合并后的中审公司得以立足的根本,罢免其中审公司法定代表人、董事长的职位,实际上意味着其对原中审公司相应资产、人员的管理权、控制权甚至财产权益的丧失,而在其他被吸收的会计师事务所中却不可能出现类似情况。因此,罢免杨某生的中审公司董事长、法定代表人职务,不仅仅是对中审公司董事长、法定代表人这一职位人选本身的罢免,同时意味着剥夺了杨某生对原中审公司的控制权,原中审公司的财产权益变为了中审公司股东的共有财产。相对于中审公司其他股东入资100万元后又被退还的事实来说,这明显对杨某生是一个极不公正的结果。造成这一结果的原因,一方面是在中审公司合并过程中,没有实现真正的财产合并、经营管理合并,各分所与总所相对独立;另一方面是中审公司的等分为8份的股权结构,没有真实反映当时8家会计师事务所的经营规模、资产规模,当时有关文件中所表现出的'过渡性,相当明显。名义上虽然为公司股东但出资不实者,其与出资义务相对应的权利应当受限。本院认为,赵某中等6位股东以其股权比例的优势,罢免杨某生董事长职务等相关决议,属于滥用股东权利损害其他股东利益的行为,应认定无效。"

■ 第六节　公司证照返还纠纷

在公司实务中,还经常存在因公司控制权发生变化,原法定代表人等对控制权变化产生异议或不满,拒绝归还其占有的公司印章、营业执照、税务登记证书等公司印章、证照的情形。此类案件的实质涉及公司内部治理中对于公司控制权的争夺,与传统的财产返还案件存在一定的差别,因此,最高人民法院印发的《民事案件案由规定》将此单列为"公司证照返还纠纷"。

对于公司证照返还纠纷案件,因公司证照、印章等属于公司的财产,依法应由公司保管,这也就决定了提起公司证照返还诉讼的原告应该是公司。但是,在公司证照(特别是公司印章)已经被原来控制公司的主体掌握的情况下,公司提起诉讼就面临着原告主体资格的确认问题,如在起诉状无法加盖公司印章的情况下如何体现公司意志。实践中,根据公司有效决议选任的法定代表人有权代表公司,无论其是否经过公司登记部门登记,一经有效选任,便在公司内部产生法定代表人变更的效果。因此,对于公司证照返还纠纷案件,法院认可以法定代表人个人签字的方式代表公司提起诉讼。对于签字主体是否享有对公司的代表权,法院可以通过庭审审理进行查明和认定。

在公司证照返还纠纷案件中,原告公司主张被告返还所持有的公司印章、证照,须证明其主张返还的公司印章、证照等为被告所持有。

【案例3.14】　苏州易升电梯部件有限公司诉柳某公司证照返还纠纷案[①]

苏州易升电梯部件有限公司(以下简称易升公司)成立于2002年4月5日,注册资本为53345455元。翁某方、顾某健、柳某均持股30.5556%,苏州和淳投资企业(有限合伙)(以下简称和淳投资)持股8.3333%。柳某曾任易升公司董事、总经理,持有易升公司公章,并一度全面主持易升公司工作。之后,股东翁某方、顾某健发现易升公司存在经营异常,拟对柳某控制易升公司期间的财务状况进行审计。2021年8月23日晚11时至次日凌晨,柳某派人潜入公司财务室,取走部分财务账册并拆走易升公司服务器(包括霆智BBOX加速阵、霆智加速阵客户机)。2021年9月10日,易升公司召开临时股东会,决议免去柳某董事职务,公司全部印章(包括但不限于公章、法人章、财务章)、营业执照、网银U盾等与公司经营相关的经营证照由公司董事长保管,经董事会授权亦可交由其他人保管;目前占有上述证照的人员应立即将相关公司证照、印章返还公司易升公司。其后易升公司提起本案诉讼,要求被告柳某返还原告易升公司公章、服务器(霆智BBOX加速阵、霆智加速阵客户机)、财务账册。

江苏省苏州市吴江区人民法院一审认为:易升公司公章、服务器属原告易升公司所有。被告柳某曾担任易升公司董事、总经理,持有易升公司公章、服务器。原告易升公司临时股东会决议免去被告柳某执行董事职务,并要求其返还印章、证照,该决议已发生法律效力。在此情况下,被告柳某持有易升公司公章已丧失正当理由,虽易升公司已重新刻制了公章,并刊登了原公章作废公告,但易升公司仍系公章的所有人,易升公司要求被告柳某返还公章,事实和法律依据充分,法院予以支持。被告柳某无正当理由取走服务器,原告易升公司为服务器的所有人,要求被告柳某返还服务器,事实和法律依据充分,法院予以支持。

江苏省苏州市中级人民法院二审认为:公司作为企业法人,享有独立的财产权。首先,本案即便柳某持有的易升公司原公章已被易升公司登报公告作废,易升公司原公章的物权所有权仍属于易升公司。柳某以易升公司要求返还的公章已经作废为由拒绝返还原公章,依据不足。其次,易升公司服务器的所有权人亦属易升公司,现有证据不足以证明柳某具有占有服务器的正当理由。一审法院认定柳某应当返还易升公司服务器,并无不当。遂驳回上诉,维持原判。

本案与【案例3.6】柳某诉苏州易升电梯部件有限公司公司决议撤销纠纷案[②]系关联案

① 参见江苏省苏州市吴江区人民法院(2022)苏0509民初2816号民事判决书(一审),江苏省苏州市中级人民法院(2022)苏05民终9309号民事判决书(二审),本案为笔者办理的案件。

② 参见江苏省苏州市吴江区人民法院(2021)苏0509民初12607号民事裁定书(一审),江苏省苏州市中级人民法院(2022)苏05民终359号民事判决书(二审),本案为笔者承办的案件。

件。在这起案件中,尽管易升公司后来重新刻制了公章。但由于柳某曾任公司总经理,如其持有已经被易升公司登报作废的公章并对外使用,仍有可能产生表见代表的法律效果,故在本案中,易升公司坚持要求返还已经被登报作废的公章。但同时也提出,可以在法院的见证下由柳某销毁。在诉讼过程中,关于公司财务账册经法院释明,柳某同意交接。在双方律师的见证下,自行办理了交接手续,易升公司向法院撤回了要求返还财务账册的诉请。判决生效后,在各方共同见证下,由笔者通过用刀具刻去印章印文的方式将公章销毁,服务器交由易升公司工作人员并办理交接手续。

第四章 盈余分配纠纷理论与实务

在现代公司法律制度之下,投资者将自有资金、实物等财产性权益投资入股,即丧失了对该项财产的所有权,同时取得股东资格,对所投资的公司享有股权。股东投资入股,所追求的即为投资回报。借助公司这种形式,众人的资金可以汇集一起,聚沙成塔、集腋成裘,进而可以实现优化投资的战略目标,涉足个人无法涉及的领域,并创造更多的价值。加之,现代公司法普遍确立了股东有限责任,即以公司形式有效地在公司与债权人的合同中增加了一个默认条款,借此,债权人的请求权仅及于公司自身("由其所有")的资产,而不及于公司股东以其名义持有的资产。①哥伦比亚大学 Butler 教授称赞道:"有限责任公司是现代社会最伟大的发明,即使蒸汽机和电力与之相比也显得逊色得多。" ②

股权本身是一种综合性的权益,或者说是一系列权益的总和。按照学界对股权的认识,结合公司法的规定,通常可以将股权分为自益权与共益权两个方面。自益权是股东为了自己的利益而行使的权益,主要体现为股东投资回报及其相应的财产权。毫无疑问,作为自益权之一的盈余分配权,无疑最能体现股东投资的终极目标,是股权中最为重要的权能。从制度经济学的观点来看,股东作为出资者和企业的最终所有者,其获得产业体系的利润有两种最为重要的形式:部分以股息的形式存在,部分以公司未分配利润的形式导致股票市场价值增加。③ 但对于有限责任公司来讲,由于缺乏公开的股权交易市场,股权市值难以评估,盈余分配便成为股东获取产业利益和投资回报的核心。

---

① 参见[美]莱纳·克拉克曼、亨利·汉斯曼等:《公司法剖析:比较与功能的视角》(第 2 版),罗培新译,法律出版社 2012 年版,第 9 页。

② See Len Sealy, *Company Law and Commercial Reality* ,Sweet & Maxwell,1984,p.1. 转引自[英]珍妮特·丹恩:《公司法》(第 4 版),法律出版社 2003 年版,第 1 页。

③ 参见[美]阿道夫·A. 伯利、加德纳·C. 米恩斯:《现代公司与私有财产》,商务印书馆 2005 年版,第 36 页。

■ 第一节　盈余分配权利概述

一、《公司法》关于盈余分配权的规定

盈余分配方案作为公司管理的重要环节,有的国家法律明确规定其决定权归属于董事会。如在美国,是否进行盈余分配主要取决于公司董事会的判断。[①] 我国台湾地区"公司法"第110条第1款规定,每届会计年度终了,董事应造具各项表册,分送各股东,请其承认。

依照我国《公司法》的规定,盈余分配权的权利层次可分为三个层级:盈余分配方案的制订权、盈余分配决定权以及盈余分配给付请求权。《公司法》第67条第2款规定有限责任公司董事会"制订公司的利润分配方案和弥补亏损方案"。第59条第1款规定的股东会职权第4项为"审议批准公司的利润分配方案和弥补亏损方案"。第4条第2款规定,公司股东对公司依法享有资产收益、参与重大决策和选择管理者等权利。第210条第4款规定:公司弥补亏损和提取公积金后所余税后利润,有限责任公司按照股东实缴的出资比例分配利润,全体股东约定不按照出资比例分配利润的除外;股份有限公司按照股东所持有的股份比例分配利润,公司章程另有规定的除外。

通常情况下,我们必须考虑盈余分配权的权利层次,单个股东不能仅凭自己的股东身份,在未经公司股东会决议的情况下,直接要求公司分配红利。只有在股东会就分配盈余事项作出决议之后,股东盈余分配权才从期待权转化为债权,股东才得以现实地向公司主张盈余分配。正如四川省成都市中级人民法院在**成都市双流县双远商贸部等与谢某栋等公司盈余分配权纠纷案**[②]中所指出的那样:一旦公司存在可分配股利的税后利润,而且公司股东会或董事会作出了股利分配决议,股东的股利分配请求权即由期待权状态跃入(现实的)债权状态。江苏省无锡市锡山区人民法院在**周某萍与无锡思达新材料科技有限公司公司盈余分配纠纷案**[③]中也同样指出:公司作出利润分配决议,股东的利润分配请求权由抽象利润分配请求权转化为具体性的利润分配请求权,由期待性的权利转化为确定性的权利,性质上等同于普通债权。因此,股东会作出利润分配决议后,利润分配请求权转化为普通债权,应适用民法上债的相关规定,不应再受公司决议的影响。利润分配决议有效作出后,即使公司再作出不同的决议前述债权人也不受影响,当然,前述债权人自愿受新的决议约束或自愿放弃之前的利润分配债权的除外。

---

① See Robert W. Hamilton, *The Law of Corporation*, Law Press, p. 498.

② 参见四川省成都市中级人民法院(2008)成民终字第3038号民事判决书(二审)。

③ 参见江苏省无锡市锡山区人民法院(2020)苏0205民初4335号民事判决书(一审),江苏省无锡市中级人民法院(2021)苏02民终882号民事判决书(二审)。

公司作出盈余分配决议后，未在规定时间内向股东兑付的，[①]应承担债务不履行的法律责任，股东可以要求公司支付违约金。如在**济宁鲁兴房地产开发有限公司与互标有限公司公司盈余分配纠纷案**[②]中，山东省济宁市中级人民法院指出，济宁鲁兴房地产开发有限公司（以下简称鲁兴公司）董事会作出盈余分配决议时，在公司与股东之间即形成债权债务关系，若未按照决议及时给付则应计付利息。山东省高级人民法院认可一审法院的观点，进一步指出，互标有限公司（以下简称互标公司）作为鲁兴公司的股东，依据鲁兴公司利润分配方案，对鲁兴公司享有公司盈余分配给付请求权，亦即鲁兴公司作出盈余分配决议时，在公司与股东之间即形成债权债务关系。鲁兴公司未按照盈余分配决议规定的时间及时向互标公司给付分配款，应当计付利息。

二、盈余分配请求权与盈余分配给付请求权的区别

在认识到盈余分配权权利层次的基础之上，我们可以将股东的盈余分配权划分为盈余分配请求权与盈余分配给付请求权两个层面。两者之间的区别是显而易见的，主要有以下几个方面：

1. 从权利属性上看，盈余分配请求权属于期待权，而盈余分配给付请求权则属于既得权。盈余分配请求权（也称“盈余分派请求权”“抽象盈余分配权”），系股东权之一种，当公司有盈余时，属于期待权。盈余分配给付请求权（也称“盈余分派给付请求权”“具体盈余分配权”），系对已经股东会承认之确定盈余分派金额之具体的请求权，属于单纯（独立于股东权）之债权。[③] 从权利属性上来说，属于既得权。一旦公司存在可分配股利的税后利润，而且公司权力机构作出了盈余分配决议，股东的盈余分配请求权即由期待权转为现实的债权。

2. 从二者相对于股权的独立性角度上看，盈余分配请求权系股权的权能之一，不得与股份分离而独立存在，当股份转让时，应一并移转于股份受让人。[④] 盈余分派给付请求权则自股东盈余分派请求权分支而生，系对已经股东会承认之确认盈余分派金之具体请求权，属于单纯之债权，得与股份分离而独立存在。[⑤] 在股东会决议分配盈余之后，股东可以将盈余分配给付请求权独立转让，此与债法上普通的债权转让在本质上并无区别，只是需要按照《民法典》的规定通知债务人（公司）即可。[⑥]

---

① 《公司法》第 212 条规定，股东会作出分配利润的决议的，董事会应当在股东会决议作出之日起 6 个月内进行分配。

② 参见山东省济宁市中级人民法院（2019）鲁 08 民初 174 号民事判决书（一审），山东省高级人民法院（2019）鲁民终 2917 号民事判决书（二审）。

③ 参见王仁宏主编：《商法裁判百选》，中国政法大学出版社 2002 年版，第 80 页。

④ 参见王仁宏主编：《商法裁判百选》，中国政法大学出版社 2002 年版，第 80 页。

⑤ 参见王仁宏主编：《商法裁判百选》，中国政法大学出版社 2002 年版，第 80 页。

⑥ 《民法典》第 546 条规定，债权人转让债权，未通知债务人的，该转让对债务人不发生效力。债权转让的通知不得撤销，但是经受让人同意的除外。

3. 从权利所受限制上看,盈余分配请求权属于股权的内容,与股权之有无休戚相关,受制于股东身份本身;而盈余分配给付请求权由于在本质上属于债权,因而受诉讼时效的限制。

三、股东盈余分配给付请求权行使的条件

1. 公司分配盈余必须符合一定的条件,从法律的层面上来讲,这些条件包括:

公司必须存在盈余,这是公司进行盈余分配以及股东行使盈余分配权的前提。[①] 公司经营必须贯彻"无盈不分"的原则。没有盈余,盈余分配就成无源之水、无本之木。这里的盈余不仅包括公司当年的盈余,也包括此前累积但一直未分配的盈余。还需注意的是,这里所说的盈余是指可分配利润,即已经按照《公司法》的要求缴纳税收、弥补以前年度亏损、提取法定公积金、任意公积金之后的剩余部分。如果公司并不存在可分配的盈余而作出分配决议的,则属于典型的"以盈余分配为名行抽逃注册资本之实"的违法行为,其所作出的盈余分配决议应属无效。对此,《公司法》第 211 条规定,公司违反本法规定向股东分配利润的,股东应当将违反规定分配的利润退还公司;给公司造成损失的,股东及负有责任的董事、监事、高级管理人员应当承担赔偿责任。

"无盈不分"原则得到司法判决的明确支持。如在**郑某凤诉淮安第一钢结构公司名为欠款实为盈余分配纠纷案**[②]中,法院裁判要旨指出,基于公司资本维持原则,股东盈余分配的资金来源不能是公司的资本,而只能是公司的利润。仅具有股东会决议分配年度利润的形式要件不足以认定公司具有可分配利润,判断是否具有可分配利润,还必须有符合公司法规定的依法经过审查验证的财务报表和利润分配计划的实质要件。在仅有形式要件而没有实质要件,从而导致股东与公司发生利润分配纠纷时,司法机关对有无利润的问题,可根据公司在工商部门的年检报告、合法的会计年度终了时的财务会计报告、年度利润司法审计报告等证据判断。公司无可供分配利润的前提和合法性基础而将决议分配给股东的利润份额以借据的形式载明,不能当然地转化为普通的债权债务关系。

北京市海淀区人民法院在**北京蓝色假日国际旅行社有限公司诉北京嘉年华旅行社有限公司盈余分配纠纷案**[③]中驳回了北京蓝色假日国际旅行社有限公司对于北京嘉年华旅行社有限公司(以下简称嘉年华公司)盈余分配的诉讼请求。法院判决指出,《公司法》关于盈余分配应当先行弥补亏损并提取法定公积金的规定系属强制性法律规定,旨在保持公司资

---

① "无盈不分"原则存在例外,如我国台湾地区"公司法"第 234 条规定的建业股息之分派即属此种情形。该条规定,公司依其业务之性质,自设立登记后,如需 2 年以上之准备,始能开始营业者,经主管机关之许可,得依章程之规定,于开始营业前分派股息。前项分派股息之金额,应以预付股息列入资产负债表之股东权益项下,公司开始营业后,每届分派股息及红利超过实收资本额 6% 时,应以其超过之金额扣抵冲销之。

② 江苏省淮安市中级人民法院(2011)淮中商终字第 0002 号民事判决书(二审),本案为江苏省高级人民法院公报案例。

③ 参见北京市海淀区人民法院(2011)海民初字第 23421 号民事判决书(一审),北京市第一中级人民法院(2012)一中民终字第 2476 号民事判决书(二审)。

本的稳定性,维护债权人的利益。公司合法进行利润分配的前提有二:一方面应由公司股东会或者股东大会作出合法有效的利润分配决议;另一方面该利润分配决议的内容应符合《公司法》上述强制性规定的要求。此两方面内容缺一不可,否则将导致公司的利润分配过程衍生潜在法律风险。本案中,涉诉《股东会会议纪要》与《重组及股权转让协议》两份文件中,虽体现了嘉年华公司各股东关于按持股比例分配利润的共同意思表示,且对嘉年华公司的盈利数额有所提及,但结合双方当事人对案件事实的陈述,利润分配数额的确定方式与法律强制规定的利润分配程序并不相符。在并无证据证实嘉年华公司有权合法分配的利润数额的情况下,如径行依各方股东预估的盈利数额判令嘉年华公司向股东分配利润,显属不当。

2. 盈余分配须由董事会提出方案,股东会会议决议通过。未经股东会会议决议通过,股东原则上不得行使盈余分配给付请求权。股东会作出盈余分配决议是股东盈余分配权利行使的程序要件。

司法实践中,为了保障股东特别是中小股东的盈余分配权利,法院在对股东会决议这一形式要件审查上,遵循实质重于形式的原则,采取较为宽松的认定标准。如在**南辉实业公司诉尼康电子有限公司盈余分配权纠纷案**①中,尼康电子有限公司(以下简称尼康公司)系中外合资公司,南辉实业公司作为股东单位诉请分配盈余,尼康公司辩称未作出过盈余分配的董事会决议。法院在审理本案的过程中查明,安徽会计师事务所查账报告书确认了公司1990年度的利润分配情况。因该会计师事务所的查验行为系受尼康公司的委托进行,查验结果亦为尼康公司所接受,因而可视为尼康公司董事会已经对盈余分配问题作出决议。最后,法院依照证据规则,判决尼康公司应该支付原告南辉实业公司相应的盈余。

云南省高级人民法院在**许某娟等与云南广筑混凝土有限公司等公司盈余分配纠纷案**②中,撤销了昆明市中级人民法院的判决,认定云南广筑混凝土有限公司(以下简称广筑公司)全体股东签字认可的协议书及三份股东会议纪要明确了公司利润计算方式和股东利润分配原则,是广筑公司全体股东形成的有效决议,应视为广筑公司全体股东一致认可的利润分配方案,从而改判支持上诉人许某娟等人的盈余分配诉讼请求。

---

① 参见安徽省合肥市中级人民法院(2004)民四终字第02号民事判决书(二审)。

② 参见云南省昆明市中级人民法院(2012)昆民五初字第11号民事判决书(一审),云南省高级人民法院(2013)云高民二终字第26号民事判决书(二审)。

【案例4.1】 陈某妍与北京银河昊星机电设备有限公司公司盈余分配纠纷案①

北京银河昊星机电设备有限公司(以下简称昊星公司)成立于2013年3月20日,注册资本2000万元,类型为其他有限责任公司。2020年5月14日,昊星公司形成《2019年昊星公司利润分配表》一份,载明分配总额为5962246元,其中陈某妍分配金额为178867元。该利润分配表被昊星公司全体股东签字或盖章确认。2020年8月20日,陈某妍向昊星公司寄送《催促支付分红款函》一份,要求昊星公司在2020年8月24日前向其支付分红款。昊星公司于2020年8月21日收到上述函件。为证明昊星公司2018年度利润及2017年度亦是通过股东确认利润分配表形式达成的股东分红决议,陈某妍提交了2017年度和2018年度的昊星公司利润分配表,以及陈某妍收到分红的银行流水。昊星公司认可往年利润分配是按照陈某妍提交的利润分配表形式分配的。

北京市朝阳区人民法院一审认为:陈某妍提交了由昊星公司全体股东确认的《2019年昊星公司利润分配表》,该利润分配表上载明了昊星公司2019年度利润的具体分配方案,且结合昊星公司往年股东分红的形式,《2019年昊星公司利润分配表》属于昊星公司股东会就2019年度公司利润分配作出的有效决议。现昊星公司主张公司在未提取法定公积金及弥补往年亏损等情况下分红违反法律规定,其应当提供证据证明本次利润分配存在需要弥补往年亏损及提取法定公积金等情形,但昊星公司未提交证据证明其上述主张,故昊星公司关于其无法执行决议的抗辩理由不成立。昊星公司经陈某妍催告后,未在合理期限内履行利润分配义务,还应当赔偿陈某妍利息损失,故陈某妍的诉讼请求符合法律规定,法院遂判决昊星公司于判决生效之日起10日内给付陈某妍分红款178867元及逾期利息。

昊星公司以未就利润分配形成董事会或者股东会决议以及利润分配前未弥补亏损、提取法定公积金,不满足利润分配条件等理由提出上诉。对此,北京市第三中级人民法院二审认为:陈某妍提交的《2019年昊星公司利润分配表》由全体股东签字和盖章,该份利润分配表可以视为昊星公司全体股东就2019年度利润分配问题作出的决议。陈某妍已提交利润分配有效决议,除非昊星公司能够举证证明存在无法执行决议的事由,否则其应按照分配方案向股东分配利润。昊星公司在二审中提交了2019年度资产负债表、利润表、现金流量表、所有者权益变动表等证据,主张其实际经营情况不具备分配利润条件,但上述文件的形成时间早于《2019年昊星公司利润分配表》的形成时

① 参见北京市朝阳区人民法院(2020)京0105民初66719号民事判决书(一审),北京市第三中级人民法院(2021)京03民终10756号民事判决书(二审),本案为2021年10月22日北京市朝阳区人民法院"有限责任公司中小股东权利保护白皮书暨典型案例发布"新闻通报会公布的典型案例。

间，且利润分配表明确载明的利润分配总额已经全体股东确认，故昊星公司提交的上述证据不足以推翻《2019 年昊星公司利润分配表》所载明的相关内容。法院遂驳回昊星公司的上诉，维持原判。

该案的典型意义在于：当公司存在可供分配的利润但却以各种理由不正当地拒绝向股东分配时，股东可以提起公司盈余分配诉讼，要求公司支付利润。依照公司法的规定，公司股东会审议和批准公司的利润分配方案。因此，股东在提起公司盈余分配纠纷时，要对公司存在可供分配的利润且作出了相关利润分配的决议承担举证证明责任。本案中，虽然昊星公司没有针对公司利润分配事宜现实地召开股东会并形成相应的书面决议，但是全体股东已经在相关公司利润分配的文件中签字盖章，可以视为全体股东就公司利润分配事项达成一致，已形成了有效的利润分配决议，公司应当依据载明的分配方案向股东分配利润。

除了上述法律的因素之外，股东会在决议是否分配盈余时，还会考量一些经济、管理等方面的因素。如果对于公司而言，未来没有很好的投资机会的话，即如果企业未来的投资收益率低于股东预期可以得到的投资收益率，还不如把钱交给股东自己去投资。① 反过来，如果公司正处于成长期，未来又有很好的投资机会或者需要开拓产品市场或者基于其他公司发展的因素而考量，则股东会往往会作出不分配盈余的决议。当然，如果企业为保证资金流动性而减少股利的支付……就必须使投资者相信，留存收益再投资将会在未来创造更高的股利。如果投资者相信企业传递出来的信息，则公司的股价将能够保持稳定，否则就会逐渐走低。总之，企业的股利政策与其他信号一道，与投资者形成互动，直接影响公司股价和进一步融资策略的实施。②

公司是否进行盈余分配，分配多少盈余属于公司自治事项，通常情况下司法机关应尊重公司自治，不随意进行干预。贵州省安顺市中级人民法院在**金某、金某成与安顺市鑫联民爆物品经营有限公司等公司盈余分配纠纷案**③中指出：股东的分红权系公司成立时即具备，但并未现实化，对于公司是否盈利、盈利多少、是否需要扩大经营等，均需根据实际情况由股东会进行讨论，并相应通过持股比例表决而形成决议，该决议对公司及股东均具备拘束力……在股东会未作出分配红利的决议前，股东无权请求公司进行盈利分配；股东的分红请求权，仅在公司拒绝履行股东会分配红利的决议时方能获得法院支持，此时仅涉及执行问题，并未干涉公司内部自治事项。

---

① 参见易颜新：《股利分配的理论模型和实证研究》，经济科学出版社 2008 年版，第 4 页。

② 参见宁向东：《公司治理理论》，中国发展出版社 2005 年版，第 215 页。

③ 参见贵州省安顺市中级人民法院(2016)黔 04 民初 162 号民事判决书(一审)，贵州省高级人民法院(2017)黔民终 766 号民事判决书(二审)，最高人民法院(2019)最高法民申 424 号民事裁定书(再审)。

河南省高级人民法院在**金某与金銮洛阳房地产开发有限公司公司盈余分配纠纷案**[①]中指出：公司盈余利润是否分配是公司的商业判断，本质上属于公司的内部自治事项，通常情况下司法机关不宜介入。故公司法及相关司法解释规定：只有在公司已通过分配利润的股东会决议后，公司无正当理由不予执行，或公司未通过分配利润的股东会决议，但大股东滥用股东权利导致公司不分配利润，给其他股东造成损失的情况下，司法机关才可有限度地介入公司盈余分配，以适当调整、保护股东利益。

四、公司（或大股东）不愿意分红的原因

股东作为实业的投资者，一般都具有逐利的动机。股东投资入股本身就是为了追求产业收益、投资回报。但现实中，盈余分配纠纷中相当一部分案件却是由于公司存在盈余但不予分配引发的。本书通过对司法案例的梳理，认为公司不分配盈余的原因可能有以下三个方面：

1. 基于税务上的考虑，不分配盈余有利于节约税负成本。公司组织形式在税收征管上采取双重征税标准，即公司自身需要缴纳企业所得税；[②]在公司分配盈余时，受领盈余分配的股东个人需要缴纳个人所得税。[③] 因此，在公司股东人数较少的情况下，各股东都参与公司的经营管理并从公司获取劳务报酬。[④] 公司支付的劳务报酬在计算公司应纳企业所得税总额时可以进行扣减，从而有利于减少企业税负。所以，合作关系比较稳固的家族型有限责任公司常常连续多年不分配盈余。

2. 控制股东通过担任公司领导职务，可以享受可观的薪酬，这是一种变相的盈余分配。同时，控制股东还可以进一步地利用公司财富进行再投资。如果投资成功，可以获得远高于中小股东的投资回报；一旦投资失败，则损失由所有股东一起分担（控制股东依然可以在公司中领取薪酬）。对于中小股东而言，取得当期支付的股利比未来从留存收益中获得好处更有价值。企业支付现金减少了投资在未来的不确定性。[⑤] 因此，进行盈余分配是其获得投资收益的主要途径，甚至是唯一途径。所以，控制股东与中小股东在盈余分配政策上具有内在的冲突也就不难理解了。

3. 控制股东利用关联公司的有利条件，通过关联交易进行利益输送，即使不分配盈余，也可以获得丰厚的利益。如在**大柴旦西海化工有限责任公司等诉青海昆仑矿业有限责任**

---

① 参见河南省洛阳市中级人民法院（2020）豫03民初47号民事判决书（一审），河南省高级人民法院（2020）豫民终1104号民事判决书（二审）。

② 《企业所得税法》第5条规定，企业每一纳税年度的收入总额，减除不征税收入、免税收入、各项扣除以及允许弥补的以前年度亏损后的余额，为应纳税所得额。第6条规定，企业以货币形式和非货币形式从各种来源取得的收入，为收入总额。包括：（1）销售货物收入；（2）提供劳务收入；（3）转让财产收入；（4）股息、红利等权益性投资收益；（5）利息收入；（6）租金收入；（7）特许权使用费收入；（8）接受捐赠收入；（9）其他收入。

③ 《个人所得税法》第2条规定，下列各项个人所得，应当缴纳个人所得税……第6项为利息、股息、红利所得。

④ 在这种情况下，通过公司分派的劳动报酬具有盈余分配的性质，属于“事实上的盈余分配”。

⑤ 参见宁向东：《公司治理理论》，中国发展出版社2005年版，第215页。

公司股东知情权、盈余分配权纠纷案[①]中，被告青海昆仑矿业有限公司在大股东操控下，以公司盐田出资成立子公司青海昆仑盐湖开发有限公司，并将盐田租赁给其控股股东。被告青海昆仑矿业有限公司的盐田本身就是由其控股股东出资而来的。实际上就是控股股东将盐田出资后又变相地自己使用。为了更好地表明本案相关公司之间的关系，现将本案利益输送关系用图4.1表述。

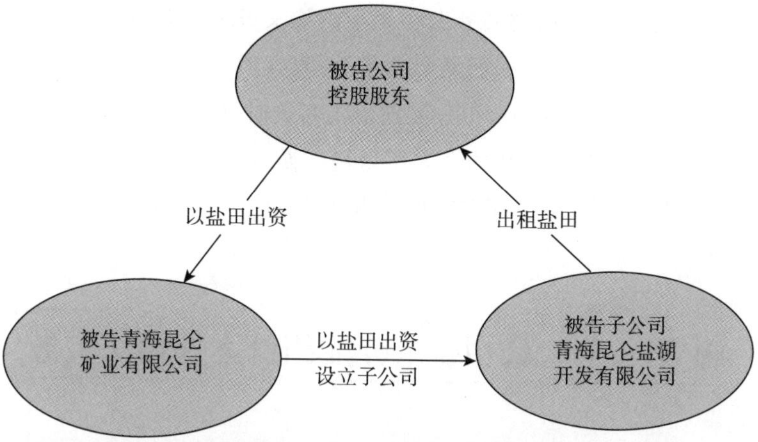

图4.1　本案利益输送关系

控制股东利用关联交易损害公司利益的，股东可以代为提起公司关联交易损害责任诉讼，追究控制股东损害公司利益的赔偿责任。如果控制股东滥用股东权利导致公司不能公平对待全体股东，并损害其他股东盈余分配权利的，股东也可以提起抽象盈余分配的诉讼。对此，《公司法司法解释（四）》第15条规定，股东未提交载明具体分配方案的股东会或者股东大会决议，请求公司分配利润的，人民法院应当驳回其诉讼请求，但违反法律规定滥用股东权利导致公司不分配利润，给其他股东造成损失的除外。有关关联交易损害责任纠纷，我们将在本书第十章展开探讨，关于抽象盈余分配的内容，将在本章第三节进行讨论。

五、盈余分配的兑付时间

股东会作出盈余分配决议后应在多长时间内向股东作兑付，一般认为属于公司自治事项。为了给公司必要的准备时间，《公司法》第212条规定，股东会作出分配利润的决议的，董事会应当在股东会决议作出之日起6个月内进行分配。

通说认为，股东会作出分配盈余的有效决议后，股东盈余分配权利就“从期待权状态跃入到现实的债权状态”。此时，股东与公司之间就盈余分派的给付，享有现实的债权。如公司决议未作明确之约定，按照债法理论，此等债务属于不定期债务，债权人（股东）得随时要

① 参见青海省海西蒙古族藏族自治州中级人民法院（2004）西民二初字第15号民事判决书（一审），青海省高级人民法院（2005）青民二终字第19号民事判决书（二审）。

求债务人(公司)为现实给付。《民法典》第511条第4项规定,履行期限不明确的,债务人可以随时履行,债权人也可以随时请求履行,但是应当给对方必要的准备时间。在《公司法》第212条已经规定6个月必要准备时间的情况下,如果董事会仍未分配的,应当加算迟延履行利息。

事实上,从税务角度分析,《国家税务总局关于利息、股息、红利所得征税问题的通知》(国税函〔1997〕656号)指出:扣缴义务人将属于纳税义务人应得的利息、股息、红利收入,通过扣缴义务人的往来会计科目分配到个人名下,收入所有人有权随时提取,在这种情况下,扣缴义务人将利息、股息、红利所得分配到个人名下时,即应认为所得的支付,应按税收法规规定及时代扣代缴个人应缴纳的个人所得税。换言之,在公司作出分红决议之后,即产生税法上的代扣代缴义务,对公司资产也应当进行相应的会计处理。

第二节 公司盈余分配纠纷案件司法实务

在处理盈余分配权纠纷案件时,应该从实体和程序两个方面审查股东的盈余分配权是否已经属于既得权处于可以请求法院予以司法保护的状态,也即从目标公司是否存在盈余和目标公司股东会是否作出分配盈余的决议两个方面予以审查。

一、公司存在可分配利润且已经作出分配盈余的决议

实践中,很多盈余分配纠纷属于此种情况,即公司存在盈余并且股东会已经作出分配盈余的决议,但由于种种原因,公司的管理层未予实施因而造成股东盈余分配权利难以得到实现。对此,《公司法司法解释(四)》第14条规定,股东提交载明具体分配方案的股东会或者股东大会的有效决议,请求公司分配利润,公司拒绝分配利润且其关于无法执行决议的抗辩理由不成立的,人民法院应当判决公司按照决议载明的具体分配方案向股东分配利润。此种情况与普通的债权诉讼并无不同,如无特殊事由(主要是债权阻却事由,如经过诉讼时效、公司决议违法等),均能得到法院支持。对于迟延支付股东的盈余,公司构成债务不履行,股东可在诉请给付盈余时主张迟延履行的利息。

如在**常州桦禾隆商贸有限公司与常州吉恩药业有限公司公司盈余分配纠纷案**[①]中,法院认为,公司股东有权按照实缴的出资比例分取红利。原告常州桦禾隆商贸有限公司(以下简称桦禾隆公司)作为常州吉恩药业有限公司(以下简称吉恩公司)的股东,按照吉恩公司通知中告知的金额16734125.99元要求吉恩公司支付分红款的请求,事实清楚、证据充

① 参见江苏省常州市新北区人民法院(2021)苏0411民初4251号民事判决书(一审)。

分，法院予以支持。被告吉恩公司所称的双方之间存在的股东知情权纠纷诉讼，系股东在行使自身权利过程中发生的纠纷，不影响公司对已经确认的分红款的分配，不构成公司暂停支付分红款的条件，故该抗辩理由不成立。被告吉恩公司未按时支付应当承担逾期付款的相应利息损失，法院对原告主张的利息损失予以支持。法院遂判决：被告吉恩公司于判决生效之日起 10 日内支付原告桦禾隆公司分红款 16734125.99 元，并支付以该款为基数自 2021 年 2 月 26 日起至实际付清之日止按全国银行间同业拆借中心公布的贷款市场报价利率计算的逾期付款利息。

前已述及，对于公司作出盈余分配的股东会决议在实践中可以从宽认定。江苏省苏州市中级人民法院在**曹某与苏州永业管桩有限公司、孙某明公司盈余分配纠纷案**①中指出：虽然原告曹某未能提交被告苏州永业管桩有限公司（以下简称永业公司）书面的分配方案或股东会决议，但是根据被告永业公司大股东凌云公司提交的情况说明及相应附表来看，被告永业公司实际已对争议的拆迁款进行使用和分配。结合被告永业公司、孙某明对于情况说明内容均不持异议，以及被告永业公司账户中 2.99 亿元款项已经支出完毕的事实，足以证实被告永业公司事实上已对 2.99 亿元拆迁款中相应部分按照公司盈余作出分配。在此情况下，被告永业公司以公司未有股东会决议或未作清算而小股东曹某不得主张分红的抗辩主张，不能成立，不予采信；法院遂根据查明的事实，判令被告永业公司偿付原告曹某盈余分配款 6373442.8 元。

但如果公司在作出盈余分配决议之后，相关决议因存在瑕疵被法院判决撤销或确认无效、不成立的，自然无法按照已经被撤销或被确认无效的决议来主张盈余分配。

二、公司存在可分配盈余但未作出分配盈余的决议

司法实务中，更多的情况是公司并未就分配盈余事项作出股东会决议。对于此种情况，作为公司小股东可以采取以下几种方式来寻求自我保护：

1.“用脚投票”，转让股权。

2. 行使股份回购请求权，要求公司回购自己的股权。依照《公司法》第 89 条、第 161 条的规定，公司连续 5 年不向股东分配利润，而公司该 5 年连续盈利，并且符合本法规定的分配利润条件，对股东会决议投反对票的股东可以请求公司以合理的价格回购自己的股权。对于有限责任公司内部存在的股权压迫情形，2023 年《公司法》修订时特别增加受压迫的其他股东有权要求公司回购股权。《公司法》第 89 条第 3 款规定，公司的控股股东滥用股东权利，严重损害公司或者其他股东利益的，其他股东有权请求公司按照合理的价格收购其股权。

---

① 参见江苏省苏州市中级人民法院（2019）苏 05 民初 291 号民事判决书（一审），江苏省高级人民法院（2020）苏民终 427 号民事裁定书（二审），因曹某未缴纳二审上诉费，二审法院按撤回上诉处理，一审判决自二审裁定书送达之日发生法律效力。

福建省厦门市同安区人民法院在**吴某华与厦门市鑫金淇工贸有限公司请求公司收购股份纠纷案**[①]中指出：在案证据足以证明厦门市鑫金淇工贸有限公司（以下简称鑫金淇公司）自2013年度至2017年度连续5年盈利，且鑫金淇公司亦未举证证明2013年度至2017年度连续5年向股东吴某华分配利润。因此，原告吴某华行使请求公司回购权，并诉请鑫金淇公司收购吴某华持有的5%股权，合法有据，法院予以支持。法院依法采信资产评估报告并确认鑫金淇公司股东全部权益（净资产）评估价值为9770754.66元。吴某华持有被告鑫金淇公司5%的股权，对应的股权收购价为9770754.66元×5% =488537.73元。

同样，四川省成都市龙泉驿区人民法院在**胥某伟与成都圣灯精密锻造有限公司请求公司收购股份纠纷案**[②]中认定：根据税务局向本院提交的资产负债表、现金流量表、利润表等内容显示，成都圣灯精密锻造有限公司（以下简称圣灯公司）2015～2019年每年均有未分配利润结余。虽圣灯公司一再抗辩税务局提交的证据是真实的，却不能反映公司真正财务状况。但在法庭多次释明且责令其提交证据的情况下，圣灯公司至今未向本院提交任何关于圣灯公司财务状况的证据，故根据现有证据能够证明圣灯公司连续5年盈利。法院遂判决圣灯公司向原告胥某伟以1170309元的价格回购其21.277%的股权。

3. 行使股东知情权，查阅公司账簿，股东会、董事会、监事会会议记录，了解公司不分红的原因。如果公司高管、控股股东、实际控制人存在以权谋私、利益输送、损害公司利益等情形，可以依法追究相关人员的法律责任。关于股东知情权，详见本书第五章的相关内容；关于公司高级管理人员的法律责任详见本书第十章的相关内容。

4. 诉请法院强制解散公司（详见本书第十一章的相关内容），在公司解散诉讼得到法院支持后，启动自行清算或强制清算程序，行使剩余财产取回权。

5. 请求或者依法召开临时股东会会议，就分红事项作出决议，然后据以主张权利。

三、临时股东会在公司盈余分配过程中的作用

在以上列明的救济方式中，前四种权利救济方式的行使都需要一定的条件，而且属于不同于股东盈余分配权利的另外法律问题。在特定场合下，自行召集并主持的临时股东会就分红事项作出决议，亦不失为解决股东盈余分配问题的良方；但前提是临时股东会能够作出有效决议。

---

① 参见福建省厦门市同安区人民法院（2020）闽0212民初112号民事判决书（一审）。

② 参见四川省成都市龙泉驿区人民法院（2019）川0112民初4940号民事判决书（一审）。

【案例4.2】 叶某源诉厦门华龙兴业房地产开发有限公司公司盈余分配纠纷案①

原告叶某源与第三人陈某辉于1999年9月30日签订协议设立厦门华龙兴业房地产有限公司(以下简称华龙公司),并制定公司章程。同年10月12日,华龙公司注册成立。公司章程约定:叶某源出资416万元,首期到位157万元,占公司股份的52%;陈某辉出资384万元,首期到位143万元,占公司股份的48%。另查明,2000年3月7日至2006年4月19日,叶某源与陈某辉作为公司股东,就华龙公司开发的明月花园项目分配比例作出补充协议。再查明,华龙公司2003年亏损1246696元,2004年税后利润为873万元。叶某源在多次提议分配公司2004年盈余均遭到陈某辉的拒绝后,于2006年12月5日致函陈某辉:"于2006年12月22日在厦门市鹭江公证处会议室召开股东会临时会议,主要议程为审议2004年度的利润分配方案和弥补亏损方案。"2006年12月22日,在陈某辉未到会的情况下,叶某源召开了华龙公司股东会临时会议,作出《〈关于厦门华龙兴业房地产开发有限公司2004年度的利润分配方案和弥补亏损方案〉的股东会决议》。依据该决议,叶某源可分得盈余330.76万元,陈某辉可分得盈余305.32万元。

后叶某源据此向福建省厦门市湖里区人民法院提起诉讼,要求公司支付盈余,得到法院支持。厦门市中级人民法院认为:叶某源于2006年12月22日召集并主持召开的股东会会议的召开程序及会议内容均于法不悖,所作出的《〈关于厦门华龙兴业房地产开发有限公司2004年度的利润分配方案和弥补亏损方案〉的股东会决议》有效。对于该有效的(临时)股东会决议,华龙公司及其执行董事陈某辉应当执行。叶某源有权依据该股东会决议载明的内容即"股东叶某源可得利润为330.76万元……公司应自决议形成后5日内向各股东支付代扣完所得税之后各股东实得的利润款项"向公司主张盈余分配权利。

四、特殊情况下股东盈余分配纠纷的处理

(一)出资瑕疵股东的盈余分配权

出资瑕疵需要承担相应的法律责任,具体请见本书第二章的相关论述。在股东出资存在瑕疵的情况下,应该如何行使盈余分配权利,值得探讨。

《公司法》第210条第4款规定:公司弥补亏损和提取公积金后所余税后利润,有限责任公司按照股东实缴的出资比例分配利润,全体股东约定不按照出资比例分配利润的除

① 参见福建省厦门市湖里区人民法院(2007)湖民初字第736号民事判决书(一审),福建省厦门市中级人民法院(2007)厦民终字第2330号民事判决书(二审)。

外;股份有限公司按照股东所持有的股份比例分配利润,公司章程另有规定的除外。对于盈余分配的除外规定,有限公司需全体股东另行作出约定,这是基于有限公司人合性的考虑;股份公司可以以公司章程另行规定的方式进行,这主要是考虑股份公司可能发行不同类别的股份,需要在类别股份之间进行差异化安排。

依照《公司法司法解释(三)》第16条的规定,公司可以根据公司章程或者股东会决议对出资瑕疵股东的盈余分配权利进行合理的限制。实际上,在公司存在盈余的情况下,公司与股东之间存在两个相互的请求权。一是公司有权要求股东规范出资,消除出资瑕疵,补缴或者返还出资;二是股东可以请求公司依照出资比例分配盈余。两个请求权可以相互抵消,尤其是当公司盈利并不损害债权人利益的情况下,法院对此基本持支持的态度。

北京市高级人民法院在**名流投资集团有限公司与中国教育服务中心有限公司股东权纠纷案**①中也明确了"全体股东均未出资,公司不得排除个别股东的资产收益权"的原则。法院认为,根据名流投资集团有限公司(以下简称名流公司)出具的证据材料,该公司在设立时各股东没有出资,经过多年的经营发展,已经具有了一定的资产规模,应认定这是名流公司股东共同管理经营的结果。因此,根据同股同权原则,名流公司的全体股东应当享有名流公司的资产权益。名流公司在其全部股东都没有出资的情况下,单独起诉其中一个股东中国教育服务中心有限公司(以下简称教服中心),意图排除教服中心对名流公司的资产受益权,由其他股东取代教服中心股东地位,显然有失公平……

浙江省金华市中级人民法院在**徐某红与浙江义乌佳盈织针有限公司等公司盈余分配纠纷案**②中指出:在股东身份得到确认的情况下,股东参与公司分红并不必然以实缴出资为前提,在全体股东一致同意的基础上,可按股东人数或其他标准分配公司盈余,以其标准进行盈余分配的公司,不得以股东未认缴出资阻碍其享有盈余分配的权利。该案中,法院认定公司以向全体股东按人头发放过节费的方式属于盈余分配,并且该分配方案获得股东大会决议通过。徐某红的入股款被公司强制退还后虽未补缴,但其以公司非法清退其股权为由提起诉讼,其股东身份获得生效裁判支持,因此其享有股东权利,有权受领公司分红。

在注册资本认缴制下,股东出资多少、注册资本分多长时间缴纳以及如何进行分期缴纳均应在遵循《公司法》第47条规定的5年认缴期限前提下,由公司章程作出规定。同时,依照《公司法司法解释(三)》第16条的规定,股东未履行或者未全面履行出资义务或者抽逃出资,公司根据公司章程或者股东会决议对其利润分配请求权、新股优先认购权、剩余财产分配请求权等股东权利作出相应的合理限制,该股东请求认定该限制无效的,人民法院

① 参见北京市高级人民法院(2007)高民终字第607号民事判决书(二审)。

② 参见浙江省义乌市人民法院(2017)浙0782民初10657号民事判决书(一审),浙江省金华市中级人民法院(2018)浙07民终313号民事判决书(二审)。另参见谢慧:《未实缴出资并不必然阻碍股东对公司盈余的分配权》,载《人民法院报》2018年10月18日,第6版。

不予支持。

最高人民法院在**亿中制衣厂有限公司与惠州市乐生实业发展总公司南澳公司等股东出资纠纷案**[①]中指出，根据《公司法司法解释（三）》第16条的规定，限制股东利润分配请求权、新股优先认购权、剩余财产分配请求权等股东权利，应当同时具备以下条件：一是股东未履行或者未全面履行出资义务，或者有抽逃出资的行为；二是应当根据公司章程或者股东会决议作出限制。由于我国外商投资企业法的立法早于公司法立法，《中外合资经营企业法》[②]及其实施条例关于合资企业的治理结构中没有关于股东会的规定，股东会的相应职责实际是由董事会行使。根据亿湖公司章程的规定，出席董事会会议的法定人数不得少于全体董事的2/3，不够2/3时，其通过的决议无效。亿湖公司共有5名董事，而亿湖公司于2012年3月30日召开的关于限制惠州市乐生实业发展总公司南澳公司（以下简称乐生南澳公司）股东权利的董事会仅有3名董事参加，显然不满足合资企业章程规定的条件，故当次董事会决议无效。因此，亿中制衣厂有限公司、亿湖公司根据亿湖公司董事会决议，请求限制乐生南澳公司相应的股东权利，不能得到支持。

本书建议，在注册资本认缴制下，特别是对于股款分多期缴纳的情形，为了预防可能出现的分歧，在公司章程或者股东协议中约定股东权利行使的基准日并据此确定股东权利的多寡尤其重要。比如，可以约定以作出相关决议或者股东会召开之前6个月作为基准日，各股东以该基准日实际交付公司的出资为基础，并按照该出资比例行使相应的股东权利。

（二）公司与股东约定“固定分红”是否有效

由于有限公司规模较小，经营比较灵活，实践中还出现股东之间约定“固定分红”的情况。如北京市海淀区人民法院在**沈某华诉北京正点快餐有限责任公司盈余分配纠纷案**[③]中认为，在公司交由郭某卫负责经营的情况下，其他股东每月领取的股息实际上是其放弃参与公司经营管理等股东权利的对价，这种约定在公司与股东之间应属有效。在**张某兵等58村民诉如东县掘港镇芳泉村村民委员会等土地使用权承包合同案**[④]中，法院认为如东县掘港镇芳泉村村民委员会（以下简称芳泉村村委会）通过如东县东大联合公司（以下简称东大公司）以该村90.44亩土地使用权作价入股江苏正大公司，并按照投资比例分红。在合同履行过程中，由于情况变化，芳泉村村委会与显名股东东大公司协商，每年由东大公司支付固定收益，这就变更了双方之前的合同约定，即由风险收益的方式变更为有条件的保底收

---

① 参见广东省汕头市中级人民法院（2012）汕中法民四初字第10号民事判决书（一审），广东省高级人民法院（2013）粤高法民四终字第89号民事判决书（二审），最高人民法院（2016）最高法民再357号民事判决书（再审）。

② 2020年1月1日《外商投资法》施行后，《中外合资经营企业法》已被废止。

③ 参见北京市海淀区人民法院（2009）海民初字第18675号民事判决书（一审）。

④ 参见江苏省如东县人民法院（2004）东民二初字第325号民事判决书（一审），江苏省南通市中级人民法院（2005）通中民二终字第0007号民事判决书（二审）。

益方式,并不违背法律的规定。

上述两个案例中,沈某华、芳泉村村委会所持有的股份实质上相当于“优先股”,这种优先股的存在及取得是以持有人放弃经营管理公司的权利作为代价的,优先股持有人承担公司法上关于出资及以出资为限对公司债务承担有限责任的义务,同时获得相较于其他普通股东优先分取红利的特权。

【案例4.3】 陆某伟与绿地能源集团有限公司股权转让合同纠纷案①

浙江纳海石油化工有限公司(以下简称浙江纳海公司)于2006年6月注册设立,注册资本为1亿元,股东分别为陆某伟、高某云(系夫妻),各持有公司60.5%、39.5%的股份。舟山纳海油污水处理有限公司(以下简称舟山纳海公司)系浙江纳海公司全资子公司。

2011年9月19日,陆某伟与绿地能源集团有限公司(以下简称绿地公司)就股权转让达成《框架协议》。9月28日,双方根据《框架协议》订立《股权转让合同》及其附件,约定转让标的物为浙江纳海公司的60%股权包括其全资所属舟山纳海公司,含浙江纳海公司(包括舟山纳海公司)全部有形资产和无形资产,其中陆某伟出让20.5%,高某云出让39.5%,转让价格为22860万元。双方同意由绿地公司负责并安排浙江纳海公司(包括舟山纳海公司)的日常经营管理,陆某伟、高某云不参与,陆某伟、高某云承诺在实际收取约定收益的前提下,放弃对浙江纳海公司(包括舟山纳海公司)分红和新增投资部分的净资产增值的权益;绿地公司每年支付给陆某伟、高某云股权转让基准日40%股权总价,计15240万元的10%作为约定收益。

2012年2月8日,陆某伟与绿地公司又签订《股东协议》,确定浙江纳海公司与舟山纳海公司按照绿地公司的管理模式运行,陆某伟不参与日常经营管理……股东约定,不按照出资比例分红;绿地公司每年支付给陆某伟股权转让基准日40%股权总价,计15240万元的10%作为约定收益。

2014年12月,陆某伟向绿地公司发送《关于要求立即支付2012年至2014年三年收益之律师函告》,后因绿地公司未支相关付款项,陆某伟诉至法院。

上海市第一中级人民法院审理后认为:本案当事人之间基于诚信和商业判断所订立的《框架协议》《股权转让合同》《股东协议》均为真实意思表示,不违反法律规定,应具有法律约束力。陆某伟系基于上述合同中有关支付约定收益的特别条款,诉求绿地公司予以履行,具有充分的事实依据。同时,该条款属于公司内部股东之间关于权利义

① 参见上海市第一中级人民法院(2015)沪一中民四(商)初字第90号民事判决书(一审),上海市高级人民法院(2016)沪民终497号民事判决书(二审)。

务的特别约定，不涉及损害国家、集体以及第三人的利益，也不涉及损害目标公司（浙江纳海公司与舟山纳海公司）的合法权益，故予以确认。

上海市高级人民法院二审认为：系争约定收益条款是上述一系列股权转让协议中不可分割的部分，是股东间平等、自愿协商后对于公司管理权、股东分红权及一方股东支付另一方股东固定收益等的特别安排。该约定不违反公司法的强制性规定，亦不损害国家、集体以及第三人和公司的合法权益，应属有效。两级法院均判决支持陆某伟依据约定要求绿地公司支付2012～2015年收益的诉请。

需要指出的是，股东约定“固定分红”与设定业绩对赌协议（详见本书第八章）相似，也需要区分为股东之间进行约定以及股东与公司进行约定。在股东之间进行约定的（如案例4.3），与委托经营相似，不会损害公司股本，也不损害公司债权人的利益，应属有效，可以判决履行。但当股东与公司直接约定“固定分红”，则与公司资本维持原则存在一定程度的紧张与冲突。有可能使这种约定脱离了公司盈利情况，如果公司存在税后可分配利润，则股东的身份相当于“优先股股东”，可以优先按照约定分得红利，此时应该认定相关约定与安排有效；反之，如果公司当年无利润或者按照约定领取的盈余总额超过了公司可分配利润，则变成变相抽逃出资，应该认定为无效。如山东省高级人民法院在**姜某先诉昌邑市华星矿业有限责任公司股东资格确认、盈余分配纠纷案**①中，确认被告昌邑市华星矿业有限责任公司自成立以来一直按照每百元每月2元支付股东股息的做法无效，因该种做法实质属于变相抽逃出资。

如果投资行为脱离了“共同经营、共担风险”的本质特征，实践中有可能被认定为“名为股权投资实为民间借贷”。如在**佛山市顺德区北滘青企壹投资有限公司与广东盈腾融资担保有限公司民间借贷纠纷案**②中，北京市第二中级人民法院一审认为，尽管佛山市顺德区北滘青企壹投资有限公司（以下简称青企壹公司）与广东盈腾融资担保有限公司（以下简称盈腾公司）签订的合同名称为《增资协议书》，但法院注意到：一是该合同明确约定，青企壹公司不参与公司的经营管理，对公司的重大事项无投票权、选举权和被选举权；同时，不承担公司的经营风险；青企壹公司享有每年优先收取出资金额的5%（税前）固定收益的权利，不参与公司的分红；合作期满后，双方同意盈腾公司按青企壹公司初期投入金额原价回购股份；青企壹公司无条件地配合盈腾公司办理股权工商变更手续。从合同的内容来看，青企壹公司能够确保收回投资本金和固定收益，该合同没有体现出合作法律关系“共同经营、共担风险”的本质特征。二是根据查明的事实，盈腾公司亦未实际增资扩股，从合同的履行来

① 参见山东省高级人民法院（2007）鲁民二终字第63号民事判决书（二审）。

② 参见北京市第二中级人民法院（2017）京02民初161号民事判决书（一审），北京市高级人民法院（2019）京民终101号民事判决书（二审）。

看，双方没有实际实施增资扩股行为。三是《增资协议书》到期后，盈腾公司承诺全额退回青企壹公司的投资款3190万元及支付协议约定的固定收益，从合同到期后双方的约定来看，青企壹公司仅收取投资本金和固定收益。上述情形表明双方签订《增资协议书》的真实目的为：盈腾公司使用青企壹公司的资金，以支付固定收益的形式向青企壹公司支付占用资金的损失，双方之间的法律关系符合借贷的特征，据此法院认定双方之间系民间借贷法律关系。本案中未有证据显示该借贷法律关系违反法律、行政法规的强制性规定，故合法有效。北京市高级人民法院二审指出，双方当事人之间法律关系的性质应当根据当事人的投资目的、实际权利义务等因素综合认定。投资人目的在于取得目标公司股权，且享有公司的经营管理权利的，应认定为股权投资。反之，投资人的目的并非取得目标公司股权，而是获取固定收益，且不享有参与公司经营管理权利的，即便登记为股东，也应认定为债权投资。虽然青企壹公司与盈腾公司、银杏盛世公司签订了《增资协议书》及《股权转让协议》，但从上述协议约定及实际履行情况看，青企壹公司的目的并非取得目标公司股权，而是获取固定收益。盈腾公司与青企壹公司签订《增资协议书》的真实目的为借款。因此，一审判决认定双方之间系民间借贷法律关系正确。

（三）股权转让后，股东对于转股前盈余分配权的行使

盈余分配权是股东基于其股东资格和地位而固有的一项权利，与股东身份密切相连。股东一旦丧失了股东身份，也就相应地丧失了盈余分配权。因此，通常情况下股东在转让股权后，无论是对转让前的公司盈利还是转让后的公司盈利，均无权要求分配。

前已述及，公司作出盈余分配决议后，股东与公司之间便形成了债权债务关系，股东得据此向公司主张给付盈余。股东对公司（盈余）债权给付的请求权是可以独立存在的，并不必然依附于股东身份。换言之，在股权转让时，针对公司已经作出之盈余分派是否一并转让，存在含权转让和除权转让的区别。如转让协议中未作明确约定，应理解为除权转让，即只转让股权而保留具有债权属性、已经可以现实行使的盈余分派给付请求权。

如在**戴某林诉四川威远三益商业广场开发有限公司、成都市双流县双远商贸部等债权纠纷案**①中，法院裁判要旨即明确指出，虽然股利分配请求权是现股东基于其股东资格和地位的一种专属性自益权利，但若股东会已通过利润分配方案，股东的股利分配请求权就转变为股利给付请求权。该请求权是原股东个人对公司的债权，不随股东的身份转移而转移。如果公司在股东转让股权前已确定分配方案只是尚未给付，该分配方案确定的公司利润应属原股东而非现股东所有。在**禾兴国际有限公司诉烟台万斯特有限公司公司盈余分**

---

① 参见四川省双流县人民法院（2006）双流民初字第2144号民事判决书（一审），四川省成都市中级人民法院（2008）成民终字第3037号民事判决书（二审），四川省成都市中级人民法院（2010）成民再终字第32号民事判决书（再审）。

配纠纷案[①]中，法院审理后认为，原告禾兴国际有限公司在转让股权时，与股权受让人明确约定《股权转让协议书》签订前烟台万斯特有限公司（以下简称万斯特公司）应付给原告的股利（已经公司决议），仍归原告所有。故原告有权依据该约定向被告万斯特公司主张股权转让前应分得的股利。该案中禾兴国际有限公司股权转让即为典型的除权转让。

同样，河南省洛阳市中级人民法院在**洛阳硅业集团有限公司与洛阳中硅高科技有限公司公司盈余分配纠纷案**[②]中指出：洛阳硅业集团有限公司（以下简称硅业集团）主张的利润分配系在其将股权转让给第三人城投集团之前所应获得的利益，且已经洛阳中硅高科技有限公司（以下简称中硅公司）股东会决议通过的利润分配方案明确确认，该股利分配请求权转变为股利给付请求权，不随股东身份的转移而转移。硅业集团与城投集团的股权转让协议中亦未明确约定将该债权转让给城投集团，结合城投集团明确表示其不作为有独立请求权的第三人参加诉讼的事实，法院认为，硅业集团作为原告主张上述债权，诉讼主体适格，中硅公司有关硅业集团将股权转让给城投集团后，其不再享有上述利润分配请求权，硅业集团诉讼主体不适格的答辩意见法院不予采信。

这一裁判思路也得到最高人民法院的明确支持。《最高人民法院公报》（2023 年第 1 期）刊载的**甘肃乾金达矿业开发集团有限公司与万城商务东升庙有限责任公司盈余分配纠纷案**[③]裁判要旨指出：股东要求公司分配利润的必要条件是提交载明具体分配方案的股东会决议。具体的利润分配方案应当包括待分配利润数额、分配政策、分配范围以及分配时间等具体分配事项。判断利润分配方案是否具体，关键在于综合现有信息能否确定主张分配的权利人根据方案能够得到的具体利润数额。如公司股东会决议确定了待分配利润总额、分配时间，结合公司章程中关于股东按照出资比例分取红利的分配政策之约定，能够确定股东根据方案应当得到的具体利润数额的，该股东会决议载明的利润分配方案应当被认为是具体的。载明具体分配方案的股东会决议一经作出，抽象性的利润分配请求权即转化为具体性的利润分配请求权，从股东的成员权转化为独立于股东权利的普通债权。股东转让股权时，抽象性的利润分配请求权随之转让，而具体的利润分配请求权除合同中有明确约定外并不随股权转让而转让。当分配利润时间届至而公司未分配时，权利人可以直接请求公司按照决议载明的具体分配方案给付利润。

倘若股权转让时，公司并未作出分配盈余的股东会决议，此时所谓的盈余分配权只不过是股权的权能之一，仍属于期待权，并不能脱离于股权（股东身份）而单独存在。如果公司作出盈余分配的股东会决议在股东转让股权之后，则应由新股东（继受股东）受领相关盈余。换言之，对于公司而言，应以作出盈余分配决议之时点在册股东的状态来确定盈

---

① 参见山东省烟台市中级人民法院（2015）烟民涉初字第 14 号民事判决书（一审）。

② 参见河南省洛阳市中级人民法院（2020）豫 03 民初 30 号民事判决书（一审）。

③ 参见内蒙古自治区高级人民法院（2019）内民终 349 号民事判决书（二审），最高人民法院（2021）最高法民再 23 号民事判决书（再审）。

余的具体受领主体。在股权转让时,公司尚未作出有效分配盈余的股东会决议的,股权转让应理解为含权转让。嗣后公司作出分红决议的,相关盈余应由受让股东受领。

如安徽省高级人民法院在**徐某能与安徽省高强新型建材有限公司公司盈余分配纠纷案**①中指出,徐某能将其股权转让给罗某桂后,虽未办理工商变更登记,但法律并无股权转让协议必须经工商登记才生效的规定,因此,该转让行为除不得对抗善意相对人外,并不影响对案涉股权转让各方的法律效力。故一审判决认定徐某能虽然仍登记为安徽省高强新型建材有限公司(以下简称高强公司)的股东,但在公司内部关系上对高强公司已不具有股东权益并无不当。鉴于股东资格伴随着股权转让而丧失,徐某能基于股东身份而享有的公司盈余分配请求权也随之消亡。

需要指出的是,若在股权转让时,公司尚未作出分红决议,股权转让后又作出分红决议的,则相关盈余应由受让股东获取。但实践中也不完全排除转让股东与受让股东就此作出特别约定的情形。

【案例4.4】 哈密市德翔工贸有限责任公司与哈密市和翔工贸有限责任公司、宁波合盛集团有限公司公司盈余分配纠纷案②

在该案中,新疆维吾尔自治区高级人民法院指出:股东身份是股东享有公司盈余分配权的前提。本案中,哈密市德翔工贸有限责任公司(以下简称德翔公司)主张分配的公司盈余产生于2018年3月19日前,德翔公司在该日前系哈密市和翔工贸有限责任公司(以下简称和翔公司)的股东。虽然德翔公司主张公司盈余分配时,已不具备和翔公司股东身份,但德翔公司与宁波合盛集团有限公司(以下简称合盛公司)签订的《股权转让协议书》第5.3.2条及《投资补偿协议书》第4.3.2条均约定,"在股权交割日之前,本协议项下的股份对应产生的权利和义务由甲方(德翔公司)享有和承担;自股权交割日之日起,本协议项下的股份对应产生的权利和义务由乙方(合盛公司)享有和承担",该约定系双方自愿签订,合法有效。股东分红权为股东重要的财产权利,新疆维吾尔自治区高级人民法院(2020)新民终144号民事判决书亦明确,股权交割日前保留的股东权利主要包括分红权等。即使如合盛公司所言,和翔公司作出分红决议时德翔公司已经不具有股东身份,无权主张分配利润,但德翔公司有权依据双方股权转让时关于保留股权交割日前股东权利义务的约定向合盛公司主张支付该部分利润。鉴于合盛公司已经参与本案诉讼且不同意向德翔公司支付利润,一审法院判令和翔公司依据股权转让

---

① 参见安徽省合肥市中级人民法院(2019)皖01民初2507号民事判决书(一审),安徽省高级人民法院(2020)皖民终618号民事判决书(二审),最高人民法院(2021)最高法民申1563号民事裁定书(再审)。

② 参见新疆维吾尔自治区哈密市中级人民法院(2020)新22民初10号民事判决书(一审),新疆维吾尔自治区高级人民法院(2021)新民终90号民事判决书(二审)。

> 相关约定向德翔公司直接支付该部分利润，亦无不当。股权转让是股东权利义务的概括转让，但法律并不禁止股权转让双方对各自权利义务范围进行约定。最终法院判决和翔公司向原股东德翔公司支付利润37237520元。

(四)存在多份公司决议情况下盈余分配权的具体行使

实践中还存在公司作出盈余分配决议后又修改之前的分红决议，甚至推翻此前分红决议的情形，此时能否起到调整盈余分配的作用以及究竟应按照哪一份决议派发盈余，值得探讨。

江苏省苏州市中级人民法院在**章某杰与苏州和平旅游汽车有限公司盈余分配纠纷案**[①]中指出：苏州和平旅游汽车有限公司(以下简称和平旅游公司)2014年12月6日的股东会作出的盈余分配方案认可了章某杰的盈余分配请求。该分配方案作出后，和平旅游公司不应选择性拒绝章某杰或凌某高行使股东权利，该公司嗣后于2016年6月16日形成《股东会决议》撤销此前分红决议不能对抗章某杰的分红诉求。

笔者在多次法律培训中都曾经讲过这样一个案例。A公司注册资本100万元，有甲、乙、丙、丁四名股东，各股东出资金额均为25万元，均持有公司25%的股权。A公司就2020年可分配盈余100万元作出股东会决议，向每位股东派发25万元。前述股东会决议作出后，因A公司需要开展新项目，现金流紧张，于是董事长甲提议暂缓兑付2020年应分配的盈余，乙与丙表示同意，丁未作表示。后甲召集A公司股东会，作出新的股东会决议，内容为2020年的应分配盈余迟延1年兑付，该决议获得甲、乙、丙三名股东以75%的绝对多数通过，丁投票反对。此时丁能否要求A公司立即兑付其2020年度分红款25万元？本书认为是完全可以的。理由在于：当A公司第一次股东会决议作出之时，丁作为股东，其盈余分配权利已经从期待权转为债权。由于第一次股东会并未就兑付时间作出决议，因此各股东与A公司之间就应得的盈余分配金额25万元均形成了不定期的债权债务关系。[②]任何股东(包括丁)均有权随时要求A公司兑付，A公司作为兑付盈余的债务人不得拒绝。第二次股东会决定将盈余迟延1年兑付，实际上是债务人A公司向各股东提出了延期还款的请

---

① 参见江苏省苏州市相城区人民法院(2018)苏0507民初3803号民事判决书(一审)，江苏省苏州市中级人民法院(2019)苏05民终2268号民事判决书(二审)。

② 《公司法司法解释(五)》第4条第1款规定，分配利润的股东会或者股东大会决议作出后，公司应当在决议载明的时间内完成利润分配。决议没有载明时间的，以公司章程规定的为准。决议、章程中均未规定时间或者时间超过1年的，公司应当自决议作出之日起1年内完成利润分配。2023年《公司法》修订后，第212条规定，股东会作出分配利润的决议的，董事会应当在股东会决议作出之日起6个月内进行分配。本书认为，无论是司法解释规定的1年还是2023年《公司法》规定的6个月都不属于公司履行债务的必要准备时间。如此规定，与债法上不定期债务的履行规则相冲突。《民法典》第511条规定："当事人就有关合同内容的约定不明确，依据前条规定仍不能确定的，适用下列规定：……(四)履行期限不明确的，债务人可以随时履行，债权人也可以随时请求履行，但是应当给对方必要的准备时间……"

求,在法律上属于债务变更的“要约”,甲、乙、丙三名股东表示同意,即意味着其三人接受A公司的“要约”,对其“要约”作出了“承诺”,在他们与A公司之间达成了延长债务履行期限的合意。由于丁表示反对,因此丁与A公司之间并无延长债务履行期限的合意,A公司仍应按照第一次股东会决议的内容向丁兑付盈余分配款。由于第二次股东会审议的内容涉及债权人丁的利益,且该审议的内容并未得到丁的同意,因此即便以75%的表决权通过,亦因超越了公司治理的边界而对债权人丁(具有股东身份)不发生效力。

■ 第三节　抽象盈余分配权理论及司法实务

一、股东压迫与合理期待理论

美国司法实践中通过判例逐渐发展并形成了股东压迫以及合理期待理论。在存在股东压迫致使股东合理期待落空之际,法院可以通过强制公司分配盈余的方式对封闭公司的少数股东进行救济,或者为封闭公司的少数股东提供退出通道。

股东压迫理论试图保护封闭公司中少数投资者的权益,使其免受多数控制者不当行为的影响。Douglas认为,法律应当将期待利益理论视为在多数股东与少数股东谈判破裂的情况下,通过特别授权的方式保证少数股东从公司中获得投资回报。封闭公司中存在多数股东排挤少数股东的潜在风险,如多数股东可以通过终结公司与少数股东的劳动关系、拒绝分配公司利润、免除少数股东在公司管理层中担任的职务以及通过向自己支付高额报酬的形式稀释公司利润等多种方式排挤少数股东。多数股东可以压迫、排挤少数股东的主要原因在于:对于封闭公司而言,缺乏有效的股东退出机制和公允的股权交易市场。因此,股东压迫以及合理期待理论应当发挥类似于公开交易市场之于公众公司的作用,从而为少数股东退出封闭公司提供保障。

股东压迫及合理期待理论在适用时需要法院“向后看”,回溯少数股东投资公司的目的,分析少数股东投资公司之时的出发点和动机。如果少数股东在投资当时对于某项权利有合理的期待,如受雇于公司、担任公司管理职务、获取公司产业利润等;而在嗣后的公司实践中,多数股东无视少数股东的此种“合理期待”,擅自破坏少数股东的合理期待,使少数股东对于原先存在的合理期待变得彻底失望,法院就可以借助股东压迫和合理期待理论对少数股东进行救济。考虑到股东投资公司可以视为一项长期存续的合同,司法也在不断地检视公司运营中股东“合理期待”的变化,只要这种合理期待在嗣后的公司实践中以明示或者默示的方式重新达成,司法机关也会给予救济,而不是僵化地将少数股东的合理期待限定于投资当时。

“不论控股股东的行为本身是欺诈还是善意,只要其行为使少数股东的合理期待落空,便构成股东压迫。这种合理期待的受挫并不要求少数股东必须遭受实际的股利损失。只要少数股东的合理期待遭到'歧视',便成立股东压迫。"①

法院在处理股东压迫及少数股东合理期待落空时通常有三种路径:其一,解散公司并强制清算,从而使封闭公司少数股东通过行使剩余财产索取权退出公司。② 其二,赋予少数股东评估权,责令公司或者多数股东以公允价格回购少数股东的股权,为少数股东提供退出通道。对此,2023 年《公司法》修订后,特于第 89 条第 3 款予以规定。其三,当多数股东实施股东压迫,对自己进行事实上的盈余分配,而少数股东对于盈余分配的合理期待落空之时,强制公司分配盈余,以维护少数股东的合理期待。司法实践中,美国法院对于解散公司强制清算的适用已经逐渐减少,根据少数股东的合理期待,赋予少数股东评估权以及强制公司进行盈余分配,越来越成为解决股东压迫问题的主要途径。

二、抽象盈余分配纠纷在我国的司法实践

抽象意义上的盈余分配纠纷,通常是因为中小股东表决权重不足,无法在股东会上通过行使表决权进而作出盈余分配决议。这种纠纷本质上是股东之间的利益冲突,尤其是在控制股东进行利益输送或者决议提取任意公积金情况下易引发中小股东对于不分配盈余的不满。

司法实践中,有一些公司并没有作出分配盈余的股东会决议,但公司小股东以大股东控制公司、进行利益输送损害自己权益为由,诉请法院要求分配盈余。对于此类案件,大多数法院以缺少股东会决议这一程序要件驳回原告的诉讼请求。但也有一些法院采取了积极的应对,如前面已经述及的**大柴旦西海化工有限责任公司等诉青海昆仑矿业有限责任公司股东知情权、盈余分配权纠纷案**③,该案一审法院青海省海西蒙古族藏族自治州中级人民法院即通过委托青海省五联司法会计鉴定事务所进行司法鉴定的方式,判令公司向各股东单位分配盈余。

在**胡某与河南思维自动化有限公司盈余分配纠纷案**④中,河南省高级人民法院认为,河南思维自动化有限公司(以下简称思维公司)是 1998 年 4 月 29 日由胡某等四位自然人共同出资设立的有限责任公司,注册资本为人民币 300 万元,四名股东均出资 75 万元,胡某作为思维公司股东之一,拥有公司 25% 的股权。思维公司自成立以来,盈利丰厚,截至 2004 年,思维公司已有未分配利润 1 亿元以上,但公司成立至今没有向股东分红。思维公司有巨额

---

① Meiselman v. Meiselman, 309 N. C. 279, 307 S. E. 2d 551(1983). 转引自陆雯婷:《浅析美国封闭型公司强制分红标准》,中国政法大学 2013 年学士学位论文。

② 我国司法实践中已经有一些地方法院对股东压迫情况下的公司解散问题进行了一些探索,具体见本书第十一章的相关论述。

③ 参见青海省海西蒙古族藏族自治州中级人民法院(2004)西民二初字第 15 号民事判决书(一审),青海省高级人民法院(2005)青民二终字第 19 号民事判决书(二审)。

④ 参见河南省高级人民法院(2005)豫法民二初字第 15 号民事判决书(一审),最高人民法院(2006)民二终字第 110 号民事判决书(二审)。

利润而长期拒不向股东分配,违反了公司法的规定,特别是在股东之间发生纠纷时,长期不分配利润损害了占股比例小的股东的利益,故胡某可以通过诉讼要求公司分配利润。遗憾的是,在二审中,最高人民法院以“在公司董事会、股东会未就公司利润分配方案决议前,公司股东直接向人民法院起诉请求判令公司向股东分配利润缺乏法律依据”为由,改判驳回胡某的诉讼请求。

《公司法司法解释(四)》第15条规定,股东未提交载明具体分配方案的股东会或者股东大会决议,请求公司分配利润的,人民法院应当驳回其诉讼请求,但违反法律规定滥用股东权利导致公司不分配利润,给其他股东造成损失的除外。

【案例4.5】 甘肃居立门业有限责任公司与庆阳市太一热力有限公司、李某军公司盈余分配纠纷案①

庆阳市太一热力有限公司(以下简称太一热力公司)系由李某军、张某龙发起设立的有限责任公司,后因股权变更,公司股东变更为太一工贸公司(持股60%)和甘肃居立门业有限责任公司(以下简称居立门业公司)(持股40%),公司法定代表人及实际控制人仍为李某军。太一热力公司主营业务为热能供给与管道安装维修。2009年9月29日,庆阳市政府市长办公会决定对太一热力公司进行收购并形成会议纪要,收购内容包括太一热力公司资产和土地、换热站、供热锅炉、设备等。法院另查明,太一工贸公司曾提起公司解散诉讼、股东出资纠纷等,后撤诉。居立门业公司就太一热力公司7000余万元现金及政府未收购的32.7亩土地主张按照40%的比例向其分配盈余。一审法院委托甘肃茂源会计师事务有限公司对太一热力公司的盈余状况进行了审计。《审计报告》载明:未分配利润75973413.08元;清算收益112067641.39元,清算支出36094228.31元,清算净收益75973413.08元。《审计报告》“重大事项说明”有以下几项内容:(1)截至2013年8月31日“工程施工”账面数额为35488291.09元,审计调整后为34446241.21元。由于记入工程施工成本的附件大部分为白条、收据等,无法认定其真实性,所以工程施工34446241.21元暂时未转清算损益。(2)根据居立门业公司提供的资料,太一热力公司在经营期间为相关小区铺设、接通供热管道,并安装了换热站,应收取接口费1038.21万元,账面无反映。(3)公司资产明细账列支的其中一台锅炉金额为1674974.96元,为无股东签字的白条入账,已做审计调整。经了解该锅炉为李某军2005年购入,确实在收购中移交政府,根据甘肃正宇资产评估事务有限公司2009年

---

① 参见甘肃省高级人民法院(2013)甘民二初字第8号民事判决书(一审),最高人民法院(2016)最高法民终528号民事判决书(二审)。案例刊载于《最高人民法院公报》2018年第8期(总第262期)。

9月5日出具的评估报告,该锅炉评估净值为743580元,不应作为公司收益参与股东分配。(4)公司账面反映实收资本为14980000元,审计调整后为12805025.04元,大部分为现金记入或关联单位转账,并非投资款,并与公司章程、两次验资报告相互矛盾,该次审计对实收资本的真实性无法确认。该《审计报告》另外说明:该次审核暂按审计调整后利润总额29546551.95元计提企业所得税7386637.99元。因清算结果未确定,尚未对清算期间的清算所得计提所得税,故以当地税务机关对清算所得期间所得的税款清算数为准。

甘肃省高级人民法院审理后认为:太一热力公司存在盈余但长期不向股东分配,损害了股东的利益,应当按照股东的出资比例向股东分红。太一热力公司长期占用居立门业公司应分配利润,应当按中国人民银行同期贷款利率支付资金占用期间的利息。李某军系太一热力公司执行董事、法定代表人,在庆阳市人民政府整体收购太一热力公司全部资产后,违反《公司法》及太一热力公司章程规定,未经公司股东会决策同意,将资产转让所得款项中5600万余元转入其担任法定代表人的兴盛建安公司,由该公司长期占用,形成太一热力公司账面巨额应收款项,严重损害公司股东利益,给公司造成损失,应当对太一热力公司支付居立门业公司的盈余分配款承担赔偿责任。居立门业公司要求李某军承担赔偿责任的诉讼请求成立,法院应予支持。《审计报告》中太一热力公司清算净收益75973413.08元,未核减“工程施工款34446241.21元”,未计入“接口费”1038.21万元,审计调整不应作为公司收益参与分配一台锅炉评估净值为743580元。在审计报告的基础上一审法院认定居立门业应分得利润为:可分配利润为51165691.87元(75973413.08元-34446241.21元+10382100元-743580元)×40%=20466276.4元。

最高人民法院审理后认为,通常情况下,盈余分配属于公司自治事项,由公司股东会决定。即便排除各方存在争议的内容,太一热力公司也有巨额利润可供分配。但是,当部分股东变相分配利润、隐瞒或转移公司利润时,则会损害其他股东的实体利益,已非公司自治所能解决,此时若司法不加以适度干预则不能制止权利滥用,亦有违司法正义。《公司法司法解释(四)》第15条规定,“股东未提交载明具体分配方案的股东会或者股东大会决议,请求公司分配利润的,人民法院应当驳回其诉讼请求,但违反法律规定滥用股东权利导致公司不分配利润,给其他股东造成损失的除外”。该案符合前述司法解释但书规定的情形。对于太一热力公司能否收取诉争的1038.21万元入网“接口费”,双方当事人各执一词,因该款项涉及案外人的实体权益,应当依法另寻救济路径解决,而不应在本案公司盈余分配纠纷中作出认定和处理,故该款项不应在本案中纳入太一热力公司的可分配利润,一审判决未予扣减不当,本院予以纠正。司法干预下的强制盈余分配在判决未生效之前,公司不负有法定给付义务,故不应计付利息,一审判决支付利息不当。李某军既是太一热力公司法定代表人，又是兴盛建安公司法定代表人，其利用关联关系将太一热力公司5600万余元资产转让款转入关联公司，若李某军不能将相关资金及利息及时返还太一热力公司，则李某军应当按照《公司法》第21条、第149条[①]的规定对该损失向公司承担赔偿责任。居立门业公司应得的盈余分配先是用太一热力公司的盈余资金进行给付，在给付不能时，因李某军转移太一热力公司财产的行为损及该公司股东居立门业公司利益，居立门业公司可要求李某军在太一热力公司给付不能的范围内承担赔偿责任。法院遂对一审判决作出改判。

本案是《公司法司法解释（四）》发布后，最高人民法院首次就强制分红作出的判决。从本案的裁判理由中，我们可以看到法院在很多方面引申并发展了相关裁判规则。

其一，关于强制分红的标准。《公司法司法解释（四）》第15条"但书"规定，存在"违反法律规定滥用股东权利导致公司不分配利润，给其他股东造成损失"情形的，法院可以强制判决公司分红。如何理解这一"但书"规定的情形，最高人民法院在答记者问时指出："根据当前司法审判实践的一些概括和归纳，应当包括以下几个方面：第一，给在公司任职的股东或者其指派的人发放与公司规模营业业绩同行业薪酬水平明显不符的过高薪酬，变相给该股东分配利润的，只给这些股东薪酬，别人的不分，实际上是变相分配利润。第二，购买与经营不相关的服务或者财产，供该股东消费或者使用，变相给该股东分配利润的。这是变相给这些股东开小灶，分配利润，其他股东没份。第三，为了不分配利润隐瞒或者转移公司利润的，本来挣了钱了，我把钱挪到其他地方去，导致不分配利润。第四，滥用股东权利不分配利润的其他情况。可能我们还不能穷尽，但是前三种是比较多的。如果出现上面的情况，人民法院经审理认为受损害的股东诉讼请求符合法律规定的可以判决公司召开股东会或者股东大会就利润分配作出决议。"本案中，李某军作为太一热力公司的实际控制人，将公司巨额利润转移至其控制的另外一家公司使用，显属权利滥用。但实际上并不属于司法解释"但书"规定的"滥用股东权利"的情形，充其量只能说是滥用了对公司的控制权。因为太一热力公司的控股股东是太一工贸公司而非李某军。但李某军操纵相关公司，实施利益输送，直接损害太一热力公司从而间接损害居立门业公司的利益是确定无疑的。由此可见，司法解释"但书"规定的内容也存在不周延之处。司法实践中，可以在具体案件中予以矫正。

其二，法院确认盈余的具体标准。从现有的司法判决来看，公司具体有多少盈余属于财务和审计方面的专业问题，如不进行司法审计，通常很难查清。因此，实践中，法院往往通过审计鉴定的方法予以确定。当然，确定具体分红金额时，要依照《公司法》第210条的规

① 2023年《公司法》修订后，条文序号调整为第22条、第188条。

定,先行弥补公司此前年度的亏损、应当缴纳的税款并提留法定公积金。但对于可分配的利润是否一概强制分配,本书认为也不尽然。如果坚持不分红的股东能够举证证明应当提留一部分利润留存公司进行再生产或再投资,法院也可以予以考量,而非采取"一刀切"的做法,强行分配全部利润。如在本案中,关于"接口费"的金额,因涉及外部债权人的利益,在本案中便不宜予以处理。另外,法院在强制分配盈余时,有时也需要将税务问题一并予以考虑。如对于公司的盈余需要按照《企业所得税法》缴纳企业所得税(通常情况下税率为25%,特定行业或者高新技术企业可以享受一定的税收优惠)。另外如果是个人股东的话,股东因盈余分配需要缴纳的个人所得税(税率为20%)也需要由公司代扣代缴。由于税务问题是公法问题,很多法院在处理盈余分配问题时将该部分内容予以扣减,但同时责令公司履行代扣代缴义务,向股东提供完税凭证,或者直接在判决书中对该部分内容予以释明。如湖南省高级人民法院在**李某生与永州市宏一房地产开发有限公司、周某公司盈余分配纠纷案**①中指出:公司在经营中存在可分配的税后利润时,是否分配相关利润,应当由股东会作出公司盈余分配的具体方案,该种分配方案原则上属于公司自治事项。但是,当部分股东变相分配利润、隐瞒或转移公司利润时,则会损害其他股东的实体利益,已非公司自治所能解决,此时若不加以适度干预则不能制止权利滥用,亦有违司法正义。同时,湖南省高级人民法院还进一步指出,因永州市宏一房地产开发有限公司还存在后续经营,案涉施工项目还有部分没有完毕等情况,按一审判决将项目净利润扣除法定公积金后全部进行分配,会影响公司的后续经营,也可能影响公司债权人的利益和公司利益,故该利润不宜全部分割完毕。根据本案实际情况,法院认为,宜将利润的70%予以分割,遂变更强制分配盈余的金额。

其三,关于分红是否应加算利息的问题。股东盈余分配权属于一种期待权。只有满足公司存在税后可分配利润、公司机关作出分红决议两个要件后,才能进行分配。此时股东的盈余分配权利才从"期待权"状态跃入"现实的可以主张的债权"状态。当公司拒绝向股东支付应当给付的盈余,构成债务迟延履行时,才应当向股东支付迟延履行利息。通常情况下,公司作出分红决议但未予兑付的,股东可以主张自应当兑付盈余的截止日起的利息。但司法强制干预下的分红则不然,法院未判决支持股东的盈余分配诉请前,股东能否主张实然的盈余分配给付债权处于未决状态,自然无法主张要求支付利息。唯有法院生效判决支持股东的请求,强令公司分红时,才有可能产生债务不履行的问题,此时才有加算利息的问题。根据《民事诉讼法》第264条的规定,被执行人未按判决、裁定和其他法律文书指定的期间履行给付金钱义务的,应当加倍支付迟延履行期间的债务利息。被执行人未按判决、裁定和其他法律文书指定的期间履行其他义务的,应当支付迟延履行金。给付盈余判决生效前,不存在债务不履行问题;判决生效后债务不履行的利息已由《民事诉讼法》第264

---

① 参见湖南省永州市中级人民法院(2020)湘11民初117号民事判决书(一审),湖南省高级人民法院(2021)湘民终945号民事判决书(二审)。

条予以规范;因此,在抽象盈余分配案件中,股东无主张盈余利息的前提和必要。

其四,实际控制人等责任人对于公司盈余分配给付义务承担的是补充赔偿责任。实际控制人滥用权利、滥用关联关系损害公司利益的,应当对公司承担赔偿责任。《公司法》第21条规定,公司股东应当遵守法律、行政法规和公司章程,依法行使股东权利,不得滥用股东权利损害公司或者其他股东的利益。公司股东滥用股东权利给公司或者其他股东造成损失的,应当依法承担赔偿责任。毕竟,盈余分配法律关系存在于股东与公司之间,公司是支付盈余分配款项的第一义务主体,由于其他股东(含实际控制人)滥用股东权利及对公司的控制权利,造成了公司未能向原告股东分配盈余的侵权后果,故其应当承当相应的补充赔偿责任。

第五章　股东知情权纠纷

■ 第一节　股东知情权概述

《公司法》第4条第2款规定，公司股东对公司依法享有资产收益、参与重大决策和选择管理者等权利。股东知情权是股东的一项身份权利，与股东身份紧密相关；同时也是股东行使资产收益、参与公司重大决策以及选择经营管理者等权利的前提和基础。我国法律对于股东知情权主要规定于《公司法》第57条、第110条、第129条、第193条以及第209条之中。

对于有限公司股东的知情权，《公司法》第57条规定，股东有权查阅、复制公司章程、股东名册、股东会会议记录、董事会会议决议、监事会会议决议和财务会计报告。股东可以要求查阅公司会计账簿、会计凭证。股东要求查阅公司会计账簿、会计凭证的，应当向公司提出书面请求，说明目的。公司有合理根据认为股东查阅会计账簿、会计凭证有不正当目的，可能损害公司合法利益的，可以拒绝提供查阅，并应当自股东提出书面请求之日起15日内书面答复股东并说明理由。公司拒绝提供查阅的，股东可以向人民法院提起诉讼。股东查阅前款规定的材料，可以委托会计师事务所、律师事务所等中介机构进行。股东及其委托的会计师事务所、律师事务所等中介机构查阅、复制有关材料，应当遵守有关保护国家秘密、商业秘密、个人隐私、个人信息等法律、行政法规的规定。股东要求查阅、复制公司全资子公司相关材料的，适用前四款的规定。

对于股份有限公司股东的知情权，《公司法》第110条规定，股东有权查阅、复制公司章程、股东名册、股东会会议记录、董事会会议决议、监事会会议决议、财务会计报告，对公司的经营提出建议或者质询。连续180日以上单独或者合计持有公司3%以上股份的股东要求查阅公司的会计账簿、会计凭证的，适用本法第57条第2款、第3款、第4款的规定。公司章程对持股比例有较低规定的，从其规定。股东要求查阅、复制公司全资子公司相关材料的，适用前两款的规定。上市公司股东查阅、复制相关材料的，应当遵守《证券法》等法律、行政法规的规定。

为方便股东了解公司的财务会计报告，第209条规定，有限责任公司应当按照公司章程规定的期限将财务会计报告送交各股东。股份有限公司的财务会计报告应当在召开股东会年会的20日前置备于本公司,供股东查阅;公开发行股份的股份有限公司应当公告其财务会计报告。针对股份有限公司,《公司法》第129条规定,公司应当定期向股东披露董事、监事、高级管理人员从公司获得报酬的情况。

针对公司为董事投保责任保险的情况,《公司法》也要求董事会向股东进行披露。第193条第2款规定,公司为董事投保责任保险或者续保后,董事会应当向股东会报告责任保险的投保金额、承保范围及保险费率等内容。

通过研读法律条文,可以发现,2023年《公司法》修订后,股东知情权存在以下几个重大变化:

第一,两类公司股东,对于公司章程、股东名册、股东会会议记录、董事会会议决议、监事会会议决议和财务会计报告均享有绝对的知情权,既可以查阅,也可以复制,且均没有前置条件的限制。

第二,对于会计账簿和会计凭证的查阅在两类公司中存在差异。在有限公司中,股东履行“向公司提出书面请求、说明目的”这一前置程序后,公司如不能反证股东具有不正当目的,就必须准许查阅。对于股份公司而言,则设定了最低持股期限与持股比例的要求,必须是连续180日以上单独或者合计持有公司3%以上股份的股东才可以在履行前置程序后要求查阅。当然,如果股份有限公司的章程对持股比例有较低规定的,从其规定。这一规定暗含着鼓励股东查阅的立法倾向。即便单个股东持股比例较低,但也可以与其他股东联合以达到法律规定的要求。

第三,规定了股东知情权的穿透行使。《公司法》第57条第5款规定,股东要求查阅、复制公司全资子公司相关材料的,适用前四款的规定。第110条第3款亦作类似的规定。因此,2023年《公司法》修订后,股东知情权可以穿透至全资子公司行使,两类公司的股东均可以查阅、复制公司全资子公司的公司章程、股东名册、股东会会议记录、董事会会议决议、监事会会议决议和财务会计报告。有限责任公司股东以及股份有限公司持股期限、持股比例符合条件的股东,在履行前置程序后,亦可查阅公司全资子公司的会计账簿、会计凭证。

第四,根据《公司法》第57条第3款、第4款以及第110条第2款的规定,股东知情权可以委托会计师事务所、律师事务所等中介机构辅助行使。股东及其委托的会计师事务所、律师事务所等中介机构查阅、复制有关材料,应当遵守有关保护国家秘密、商业秘密、个人隐私、个人信息等法律、行政法规的规定。

对于董事、监事、高级管理人员的报酬以及公司投保董事责任保险的相关情况,《公司法》也规定应当向股东披露。

还需要指出的是,我国《公司法》关于股东知情权的规定,是从股东权利角度进行规范的,同时也在一定限度内规定了公司的资讯公开义务。2023年《公司法》第40条规定,公司应当按照规定通过国家企业信用信息公示系统公示下列事项:(1)有限责任公司股东认缴和实缴的出资额、出资方式和出资日期,股份有限公司发起人认购的股份数;(2)有限责任公司股东、股份有限公司发起人的股权、股份变更信息;(3)行政许可取得、变更、注销等信息;(4)法律、行政法规规定的其他信息。公司应当确保前款公示信息真实、准确、完整。此外,《市场主体登记管理条例》第 35 条还规定,市场主体应当按照国家有关规定公示年度报告和登记相关信息。此外,根据《市场主体登记管理条例》的规定,公司歇业登记、歇业后恢复营业、简易注销、清算组信息、债权申报公告等信息应当通过国家企业信用信息公示系统向社会公示。

【案例5.1】　钱某红与苏州市苏能燃气有限公司股东知情权纠纷案①

原告钱某红的股东身份经已经生效的江苏省苏州市中级人民法院(2021)苏05民终2153号民事判决书确认。2021年3月25日,原告钱某红向被告苏州市苏能燃气有限公司(以下简称苏能公司)邮寄"查阅公司会计账簿、会计凭证等文件资料请求书"一份,其中要求查阅、复制的具体内容与本案诉讼请求一致。苏能公司在收到钱某红申请后并未安排查阅,庭审中辩称:公司法仅规定股东有权查阅公司的财务会计报告和会计账簿,不包含记账凭证和原始凭证,原告随意扩大和主张股权知情权范围,没有法律依据;原告行使对会计账簿的股东知情权时仅有权查阅,无权摘抄、摘录。

法院审理后认为:股东知情权是股东享有的对公司经营管理等重要情况或信息真实了解和掌握的权利,是股东依法行使资产收益、参与重大决策和选择管理者等权利的基础性权利。本案中,原告作为被告公司的股东,根据《公司法》(2018年修正)第33条②的规定,依法享有查阅、复制公司章程、股东会会议记录、董事会会议决议、监事会会议决议和财务会计报告的权利,同时还有权要求查阅公司的会计账簿。故原告要求被告公司提供自2016年1月1日起至2021年6月18日的历次股东会决议及会议记录,董事会(或执行董事)决议或决定,历年财务会计报告以供原告查阅、复制的诉讼请求,符合法律规定,法院予以支持。关于会计账簿的具体内容。虽然《公司法》规定股东有权查阅的对象为"会计账簿",但根据我国会计法及会计准则的相关规定,会计账簿包括总账、明细账、日记账和其他辅助性账簿,而会计凭证则是会计账簿的原始依据和重要组成部分。公司的具体经营活动只有通过查阅原始凭证才能知晓,不查阅原始凭证,股东可能无法准确了解公司真正的经营状况。因此,股东行使查阅权的范围理应当包括会计账簿(含总账、明细账、日记账和其他辅助性账簿,下同)和会计凭证(含记账凭证、相关原始凭证及作为原始凭证附件入账备查的有关资料,下同)。本案中,原告要求被告

① 参见江苏省苏州市姑苏区人民法院(2020)苏0508民初3616号民事判决书(一审),本案是笔者承办的案件。

② 2023年《公司法》修订后,条文序号调整为第57条。

提供自2016年1月1日起至2021年6月18日公司会计账簿和会计凭证以供查阅的诉讼请求,符合法律规定,法院亦予以支持。至于原告查阅时是否有权对相关会计账簿和会计凭证进行摘抄、摘录,实际属于查阅过程中的具体操作方式问题。法院认为,因会计资料本身包括大量数据信息,在股东查阅相关会计资料过程中,必然存在前后相关资料和数据之间的对比、核算,作为普通人无法过目不忘,故原告在查阅过程中进行必要的摘抄、摘录是合理的,但在实际履行过程中应避免查阅时进行全面大量的摘抄、摘录而造成变相复制的情形。关于原告行使股东知情权时相关资料的查阅、复制地点,理应由被告负责提供。鉴于被告在庭审中已明确了可供原告查阅、复制相关材料的时间和地点,原告对此亦不持异议,法院予以确认。关于原告查阅的时长周期。在不影响被告公司正常生产经营的前提下,应当保障原告有充足的时间去查阅相关文件资料,结合查阅资料的时间跨度及双方的诉辩意见,法院酌定原告查阅、复制文件资料的时间在10个工作日以内。另虑及会计账簿等财务资料的专业性和被告公司财务信息保密性的要求,原告可在本人查阅会计账簿及会计凭证时携带并委托一至两名具有律师、会计师执业资质的专业人员予以必要辅助。但需要特别说明的是,原告或为原告查阅、复制公司相关文件材料提供必要辅助的会计师、律师等专业人员应履行保密义务,若因此泄露被告公司商业秘密导致被告合法利益受到损害的,应依法承担赔偿责任。法院遂判决:(1)被告苏能公司于本判决发生法律效力之日起15日内向原告钱某红提供该公司自2016年1月1日起至2021年6月18日的历次股东会决议及会议记录、董事会(或执行董事)决议或决定,历次监事会(或监事)决议或决定,历年财务会计报告以供原告查阅、复制。在原告钱某红查阅、复制前述公司文件资料时,可携带并委托一至两名具有律师或会计师执业资质的专业人员予以必要辅助。(2)被告苏能公司于本判决发生法律效力之日起15日内向原告钱某红提供该公司自2016年1月1日起至2021年6月18日的完整会计账簿和会计凭证以供原告钱某红查阅。在原告钱某红查阅前述公司文件资料时,可进行必要的摘抄、摘录,亦可携带并委托一至两名具有律师或会计师执业资质的专业人员予以必要辅助。原告钱某红应于10个工作日内在被告苏能公司提供的地点和时间完成查阅、复制。

■ 第二节　股东知情权诉公司法实务

一、知情权案件中的出资瑕疵及股东资格问题

前已述及，知情权是股权的固有权能，是股东的一项身份权利。司法实践中，被告公司对于原告股东提出的知情权诉讼，通常会以股东资格或者股东出资瑕疵作为抗辩事由。

司法实践中对于知情权案件中原告的股东资格一般仅作形式审查，至于原告是否具有股东资格因涉及股东资格确认，系属于另一法律关系，应当另案解决，在知情权纠纷案件中原则上不作实质审查。如北京市第一中级人民法院在**李某河与北京西化达商贸有限公司股东知情权纠纷案**①中指出，在股东知情权纠纷中，法院对当事人股东资格的审查应以形式审查为一般标准，只有在对方提出的相反证据足以导致当事人股东身份动摇的情况下，法院才应进一步实体审查当事人股东身份之真伪。在尚无充分证据否定股东资格的情况下，应当确认工商登记、股东名册的证明效力。同时，股东知情权纠纷与股东资格确认纠纷、股东出资纠纷等均非同一法律关系，就股东资格是否存在，或股东对公司是否存在出资瑕疵的问题，均可通过其他纠纷解决方式予以救济，该类争议并不必然影响法院依据现有证据对股东知情权纠纷进行审理。

被告公司以原告出资瑕疵为抗辩理由的，法院通常予以驳回。理由在于，出资瑕疵或者抽逃出资所产生的法律后果是原告股东向公司补足出资以及公司以股东会决议限制瑕疵股东的部分股权权能，但不能从根本上否认其股东资格，而知情权系属于股东的身份权利，其与股东资格紧密相连。因此，既然单纯的出资瑕疵并不足以从根本上否认原告股东资格，也当然不能作为被告公司的抗辩事由。

但如被告公司能够举出明确的证据，证明原告已经不是被告公司的股东，即原告已经不具有被告公司股东的资格，法院应驳回原告的起诉。对此，《公司法司法解释(四)》第 7 条第 2 款明确规定，公司有证据证明前款规定的原告在起诉时不具有公司股东资格的，人民法院应当驳回起诉，但原告有初步证据证明在持股期间其合法权益受到损害，请求依法查阅或者复制其持股期间的公司特定文件材料的除外。司法解释“但书”部分有限度地支持了老股东的知情权，即“但原告有初步证据证明在持股期间其合法权益受到损害，请求依法查阅或者复制其持股期间的公司特定文件材料的除外。”

吉林省长春市中级人民法院在**君利信合投资管理有限公司与吉林省传奇房地产开发**

① 参见北京市海淀区人民法院(2017)京 0108 民初 455 号民事判决书(一审)，北京市第一中级人民法院(2017)京 01 民终 9358 号民事判决书(二审)。

有限公司股东知情权纠纷案[①]中指出，根据已生效的最高人民法院(2019)最高法民终 798 号民事判决书及编号 JK20120912《借款合同》等证据材料，可以认定君利信合投资管理有限公司(以下简称君利信合公司)于 2011 年 9 月 14 日、9 月 15 日分别向吉林省传奇房地产开发有限公司(以下简称传奇房地产公司)转款人民币 720 万元及 14280 万元，合计 15000 万元均为借款，并非君利信合公司主张的出资款。现工商登记信息体现的君利信合公司持有传奇房地产公司 24% 股权，系君利信合公司基于股权让与担保法律关系取得。君利信合公司仅可主张对变价后的该 24% 股权享有优先受偿权，而不享有股东权益。根据《公司法司法解释(四)》第 7 条第 2 款"公司有证据证明前款规定的原告在起诉时不具有公司股东资格的，人民法院应当驳回起诉"的规定，一审法院裁定驳回君利信合公司的起诉，并无不当。

【案例 5.2】 林某鱼与沈阳亦安庄臣房地产开发有限公司股东知情权纠纷案[②]

被告沈阳亦安庄臣房地产开发有限公司(以下简称亦安庄臣房地产公司)成立于 2010 年 5 月 25 日，注册资本为 3000 万元。公司注册股东为原告林某鱼、浙江荣业实业有限公司。2017 年 10 月 23 日，原告林某鱼向被告发出《申请查阅或复制函》，函件主要内容为：其作为股东，对公司的经营状况一无所知……恳请公司准备好会计账簿、原始凭证、契约、通信、合同等全部有关公司经营情况的资料，供其查阅或复制。具体为：(1)查阅、复制公司自成立以来的历次章程、股东会会议记录、董事会会议决议、监事会会议决议和财务会计报告；(2)查阅公司的会计账簿。请公司于接到本函之日起 15 日内对查阅理由进行审查，将结果进行书面通知。针对原告林某鱼的申请，被告亦安庄臣房地产公司于 2017 年 10 月 30 日作出书面复函。复函主要内容为：亦安庄臣房地产公司收到《申请查阅或复制函》。亦安庄臣房地产公司同意原告对公司自成立以来的历次章程、股东会会议记录、董事会会议决议、监事会会议决议和财务会计报告的查阅及复制；拒绝原告对会计账簿、原始凭证、契约、通信、合同等全部有关公司经营情况的资料及公司自成立以来的会计账簿的查阅、复制，理由是契约、通信、合同等全部有关公司经营情况的资料不属于公司法股东查阅范围。该公司主张对于查阅公司自成立以来会计账簿，原告在申请中并未载明目的，且在 2017 年 9 月 2 日原告已组成查阅小组对上述账簿查阅完毕。

① 参见吉林省长春市南关区人民法院(2021)吉 0102 民初 3627 号民事裁定书(一审)，吉林省长春市中级人民法院(2021)吉 01 民终 7427 号民事裁定书(二审)。

② 参见辽宁省新民市人民法院(2017)辽 0181 民初 5540 号民事判决书(一审)，辽宁省沈阳市中级人民法院(2018)辽 01 民终 11651 号民事判决书(二审)，辽宁省高级人民法院(2019)辽民再 212 号民事判决书(再审)。

一审庭审中，被告亦安庄臣房地产公司提供一份时间为2015年9月14日由原告林某鱼与浙江荣业实业有限公司签订《沈阳亦安庄臣房地产开发有限公司股权转让协议书》一份，载明：甲方（转让方）林某鱼，乙方（受让方）浙江荣业实业有限公司。经甲、乙双方研究达成一致，甲方同意将所持有亦安庄臣房地产公司210万元股权转让给乙方，甲方全部转让并退出公司股东会；乙方同意购买210万元股权，成为亦安庄臣房地产公司的股东，并按照出资比例在公司享有相应的权利和义务。甲、乙及被告在该转让协议书上签字或盖章。同日，亦安庄臣房地产公司作出股东会决议，同意林某鱼将持有的该公司210万元的股份转让给浙江荣业实业有限公司，同意林某鱼退出公司股东会，并免去林某鱼公司监事职务，并通过了修改后的公司章程。股东会决议由林某鱼及浙江荣业实业有限公司、亦安庄臣房地产公司签名或盖章。2015年9月14日，被告公司章程记载，公司股东为浙江荣业实业有限公司，公司监事为黄某干。该公司章程也由林某鱼及浙江荣业实业有限公司、亦安庄臣房地产公司签名或盖章。2015年9月14日，被告亦安庄臣房地产公司股东名册记载股东为浙江荣业实业有限公司，持股比例100%。

另查明，被告亦安庄臣房地产公司至今未办理股东变更登记。对于2015年9月14日签订的《沈阳亦安庄臣房地产开发有限公司股权转让协议书》，浙江荣业实业有限公司一直没有支付林某鱼股权转让金，该协议没有实际履行完毕。2018年4月12日，浙江荣业实业有限公司与林某鱼股权转让发生纠纷，浙江荣业实业有限公司诉至浙江省苍南县人民法院，请求确认2015年9月14日浙江荣业实业有限公司与林某鱼签订的《沈阳亦安庄臣房地产开发有限公司股权转让协议书》有效。浙江省苍南县人民法院经审理确认其有效。

辽宁省新民市人民法院一审认为：原告林某鱼系被告亦安庄臣房地产公司工商登记在册的股东，现虽被告主张原告已经转让股权，丧失股东资格，无权行使股东权利，但订立股权转让协议书，并不必然同时导致股东资格丧失。原告丧失股东资格是以被告公司另一股东浙江荣业实业有限公司支付股权对价为前提，且被告的股东工商登记并未发生变化，根据原告与浙江荣业实业有限公司因履行股权转让协议而发生纠纷，法院可知股权转让协议并未实际履行，原告仍为被告的股东。关于股东分红情况，原告主张股权转让协议书签订后，原告仍得到被告公司支付的分红，可以证明原告实际上仍具备股东身份，被告予以否认，认为其属于债务纠纷，但从浙江省苍南县人民法院与浙江省温州市中级人民法院民事判决书认定的事实及林某鱼从2015年至2017年8月领取现金的数额及用途看，无法确定都属于债务关系。原告与被告相比，在了解掌握公司的经营信息、财务状况，财产分配情况时处于弱势地位。因此，一审法院无法确定被告公司是否存在给付原告分红情况，而被告收到原告《申请查阅或复制函》后的书面回复表明对原告的申请部分同意,也无法确定原告已丧失股东资格。法院遂判决:(1)被告亦安庄臣房地产公司于判决生效之日起10日内将自公司成立时起的股东会会议记录、董事会会议决议、监事会会议决议、财务会计报告供原告林某鱼查阅和复制;(2)被告亦安庄臣房地产公司于判决生效之日起10日内将自公司成立时起的公司会计账簿供原告林某鱼及其委托的注册会计师查阅,查阅时间为15个工作日。

辽宁省沈阳市中级人民法院二审认为:知情权是股东的固有权利,但股东在公司行使知情权受阻时,有权获得司法救济,可以依法向人民法院提起诉讼。只有具有股东身份才可以享有知情权,丧失股东身份即不应再享有知情权。一般情况下,股东身份丧失,其知情权随之丧失,也不应再具有相应诉权。根据《公司法》第32条规定内容,股东与公司之间证明股东身份的文件应当是股东名册或公司登记机关的登记。对于其他股东身份的证明文件,如股权转让合同等,如与股东名册或公司登记不一致,说明股东身份有争议,原告应先解决股东身份问题,在股东身份没有争议的情况下才可以行使股东的司法救济权利。本案中,林某鱼与案外人浙江荣业实业有限公司于2015年9月14日签订了股权转让协议书,已经浙江省苍南县人民法院(2018)浙0327民初3451号民事判决及浙江省温州市中级人民法院(2018)浙03民终3558号判决确认有效。亦安庄臣房地产公司2015年9月14日出具的股东名册中,载明:股东名称为浙江荣业实业有限公公司,持股比例100%。据此,林某鱼的亦安庄臣房地产公司股东身份存有争议,林某鱼应先解决股东身份问题,在股东身份没有争议的情况下才可以行使股东的司法救济权利。另外,本案二审审理中,2018年11月30日,亦安庄臣房地产公司的公司登记机关登记的投资人已由浙江荣业实业有限公司、林某鱼变更为浙江荣业实业有限公司。市场主体类型由有限责任公司(自然人投资或控股)变更为有限责任公司(自然人投资或控股的法人独资)。据此,证明股东身份的公司登记机关的登记及股东名册的股东均指向浙江荣业实业有限公司,林某鱼非公司股东,不享有股东知情权。对被上诉人林某鱼的诉讼请求,法院不予支持。法院遂改判撤销一审判决,驳回林某鱼的诉讼请求。林某鱼不服二审判决,向辽宁省高级人民法院申请再审。

辽宁省高级人民法院再审认为:再审申请人林某鱼系被申请人亦安庄臣房地产公司工商登记在册的股东。现虽亦安庄臣房地产公司主张再审申请人林某鱼已经转让股权,丧失股东资格,无权行使股东权利,但订立股权转让协议并不必然同时导致股东资格丧失。再审申请人林某鱼丧失股东资格应以该公司另一股东浙江荣业实业有限公司支付股权转让对价款为前提,因双方对股权转让对价款的数额始终存在争议,浙江荣业实业有限公司至今未向再审申请人林某鱼支付股权转让对价款。被申请人亦安庄臣房地产公司的股东工商登记在一审起诉时并未发生变化,而且,根据林某鱼与浙江荣业实业有限公司因履行股权转让协议发生纠纷诉至法院,可知股权转让协议虽然有效但并未实际全面

> 履行，被申请人亦安庄臣房地产公司虽然在二审审理期间即2018年11月30日在登记机关办理了股东变更登记，但在股权转让协议未得到全面履行的情况下，再审申请人林某鱼不应因此丧失所享有的股东权利。况且，被申请人亦安庄臣房地产公司在收到再审申请人林某鱼的《申请查阅或复制函》后作出书面回复对林某鱼申请内容部分同意，也说明虽然已经存在《股权转让协议书》，但被申请人亦安庄臣房地产公司并未否定林某鱼的股东资格。故再审申请人林某鱼有权依法行使股东知情权，对诉讼请求中提到的其股东资格存续期间的亦安庄臣房地产公司相关账册等予以查阅。法院遂改判撤销二审判决，维持一审判决。

公司以股东出资瑕疵为由作出股东会决议解除原告股东资格，是否可以以此对抗股东知情权；对此，山东省滨州市中级人民法院在**王某鹏与山东绿都安特动物药业有限公司股东知情权纠纷案**[①]中给予了否定回答，该院指出，自2018年6月起，王某鹏因股东决议纠纷起诉山东绿都安特动物药业有限公司（以下简称绿都安特公司），2018年6月29日，绿都安特公司召开股东会，以王某鹏未实际出资且经公司追讨后仍不出资为由，决议解除王某鹏股东身份。该决议作出后，并未进行工商登记变更，因而王某鹏仍系绿都安特公司的登记股东；但同时，从上述事实可知王某鹏与绿都安特公司之间就2018年6月29日之后王某鹏是否具有股东身份存在争议，因而一审确认王某鹏可以查阅财务资料的时间区间（2005年3月7日绿都安特公司设立之日起至2018年6月29日）并无不当。该案中，一审法院指出，绿都安特公司召开临时股东会作出解除王某鹏股东资格的决议，王某鹏有异议，且根据工商登记信息，王某鹏至今仍是绿都安特公司的登记股东。此外，根据法律规定，即使王某鹏丧失股东资格，在特定情形下，王某鹏仍可对其持股期间的公司相关材料行使知情权，故原告主体适格。

二、股东知情权案件中的前置程序问题

有限公司股东对会计账簿、会计凭证行使知情权的，需要向公司提出书面请求，说明目的，这是法律关于股东知情权前置程序的规定。当然，对于股份有限公司的股东，如果主张对会计账簿、会计凭证的知情权，还需要满足《公司法》第110条关于持股期间（180日以上）以及最低持股比例（3%以上，公司章程可以作出较低要求）的要求。司法实践中，如果股东没有遵循这样的前置程序，其关于会计账簿、会计凭证的知情权便难以得到法院的支持。

---

① 参见山东省滨州经济技术开发区人民法院（2020）鲁1691民初1619号民事判决书（一审），山东省滨州市中级人民法院（2021）鲁16民终3380号民事判决书（二审）。

河北省高级人民法院在**黄某龙与张家口市万龙运动旅游有限公司股东知情权纠纷案**①中撤销一审判决，改判支持黄某龙的知情权。法院指出，法律规定前置程序的目的应是规范股东查阅对公司较为重要的会计账簿的行为，并为公司档案留存相应书面材料，因此对该前置程序的理解不应过于僵化，在该案中黄某龙委托律师向张家口市万龙运动旅游有限公司发送律师函（该函表明了查阅的请求、范围并说明了查阅目的）的行为也应视为履行了上述前置程序规定。

重庆市第一中级人民法院在**汪某国与重庆会山置业发展有限公司股东知情权纠纷案**②中认定汪某国委托律师发送《律师函》的行为构成书面申请。法院指出，股东的申请行为并非法律规定只能由本人亲自实施的民事行为，可以通过代理人实施。《律师函》的内容明确载明了重庆歌乐律师事务所向重庆会山置业发展有限公司发出《律师函》是受汪某国委托，此委托可以用书面形式，也可以用口头形式。因此，不能以汪某国没有提交其出具给重庆歌乐律师事务所的书面委托函件就认定《律师函》没有取得汪某国的授权。因此，《律师函》可以看作汪某国提出的书面查阅请求。

关于查阅目的，司法实践中的认定也比较宽松。如提起诉讼、举报违法等都可以作为股东行使对会计账簿、会计凭证知情权的正当目的。

股东向公司发出的书面申请，可以参照如下范本。

查阅公司会计账簿、会计凭证等文件资料
请求书

苏州某某游乐有限公司：

本人某某（公民身份号码为：________________），系苏州某某游乐有限公司（以下简称某某公司）的发起人股东之一（或表述为：自××××年×月×日通过股权转让/赠与/增资扩股/继承成为公司股东），持有公司×%的股权。

鉴于某某公司自20××年×月×日成立以来，经营状况良好，游客稳定，应当有丰厚的利润。公司执行董事兼总经理××未向本人披露真实、准确、完整的财务数据信息，导致本人作为公司股东的知情权受到严重损害。

① 参见河北省廊坊市中级人民法院（2018）冀10民初430号民事判决书（一审），河北省高级人民法院（2019）冀民终883号民事判决书（二审）。

② 参见重庆市沙坪坝区人民法院（2012）沙法民初字第00609号民事判决书（一审），重庆市第一中级人民法院（2012）渝一中法民终字第05206号民事判决书（二审）。

本人作为公司股东，为了知悉公司运营实际状况、了解本人所持股权的实际价值、更好地行使《公司法》以及《苏州某某游乐有限公司章程》所确认的股东权利（以及拟通过提起诉讼的方式制止、制裁公司实际控制人挪用公司资产、非法转移公司利润损害公司及本人股东权利的行为——亦可略去），维护公司及本人作为股东的权利，特向公司提出查阅会计账簿、会计凭证及其他特定文件资料的请求，具体内容如下：

1. 公司自20××年×月×日成立以来历次公司章程及其修正案，历次股东会会议记录、股东名册、股东会决议，历次董事会/执行董事决定，历次监事（会）决定，历年财务会计报告，以上资料供本人查阅并复制；

2. 公司自20××年×月×日成立以来完整的会计账簿（包括总账、明细账、日记账和其他辅助性账簿），公司自20××年×月×日成立以来完整的会计凭证（包括记账凭证、相关原始凭证及应作为原始凭证附件入账备查的其他资料），上述资料供本人查阅（含必要的摘抄、摘录）。

请某某公司在接到本请求书后十五（15）日内予以书面答复。同意查阅的，请在五（5）个工作日内安排查阅，届时本人作为某某公司的股东，将依法委托具有执业资格的律师、会计师等辅助人员共同查阅、复制，摘抄、摘录以上文件资料。本人及依法委托的辅助行使知情权的专业人士将依照法律规定，严格保守公司的商业秘密。

请公司妥为安排。

申请人：×××

202×年×月×日

三、公司的抗辩事由

（一）不正当目的抗辩

股东查阅、复制公司章程、股东名册、股东会会议记录、董事会会议决议、监事会会议决议、公司财务会计报告，对于公司来说没有任何抗辩事由，其必须向股东公开并供其查阅、复制。对于有限责任公司股东以及股份有限公司的适格股东，依照《公司法》第57条第2款、第110条第2款的规定，必须先以书面形式向公司提出请求，并说明查阅的目的。但同时法律也规定，如果公司“有合理根据”认为股东该项查阅请求具有不正当目的，可以拒绝提供查阅。从举证责任的分配上看，股东请求查阅公司会计账簿，仅需说明目的即可，无须再进一步证明其查阅目的具有正当性。换言之，从知情权系股东的固有权利出发，股东对会计账簿、原始凭证行使知情权的正当性是根据法律推定的。之所以要履行前置程序，更多地是从公司经营管理的角度出发，给公司经营者必要的准备时间。相反，对于公司而言，其必须证明股东的查阅目的具有不正当性，才能构成对于股东查阅会计账簿权利的妨碍，也才可以拒绝股东的查阅请求。反证股东查阅会计账簿具有“不正当目的”的证明责任在于公司而非股东。

公司拒绝股东查阅会计账簿、会计凭证的，应负担证明股东具有“不正当目的”的举证证明责任。但随之而来的问题是，究竟何种情况能够构成法律所规定的“不正当目的”，《公司法》并未作出明确规定。对此《公司法司法解释（四）》第 8 条规定，有限责任公司有证据证明股东存在下列情形之一的，人民法院应当认定股东有《公司法》第 33 条第 2 款[①]规定的“不正当目的”：(1)股东自营或者为他人经营与公司主营业务有实质性竞争关系业务的，但公司章程另有规定或者全体股东另有约定的除外；(2)股东为了向他人通报有关信息查阅公司会计账簿，可能损害公司合法利益的；(3)股东在向公司提出查阅请求之日前的 3 年内，曾通过查阅公司会计账簿，向他人通报有关信息损害公司合法利益的；(4)股东有不正当目的的其他情形。当然，股份有限公司如能证明股东存在上述情况的，亦可以此对抗适格股东查阅会计账簿、会计凭证的请求。

四川省成都市中级人民法院在**四川沣通实业有限公司与四川融易典当有限公司股东知情权纠纷案**[②]中指出，关于四川沣通实业有限公司（以下简称沣通公司）要求查阅公司会计账簿是否具有不正当目的，可能损害公司合法利益，四川融易典当有限公司（以下简称融易典当公司）主张沣通公司向四川省地税局恶意举报，使其利益受损，不应支持沣通公司查阅公司资料。法院认为，向国家行政机关举报违法行为是公民的基本权利，举报权的行使与股东行使知情权并无关联性，不能以举报行为否认股东依法行使知情权。

事实上，股东知情权是股东的固有权利、基础性权利。行使股东知情权或多或少带有其他目的，如审查公司控制股东是否存在关联交易、是否挪用公司资金以便进行反制。甚至可以这样说，行使股东知情权在相当大的程度上就是小股东搜集证据的方式。通常股东在行使股东知情权收集相关材料后会进一步提起损害公司利益责任纠纷、公司关联交易损害责任纠纷诉讼，甚至进行税务违法举报、刑事控告等。

在一些案件中，股东行使知情权还往往要求公司在提交的文件资料上盖章确认。如在**信阳兴合房地产开发有限公司与王某平等股东知情权纠纷案**[③]中，河南省信阳市中级人民法院指出，法律并没有禁止股东要求公司在复制件上盖章签字确认的权利，况且在复制件上盖章签字确认是对原告查阅复制的文件资料、材料与原件文件资料核对后的程序性确

---

① 2023 年《公司法》修订后，条文序号调整为第 57 条第 2 款。

② 参见四川省成都市中级人民法院（2017）川 01 民终 13781 号民事判决书（二审），四川省高级人民法院（2018）川民再 664 号民事判决书（再审）。

③ 参见河南省漯河市中级人民法院（2020）豫 11 民初 136 号民事判决书（一审），河南省高级人民法院（2021）豫民终 927 号民事判决书（二审）。

认,是对原告股东知情权利的保障,故原告诉请"被告在复制件上盖章签字确认"合理有据,应予支持。河南省高级人民法院指出,保护股东知情权,就在于让股东从公司获得真实有效且与公司文件资料相一致的信息,盖章签字确认是保证复制件与原件一致的程序性确认和通行做法,并不加重信阳兴合房地产开发有限公司(以下简称兴合公司)负担,一审法院判令兴合公司在复制件上盖章签字确认,并无不妥。

需要指出的是,在此前的司法实践中,股东自己甚至家人经营与公司相同甚至相类似的业务,在行使知情权时,公司以此提出抗辩认为股东"具有不正当目的",往往也能得到法院的支持。《公司法司法解释(四)》将竞业限制的情形进一步进行限缩,必须自营或者为他人经营与"公司主营业务""有实质性竞争关系"的业务,才构成股东对会计账簿、会计凭证知情权的有效阻却事由。"从公司法的原理上说,除非在公司成立之初或者运营过程中通过公司章程、全体股东约定等方式有特别约定的,股东对公司并无竞业禁止的义务。实际上,股东从事与公司有竞争关系的经营是较为常见的,如果过度限制乃至剥夺此类股东的知情权,将会对这类股东的权利造成损害,并无合法性基础。"[①]由此,在实践中我们发现,法院认定股东与公司存在"竞业"关系并以此驳回其对会计账簿、会计凭证行使知情权的裁判口径在进一步收紧。

北京市高级人民法院在**泛金管理有限公司与盈之美(北京)食品饮料有限公司股东知情权纠纷案**[②]中指出,司法解释规定的"股东自营或者为他人经营与公司主营业务有实质性竞争关系业务"中的实质性竞争关系,是指股东和公司之间存在利益冲突。首先,盈之美(北京)食品饮料有限公司(以下简称盈之美公司)的股东泛金管理有限公司(以下简称泛金公司)与养加加公司(原告泛金公司法定代表人孙某琴的配偶纪某系养加加公司股东。——笔者注)系不同主体,且泛金公司亦非养加加公司的股东;其次,泛金公司作为独立的民事主体依法享有独立的意思,纪某与泛金公司亦不存在直接关联关系;最后,根据在案证据,尽管养加加公司与盈之美公司在经营范围上存在一定程度的重合,但盈之美公司未举证证明二公司存在重合的经营范围系各自利润的主要来源即主营业务。最终法院支持泛金公司行使对会计账簿的知情权。

---

① 杜万华主编,最高人民法院民事审判第二庭编著:《最高人民法院公司法司法解释(四)理解与适用》,人民法院出版社 2017 年版,第 186 页。

② 参见北京市第四中级人民法院(2019)京 04 民初 507 号民事判决书(一审),北京市高级人民法院(2020)京民终 717 号民事判决书(二审)。

【案例5.3】 阿特拉斯设备有限公司与河北阿特拉斯设备制造有限公司股东知情权纠纷案[①]

2005年7月16日，阿特拉斯设备有限公司（以下简称阿特拉斯公司）与河北阿特拉斯设备制造有限公司（以下简称河北阿特拉斯公司）的中方股东签订《合同、章程的修改协议》，阿特拉斯公司通过股权转让成为河北阿特拉斯公司的股东，持股比例为50%。阿特拉斯公司委派鲁克夫（Florian Louiskuffel）和周某民担任河北阿特拉斯公司的董事，后将周某民更换为Matthew Kuffel。2010年至本案起诉，河北阿特拉斯公司曾发出过召开董事会会议的通知，但因阿特拉斯公司与河北阿特拉斯公司中方股东的矛盾，双方未再召开过董事会。

《中外合资经营企业河北阿特拉斯设备制造有限公司合同》第33条约定：合营公司的财务账册应每年一次由一个在中国注册的会计师事务所进行审计，费用由合营公司承担。合同各方有权各自承担费用自行指定审计师审计合营公司的账目。《中外合资经营企业河北阿特拉斯设备制造有限公司章程》第34条约定：合营各方有权自费聘请审计师查阅合营公司账簿。查阅时，合营公司应提供方便。

阿特拉斯公司经营和销售的产品与河北阿特拉斯公司产品相同，并且阿特拉斯公司的代表人鲁克夫的侄子Matthew Kuffel于2006年6月22日成立Atlas Equipment CO. II. LLC（以下简称Atlas II. LLC）。根据河北阿特拉斯公司提供的信息，经该公司申请，一审法院到天津海关调取证据，天津海关出具证明：查明阿特拉斯公司曾多次从河北阿特拉斯公司的竞争对手石家庄欧宇贸易有限公司、石家庄思拉瑞泵业有限公司、石家庄宏昌泵业有限公司处直接购买与河北阿特拉斯公司生产销售的产品相同的货物。

阿特拉斯公司起诉请求为：(1)判令河北阿特拉斯公司允许阿特拉斯公司查阅、复制其公司章程、董事会会议记录、决议及财务会计报告；(2)判令河北阿特拉斯公司允许阿特拉斯公司查阅包括原始会计凭证在内的所有会计账簿；(3)判令河北阿特拉斯公司允许阿特拉斯公司指定审计师对其账目进行审计。河北阿特拉斯公司辩称：阿特拉斯公司通过其控股的Atlas LLC从事与河北阿特拉斯公司相同的销售业务，构成同业竞争关系，要求查阅会计账簿存在不正当目的；协议和章程的履行应当以符合法律要求为前提，在其查阅账簿目的不正当，损害河北阿特拉斯公司利益的情况下，河北阿特拉斯公司可以拒绝提供公司账目供阿特拉斯公司指定的审计师进行审计。阿特拉斯公司的第1项诉请为绝对知情权部分，不作讨论，仅就第2项、第3项诉请的法院意见摘录如下：

---

① 参见河北省石家庄市中级人民法院(2015)石民五初字第00346号民事判决书（一审），河北省高级人民法院(2018)冀民终4号民事判决书（二审），最高人民法院(2020)最高法民再170号民事判决书（再审）。

河北省石家庄市中级人民法院一审认为:阿特拉斯公司的股东鲁克夫在担任河北阿特拉斯公司董事期间,又注册成立了与河北阿特拉斯公司经营范围一致的 Atlas LLC,同时其侄子 Matthew Kuffel 作为股东注册成立了 Atlas II. LLC,并以阿特拉斯公司的名义进行交易。这些公司与河北阿特拉斯公司存在竞争关系,并通过从河北阿特拉斯公司的竞争对手处购买与其经营的产品相同的产品,与河北阿特拉斯公司主营业务构成实质性竞争关系,损害了河北阿特拉斯公司的利益,应当认为阿特拉斯公司有不正当目的。不应支持阿特拉斯公司的该项诉讼请求。河北阿特拉斯公司的公司章程中虽然规定合资任何一方可以自费聘请会计师事务所对合资公司账目进行审计,但是该规定是以不违反公司法为前提的。由于阿特拉斯公司查阅会计账簿的目的不正当,因此,河北特拉斯公司的诉讼请求,一审法院不予支持。

河北省高级人民法院二审认为:对于阿特拉斯公司的代表人鲁克夫在美国设立 Atlas LLC,鲁克夫的侄子 Matthew Kuffel 作为股东成立 Atlas II. LLC,以及 Atlas LLC 之前在北美销售河北阿特拉斯公司的产品,后销售国内其他厂家同类产品等事实,各方均无异议。因此,鉴于阿特拉斯公司、Atlas LLC 及 Atlas II. LLC 三家公司的上述关联关系,无论 Atlas LLC(含 Atlas II. LLC)在国内销售厂家的变更是阿特拉斯公司还是河北阿特拉斯公司的原因,其结果均是 Atlas LLC 不再销售河北阿特拉斯公司的产品而转而销售与该公司具有竞争关系的生产厂家的同类产品。虽然阿特拉斯公司上诉称 Atlas LLC 从事销售行为与河北阿特拉斯公司的生产行为属于上下游关系,不属于相同经营范围,但是正是这种生产与销售的关系,可能影响河北阿特拉斯公司产品在北美的销售情况,进而影响该公司利益。因此,即使阿特拉斯公司对一审查明“阿特拉斯公司经营和销售的产品与河北阿特拉斯公司相同”以及“天津海关出具证明查明阿特拉斯公司曾多次从河北阿特拉斯公司的竞争对手石家庄欧宇贸易有限公司等处直接购买与河北阿特拉斯公司生产销售的产品相同的货物”等事实不予认可,均不影响阿特拉斯公司查阅会计账簿具有不正当目的判定。虽然河北阿特拉斯公司的公司章程中规定合营各方有权自费聘请审计师查阅合营公司账簿,但是如果该行为存在不正当目的,可能损害公司利益的,河北阿特拉斯公司同样可以拒绝,以维护公司合法利益。因此,阿特拉斯公司要求其单方指定审计师对河北阿特拉斯公司的账目进行审计的诉讼请求也不应得到支持。另外,目前双方当事人均认可合资公司、中方股东及外方股东之间在经营管理方面存在矛盾和互不信任的情况,对此,各方均应依据合营公司合同及章程设置的公司机制处理公司经营管理过程中存在的矛盾与问题。从公允、均衡的角度考虑,允许阿特拉斯公司查阅河北阿特拉斯公司的会计账簿及允许其单方审计并不能达到解决各方矛盾和消除不信任的目的。法院遂维持一审判决。

最高人民法院再审认为:(1)对于第 1 项资料,股东享有绝对知情权。这些材料是在合资公司内部需要公开的资料，应当允许合资双方不受限制地查阅或者复制。(2)河北阿特拉斯公司以股东自营或者为他人经营与公司主营业务有实质性竞争关系业务为由主张阿特拉斯公司具有不正当目的，对此负有证明义务。在认定主营业务时应当主要考虑该项业务对公司稳定利润的贡献，兼顾在营业收入中的比重，河北阿特拉斯公司作为渣浆泵生产企业，渣浆泵的生产应当为其主营业务。实质性竞争关系则是指股东和公司之间存在利益冲突，其情形需要根据案件事实综合认定。河北阿特拉斯公司的经营范围为研究、设计、生产渣浆泵、脱硫泵、疏浚泵、其他工业水泵及泵系统，生产耐磨机械部件、销售自产产品并提供咨询、维修等配套服务。阿特拉斯公司的经营范围为泵件销售，在生产环节二者不存在竞争关系。在销售环节，合作初期，Atlas LLC 采购河北阿特拉斯公司的产品在北美地区销售，二者存在分工合作的关系。合资公司股东双方产生争议后，根据一审法院从海关调取的证据，Atlas LLC 从其他公司购买过同类产品，但阿特拉斯公司与 Atlas LLC 均为鲁克夫出资设立的公司，两公司之间不存在控股关系，以此认定阿特拉斯公司的查阅要求具有不正当目的，理据不足。河北阿特拉斯公司主张阿特拉斯公司系通过其控股的 Atlas LLC 从事与河北阿特拉斯公司相同的销售业务，亦缺乏事实依据。河北阿特拉斯公司没有证据证明阿特拉斯公司与 Atlas LLC 存在主体混同的情形，其以公司关联关系为由限制合资一方查阅会计账簿的权利，没有法律依据。综上，河北阿特拉斯公司并未提供有效证据证明阿特拉斯公司查阅合资公司会计账簿具有不正当目的。二审判决认定阿特拉斯公司查阅合资公司会计账簿具有不正当目的，认定事实错误，法院予以纠正。阿特拉斯公司请求查阅公司会计账簿的主张成立，法院予以支持。(3)合资双方通过章程、合资合同约定的公司内部治理事项，属于当事人意思自治的事项，缔约双方应当诚实守信，予以遵守。河北阿特拉斯公司亦确认，审计师在审计合资公司的账目时，必然涉及原始凭证和记账凭证。在合资双方约定合资一方有权自行指定审计师审计合资公司账目的情况下，股东知情权的范围不宜加以限缩，否则，将与设置股东知情权制度的目的背道而驰。在河北阿特拉斯公司未能举证证明阿特拉斯公司查阅会计账簿具有不正当目的的情况下，阿特拉斯公司请求查阅原始凭证在内的会计账簿并指定审计师对合资公司账目进行审计，具有合同依据和法律依据。法院遂撤销原一、二审判决，改判支持阿特拉斯公司第 2 项、第 3 项诉讼请求。

司法解释明确列明的第 2 种、第 3 种情形，即股东为了向他人通报有关信息查阅公司会计账簿，可能损害公司合法利益的，以及股东在向公司提出查阅请求之日前的 3 年内，曾通过查阅公司会计账簿，向他人通报有关信息损害公司合法利益的，在实践中公司举证起来较为困难，鲜有以此成功抗辩的案例。

（二）范围抗辩

股东知情权是有范围的，对于超越《公司法》第57条第2款规定的内容，除非公司章程另有约定，法院原则上不应予以支持。

如虽然《公司法》规定股东可以查阅、复制股东会会议记录、董事会决议、监事会决议，但并未规定股东可以查阅前述董事会、监事会的“会议记录”。江苏省高级人民法院在**海亚管理有限公司与常熟精艺皮件有限公司股东知情权纠纷案**[①]中指出，董事会会议记录并不在股东知情权的范围内，海亚管理有限公司关于其有权查阅、复制精艺公司董事会会议记录的主张没有法律依据，不予支持。

还需注意的是，股东对于公司会计账簿仅有查阅的权利，并无复制的权利。换言之，除非公司章程另行就股东复制公司会计账簿作出约定，否则股东无权诉请法院要求复制会计账簿。吉林省长春市中级人民法院在**李某英与长春经济技术开发区东皇房地产开发有限公司股东知情权纠纷案**[②]中指出，法律规定股东可以要求查阅公司会计账簿，但并未赋予股东复制会计账簿的权利。同样，在**陆某权等与浙江科啸风电投资开发有限公司股东知情权纠纷案**[③]中，浙江省台州市中级人民法院纠正一审法院的裁判观点，认为股东仅有权查阅、复制公司章程、股东会会议记录、董事会会议决议、监事会会议决议和财务会计报告，但无权查阅、复制审计报告。

上海市第一中级人民法院在**夏某与上海酒奢电子商务有限公司股东知情权纠纷案**[④]中指出，上海酒奢电子商务有限公司存货收发存记录、天猫淘宝京东店铺交易记录不在知情权范围内。广东省惠州市中级人民法院在**方某珠与惠州中美达物流有限责任公司股东知情权纠纷案**[⑤]中指出，管理系统的登录账号、密码不在我国《公司法》规定的股东知情权范围内。

有时，范围抗辩也未必被法院所接受。如浙江省高级人民法院在**宁波金恒利投资管理服务有限公司与王某栋股东知情权纠纷案**[⑥]中，对于会计凭证附件中的合同允许股东进行查阅。法院指出，王某栋在二审调查时明确其诉请中的合同是指会计凭证附件中的合同。

---

① 参见江苏省苏州市中级人民法院（2015）苏中商外初字第00051号民事判决书（一审），江苏省高级人民法院（2016）苏民终618号民事判决书（二审）。

② 参见吉林省长春经济技术开发区人民法院（2021）吉0191民初1999号判决书（一审），吉林省长春市中级人民法院（2021）吉01民终6456号民事判决书（二审）。

③ 参见浙江省玉环市人民法院（2021）浙1021民初1673号民事判决书（一审），浙江省台州市中级人民法院（2021）浙10民终2105号民事判决书（二审）。

④ 参见上海市松江区人民法院（2021）沪0117民初14704号民事判决书（一审），上海市第一中级人民法院（2022）沪01民终122号民事判决书（二审）。

⑤ 参见广东省惠州市惠阳区人民法院（2019）粤1303民初666号民事判决书（一审），广东省惠州市中级人民法院（2019）粤13民终6685号民事判决书（二审）。

⑥ 参见浙江省宁波市中级人民法院（2017）浙02民初579号民事判决书（一审），浙江省高级人民法院（2019）浙民终50号民事判决书（二审）。

故一审判决认定股东查阅原始会计凭证、合同是查阅会计账簿的应有之义，并无不当。

(三)其他抗辩事由

此外，司法实践中公司一方还可能提出其他抗辩理由，诸如原告股东在公司中担任法定代表人、董事或者总经理等职务对公司经营情况较为了解，原告股东单位已经委派董事参与公司经营管理，原告股东此前已经行使过知情权，等等。此类抗辩事由一般均难以得到法院的采信。其原因在于股东知情权是股东的固有权利、基础性权利，特别是对于第一类资料，股东享有绝对知情权，可以无条件行使，公司根本不存在任何抗辩事由。

浙江省嘉兴市中级人民法院在**金某坚与嘉兴宏海集装箱配件有限公司股东知情权纠纷案**[①]中即撤销一审裁定，指令嘉善县人民法院审理。该案中，嘉善县人民法院一审裁定指出，金某坚虽为嘉兴宏海集装箱配件有限公司(以下简称宏海公司)的股东，但同时系宏海公司的法定代表人。根据相关规定，法定代表人在对外关系上，依据法律法规或公司章程可以代表公司，以公司名义从事民事活动、进行诉讼活动，其进行的诉讼行为就是公司的诉讼行为，直接对公司发生法律效力。现金某坚起诉宏海公司，在诉讼中会发生人格重合，主体混同。法定代表人与公司的纠纷，是公司内部治理问题，不属于法院的受案范围，故对金某坚的起诉应予驳回。浙江省嘉兴市中级人民法院二审指出，公司的法定代表人与公司之间存在法律关系，并非同一主体，法定代表人只是对外代表公司，与公司也可以发生权利义务关系。作为自然人的法定代表人与公司仍存在利益冲突的可能，法定代表人可以依照法律规定或者合同约定对公司享有请求权，公司也可因其法定代表人执行职务不当而享有请求权。本案中，从宏海公司的一、二审陈述可见，宏海公司对于金某坚的诉讼请求是不认可的，且公司的法定代表人与公章已经发生了“人章分离”的情况，金某坚在本案中并不能代表宏海公司的意志。故金某坚与宏海公司已发生利益冲突，双方之间并未发生人格重合的情形。在此情况下，不应否定金某坚作为原告的诉讼主体资格，但其在本案中无代表宏海公司的资格，宏海公司应另行派出代表参加诉讼。综上，金某坚虽同时具备股东和法定代表人的身份，但其起诉公司要求行使股东权利不存在诉讼程序上的障碍，属于民事案件受理范围。

公司以股东损害公司利益、股东与公司存在多起诉讼等试图证明股东行使知情权具有“不正当目的”的抗辩往往也难以得到支持。陕西省高级人民法院在**西安市五星商贸有限公司与赵某红股东知情权纠纷案**[②]中指出，西安市五星商贸有限公司(以下简称五星公司)称赵某红存在擅自以公司名义发布召开股东会的虚假信息，强行撬开公司和财务室门锁意

---

① 参见浙江省嘉善县人民法院(2021)浙0421民初577号民事裁定书(一审)，浙江省嘉兴市中级人民法院(2021)浙04民终3338号民事裁定书(二审)。

② 参见陕西省西安市新城区人民法院(2016)陕0102民初1863号民事判决书(一审)，陕西省西安市中级人民法院(2016)陕01民终9362号民事判决书(二审)，陕西省高级人民法院(2017)陕民申286号民事裁定书(再审)。

图取走公司公章、财务章等印章，撕毁公司张贴的财务报告等行为，故其查询请求具有不正当目的。五星公司所称赵某红的上述行为均可认定为违反公司规章制度的行为，但这些行为不符合我国公司法所规定的"不正当目的"的构成要件，不能成为五星公司阻却赵某红行使股东知情权的合理抗辩，二审法院对该主张不予支持亦无不当。

新疆维吾尔自治区巴音郭楞蒙古自治州中级人民法院在**库尔勒中祥房地产开发有限责任公司与董某股东知情权纠纷案**[1]中指出，公司以股东存在不正当目的为由，阻却股东行使知情权，应当进行充分的举证。现库尔勒中祥房地产开发有限责任公司仅以董某曾经伪造该公司印章，以该公司名义领取拆迁补偿款以及双方之间存在多起诉讼案件，董某可能存在其他不正当目的为由，拒绝董某行使股东知情权，无事实和法律依据，法院不予支持。

山西省高级人民法院在**蔡某龙与晋中市金源房地产开发有限公司股东知情权纠纷案**[2]中撤销原一、二审判决，改判支持蔡某龙对财务会计报告及全部财务账簿的知情权。山西省高级人民法院再审判决指出，鑫隆物业公司（系蔡某龙与案外人陈某余另行注册设立的公司）与晋中市金源房地产开发有限公司（以下简称金源房地产公司）没有实质性的竞争业务，金源房地产公司认为鑫隆物业公司占用其资金及办公室并代收租金未返还的行为，系另一法律关系，且其已通过诉讼的方式另案主张权利，就本案而言，其并未提供证据证明蔡某龙查阅财务会计报告及财务账簿具有上述司法解释所规定的"不正当目的"的情形，故蔡某龙作为金源房地产公司的股东，有权查阅金源房地产公司的财务会计报告及财务账簿。原审法院认为蔡某龙要求查阅公司会计报告和会计账簿的行为可能导致股东间的纠纷进一步升级，导致公司财产贬损、公司利益受到损害，其请求不具有正当性，没有事实依据，也不符合法律规定。

四、公司进入破产或清算程序，不影响股东行使知情权

公司进入破产或清算程序并不意味着法人主体资格的丧失，在此种条件下股东仍可以行使知情权，甚至知情权的范围还会发生一定的变化。

浙江省湖州市中级人民法院在**安吉广兴置业有限公司、安吉华盛贸易有限公司与安吉利嘉置业有限公司股东知情权纠纷案**[3]中指出，安吉广兴置业有限公司（以下简称广兴公司）、安吉华盛贸易有限公司（以下简称华盛公司）均系安吉利嘉置业有限公司（以下简称利嘉公司）股东，虽然利嘉公司进入强制清算程序，但尚未实际清算注销，广兴公司、华盛公司股东身份亦未发生变更，而股东知情权是股东固有的法定权利，故广兴公司、华盛公司有权

---

① 参见新疆维吾尔自治区库尔勒市人民法院（2021）新2801民初2722号民事判决书（一审），新疆维吾尔自治区巴音郭楞蒙古自治州中级人民法院（2021）新28民终1473号民事判决书（二审）。

② 参见山西省晋中市榆次区人民法院（2018）晋0702民初4415号民事判决书（一审），山西省晋中市中级人民法院（2019）晋07民终2236号民事判决书（二审），山西省高级人民法院（2020）晋民再267号民事判决书（再审）。

③ 参见浙江省安吉县人民法院安吉县人民法院（2019）浙0523民初1234号民事判决书（一审），浙江省湖州市中级人民法院（2020）浙05民终922号民事判决书（二审）。

查阅或者复制利嘉公司特定文件材料。广兴公司、华盛公司因对审计报告有异议,故要求查阅相关会计账簿等材料,其目的是为保障自身合法权益,并非以行使知情权为由阻止清算程序进行,利嘉公司也未能提交其他证据证明广兴公司、华盛公司有不正当目的,故利嘉公司拒绝广兴公司、华盛公司查阅的理由不能成立。至于利嘉公司主张账目已经移交清算组,其无法履行义务的意见,因清算组在清算程序中仅代表利嘉公司处理公司相应事务,故账目移交清算组并不影响利嘉公司履行义务。

【案例5.4】 汪某卫与安徽大蔚置业有限公司股东知情权纠纷案[①]

2013年8月9日,汪某卫被登记为安徽大蔚置业有限公司(以下简称大蔚置业公司)股东(持股比例为51%)。2014年4月8日,安徽省六安市中级人民法院作出(2014)六民破字第00001-1号民事裁定,受理六安市经济技术开发区管委会、郝某田、郝某勇对大蔚置业公司的破产清算申请,并指定安徽大别山律师事务所担任大蔚置业公司的管理人。2018年8月28日,股东汪某卫向安徽大别山律师事务所公证邮寄《股东查账申请函》(与诉请内容相同),被拒收退回。对汪某卫要求查阅、复制相关的财务账簿和债权审核、表决资料的请求,大蔚置业公司未予以任何书面回复。

汪某卫向一审法院提出诉讼请求:(1)判令大蔚置业公司提供2014年4月8日至今的债权申报材料、债权审核结果及依据材料供汪某卫查阅和复制;(2)判令大蔚置业公司提供2014年4月8日至今四次债权人会议对大蔚置业公司债权的表决记录供汪某卫查阅和复制;(3)判令大蔚置业公司提供成立至今的会计账簿(包括总账、明细账、日记账和其他辅助性账簿)和会计凭证(含记账凭证、相关原始凭证及作为原始凭证附件入账备查的相关资料)供汪某卫查阅和复制;(4)判令本案诉讼费用由大蔚置业公司承担。

安徽省六安市中级人民法院一审认为:股东知情权是指股东享有了解和掌握公司经营管理等重要信息的权利,是股东依法行使资产收益、参与重大决策和选择管理者等权利的重要基础。一般而言,公司存续且股东资格存续的,股东即享有股东权。当公司进入破产清算程序后,公司及股东资格继续存续,我国现行有效的法律法规中,并无明文规定公司进入破产清算程序后股东不再享有全部或部分股东权利。因此,在公司进入破产程序后,公司股东仍然享有股东知情权。查阅公司会计账簿、会计凭证及公司破产期间形成的相关资料,是股东知情权具体表现之一。《公司法》第33条[②]规定,股东可以要求查阅公司会计账簿。股东要求查阅公司会计账簿的,应当向公司提出书面请

---

① 安徽省六安市中级人民法院(2018)皖15民初113号民事判决书(一审),安徽省高级人民法院(2019)皖民终291号民事判决书(二审)。

② 2023年《公司法》修订后,条文序号调整为第57条。

求,说明目的。公司有合理理由认为股东查阅会计账簿有不正当目的,可能损害公司合法利益的,可以拒绝提供查阅,并应当自股东提出书面请求之日起15日内书面答复股东并说明理由。公司拒绝提供查阅的,股东可以请求人民法院要求公司提供查阅。本案中,汪某卫在向大蔚置业公司书面提出查阅会计账簿、会计凭证后,未得到大蔚置业公司的准许,汪某卫依法提起诉讼,符合法律规定。《会计法》第15条第1款规定,会计账簿登记,必须以经过审核的会计凭证为依据,并符合有关法律、行政法规和国家统一的会计制度的规定。会计账簿包括总账、明细账、日记账和其他辅助性账簿。因此,汪某卫要求查阅会计账簿包括总账、明细账、日记账和其他辅助性账簿,符合法律规定,但要求复制上述资料没有法律依据。又因会计账簿必须以经过审核的会计凭证为依据,虽然《公司法》第33条①未明确能否查阅会计凭证等原始凭证,但股东唯有通过查阅原始凭证,才可以核实会计账簿的内容,验证会计账簿对公司财务状况的记录是否完整准确,详细了解公司的具体经营活动,不查阅原始凭证,股东可能会无法准确了解公司真正的经营状况。因此,汪某卫要求查阅会计凭证的诉讼请求合情合理,且不违背法律规定,应予准许。根据《最高人民法院关于审理企业破产案件若干问题的规定》第41条规定,第一次债权人会议应当向股东会议代表发出通知,要求其派员列席会议。第99条规定:破产程序终结后,破产企业的账册、文书等卷宗材料由清算组移交破产企业上级主管机关保存;无上级主管机关的,由破产企业的开办人或者股东保存。因此,股东在公司进入破产程序后,依然享有列席债权人会议,保管破产企业账册、文书等材料的权利,据此推断股东当然享有对破产程序中的相关债权申报等相关信息的知情权。在破产程序终结前,汪某卫要求查阅、复制破产债权申报材料、债权审核结果及依据资料、四次债权人会议表决记录,并不违背法律的规定,依法应当予以准许。法院遂判决:(1)大蔚置业公司于判决生效之日起10日内提供公司成立以来的公司会计账簿(包括总账、明细账、日记账和其他辅助性账簿)及会计凭证(含记账凭证、相关原始凭证及作为原始凭证附件入账备查的相关资料)供汪某卫查阅。(2)大蔚置业公司于判决生效之日起10日内提供2014年4月8日至今债权申报材料、债权审核结果及依据资料、四次债权人会议表决记录供汪某卫查阅、复制。(3)查阅、复制的地点在破产管理人办公地点或双方协商确定的地点,时间为破产管理人正常工作时间,不得超过30个工作日。(4)驳回汪某卫的其他诉讼请求。一审案件受理费100元,由大蔚置业公司负担。

安徽省高级人民法院二审认为:(1)关于汪某卫是否享有股东知情权的问题。股东知情权是指股东获取公司信息、了解公司情况的权利,是股东行使资产收益权和参与公司经营管理权的基本前提。在现代公司治理"所有权与管理权"分离的模式下,通过查

① 2023年《公司法》修订后,条文序号调整为第57条。

阅或者复制公司文件资料来行使知情权，是股东对公司行使“所有者”权利的重要途径和体现。一般而言，公司正常经营且股东资格存续的，股东即享有股东知情权。根据《民法总则》第72条[①]的规定，大蔚置业公司虽然处于破产程序，其民事行为能力限于清算目的范围之内，但是该公司的法人资格并不当然消灭，也不能据此否定汪某卫的股东地位。公司股东依法享有资产收益、参与重大决策、监督知情权等权利，公司破产后，股东当然不享有参与重大决策权等权利，但并非不能享有监督知情权。况且，现行有效的法律法规并无明文规定公司进入破产程序后，其股东不再享有股东知情权。因此，大蔚置业公司在进入破产程序后，汪某卫仍然享有股东知情权。大蔚置业公司上诉认为其进入破产程序后，汪某卫不再享有股东知情权的理由，没有法律依据，法院不予支持。(2)关于汪某卫如何行使知情权的问题。根据《公司法》第33条[②]第2款的规定，股东可以要求查阅公司会计账簿。股东要求查阅公司会计账簿的，应当向公司提出书面请求，说明目的。公司有合理理由认为股东查阅会计账簿有不正当目的，可能损害公司合法利益的，可以拒绝提供查阅，并应当自股东提出书面请求之日起15日内书面答复股东并说明理由。公司拒绝提供查阅的，股东可以请求人民法院要求公司提供查阅。本案中，鉴于大蔚置业公司已进入破产程序，汪某卫向该公司管理人公证邮寄《股东查账申请函》，并说明其目的在于充分了解大蔚置业公司的债权情况、公司破产后运营和财务状况，维护其股东权益。但大蔚置业公司管理人在收到该书面申请后并未准许，于是汪某卫提起本案诉讼，符合公司法的规定。大蔚置业公司虽上诉认为汪某卫申请查阅相关资料存在不正当目的，但其没有提供充分的证据予以证明，法院对该上诉理由不予支持。(3)关于汪某卫的知情权范围如何确定的问题。根据汪某卫向大蔚置业公司管理人公证邮寄送达的《股东查账申请函》的内容，汪某卫不仅要求查阅、复制大蔚置业公司成立至今的会计账簿和会计凭证，也要求查阅、复制大蔚置业公司2014年4月8日至今的债权申报材料、债权审核结果及依据资料、四次债权人会议表决记录。对此，评判如下：第一，关于大蔚置业公司的会计账簿。《公司法》第33条[③]第2款规定，股东可以要求查阅公司会计账簿，而会计账簿包括总账、明细账、日记账和其他辅助性账簿。所以，一审判决对汪某卫要求查阅大蔚置业公司成立至今的会计账簿的诉讼请求予以支持，于法有据。第二，关于大蔚置业公司的会计凭证。尽管《公司法》第33条[④]第2款对此没有明文规定，但《会计法》第15条规定，会计账簿登记，必须以经过审核的会计

① 《民法典》于2021年1月1日施行后，《民法总则》相应废止，《民法总则》第72条即被《民法典》第72条吸收。

② 2023年《公司法》修订后，条文序号调整为第57条。

③ 2023年《公司法》修订后，条文序号调整为第57条。

④ 2023年《公司法》修订后，条文序号调整为第57条。

凭证为依据,并符合有关法律、行政法规和国家统一的会计制度的规定。由此可见,会计凭证系记账的重要依据,在对会计账簿内容的真实性和完整性有异议时,会计凭证是必不可少的判断依据,而不查阅原始凭证,股东可能无法准确了解公司的真正经营状况。故一审判决对汪某卫要求查阅大蔚置业公司成立至今的会计凭证的诉讼请求予以支持,并无不当。第三,关于大蔚置业公司的债权申报材料、债权审核结果等资料。首先,大蔚置业公司在管理人管理期间仍然会产生清算目的范围之内的相关资料,如债权申报材料、债权审核依据资料、债权人会议表决记录等,由此,汪某卫在大蔚置业公司破产期间有行使知情权的可能。其次,股东作为公司的投资人,其对公司的破产清算更加关注。股东知情权是股东的固有权利,在公司破产程序中的体现就是股东对管理人基于清算目的形成的相关资料享有知悉的权利。所以,汪某卫在大蔚置业公司破产期间有行使知情权的必要。最后,根据《最高人民法院关于审理企业破产案件若干问题的规定》第99条的规定,大蔚置业公司在破产程序中形成的相关账册、文书等资料,在破产程序终结后将移交该公司的股东保存。也就是说,汪某卫作为大蔚置业公司的股东,其最终对上述相关资料享有知悉的权利。只是该条规定的是股东在破产程序终结后的保管职责,而股东在破产程序中行使股东知情权,有利于在破产程序中平衡公司股东与债权人的合法权益,从而最大限度发挥破产程序的功能与价值。因此,一审判决对汪某卫要求查阅、复制大蔚置业公司的破产债权申报材料、债权审核结果及依据资料、四次债权人会议表决记录的诉讼请求予以支持,亦无不当。法院遂驳回上诉,维持一审判决。

五、股东对会计账簿、原始凭证的摘抄、摘录

本书认为,股东对于会计账簿、原始凭证的知情权应当包括摘抄、摘录。通过摘抄、摘录能够发现公司经营过程中存在的问题。实践中,注册会计师通过摘抄、摘录相关数据,能够就查阅事项出具执行商定程序报告①。股东可凭此报告中载明的公司违规违法事实,进一步追究公司或实际控制人、高级管理人员的责任。在后续追责过程中,根据《民事诉讼法解释》第112条②以及《最高人民法院关于民事诉讼证据的若干规定》(法释〔2019〕19号)第45~48条的规定,可以申请法院责令公司提交相应的证据材料。原告股东的申请理由成立的,人民法院应当作出裁定,责令对方当事人提交书证;理由不成立的,应通知申请人。

---

① 《中国注册会计师相关服务准则第4101号——对财务信息执行商定程序》第2条第1款规定:对财务信息执行商定程序的目标,是注册会计师对特定财务数据、单一财务报表或整套财务报表等财务信息执行与特定主体商定的具有审计性质的程序,并就执行的商定程序及其结果出具报告。

② 《民事诉讼法解释》第112条规定:书证在对方当事人控制之下的,承担举证证明责任的当事人可以在举证期限届满前书面申请人民法院责令对方当事人提交。申请理由成立的,人民法院应当责令对方当事人提交,因提交书证所产生的费用,由申请人负担。对方当事人无正当理由拒不提交的,人民法院可以认定申请人所主张的书证内容为真实。

关于股东对会计账簿、原始凭证行使知情权能否摘抄、摘录，《公司法》并未明确规定。早在2007年，时任最高人民法院民二庭庭长宋晓明就指出，“查阅原始会计凭证是股东行使知情权的主要途径，在符合公司法第三十四条[①]规定的其他条件下，应当允许股东查阅和复制、摘抄需要的内容”[②]。实践中，多起案件支持股东对会计账簿、原始凭证进行摘抄、摘录。如在**王某利与泰安军豪置业有限公司股东知情权纠纷执行案**[③]中，法院指出，为保障股东知情权，实现裁判目的，允许申请执行人在查阅判决书第2条、第3条（主要指会计账簿、与房地产开发、建设、出售相关的合同。——笔者注）确定的资料时，进行照抄、记录。另外，在**黄某与青岛永道国际贸易有限公司股东知情权及股东资格确认纠纷执行案**[④]中，法院指出，有限责任公司股东知情权中对会计账簿的查阅权不仅是查看、阅览的权利，应包括摘抄的权利，摘抄权不同于复制权，允许申请执行人进行摘抄并未突破生效判决确定的内容。在**朱某贤与张家港市博爱医院有限公司股东知情权执行纠纷案**[⑤]中，二审法院纠正了执行法院的观点。江苏省苏州市中级人民法院指出，对于判决所列明的“查阅”应当进行广义理解。会计资料包括大量数据信息，除非具有过目不忘的本领，否则，若仅允许股东查看会计账簿而绝对禁止其摘抄，那么经胜诉判决所救济的股东查阅权，很可能会再次落空。故朱某贤主张在查阅过程中进行摘抄，并不违反法律规定。

【案例5.5】 北京倍爱康生物技术有限公司与东峰企业有限公司股东知情权纠纷执行审查案[⑥]

> 东峰企业有限公司（以下简称东峰公司）系北京倍爱康生物技术有限公司（以下简称倍爱康公司）的股东，依生效判决向北京市第二中级人民法院申请强制执行。该院以（2019）京02执286号立案受理。在执行过程中，倍爱康公司提出执行异议，请求撤销在执行过程中该院同意东峰公司摘抄会计账簿的执行行为。北京市第二中级人民法院审查后作出（2019）京02执异929号执行裁定，撤销该院2019年6月19日谈话笔录中

---

① 2023年《公司法》修订后，条文序号调整为第57条。

② 宋晓明：《加强调查研究，探索解决之道》，载最高人民法院民事审判第二庭编：《民商事审判指导》（总第11辑），人民法院出版社2007年版，第75页。

③ 参见山东省泰安市泰山区人民法院执行通知书（2018）鲁0902执1248号，本案为笔者承办的案件。

④ 参见山东省青岛市黄岛区人民法院（2014）黄执异字第49号执行裁定书（一审），山东省青岛市中级人民法院（2015）青执复字第29号执行裁定书（二审）。

⑤ 参见江苏省张家港市人民法院（2017）苏0582执异97号执行裁定书97号执行裁定书（一审），江苏省苏州市中级人民法院（2018）苏05执复116号执行裁定书（二审）。

⑥ 参见北京市第二中级人民法院（2019）京02执异929号执行裁定书（执行异议），北京市高级人民法院（2019）京执复239号执行裁定书（执行复议），最高人民法院（2020）最高法执监97号执行裁定书（执行申诉）。

作出的决定按照查阅权里包括摘抄来执行的执行行为。东峰公司不服,向北京市高级人民法院申请复议。

北京市高级人民法院认为:本案的争议焦点在于强制执行股东知情权过程中,股东查阅会计账簿时能否进行摘抄,即查阅是否包含摘抄。鉴于会计账簿包含大量的数据信息,特别是对于该案长达近10年的会计账簿,允许股东采取摘抄的方式辅助进行查阅,方能保障其知情权得到实现。如果仅允许股东查看会计账簿而不允许其进行摘抄,那么胜诉判决确认的股东查阅权可能落空。北京市第二中级人民法院在2019年6月19日与东峰公司、倍爱康公司的谈话笔录中作出"摘抄应属于查阅的范围,我们决定按照查阅权里包括摘抄来执行"的决定,符合法律、司法解释的规定。综上,北京市高级人民法院作出(2019)京执复239号执行裁定,撤销北京市第二中级人民法院(2019)京02执异929号执行裁定。倍爱康公司不服,向最高人民法院提出申诉。

最高人民法院认为:第一,摘抄是股东行使知情权、查阅会计账簿的辅助手段。股东知情权是公司股东了解公司信息、知晓公司事务的权利,是股东的法定权利、固有权利。查阅会计账簿是股东知情权实现的方式。《公司法》第33条①规定,"股东有权查阅、复制公司章程、股东会会议记录、董事会会议决议、监事会会议决议和财务会计报告。股东可以要求查阅公司会计账簿"。公司会计账簿一般包括大量、专业的数据信息,在股东不能充分理解专业数据信息的情况下,不能认为仅股东自行查阅会计账簿就实现了知情权。对此,《公司法司法解释(四)》第10条第2款规定,股东依据人民法院生效判决查阅公司文件材料的,在该股东在场的情况下,可以由会计师、律师等依法或者依据执业行为规范负有保密义务的中介机构执业人员辅助进行。该规定明确了股东行使知情权可以由具有专业能力的人员进行辅助,其目的就是帮助股东了解公司信息。同理,进行摘抄也是辅助股东查阅公司文件材料、了解公司信息的方法。不管是聘请专业人员,还是进行摘抄,都是辅助股东实现其知情权的手段。第二,一般情况下,摘抄不等同于复制。《民事诉讼法》第70条②规定,书证应当提交原件,物证应当提交原物,提交原件或者原物确有困难的,可以提交复制品、照片、副本、节录本。《最高人民法院关于民事诉讼证据的若干规定》第44条规定,摘录有关单位制作的与案件事实相关的文件、材料,应当注明出处,并加盖制作单位或保管单位的印章。参照法律和司法解释对证据的有关规定精神,摘录和复制具有不同的法律含义。从词意上理解,"摘抄"与"摘录"意思相近,均可理解为"选取一部分内容抄录下来","复制"可理解为"依照原件制作成同样的"。可见,摘录、摘抄与复制的含义不同,不能产生"制作成同样的"效果,不

① 2023年《公司法》修订后,条文序号调整为第57条。
② 2023年《民事诉讼法》修订后,条文序号变为第73条,内容未变。

能认为摘抄本质上属于复制。股东对会计账簿进行摘抄,不违反公司法规定,倍爱康公司关于"摘抄"本质上属于"复制"的主张,不能成立。第三,《公司法》第20条[①]规定,公司股东应当遵守法律、行政法规和公司章程,依法行使股东权利,不得滥用股东权利损害公司或者其他股东的利益,公司股东滥用股东权利给公司或者其他股东造成损失的,应当依法承担赔偿责任。《公司法司法解释(四)》第11条规定,股东行使知情权后泄露公司商业秘密导致公司合法利益受到损害,公司请求赔偿相关损失的,人民法院应当予以支持。上述法律和司法解释已明确规定股东负有保守公司秘密的义务,以及公司因此利益受损时的救济途径。如倍爱康公司认为东峰公司在行使股东知情权过程中泄露了公司商业秘密导致公司合法利益受到损害,可依法进行救济。综上,北京市高级人民法院复议裁定认定事实清楚,适用法律正确,应予维持。倍爱康公司的申诉理由不能成立,应予驳回。

六、公司章程及股东协议对知情权的扩张与限制

《公司法》规定的股东知情权是兼顾股东权利并平衡公司经营效率、维护公司经营秩序后所作出的规定。公司章程、公司决议、股东协议对股东知情权的范围作出超越法律规定的,是公司自治的体现,应当予以尊重。

北京市第四中级人民法院在**以色列莱克斯坦有限公司与北京长信乐纯环保科技有限责任公司股东知情权纠纷案**[②]中指出,北京长信乐纯环保科技有限责任公司(以下简称长信公司)公司章程约定每一方股东出于监督公司财务状况的必要或考虑,均有权审查及复制所有账簿、记录、收据、合同及其他类型的文件。每一方在没有不合理干扰公司正常运营的情况下,均可以在公司的正常工作时间内作上述的审查与文件复制。长信公司各股东的该约定未违反法律强制性规定,体现了股东的共同意志。公司法规定的股东知情权范围是法定股东知情权范围的最低标准,而公司章程作为公司的自治规范,其具体内容体现了股东的共同意志,当公司章程赋予股东的知情权范围大于公司法规定的范围时,该约定应当优于法律规定适用。

在公司章程就股东知情权的范围及行使方式作出超越法律规定的情况下,股东根据公司章程的规定提起相应诉讼,其实质在于请求人民法院强制执行公司章程的内容,其诉讼有章程依据即约定基础。比如公司章程规定股东可以单方就公司财务状况进行审计,股东据此提出审计诉请的,法院一般也会支持。最高人民法院在**【案例5.3】阿特拉斯设备有限**

① 2023年《公司法》修订后,条文序号调整为第21条。

② 参见北京市第四中级人民法院(2018)京04民初611号民事判决书(一审),北京市高级人民法院(2020)京民终184号民事判决书(二审)。

公司与河北阿特拉斯设备制造有限公司股东知情权纠纷案[①]中即明确指出，在河北阿特拉斯设备制造有限公司未能举证证明阿特拉斯设备有限公司查阅会计账簿具有不正当目的的情况下，阿特拉斯设备有限公司请求查阅包括原始凭证在内的会计账簿并指定审计师对合资公司账目进行审计，具有合同依据和法律依据。

股东知情权是股权的基本权能，是股东监督公司经营管理以实现和落实股东重大决策权、收益权等其他核心权利的前提。《公司法司法解释（四）》第 9 条规定，公司章程、股东之间的协议等实质性剥夺股东依据 2018 年《公司法》第 33 条、第 97 条[②]规定查阅或者复制公司文件材料的权利，公司以此为由拒绝股东查阅或者复制的，人民法院不予支持。本书认为，司法解释的规定是对知情权属于股东固有权利的确认，在股东知情权与公司经营管理二者之间进行了有效平衡。一旦公司章程或者股东协议构成对于股东固有权利的限制，则此种限制应属无效。《广西壮族自治区高级人民法院民二庭关于审理公司纠纷案件若干问题的裁判指引》（桂高法民二〔2020〕19 号）第 7 条第 3 款指出：公司章程的自治边界在于至少要保持出资法律关系的对价属性或双务属性。公司章程不应排除股东固有权利，公司为股东提供的股权应当保有最基本的财产属性，具体体现在：股权的转让权能不得排除，股东知情权不得排除。

北京市第一中级人民法院在**北京阿格蕾雅科技发展有限公司与金某国股东知情权纠纷案**[③]中指出，股东知情权是公司股东基于其出资和股东身份享有的固有权利，是股东参与公司决策、参与经营管理和进行分配利润的基础，除了公司法规定的限制条件外，不应以任何形式剥夺或者以多数决形式对股东的知情权予以限制。北京阿格蕾雅科技发展有限公司（以下简称阿格蕾雅公司）的公司章程规定股东行使知情权需召开临时股东会会议，并经拥有 2/3 以上表决权股东同意，是以资本多数决的形式对小股东的知情权进行限制，将导致小股东无法行使知情权，无法了解公司的经营、管理情况，一审法院认定公司章程的上述规定实质上剥夺了股东知情权，对阿格蕾雅公司的主张未予支持，并无不当。

湖北省高级人民法院在**长益资源路桥有限公司与武汉华益路桥管理有限公司股东知情权纠纷案**[④]中指出，华益公司董事会成员分别由武汉路桥公司和长益资源路桥有限公司（以下简称长益公司）两方委派，在各方因汉施公路收费站被撤销发生争议的情况下，要求长益公司取得董事会同意方能查询华益公司会计账簿，无异于实质性剥夺了长益公司作为股东依据公司法查阅或者复制公司文件材料的权利，华益公司以此为由拒绝长益公司行使

---

① 参见河北省石家庄市中级人民法院（2015）石民五初字第 00346 号民事判决书（一审），河北省高级人民法院（2018）冀民终 4 号民事判决书（二审），最高人民法院（2020）最高法民再 170 号民事判决书（再审）。

② 2023 年《公司法》修订后，条文序号调整为第 57 条、第 110 条。

③ 参见北京市海淀区人民法院（2016）京 0108 民初 20110 号民事判决书（一审），北京市第一中级人民法院（2018）京 01 民终 2778 号民事判决书（二审）。

④ 参见武汉海事法院（2018）鄂 01 民初 3553 号民事判决书（一审），湖北省高级人民法院（2019）鄂民终 403 号民事判决书（二审）。该案中，《华益公司章程》第 11.08 条规定，经合作公司董事会同意，合作各方有权自费聘请注册会计师审查合作公司账簿，查阅时合作公司应提供方便。

股东知情权的主张，不应予以支持。

从《公司法》第110条第2款关于“公司章程对持股比例有较低规定的，从其规定”可以看出，法律鼓励公司章程强化、保障股东知情权，而非排除、限制股东知情权。

七、股东知情权的穿透行使

2023年《公司法》修订对于中小股东权利保障的一大亮点就是明确规定了股东知情权的穿透行使规则。《公司法》第57条第5款、第110条第3款对于股东要求查阅、复制公司全资子相关材料的，亦明确予以支持。实践中，股东知情权穿透行使的典型案例就是以下Crown(科朗)公司的案件。

【案例5.6】 Crown Canopy Holdings SRL与上海和丰中林林业股份有限公司股东知情权纠纷案①

被告上海和丰中林林业股份有限公司(以下简称和丰公司)是中外合资股份有限公司。原告Crown Canopy Holdings SRL(以下简称科朗公司)系和丰公司股东之一。和丰公司章程规定:股东有权查阅公司章程、股东名册、公司债券存根、股东大会会议记录、董事会会议决议、监事会会议决议、财务会计报告。公司应向股东提供所有股东大会、董事会和委员会会议的通知、会议记录、授权委托文件、同意、通信和其他向董事会提供的材料，董事会批准的管理报告、预测和估计，任何公司及/或其子公司向任何政府或监管机构提交的所有报备文件的复印件。公司应向股东提供公司及其各子公司合并年度经审计的财务报表，并附带公司及其各子公司审计师分别出具的审计报告。股东可检查各公司及其子公司制备的单独的账簿、记录和管理账目。股东有权在任何时间、经提前书面通知董事会后自费聘请审计师对公司(包括其子公司)全部或部分会计账簿或某个特定财务问题进行审计。

2012年，和丰公司在向中国证监会申请IPO过程中，其聘请的毕马威华振会计师事务所审计发现和丰公司1.5亿元银行存款和部分林权证的存在性和准确性存在问题。和丰公司随即撤回IPO申报材料，并向股东出具现金自查报告，以及另行委托苏亚金城会计师事务所出具的审计报告。科朗公司对上述报告存有异议，要求和丰公司配合其聘请的安永(中国)企业咨询有限公司对农户补偿款及林权证等财务问题进行审计。和丰公司未予回复。

① 参见上海市静安区人民法院(2013)静民二(商)初字第S1041号民事判决书(一审)，上海市第二中级人民法院(2013)沪二中民四(商)终字第S1264号民事判决书(二审)，上海市高级人民法院(2014)沪高民二(商)申字第S158号民事裁定书(再审)。

科朗公司遂诉至法院，请求判令：(1)和丰公司向科朗公司提供以下材料供查阅、复制：①和丰公司股东会，股东大会，董事会，监事会，董事会下设战略与发展、提名、薪酬与考核、审计委员会的所有会议材料（包括但不限于通知、会议记录、会议决议、授权委托文件、同意和通信等）；②和丰公司及其所有子公司/分公司的财务报表，财务账簿（总账、明细账、日记账明细、至最末级科目的试算平衡表、其他辅助性账簿等），会计凭证（记账凭证、相关原始凭证及作为原始凭证附件入账备查的有关资料等），银行账户对账单，持有和曾经持有的所有林权证及交易合同、收付款记录、登记及报备文件等；③与系争1.96亿元农户补偿款相关的所有材料（付款明细表、合同、通信、银行凭证、银行对账单、收据、发票等）；④和丰公司及其所有子公司/分公司的公司组织架构，销售和采购政策，伐木权及获取林业权等业务政策以及流程，现金、银行收支和银行借款的政策及流程，员工名单。(2)和丰公司配合科朗公司聘请的会计师事务所对和丰公司以下财务问题进行审计并将审计结果交付科朗公司：2008年8月30日至今，和丰公司及其所有子公司/分公司的银行收支情况和现金流动情况（包括系争1.96亿元农户补偿款的现金流出情况）、持有或曾经持有的所有林权证的情况和所有林权证的变动情况。

和丰公司辩称：(1)未侵犯科朗公司知情权，毕马威华振会计师事务所财务报告已由原告科朗公司获得，2012年1～6月财务报告也聘请了苏亚金城会计师事务所审计，科朗公司也充分知晓；(2)科朗公司起诉多项资料没有事实基础和法律依据，股份有限公司股东有查阅权没有复制权，科朗公司主张知情权的范围不应扩展到子公司；(3)科朗公司主张的会计凭证、所有银行对账单、监事会所有会议材料、林权证、农户补偿款资料等不在法律规定股东知情权范围内，会计凭证不包括记账凭证、原始凭证等，根据公司法，股东知情权仅限于财务会计报告，不能扩展到财务会计凭证，章程也未规定原告有权查阅被告会计凭证，把财务会计报告扩展到财务会计凭证，也有违《会计法》规定，查阅银行对账单也没有法律基础；(4)诉请二没有事实依据和法律基础；(5)原告的起诉已经影响了被告的正常经营，股东不应直接参与到具体经营，系滥用股东知情权；(6)章程规定，被告需在四个月内提供财务会计报告，原告想看的财务资料也应该是2011年3月15日之前的资料，科朗公司股东知情权超过诉讼时效。

上海市静安区人民法院一审认为：公司章程规定的股东有要求公司提供审计报告、检查账簿、记录和管理账目等资料以及就全部或部分会计账簿或特定财务问题审计的权利，不在知情权范围内。因财务会计报告、会计账簿与会计凭证是不同的概念，故对查阅会计账簿与会计凭证不予支持。因分公司没有独立人格不独立承担民事责任，且子公司与母公司均具有法人资格，独立承担民事责任，故股东知情权的对象仅及于公司及分公司，子公司不能作为股东知情权义务主体。一审法院判决：和丰公司应将公司及分公司的财务会计报告、股东大会会议记录、董事会会议决议、监事会会议决议交由科朗公司查阅,对于科朗公司其余诉讼请求不予支持。

上海市第二中级人民法院二审认为:公司章程是公司宪章,在不违反法律禁止性规定的情况下,股东有权依据公司章程主张知情权利。但具体项目是否允许,应结合公司法立法目的及股份有限公司个体情况综合考量。关于查阅股东大会、董事会、委员会相关会议材料,因公司章程规定明确且该规定未违反法律法规禁止性规定,亦无违反公司法立法目的及价值取向,可予支持。关于子公司财务报表以及和丰公司及分公司、子公司会计账簿,公司章程载明公司应向股东提交子公司财务报表,股东享有检查公司及子公司的会计账簿、记录和管理账目的权利。考虑到和丰公司虽为股份有限公司,但股东仅有5名,股东合理行使知情权不会对公司经营造成重大影响。科朗公司系因和丰公司在上市审计中出现财务问题主张行使知情权,理由正当。故应支持股东查阅子公司的会计报表以及公司及分公司、子公司的会计账簿。因公司章程未对子公司范围明确界定,当事人双方也未达成一致,为避免损害子公司其他股东权利,故将子公司界定为全资子公司,包括已经注销的全资子公司,但不包括全资子公司100%持股的孙公司。关于会计凭证,因章程中已规定股东有权检查会计账簿、记录和管理账目,而会计凭证系佐证会计账簿记录是否正确的重要凭证,结合公司章程赋予股东审计的权利,故支持股东查阅会计凭证。关于林权证相关资料,因上市审计会计师事务所认为需要进一步核查与林业证相关的资金用度情况,故股东请求查阅该部分资料具有合理理由,且有公司章程为依据,亦可支持。关于审计,因公司章程规定股东可进行审计,且审计亦系股东了解公司经营状况的方式之一,故可支持股东审计要求。股东其他诉讼请求,因缺乏法律及章程依据,且有部分与其他已获支持的诉讼请求存在重合,故法院不予支持。综上,二审法院依法判决:(1)和丰公司应将该公司股东会,股东大会,董事会及战略与发展、提名、薪酬与考核、审计委员会召开会议的通知、会议记录、授权委托文件、同意和通信材料,监事会会议决议备妥,供科朗公司查阅;(2)和丰公司应将该公司及分公司、子公司财务会计报告交由科朗公司查阅,将该公司及分公司、子公司的会计账簿,会计凭证,持有和曾经持有的所有林权证及交易合同、收付款记录、登记及报备文件,与系争1.96亿元农户补偿款相关付款明细、合同、通信、银行凭证、银行对账单、收据、发票等备妥,供科朗公司查阅;(3)和丰公司应配合科朗公司聘请的会计师事务所对和丰公司及分公司、子公司2008年8月30日至判决生效之日银行收支情况和现金流动情况,包括系争1.96亿元农户补偿款的现金流出情况,持有或曾经持有的所有林权证及其变动情况等财务问题进行审计;(4)驳回科朗公司其他诉讼请求。

上海市高级人民法院对和丰公司的再审申请,经审查认为:公司章程是股东自愿达成的公司自治规则,只要不违反法律禁止性规定,对公司及股东均有约束力。本案中,和丰公司章程对股东行使知情权的范围作了明确约定,该约定系和丰公司股东的真实意思,应予以尊重。和丰公司以章程约定与公司法的规定不符为由否定章程相关条款的效力，缺乏法律依据，法院不予支持。关于和丰公司股东能否查阅子公司资料的问题，因本案所涉和丰公司子公司均被界定为和丰公司的全资子公司，且科朗公司系通过"和丰公司将有关子公司相关资料备妥供科朗公司查阅"的方式行使知情权，因此，科朗公司依据和丰公司章程查阅相关子公司资料，并未损害子公司的独立法人地位，应予准许。和丰公司有关科朗公司行使股东知情权超越了法律规定，构成对和丰公司正常经营活动的直接干预的意见，缺乏事实和法律依据，法院不予采信。法院遂裁定驳回和丰公司的再审申请。

八、老股东知情权的行使

《公司法司法解释(四)》第7条第2款规定，公司有证据证明前款规定的原告在起诉时不具有公司股东资格的，人民法院应当驳回起诉，但原告有初步证据证明在持股期间其合法权益受到损害，请求依法查阅或者复制其持股期间的公司特定文件材料的除外。这一规定有限度地认可了老股东的知情权，即采"相对有权说"的标准。权威观点认为，"现实经济生活是非常复杂的，对实务中发生的一些情形，需要根据个别情况作出公平合理的安排，例如，发生在公司内部股东之间、股东和高管之间、实际控制人之间的股权转让交易，或者是公司收购股东股权等，脱离股东身份的原股东主张股权价值或者公司经营状态等被控制公司的控制方或者股权受让方隐瞒了，错误的信息导致了其放弃股东身份、转让股权，其合法利益受到侵害等，故请求行使知情权，其目的是了解其持股期间的公司相关文件材料，以便获取真实情况及证据等，为进一步维护其利益作准备。实务中比较多发的是在该种情况下，原股东请求行使其持股期间的股东权利，以证明其权利是否受到侵害，其股权交易是否获得了合理的价格等。此种情况下原股东的请求是正义与合理的，如果其在决定放弃股东身份时应当参考的与其股权有重大关系的信息被隐瞒，导致其误判并放弃了股东身份，致使其民事权益受到侵犯时，其依法有维护其财产权与身份权的权利"①。

如前所述，司法实践中对于原告的股东资格，往往采取形式审查的标准，只要登记为公司股东或者虽签订股权转让协议但对协议的履行存在争议，法院通常就会支持原告股东的知情权。另外，原告在诉讼过程中非出于自愿丧失股东身份的，法院也倾向于支持原告的知情权。

较早的一起案例是**无锡梁溪冷轧薄板有限公司诉无锡太平洋镀锌薄板有限公司、无锡**

① 杜万华主编，最高人民法院民事审判第二庭编著：《最高人民法院公司法司法解释(四)理解与适用》，人民法院出版社2017年版，第171－172页。

长江薄板有限公司股东知情权纠纷案[①]。该案中,无锡梁溪冷轧薄板有限公司(以下简称梁溪公司)与香港海山有限公司(以下简称海山公司)分别订立成立无锡太平洋镀锌薄板有限公司(以下简称太平洋公司)、无锡长江薄板有限公司(以下简称长江公司)的合同并签署了章程,原告梁溪公司在两家合资公司中均持有25%的股权。后梁溪公司提起股东知情权诉讼,在该案诉讼过程中,因梁溪公司与本溪钢铁(集团)有限责任公司存在货款纠纷,梁溪公司所持有的太平洋公司、长江公司25%的股权被辽宁省本溪市中级人民法院强制执行,用于抵偿债务。无锡市惠山区人民法院一审认为,梁溪公司在太平洋公司和长江公司占有25%的股份,虽被法院裁定强制作价转让,但梁溪公司存有异议,股份变更至今亦未获主管机关的批准而未办理变更登记手续,故梁溪公司仍应为太平洋公司和长江公司的合法股东,应享有知情权,遂支持梁溪公司的诉请。江苏省无锡市中级人民法院二审则简单地以梁溪公司已经丧失股东身份为由,判决撤销一审判决,改判驳回其诉请。后江苏省无锡市中级人民法院启动再审程序,认为梁溪公司在2003年10月31日起诉时,系长江公司、太平洋公司的股东。在一审审理期间,辽宁省本溪市中级人民法院于2003年12月9日作出民事裁定书,强制执行了梁溪公司在长江公司、太平洋公司的全部股份。但由于梁溪公司起诉主张的是至起诉日止[②]的知情权,故对梁溪公司的诉请主张应予支持。

上海市第二中级人民法院在**上海中山汽车出租公司与黄某冲股东知情权纠纷案**[③]中支持原股东黄某冲知情权的诉请并指出,黄某冲虽已丧失上海中山汽车出租公司(以下简称中山汽车公司)的股东资格,但因中山汽车公司在黄某冲持股期间从未分配过利润且尚未结算退还黄某冲的退股款,符合"原告有初步证据证明在持股期间其合法权益受到损害"的条件,故法院认为,黄某冲作为中山汽车公司的原股东享有有限的股东知情权。

山西省阳泉市中级人民法院在**盂县兵泽商贸有限公司与赵某泽股东知情权纠纷案**[④]中指出,2015年6月12日至2018年9月28日,被上诉人赵某泽持有上诉人盂县兵泽商贸有限公司80%的股份的事实双方均予以认可(赵某泽不参与公司经营管理)。赵某泽在起诉时虽已非盂县兵泽商贸有限公司股东,但其主张持股期间公司从未进行股东分红,利润分配权受损,并提供了赵某泽与上诉人公司在2017年1月1日至2018年9月30日的交易明细清单,欲证明盂县兵泽商贸有限公司在此期间正常运营,且有收益,但并未向赵某泽分配过红利,法院认为赵某泽的诉请符合"原告有初步证据证明在持股期间其合法权益受到损

---

① 参见江苏省无锡市惠山区人民法院(2003)惠民二初字第1430号民事判决书(一审),江苏省无锡市中级人民法院(2004)锡民二终字第236号民事判决书(二审),江苏省无锡市中级人民法院(2006)锡民再终字第0028号民事判决书(再审)。

② 参见江苏省无锡市惠山区人民法院一审判决支持"自1997年2月26日起本判决生效之日止"的知情权,存在超越原告诉请裁判范围的情况,故再审判决予以纠正。

③ 参见上海市静安区人民法院(2018)沪0106民初21508号民事判决书(一审),上海市第二中级人民法院(2019)沪02民终1662号民事判决书(二审),上海市高级人民法院(2019)沪民申2168号民事裁定书(再审)。

④ 参见山西省盂县人民法院(2021)晋0322民初7号民事判决书(一审),山西省阳泉市中级人民法院(2021)晋03民终661号民事判决书(二审)。

害”的条件，赵某泽作为上诉人原股东享有有限的股东知情权，并无不当，遂维持一审支持赵某泽行使股东知情权的判决。

山东省济南市中级人民法院在**孔某雪与济南安锐源科贸有限公司股东知情权纠纷案**①中指出，孔某雪自2008年11月20日至2017年10月13日系济南安锐源科贸有限公司（以下简称安锐源公司）的股东，事实清楚，证据确实，安锐源公司对此亦无异议。对孔某雪提交的安瑞源公司交易明细、进账单等证据，安锐源公司未能对交易明细、对账单中安瑞源公司向李某东、李某昌的汇款作出合法合理的解释，故交易明细、进账单可以作为初步证据证明孔某雪合法权益可能遭到损害，孔某雪请求对其持股期间安锐源公司的相关材料行使股东知情权，符合《公司法司法解释（四）》第7条第2款规定，应予准许。法院遂撤销一审判决，改判支持孔某雪行使其持股期间的知情权。

九、隐名股东的知情权行使问题

按照公司法理论通说，未经显名登记的隐名股东并不是公司股东，其与显名登记的股东（名义股东）之间形成委托持股、股权代持的合同法律关系。对此，《公司法》第56条第2款规定，记载于股东名册的股东，可以依股东名册主张行使股东权利。据此，如隐名股东未被记载于股东名册或者不属于内部公然型实际投资人，则不能对抗公司，无权向公司主张权利（包括股东知情权）。其应根据与显名股东之间的合同关系，通过显名股东行使权利。一旦隐名股东通过法定的显名程序成为公司显名股东，则可以完整地行使全部股东权利。

名义股东直接主张股东知情权在司法实践中法院也是予以支持的。如浙江省温岭市人民法院在**陈某滨与温岭市德工机电有限公司股东知情权纠纷案**②中指出，陈某滨自认其系名义股东，且温岭市德工机电有限公司（以下简称德工机电公司）也坚称陈某滨系名义股东，其从未参与经营管理，股东及公司内部都是清楚知晓的，故陈某滨不应当享有股东资格。就作为名义股东的陈某滨是否有权单独提起诉讼，法院认为，考虑到名义股东对外需要承担股东义务，如果不享有股东关于公司财务状况的基本知情权，明显会导致权利义务的失衡，且法律也并未对名义股东的该项权利进行限制，故即使陈某滨系德工机电公司的挂名股东，未履行出资义务，也不影响陈某滨关于获取会计账簿信息的知情权。

在**吴某铭与佛山律慧企业管理有限公司股东知情权纠纷案**③中，法院指出，股东知情权的主体为公司股东，是股东基于其股东资格和地位享有的一种专属性自益权利，隐名股东在未显名时，不具有股东资格，不能行使股东知情权……吴某铭未向佛山律慧企业管理有

---

① 参见山东省济南市历城区人民法院（2020）鲁0112民初8373号民事判决书（一审），山东省济南市中级人民法院（2021）鲁01民终5435号民事判决书（二审）。

② 参见浙江省温岭市人民法院（2021）浙1081民初9507号民事判决书（一审），浙江省台州市中级人民法院（2021）浙10民终3273号民事判决书（二审），二审维持一审判决。

③ 参见广东省佛山市南海区人民法院（2021）粤0605号民初18111号民事裁定书（一审），广东省佛山市中级人民法院（2021）粤06民终18712号民事裁定书（二审）。

限公司提起显名化诉讼，亦无证据证明已经过其他股东半数以上同意其办理显名登记，两级法院均以主体不适格为由驳回吴某铭的起诉。

广西壮族自治区贵港市中级人民法院在**区某、李某等与贵港市港安民用爆炸物品有限公司股东知情权纠纷案**[①]中指出，因上诉人区某、李某等与被上诉人贵港市港安民用爆炸物品有限公司（以下简称港安民爆公司）之间的股东资格纠纷，已经法院审理，生效的法院判决书认定区某、李某等是港安民爆公司的实际出资人，不具有公司股东身份，根据《公司法司法解释（四）》第7条规定，上诉人区某、李某等不具有提起股东知情权诉讼的主体资格，故上诉人的起诉，不符合法律规定的民事起诉条件，一审法院立案后裁定驳回上诉人的起诉正确，应予以维持。

司法实践中，对于内部公然型的隐名股东，可以直接确认股东资格，亦可支持其行使股东知情权的诉请。

江苏省宿迁市中级人民法院在**江苏名俱包装有限公司与蓝某股东知情权纠纷案**[②]中，将内部公然型的股东证明文件解释成"股东名册"，并据此支持内部公然型股东的知情权。法院指出，2019年1月7日，蓝某与江苏名俱包装有限公司（以下简称名俱公司）登记股东张某、刘某等签订《股东协议》，确认蓝某为名俱公司股东，享有14.28%的股权，协议由蓝某以及包括刘某在内的所有名俱公司登记股东签名确认，且加盖名俱公司印章，名俱公司对上述事实不持异议。上述股东协议对股东的姓名、出资数额、占股比例等内容进行了确认，其性质上符合股东名册的基本特征。根据《公司法》第32条第2款[③]规定，记载于股东名册的股东，可以依股东名册主张行使股东权利。

【案例5.7】 上海金怡减变速电机有限公司与刘某股东知情权纠纷案[④]

上海金怡减变速电机有限公司（以下简称金怡公司）于1998年3月25日经工商核准登记设立，注册资金为人民币50万元，后经数次股权转让，公司现登记股东为徐某娥、徐某萍，二人分别持股70%、30%，法定代表人为徐某萍。

2017年3月20日，刘某主张其在金怡公司的股东资格，向一审法院提起股东资格确认之诉。上海市青浦区人民法院作出(2017)沪0118民初4169号民事判决书，确认

① 参见广西壮族自治区贵港市港北区人民法院(2021)桂0802民初1845号民事裁定书（一审），广西壮族自治区贵港市中级人民法院(2021)桂08民终2257号民事裁定书（二审）。

② 参见江苏省宿迁市宿城区人民法院(2020)苏1302民初9235号民事判决书（一审），江苏省宿迁市中级人民法院(2021)苏13民终1414号民事判决书（二审）。

③ 2023年《公司法》修订后，条文序号调整为第56条第2款。

④ 参见上海市青浦区人民法院(2020)沪0118民初2958号民事判决书（一审），上海市第二中级人民法院(2020)沪02民终6111号民事判决书（二审）。

徐某萍名下金怡公司25%的股权、徐某娥名下金怡公司25%的股权为刘某所有，但由于公司其余股东不同意刘某显名登记，故对刘某要求金怡公司在工商登记中变更其为公司股东的诉讼请求不予支持。金怡公司等不服该判决，提起上诉，上海市第二中级人民法院作出（2018）沪02民终8384号民事判决，驳回上诉，维持原判。

2019年10月12日，刘某分别向金怡公司的注册地、实际经营地，徐某萍的住所地通过EMS邮寄请求函，请求查阅并复制金怡公司自成立之日起至今的公司章程、股东会会议记录、董事会会议决议、监事会会议决议和财务会计报告，请求查阅金怡公司自成立之日起至今的各年度会计账簿。金怡公司、徐某萍均拒收上述请求函快递。

上海市青浦区人民法院一审认为：股东知情权是法律赋予股东了解公司经营状况的重要权利，该权利的行使，应符合法律规定。工商登记信息对外确实具有公示作用，但对金怡公司内部而言，刘某的股东身份已经生效判决确认。首先，刘某的持股比例达到50%，相对于另外的徐某娥、徐某萍二人而言刘某才是公司的大股东。其次，刘某持有的金怡公司50%的股权中，由公司股东徐某娥、徐某萍各为其代持25%，而公司工商登记的股东也仅为该二人，刘某行使股东权利并不侵害对代持关系不知晓的第三方。最后，刘某的股东身份虽未记载于工商登记信息，但未记载是由于在（2017）沪0118民初4169号民事判决中徐某娥、徐某萍两名股东不同意刘某显名造成，故金怡公司并不能因此否定刘某的股东资格。刘某作为金怡公司股东，理应享有股东知情权。金怡公司关于刘某系经生效判决确认的实际出资人，但尚未在工商登记中予以显名，亦未登记在股东名册之列，不具备相应股东资格，故不享有股东知情权的抗辩理由无事实和法律依据，一审法院不予采信，遂判决支持刘某的股东知情权诉请。

上海市第二中级人民法院二审认为：根据法律规定及司法实践，只有公司显名股东才能依法行使股东知情权等各项股东权利，因为有限公司是建立在股东间特殊信任与合作关系基础上的紧密型团体，公司的成立、经营、存续均受到股东之间关系的影响，而隐名股东的存在与有限公司人合性的法律特征相背离，故法律需要限制隐名股东行使股东权利的方式。若允许实际出资人直接行使股东权利，可能会影响公司日常经营管理，损害其他不知情显名股东的合法权益。通常而言，隐名股东主张股东权利存在两种途径，第一种是通过其股权代持人即公司显名股东间接行使股东权利，第二种是通过法定程序将其股东身份显名化从而直接行使股东权利。刘某已经通过诉讼主张显名但未获支持，而且根据已经查明的事实，显然也很难通过代持人来实现其股东知情权，那刘某是否必须通过显名才能行使股东知情权呢？法院认为，因本案具有特殊情形，故无须先行显名。（2017）沪0118民初4169号民事判决书认定了徐某萍、徐某娥各自名下金怡公司25%的股权均归刘某所有，故就金怡公司内部而言，目前只有三名股东，刘某的实际持股比例达到50%，系金怡公司最大股东，而金怡公司除徐某萍、徐某娥二人为工商登记的显名股东并为刘某代持股权外，再无其他股东。根据《公司法司法解释（三）》第24条第3款规定，实际出资人未经公司其他股东半数以上同意，请求公司变更股东并办理公司登记机关登记的，人民法院不予支持。但本案中不存在该条款规定的需要征得其他股东半数以上同意进行股权变更登记从而成为显名股东的情形。(2017)沪0118民初4169号民事判决书虽未支持刘某的股东身份显名化，但确定了刘某实际出资并持有徐某萍、徐某娥名下各25%股权的事实，故金怡公司除徐某萍、徐某娥作为刘某的股权代持人外，不存在其他股东，刘某的股东身份实质上已经在金怡公司内部显名，故刘某是否办理股权变更登记手续对于金怡公司内部而言并无不同。鉴于金怡公司的股东对于刘某的隐名股东身份均为知情，本案中刘某行使股东知情权时不存在人合性障碍。刘某在金怡公司内部直接行使股东知情权并不会侵害公司其他股东及公司的利益，不违反法律的禁止性规定。根据审理中查明的事实，刘某与其股权代持人徐某萍、徐某娥存在矛盾，徐某萍和徐某娥在明知刘某系公司隐名股东的情形下拒绝刘某行使股东知情权并无公司法上的合理理由，有违诚实信用原则。综上，法院认为，刘某作为实际出资人在本案中可以直接行使股东知情权，遂维持一审判决。

十、股东知情权纠纷案中的其他问题

（一）股东是否可以溯及既往地主张知情权

吉林省蛟河市人民法院在**蛟河市铁东物业有限责任公司与孙某股东知情权纠纷案**①中指出，我国法律并未明确禁止股东查阅其成为股东之前的公司信息的知情权，孙某虽自2018年6月14日被确认为蛟河市铁东物业有限责任公司股东，但如果拒绝其行使隐名股东期间的知情权，将导致股东获得的相关信息不完整，减损股东知情权的制度价值。因此，法院对孙某请求自2016年1月起行使股东知情权的请求，予以支持。

辽宁省大连市中级人民法院在**大连富申国际贸易有限公司与叶某股东知情权纠纷案**②中指出，公司法并未禁止继受取得股权的股东查阅其成为股东前的公司财务会计报告等资料，且如前所述，法律设立股东知情权的目的就是保护股东，尤其是中小股东充分享有股东权利、保有合法利益。只有股东对公司全部的运营情况充分掌握、对公司历史全面了解，才

---

① 吉林省蛟河市人民法院(2019)吉0281民初3352号民事判决书（一审），吉林省吉林市中级人民法院(2020)吉02民终1292号民事判决书（二审）。

② 辽宁省大连市中山区人民法院(2021)辽0202民初1739号民事判决书（一审），辽宁省大连市中级人民法院(2021)辽02民终8601号民事判决书（二审）。需要指出的是，一审法院区分财务会计报告与财务会计账簿，认为股东可以查阅全部财务会计报告，但仅可查阅成为股东之后形成的财务会计账簿，遗憾的是叶某对此并未提出上诉，也未在二审中进一步主张对其成为股东之前的财务会计账簿的知情权，故二审法院对其成为股东之前的财务会计账簿是否有查阅权并未进行评判。综合二审法院裁判理由，笔者认为该院认可股东可以溯及既往地查阅财务会计账簿。

能行使股东权利，保护自身合法利益。同时，公司的运营是一个动态、整体、延续的过程，股东对其成为股东前的情况不了解，可能导致股东获得信息不完整、不准确，进而影响股东知情权的全面行使。因此，股东有权查阅其成为股东前的公司财务会计报告等资料。上诉人以叶某成为股东时已知公司相关资料及情况为由，认为其无权查阅此前的公司财务会计报告等资料没有法律依据，且已知并不构成拒绝查阅的合法理由。上诉人认为即便叶某在成为股东时未知此前的公司财务会计报告等资料，亦系其对权利的放弃，不能再以案涉方式请求查阅，但对权利的放弃除有法律规定外，需出自权利人的明示而非他人，尤其是义务人的推定，因此，叶某是否在成为股东时了解此前的公司财务会计报告等资料，并不影响其行使股东知情权。据此，上诉人此节上诉理由，没有法律依据，法院不予支持。

本书认为，股东可以溯及既往地行使知情权，其理由在于知情权属于股权的权能之一，是股东的固有权；除非法律另有规定，否则连公司章程亦不得加以限制。如果股权不能溯及既往，则必然存在继受股东或者通过增资扩股方式成为股东的股权要“劣于”发起人股东的股权，有违股权平等原则。再者，股东溯及既往行使知情权并不损害公司利益，亦不会加重公司负担。从义务主体（公司）的角度出发，平等对待每一位股东，充分披露公司的经营信息是公司应当承担的法律义务。实践中，主流裁判观点亦支持股东溯及既往地行使知情权。

（二）股东知情权的行使地点

《公司法司法解释（四）》第 10 条第 1 款规定，人民法院审理股东请求查阅或者复制公司特定文件材料的案件，对原告诉讼请求予以支持的，应当在判决中明确查阅或者复制公司特定文件材料的时间、地点和特定文件材料的名录。对于股东行使知情权的地点，应以不妨碍公司正常开展业务为原则，一般应在公司经营场所行使，也可以在原、被告双方协商确定的其他地点。“在协商不成的情况下，对于股东查阅公司文件的地点，一般应确定在公司住所地；如果股东认为在公司住所地查阅可能有障碍并有相应证据证实的，且双方对其他地点协商不成的，法院可依职权选择双方都较为便利的地点作为查阅地点。”①

在**钟某峰诉苏州乾唐织造有限公司股东知情权纠纷案**②中，因被告苏州乾唐织造有限公司（以下简称乾唐公司）已经停业且缺乏办公场所，最终法院征询双方意见后，笔者作为原告代理律师表示愿意提供办公室以便股东行使知情权。最终法院判决被告乾唐公司在判决生效后 30 日内在营业时间内于笔者所在律师事务所会议室向原告提供相关公司资料供原告本人及其委托的律师、注册会计师行使知情权。

---

① 杜万华主编，最高人民法院民事审判第二庭编著：《最高人民法院公司法司法解释（四）理解与适用》，人民法院出版社 2017 年版，第 226 页。

② 参见江苏省苏州市吴江区人民法院（2018）苏 0509 民初 11902 号民事判决书（本案为笔者代理的案件）。

(三)股东无法行使知情权的赔偿责任

在所有权与经营权相分离的预设之下,董事、高级管理人员对于公司事务的经营管理应当置备、留存相关相关文件、资料;这既是董事、高级管理人员勤勉的体现,也是股东知情权的合理内涵。实践中,经常发生公司未按照相应程式置备公司文件资料的情形。对此,《公司法司法解释(四)》进一步强化董事、高级管理人员的受信义务,其在第 12 条规定,公司董事、高级管理人员等未依法履行职责,导致公司未依法制作或者保存《公司法》第 33 条、第 97 条[①]规定的公司文件材料,给股东造成损失,股东依法请求负有相应责任的公司董事、高级管理人员承担民事赔偿责任的,人民法院应当予以支持。

关于具体赔偿责任的司法实践情况,请参阅本书第十章第二节的相关论述。

① 2023 年《公司法》修订后,条文序号调整为第 57 条、第 110 条。

第六章　股权转让司法实务

■ 第一节　股权转让概述

股权作为以财产权为主的综合性权益,可以由持有者通过转让以实现投资收益的目的。《公司法》第四章专章规定有限责任公司的股权转让,同时在第六章专门规定了股份有限公司的股份发行和转让。本书主要以有限责任公司的股权转让为例展开讨论,并在讨论过程中对股份有限公司的特殊之处予以兼顾。

由于有限责任公司具有人合性特征,股东人数较少,所有权与经营权尚未完全分离,因而良好的股东合作关系对于公司的存续、运作与发展十分重要。但股权作为一种以财产权为主的综合性权益,必须满足流通性才能体现其价值,股权转让是实现股东投资回报的重要方式之一。因此,各国公司法都对股权转让作出了细致明确的规定。

按照不同的分类标准,可将股权转让分为内部转让与外部转让,以及意定转让与法定转让等不同的类型。

一、依照股权受让者是否也是本公司股东,可将股权转让分为内部转让和外部转让两种类型

(一)股权的内部转让

依照《公司法》第 84 条第 1 款的规定,有限责任公司的股东之间可以相互转让其全部或者部分股权。亦即,有限责任公司内部股东之间转让股权不受任何限制。

(二)股权的外部转让

依照《公司法》第 84 条第 2 款的规定,股东向股东以外的人转让股权的,应当将股权转让的数量、价格、支付方式和期限等事项书面通知其他股东,其他股东在同等条件下有优先购买权。股东自接到书面通知之日起 30 日内未答复的,视为放弃优先购买权。两个以上股东行使优先购买权的,协商确定各自的购买比例;协商不成的,按照转让时各自的出资比例

行使优先购买权。

《公司法》修订后，取消此前股权对外转让需要征求其他股东同意的规定。被通知的股东只要在30日内未答复的，即视为放弃优先购买权。这里的"视为"是法律的拟制，而不是推定。根据证据规则，推定的事实是可以用反证推翻的，而"视为"则直接产生法律规定的后果——丧失优先购买权。这就使得股东对外转让股权在操作层面更为便利。

二、按照股权转让是否出于股东自己的意志，可将股权转让分为意定转让和法定转让两种类型

（一）意定转让

意定转让，是指出于股东自己的意志（意思表示）而发生的股权转让，通常情况下的股权转让都是意定转让。

（二）法定转让

法定转让，是指股权的变动并非出于股东自己的意志（意思表示），而是出于其他法律规定的事由。

例如，《证券投资基金法》第23条第2款、第3款规定："公开募集基金的基金管理人的股东、实际控制人有前款行为或者股东不再符合法定条件的，国务院证券监督管理机构应当责令其限期改正，并可视情节责令其转让所持有或者控制的基金管理人的股权。在前款规定的股东、实际控制人按照要求改正违法行为、转让所持有或者控制的基金管理人的股权前，国务院证券监督管理机构可以限制有关股东行使股东权利。"

又如，2019年《证券法》第74条第1款规定："收购期限届满，被收购公司股权分布不符合证券交易所规定的上市交易要求的，该上市公司的股票应当由证券交易所依法终止上市交易；其余仍持有被收购公司股票的股东，有权向收购人以收购要约的同等条件出售其股票，收购人应当收购。"

再如，《公司法》第52条规定的股东失权制度，第85条规定的人民法院依照法律规定的强制执行程序转让股东的股权，第89条规定的异议股东请求公司以合理价格收购其股权，第90条规定的股权继承，等等，都体现了股权变动的强制性，都可以归入股权法定变动的范畴。

■ 第二节　股权变动与对抗效力

股权转让的效力问题，直接涉及该转让是否具有执行力，司法实践中也经常发生股权

转让纠纷。股权转让实质上是股权在转让方与受让方之间的流通，主要受《民法典》调整，不过在判断股权转让协议的效力问题上，同时需要兼顾《公司法》的特殊规定。

一、股权转让合同效力

股权转让属于民事法律行为。根据《民法典》第 143 条的规定，具备下列条件的民事法律行为有效：(1)行为人具有相应的民事行为能力；(2)意思表示真实；(3)不违反法律、行政法规的强制性规定，不违背公序良俗。

《民法典》施行前，《合同法》第 52 条规定了合同无效的五项事由：(1)一方以欺诈、胁迫的手段订立合同，损害国家利益；(2)恶意串通，损害国家、集体或者第三人利益；(3)以合法形式掩盖非法目的；(4)损害社会公共利益；(5)违反法律、行政法规的强制性规定。

2021 年 1 月 1 日《民法典》施行后，对于合同效力的认定进行了重大调整。关于《合同法》第 52 条规定的合同无效的五项事由，《民法典》不再将第 1 项“一方以欺诈、胁迫的手段订立合同，损害国家利益”认为是合同无效的事由，而改为可撤销事由。对此，《民法典》第 148 条规定，“一方以欺诈手段，使对方在违背真实意思的情况下实施的民事法律行为，受欺诈方有权请求人民法院或者仲裁机构予以撤销”。《民法典》对第 2 项“恶意串通，损害国家、集体或者第三人利益”予以保留，规定于第 154 条，即“行为人与相对人恶意串通，损害他人合法权益的民事法律行为无效”。第 3 项“以合法形式掩盖非法目的”不再作为合同无效事由，而应根据《民法典》第 146 条规定的隐藏行为进行处理。换言之，在同时存在虚假意思表示和隐藏行为的情况下，虚假意思表示无效。如果隐藏行为本身有效，则按照有效处理；如果隐藏行为本身无效，则按照无效处理；如果隐藏行为本身为可撤销的民事法律行为，则按照可撤销的民事法律行为处理。同时，《民法典》将第 4 项“损害社会公共利益”吸收为“公序良俗”，与第 5 项“违反法律、行政法规的强制性规定”一并规定于《民法典》第 153 条之中，即“违反法律、行政法规强制性规定的民事法律行为无效。但是，该强制性规定不导致该民事法律行为无效的除外。违背公序良俗的民事法律行为无效”。《民法典》合同编第 508 条规定，“本编对合同的效力没有规定的，适用本法第一编第六章的有关规定”。①

2023 年 12 月 4 日，最高人民法院发布《合同编通则解释》，对合同效力作出进一步明确。其中最大的亮点便是对法律规范的属性不再区分效力性强制性规定和管理性强制性规定，体现出尽量尊重当事人真实意思表示并在解释上尽量认定合同有效的倾向。该解释第 16 条规定：“合同违反法律、行政法规的强制性规定，有下列情形之一，由行为人承担行政责任或者刑事责任能够实现强制性规定的立法目的的，人民法院可以依据民法典第一百五十三条第一款关于‘该强制性规定不导致该民事法律行为无效的除外’的规定认定该合

---

① 参见最高人民法院民法典贯彻实施工作领导小组主编：《中华人民共和国民法典总则编理解与适用》（下），人民法院出版社 2020 年版，第 730 页。

同不因违反强制性规定无效:(一)强制性规定虽然旨在维护社会公共秩序,但是合同的实际履行对社会公共秩序造成的影响显著轻微,认定合同无效将导致案件处理结果有失公平公正;(二)强制性规定旨在维护政府的税收、土地出让金等国家利益或者其他民事主体的合法利益而非合同当事人的民事权益,认定合同有效不会影响该规范目的的实现;(三)强制性规定旨在要求当事人一方加强风险控制、内部管理等,对方无能力或者无义务审查合同是否违反强制性规定,认定合同无效将使其承担不利后果;(四)当事人一方虽然在订立合同时违反强制性规定,但是在合同订立后其已经具备补正违反强制性规定的条件却违背诚信原则不予补正;(五)法律、司法解释规定的其他情形。法律、行政法规的强制性规定旨在规制合同订立后的履行行为,当事人以合同违反强制性规定为由请求认定合同无效的,人民法院不予支持。但是,合同履行必然导致违反强制性规定或者法律、司法解释另有规定的除外。依据前两款认定合同有效,但是当事人的违法行为未经处理的,人民法院应当向有关行政管理部门提出司法建议。当事人的行为涉嫌犯罪的,应当将案件线索移送刑事侦查机关;属于刑事自诉案件的,应当告知当事人可以向有管辖权的人民法院另行提起诉讼。"

【案例6.1】 李某江诉奚某平股权转让纠纷案①

山东省菏泽市中级人民法院认定奚某平出让股权时隐瞒公司对外存在担保的事实,构成欺诈。该院指出,股权转让是《公司法》赋予股东的一项权利。在转让股权时,出让人应根据诚实信用原则,如实向受让人告知公司资产及负债情况,受让人也应尽注意义务,了解公司资产及负债情况。在本案中,奚某平分两次将其持有的菏泽东泽公司100%的股权转让与李某江,未提及菏泽东泽公司对外担保的情况。奚某平在向菏泽东泽公司股东以外的李某江转让股权时,负有向李某江保证该公司不存在未披露债务的义务,此项义务无论转让合同是否约定都是存在的。菏泽东泽公司的担保对于不是股东的李某江而言,仅凭注意义务是无法知晓的。菏泽东泽公司注册资本为100万元,奚某平分两次将该公司100%的股权以290万元的价格转让给李某江,而该公司对外担保的债务达到了376万元,且已由山东省济宁市中级人民法院判决确定。奚某平隐瞒公司债务,必然虚增公司现有资产价值,使转让价格脱离公司股权的实际价格,形成对原告的欺诈,侵害原告利益,山东省菏泽市中级人民法院遂判决撤销双方股权转让合同。

股权转让合同,属于合同的一种。根据《民法典》第502条第1款、第2款的规定,依法成立的合同,自成立时生效,但是法律另有规定或者当事人另有约定的除外。依照法律、行

① 参见山东省菏泽市中级人民法院(2012)菏商初字第27号民事判决书(一审)。

政法规的规定,合同应当办理批准等手续的,依照其规定。未办理批准等手续影响合同生效的,不影响合同中履行报批等义务条款以及相关条款的效力。应当办理申请批准等手续的当事人未履行义务的,对方可以请求其承担违反该义务的责任。

另外,对于公司股权转让,还需要兼顾《公司法》的特殊规定。例如,我国《公司法》对于股份有限公司的发起人以及董事、监事、高级管理人员转让其所持有的本公司股份设置了一定的限制。《公司法》第 160 条第 1 款、第 2 款规定,“公司公开发行股份前已发行的股份,自公司股票在证券交易所上市交易之日起一年内不得转让……公司董事、监事、高级管理人员应当向公司申报所持有的本公司的股份及其变动情况,在就任时确定的任职期间每年转让的股份不得超过其所持有本公司股份总数的百分之二十五;所持本公司股份自公司股票上市交易之日起一年内不得转让。上述人员离职后半年内,不得转让其所持有的本公司股份。公司章程可以对公司董事、监事、高级管理人员转让其所持有的本公司股份作出其他限制性规定”。

二、股权变动的时点及对抗效力

《公司法》第 34 条延续《民法典》第 64 条、第 65 条规定,“公司登记事项发生变更的,应当依法办理变更登记。公司登记事项未经登记或者未经变更登记,不得对抗善意相对人”。该条第 2 款将修订前的“不得对抗第三人”改为“不得对抗善意相对人”。

法律对股东资格的取得以及对抗效力分为三个层面予以规范:(1)股权转让协议的合同效力[①];(2)对抗公司效力;(3)对抗善意相对人效力。

首先,股权转让合同一经成立即生效,除非法律另有规定或者当事人另有约定。早在 2007 年,《物权法》第 15 条即确立了效力分离原则。该规定为《民法典》所吸收,并规定于第 215 条,即“当事人之间订立有关设立、变更、转让和消灭不动产物权的合同,除法律另有规定或者当事人另有约定外,自合同成立时生效;未办理物权登记的,不影响合同效力”。“市场流通领域中,民事法律行为是发生物权变动的基础关系,主要是合同,它属于债权法律关系的范畴,成立及生效应该依据合同法来判断。民法学将这种合同看成是物权变动的原因行为。现实中,原因行为的效力和物权变动并不必然发生联系,如依法成立生效的合同,因出让方违约等原因不能继续履行,或者物权客体毁损灭失,也许不能发生物权变动的结果。”[②]债权合同是物权变动的原因,物权变动是债权合同履行的结果。只有物权变动的结果进行登记公示,方发生物权变动的效力。对此,《民法典》第 209 条第 1 款规定,“不动产物权的设立、变更、转让和消灭,经依法登记,发生效力;未经登记,不发生效力,但是法律另有规定的除外”。股权变更登记的规则与物权变更登记的情形相似。股权转让合同一经签

---

① 股权代持情况亦是如此,详见本书第二章。

② 最高人民法院民法典贯彻实施工作领导小组主编:《中华人民共和国民法典物权编理解与适用》(上),人民法院出版社 2020 年版,第 83 页。

订,即为转让人和受让人设定了合同义务,转让人需依照合同的约定将股权交付给受让人(负担行为),受让人同样应当依照合同的约定将股权转让价款交付给转让人。股权是否能够变更登记到受让人名下,则属于权属变动的处分行为。其他股东行使优先购买权、转让人因债务纠纷而被强制执行其名下股权、转让人是名义股东而无处分权等,都有可能导致股权最终无法变更登记至受让人名下。

其次,关于股权变动时点的确定,在公司内部采取股东名册变更的标准。《九民纪要》第8条规定,"当事人之间转让有限责任公司股权,受让人以其姓名或者名称已记载于股东名册为由主张其已经取得股权的,人民法院依法予以支持,但法律、行政法规规定应当办理批准手续生效的股权转让除外。未向公司登记机关办理股权变更登记的,不得对抗善意相对人"。"以股东名册变更作为股权移转的标志,区分了股权转让合同生效与股权权属变更,区分了股东名册记载与公司登记机关记载的效力,兼顾了转让股东、受让股东的利益以及对公司债权人和不特定相对人的保护。该种观点也与最高人民法院审判实践中一贯的倾向性意见一致。"[①]"受让人只有在公司股东名册上记载了自己的姓名或者名称后,才能以股东身份对公司主张行使股东的权利,此时才取得了股权。因此,受让人取得股权是股权转让合同与股东名册变更共同作用的结果,而股东名册的变更是受让人取得股权的标志……需要注意的是,虽然公司法中明确要求有限责任公司应当置备股东名册,但是目前实践中部分公司管理不规范,存在股东名册形同虚设甚至不设股东名册的情况。针对这一现实情况,考虑到股东名册记载变更的目的归根结底是公司正式认可股权转让的事实,审判实践中可以根据案件实际审理情况,认定股东名册是否变更。在不存在规范股东名册的情况下,有关的公司文件,如公司章程、会议纪要等,只要能够证明公司认可受让人为新股东的,都可以产生相应的效力。"[②]《公司法》第86条规定,"股东转让股权的,应当书面通知公司,请求变更股东名册;需要办理变更登记的,并请求公司向公司登记机关办理变更登记。公司拒绝或者在合理期限内不予答复的,转让人、受让人可以依法向人民法院提起诉讼。股权转让的,受让人自记载于股东名册时起可以向公司主张行使股东权利"。

最后,对于有限责任公司股权转让而言,受让人在办理公司变更登记后,取得对抗善意相对人的法律效力。对于股份有限公司而言,由于非发起人的股东股权变更事项不属于法律要求的必须登记事项,在公司内部通过股东名册进行管理,因此,股份有限公司的非发起人股东在公司内部办理股东名册变更即可以起到对抗善意相对人的法律效力。对于股份有限公司的发起人的股份变更信息要求通过国家企业信用信息公示系统进行公示。因此,就股份有限公司发起人的股份转让而言,其对抗善意相对人的规则与有限责任公司的股权

① 最高人民法院民事审判第二庭编著:《〈全国法院民商事审判工作座谈会纪要〉理解与适用》,人民法院出版社2019年版,第134页。

② 最高人民法院民事审判第二庭编著:《〈全国法院民商事审判工作座谈会纪要〉理解与适用》,人民法院出版社2019年版,第135页。

转让相同。

简言之,股权转让合同的效力按照《民法典》关于合同效力认定的规则确立,除法律另有规定或者当事人另有约定外,转让人与受让人签订股权转让合同后,即在双方之间产生股权转让合同法律关系,股权转让合同生效。在受让人姓名或者名称记载于公司股东名册后,即产生股权移转的法律效力,受让人可根据其被记载于股东名册而对公司主张股东权利。在办理公司变更登记后,受让人取得登记对抗效力,可以以登记事项对抗善意相对人。

■ 第三节　股权转让合同的特殊情况

一、外商投资企业股权转让——实行"国民待遇 + 负面清单"制度

2019 年 3 月 15 日,全国人民代表大会通过了《外商投资法》。根据《外商投资法》第 4 条第 1 款、第 2 款的规定,国家对于外商投资实行准入前国民待遇(在投资准入阶段给予外国投资者及其投资不低于本国投资者及其投资的待遇)加负面清单管理制度。《外商投资法》第 42 条第 1 款规定,"本法自 2020 年 1 月 1 日起施行。《中华人民共和国中外合资经营企业法》、《中华人民共和国外资企业法》、《中华人民共和国中外合作经营企业法》同时废止"。

国家市场监督管理总局《关于贯彻落实〈外商投资法〉做好外商投资企业登记注册工作的通知》(国市监注〔2019〕247 号)第 2 条规定,"登记机关对相关申请材料进行形式审查。外国投资者或者外商投资企业在《负面清单》以外的领域投资的,按照内外资一致的原则进行登记注册。外国投资者或者外商投资企业投资《负面清单》内对出资比例、法定代表人(主要负责人)国籍等有限制性规定的领域,对于符合准入特别管理措施规定条件的,依法予以登记注册;行业主管部门在登记注册前已经依法核准相关涉企经营许可事项的,登记机关无需就是否符合准入特别管理措施规定条件进行重复审查。外国投资者或者外商投资企业在《负面清单》禁止投资的领域投资的,不予登记注册。登记机关要将登记信息推送至省级共享平台(省级信用信息共享交换平台、政务信息平台、部门间数据接口等),实现与有关政府职能部门的信息互联共享"。

《最高人民法院关于适用〈中华人民共和国外商投资法〉若干问题的解释》(法释〔2019〕20 号)第 2 条第 1 款规定,"对外商投资法第四条所指的外商投资准入负面清单之外的领域形成的投资合同,当事人以合同未经有关行政主管部门批准、登记为由主张合同无效或者未生效的,人民法院不予支持"。第 3 条规定,"外国投资者投资外商投资准入负面清单规定禁止投资的领域,当事人主张投资合同无效的,人民法院应予支持"。第 4 条规定,"外国

投资者投资外商投资准入负面清单规定限制投资的领域,当事人以违反限制性准入特别管理措施为由,主张投资合同无效的,人民法院应予支持。人民法院作出生效裁判前,当事人采取必要措施满足准入特别管理措施的要求,当事人主张前款规定的投资合同有效的,应予支持”。第5条规定,“在生效裁判作出前,因外商投资准入负面清单调整,外国投资者投资不再属于禁止或者限制投资的领域,当事人主张投资合同有效的,人民法院应予支持”。

据此,外商投资企业中涉及股权变更事项的,要根据投资领域是否属于负面清单规定的情形作出区分。对于负面清单之外的领域,相关投资合同、股权转让合同实行国民待遇原则,即与内资企业一致,由登记机关进行形式审查、备案管理,不再设定审批程序。对于负面清单中规定的限制投资领域,继续实行审批核准制;在人民法院作出生效裁判前,如果符合投资准入条件,相关股权转让合同应认定为有效。对于负面清单中规定的禁止投资领域,因涉及国家安全等社会公共利益,应当认定相关协议无效。

二、企业国有股权转让合同生效的特殊要件:评估、批准与进场交易

根据《企业国有资产法》第54条的规定,“国有资产转让应当遵循等价有偿和公开、公平、公正的原则。除按照国家规定可以直接协议转让的以外,国有资产转让应当在依法设立的产权交易场所公开进行。转让方应当如实披露有关信息,征集受让方;征集产生的受让方为两个以上的,转让应当采用公开竞价的交易方式。转让上市交易的股份依照《中华人民共和国证券法》的规定进行”。

企业国有产权转让如未在依法设立的产权交易机构中公开进行,而是通过场外交易达成,则违反了公开、公平、公正的交易原则,应当认定其损害社会公共利益。如在**巴菲特投资有限公司诉上海自来水投资建设有限公司股权转让纠纷案**[①]中,上海市第二中级人民法院认为,规定企业国有产权转让应当进场交易的目的,在于通过严格规范的程序保证交易的公开、公平、公正,最大限度地防止国有资产流失,避免国家利益、社会公共利益受损。据此,该院确认巴菲特投资有限公司不能取得上海自来水投资建设有限公司所持有的中国光大银行股份有限公司的股份,双方之间股权转让协议无效。

《企业国有资产法》第51条规定,“本法所称国有资产转让,是指依法将国家对企业的出资所形成的权益转移给其他单位或者个人的行为;按照国家规定无偿划转国有资产的除外”。转让以股权形态存在的国有资产,属于法律所称的国有资产转让。对此,《企业国有资产法》第55条规定,国有资产转让应当以依法评估的、经履行出资人职责的机构认可或者由履行出资人职责的机构报经本级人民政府核准的价格为依据,合理确定最低转让价格。国务院《国有资产评估管理办法》第3条规定,“国有资产占有单位(以下简称占有单

① 参见上海市第二中级人民法院(2007)沪二中民三(商)初字第81号民事判决书(一审)。该案经上海市高级人民法院二审,但二审判决书文号因检索限制未能查到。该案刊载于《最高人民法院公报》2010年第4期。

位）有下列情形之一的，应当进行资产评估：（一）资产拍卖、转让；（二）企业兼并、出售、联营、股份经营；（三）与外国公司、企业和其他经济组织或者个人开办外商投资企业；（四）企业清算；（五）依照国家有关规定需要进行资产评估的其他情形”。由此可见，在转让国有股权时，除了进场交易外，依法评估国有资产——股权——的价值，亦属于强制性法律规定。国有股权转让过程中如未经评估程序，原则上应当认定转让行为无效。

最高人民法院在**苏州工业园区广程通信技术有限公司与中国北方工业公司股权转让纠纷案**①中的裁判要旨明确：国有资产转让不仅应当由国有资产监督管理部门审批，而且应当由具有国有资产评估资格的评估机构进行评估。当事人明知所涉股权未经过评估而签订国有股权转让协议的，可以认定当事人明知或应知其行为将造成国家的损失而故意为之，说明当事人并非善意。如果签订转让协议后评估价格属于明显不合理的低价，且受让方明知价格明显低于市场价格仍与之交易，谋取不当利益的，即可认定为恶意串通。在上述情形下，应认定股权转让协议无效。

最高人民法院在**云南澄江澄阳商务有限公司与澄江县旅游总公司等股权转让纠纷案**②中指出，澄江县旅游总公司（以下简称旅游公司）为全民所有制企业，其所持有的云南澄江老鹰地旅游度假村有限公司（以下简称老鹰地公司）23.8%的股权属于国有资产，不经资产评估转让旅游公司股权的行为违反了国有资产应当评估的强制性规定。澄江县人民政府未经资产评估，即与骏豪控股有限公司（以下简称骏豪公司）签订了《关于解决云南澄江老鹰地旅游度假村有限公司有关问题的备忘录》（以下简称《老鹰地公司备忘录》），约定无偿转让旅游公司持有的23.8%的股权；旅游公司与云南澄江澄阳商务有限公司（以下简称澄阳公司）签订了《股权转让协议书》，将其持有的老鹰地公司23.8%的股权以1万元对价转让给澄阳公司。上述行为均违反了有关强制性规定，且股权价格严重偏离了股权的真实价值，造成国有资产重大流失。骏豪公司、永昌发展有限公司、澄阳公司作为关联公司，在对老鹰地公司股权进行整体并购的过程中，与澄江县人民政府的经办人之间恶意串通，不经评估以极低价格受让旅游公司持有的股权，造成国有资产重大流失，属于损害国家、集体或第三人利益的行为。因此，澄江县人民政府与骏豪公司签订的《老鹰地公司备忘录》第6条及澄阳公司与旅游公司签订的《股权转让协议书》的内容无效。在该案一审判决中，云南省高级人民法院还以造成国有资产重大流失的行为属于“损害社会公共利益”为由，认定《老鹰地公司备忘录》第6条及《股权转让协议书》无效。

需要指出的是，如果企业国有股权转让系发生在两个国有公司之间，即使未经批准，法院仍可确认股权转让的效力。如在**联大集团有限公司诉安徽省高速公路控股集团有限公**

---

① 参见江苏省高级人民法院（2005）苏民二初字第0034号民事判决书（一审），最高人民法院（2009）民二终字第15号民事判决书（二审）。

② 参见云南省高级人民法院（2017）云民初45号民事判决书（一审），最高人民法院（2019）最高法民终1815号民事判决书（二审）。

司股权转让纠纷案[①]中，江苏省高级人民法院认为本案系两个国有企业之间转让股权，不会产生国有资产流失的后果，未经审批不会损害国家利益或社会公共利益。故是否经过有关机关批准不影响该协议的效力。

三、公司具有的特殊资质对股权转让效力的影响

实践中，对于具有特殊资质的公司在发生股权转让并由此导致公司控制权变更时，股权转让效力如何，或者说当事人是否"以股权转让为名行资质转让之实"进而构成"以合法形式掩盖非法目的"，时常发生争议。以矿业权为例，司法实践中，区分股权与矿业权的不同所有主体。股权的所有者是股东，矿业权的所有者是公司。股权转让所引发的股东变更属于公司登记事项的变更，并不改变矿业权权属为公司所有这一事实。

前已述及，《民法典》施行后，"以合法形式掩盖非法目的"已不再作为认定合同无效的理由，而应适用《民法典》第146条关于虚假意思表示及隐藏行为的规则进行裁判。由于股权与矿业权等特殊资质权属分别属于股东及公司两个不同的主体，股权转让仅仅涉及股东的变更，并不改变矿业权权属属于公司这一事实，因此也不存在所谓的"隐藏行为"，该股权转让行为自然应当认定为有效。

【案例6.2】 申某山、曹某杰与林某聪、周某辉等股权转让纠纷案[②]

2010年6月18日，金鹰公司全体股东召开股东会形成一致意见，同意将公司100%股权全部对外一次性转让，同时委托周某辉、周某金（二人亦系公司股东）办理股权转让事宜。周某辉、周某金接受委托后，代表林某聪等11名金鹰公司股东与申某山、曹某杰签订《股权及资产转让协议书》。该协议书签订后，申某山、曹某杰依约先行支付定金，并会同周某辉、林某聪等办理股权变更登记手续，因金鹰公司11名股东内部对于付款银行账户产生争议，申某山、曹某杰无法按约定支付转让款，引发本案诉讼。另查明，2010年10月12日金鹰公司取得青海省格尔木市那陵郭勒河东铁矿矿业权（采矿权出让期为12年）。诉讼中，林某聪等提出反诉，认为《股权及资产转让协议书》中约定的转让股权及资产中包括上述矿业权的相关内容，该协议书"名为股权转让协议，实为矿业权的转让"，严重违反我国《矿产资源法》的规定，应属无效。对此，青海省高级人民法院一审认为，《股权及资产转让协议书》中虽约定了包括矿业权等资产转让的条款，

---

① 参见江苏省高级人民法院（2010）苏商初字第0002号民事判决书（一审），最高人民法院（2013）民二终字第33号民事判决书（二审）。

② 参见青海省高级人民法院（2011）青民二初字第6号民事判决书（一审），最高人民法院（2011）民二终字第106号民事判决书（二审）。

但该协议书的总体约定实质要件仍是股权转让，即只是对金鹰公司的股权进行转让，并没有转让金鹰公司的矿业权，也无对矿业权的主体进行变更的情形和约定，该矿业权仍属于金鹰公司。最高人民法院二审认为，本案矿业权的主体是金鹰公司而非金鹰公司的全体股东，只有金鹰公司才有权在符合法律规定的条件下，依法转让矿业权。即便金鹰公司全体股东转让所有股权，也不能得出其转让公司享有的矿业权的结论。《股权及资产转让协议书》所涉资产，仍属于股东股权范畴，并不涉及金鹰公司矿业权的转让。换言之，本案《股权及资产转让协议书》的履行并不当然发生金鹰公司矿业权转让的效力。本案矿业权主体未发生变动，仍为金鹰公司。据此，最高人民法院认定《股权及资产转让协议书》合法有效，各方应继续履行。

最高人民法院在**青海汇吉集团有限责任公司、周某军与杜某亚等股权转让纠纷案**[①]中，亦遵循前述案件的裁判思路，认定当事人之间签订《公司收购协议书》及补充协议，约定矿山企业全体股东将股权全部转让并过户给受让方安排接受股权的人，同时约定了收购对价、办理股权过户及公司资产移交等相关内容，该两份合同不违反国家法律法规规定，不损害他人合法权益，应认定合法有效。对于青海汇吉集团有限责任公司、周某军上诉主张按照《矿产资源法》《探矿权采矿权转让管理办法》等规定认定《公司收购协议书》及补充协议未生效的上诉请求，因本案法律关系涉及变动的是股权，而非采矿权等资产，上述法律对企业股权变动并没有限制性规定，其上诉理由不能成立，应不予支持。

在**湖南金长润科技实业有限公司、湖南兴嘉置业发展有限公司与深圳泰邦地产有限公司等股权转让纠纷案**[②]中，最高人民法院认为经过两次股权转让后，虽然湖南金长润科技实业有限公司和湖南兴嘉置业发展有限公司将兴荣公司的全部股权转让给了深圳泰邦地产有限公司（以下简称泰邦公司），但原属兴荣公司的浅水湾项目建设用地使用权权属始终登记于兴荣公司名下，属于兴荣公司的资产，并未因股权转让而发生流转。因此，不能仅以泰邦公司受让了兴荣公司的全部股权，而认定两次股权转让行为实为建设用地使用权转让行为。

四、公司章程中对股权转让作出的另行规定对股权转让效力的影响

《公司法》第84条第3款规定，"公司章程对股权转让另有规定的，从其规定"。该款规定是公司自治原则在股权转让领域的体现。通常情况下，公司章程可以就公司股权转让问

---

① 参见青海省高级人民法院（2011）青民二初字第11号民事判决书（一审），最高人民法院（2012）民二终字第86号民事判决书（二审）。

② 参见湖南省高级人民法院（2011）湘高法民二初字第2号民事判决书（一审），最高人民法院（2012）民二终字第23号民事判决书（二审）。

题中的一些事项作出与《公司法》不相一致的规定，包括：有限责任公司股权对外转让是否排除其他股东优先购买权，或者股份有限公司的股份转让是否赋予其他股东优先购买权；股份有限公司发行转让受限制股份的限制规定及转让办法，以及《公司法》第 160 条第 2 款后段所规定的对公司董事、监事、高级管理人员转让公司股份的其他限制等。但如果公司章程设定的限制将直接导致股东无法转让股权的，该约定应属无效。

根据前文的分析，公司章程对股权转让设置合理限制的，股东在转让股权时应当遵守。但股权转让合同的效力不会因此受到影响，只是在股权能否现实地变更上会受到影响，即负担行为有效，而处分行为能否变动则需要结合公司章程的内容确定。

最高人民法院指导案例 96 号**宋某军诉西安市大华餐饮有限公司股东资格确认纠纷案**①的裁判要点指出，国有企业改制为有限责任公司，其初始章程对股权转让进行限制，明确约定公司回购条款，只要不违反《公司法》等法律强制性规定，可认定为有效。有限责任公司按照初始章程约定，支付合理对价回购股东股权，且通过转让给其他股东等方式进行合理处置的，人民法院应予支持。这一指导案例认可了公司章程规定的"人走股留"条款的效力。最高人民法院认为，《大华公司章程》第 14 条规定："公司股权不向公司以外的任何团体和个人出售、转让。公司改制一年后，经董事会批准后可以公司内部赠与、转让和继承。持股人死亡或退休经董事会批准后方可继承、转让或由企业收购，持股人若辞职、调离或被辞退、解除劳动合同的，人走股留，所持股份由企业收购"，这是公司自治原则的体现，属于对股东转让股权的限制性规定而非禁止性规定，宋某军依法转让股权的权利没有被公司章程所禁止，大华公司章程不存在侵害宋某军股权转让权利的情形。

《公司法》修订后，对股份有限公司发行类别股作出规定，允许公司发行转让受限制的类别股。《公司法》第 144 条第 1 款规定，"公司可以按照公司章程的规定发行下列与普通股权利不同的类别股：……（三）转让须经公司同意等转让受限的股份……"第 145 条规定，"发行类别股的公司，应当在公司章程中载明以下事项：（一）类别股分配利润或者剩余财产的顺序；（二）类别股的表决权数；（三）类别股的转让限制；（四）保护中小股东权益的措施；（五）股东会认为需要规定的其他事项"。第 157 条规定，"股份有限公司的股东持有的股份可以向其他股东转让，也可以向股东以外的人转让；公司章程对股份转让有限制的，其转让按照公司章程的规定进行"。

五、认缴制下股权转让合同的效力及资本充实责任承担

《公司法》第 88 条规定，"股东转让已认缴出资但未届出资期限的股权的，由受让人承担缴纳该出资的义务；受让人未按期足额缴纳出资的，转让人对受让人未按期缴纳的出资

① 参见陕西省西安市碑林区人民法院（2014）碑民初字第 01339 号民事判决书（一审），陕西省西安市中级人民法院（2014）西中民四终字第 00277 号民事判决书（二审），陕西省高级人民法院（2014）陕民二申字第 00215 号民事裁定书（再审）。

承担补充责任。未按照公司章程规定的出资日期缴纳出资或者作为出资的非货币财产的实际价额显著低于所认缴的出资额的股东转让股权的，转让人与受让人在出资不足的范围内承担连带责任；受让人不知道且不应当知道存在上述情形的，由转让人承担责任”。

由此可见，已认缴出资但未届出资期限的股权以及出资瑕疵的股权均可以转让，股权转让协议亦不因此而无效。其引发的问题是资本充实责任的承担，现分情形展开探讨。

（一）未届出资期限转让股权情况下资本充实义务的承担

根据《公司法》第 88 条第 1 款的规定，注册资本认缴制下股东享有出资期限利益，因此转让已认缴出资但未届出资期限的股权，属于股权的正常转让，公司资本充实义务应当由受让人承担。为了防止转让人故意向没有出资能力的受让人转让股权，该款特别规定受让人未按期足额缴纳出资的，转让人对受让人未按期缴纳的出资承担补充责任。《公司法》第 4 条第 1 款规定，“有限责任公司的股东以其认缴的出资额为限对公司承担责任；股份有限公司的股东以其认购的股份为限对公司承担责任”。这一规定是股东有限责任的内涵。在转让人原始取得股权，成为公司股东的时候，其就对公司作出认缴出资或认购股份的承诺。在受让人未按期足额缴纳出资的情况下，要求转让人对受让人未按期缴纳的出资承担资本充实责任，不会超过转让股东对于公司资本的认缴出资或者认购股份的承诺。

如在**刘某平等与深圳市爱彼时尚网络有限公司股东出资纠纷案**[①]中，广东省深圳市中级人民法院一审指出，李某辉和胡某民在明知深圳市爱彼时尚网络有限公司（以下简称爱彼公司）不能对外清偿债务的情况下，仍于 2017 年 11 月 2 日进行转让股权，该行为增加了爱彼公司认缴出资实缴到位的风险，导致公司债务难以得到及时清偿，实际上是利用公司股东的期限利益和相对独立的股东身份恶意逃避出资，极大增加了债权人的风险，已构成了对公司债权人信赖利益的侵害，应当在其认缴出资范围内对公司不能清偿的债务承担补充赔偿责任。广东省高级人民法院在二审中进一步指出，我国法律法规不禁止股东在认缴期限届满前转让股权，但股权转让的交易自由和股东期限利益的行使不能损害公司和公司债权人的利益，股东对公司出资既有合同属性也有法定属性，不当然随着股权的转让而转移。公司对外支付不能时，如允许未届出资期限的股东通过转让股权免除出资义务，实际上规避了法律对公司资本的限制，可能造成公司可偿债财产减少，或股东通过股权转让方式逃脱出资义务，最终危害经济交易秩序，这显然不是认缴制的初衷。

再进一步，如果股权发生多次转让，追究股东资本充实义务是否可以将整个股权转让链条的转让人均予以追加，要求其对资本充实责任承担补充责任？本书对此原则上持肯定态度。首先，法律并未对向前追索规定限制。其次，如果仅能追索前一手股东，则这一追索规则很容易通过增加转让环节规避，显然不符合《公司法》第 88 条第 1 款的立法初衷。最

---

① 参见广东省深圳市中级人民法院（2019）粤 03 民初 2855 号民事判决书（一审），广东省高级人民法院（2021）粤民终 1071 号民事判决书（二审）。

后,回归到股东有限责任的本源,追索全部转让股东对受让人的资本充实义务承担补充责任,并不加重其责任,也不超出其预期。如果想减轻这种责任,排除今后被追索高额资本充实责任的风险,转让股东完全可以在公司债务发生前通过减少注册资本的方式降低其出资责任,但需注意的是,出于平衡股东与债权人的利益,对于债权人追诉股东资本充实责任,宜限制在债权形成之时的情况。对于债权形成时已经依法转让股权的股东,因债权人对其履行资本充实责任不享有信赖利益故不宜再允许债权人对其进行追索。

(二)出资瑕疵股权转让合同效力及资本充实义务承担

出资瑕疵股权并非法律所禁止的不可转让的标的,受让人在知道或者应当知道该股权存在瑕疵的情况下,仍基于自己的意志受让该股权的,该股权转让协议应属有效。若转让人故意隐瞒股权存在瑕疵的事实,致使受让人陷入错误认识而受让股权,此时受让人可以依照《民法典》第 148 条①的规定,依法行使撤销权。对于撤销权的行使期间,《民法典》第 152 条规定,有下列情形之一的,撤销权消灭:(1)当事人自知道或者应当知道撤销事由之日起 1 年内、重大误解的当事人自知道或者应当知道撤销事由之日起 90 日内没有行使撤销权;(2)当事人受胁迫,自胁迫行为终止之日起 1 年内没有行使撤销权;(3)当事人知道撤销事由后明确表示或者以自己的行为表明放弃撤销权。当事人自民事法律行为发生之日起 5 年内没有行使撤销权的,撤销权消灭。

【案例 6.3】 田某媛诉刘某丽股权转让纠纷案②

南京云凯防雷科技有限责任公司(以下简称云凯公司)由田某媛、刘某丽及徐某伟三人于 2006 年 6 月出资设立,注册资本为 51 万元。其中田某媛、徐某伟认缴出资均为 15.3 万元,占公司股权 30%,刘某丽认缴出资为 20.4 万元,占公司股权 40% 并担任公司法定代表人。2007 年 10 月 10 日,田某媛与刘某丽签订股权转让协议书一份,约定田某媛将其持有的云凯公司 30% 的股权以 15.3 万元的价格转让给刘某丽;随后,云凯公司召开股东会同意该股权转让协议并为此办理工商变更登记。2008 年 6 月 26 日,南京市工商行政管理局下关分局查明,云凯公司设立之时三位股东均未出资,而是通过找人垫资随后抽逃的方式进行虚假出资,遂作出责令云凯公司改正并处罚款 25500 元的行政处罚决定。

---

① 《民法典》第 148 条规定,一方以欺诈手段,使对方在违背真实意思的情况下实施的民事法律行为,受欺诈方有权请求人民法院或者仲裁机构予以撤销。

② 参见江苏省南京市中级人民法院(2009)宁民二终字第 39 号民事判决书(二审),案例选自《人民司法 · 案例》2010 年第 8 期。

> 因刘某丽一直未支付田某媛股权转让款，故而田某媛诉至法院。南京市玄武区人民法院及南京市中级人民法院审理后，均认为：云凯公司虽然存在注册资本不足的情况，但工商行政管理部门已责令其改正，并未撤销其登记，云凯公司的法人资格依然存在。田某媛虽未能证明其已足额向云凯公司出资，致其股权存有瑕疵，但该存有瑕疵的股权并非不可转让的标的。刘某丽作为云凯公司股东和法定代表人，对云凯公司及田某媛向云凯公司的出资情况是了解的，对田某媛未出资的情况也是明知的。因此，刘某丽主张否定股权转让合同的效力无事实及法律依据，刘某丽应当按约定支付股权转让款。至于田某媛未实际出资的情况，刘某丽可要求云凯公司向其提出相应的主张，但不影响田某媛依据股权转让协议要求刘某丽支付股权转让款。

根据《公司法》第 88 条第 2 款的规定，在存在出资瑕疵的情况下转让股权的，法律推定受让人对于股权出资瑕疵知情，要求转让人与受让人在出资不足的范围内承担连带责任。如果受让人能够提出反证，证明其不知道且不应当知道受让的股权存在出资瑕疵的情形，该瑕疵出资的资本充实义务由转让股东承担。根据该款规定，瑕疵股权分为两种情形：一是股权转让时，转让股东未按照公司章程规定的出资日期缴纳出资；二是作为出资的非货币财产的实际价额显著低于所认缴的出资额，即非货币财产出资存在低值高估情形。

对于受让人如何才能证明自己不知道且不应当知道转让股东存在出资瑕疵的情形，可以结合公司登记情形作出判断。《公司法》第 40 条规定，“公司应当按照规定通过国家企业信用信息公示系统公示下列事项：（一）有限责任公司股东认缴和实缴的出资额、出资方式和出资日期，股份有限公司发起人认购的股份数……公司应当确保前款公示信息真实、准确、完整”。因此，受让人基于上述公示信息进行股权交易，可以作为其对转让股东的出资瑕疵不知情的初步证据。

六、股权转让导致有限公司股东人数超过 50 人的，股权转让仍属有效

基于有限责任公司人合性的考量，法律对股东人数有上限限制。《公司法》第 42 条规定，有限责任公司由 1 个以上 50 个以下股东出资设立。在公司经营的过程中，由于股权转让或者隐名股东的问题，可能会发生股东人数超过 50 人的现象。股权转让造成实际股东人数超过 50 人上限的，股权转让不因此而无效。

根据《合同编通则解释》第 16 条的规定，合同违反法律强制性规定，由行为人承担行政责任或者刑事责任能够实现强制性规定的立法目的的，人民法院可以依据《民法典》第 153 条第 1 款关于“该强制性规定不导致该民事法律行为无效的除外”的规定认定该合同不因违反强制性规定无效。实践中，对于股东人数因股权转让而超过 50 人的情形，亦可确认受让人的股东资格，对此详见本书第二章第四节的有关内容。

七、夫妻一方名下股权转让的效力及救济

(一)夫妻一方名下股权的属性

司法实践中对于夫妻一方名下股权的属性,经历了从直接认定为夫妻共同共有财产到登记一方单独有权处分,并将夫妻共有财产范围限缩至股权中的财产性权益的转变。

《民法典》第1060条首次在立法上确立家事代理制度。该条规定:“夫妻一方因家庭日常生活需要而实施的民事法律行为,对夫妻双方发生效力,但是夫妻一方与相对人另有约定的除外。夫妻之间对一方可以实施的民事法律行为范围的限制,不得对抗善意相对人。”夫妻之间的代理权利仅限于家庭事务,对于超越家庭事务的重大债务承担或者重大财产处分,其效力并不当然及于配偶一方。对此,北京市第一中级人民法院在**北京清华建筑咨询公司诉宋某敏出资纠纷案**①的裁判要旨中明确:夫或妻代理其配偶所为的重大债务承担行为或者转移配偶所有的重大财产行为并不是当然有效,因为此类行为已经超出了一般家庭事务必需的范围。此时,应结合其配偶是否追认以及交易第三人是否有理由相信行为人有代理权等因素进行认定。

最高人民法院在**艾某、张某田诉刘某平等股权转让纠纷案**②中指出,股权作为一项特殊的财产权,除具有财产权益内容外,还具有与股东个人的社会属性及其特质、品格密不可分的人格权、身份权等内容。如无特别约定,对于自然人股东而言,股权仍属于商法规范内的私权范畴,其各项具体权能应由股东本人独立行使,不受他人干涉。在股权流转方面,我国《公司法》确认的合法转让主体也是股东本人,而不是其所在的家庭。

最高人民法院第二巡回法庭2020年第3次法官会议对“夫妻一方名下的有限公司股权的归属与转让”这一问题展开讨论。这次会议讨论的结果认为:股权是股东基于其身份和地位而在公司中享有的权利,包括资产收益权、参与重大决策和选择经营管理者等权利,兼具财产权与人身权属性。取得完整无瑕疵的股东资格和权利,应同时符合实质要件和形式要件。实质要件是向公司出资或认缴出资,形式要件是被记载于股东名册、进行公司登记等。换言之,出资并非取得有限责任公司股权的充分条件,不能仅因出资来源于夫妻共同财产而认定股权为夫妻共同共有。换言之,该会议明确,在婚姻关系存续期间,以夫妻共同财产出资取得但登记在一方名下的有限责任公司股权,并非夫妻共同共有,登记一方行使对该股权的处分权属于有权处分。如不存在与第三人恶意串通损害配偶一方利益等导致合同无效的情形,该处分行为(如转让、设定抵押等)应当得到法律的保护。

---

① 参见北京市海淀区人民法院(2006)海民初字第18662号民事判决书(一审),北京市第一中级人民法院(2006)一中民终字第16386号民事判决书(二审)。本案可参阅最高人民法院中国应用法学研究所编:《人民法院案例选》(2008年第1辑),人民法院出版社2008年版,第285-289页。

② 参见陕西省高级人民法院(2013)陕民二初字第00006号民事判决书(一审),最高人民法院(2014)民二终字第48号民事判决书(二审)。

在夫妻股权的行使问题上，该会议明确了以下几个问题：一是尽管在夫妻内部关系上，夫妻一方名下股权属于夫妻共同财产，但属于夫妻共同财产的内容应被严格限缩在股权中的财产性权益上，股权中属于人身权属性的内容则不属于夫妻共同"财产"的范围。在内部关系上，股权中的财产权属性部分无论是否处置均属于夫妻共同财产，处置所得的利益亦属于夫妻共同所有。但这里对股权的处置仅涉及夫妻共同财产形态的变化，即从股权中的财产权属性内容转变为现实的对价。二是股权中的人身权属性部分，如参与公司管理决策、处置股权等则不属于夫妻共同共有，也不需要夫妻共同行使。《公司法》第 56 条第 2 款规定，记载于股东名册的股东可以主张行使股东权利，因此，对外设置质押、转让股权等属于具体行使股东权利的方式，依法可以直接由登记一方行使，而非共同行使。三是内外有别，即夫妻关系属于内部关系，夫妻与股权处置相对方的关系属于外部关系，法律的精神是优先保护外部交易行为。四是尽管股权中财产权属性居于重要的地位，但股权本身仍不能简单等同于财产权；股权中的人身权属性部分具有人身专属性，只能由股东本人行使。因此，即便股权由夫妻共同财产出资而形成，只要其仅登记在夫妻一方名下，就不能从整体上认定其本身属于夫妻共同共有。

（二）登记一方处分股权后，非登记一方的救济途径

最高人民法院在**谢某琴、福建省泉州市华兴集团有限公司与李某进、长春市绿园区流通企业管理办公室等第三人撤销之诉纠纷案**[①]中，再次重申前述**艾某、张某田诉刘某平等股权转让纠纷案**[②]中的裁判观点。

配偶中非登记方如能证明登记方与股权受让人之间存在恶意串通，故意减损夫妻共同财产内容的，可以主张股权转让合同无效。如浙江省高级人民法院在**张某红与梁某等股权转让纠纷案**[③]指出，梁某林将宁波金昌实业投资有限公司（以下简称金昌公司）的 20% 股份无偿转让给梁某的时候，是在梁某和张某红的婚姻关系存续期间，并没有特别约定是赠与给梁某个人，该 20% 股权应为梁某和张某红夫妻的共同财产，归夫妻共同所有。梁某在夫妻感情不和闹离婚的情况下，又将涉案股份无偿转回给其父亲梁某林。梁某无偿转让涉案股份的行为损害了张某红的夫妻共同财产权，故梁某无偿转让股份的行为属于恶意转移夫妻共同财产的行为。而梁某林作为梁某的父亲，应当明知梁某、张某红夫妻感情不和闹离婚，仍然无偿受让了涉案股份，损害了张某红的夫妻共同财产权。故梁某与梁某林恶意串

---

① 参见吉林省高级人民法院（2016）吉民撤 2 号民事判决书（一审），最高人民法院（2017）最高法民终 281 号民事判决书（二审）。

② 参见陕西省高级人民法院（2013）陕民二初字第 00006 号民事判决书（一审），最高人民法院（2014）民二终字第 48 号民事判决书（二审）。

③ 参见浙江省宁波市中级人民法院（2019）浙 02 民初 918 号民事判决书（一审），浙江省高级人民法院（2020）浙民终 957 号民事判决书（二审）。

通,损害了张某红的合法财产权。根据《民法总则》第 154 条[①]的规定,行为人与相对人恶意串通,损害他人合法权益的民事法律行为无效。故一审判决据此认定梁某无偿转让金昌公司 20% 股份给梁某林的行为无效有相应依据。

最高人民法院在**邱某运与张某华、天津鑫意祥工贸有限公司等确认合同无效纠纷案**[②]中指出,鉴于双方[张某华、天津鑫意祥工贸有限公司(以下简称鑫意祥公司)]签订案涉抵债协议、股权转让协议及进行股权变更登记等行为均发生于张某华与邱某运离婚诉讼期间,案涉股权系张某华与邱某运的夫妻共同财产,张某华在鑫意祥公司未支付合理对价的情况下,将其所持有的天津开发区兰德玛克投资管理有限公司股权全部转让并变更登记于鑫意祥公司名下,且其虚假交易行为在客观上也对邱某运的合法权益造成了损害。因此,一审法院依照《合同法》第 52 条第 2 项[③]的规定,认定张某华、鑫意祥公司签订的股权转让协议无效并无不当。

八、股权代持情况下的股权转让规则

在股权代持的情况下,显名股东未经隐名股东(实际出资人)的同意,将其所代持的股权转让给第三人,该股权转让行为不因隐名股东与显名股东之间存在股权代持协议而无效。

《公司法司法解释(三)》第 25 条的规定,名义股东将登记于其名下的股权转让、质押或者以其他方式处分,实际出资人以其对于股权享有实际权利为由,请求认定处分股权行为无效的,人民法院可以参照《民法典》第 311 条[④]的规定处理。名义股东处分股权造成实际出资人损失,实际出资人请求名义股东承担赔偿责任的,人民法院应予支持。对此,《民法典》第 597 条第 1 款规定,因出卖人未取得处分权致使标的物所有权不能转移的,买受人可以解除合同并请求出卖人承担违约责任。《合同编通则解释》第 19 条第 1 款规定,“以转让或者设定财产权利为目的订立的合同,当事人或者真正权利人仅以让与人在订立合同时对标的物没有所有权或者处分权为由主张合同无效的,人民法院不予支持;因未取得真正权利人事后同意或者让与人事后未取得处分权导致合同不能履行,受让人主张解除合同并请求让与人承担违反合同的赔偿责任的,人民法院依法予以支持”。

---

① 2021 年 1 月 1 日《民法典》施行后,《民法总则》同时废止,《民法总则》第 154 条即为现《民法典》第 154 条。

② 参见天津市高级人民法院(2016)津民初字第 89 号民事判决书(一审),最高人民法院(2018)最高法民终 851 号民事判决书(二审)。

③ 2021 年 1 月 1 日《民法典》施行后,《合同法》同时废止。《民法典》第 154 条规定,行为人与相对人恶意串通,损害他人合法权益的民事法律行为无效。

④ 《民法典》第 311 条规定:“无处分权人将不动产或者动产转让给受让人的,所有权人有权追回;除法律另有规定外,符合下列情形的,受让人取得该不动产或者动产的所有权:(一)受让人受让该不动产或者动产时是善意;(二)以合理的价格转让;(三)转让的不动产或者动产依照法律规定应当登记的已经登记,不需要登记的已经交付给受让人。受让人依据前款规定取得不动产或者动产的所有权的,原所有权人有权向无处分权人请求损害赔偿。当事人善意取得其他物权的,参照适用前两款规定。”

在股权代持情况下，实际出资人与名义股东之间系合同关系，实际出资人未经显名确认并记载于股东名册的，尚不具有公司股东资格。因此，名义出资人对外转让股权属于有权处分而非无权处分。

最高人民法院在**广东达宝物业管理有限公司与广东中岱企业集团有限公司、广东中岱电讯产业有限公司、广州市中珊实业有限公司股权转让合同纠纷案**[①]中公布的裁判摘要指出：股权转让合同中，即使双方约定转让的股权系合同外的第三人所有，但只要双方的约定只是使一方负有向对方转让股权的义务，而没有实际导致股权所有人的权利发生变化，就不能以出让人对股权无处分权为由认定股权转让合同系无权处分合同而无效。可见，司法实践中采取效力分离理论，区分股权转让合同（负担行为）本身的效力以及权属移转（处分行为）的效力。

名义股东未经实际出资人同意，擅自转让代持股权，违反其与实际出资人之间的股权代持协议，构成违约。实际出资人有权根据股权代持协议要求名义股东承担违约责任。同时，名义股东将代持股权转让，侵害了实际出资人的投资权益，亦符合侵权行为的构成要件。对此，《民法典》第186条规定，因当事人一方的违约行为，损害对方人身权益、财产权益的，受损害方有权选择请求其承担违约责任或者侵权责任。

陕西省高级人民法院在**王某飞与闫某羊、闫某吞侵权纠纷案**[②]中指出，二上诉人（闫某羊、闫某吞）作为登记名义股东，未经实际出资人王某飞同意，转让王某飞名下13%股份并收取转让款，侵犯了王某飞的权利，应赔偿因侵权行为给王某飞造成的损失。根据二上诉人实际收取的50%股权转让款5亿元计算，二上诉人应赔偿王某飞13%股份对应的价值损失1.3亿元。

九、公司发生解散事由后的股权转让

实践中还存在这样一个问题：公司发生《公司法》第229条[③]规定的解散事由（如被吊销营业执照）后，转让公司股权的效力如何认定。由于公司解散后将进入清算程序，股东有可能通过清算程序行使剩余财产取回权，因此，此时进行的股权转让仍不失其意义。另外，公司发生解散事由与公司主体资格的消灭是两个不同的法律概念。公司发生解散事由只导致公司营业资格的丧失，此时公司沦为清算法人，只能开展与清算相关的活动。股权转让

---

① 参见广东省广州市中级人民法院（2006）穗中法民二初字第217号民事判决书（一审），广东省高级人民法院（2007）粤高法民二终字第165号民事判决书（二审），最高人民法院（2010）民提字第153号民事判决书（再审）。此外，该案也载于《最高人民法院公报》2012年第5期。

② 参见陕西省榆林市中级人民法院（2018）陕08民初312号民事判决书（一审），陕西省高级人民法院（2020）陕民终966号民事判决书（二审）。

③ 《公司法》第229条规定："公司因下列原因解散：（一）公司章程规定的营业期限届满或者公司章程规定的其他解散事由出现；（二）股东会决议解散；（三）因公司合并或者分立需要解散；（四）被依法吊销营业执照、责令关闭或者被撤销；（五）人民法院依照本法第二百三十一条的规定予以解散。公司出现前款规定的解散事由，应当在十日内将解散事由通过国家企业信用信息公示系统予以公示。"

行为是公司股东行使股东权利的体现，并不能等同于公司的营业行为，二者并不冲突。

原江苏省工商行政管理局对公司被吊销后进行的股权转让持明确支持态度。该局在《被吊销营业执照的公司股权变更登记规范》（苏工商注〔2012〕458 号）第 1 条第 1 款规定，被吊销营业执照的有限公司股权发生变更的，可以向登记机关申请办理变更登记。同时该条第 2 款也明确，被吊销营业执照的公司申请办理其他变更登记的，登记部门应不予受理。在衔接清算组成员、负责人备案登记与股权转让变更登记上，主管部门原则上应当在办理股权变更登记时一并办理清算组成员、清算组负责人备案。

最高人民法院在**北京时光房地产开发有限公司与新华信托股份有限公司等合同纠纷案**①中指出，兴安盟时光房地产开发有限公司（以下简称兴安盟时光公司）的营业执照虽被吊销，但现行法律并未规定被吊销营业执照的公司不能进行股权变更，因此，公司被吊销营业执照的事实不构成兴安盟时光公司股权变动的法律障碍。

四川省高级人民法院在**湖南省裕隆商务发展公司与深圳晨光皮革有限公司等与公司有关的纠纷案**②中指出，根据相关法律规定，公司营业执照被吊销，只是禁止该公司从事经营活动，公司大量的内部事务及公司清算等相关事务仍然需要处理，而这些事务的处理需要真实的权利人。况且，并无法律和行政法规明确规定公司被吊销营业执照后不能进行股权变更登记或股权转让的行为发生。原审法院根据法无禁止即可为的理念，判决成都泰华房地产开发有限公司将目前仍登记在湖南省裕隆商务发展公司（以下简称裕隆公司）名下的案涉 20% 的股权变更登记至深圳晨光皮革有限公司名下并无不当，更不存在裕隆公司上诉所称的司法权与行政权发生冲突的情形。

十、无效法律行为转换制度

在股权转让领域，还可能存在一类特殊的案件，即股东之间签订分割协议直接处分公司资产，但其中暗含一方股东退出公司的内容。从文义解释上分析，股东出资之后不得抽回出资，该分割协议自然无效，但其中暗含的股权转让的法律关系是否有效，涉及民法上一项重要的制度，即无效法律行为转换制度。“法律行为的要件各不相同，当事人在法律行为无效，也即最初的效果意思不能实现时，可能希望完成相近似的法律行为，此期望是一种‘转换的效果意思’，以求实现相近似的法律效果或经济目的。法律为尊重当事人的意思，经由效果意思的解释，使原本无效的法律行为转换成其他有效的法律行为，此项制度称为‘无效行为的转换’。”③

我国民事立法上并未规定无效法律行为转换制度，但民法理论及部分司法实践曾认

① 参见最高人民法院（2014）民二终字第 261 号民事判决书（一审），最高人民法院（2015）民申字第 3135 号民事裁定书（再审）。

② 参见四川省成都市中级人民法院（2017）川 01 民初 34 号民事判决书（一审），四川省高级人民法院（2019）川民终 249 号民事判决书（二审）。

③ 韩世远：《合同法总论》（第 4 版），法律出版社 2018 年版，第 242 页。

可这一制度。如最高人民法院(2015)民申字2354号民事裁定书指出,根据民法原理,法律行为的转换是指如果原法律行为具备替代行为,并且可以认为当事人知道原有行为不生效力或无效后将希望替代行为生效,则可将原有行为转换为替代行为。其制度趣旨在于不拘泥于法律行为的外观,而在尊重当事人真实意思的基础上对交易作出新的评价,用一种适当的行为替换当事人所选择的不适当的行为,以平衡当事人之间的利益。

从司法适用无效法律行为转换制度的实践来看,该制度主要适用于划拨土地使用权转让以及不符合法定要件的担保这两个领域。前者如《最高人民法院关于审理涉及国有土地使用权合同纠纷案件适用法律问题的解释》第10条规定,土地使用权人与受让方订立合同转让划拨土地使用权,起诉前经有批准权的人民政府同意转让,并由受让方办理土地使用权出让手续的,土地使用权人与受让方订立的合同可以按照补偿性质的合同处理。后者如《九民纪要》第54条明确,"银行或者非银行金融机构之外的当事人开立的独立保函,以及当事人有关排除担保从属性的约定,应当认定无效。但是,根据'无效法律行为的转换'原理,在否定其独立担保效力的同时,应当将其认定为从属性担保"。

法官解释私法行为应以该行为所追求的经济目的为重点。在双方当事人的交易事实上已经构成相互一致的协议,但在法律上无效时,当事人不妨以本身在法律上有效的行为从事该交易。在适用无效法律行为转换制度时,必须存在"符合当事人可以推测的意思"这一前提。因为属于法律行为的合同与其他法律事实的最本质的区别就在于它是以当事人的意思为核心要素的,如果没有了当事人的意思,法律行为制度与合同制度的价值将荡然无存。诚然,在无效法律行为转换问题上,当事人通常不可能具有明确的意思,法官只能根据合同文本进行解释和推测,且这种解释和推测不能违背当事人的意愿,尽管当事人意愿所赖以存在的价值观念是不合理的。当事人不应当被其未曾同意的义务所约束,无效法律行为转换制度不能导致对私法自治的破坏。

【案例6.4】　夏某清、曹某洲等股权转让纠纷案[①]

2015年4月28日,夏某清与曹某洲签订《汇利丝绸公司分割协议》一份。该协议对桐乡汇利丝绸织造有限公司(以下简称汇利丝绸公司)的房产及土地作了分割,东面房产(面积2794.2平方米)和土地(面积2270.01平方米)归曹某洲所有,西面房产(面积3877.36平方米)和土地(面积4207.15平方米)归夏某清所有,并对汇利丝绸公司土地使用税、房产税的承担和贷款额度使用作了约定。同时,该协议第7条载明,"汇利丝绸公司股权转让情况:沈某虎转让汇利丝绸公司5%股份给夏某清;曹某洲转让汇利丝

① 参见浙江省桐乡市人民法院(2016)浙0483民初9026号民事判决书(一审),浙江省嘉兴市中级人民法院(2018)浙04民终744号民事判决书(二审),浙江省高级人民法院(2019)浙民再135号民事判决书(再审)。

绸公司48%股份给夏某清”。同时,双方签订《还款协议书》一份(落款时间为2015年4月27日),载明:汇利丝绸公司分割后,夏某清欠曹某洲907580元,并约定了分期还款时间。另工商登记信息显示,现汇利丝绸公司的股东为曹某洲(持股48%)、夏某清(持股47%)及沈某虎(持股5%),法定代表人为曹某洲。

2016年11月24日,曹某洲向一审法院起诉:(1)请求夏某清支付股权转让款757580元,利息38512元(暂计算至2016年10月31日);(2)请求夏某清及汇利丝绸公司交付其东边2794.2平方米房产并办理不动产登记过户等相关手续;(3)请求诉讼费用由夏某清承担。

浙江省桐乡市人民法院一审认为:曹某洲起诉主张其与夏某清之间存在股权转让纠纷,《汇利丝绸公司分割协议》实系股权转让协议,曹某洲将其持有的股份转让给夏某清,以支付现金及对公司部分资产进行分割的方式支付股权转让款项,双方间的股权转让关系真实合法有效。而夏某清则认为该协议违反法律强制性规定,属于无效协议,不发生法律效力。一审法院认为,夏某清的抗辩主张有相应的法律依据,予以支持,理由如下:(1)在公司人格存续期间,股东未经法定程序,无权私自分割公司资产据为己有。本案双方未经法定程序,仅凭该协议分割公司资产,不符合法律规定。(2)即使如曹某洲诉称的股权转让,以支付现金及分割部分公司资产的方式支付股权转让款项,也属于股东非法转移公司财产、侵犯公司利益的行为,违反了《公司法》的强制性规定,该约定无效。综上,曹某洲的诉讼请求于法无据,不予支持。

浙江省嘉兴市中级人民法院二审认为:公司股东应依法行使权利,不得滥用股东权利侵害公司或公司债权人利益。2015年4月28日,曹某洲、夏某清签订《汇利丝绸公司分割协议》,约定以公司资产代夏某清个人向曹某洲支付股权转让款,显然有违这一法律规定,一审法院认定该协议对汇利丝绸公司无效,具有相应法律依据,二审予以确认。但这并不意味着曹某洲、夏某清之间经平等磋商所达成的股权转让合意亦应一并归于无效,一审法院简单认定协议整体无效,从而径行驳回曹某洲的全部诉请,确属以偏概全,应予纠正。实际上,根据《汇利丝绸公司分割协议》和《还款协议书》的约定,夏某清愿以907580元金钱债务以及汇利丝绸公司特定资产为对价收购曹某洲名下股份。其中,金钱债务金额固定、清偿期限明确,夏某清理应及时支付,迟延支付还应承担与之相应的违约责任。现曹某洲要求按照《还款协议书》之约定,以未付金额757580元为基数,按照年利率6.5%分段计算逾期利息,依据充分,理由正当,依法应予支持。而对于汇利丝绸公司的特定资产,如前所述,曹某洲因约定无效而无权要求汇利丝绸公司过户。但这并不代表其权利就无法得到救济,对于特定资产过户不能之后果,曹某洲仍可向夏某清主张相应赔偿。曹某洲在二审中也提出了这一请求,并提供证据证明了相应资产的价值。为妥善解决纠纷,浙江省嘉兴市中级人民法院组织双方就赔偿事宜进行了调解，但最终双方未能协商一致。对于当事人在二审程序中增加的诉讼请求，非经双方同意，二审法院无法一并审理，故曹某洲应就此另行起诉。浙江省嘉兴市中级人民法院遂撤销一审判决，改判夏某清于判决生效之日起10日内支付曹某洲757580元及逾期利息。

浙江省高级人民法院再审认为：本案争议焦点为夏某清是否需按照《汇利丝绸公司分割协议》及《还款协议书》的约定，向曹某洲支付股权转让款。根据公司资本维持原则，公司在存续过程中，应保持与其资本额相当的财产以防止公司资本的实质性减少，维持公司偿债能力，保护债权人利益。曹某洲、夏某清通过订立《汇利丝绸公司分割协议》私自分割公司资产，属变相抽逃出资，其行为违反了《公司法》第35条①的规定，故一、二审均认定该分割协议无效有相应的法律依据。而《还款协议书》中明确约定"汇利丝绸公司分割后，夏某清欠曹某洲907580元"，故该款项支付的前提为汇利丝绸公司资产分割，即案涉《还款协议书》为附条件合同，合同生效的条件为汇利丝绸公司的分割。但如上所述，汇利丝绸公司的分割应为无效，故《还款协议书》中约定的支付条件并未成就，《还款协议书》未生效，夏某清无须向曹某洲支付股权转让款。一审判决虽笼统认为案涉协议均因违反公司法强制性规定而无效，但实体处理结果正确，应予以维持。经再审后，浙江省高级人民法院撤销二审判决，维持一审判决。

本书认为，浙江省嘉兴市中级人民法院的二审判决理由更为充分，亦符合无效法律行为转换制度的价值取向。本案《汇利丝绸公司分割协议》《还款协议书》的文义表明曹某洲与夏某清在分割公司资产，但其中含有曹某洲将48%的股权转让给夏某清从而退出汇利丝绸公司的意思表示，即《汇利丝绸公司分割协议》之中蕴含着股权转让的内容。可见，《汇利丝绸公司分割协议》实为汇利丝绸公司股东之间达成的一种权益安排，即曹某洲一方出让股权并退出公司，夏某清一方受让股权并继续经营公司。因此，曹某洲提出的其与夏某清之间存在股权转让法律关系，《汇利丝绸公司分割协议》实系股权转让协议，曹某洲将其持有的股份转让给夏某清，以支付现金及对公司部分资产进行分割的方式支付股权转让款项，双方之间的股权转让关系真实合法有效的主张，具有事实依据，人民法院应当支持。

尽管《汇利丝绸公司分割协议》系曹某洲一方退出公司的一种权益安排，但曹某洲不能要求汇利丝绸公司及夏某清履行《汇利丝绸公司分割协议》项下的实物资产交付义务。因曹某洲实为以股权转让的方式退出汇利丝绸公司，股权转让系在出让方曹某洲与受让方夏某清之间达成的合意，应由受让方夏某清支付相应的对价；而《汇利丝绸公司分割协议》系对公司资产的处置。从协议的文义表述看，分明系曹某洲与夏某清分割汇利丝绸公司的资

① 2023年《公司法》修订后，条文序号调整为第53条第1款，即"公司成立后，股东不得抽逃出资"。

产;曹某洲主张分割汇利丝绸公司资产作为其退出公司经营相应的经济利益补偿,混淆了公司资产与投资人权益的界限,侵害了公司及债权人利益,违反了《公司法》的强制性规定,故应认定为无效。因此,曹某洲不能依据《汇利丝绸公司分割协议》向公司及夏某清主张给付属于公司的资产,并办理相关房产、土地的产权登记手续,但可依据股权转让法律关系向夏某清主张相应的股权转让对价。即使曹某洲与夏某清签署的《汇利丝绸公司分割协议》《还款协议书》未就曹某洲可分得的东面 2794.2 平方米房产及 2270.01 平方米土地的价格进行约定,也不影响双方通过签订补充协议或者在诉讼程序中通过司法评估的方式确定曹某洲实际可获得的权益价值。曹某洲在二审中也提出了这一请求,并提供证据证明了相应资产的价值。为妥善解决纠纷,二审法院组织双方就赔偿事宜进行了调解,但最终双方未能协商一致;二审法院告知曹某洲另行起诉,符合《民事诉讼法解释》的规定,并无不当。曹某洲可以基于其与夏某清之间的股权转让法律关系,主张夏某清以可量化的货币资产替代履行。

因此,本书认为浙江省嘉兴市中级人民法院的二审判决更符合法理,亦更能尊重当事人之间的真实意思表示。

■ 第四节　有限责任公司股东优先购买权

一、优先购买权及合同效力

《公司法》第 84 条第 2 款规定,股东向股东以外的人转让股权的,应当将股权转让的数量、价格、支付方式和期限等事项书面通知其他股东,其他股东在同等条件下有优先购买权。股东自接到书面通知之日起 30 日内未答复的,视为放弃优先购买权。两个以上股东行使优先购买权的,协商确定各自的购买比例;协商不成的,按照转让时各自的出资比例行使优先购买权。

《民法典》第 215 条、第 597 条第 1 款均区分了负担行为与处分行为,即对债权合同与权属变动作二分法处理。债权合同的有效只是引起权属变动的原因,至于权属最终能否转移,要视实际情况而定。最终权属未能转移的,相对人可以要求转让人承担违约责任。对此,《民法典》第 597 条第 1 款规定,因出卖人未取得处分权致使标的物所有权不能转移的,买受人可以解除合同并请求出卖人承担违约责任。首先,《公司法》第 84 条第 3 款允许公司章程对股权转让作出另行规定,可见法律允许通过公司章程的规定排除有限责任公司其他股东优先购买权的适用。也就是说,“其他股东在同等条件下有优先购买权”的规定本身并不构成法律的强制性规定。违反这一规定,便不能导致无效的法律后果。其次,股东是股权的实际所有者,无论对内转让还是对外转让都属于有权处分,而非无权处分。根据举重以明轻的解释原则,法律对无权处分情况下的合同尚且不认定为无效,那么对股东有权处分自己股权而签订的合同,自然无认定无效之理。最后,《公司法司法解释(四)》在起草过程中曾对侵害其他股东优先购买权的合同采无效说,后因广受诟病,又重新回到有效说。①

《公司法司法解释(四)》第 21 条规定:“有限责任公司的股东向股东以外的人转让股权,未就其股权转让事项征求其他股东意见,或者以欺诈、恶意串通等手段,损害其他股东优先购买权,其他股东主张按照同等条件购买该转让股权的,人民法院应当予以支持,但其他股东自知道或者应当知道行使优先购买权的同等条件之日起三十日内没有主张,或者自股权变更登记之日起超过一年的除外。前款规定的其他股东仅提出确认股权转让合同及股权变动效力等请求,未同时主张按照同等条件购买转让股权的,人民法院不予支持,但其他股东非因自身原因导致无法行使优先购买权,请求损害赔偿的除外。股东以外的股权受让人,因股东行使优先购买权而不能实现合同目的的,可以依法请求转让股东承担相应民事责任。”

在实践中,转让股东和第三人之间订立的股权转让合同与转让股东和其他股东之间订立的股权转让合同可能同时存在。如果出现前述情况,转让股东和第三人之间订立的股权转让合同的效力,可以不受转让股东和其他股东之间订立的股权转让合同的影响。本书认为,除转让股东和第三人恶意串通损害其他股东优先购买权订立的股权转让合同无效外,一般情况下,转让股东与第三人订立的股权转让合同是有效的。主要理由如下:股东优先购买权的行使目的在于通过保障其他股东优先获得拟转让股份来维护公司内部信赖关系,因此,法律所要否定的是非股东第三人优先于公司其他股东取得公司股份的行为,而不是转让股东与第三人之间订立股权转让合同的行为。并不是只有撤销股权转让合同或否定股权转让合同的效力才能保护其他股东的优先购买权。事实上,合同的效力是可以与权利变动的结果相区分的,法律可通过在权利变动领域施以控制以保护相关利害关系人的权益,而不必在合同效力领域加以干涉。②

《九民纪要》第 9 条进一步指出,审判实践中,部分人民法院对《公司法司法解释(四)》第 21 条规定的理解存在偏差,往往以保护其他股东的优先购买权为由认定股权转让合同无效。准确理解该条规定,既要注意保护其他股东的优先购买权,也要注意保护股东以外的股权受让人的合法权益,正确认定有限责任公司的股东与股东以外的股权受让人订立的股

① 《公司法司法解释(四)(征求意见稿)》第 27 条规定,有限责任公司的股东向股东以外的人转让股权,有下列损害其他股东优先购买权的情形之一,其他股东请求确认转让合同无效的,应予支持:(1)未履行公司法和司法解释规定的程序订立股权转让合同;(2)其他股东放弃优先购买权后,股东采取减少转让价款等方式实质改变公司法和司法解释规定的同等条件向股东以外的人转让股权;(3)股东与股东以外的人恶意串通,采取虚报高价等方式违反公司法和司法解释规定的同等条件,导致其他股东放弃优先购买权,但是双方的实际交易条件低于书面通知的条件。转让合同被认定无效后,其他股东同时请求按照实际交易条件购买该股权的,应予支持。受让人交易时善意无过失,请求股东承担赔偿责任的,应予支持。

② 杜万华主编,最高人民法院民事审判第二庭编著:《最高人民法院公司法司法解释(四)理解与适用》,人民法院出版社 2017 年版,第 461 页。

权转让合同的效力。一方面,其他股东依法享有优先购买权,在其主张按照股权转让合同约定的同等条件购买股权的情况下,应当支持其诉讼请求,除非出现该条第1款规定的情形。另一方面,为保护股东以外的股权受让人的合法权益,股权转让合同如无其他影响合同效力的事由,应当认定有效。其他股东行使优先购买权的,虽然股东以外的股权受让人关于继续履行股权转让合同的请求不能得到支持,但不影响其依约请求转让股东承担相应的违约责任。

【案例6.5】 陈某、许某文等股权转让纠纷案①

2016年3月16日,沿河县乌江矿业有限公司(以下简称乌江公司)原股东陈某、许某文、李某平、田某松作为甲方,与作为乙方的向某约定,将甲方持有的乌江公司100%股权作价共计2468万元全部转让给向某,双方约定了付款和股权过户相关事宜。向某支付了部分款项后,同年7月8日,乌江公司股东变更为向某(占乌江公司股权80%)、陈某、许某文、李某平、田某松。后因向某未能及时付款,双方又于同年9月20日补充约定延期利息等事项。同年11月13日,向某未征求其他股东意见,与贵州汉世矿业有限公司(以下简称汉世公司)代表人李某祥签订《矿山股权转让协议》,将其持有的乌江公司全部(80%)股权作价2675万元转让给汉世公司,汉世公司陆续向向某支付股权转让款。2017年4月7日,田某松、李某平代表乌江公司原股东向向某索要拖欠的股权转让款,得知汉世公司欠向某股权转让款,后田某松、李某平、向某与汉世公司代表人李某祥签订协议,约定向某拖欠的950万元股权转让款分400万元和550万元两次按期付清,付清后原四股东将余下的20%股份过户到向某名下。李某祥作为向某的担保人在协议上签字。截至2017年9月19日,向某承诺收到汉世公司股权转让款2475万元。汉世公司另向原告及田某松(李某平账户)转550万元。2017年11月,向某将其在乌江公司的全部(80%)股权转让给汉世公司,并于11月8日办结股权变更登记。

陈某、许某文、李某平的一审诉讼请求:确认向某、汉世公司之间关于乌江公司的股权转让协议无效。确认陈某、许某文、李某平对向某持有的乌江公司80%股权在同等价格下有优先购买权。

贵州省铜仁市中级人民法院一审认为:

(1)向某与汉世公司签订《矿山股权转让协议》时,并未书面通知原告及田某松等其他股东,也未征得其他股东同意,其行为违反相关法律规定,故依法应当认定向某与

① 参见贵州省铜仁市中级人民法院(2018)黔06民初45号民事判决书(一审),贵州省高级人民法院(2018)黔民终1025号民事判决书(二审)。

汉世公司的《矿山股权转让协议》无效,原告享有同等条件下的优先购买权。

(2)汉世公司符合善意取得股权的要件。首先,向某作为持有乌江公司80%股权的股东登记于股东名册中,具有公示公信力,他人有理由相信向某有权将其股权进行转让。其次,陈某、许某文、李某平无证据证明汉世公司在受让股权时存在恶意。最后,汉世公司已支付了合理的对价,并登记于乌江公司股东名册中。基于维护善意第三人权利,以保障交易秩序的稳定及安全之意旨,汉世公司已善意取得乌江公司80%股权。陈某、许某文、李某平虽具有股东优先购买权,但不能对抗汉世公司善意取得股权的事实。贵州省铜仁市中级人民法院遂判决:向某与汉世公司签订的《矿山股权转让协议》无效,汉世公司取得乌江公司80%股权①;驳回陈某、许某文、李某平的其他诉讼请求。

贵州省高级人民法院二审认为:

(1)陈某、许某文、李某平、田某松与向某签订了《股权转让协议》,约定陈某、许某文、李某平、田某松将乌江公司100%的股权转让给向某,即双方对转让股权全部份额已进行了明确约定。其后双方签订的《关于〈股权转让协议〉的补充协议》是《股权转让协议》的补充协议,其中约定"乙方将所有股权转让款全部付清后,甲方方可将剩余的20%股份进行变更"。该约定是双方对转让乌江公司100%股权具体履行方式的约定,即对向某支付股权转让款的比例与股权变更登记的时间和条件进行了约定,要求向某将剩余的股权转让款支付给陈某、许某文、李某平、田某松后,再对陈某、许某文、李某平、田某松持有的剩余20%股权进行变更。该约定并未改变双方对转让股权份额比例的约定,即现工商登记中陈某、许某文、李某平、田某松持有的20%股权系陈某、许某文、李某平、田某松在《股权转让协议》已明确转让给向某的100%的部分,陈某、许某文、李某平、田某松享有对向某主张20%股权转让款的请求权。但因陈某、许某文、李某平、田某松已将股权转让给向某,陈某、许某文、李某平、田某松已不是乌江公司的股东,对向某转让给汉世公司的80%股权已不能作为公司股东享有优先购买权,所以贵州省高级人民法院对陈某、许某文、李某平享有股东优先购买权的主张不予支持。一审判决适用善意取得制度不当,该院予以纠正。

(2)当事人针对公司的股权主张享有优先购买权,并不导致相应的股权转让合同无效。首先,《公司法》关于股东优先购买权的规定并非法律的强制性规定,而系选择适用和推定适用的任意性规定。退一步说,即便将其认定为强制性规定,该规定也属于强制性规定中的赋权性规定,而非禁止性规定。在违反法定规则与第三人签订股权转让合

① 贵州省铜仁市中级人民法院认为汉世公司并非基于无效的《矿山股权转让协议》取得股权,而是基于善意取得制度取得股权。

同的情况下,优先购买权并未丧失,仍可以行使,股权转让合同也不会因已经侵犯了优先购买权而归于无效。而且,股东是否行使优先购买权具有不确定性。如果认定相应的股权转让合同无效,而当事人选择放弃优先购买权,则股权转让双方须重新缔结合同,这明显违反商事经济、效率的原则。其次,基于负担行为与处分行为的区分,处分行为无效不影响负担行为的效力,股权转让合同并不必然导致股权变动。即使认定股权转让合同有效,也并不必然对优先购买权产生实质性侵害,如果当事人主张行使优先购买权,该股权转让合同将难以实际履行。也就是说,股权转让的限制仅仅构成对股权物权性的限制,不会对股权转让合同的效力产生影响。最后,优先购买权仅具有债权效力,而不具有可以对抗第三人的物权效力,仅产生内部效力。而且即便是物权效力的优先购买权,也只具有外部效力(影响出卖人和第三人之间的法律关系)。但该外部效力并不会影响出卖人与第三人之间的买卖合同的效力,仅对标的物所有权之变动产生作用。故一审判决认定向某与汉世公司的《矿山股权转让协议》无效,继而认定陈某、许某文、李某平享有同等条件下的优先购买权不当。贵州省高级人民法院遂撤销一审判决,改判驳回陈某、许某文、李某平的诉讼请求。

二、同等条件的具体认定

依照《公司法》第 84 条第 2 款的规定,其他股东只有在同等条件下方可主张优先购买权。《公司法司法解释(四)》第 18 条规定,人民法院在判断是否符合《公司法》规定的"同等条件"时,应当考虑转让股权的数量、价格、支付方式及期限等因素。通过拍卖向股东以外的人转让有限责任公司股权的,适用《公司法》规定的"书面通知""通知""同等条件"时,根据相关法律、司法解释确定。在依法设立的产权交易场所转让有限责任公司国有股权的,适用《公司法》规定的"书面通知""通知""同等条件"时,可以参照产权交易场所的交易规则。

三、优先购买权行使的特殊情况

(一)执行程序中行使优先购买权

《公司法》第 85 条规定,人民法院依照法律规定的强制执行程序转让股东的股权时,应当通知公司及全体股东,其他股东在同等条件下有优先购买权。其他股东自人民法院通知之日起满 20 日不行使优先购买权的,视为放弃优先购买权。依照上述规定,当被执行人的财产表现为其所持有的某有限责任公司的股权时,为保证有限责任公司的人合性,此时法院按照强制执行程序采取执行措施的,应当通知公司其他股东行使优先购买权。

公司其他股东是否行使优先购买权的一个重要因素,是被执行股权的价值。对此,《最高人民法院关于人民法院强制执行股权若干问题的规定》第 11 条规定:“拍卖被执行人的股权,人民法院应当依照《最高人民法院关于人民法院确定财产处置参考价若干问题的规定》规定的程序确定股权处置参考价,并参照参考价确定起拍价。确定参考价需要相关材料的,人民法院可以向公司登记机关、税务机关等部门调取,也可以责令被执行人、股权所在公司以及控制相关材料的其他主体提供;拒不提供的,可以强制提取,并可以依照民事诉讼法第一百一十一条、第一百一十四条[①]的规定处理。为确定股权处置参考价,经当事人书面申请,人民法院可以委托审计机构对股权所在公司进行审计。”第 12 条规定:“委托评估被执行人的股权,评估机构因缺少评估所需完整材料无法进行评估或者认为影响评估结果,被执行人未能提供且人民法院无法调取补充材料的,人民法院应当通知评估机构根据现有材料进行评估,并告知当事人因缺乏材料可能产生的不利后果。评估机构根据现有材料无法出具评估报告的,经申请执行人书面申请,人民法院可以根据具体情况以适当高于执行费用的金额确定起拍价,但是股权所在公司经营严重异常,股权明显没有价值的除外。依照前款规定确定的起拍价拍卖的,竞买人应当预交的保证金数额由人民法院根据实际情况酌定。”

(二)采取拍卖方式处置股权时优先购买权的行使

在执行程序中,如果采用拍卖方式转让股权的,《最高人民法院关于人民法院强制执行股权若干问题的规定》第 13 条第 1 款规定,“人民法院拍卖被执行人的股权,应当采取网络司法拍卖方式”。但该规定对其他股东如何行使优先购买权未作规定。《最高人民法院关于人民法院民事执行中拍卖、变卖财产的规定》(以下简称《拍卖变卖规定》)第 11 条规定:“人民法院应当在拍卖五日前以书面或者其他能够确认收悉的适当方式,通知当事人和已知的担保物权人、优先购买权人或者其他优先权人于拍卖日到场。优先购买权人经通知未到场的,视为放弃优先购买权。”此处的“五日”仅为提前通知的时间规定,而非优先购买权的行使期间。“需要注意的是,如其他股东没有表示行使优先购买权,其亦有权以普通竞买人的身份参加竞买,只是不享有优先购买权,需要参加竞价而已。”[②]第 13 条规定:“拍卖过程中,有最高应价时,优先购买权人可以表示以该最高价买受,如无更高应价,则拍归优先购买权人;如有更高应价,而优先购买权人不作表示的,则拍归该应价最高的竞买人。顺序相同的多个优先购买权人同时表示买受的,以抽签方式决定买受人。”这里的“以抽签方式决定买受人”与《公司法》规定的协商不成按照各自出资比例行使优先购买权存在冲突。

---

① 2017 年《民事诉讼法》第 111 条、第 114 条是关于妨碍诉讼活动行为法律后果的规定。对于妨碍诉讼活动的行为,人民法院可以根据情节轻重予以罚款、拘留;构成犯罪的,依法追究刑事责任。2023 年《民事诉讼法》修订后,条文序号调整为第 114 条、第 117 条。

② 杜万华主编,最高人民法院民事审判第二庭编著:《最高人民法院公司法司法解释(四)理解与适用》,人民法院出版社 2017 年版,第 493 页。

本书认为,《拍卖变卖规定》关于抽签决定买受人的规定,针对的是一般财产的拍卖。《公司法》第84条第2款明确规定,"两个以上股东行使优先购买权的,协商确定各自的购买比例;协商不成的,按照转让时各自的出资比例行使优先购买权"。对于拍卖过程中多名股东主张行使优先购买权的,应按照《公司法》的规定执行。

(三)国有股权挂牌转让时优先购买权的行使

我国《企业国有资产法》第54条第2款规定:"除按照国家规定可以直接协议转让的以外,国有资产转让应当在依法设立的产权交易场所公开进行。转让方应当如实披露有关信息,征集受让方;征集产生的受让方为两个以上的,转让应当采用公开竞价的交易方式。"第55条规定,国有资产转让应当以依法评估的、经履行出资人职责的机构认可或者由履行出资人职责的机构报经本级人民政府核准的价格为依据,合理确定最低转让价格。实践中,有限责任公司中国有股权的转让,一般均在产权交易所以挂牌交易的方式进行。《公司法司法解释(四)》第22条第2款规定,"在依法设立的产权交易场所转让有限责任公司国有股权的,适用公司法第七十一条第二款、第三款或者第七十二条[①]规定的'书面通知''通知''同等条件'时,可以参照产权交易场所的交易规则"。首先,公司股东会在讨论并作出某国有股东转让出资事项的决议时,有受让意愿的股东应当在同意转让的同时,明确表示保留对该项出资的优先购买权;其次,当国有产权进场公开发布转让信息,广泛征求受让意愿人时,有受让意愿的股东在符合受让人资格的前提下,同样应当在挂牌的有效期内提出受让申请(否则将因不作为而被视为放弃优先购买权);最后,在竞买过程中,有受让意愿的股东与其他受让意愿人一样,还需对出让人的要约作出承诺,在同等条件下(通常指受让价格)方能行使优先购买权。[②]

【案例6.6】 北京永汇丰咨询有限公司与中国冶金科工集团公司、北京产权交易所有限公司等股权转让合同纠纷案[③]

原告北京永汇丰咨询有限公司(以下简称永汇丰公司)与被告中国冶金科工集团公司(以下简称中冶科工)均是中冶集团北京房地产开发有限公司(以下简称中冶公司)的股东。原、被告分别持有中冶公司26.67%、40%的股权。后被告中冶科工通过被告北京产权交易所有限公司挂牌转让其所持有的中冶公司40%的股权。北京市海淀区人民

---

① 2023年《公司法》修订后,条文序号调整为第84条、第85条。

② 参见汪伟农主编:《企业国有产权交易操作实务与技巧》,复旦大学出版社2011年版,第32-33页。

③ 参见北京市海淀区人民法院(2008)海民初字第27259号民事判决书(一审)。

法院审理后认为，被告以经过公证的方式向原告永汇丰公司寄送EMS特快专递告知其可以行使优先购买权并无不当。虽原告诉称其并未签收，但原告工作人员谢某曾前往北京产权交易所有限公司取走通知函和空白交易合同。即使原告认为其领取行为并不表示其认可转让，该行为也能够证明永汇丰公司在挂牌阶段已经知晓中冶公司股权被转让的详细情况，北京市海淀区人民法院对其收到通知函这一事实予以认可。在接到该通知函后的法定期限内永汇丰公司并未主张其优先购买权，可视为其已经放弃。故北京市海淀区人民法院对中冶科工已经完成相应的通知义务予以认可。诉讼中原告永汇丰公司还称转让标的股权存在审计评估程序瑕疵，导致中冶公司的股权价值被低估。对此北京市海淀区人民法院认为：(1)原告并未提供相关证据；(2)如果转让标的股权存在价值评估时低估的情形，反而对原告行使优先购买权更为有利；(3)国有产权如存在高值低估的问题，原告可向有关主管部门反应，这并不影响其行使优先购买权。综上，法院驳回原告永汇丰公司请求确认股权转让无效并维护其优先购买权的诉讼请求。

■ 第五节 股权让与担保

一、让与担保属于非典型担保

让与担保是指债务人或第三人以担保债务履行为目的，将担保标的物的权利预先转移给债权人，由双方约定于债务清偿后，将担保标的物返还于债务人或第三人，于债务不履行时，债权人得就该担保标的物优先受偿的一种担保方式。我国台湾地区民法学者谢在全教授指出："让与担保系当事人为达到担保债务清偿之经济目的，依信托约款(让与担保契约)，将标的物之财产权移转于债务人之非典型担保。故其基本构造系信托行为的债之关系加上财产权(例如所有权)之移转。"①

由于我国《民法典》并未就让与担保作出明确规定，因此，让与担保属于一种非典型的担保方式。《民法典担保制度解释》第68条第1款规定，债务人或者第三人与债权人约定将财产形式上转移至债权人名下，债务人不履行到期债务，债权人有权对财产折价或者以拍卖、变卖该财产所得价款偿还债务的，人民法院应当认定该约定有效。当事人已经完成财产权利变动的公示，债务人不履行到期债务，债权人请求参照《民法典》关于担保物权的有关规定就该财产优先受偿的，人民法院应予支持。

让与担保作为一种非典型担保，在司法实践中早已得到承认，这是司法尊重商事实践

① 谢在全：《民法物权论》(修订5版)，中国政法大学出版社2011年版，第1106－1107页。

的体现。最高人民法院在**广西嘉美房地产开发有限责任公司与杨某鹏商品房销售合同纠纷案**[①]中，通过限制担保权利实现的方式认可了让与担保。最高人民法院认为，《物权法》第186条[②]规定，抵押权人在债务履行期届满前，不得与抵押人约定债务人不履行到期债务时抵押财产归债权人所有。该规定主要是基于平衡双方当事人利益的考虑，防止居于优势地位的债权人牟取不当暴利，损害债务人特别是其他债权人的利益。尽管本案中双方当事人签订商品房买卖合同并办理商品房备案登记的行为并不导致抵押权的成立，但足以在双方当事人之间成立一种非典型的担保关系。既然成立担保关系，就应遵循《物权法》有关禁止流质的原则。也就是说，在债权人实现担保债权时，对设定的担保财产，应当以拍卖或者变卖的方式受偿。可见，司法实务中对于让与担保是予以认可的，只是不能直接达到权属转移的效果，而需以拍卖或者变卖的方式受偿。

二、符合公示条件的让与担保具有物权效力，权利的实现应对当事人课以清算义务

在让与担保中，让与担保权利人负有清算义务。设定人系以担保债务清偿之经济目的，将标的物财产权移转于让与担保权利人，让与担保权利人仅于此目的范围内取得标的物之财产权或受偿，而有无逾此经济目的，自非清算不得而知之故。[③]

关于股权等让与担保的实现方式，《民法典担保制度解释》第68条第2款、第3款规定："债务人或者第三人与债权人约定将财产形式上转移至债权人名下，债务人不履行到期债务，财产归债权人所有的，人民法院应当认定该约定无效，但是不影响当事人有关提供担保的意思表示的效力。当事人已经完成财产权利变动的公示，债务人不履行到期债务，债权人请求对该财产享有所有权的，人民法院不予支持；债权人请求参照民法典关于担保物权的规定对财产折价或者以拍卖、变卖该财产所得的价款优先受偿的，人民法院应予支持；债务人履行债务后请求返还财产，或者请求对财产折价或者以拍卖、变卖所得的价款清偿债务的，人民法院应予支持。债务人与债权人约定将财产转移至债权人名下，在一定期间后再由债务人或者其指定的第三人以交易本金加上溢价款回购，债务人到期不履行回购义务，财产归债权人所有的，人民法院应当参照第二款规定处理。回购对象自始不存在的，人民法院应当依照民法典第一百四十六条第二款的规定，按照其实际构成的法律关系处理。"由此可见，司法解释对于让与担保中的清算义务亦是明确认可的。

《最高人民法院公报》刊载的**深圳市奕之帆贸易有限公司、候某宾与深圳兆邦基集团有**

---

① 参见广西壮族自治区来宾市中级人民法院(2010)来民一初字第6号民事判决书(一审)，广西壮族自治区高级人民法院(2011)桂民一终字第18号民事判决书(二审)，最高人民法院(2013)民提字第135号民事判决书(再审)。

② 2021年1月1日《民法典》施行后，《物权法》同时废止。《民法典》第401条规定，抵押权人在债务履行期届满前，与抵押人约定债务人不履行到期债务时抵押财产归债权人所有的，只能依法就抵押财产优先受偿。

③ 参见谢在全:《民法物权论》(修订5版)，中国政法大学出版社2011年版，第1110页。

限公司、深圳市康诺富信息咨询有限公司、深圳市鲤鱼门投资发展有限公司、第三人广东立兆电子科技有限公司合同纠纷案①公布的裁判摘要对让与担保的清算义务予以明确。该案裁判摘要指出：(1)让与担保的设立应在债务履行期届满之前，但就让与担保的实现问题，参照《物权法》第170条②的规定则需要满足债务人不履行到期债务或者发生当事人约定的实现权利的情形等条件。双方当事人在设立让与担保的合同中约定，如担保物的价值不足以覆盖相关债务，即使债务履行期尚未届满，债权人亦有权主张行使让与担保权利。该约定不违反法律行政法规的强制性规定，应当认定合法有效。(2)为防止出现债权人取得标的物价值与债权额之间差额等类似于流质、流押之情形，让与担保权利的实现应对当事人课以清算义务。双方当事人就让与担保标的物价值达成的合意，可认定为确定标的物价值的有效方式。在让与担保标的物价值已经确定，但双方均预见债权数额有可能发生变化的情况下，当事人仍应在最终据实结算的债务数额基础上履行相应的清算义务。

【案例6.7】 黑龙江闽成投资集团有限公司与西林钢铁集团有限公司、第三人刘某平民间借贷纠纷案③

《最高人民法院公报》刊载的本案裁判摘要明确，在股权让与担保的情况下，相关股权转让协议有效。签订股权让与担保协议并依约完成股权登记变更后，因借款人未能按期还款，当事人又约定对目标公司的股权及资产进行评估、抵销相应数额债权、确认此前的股权变更有效，并实际转移目标公司控制权的，应认定此时当事人就真实转让股权达成合意并已实际履行。关于让与担保权利人对抗外部第三人效力，该案裁判要旨指出：对于股权让与担保是否具有物权效力，应以是否已按照物权公示原则进行公示作为核心判断标准。在股权质押中，质权人可就已办理出质登记的股权优先受偿。在已将作为担保财产的股权变更登记到担保权人名下的股权让与担保中，担保权人形式上已经是作为担保标的物的股份的持有者，其就作为担保的股权所享有的优先受偿权利，更应受到保护，原则上享有对抗第三人的物权效力。当借款人进入重整程序时，确认股权让与担保权人享有优先受偿的权利，不构成《企业破产法》第16条所指的个别清偿行为。

---

① 参见广东省高级人民法院(2016)粤民初52号民事判决书(一审)，最高人民法院(2018)最高法民终751号民事判决书(二审)。此外，该案刊载于《最高人民法院公报》2002年第2期。

② 2021年1月1日《民法典》施行后，《物权法》同时废止，该条现规定于《民法典》第386条："担保物权人在债务人不履行到期债务或者发生当事人约定的实现担保物权的情形，依法享有就担保财产优先受偿的权利，但法律另有规定的除外。"

③ 参见黑龙江省高级人民法院(2017)黑民初154号民事判决书(一审)，最高人民法院(2019)最高法民终133号民事判决书(二审)。此外，该案刊载于《最高人民法院公报》2020年第1期。

最高人民法院在该案二审中指出,《民法典》第146条规定:"行为人与相对人以虚假的意思表示实施的民事法律行为无效。以虚假的意思表示隐藏的民事法律行为的效力,依照有关法律规定处理。"对于是否为"以虚假的意思表示实施的民事法律行为",应当结合当事人在主合同即借款合同和从合同即(股权)让与担保合同作出的真实意思表示,统筹作出判断。约定将债务人或第三人股权转让给债权人的合同目的是设立担保,将逊克县翠宏山矿业有限公司(以下简称翠宏山公司)的64%股权转让至黑龙江闽成投资集团有限公司(以下简称闽成公司)代持股人刘某平名下,是为西林钢铁集团有限公司(以下简称西钢公司)向闽成公司的巨额借款提供担保,而非设立股权转让民事关系。对此,债权人、债务人明知。从这一角度看,债权人、债务人的真实意思是以向债权人转让翠宏山公司股权的形式为债权提供担保,"显现的"是转让股权,"隐藏的"是为借款提供担保,均为让与担保既有法律特征的有机组成部分,均是债权人、债务人的真实意思表示,不存在不真实或不一致的瑕疵,也未违反法律、行政法规的强制性规定。

关于让与担保是否具有物权效力,让与担保权利人是否可因此取得就该股权价值优先受偿的权利。最高人民法院进一步指出,《最高人民法院关于进一步加强金融审判工作的若干意见》第3条规定,依法认定新类型担保的法律效力,拓宽中小微企业的融资担保方式。除符合《合同法》第52条规定的合同无效情形外,应当依法认定新类型担保合同有效,符合《物权法》有关物权规定的,还应当依法认定其物权效力。[①] 对于前述股权让与担保是否具有物权效力,应以是否已按照物权公示原则进行公示作为核心判断标准。根据《公司法》的相关规定,公司登记机关变更登记为公司股权变更的公示方式。在股权质押中,质权人可就已办理出质登记的股权优先受偿。举轻以明重,在已将作为担保财产的股权变更登记到担保权人名下的股权让与担保中,担保权人形式上已经是作为担保标的物的股份的持有者,其就作为担保的股权享有优先受偿的权利,更应受到保护,原则上具有对抗第三人的物权效力。这也是股权让与担保的核心价值所在。在当事人以股权设定让与担保并办理相应股权变更登记,且让与担保人进入破产程序时,认定让与担保权利人就已设定让与担保的股权享有优先受偿权利,是让与担保法律制度的既有功能,也是设立让与担保合同的目的。

最终,最高人民法院撤销一审判决,确认闽成公司有权对刘某平持有的翠宏山公司的64%股权折价或者拍卖、变卖所得价款优先受偿。

---

① 2021年1月1日《民法典》施行后,《合同法》《物权法》同时废止,《合同法》第52条关于合同效力的规定已被统一到《民法典》之中,详见本章第二节的相关论述。

事实上,2017 年 9 月 27 日,最高人民法院民事审判第二庭第 4 次法官会议认为:如果当事人的真实意思是通过转让标的物的方式为主合同提供担保,则此种合同属于让与担保合同,而非股权转让或股权质押。让与担保合同是双方真实意思表示,不违反法律、行政法规的强制性规定,依法应当认定合同有效。在已经完成股权变更登记的情况下,可以参照最相近的担保物权的规定,认定其具有物权效力。前述公报案例的裁判摘要与法官会议的意见是一脉相承的。

还需指出的是,让与担保存续期间,作为担保标的的股权,所可获得的分红收益属于法定孳息。依照《民法典》第 321 条第 2 款的规定,"法定孳息,当事人有约定的,按照约定取得;没有约定或者约定不明确的,按照交易习惯取得"。《民法典》第 430 条规定:"质权人有权收取质押财产的孳息,但是合同另有约定的除外。前款规定的孳息应当先充抵收取孳息的费用。"据此,股权让与担保中,如果合同未有约定,可以参照《民法典》第 430 条的规定,由担保权人收取股权分红所得。

三、让与担保权利人不享有股东权利,亦不承担股东义务

在股权让与担保情况下,如果主债务期限届满后债务人仍未履行,名义上的股权受让人对变价后的股权价值享有优先受偿权,但原则上无权对股权进行使用收益,不能享有《公司法》规定的股东所享有的参与决策、选任管理者、分取红利的权利。

北京市第一中级人民法院在**中融国际信托有限公司与北京家全基业物业管理有限公司等公司决议效力确认纠纷案**[①]中指出,基于让与担保的性质,股权的受让属于对债权的担保,而非股权权利义务的完整转移,故中融国际信托有限公司(股权让与担保权利人,以下简称中融信托)在合作协议架构下不享有控股股东的股东会召集权、召开权及多数表决权。该案中,北京市海淀区人民法院在一审中指出,股权让与担保更具特殊性。股权为兼具财产权和人身权属性的复合型权利,公司股东可就其享有的股权参与公司分红,并通过其股东表决权参与公司的经营管理。但股权让与担保的债权人以受让或增资的方式取得股权,是期待以股权价值担保其债权未来可以实现,债权人并非以成为公司股东,获取分红、参与管理为目的。因此,债权人虽在形式上为公司名义股东,但其并不享有股东的实质性权利。本案中,中融信托亦是如此,其受让北京家全基业物业管理有限公司股权的目的并不是出资入股,成为北京安华图房地产开发有限公司(以下简称安华图公司)的股东,而是以其持有的股权担保到期收回信托资金。故中融信托也仅为安华图公司的名义股东,不享有股东的实质性权利。

股权让与担保中,让与担保权人能否对抗公司债权人的问题也值得探讨。换言之,公司债权人是否能够向让与担保权人主张资本充实责任?这一问题的本质是究竟应当将让

---

① 参见北京市海淀区人民法院(2019)京 0108 民初 45680 号民事判决书(一审),北京市第一中级人民法院(2021)京 01 民终 176 号民事判决书(二审)。

与担保权人(形式上的股权受让人)视为股东还是有担保的债权人。“鉴于登记为名义股东的受让人本质上是有担保的债权人而非股东,且其实现债权行为是合法行为,加之其取得债权往往是支付对价的,一般不存在抽逃出资问题”,因而不能让其承担补充赔偿责任。对此,《民法典担保制度解释》第69条规定,股东以将其股权转移至债权人名下的方式为债务履行提供担保,公司或者公司的债权人以股东未履行或者未全面履行出资义务、抽逃出资等为由,请求作为名义股东的债权人与股东承担连带责任的,人民法院不予支持。

【案例6.8】 山东华易建筑规划设计有限公司与北京中通财富投资管理中心(有限合伙)、祁某玲、杨某海股东损害公司债权人利益责任纠纷案①

淄博天邦置业有限公司(以下简称天邦公司)委托山东华易建筑规划设计有限公司(以下简称华易公司)承担高青县第二人民医院门诊科技楼、病房综合楼、职工公寓、地下车库的工程设计工作,经仲裁裁决确认结欠华易公司设计费用486.7万元。

另查明,天邦公司由祁某玲、杨某海发起设立。其中,祁某玲认缴出资800万元(实缴160万元),持股80%,杨某海认缴200万元(实缴40万元),持股20%,出资截止期限为2014年7月18日。2013年4月19日,祁某玲、杨某海将各自的股权转让给北京中通财富投资管理中心(有限合伙)(以下简称中通财富)。后祁某玲、杨某海、中通财富三方召开天邦公司股东会,对公司增资事项作出决议。其后,中通财富又将股权转回至祁某玲、杨某海名下。

2015年,祁某玲、杨某海以股权转让纠纷为由将中通财富诉至北京市朝阳区人民法院,请求确认双方于2013年4月19日签订的股权转让合同无效。北京市朝阳区人民法院经审理查明:祁某玲、杨某海和中通财富均确认双方没有买卖股权的意思表示,仅是为了天邦公司向中通财富的借款提供担保而变更股权。祁某玲、杨某海主张股权转让合同无效的理由是中通财富没有支付股权转让款。北京市朝阳区人民法院认为:祁某玲、杨某海以中通财富未支付股权转让款为由要求确认股权转让合同无效,不符合法律规定的导致合同无效之情形;祁某玲、杨某海与中通财富虽无实际买卖股权的意思表示,但双方在庭审中均认可该股权实际为借款的抵押财产,且已实际办理变更登记。根据法律规定,如合同无效,因该合同取得的财产应当予以返还,故在双方尚有其他争议未解决的情况下,不宜将用于处置抵押财产的股权转让合同归于无效。据此,法院判决驳回祁某玲、杨某海的诉讼请求。

---

① 参见山东省桓台县人民法院(2020)鲁0321民初517号民事判决书(一审),山东省淄博市中级人民法院(2021)鲁03民终773号民事判决书(二审)。

本案中，华易公司起诉要求祁某玲、杨某海在各自未出资的80万元本息范围内承担补充赔偿责任，中通财富在未出资的640万元本息范围内承担补充赔偿责任。

山东省桓台县人民法院一审认为：法人存续期间登记事项发生变化的，应当依法向登记机关申请变更登记。法人的实际情况与登记的事项不一致的，不得对抗善意相对人。根据庭审查明的事实，祁某玲、杨某海作为天邦公司的股东，为保证天邦公司等向中通财富顺利借款，于2013年4月19日分别与中通财富签订股权转让合同，约定由其二人分别将自己持有的天邦公司800万元股权中的700万元股权、200万元股权中的100万元股权出让给中通财富，随后在工商部门办理了股权变更登记，将相应股权登记在中通财富名下，取得了对外的公示效力。在外观形式上，中通财富完全具备天邦公司股东的特征。华易公司作为善意第三人有充分理由信赖登记事项的真实性，有理由相信中通财富股东身份的公示公信力，而华易公司正是基于对工商登记的信赖才于2014年4月16日与天邦公司签订设计合同，至于中通财富是否参与天邦公司的经营管理等事实，属于股东与公司之间的内部事项，不具有对外公示效力，华易公司没有义务去了解、核实。虽然中通财富已于2017年1月17日将其持有的股权转让，不再具有天邦公司股东的身份，但涉案债务形成于中通财富转让股权之前，且其在股权转让前并未履行所认缴且已届认缴期限的出资义务。因此，在中通财富已经以股东身份参与制定公司章程、参与公司增加注册资本的决议等活动，依法行使其作为天邦公司股东权利的同时，其亦应履行作为股东的义务。本案中，天邦公司2012年的公司章程规定，首期出资200万元由股东自公司成立时缴纳，其余出资于2014年7月18日前缴足。祁某玲、杨某海、中通财富作为天邦公司的股东，负有按期缴纳出资的义务，但前述股东至今仍未缴纳其应当于2014年7月18日前缴纳的出资。截至本案成诉，祁某玲和杨某海应缴纳而未缴纳的出资额分别为80万元，中通财富应缴纳而未缴纳的出资额为640万元。故债权人华易公司以天邦公司不能清偿生效仲裁裁决书确定的债务为由，请求股东祁某玲、杨某海、中通财富分别在各自未出资的80万元、80万元、640万元本息范围内对天邦公司不能清偿的债务承担补充赔偿责任，符合法律规定，一审法院予以支持。

山东省淄博市中级人民法院二审认为，天邦公司在2014年3月26日作出决议，将上述800万元出资款和新增的1000万元出资款的认缴期限一并定为2023年7月19日。上述变更内容已经依法公示，天邦公司股东对此具有期限利益。涉案债权债务合同签订于2014年4月16日，华易公司依据原出资期限主张股东在出资范围内承担补充赔偿责任，于法无据，不能成立。另外，人民法院已经生效的裁判文书认定，中通财富与天邦公司股东祁某玲、杨某海之间系让与担保关系。《民法典担保制度解释》第69条规定："股东以将其股权转移至债权人名下的方式为债务履行提供担保，公司或者公司的债权人以股东未履行或者未全面履行出资义务、抽逃出资等为由，请求作为名义股东

> 的债权人与股东承担连带责任的,人民法院不予支持。"据此,无论涉案出资是否到期,中通财富均不对天邦公司股东未履行或者未全面履行出资义务、抽逃出资等行为承担民事责任。最终山东省淄博市中级人民法院改判撤销一审判决,驳回华易公司的诉讼请求。

本书认为,北京市朝阳区人民法院驳回祁某玲、杨某海确认股权转让合同无效的诉请,符合股权让与担保案件的裁判思路。在让与担保的外部关系中,公司债权人能否以公司登记信息主张让与担保权人(名义股东)承担责任,涉及公司债权人对公司登记信息的信赖利益,由此影响到公司登记公示信息的效力。在股权让与担保的情况下,公司债权人并不是让与担保合同的参与方,确实无从了解股权让与担保的相关内容。一审法院关于华易公司没有义务去了解、核实非登记的内部事项的阐述亦属合理。同时,股权让与担保情况必然涉及公司债权人与股东债权人(名义股东、让与担保权人)二者的利益取舍。从鼓励融资的角度,将风险分配给公司债权人,而认可让与担保权人(名义股东)享有物权性质的对抗效力,是慎重衡量后的司法政策安排。毕竟,公司债权人的债权能否得到清偿取决于公司自身的责任财产范围(包括股东认缴但尚未实缴的出资)。换言之,在股权让与担保的情况下,公司债权人向公司主张债务,并不影响其追究实际股东的规范出资责任。如果将让与担保权人评价为股东,将导致其让与担保权利无法得到实现,还同时背负对公司规范出资的责任,形成事实上的双重受损,权利义务明显失衡。

■ 第六节　离婚案件中的股权分割

前已述及,对于以夫妻共同财产出资形成而登记在夫妻一方名下的股权,目前的司法实践认为登记方有完整的股东权利,有权自行处分。但股权中的财产权价值以及股权处置所得股权转让款属于夫妻同有财产。

依照我国《民法典》第 1062 条第 1 款第 2 项的规定,夫妻在婚姻关系存续期间所得的"生产、经营、投资的收益"为夫妻共同财产,归夫妻共同所有。对此,《最高人民法院关于适用〈中华人民共和国民法典〉婚姻家庭编的解释(一)》(法释〔2020〕22 号,以下简称《婚姻家庭编解释(一)》)第 72 条规定,夫妻双方分割共同财产中的股票、债券、投资基金份额等有价证券以及未上市股份有限公司股份时,协商不成或者按市价分配有困难的,人民法院可以根据数量按比例分配。由于股份有限公司是纯粹的资合公司,其股份变动一般不涉及公司人合性及其他股东优先购买权的问题,直接分割一般不存在法律障碍,但股份公司发行转让受限制的类别股的,其转让应受公司章程的限制。

离婚后,夫妻一方持有的有限责任公司的股权如系夫妻共同财产出资所形成,应如何进行分割具有一定的特殊性。由于我国《民事诉讼法》对于离婚案件的审理规定了强制调解原则,因此应先就婚姻关系、子女抚养及财产分割进行调解。如能够达成调解协议,且调解协议内容不违反法律,则应遵循私权处分的原则,按照双方调解协议内容进行处理。如果无法调解,强行分割,还将牵涉有限公司人合性及其他股东优先购买权的问题,在实务中较为复杂,有必要作进一步分析、探讨。

一、夫妻一方持有公司股权,且该股权在出资时系以该方婚前财产出资

在此种情况下,根据《婚姻家庭编解释(一)》第25条第1项的规定,“一方以个人财产投资取得的收益”属于《民法典》第1062条第1款第5项规定的“其他应当归共同所有的财产”。该解释第26条对此又作了限缩,规定夫妻一方个人财产在婚后产生的收益,除孳息和自然增值外,应认定为夫妻共同财产。最高人民法院民事审判第一庭倾向性意见是:(1)对于一方婚前用个人财产购买的股票、基金等,如果婚姻关系存续期间进行了交易,其收益应认定为夫妻共同财产。如果没有进行买进与卖出的操作,离婚时的账面收益更倾向于认定为自然增值。(2)对于一方婚后用个人财产购买彩票所得收益,如果双方当事人没有事先约定,该收益应认定为夫妻共同财产。(3)一方财产用于借贷而于婚后取得的利息属于法定孳息,离婚时应当认定为一方的个人财产。①

对于一方以婚前财产投资入股,另一方以离婚时该股权已经溢价为由要求分配溢价部分的款项,应否支持仍存在疑问。对此,本书认为,如果一方持有的是有限责任公司以及未上市股份公司的股权,那么对于另一方提出的分配股权溢价部分的主张均不应予以支持。理由在于无论是有限公司还是股份有限公司,如欲分配盈余,均须以股东会作出盈余分配决议为前提。如并未作出分配盈余的决议,则持有股权本身仅彰示享有抽象意义上的盈余分配请求权,该权利对于持有该股权的夫妻一方来说并不能实际行使,所谓“溢价”的事实也就无从得到证实。如果一方持有的是上市公司股票,一般也不倾向于进行分割,因为此时交易账户中的股权净值往往更倾向于被认定为自然增值。但如果婚后存在多次人为操作,股票账户因此频繁变动,那么此种变动就“包含了人为因素和资本运作成分”。“由于人的主观能动性而导致的物或权利价格的提升不属于自然增值,离婚时的股票增值收益应认定为夫妻共同财产”②,可以进行分割。

二、夫妻一方持有有限公司股权,且该股权系以夫妻共同财产出资

此种情况下,该股权属于夫妻共同财产形态的转化,但在公司组织法上,股东权利仍应

① 参见吴晓芳:《一方个人财产婚后收益的认定与处理》,载《民事审判指导与参考》2014年第1期。
② 参见吴晓芳:《一方个人财产婚后收益的认定与处理》,载《民事审判指导与参考》2014年第1期。

由登记一方行使。依照《婚姻家庭编解释(一)》的规定,应区分相应情况作出不同处理:

(一)公司为一人有限责任公司,且仅有夫妻一方登记为股东

一人有限责任公司是我国《公司法》规定的有限责任公司的特殊形态,如夫妻一方系一人有限公司的股东,在分割夫妻共同财产时可以参照《婚姻家庭编解释(一)》第75条关于分割个人独资企业的规定予以处理。如双方未能达成协商一致的处理意见,可作如下处理:(1)一方主张经营该一人有限责任公司的,对公司资产进行评估后,由取得该一人有限责任公司的一方对另一方作出经济补偿;(2)双方均主张经营该一人有限责任公司的,在双方竞价的基础上,由出价较高的一方取得该一人有限公司,并以其出价为基准对另一方作出经济补偿;(3)双方均不愿意经营该一人有限公司的,则应按照《公司法》有关公司解散、清算的规定,对该一人有限责任公司进行清算后,双方共同分配该一人有限责任公司的清算价值。

(二)"夫妻公司"的股权分割

对于有限责任公司仅以夫妻二人为股东,且系以夫妻共同财产出资的股权分割问题,亦可参照上述关于分割一人有限责任公司的处理思路。具体处理方式为:(1)一方主张经营该"夫妻公司"的,对公司资产进行评估后,由取得该"夫妻公司"的一方对另一方作出经济补偿;接受经济补偿的一方应当配合办理股权转让登记,将该"夫妻公司"变更为一人有限责任公司。(2)双方均主张经营该"夫妻公司"的,应在双方竞价的基础上,由出价较高的一方取得该"夫妻公司",并以其出价为基准对另一方作出经济补偿;接受经济补偿的一方应当配合办理股权转让登记,将该"夫妻公司"变更为一人有限责任公司。(3)双方均不愿意经营该公司,又不愿意在评估基础上折价补偿的,在离婚案件中只能确认双方各持有50%的股权。此后,如双方对于股权处置等仍无法达成一致意见,可以通过公司解散、清算的方式另行处理。

如苏州市姑苏区人民法院审理的**顾某与胡某勤离婚纠纷案**①中,顾某(登记持股40%)、胡某勤(登记持股60%)对于登记在二人名下的苏州海宝金属有限公司,均表示希望退出并取得财产补偿,但双方对于该公司价值意见不一且均不申请审计。该院遂确认二人在公司中的股权比例各为50%。其后,因为双方矛盾无法调和,顾某向苏州工业园区人民法院另行提起公司解散之诉,获得法院支持。

(三)有限责任公司存在夫妻以外的其他股东

对此,《婚姻家庭编解释(一)》第73条规定,人民法院审理离婚案件,涉及分割夫妻共

---

① 参见江苏省苏州市姑苏区人民法院(2018)苏0508民初4882号民事判决书(一审)。

同财产中以一方名义在有限责任公司的出资额,另一方不是该公司股东的,按以下情形分别处理:(1)夫妻双方协商一致将出资额部分或者全部转让给该股东的配偶,其他股东过半数同意,并且其他股东均明确表示放弃优先购买权的,该股东的配偶可以成为该公司股东;(2)夫妻双方就出资额转让份额和转让价格等事项协商一致后,其他股东半数以上不同意转让,但愿意以同等条件购买该出资额的,人民法院可以对转让出资所得财产进行分割。其他股东半数以上不同意转让,也不愿意以同等条件购买该出资额的,视为其同意转让,该股东的配偶可以成为该公司股东。用于证明前述规定的过半数股东同意的证据,可以是股东会议材料,也可以是当事人通过其他合法途径取得的股东的书面声明材料。

《婚姻家庭编解释(一)》在分割以有限责任公司股权形式存在的夫妻共同财产上存在缺陷。该解释第 73 条仅对离婚时夫妻双方就股权分割达成一致意见这种情形作出了规定,但对于夫妻双方就股权分割未达成一致意见时,法院应该如何处理,该解释并未给出明确的解决方法。“夫妻双方对一方持有出资额的分割达不成一致意见有两种可能:第一,在股份转让份额问题上,双方都不想要股权或者双方都想要股权;第二,在转让价格上,双方无法达成合意。当然,就一般理性人而言,只要对方出的价格足够高,自己一方总是愿意让出股权的。因此,笔者认为,对于第一种情况,可以由双方就股权归属进行竞价,由出价高的一方(暂定)获得股权,另外一方获得经济补偿。如果协商成功,则这种情形属于夫妻双方就股权分割达成一致意见的情况,可直接适用前述司法解释第 73 条。如果有任何一方不愿意采取竞价方式,即认准了某一个目标,即便再高的补偿也不动摇,对此,只能由法官裁决平分股权。”①

法院裁决平分股权仍涉及其他股东优先购买权的问题。对此,可以将登记一方所持股权的一半进行转让,交由其他股东行使优先购买权,由另一方取得现金价值。其他股东放弃行使优先购买权的,可以直接在夫妻之间平均分割股权,并由公司将配偶一方登记为公司股东。

需要特别指出的是,2023 年修订后的《公司法》第 84 条第 2 款关于有限公司股权对外转让已经取消了书面征求其他股东同意的内容,因此,修订后的《公司法》施行后,《婚姻家庭编解释(一)》第 73 条中关于其他股东过半数同意的内容已经法律修订,不再适用。

三、夫妻双方持有不同有限责任公司的股权

对夫妻分别持有的不同有限责任公司的股权的分割,本质上与前述讨论的对夫妻一方所持股权的分割相似。“它们的区别仅仅在于,后者是单方持有,前者是双方持有;它们本质上的共性在于,离婚股权分割时都涉及有限责任公司其他股东的同意权和股权的优先购买权。因此,夫妻分别持有不同有限责任公司股权的离婚分割,是对夫妻一方持有公司股

① 张伟、叶名怡:《离婚时夫妻所持公司股权分割问题研究》,载《法商研究》2009 年第 3 期。

权离婚分割过程的再次重复。”[①]2023 年《公司法》修订后，已经取消了股权对外转让须征求其他股东同意的规定，其他股东收到通知后 30 日不答复的，直接视为放弃优先购买权。换言之，在夫妻双方持有不同有限责任公司的股权的情况下，只是分割程序需要重复而已。本书将其单独列为一种情形，只是为了保证论述的完整性。

第七节 股权继承

关于公司股权的继承问题，《公司法》的默认规则是允许股权继承。《公司法》第 90 条规定，“自然人股东死亡后，其合法继承人可以继承股东资格；但是，公司章程另有规定的除外”。股份有限公司一般不涉及人合性的问题，但考虑到法律允许发行转让受限制的类别股，《公司法》第 167 条增加但书，即“股份转让受限的股份有限公司的章程另有规定的除外”。

在股东资格继承问题上有许多值得关注的地方。如果公司章程在股东资格继承问题上有限制性甚至歧视性的规定，则违背了《公司法》授权的目的和宗旨，很有可能被法院认定为无效。如在**童某芳等诉上海康达化工有限公司股东权纠纷案**[②]中，上海市第一中级人民法院即认定被上诉人上海康达化工有限公司章程中“公司股东如果死亡，由其继承人继承股东资格；但其继承人首次出席股东会不享有表决权，必须服从股东会对其股东权利行使作出的决议”的规定无效。该条规定之所以无效，其理由在于：允许公司章程另行规定的是已故股东的继承人成为公司股东的限制条件，即基于有限责任公司所具有的人合性来规定股东资格的继承办法。一旦继承人依照《公司法》的规定或者公司章程的约定继承死亡股东的股东资格，则该继受取得资格的股东就应当依法享有法律所赋予的全部股东权利，如了解公司经营状况及财务状况、查阅股东会会议记录和公司财务会计报告等，而不应当对其股东权利加以随意限制，否则将违反股权平等原则。

司法实践中，如果公司滥用《公司法》的授权规定，恶意修改公司章程，限制股权继承，亦难以得到法院支持。在**常州化工设备有限公司与丁某梅股东资格继承纠纷案**[③]中，丁某梅之夫周某玉生前系常州化工设备有限公司（以下简称化工公司）股东，2005 年 2 月 28 日周某玉死亡时留有遗嘱，载明“公司股权由丁某梅继承”。另查明，化工公司在明知周某玉已经死亡，且未通知其继承人的情况下作出修改公司章程的决定，将原先公司章程中同意

---

① 张伟、叶名怡：《离婚时夫妻所持公司股权分割问题研究》，载《法商研究》2009 年第 3 期。

② 参见上海市浦东新区人民法院（2006）浦民二（商）初字第 2800 号民事判决书（一审），上海市第一中级人民法院（2007）沪一中民三（商）终字第 172 号民事判决书（二审）。

③ 参见江苏省常州市钟楼区人民法院（2006）钟民二初字第 636 号民事判决书（一审），江苏省常州市中级人民法院（2007）常民二终字第 1 号民事判决书（二审）。

股权继承的内容修改为“股东死亡的,其所持出资应予转让”。丁某梅向化工公司要求继承股权未果,遂以周某玉的股权依法可以继承为由起诉,请求法院判令化工公司立即办理其股权继承的工商变更登记手续。两级法院经过审理均认定丁某梅可以依照遗嘱继承以及《公司法》的规定继承周某玉的股权,但二审法院认为本案中应适用继承事实发生时的化工公司的章程。至于化工公司在继承事实发生后修改公司章程的行为是否有效,二审法院以“不属于本案审查范围”为由,纠正了一审法院直接认定修改后的公司章程无效的判定。

在股东资格继承的问题上,还有一些具体的问题值得探讨。例如,股东的继承人中有无民事行为能力或者限制民事行为能力人的,其能否继承股东资格,这一问题曾存在争议。但由于民商事行为应遵循“法无禁止即为自由”的原则,故实践中对未成年人成为公司股东一般均持支持态度。如北京银行曾因股东名册中出现近千名未成年人股东的现象引起轰动。[①] 某些地方甚至出现了1岁股东的现象。从法律规范的角度来说,这些主体的股东身份是没有疑问的,但其股东权利应由其法定代理人或者监护人代为行使。

有限责任公司的股东人数还可能因为股权继承问题而超过《公司法》规定的上限。对此,公司登记实务中有观点认为:“数个继承人所继承的股权在法律上仍然只是一个完整的股权,因而该股权上所体现的股东资格也只有一个,并不因继承人有数人而出现数个股东。各继承人只能通过‘继承人共同体’间接行使对公司的经营管理权,而不能直接以股东身份向公司主张股权。全部继承人作为一个整体股东,在依照《公司法》规定行使股东权利时,其所表达的意见只能是一个,也就是说,共同继承人首先应当在内部召开继承人会议,形成一个统一的意见,然后再推举某一继承人作为代表将统一意见带至公司股东会,而不能把所有继承人的不同意见分散带至股东会。各继承人由于不具有股东资格而无权独立参与公司股东会,也不能直接向公司股东会表达其个人意见。全体继承人因行使所继承股权而获得的利益和风险,均由各继承人共同享有和共同承担。”[②]对此,本书认为,如果多个股东继承人加入有限责任公司并未使其股东人数超出《公司法》规定的50名股东的上限,则该公司可以将该多个继承人同时列为公司股东并办理相应的工商变更登记。如果股权继承导致有限责任公司股东人数超过《公司法》规定的上限,则可以借鉴隐名股东制度,由数个继承人推举一名继承人作为名义股东,代表继承共同体行使股东权利。当然,在征得所有继承人同意的情况下也可以由公司回购死亡股东的股份并办理减资,或者由公司其他股东受让死亡股东的股份,而相应支付的股权对价则在各继承人之间进行分配。

---

① 参见《娃娃股东年龄或刷新,网友称投资不如会投胎》,载金融界网,http://stock.jrj.com.cn/cgem/2010/06/2907497683637.shtml,2013年4月24日访问。

② 周海燕:《股权继承中的几个法律问题探讨》,载江苏工商网,http://www.jsgsj.gov.cn/baweb/show/sj/bawebFile/74664.html,2013年4月24日访问。

【案例6.9】 周某与启东市建都房地产开发有限责任公司股东资格确认纠纷案①

启东市建都房地产开发有限公司(以下简称建都公司)成立于1997年,自2009年2月起进行股权改制。经多次股权转让,至2014年12月20日,建都公司股东演变为31名自然人股东。其中,周某新出资额为2100万元,占公司注册资本的42%。周某新于2015年12月4日去世,其遗嘱指出:其在建都公司的全部股权由其女儿周某继承。工商登记显示,周某新在1997年10月至2016年3月担任建都公司法定代表人,2016年3月后建都公司法定代表人变更为陈某飞。

法院查明建都公司自2009年改制以来至本案诉讼前先后四次修改公司章程。其中2009年2月11日、2009年4月29日、2012年3月29日建都公司章程第7条规定:"股东之间经股东会批准,可以相互转让其全部或者部分股权。股东不得向股东以外的人转让股权。股东出资的股份在经营期内不保本、不保息。股本金实行动态持股管理办法。对免职、调离、终止合同、退休(退休后继续任职的除外)等人员及时办理股权转让手续,由公司其他股东按原出资额受让,转让股权的股东,除公司发生累计亏损外(经会计师事务所审计确认),其持股期间每年另按出资额的8%享受公司增值资产固定回报。对不及时办理转让手续的股东,自股东会批准转让之日起不再享受分红,也不享受银行存款或贷款利息的回报。股东由于主观原因造成公司重大损失或因严重违反财经法纪,徇私舞弊,中饱私囊构成违法、违纪被处理的人员也将被取消股东资格,其股金及分红应首先用于弥补公司损失。"2015年1月,建都公司经股东会决议修改公司章程,在原公司章程中增加规定"对正常到龄退休(返聘除外)、长病、长休、死亡的股东,应及时办理股权转让手续,股东退股时,公司累计有盈余的(经会计师事务所审计确认),持股期间按本人持股额每年享受20%以内回报"作为第7条第3款。

周某新去世后,其女周某诉至江苏省高级人民法院,要求该院确认其享有建都公司42%的股权(周某主张的股权价值为3.2555亿元),并由建都公司将其变更登记为公司股东。建都公司辩称其股权性质在历次公司章程中均为岗位股,公司章程中规定股权不得继承的做法受公司法保护,周某作为周某新的继承人,可以继承股权财产权利,但不能继承股东资格。

江苏省高级人民法院一审认为:关于有限责任公司自然人股东死亡后的股东资格继承问题,2013年《公司法》第75条②规定:"自然人股东死亡后,其合法继承人可以继承股东资格;但是,公司章程另有规定的除外。"根据该条规定,自然人股东的合法继承

---

① 参见江苏省高级人民法院(2016)苏民初10号民事判决书(一审),最高人民法院(2018)最高法民终88号民事判决书(二审)。

② 2023年《公司法》修订后,关于股权继承的条款规定在第90条、第167条。

人可以继承股东资格。同时考虑到有限责任公司具有人合性,股东之间的合作基于相互间的信任,允许公司章程对此另行规定。

首先,本案应以周某新去世之前的2015年1月最后一次所参与修改的公司章程为据进行认定。对2015年1月建都公司章程的修改程序,各方均未提出异议,该章程的内容也未违反法律强制性规定,故该章程合法有效,对全体股东均有约束力。其次,2015年1月建都公司章程第四章第7条第3款明确规定,“对正常到龄退休(返聘除外)、长病、长休、死亡的股东,应及时办理股权转让手续,股东退股时,公司累计有盈余的(经会计师事务所审计确认),持股期间按本人持股额每年享受20%以内回报”。2015年1月建都公司章程第7条系股东之间股权转让的规定,该条充分体现了建都公司的人合性特点,规定离开公司的股东的股权由其他股东受让。本案中,周某新去世后,建都公司和其他股东理应按2015年1月建都公司章程规定处理,即建都公司应安排其他股东受让周某新的股权以维护公司的人合性。但建都公司在诉讼中明确表示其他股东无人认购受让周某新的42%的股权,而该种情形如何处理在2015年1月建都公司章程中并未作出明确规定,因此该章程对股权继承问题的规定具有不完全性。虽然公司章程可以对股权继承问题作出另行规定,建都公司也有权在遵守法律基本原则的前提下通过实行岗位股制度进行公司治理的创新,但这应以公司章程的明确规定为据,公司章程中没有明确规定的情形则应按法律规定处理。也就是说,在公司无人受让周某新股权的情况下,本案应按2013年《公司法》第75条“自然人股东死亡后,其合法继承人可以继承股东资格”的规定进行处理,从而支持周某根据遗嘱继承周某新在建都公司的股东资格。建都公司在周某新去世后,在周某新所合法拥有的42%股权未参加表决的情况下通过股东会决议,对周某新的股权作减资处理,不符合2013年《公司法》第43条第2款①规定的“股东会会议作出修改公司章程、增加或者减少注册资本的决议,以及公司合并、分立、解散或者变更公司形式的决议,必须经代表三分之二以上表决权的股东通过”。最后,虽然建都公司提供了郁某新、曹某华、张某萍、陆某昌四名股东离职时转让股权的事例以证明公司章程排除继承,但这四名股东中的张某萍、陆某昌系在周某新去世之后自愿发生的股权转让,郁某新、曹某华系根据周某新去世前所参与制定的公司章程,在有股东受让的情况下所办理的股权转让,与本案因股东去世且无人受让而产生股权争议的情况不同。周某新是公司自成立以来发生的第一起在职股东去世因股东资格继承发生的争议,公司尚无先例可借鉴。故建都公司提供的四位股东离职情况与本案不具可比性,尚不能充分证明公司章程排除继承的问题。

① 2023年《公司法》修订后,条文序号调整为第66条第3款。

综上，由于周某新的股权并非因周某而无法转让，且2015年1月建都公司章程对无人受让股权如何处理未作明确规定，故周某根据遗嘱要求继承周某新的股东资格符合2013年《公司法》第75条[①]的规定，其要求确认股权并由建都公司办理股东变更登记的诉请应予支持。建都公司不服，提起上诉。

最高人民法院二审认为：2013年《公司法》第75条[②]赋予了自然人股东的继承人继承股东资格的权利，但是同时亦允许公司章程对死亡股东的股权处理方式另行作出安排。因此，判断本案中周某是否有权继承其父周某新的股东资格，关键在于解读建都公司章程有无对股东资格继承问题作出例外规定。

本案中，2007年9月12日建都公司章程第20条规定，"自然人股东死亡后，其合法继承人可以继承股东资格"。2009年2月11日、2009年4月29日、2012年3月29日建都公司章程删除了2007年9月12日建都公司章程第20条股东资格允许继承的条款，同时第7条规定，"……股东不得向股东以外的人转让股权……股本金实行动态持股管理办法。对免职、调离、终止合同、退休(退休后继续任职的除外)等人员及时办理股权转让手续……"2015年1月10日建都公司章程第7条在前述公司章程规定的基础上增加第3款，规定"对正常到龄退休(返聘除外)、长病、长休、死亡的股东，应及时办理股权转让手续，股东退股时，公司累计有盈余的(经会计师事务所审计确认)，持股期间按本人持股额每年享受20%以内回报"。周某新自2011年诊断患病，至2015年12月4日去世，前述公司章程的修改，其作为法定代表人均有参与，且签字确认。公司章程作为公司的自治规则，是公司组织与活动最基本与最重要的准则，对全体股东均具有约束力。若要正确理解公司章程条款，应在文义解释的基础上，综合考虑公司章程体系、制定背景以及实施情况等因素加以分析。首先，建都公司自2007年以来先后经历五次公司章程修改。自2009年起，建都公司章程中删除了继承人可以继承股东资格的条款，且明确规定股东不得向股东以外的人转让股权。这可以反映出建都公司具有高度的人合性和封闭性特征。其次，周某新去世前，2015年1月10日建都公司章程第7条第3款对死亡股东股权的处理已经作出了规定，虽然未明确死亡股东的股东资格不能继承，但结合该条所反映的建都公司高度人合性和封闭性的特征，以及死亡股东应及时办理股权转让手续的表述，可以认定排除股东资格继承是该章程的真实意思表示。最后，周某新去世之前，股东郁某新、曹某华在离职时均将股权进行了转让，不再是建都公司的在册股东，建都公司亦根据当时的公司章程的规定支付了持股期间的股权回报款。该事例进一步印证了股东离开公司后按照建都公司章程规定不再享有股东资格的实践情况。因此，纵观建都公司章程的演变，并结合建都公司对离职退股的实践处理方式，本案应当认定建都公司章程已经排除了股东资格的继承。

---

① 2023年《公司法》修订后，关于股权继承的条款规定在第90条、第167条。

② 2023年《公司法》修订后，关于股权继承的条款规定在第90条、第167条。

> 排除股东资格继承后，标的股权如何处理属于公司治理事项，不影响本案股东资格的判断。建都公司作为有限责任公司，具有独立的法人人格和治理结构，案涉股权排除继承后，究竟是由公司回购还是由其他股东受让，均可通过公司自治实现。这两种方式均有利于打破公司僵局，维持公司的人合性和封闭性，体现公司意志，保护股东权益。此外，周某虽无权继承股东资格，但其财产权利可以得到保障。根据2015年1月10日建都公司章程第7条的相关规定，其依然能取得退还的股本金和按照持股额每年计算一定比例的回报款。本案中，建都公司提供的相关决议及庭审陈述表明，建都公司将周某新的股权退股2100万元，并根据周某新持股期间按持股额每年享受20%的比例计算回报，该计算标准是2015年1月10日建都公司章程规定的较高标准。因此，周某作为周某新的继承人，将能够从建都公司获取较为丰厚的财产收益，对其权益的保护亦属合理。同时，建都公司目前离职的股东均采取这种收回股本金和领取一定比例回报款的方式获得补偿，遵照建都公司章程对股东权益平等予以保护，符合本案实际情况。最高人民法院遂撤销一审判决，改判驳回周某的诉讼请求。

本案是一起典型的股权继承案件，两级法院对于建都公司章程条款的解读不同，进而导致判决结果也大相径庭。一审法院在解读建都公司章程条款时，从文义解释的角度出发，认定相关条款仅规定由其他股东受让死亡股东的股权，而现其他股东不愿受让周某新的股权，故建都公司章程在排除股东继承这一问题上具有不周延、不完备之处，从而支持周某继承其父的股东资格。二审法院则从历史解释、目的解释的角度出发，得出相关条款已经明确排除了股权继承的结论。至于出现无其他股东受让的局面，则适用“漏洞填补规则”，允许建都公司回购周某新的股权。

本书认为二审法院的解释方式更为可取。从公司合同说的角度出发，公司章程是股东之间的合意。此等合意有别于股东协议的一个显著特征是：作为组织自治的公司章程，可以通过绝对多数决议进行修改，而修改后的公司章程对于全体股东均具有约束力。股东协议则不同，其修改需要经过缔约全体股东的一致同意。《民法典》第142条第1款规定，有相对人的意思表示的解释，应当按照所使用的词句，结合相关条款、行为的性质和目的、习惯以及诚信原则，确定意思表示的含义。《合同编通则解释》第1条第1款还进一步规定，在解释合同条款时，还应当参考缔约背景、磋商过程、履行行为等因素确定争议条款的含义。参照这一解释的方法，对于公司章程条款的解读，也需要在文义解释的基础上，结合体系解释、目的解释、历史解释等解释方法，对公司章程相关条款进行解读，探究相关条款的真实含义。故此，二审法院认可建都公司章程排除股权继承是合理的。

排除股权继承后，对于死亡股东周某新的股权如何处置，二审法院认为此为公司治理事项，司法不应干预。对此，本书不能认同。本案排除股权继承后，在其他股东不愿意受让

(在本案中可能表现为无力受让)的情况下,建都公司表示受让(回购)周某新的股权。对于公司回购安排,法院有审查的义务。除非有证据表明,该等回购不致损害公司及债权人的利益。事实上,正是因为公司回购股权将导致资本虚增,有违资本维持原则,故法律对于公司回购股权予以严格限制。不仅公司回购股权受到限制,有损及资本维持原则之虞的公司接受本公司股权作为质押权标的的行为也被禁止。除《公司法》第 89 条、第 161 条(异议股东请求公司回购)、第 162 条(公司收购本公司股份)的基本规定外,只有将回购作为股东重大分歧案件(如公司解散)的替代性机制以化解公司僵局时,才有例外适用的余地。

本案中,公司章程规定"持股期间按本人持股额每年享受 20% 以内回报",该规定已有严重的抽逃出资的嫌疑,损及公司股本安全,与资本维持原则相悖。尽管其前面增加了"公司累计有盈余的(经会计师事务所审计确认)"的限制,但需要强调的是,股权投资具有高风险性,其收益取决于公司是否盈利,而无法将其等同于领取固定收益回报的债权。本案中,如果建都公司存在亏损,法院显然不能按照前述裁判思路进行处理,径行判定周某可依照公司章程规定获取其父周某新持股期间的"固定回报"。此时必须考虑公司的实际情况,调减股权回购的价值。在公司存在巨额利润的情况下,按照公司章程约定的 20% 回报,并将剩余的"利润"留存在公司,对去世股东的继承人来说有失公允。

这起案件是最高人民法院二审改判的案件,且经过审判委员会讨论,裁判思路对全国法院具有较强的参考意义。这就提示我们在公司治理中,排除股权继承的方式最好是适用评估权,否则将产生回购价格条款是否有效,以及由此带来的个案正义是否存疑的问题。

【股权转让合同范本】

苏州银马精细化工有限公司
股权转让合同

甲方:朱××,女,汉族,住所地在江苏省苏州市××,公民身份证号码为:________________,联系电话:139××××710。

乙方:钱××,男,汉族,住所地在浙江省嵊州市甘霖镇××,公民身份证号码为:________________,联系电话:138×××7553。

丙方:苏州银马精细化工有限公司,住所地在江苏省苏州市相城区北桥街道灵峰村(锦峰工业园)。

法定代表人周×,该公司执行董事。

鉴于:甲方系丙方苏州银马精细化工有限公司的股东,持有该公司 30% 的股权,甲方现将其所持有的丙方的股权全部对外转让;乙方愿意受让上述股权;丙方及丙方公司股东会对甲乙双方股权转让事宜及本合同确定的转让条件、转让方式不持异议。经各方友好协商，于江苏省苏州市相城区共同签署本合同。

第一条　股权转让价款

甲乙双方经协商一致，确认股权转让的价格为人民币二百七十七万五千元(277.5万元)。

第二条　股权转让步骤及价款的支付时间

甲乙双方同意，股权转让分两步进行；相应地，股权转让价款亦分两期支付。股权转让步骤及股权转让价款的支付方式如下：

2.1　本合同签订后五(5)日内，乙方向甲方支付二十四(24)万元作为履约定金，该定金可折抵乙方应当支付的股权转让首期价款。

2.2　丙方油漆经营项目获得。甲方应在三个月内办理完毕丙方油漆项目生产经营资质，待相关部门全部准予行政许可后五(5)日内，乙方支付首期股权转让价款六十(60)万元；甲方将其所持有丙方公司总股权的百分之十点五(10.5%)转让给乙方；甲方应在乙方支付首期价款后五(5)日内办理股权变更登记手续。

2.3　本合同签订后十二(12)个月内，甲方向乙方移交与丙方有关的全部资料，包括但不限于丙方印章、营业执照、组织机构代码证、税务登记证、开户许可证、安全生产许可证、丙方名下房产证、土地证、会计资料及相关凭证；并协助乙方、丙方办理所有与股权转让相关的工商变更手续。甲方在撤离丙方、移交前述资料后(以时间在后者为准)五(5)日内将其所持有丙方公司总股权的百分之十九点五(19.5%)转让给乙方，并办理工商变更登记手续；乙方向甲方支付剩余股权转让款一百九十三点五(193.5)万元。

2.4　如甲方未能在约定时间办理完股权转让手续或者无法取得丙方油漆项目生产经营资质，乙方有权选择继续履行合同或者解除本合同。乙方继续履行合同的，应当按照前述约定支付股权转让价款；乙方解除合同的，甲方应当退还乙方支付的履约定金。

第三条　过渡期

本合同签订之日起至甲方股权全部转让给乙方并办妥工商变更手续之日止为过渡期。过渡期内丙方公司正常存续并正常开展经营活动。过渡期内，甲方及丙方关于公司决策及股东权利的行使均以履行本合同确定的股权转让目标为行动指南。甲方不得背离本合同确定的股权转让目标，滥用或者联合丙方其他股东滥用其作为丙方的股东所享有的股东权利。否则应依照本合同第九条的规定，向乙方承担违约责任。

第四条 保证

4.1 甲方保证，其所转让给乙方的股权，系其在丙方公司的实际出资，并对此享有完全的处分权；不存在设定质押、出资不实、抽逃出资或者可能引起第三方追索的任何事由；否则，由此所产生的所有责任，除甲方自行承担外，还应依照本合同第九条的规定，向乙方承担违约责任。

4.2 甲方保证，丙方公司资产权属清晰，所有土地使用权、厂房、土地、附属配套设施、办公设备不存在设定的权利负担，未被司法机关采取保全措施，亦不存在其他可能改变权属的合同。

4.3 乙方依照本合同第2.1条的规定支付履约定金后，即可进驻丙方公司目前空余的车间；甲方应当尽最大努力，确保在本合同签订后十二(12)个月内，协助乙方办妥所有涉及本合同约定的股权转让事项，并撤出丙方公司。丙方承诺毫不迟延地办理股权转让所涉相关工商变更手续。

第五条 丙方公司财产保有

乙方支付本合同项下的首期付款义务后，即成为丙方公司的股东，有权按照约定的股权比例行使股东权利。乙方支付全部股权转让款后，方享有或承担丙方所有的权利义务。

本股权转让合同履行过程中，丙方公司名下的一切资产，包括但不限于土地使用权、厂房、土地、附属配套设施、办公设备等所有权属仍归属于丙方；职工除自愿离职外，与丙方公司的劳动合同关系不受股权转让的影响。

第六条 盈余分派的禁止

各方一致同意，乙方所支付的股权转让价款已经充分考虑了丙方公司目前及过渡期内的财务状况及发展预期。过渡期内丙方公司不进行盈余分派，甲方作为丙方公司的股东，也不得主张盈余分配的权利。丙方公司现有的以及未来产生的盈余，即使作出盈余分派决议，可归入甲方名下的盈余，亦属于乙方所有；甲方应毫不迟延地将相应盈余转交乙方所有。

第七条 权利与义务

7.1 各方均应以办理油漆经营许可项目及促成本股权转让合同的履行为行动指南，并相互协作办理经营范围增项(包括但不限于安监部门、环保部门的相应程序，如环境影响评价、试生产等)及工商变更手续。

7.2 本合同第三条规定的过渡期内，甲乙双方按照双方实际持有的丙方公司的股权对丙方公司享有权利、承担义务。乙方支付全部股权转让价款后，甲方对丙方不再享有权利，相应地，甲方在丙方公司的一切权利由乙方享有。丙方在乙方支付全部股权转让价款后的业务往来及相应法律责任，均由乙方承担，与甲方无关。

7.3 本合同签订前，丙方对外应付款项以及可能发生的遭受第三方的追索，其法律责任由甲方承担；即使相关司法、仲裁机构判定由乙方承担的，乙方在承担上述义务后，也有权向甲方追偿。

第八条 费用负担

8.1 各方同意，办理油漆经营项目许可所涉费用（包括但不限于许可费用、环境影响评价费用等）由乙方负担。

8.2 各方同意，办理股权转让工商变更程序所涉的费用由甲乙双方各半承担。

8.3 股权转让所涉税款，按照国家及地方税收征收管理的要求，应当由转让方承担的税款由甲方承担，应当由受让方承担的税款由乙方承担。

第九条 违约责任

9.1 甲方的违约责任

9.1.1 如经查证，甲方所转让的股权存在违背本合同第4.1条规定之情形的，甲方除应按照《公司法》的规定向丙方公司补足出资外，还应向乙方支付违约金。违约金数额为设定质押、出资不实、抽逃出资涉及金额的百分之三十（30%）。

9.1.2 丙方资产存在违背本合同第4.2条约定之情形的，甲方有义务在本合同签订后五（5）日内涤除所有权利负担。否则，甲方除应涤除上述权利负担外，还应向乙方支付违约金，违约金数额为前述权利负担所涉金额的百分之三十（30%）。

9.2 乙方的违约责任

乙方未按照本合同支付股权转让价款的，除应继续履行外，还应向甲方支付违约金，违约金数额为迟延支付股权转让价款金额的百分之三十（30%）。

9.3 司法费用负担

因一方违约而引发的争议系通过诉讼方式解决的，违约方除应按照《诉讼费用缴纳办法》的规定支付诉讼费用外，还应承担对方为维护自身合法权益所支付的律师费、差旅费等合理的实现权益的费用；其中律师费如未超过江苏省有关律师收费标准的视为合理。

第十条 争议的解决

与本合同有效性、履行、违约及对合同条款的理解等有关争议，各方应友好协商解决。友好协商应在三十（30）日内进行，无法协商或者协商不成的，任何一方可将争议提交苏州市相城区人民法院，并通过诉讼解决。

第十一条 合同效力

11.1 本合同在各方当事人之间具有最终效力，无论双方出于何种目的签署的何种协议，均不应解读为对本合同的补充或修正。本合同一式三（3）份，甲方、乙方、丙方各执一（1）份。

11.2　本合同经各方签字后生效。

(本页以下为签字处,无正文)

甲方:　　　　　　　　　　　　乙方:

签署日期:　　　　　　　　　　签署日期:

丙方:苏州银马精细化工有限公司(盖章)

负责人(签字):

签署日期:

【案例6.10】　邹某义与翁某春股权转让纠纷案[①]

吴江国医药业有限公司因私设“小金库”被国税、地税部门查处,原法定代表人王某杰也因刑事犯罪被判处12年有期徒刑。该公司实际共有职工股东170余人。后翁某春出面收购该公司,陆续以溢价10倍的标准与职工股东签订股权转让协议,受让该公司大部分股权。对于坚持不出让股权的7名职工,翁某春采取各个击破的方式,以溢价15倍、30倍乃至50倍的价格,最终收购所有职工股权。原告邹某义系吴江市国医药业有限公司隐名股东,出资11万元。2013年11月7日,原、被告双方签订《股权转让协议》一份,约定被告以原告实际出资价格的10倍受让原告所持有的吴江国医药业有限公司的股权。同时双方签订《补充协议》,约定翁某春补偿原告邹某义20倍股权价值(239.8万元)。实际上双方系以30倍的价格转让邹某义在吴江国医药业有限公司中的股权。上述协议签订后,邹某义交出股权证并将股权转移至翁某春名下。翁某春虽支付了《补充协议》约定的20倍溢价,但未履行《股权转让协议》约定的10倍股权转让款,故此原告邹某义诉至法院。诉讼中,被告翁某春提起反诉,以股权转让存在欺诈、胁迫、滥用股东权利及显失公平为由,诉请撤销《补充协议》,反诉被告邹某义在扣除110万元股权转让款后返还反诉原告翁某春补偿款139.8万元。诉讼过程中,被告翁某春代理律师放弃主张股权转让存在欺诈、胁迫、滥用股东权利,坚持以股权转让显失公平为由,要求撤销《补充协议》并返还补偿款。

苏州市吴江区人民法院一审认为:对于翁某春向邹某义支付完毕股权转让款239.8万元后,邹某义签署了《股权转让协议》及《补充协议》、股东会决议的事实,邹某义与翁

① 参见江苏省苏州市吴江区人民法院(2014)吴江商初字第01231号民事判决书(一审),江苏省苏州市中级人民法院(2015)苏中商终字第01008号民事判决书(二审)。

某春陈述一致，且有证人王某、沈某华的证言可以佐证，对于该事实本院予以认定。翁某春请求撤销《补充协议》的主要理由是认为该协议显失公平。所谓合同的显失公平是指合同一方利用自身优势或者利用对方没有经验等情形，在与对方签订的合同中设定明显对自己一方有利的条款，致使双方的客观利益严重失衡，明显违反公平原则。也就是说，显失公平的构成要件包括主客观两个方面：主观要件为一方具有利用己方优势或者对方无经验的故意，客观要件为当事人之间的利益严重失衡。首先，本案转让的标的物系股权，股权转让价格的具体确定涉及双方对目标公司现行资产的评估、未来经营业绩的预判、所涉行业前景的预测等众多相关因素，且除了邹某义以出资额30倍的价格转让股权外，还有职工俞某荣、王某、沈某华以出资额50倍的价格进行股权转让。虽然大部分职工是以10倍价格转让其持有的股权，但基于股权本身的特殊性，该事实并不足以说明邹某义的股权转让行为导致其与受让人翁某春的利益严重失衡。其次，从双方缔约的过程来看，翁某春为了收购邹某义等人的股份，多次主动与邹某义等人联系，最后签约的地点也在翁某春的办公室。翁某春是一名有相当经济实力的商人，而邹某义只是一名国医药业公司的员工，无论在经济实力还是在商业经验、商业知识方面，前者显然更具优势。而且从当时的情况来看，翁某春已成功收购了大部分职工所持有的股权，实现了对公司的控股，而邹某义所持股权比例仅为1%左右，是否收购邹某义的股份，并不足以影响到翁某春的控股地位。最后，《股权转让协议》与《补充协议》系同时签署，虽然翁某春与邹某义签订了两份协议，但该两份协议结合起来，才是双方股权转让的真实意思表示。翁某春主张履行《股权转让协议》，撤销《补充协议》，显然是将两份协议进行人为的割裂，且翁某春在签订两份协议前，已先行履行了《补充协议》中约定的付款义务。可见，双方都是抱着很大诚意来协商股权转让事宜的。因此，翁某春与邹某义达成《股权转让协议》与《补充协议》，系其在当时条件下综合权衡后作出的真实意思，翁某春以显失公平为由请求撤销《补充协议》的主张不能成立。

关于翁某春是否结欠邹某义股权转让款，以及如果结欠，结欠的金额如何认定的问题本诉原告邹某义主张，双方之间的《股权转让协议》约定：购买价格为出资额的10倍，受让方于本协议生效后一周内向出让方支付依法应缴税款外的全部转让款，出让方依法应缴税款由受让方代扣代缴后向出让方提供纳税凭证；若受让方支付转让款迟延，应就其迟延支付的违约行为按日承担未对应转让价款总额万分之三的违约金。《补充协议》约定：除《股权转让协议》外，考虑到出让方的实际经济损失，受让方自愿另行补偿出让方239.8万元。该239.8万元的组成如下：(1)邹某义出资额20倍款项：11×20=220万元；(2)邹某义出资额10倍款项的税款：(11×10-11)×20%=19.8万元。由于《补充协议》已履行完毕，邹某义也上缴了股权证，但翁某春并未履行《股权转让协议》约定的义务，现邹某义要求翁某春支付股权转让款110万元。本诉被告翁某春认为，

《补充协议》是邹某义一方起草的,补偿款金额239.8万元这个数字是如何计算出来的,翁某春并不清楚。关于股权转让款涉及的税款问题,由于当时向工商部门提交的股权转让协议有143份之多,应缴纳的金额整体缴纳了一部分,还有一部分未缴纳,已缴纳的金额无法与股权转让协议一一对应。对此,法院认为,对于《补充协议》上的金额239.8万元如何组成,邹某义的陈述,有相关银行凭证以及证人王某、沈某华的证言相佐证,虽然翁某春未认可邹某义的该陈述,但其对于239.8万元的组成并未进行任何有说服力的陈述,也未对邹某义的陈述进行任何实质意义上的抗辩。因此,本院认定邹某义关于《补充协议》上的金额239.8万元如何组成的陈述,符合相关事实,应予认定。《股权转让协议》约定:协议生效后一周内,受让方通过其自有账号或指令第三方通过银行转账向出让方个人合法账户支付除出让方依法应缴纳税款外的全部转让款。依据该约定,翁某春实际付给邹某义股权转让款时,应当扣除税款19.8万元,且在翁某春已支付的补偿款239.8万元中包含《股权转让协议》约定的上述税款19.8万元。从证人王某、沈某华二人的情况来看,翁某春同样是在补偿款中支付相应税款后,在之后履行《股权转让协议》约定的10倍股权转让款时将这部分税款从股权转让款中进行了扣除。因此,翁某春在履行其与邹某义的《股权转让协议》时,亦应当扣除《股权转让协议》所涉及的应缴税款19.8万元,因此,翁某春尚应支付给邹某义股权转让款 $11 \times 10 - 19.8 = 90.2$ 万元。反诉原告翁某春要求撤销《补充协议》、返还股权转让款129.8万元的诉讼请求,缺乏事实和法律依据,不予支持。苏州市吴江区人民法院遂判令被告翁某春应给付原告邹某义股权转让款90.2万元并支付逾期付款违约金,同时驳回反诉原告翁某春的诉讼请求。

翁某春不服一审判决,提起上诉。

苏州市中级人民法院二审认为:首先,本案所涉《补充协议》与《股权转让协议》同时签订,系股权受让方就股权转让给予转让方补偿的约定,该两份协议结合起来为双方关于股权转让权利义务的整体约定,故翁某春要求撤销《补充协议》的主张能否成立,不能仅仅审查《补充协议》的相关约定,还应结合《股权转让协议》的约定内容来综合审查双方关于案涉股权转让权利义务的约定是否存在显失公平的情形。

其次,《最高人民法院关于贯彻执行〈中华人民共和国民法通则〉若干问题的意见(试行)》第72条①规定:"一方当事人利用优势或者利用对方没有经验,致使双方的权利义务明显违反公平、等价有偿原则的,可以认定为显失公平。"结合上述规定,对于当事人是否存在"利用优势或者利用对方没有经验"的情况,应当注意考察当事人的主体

① 2021年1月1日《民法典》施行后,《民法通则》及相应司法解释均同时废止。该司法解释的内容现为《民法典》第151条吸收,即一方利用对方处于危困状态、缺乏判断能力等情形的,致使民事法律行为成立时显失公平,受损害方有权请求人民法院或者仲裁机构予以撤销。

身份、交易地位和行业经验；对于交易是否“明显违反公平、等价有偿原则”，应当着重考虑信息披露是否公平透明、导致交易价格悬殊的原因等客观因素。

据此，对于本案交易是否存在显失公平的情形，主要应从以下两个方面加以判断：一是考察交易主体情况。一般来说，当股权在公司内部之间转让时，交易双方均有股东地位及从事相应经济活动的经验，在交易前有充分的条件对交易相关信息进行了解，应知晓公司经营状况、对方的出资状况，双方处于信息对称的地位，故应认为交易双方所确定的交易内容是其真实意思表示。在本案《股权转让协议》及《补充协议》签订时，翁某春已收购大部分职工所持有的股权，故其应具有一定的行业经验和商业风险意识，可以认为其与邹某义处于平等的交易地位，并无证据证明在签署《股权转让协议》及《补充协议》时存在邹某义利用本人优势地位或翁某春缺乏经验进行不公平交易的情况。二是考察交易内容及结果。在实践中，股权转让的价格与出资额、公司资产状况、股权溢价、股东实际投入、公司未分配盈利、公司债权债务等因素均有关联，同时也要考虑到供求关系、价格的涨落、交易习惯、交易人员的身份关系等其他多种因素。本案中，虽然翁某春提出大部分职工是以出资额10倍的价格转让的持有股权，但邹某义一审提交的股权转让及优先权行使告知书显示翁某春曾有以出资额30倍的价格受让夏某虎股权的意向，且证人王某、沈某华均指出翁某春是以出资额50倍的价格受让其股权并已支付全部的对价，故翁某春以其受让其他职工股权的价格主张本案所涉转让价格违反等价有偿原则依据并不充分，并不能据此认定案涉交易明显违反公平、等价有偿原则。因此，原审法院认定翁某春以显失公平要求撤销《补充协议》的主张不能成立并无不当。最终，二审法院判决驳回上诉，维持原判。

第七章　请求公司收购股份纠纷

■ 第一节　股东请求公司收购股份概述

异议股东股权回购请求权，又称异议评估权、股份回购评估请求权，是指当股东会基于多数表决，就有关公司重大事项作出决议时，持异议的少数股东要求对其所持股权的价值进行评估并由公司以公平价格予以购买的权利。2023年《公司法》修订时，特于第89条第3款规定“公司的控股股东滥用股东权利，严重损害公司或者其他股东利益的，其他股东有权请求公司按照合理的价格收购其股权”，以保障中小股东利益。

针对有限责任公司，《公司法》第89条规定：“有下列情形之一的，对股东会该项决议投反对票的股东可以请求公司按照合理的价格收购其股权：（一）公司连续五年不向股东分配利润，而公司该五年连续盈利，并且符合本法规定的分配利润条件；（二）公司合并、分立、转让主要财产；（三）公司章程规定的营业期限届满或者章程规定的其他解散事由出现，股东会通过决议修改章程使公司存续。自股东会决议作出之日起六十日内，股东与公司不能达成股权收购协议的，股东可以自股东会决议作出之日起九十日内向人民法院提起诉讼。公司的控股股东滥用股东权利，严重损害公司或者其他股东利益的，其他股东有权请求公司按照合理的价格收购其股权。公司因本条第一款、第三款规定的情形收购的本公司股权，应当在六个月内依法转让或者注销。”

针对股份有限公司，《公司法》第161条的规定与第89条有限责任公司中异议股东请求收购股权的情形类似，但法律明确指出“公开发行股份的公司除外”。这是因为在公开发行股份的公司（上市公司）中，股份有公开的交易市场，异议股东可以随时抛售股票，实现“用脚投票”，故法律将其排除在异议股东之外。另外，针对有限责任公司特别规定的股东压迫条款（《公司法》第89条第3款）在股份有限公司中亦未作规定。《公司法》第162条规定：“公司不得收购本公司股份。但是，有下列情形之一的除外：（一）减少公司注册资本；（二）与持有本公司股份的其他公司合并；（三）将股份用于员工持股计划或者股权激励；（四）股东因对股东会作出的公司合并、分立决议持异议，要求公司收购其股份；（五）将股份用于转换公司发行的可转换为股票的公司债券；（六）上市公司为维护公司价值及股东权益所必需。公司因前款第一项、第二项规定的情形收购本公司股份的，应当经股东会决议；公司因前款第三项、第五项、第六项规定的情形收购本公司股份的，可以按照公司章程或者股东会的授权，经三分之二以上董事出席的董事会会议决议。公司依照本条第一款规定收购本公司股份后，属于第一项情形的，应当自收购之日起十日内注销；属于第二项、第四项情形的，应当在六个月内转让或者注销；属于第三项、第五项、第六项情形的，公司合计持有的本公司股份数不得超过本公司已发行股份总数的百分之十，并应当在三年内转让或者注销。上市公司收购本公司股份的，应当依照《中华人民共和国证券法》的规定履行信息披露义务。上市公司因本条第一款第三项、第五项、第六项规定的情形收购本公司股份的，应当通过公开的集中交易方式进行。公司不得接受本公司的股份作为质权的标的。”

传统公司法严格恪守公司注册资本三原则，即资本确定原则、资本维持原则与资本不变原则。出于贯彻交易安全、保护债权人利益的立法目的，在资本维持原则下，股权回购以及接受本公司股权出质都是被严格禁止的。但随着社会经济的发展，各国公司法对于公司回购本公司股权逐渐持允许的态度。我国台湾地区学者柯芳枝、刘连煜教授指出，“公司法禁止股份回笼的规制系基于政策上的考量，限制自己股份的取得，而非依传统之社团法人理论，无完全否定公司取得自己股份的规制”①。

从《公司法》第 89 条以及第 161 条、第 162 条第 1 款第 4 项的规定来看，法律对于不同的公司形式规定的异议股东股权回购请求权所列举的法定事由完全相同。根据学界通说，《公司法》确立异议股东股权回购请求权制度，是为了保护少数股东的利益，异议股东股权回购请求权是少数股东在公司因重大变更而发生结构性、根本性改变的情况下，所享有的一项特别救济权利。通过该项权利的行使，异议股东可以退出公司。该项权利属于股东的固有权利，不得以公司章程另行规定加以限制或剥夺。在放松管制以及尊重公司自治的语境下，只要不损害公司债权人的利益，公司章程另行增列其他事由并规定异议股东可以行使股权回购请求权的，法律也应予准许。此外，从权利属性上看，异议股东股权回购请求权应属于形成权，一旦股东行使，不待公司认诺，即“发生成立股份买卖契约之效果”。

除了上述法定情形之外，司法实践中通过股权回购离散相关股东，成为有限公司股东重大分歧的化解机制之一。对此，《公司法司法解释(二)》第 5 条规定：“人民法院审理解散公司诉讼案件，应当注重调解。当事人协商同意由公司或者股东收购股份，或者以减资等方式使公司存续，且不违反法律、行政法规强制性规定的，人民法院应予支持。当事人不能协商一致使公司存续的，人民法院应当及时判决。经人民法院调解公司收购原告股份的，公司应当自调解书生效之日起六个月内将股份转让或者注销。股份转让或者注销之前，原告不得以公司收购其股份为由对抗公司债权人。”这一司法解释将股权回购作为公司解散案件中公司僵局的化解措施之一，通过股权回购实现公司的继续存续。

① 参见廖大颖：《公司法原论》(增订 6 版)，台北，三民书局股份有限公司 2012 年版，第 75 页。

仅仅将股权回购作为公司解散案件中僵局化解措施，在实践中仍不敷使用，在没有章程另外规定的情况下，仍可能产生立法供给不足的问题。对此，《公司法司法解释(五)》将股权回购明确作为有限公司股东重大分歧解决方案之一，从而使其可以涵盖所有股东重大争议，而不致局限于公司解散这一单一案由。《公司法司法解释(五)》第5条规定，人民法院审理涉及有限责任公司股东重大分歧案件时，应当注重调解。当事人协商一致以下列方式解决分歧，且不违反法律、行政法规的强制性规定的，人民法院应予支持：(1)公司回购部分股东股份；(2)其他股东受让部分股东股份；(3)他人受让部分股东股份；(4)公司减资；(5)公司分立；(6)其他能够解决分歧，恢复公司正常经营，避免公司解散的方式。最高人民法院民事审判第二庭负责人就该解释答记者问时指出："基于公司永久存续性特征，在有限责任公司股东产生重大分歧，使公司无法正常运营，出现公司僵局时，只要尚有其他途径解决矛盾，应当尽可能采取其他方式解决，从而维持公司运营，避免解散。解决公司僵局一般采取股东离散方式来避免公司解散。但是有限责任公司基于其人合性特征，股权转让受到诸多限制，不愿意继续经营公司的股东退出公司较为困难。目前通过调解方式在诉讼过程中实现类似的效果是一条可行途径。故在审理相关案件中强调调解，对于解决有限责任公司僵局有特殊的意义。而这类案件调解往往更为复杂，要求更高的专业性，故需要在司法解释中作出相应指引。"

尽管在实务中，股东请求公司收购股权纠纷都为"请求公司收购股份纠纷"这一案由所涵盖，但从《公司法》对两类公司的具体规定来看，这一案由规定也存在涵盖不周延的地方。在公司法语境下，"股份"是与股份有限公司相对应的概念，在有限责任公司中并无"股份"这一概念，而只有"股权"这一上位概念。因此，为了涵盖两类不同的公司形式，用"异议股东股权回购请求权"以及"请求公司收购股权纠纷"更为妥帖。鉴于最高人民法院《民事案件案由规定》明确将此类纠纷界定为"请求公司收购股份纠纷"，因此实践中均统一使用这一案由。

■ 第二节　请求公司收购股份纠纷司法实务

一、在股东会上投反对票的实务认定

依照法律的规定，原告股东行使异议股东股权回购请求权，提起请求公司收购股份纠纷，原则上应当证明其对公司决议提出过异议。以《公司法》第89条为例，公司连续5年盈利而未分红，公司未召开股东会且由于原告股东持股比例过低(低于10%)也无法提议召开临时股东会，或者公司未经决议即转让主要财产，原告股东甚至未获开会通知，无从对公司相关决议投反对票，对于上述情形如何认定其符合法定回购条件，均存在争议。

对此,《最高人民法院公报》(2016 年第 1 期)刊载的**袁某晖与长江置业(湖南)发展有限公司请求公司收购股份纠纷案**[①](以下简称袁某晖案)的裁判摘要指出:根据 2013 年《公司法》第 74 条[②]之规定,对股东会决议转让公司主要财产投反对票的股东有权请求公司以合理价格回购其股权。非因自身过错未能参加股东会的股东,虽未对股东会决议投反对票,但对公司转让主要财产明确提出反对意见的,其请求公司以公平价格收购其股权,法院应予支持。

在**刘某喜诉上海华喜膜结构工程有限公司请求公司收购股份纠纷案**[③](以下简称刘某喜案)中,上海华喜膜结构工程有限公司(以下简称华喜公司)在 2019 年 4 月 8 日召开股东会决定延长经营期限,当日刘某喜向上海市崇明区人民法院提起诉前财产保全申请,反对延长经营期限并随后提出请求公司收购股份纠纷,要求华喜公司以合理价格回购其股权,但上海市崇明区人民法院判决驳回其诉讼请求。刘某喜对该判决不服,遂提起上诉。上海市第二中级人民法院认为,刘某喜已经明确表示"反对"并请求华喜公司回购其股权,符合 2018 年《公司法》第 74 条[④]第 1 款第 3 项规定的异议股东请求收购股权的情形,遂裁定撤销一审判决,发回原审法院就回购价款这一案件基本事实进行实体审理。

结合上述两起案件进行分析。在袁某晖案中,长江置业(湖南)发展有限公司(以下简称长江置业公司)对案涉二期资产进行了销售,该资产转让从定价到转让,均未取得股东袁某晖的同意,也未通知其参加股东会,袁某晖无从在股东会上投反对票。后袁某晖提议召开临时股东会,明确表示反对二期资产转让,要求立即停止转让上述资产,长江置业公司驳回了袁某晖的申请,并继续对二期资产进行转让。最高人民法院作出的再审裁定书明确指出:2013 年《公司法》第 74 条[⑤]的立法精神在于保护异议股东的合法权益,之所以对投反对票作出规定,意在要求异议股东将反对意见向其他股东明示,最终认定袁某晖符合提起异议股东请求回购股份诉讼的条件。在刘某喜案中,刘某喜在华喜公司召开临时股东会当日即向上海市崇明区人民法院提起诉前财产保全申请,并在收到华喜公司股东会决议时在上面签注"反对",最终上海市第二中级人民法院亦认定其符合提起异议股东请求公司收购股份的条件。

需要指出的是,最高人民法院在袁某晖案中进一步指出,"从本案实际处理效果看,长江置业公司股东之间因利益纠纷产生多次诉讼,有限公司人合性已不复存在,通过让股东袁某晖退出公司的方式,有利于尽快解决公司股东之间的矛盾和冲突,从而保障公司利益

① 参见湖南省高级人民法院(2013)湘高法民二终字第 91 号民事判决书(二审),最高人民法院(2014)民申字第 2154 号民事裁定书(再审)。

② 2023 年《公司法》修订后,条文序号调整为第 89 条。

③ 参见上海市崇明区人民法院(2019)沪 0151 民初 4487 号民事判决书(一审),上海市第二中级人民法院(2020)沪 02 民终 5685 号民事裁定书(二审)。

④ 2023 年《公司法》修订后,条文序号调整为第 89 条。

⑤ 2023 年《公司法》修订后,条文序号调整为第 89 条。

和各股东利益”。这明确阐述了通过离散股东化解公司股东间重大分歧的意旨。在刘某喜案中亦同样存在这一问题,华喜公司三位股东及公司之间在上海市三级人民法院累计提起近30起诉讼,第二审合议庭成员均作为主审法官处理过相关争议。释放股东退出通道,有利于“一揽子”解决华喜公司股东纠纷。在第二审裁定作出后,股东之间的其他诉讼大多撤诉,仅围绕回购价格进行审理,有效节约了司法资源。

二、转让公司主要财产的实务认定

《公司法》第89条将转让主要财产列为提起股份回购之诉的事由,其目的在于防止不慎重地转让公司财产,对公司运营前景产生重大不利影响,并从根本上动摇股东对公司的投资预期。转让的财产是否构成公司主要财产,应从该财产是否是公司经营的常规核心资产,该财产占公司资产的比例,转让该财产是否会实质影响公司的设立目的及公司存续、是否会影响公司的正常经营等因素进行考量。“转让主要财产的立法目的很明确,但是,在实务操作中很难把握,何为公司的主要财产有时很难界定。对于出售主要财产后改变公司的经营方向时,应当解读为转让主要财产,允许异议股东请求公司收购其股份。”①

美国法律研究院(American Law Institute,ALI)通过的《公司治理原则:分析与建议》指出,当公司出售、出租、交换或者以其他方式处分公司重要资产,并且这种处分导致公司实质上不能继续营业,股东就有权行使异议股东股权回购请求权。“法院在决定一家公司是否有‘实质上的继续业务’时,对该公司子公司所从事的积极业务也一并加以考虑。”②

上海市第二中级人民法院在**杨某逸与上海磐缔投资管理有限公司请求公司收购股份纠纷案**③中指出:“主要财产”应当指公司中“起决定作用的”或者“影响公司存续基础的”财产。“主要财产”的认定标准可以从量和质两方面进行判断:在量上,以转让财产的价值占公司资产总额的比例为标准。在质上,以转让财产是否对公司生产经营产生重大影响为标准,如公司因财产转让而无法维持营业或者不得不大幅减小营业规模等。

在**中国华融资产管理股份有限公司与重庆南桐矿业有限责任公司请求公司收购股份纠纷案**④中,重庆市高级人民法院认为,公司主营业务涉及该财产且运营该财产所得收益构成公司主要收入来源,转让该财产将改变公司经营方向的,该财产可以被认定为公司主要财产。本案中,重庆南桐矿业有限责任公司(以下简称南桐公司)的主营业务包括煤炭的生产和销售。而且南桐公司2018年度1~4月的会计报表显示,2018年1~4月南桐公司煤炭收入分别占到月总营业收入的43.5%、44%、58.3%和55.4%。可见,经营煤炭的收入是南桐公司营业收入的主要部分。同时,南桐公司2018年度5~9月的会计报表显示,南桐公司

① 王东敏:《公司法审判实务与疑难问题案例解析》,人民法院出版社2017年版,第193页。

② 《公司治理原则:分析与建议》,楼建波等译,法律出版社2006年版,第911页。

③ 参见上海市青浦区人民法院(2019)沪0118民初19602号民事判决书(一审),上海市第二中级人民法院(2021)沪02民终7883号民事判决书(二审)。

④ 参见重庆市高级人民法院(2018)渝民初146号民事判决书(一审)。

2018 年 5 月 24 日作出的股东会决议涉及的财产转让后，南桐公司不再有煤炭收入，因此，该决议决定转让的南桐煤矿、红岩煤矿、东林煤矿、选煤厂及救护队资产（包括存货、固定资产、在建工程、土地使用权及矿业权）是南桐公司的主要财产。中国华融资产管理有限公司对该决议投反对票，即依法享有请求南桐公司按照合理的价格收购其股权的权利。

将重要子公司、控股公司转让，也会被认定为转让公司主要财产。如在**卢某光与龙岩和鑫房地产开发有限公司等请求公司收购股份纠纷案**①中，龙岩和鑫房地产开发有限公司（以下简称和鑫公司）作出股东会决议，退出龙岩协成建设投资发展有限公司、龙岩溪南联顺房地产开发有限公司、福建省龙成伟业房地产开发有限公司②的控股，并向三家公司每家支付 150 万元补偿。福建省高级人民法院认定和鑫公司退出上述公司，系将所拥有的对上述公司股权的转让，构成了转让公司主要财产。

湖北省高级人民法院在**徐某汉与宜昌三峡矿业有限公司请求公司收购股份纠纷案**③中亦认可转让子公司的财产构成转让公司主要财产。该案中，徐某汉投出反对票的决议为宜昌三峡矿业有限公司（以下简称三峡矿业公司）作出的《湖北恒达石墨集团（系三峡矿业公司子公司）有关资产处置方案》《石墨集团慈溪分公司整体转让方案》《金昌石墨矿（系三峡矿业公司子公司）50% 股权转让方案》。上述决议涉及多处石墨矿及三峡矿业公司子公司的资产转让，从三峡矿业公司的经营范围包含石墨矿销售的内容看，该部分财产应属于三峡矿业公司的重要财产。

“转让公司主要财产”成为法定回购条件的原因在于这一行为将改变公司经营方向，影响股东投资预期。相反，如果公司转让了主要财产，但并不存在上述后果，则应当按照立法目的进行解释，驳回股东的诉请。在**贺某明与水城县小牛矿业有限责任公司等请求公司收购股份纠纷案**④中，贺某明以水城县小牛矿业有限责任公司（以下简称小牛矿业公司）将核心资产采矿权转至江煤贵州矿业集团有限责任公司（系小牛矿业公司控股股东，以下简称江贵公司）为由主张公司回购其股权。贵州省高级人民法院审理后认为：本案采矿权的转让是基于贵州煤矿企业兼并重组政策要求进行的，目的在于保存小牛矿业公司的采取权。按照贵州煤矿企业兼并重组政策的要求，六盘水市煤矿企业年产能不能低于 200 万吨，小牛矿业公司产能规模因未达到煤矿主体企业的产能要求，不能独立持有其采矿权，需过户到主体企业，并购买关闭指标进行配对关闭后，才能继续存在。因此，涉案交易属于企业的自救行为，有别于一般公司控股股东恶意损害小股东利益的行为。而且签订的转让协议及公

---

① 参见福建省龙岩市中级人民法院（2015）岩民初字第 234 号民事判决书（一审），福建省高级人民法院（2016）闽民终 1243 号民事判决书（二审），最高人民法院（2018）最高法民申 793 号民事裁定书（再审）。

② 龙岩协成建设投资发展有限公司、龙岩溪南联顺房地产开发有限公司原系和鑫公司的全资子公司，福建省龙成伟业房地产开发有限公司为和鑫公司的控股子公司。

③ 参见湖北省宜昌市中级人民法院（2013）鄂宜昌中民二初字第 00015 号民事判决书（一审），湖北省高级人民法院（2014）鄂民二终字第 00037 号民事判决书（二审）。

④ 参见贵州省六盘水市中级人民法院（2017）黔 02 民初 168 号民事判决书（一审），贵州省高级人民法院（2018）黔民终 668 号民事判决书（二审）。

司1年后形成的股东会决议已明确，未经小牛矿业公司股东同意，江贵公司不得向第三人转让采矿权，否则应向小牛矿业公司承担赔偿责任。采矿权过户至江贵公司名下后，小牛矿业公司各股东行使股权不因采矿权名义过户而受到影响。协议签订后，也是小牛矿业公司股东在实际经营管理，并非江贵公司经营管理，贺某明在签订协议后也仍然在小牛矿业公司担任经营矿长、副经理及董事。可见虽然采矿权转让了，但实际上小牛矿业公司的经营管理及决策还是小牛矿业公司的原股东，并非江贵公司。在小牛矿业公司的采矿权必须根据政策要求过户到达到产能规模的煤矿主体企业名下才能得以保存的情况下，相较于过户到其他煤矿主体企业名下，显然过户到其股东之一的江贵公司名下更为经济、更为安全。贺某明在不能提出其他对企业采矿权的合理救济途径的情况下，仅简单提出反对意见，并据此根据《公司法》第74条[①]之规定要求公司收购其股份，显然与立法目的不符，且有违公平和诚实信用原则。

另外需要指出的是，设立子公司的行为与《公司法》第89条规定的"转让主要财产"属于两个完全不同的法律行为，亦与公司分立存在明显区别。股东对设立子公司持反对意见，不得依照《公司法》的规定主张公司回购其股权。如在**仇某福、许某芳诉常州市钟楼区危积陋房屋改造开发有限公司请求公司收购股份纠纷案**[②]中，江苏省常州市中级人民法院认为原告仇某福、许某芳主张的公司分立及转让主要资产的事实实际不可能发生。对于转让资产所涉及的安阳里项目改造，因原常州市国土局答复该项目应当是常州市钟楼区危积陋房屋改造开发有限公司（以下简称危积陋公司）的全资子公司，因此该项目不可能从危积陋公司中分立出去。设立全资子公司的行为不构成公司分立，且资产在母公司与全资子公司之间进行转让也有别于《公司法》第74条[③]规定的对外转让公司主要财产。加之，原告所提其他争议并非请求收购股份纠纷案件审理的对象，故驳回两原告诉请。

三、回购价格的确定

请求公司收购股份纠纷案件中的核心问题是确认原告股东股权的回购价值。在股权回购价款的确定上，法律仍给予股东与公司协商确认的空间。对此，《公司法》第89条第2款明确"股东与公司不能达成股权收购协议的"，股东可以向人民法院提起诉讼。

最高人民法院在**中国信达资产管理股份有限公司与太西集团有限责任公司请求公司收购股份纠纷案**[④]中指出：在股东之间对股权回购有明确约定的情况下，《公司法》第74条[⑤]有关股东请求公司以合理的价格收购其股权的规定，并非能够完全脱离原出资协议约

---

① 2023年《公司法》修订后，条文序号调整为第89条。

② 参见江苏省常州市中级人民法院(2011)常商初字第59号民事判决书(一审)。

③ 2023年《公司法》修订后，条文序号调整为第89条。

④ 参见宁夏回族自治区高级人民法院(2013)宁民商初字第16号民事判决(一审)，最高人民法院(2016)最高法民终34号民事判决书(二审)。

⑤ 2023年《公司法》修订后，条文序号调整为第89条。

定而另行确定。

实践中,依照《公司法》第 89 条行使请求公司收购股份权利,但股权回购价值不能通过审理查明的,通常采取司法评估的方法。根据《人民法院委托评估工作规范》(法办〔2018〕273 号)及其附件《人民法院委托评估需要提供的材料清单》的要求,企业价值评估需要企业近 3 年(含评估基准日)财务报表和年度审计报告、电子账套及记账凭证、账册,企业中长期发展规划,国有资产产权登记表等资料。如果相关财务报表等财务资料欠缺、不规范或者存在虚假,应先通过司法会计鉴定的程序进行确认。

最高人民法院在**杨某与青岛厚德房地产开发有限公司请求公司收购股份纠纷案**[①]中指出:关于股权价值,一审法院根据青岛厚德房地产开发有限公司(以下简称厚德公司)拒绝提供财务资料的事实,以杨某单方制作的厚德公司资产情况汇总表作为股权回购价格的认定依据。虽然这符合当时的具体情况,但由于股权价值的确认属于专业性问题,仅依据一方当事人单方提供的证据,无法得出公允结论,故该部分事实尚不清楚。鉴于股权价值对双方当事人的经济利益有重大影响,厚德公司二审中同意评估,故最高人民法院裁定撤销原判,将该案发回一审法院,从而对厚德公司股权价值予以进一步查证。

上海市第二中级人民法院在**华某科与上海前航投资有限公司请求公司收购股份纠纷案**[②]中指出:一审法院以上海前航投资有限公司(以下简称前航公司)审计报告所记载的所有者权益数额为基数计算的股权回购价格,无法真实反映华某科持有前航公司股份的价值。故一审法院对前航公司股权价值这一本案基本事实认定不清,遂裁定撤销原判,发回重审。

公司收购股东的股权还存在有别于依照《公司法》第 89 条、第 161 条、第 162 条主张回购的如下几种场景:一是公司章程中约定"人走股留"条款,即当发生股东去世、离职等情形时,公司主张按照公司章程的约定回购股东的股权。二是公司实施股权激励计划,约定被激励对象在公司中服务一定的年限或者满足一定的条件。当被激励对象不再符合相关条件时,公司可要求回购相应股权。三是在风险投资的情况下,因未能满足约定的业绩对赌条件,投资方要求目标公司及其股东回购所持有的股权。在上述三种场景中,公司章程的规定、股权激励方案的约定以及投融资合同条款的约定也将成为司法确认股权回购价格的依据。

最高人民法院指导案例 96 号**宋某军诉西安市大华餐饮有限公司股东资格确认纠纷案**[③]的裁判要点指出:"国有企业改制为有限责任公司,其初始章程对股权转让进行限制,明

① 参见山东省高级人民法院(2014)鲁商初字第 60 号民事判决书(一审),最高人民法院(2016)最高法民终 699-4 号民事裁定书(二审)。

② 参见上海市嘉定区人民法院(2017)沪 0114 民初 15551 号民事判决书(一审),上海市第二中级人民法院(2019)沪 02 民终 2751 号民事裁定书(二审)。

③ 参见陕西省西安市碑林区人民法院(2014)碑民初字第 01339 号民事判决书(一审),陕西省西安市中级人民法院(2014)西中民四终字第 00277 号民事判决书(二审)。

确约定公司回购条款,只要不违反公司法等法律强制性规定,可认定为有效。有限责任公司按照初始章程约定,支付合理对价回购股东股权,且通过转让给其他股东等方式进行合理处置的,人民法院应予支持。"2013 年《公司法》第 74 条①规范的是异议股东有权要求公司回购其股权,对应的是公司是否应当履行回购异议股东股权的法定义务;公司在章程中设定"人走股留"条款,对应的是公司能否依据该约定回购离职股东的股权。由此可见,二者性质不同。在"人走股留"情形下,离职股东主张按照 2013 年《公司法》第 74 条②"公允价值"回购股权的,缺乏适用该规定的前提条件,不应予以支持。

江苏省常州市中级人民法院在**刘某与常州市众智文化传媒有限公司请求公司收购股份纠纷案**③中指出:常州市众智文化传媒有限公司(以下简称众智公司)在 2009 年成立之初的章程明确约定,"个人持有的股权不得向公司股东以外的个人或公司转让;个人离开公司后,必须将个人持有的股权出让,只允许向公司其他股东,按照均分的原则进行出让,转让价格不能高于原始价格;其他股东在受让时,可根据实际情况进行比例的协调等内容"。虽然之后众智公司经过股东会决议同意公司延长经营期限,但对公司成立时章程中关于股权转让的相关约定仍然予以保留,并未进行相应修改或变更。众智公司股东合法的意思自治也应受法律保护。刘某事实上早已经离开众智公司,众智公司按照公司章程相关规定召开的关于收购刘某股权价值的股东会决议也已经法院生效判决和裁定确认效力,刘某不得违反,其另行主张股权收购价值的请求显然不能成立。

在实施股权激励计划的情形下,公司依据股权激励合同的约定回购被激励对象的股权,在性质上亦属于依据合同约定回购,同样无《公司法》第 89 条适用的余地。相应地,被激励对象不得根据《公司法》第 89 条的规定,要求以"公允价值"确定股权回购的价值。

同样地,在风投对赌的情况下,投资方以目标公司未能完成设定的业绩对赌条件为由,主张目标公司及原股东、实际控制人等回购自己股权的,在实践中可能以"请求公司收购股份纠纷"确定案由。但由于投资方诉请的请求权基础在于投资协议的约定,而非基于《公司法》第 89 条的法定情形,因此在确认回购价格这一问题上,亦不应偏离双方的合同约定。

重庆市高级人民法院在**河北汉明达信息产业创业投资有限公司与冯某国、谷某等请求公司收购股份纠纷案**④中指出:《股权转让补充协议》约定,华商智汇传媒股份有限公司(目标公司,以下简称华商智汇公司)未能于 2018 年 6 月 30 日前在共同认可的境内外证券交易市场实现合格 IPO,或者未能按照共同认可的估值被第三方收购的,河北汉明达信息产业创

① 2023 年《公司法》修订后,条文序号调整为第 89 条。

② 2023 年《公司法》修订后,条文序号调整为第 89 条。

③ 参见江苏省常州市天宁区人民法院(2019)苏 0402 民初 1965 号民事判决书(一审),江苏省常州市中级人民法院(2019)苏 04 民终 4049 号民事判决书(二审)。

④ 参见重庆市第五中级人民法院(2019)渝 05 民初 3611 号民事判决书(一审),重庆市高级人民法院(2020)渝民终 1811 号民事判决书(二审)。

业投资有限公司(投资公司,以下简称汉明达公司)有权行使赎回权和回售权。现约定条件成就,汉明达公司有权行使回售权。《股权转让补充协议》并未约定回售权条件成就时,由各实际控制人分别回购及回购份额,因此,实际控制人的股权回购义务应为共同回购义务。谷某、冯某国(系目标公司华商智汇公司的实际控制人)应当按照《股权转让补充协议》约定的股权回购款的计算方式向汉明达公司支付股权回购款。

四、司法强制回购

除了上述所列的情形之外,在特定情况下,也可能发生公司回购本公司股权的事由,这体现在一定情况下司法对于公司治理的介入与强行干预。

【案例7.1】 强制收购广东恒通集团股份有限公司持有的股份以抵顶其债务执行案①

江苏省无锡新江南实业股份有限公司(以下简称新江南公司)总股本为8000万股(每股为1元),其控股股东为广东恒通集团股份有限公司(以下简称恒通公司),持有4400万股。另外,江苏省无锡市南长区房地产经营公司(以下简称南长公司)持有1450万股,上海浦东国有资产投资管理有限公司(以下简称浦东公司)持有400万股。新江南公司其余股份为其他小股东分散持有。恒通公司委派张某杰出任新江南公司董事长兼法定代表人,并由张某杰提名任命恒通公司的石某祥为新江南公司总经理。因作为控股股东的恒通公司与新江南公司存在贸易往来(关联交易),恒通公司结欠新江南公司款项。1998年8月20日,恒通公司与新江南公司签订《债权债务处理协议书》,确认至同年6月30日,恒通公司欠新江南公司3971万元,以其在深圳上水径工业区的第13号厂房,第9号、10号、12号宿舍楼等共计17897.04平方米的房产,作价40352784元给新江南公司用于冲抵债务,余额642784元作为房屋过户费。签订该协议书后,恒通公司位于深圳的第13号厂房被海南省高级人民法院查封,其余房产向新江南公司办理了过户。

其后,新江南公司于1995年5月6日作出新的董事会决议,责成经营班子对恒通公司抵债的房产组织评估,评估后如价值缩水,以恒通公司股权冲抵。经评估,恒通公司用于抵债的房产价值仅为2516.88万元。于是南长公司、浦东公司代表新江南公司

① 参见江苏省无锡市中级人民法院(2000)锡经初字第140号民事判决书(一审)。另可参见褚红军主编:《运送正义:无锡法院裁判案例精选》,法律出版社2007年版,第200－207页。根据本案改编的案例刊登在《最高人民法院公报》2001年第6期上。

的非控股股东,以恒通公司抵债行为损害新江南公司的利益为由向无锡市中级人民法院提起诉讼。经该院委托评估机构评估,恒通公司用于抵债的房产价值仅为1119.74万元。无锡市中级人民法院经审理后认为:被告恒通公司给新江南公司抵债的房产实际价值仅为1119.74万元,根本不能抵偿其所欠的新江南公司3971万元的债务。恒通公司利用其在新江南公司的控股地位,用以物抵债、低价高估的方法为本公司牟取非法利益,给新江南公司造成2851.26万元的损失,侵害了新江南公司及其他非控股股东的权益。据此,无锡市中级人民法院判决恒通公司与新江南公司《债权债务处理协议书》中有关恒通公司以房产作为抵偿新江南公司债务的条款,违背公平和诚实信用原则,应认定为无效,恒通公司对其侵权行为给新江南公司造成的损失应负赔偿责任。

判决生效后,2000年11月10日,南长公司、浦东公司向法院申请强制执行,此时恒通公司仅剩所持有的新江南公司的股权。2001年1月16日,无锡市中级人民法院对恒通公司所持有的新江南公司的股权予以查封。经委托会计师事务所评估,新江南公司的股权每股价值为0.92元。法院查封的股权经拍卖未能成交,各方也无法协商变卖。无锡市中级人民法院经研究后认为:一般情况下,公司无法回购本公司股份,但在特殊情况下,法律允许公司按照法定程序回购本公司的股份。新江南公司如果收购了恒通公司所持有的股份,其注册资本必然会减少,从而符合法律对于减资回购本公司股份的要求,但要做到这一步,必须由新江南公司的股东大会作出特别决议;又因恒通公司至今仍是新江南公司的控股股东,新江南公司无法自行就此作出股东大会决议。为维护法律尊严,规范和完善股份公司制度,依法保护股份公司所有股东的合法权益,制裁股份公司内部发生的侵权行为,只能由法院强制新江南公司收购恒通公司所有的股份以达此目的。最终,无锡市中级人民法院于2001年4月28日作出裁定:以新江南公司对恒通公司享有的36426331元债权作为收购款,强制收购恒通公司持有的39593838股新江南公司股份。新江南公司在收购结束后,依法相应减少其注册资本并办理股份注销手续。

■ 第三节　对赌情况下目标公司回购股权司法实务

在投融资涉及对赌的情况下,尽管投资方要求目标公司回购股权引发的争议亦经常以"请求公司收购股份纠纷"这一案由进行规范,但究其本质仍属合同纠纷的范畴,有别于依照《公司法》第89条、第161条、第162条规定的异议股东请求公司收购股权的情形。因此,实践中也有很多法院以"合同纠纷"这一一级案由来规范。

司法实践中早已摒弃与目标公司对赌无效的裁判思路，认可与目标公司对赌的效力。对此，《九民纪要》指出："实践中俗称的'对赌协议'，又称估值调整协议，是指投资方与融资方在达成股权性融资协议时，为解决交易双方对目标公司未来发展的不确定性、信息不对称以及代理成本而设计的包含了股权回购、金钱补偿等对未来目标公司的估值进行调整的协议。从订立'对赌协议'的主体来看，有投资方与目标公司的股东或者实际控制人'对赌'、投资方与目标公司'对赌'、投资方与目标公司的股东、目标公司'对赌'等形式。人民法院在审理'对赌协议'纠纷案件时，不仅应当适用合同法[①]的相关规定，还应当适用公司法的相关规定；既要坚持鼓励投资方对实体企业特别是科技创新企业投资原则，从而在一定程度上缓解企业融资难问题，又要贯彻资本维持原则和保护债权人合法权益原则，依法平衡投资方、公司债权人、公司之间的利益。对于投资方与目标公司的股东或者实际控制人订立的'对赌协议'，如无其他无效事由，认定有效并支持实际履行，实践中并无争议。但投资方与目标公司订立的'对赌协议'是否有效以及能否实际履行，存在争议。"对此，应当把握如下处理规则：(1)投资方与目标公司订立的"对赌协议"在不存在法定无效事由的情况下，目标公司仅以存在股权回购或者金钱补偿约定为由，主张"对赌协议"无效的，人民法院不予支持，但投资方主张实际履行的，人民法院应当审查是否符合《公司法》关于"股东不得抽逃出资"及股份回购的强制性规定，判决是否支持其诉讼请求。(2)投资方请求目标公司回购股权的，人民法院应当依据《公司法》第 35 条[②]关于"股东不得抽逃出资"或者第 142 条[③]关于股份回购的强制性规定进行审查。经审查，目标公司未完成减资程序的，人民法院应当驳回其诉讼请求。(3)投资方请求目标公司承担金钱补偿义务的，人民法院应当依据《公司法》第 35 条[④]关于"股东不得抽逃出资"和第 166 条[⑤]关于利润分配的强制性规定进行审查。经审查，目标公司没有利润或者虽有利润但不足以补偿投资方的，人民法院应当驳回或者部分支持其诉讼请求。今后目标公司有利润时，投资方还可以依据该事实另行提起诉讼。

在**李某与北京金典汉方药业股份有限公司、熊某平合同纠纷案**[⑥]中，北京市第三中级人民法院明确并遵循了如下裁判思路：一是认可投资方与目标公司约定业绩对赌的法律效力。李某与北京金典汉方药业股份有限公司（以下简称金典汉方公司）签订的股权转让合同系双方当事人的真实意思表示，该合同系李某作为投资方与目标公司即金典汉方公司之间签订的对赌协议，双方在签订该合同时预设了目标，即金典汉方公司应在 3 年内挂牌上

---

① 2021 年 1 月 1 日《民法典》施行后，《合同法》同时废止。

② 2023 年《公司法》修订后，条文序号调整为第 53 条第 1 款。

③ 2023 年《公司法》修订后，条文序号调整为第 162 条。

④ 2023 年《公司法》修订后，条文序号调整为第 53 条第 1 款。

⑤ 2023 年《公司法》修订后，条文序号调整为第 210 条。

⑥ 参见北京市平谷区人民法院(2018)京 0117 民初 12574 号民事判决书（一审），北京市第三中级人民法院(2019)京 03 民终 14391 号民事判决书（二审）。

市，在双方约定的期限内未能实现双方预设的目标，金典汉方公司应承担股份回购或者现金补偿义务；该股权转让合同并未违反《公司法》的强制性规定，应属合法有效。二是关于股权回购是否具备现实履行性。投资方主张实际履行的，人民法院应当审查是否符合《公司法》关于“股东不得抽逃出资”及股份回购的强制性规定，从而判决是否支持其诉讼请求。二审法院认可一审法院的裁判理由，即虽然股权转让合同中的股权回购条款有效，但李某要求金典汉方公司依约以2000万元回购其持有的金典汉方公司10%股权并支付相应利息的主张能否得到支持，还需确定金典汉方公司履行上述义务是否具备法律及事实上的可能性。首先，本案中，金典汉方公司并未减少注册资本，不符合《公司法》规定的公司收购本公司股权的例外情形，故李某要求金典汉方公司回购其股权的诉讼请求，存在法律上不能履行的情形。其次，李某作为金典汉方公司的股东，依法享有资产收益的权利，这种资产收益主要体现为利润分配。一审法院向税务机关调取的金典汉方公司近2年的财务报表显示，金典汉方公司近2年处于亏损状态，无可供分配的利润。李某要求金典汉方公司支付股权回购款及相应利息，既会损害金典汉方公司的偿债能力，影响其他债权人债权的实现，也会对公司的正常经营造成影响，还会影响其他股东的利益，故李某要求金典汉方公司回购股权的诉讼请求，存在事实上不能履行的情形。最终二审法院判决驳回李某的诉讼请求。

【案例7.2】 深圳市广华创新投资企业（有限合伙）与大连财神岛集团有限公司、李某等请求公司收购股份纠纷案①

> 投资方深圳市广华创新投资企业（有限合伙）（以下简称广华创投）向目标公司大连财神岛集团有限公司（以下简称财神岛公司）投资3000万元（550万元列入注册资本，其余2450万元计入公司资本公积金）取得财神岛公司20%的股权。2012年3月30日，财神岛公司与广华创投签订协议书，约定如财神岛公司不能上市，将以广华创投投资款总额3000万元为基数，自2011年1月1日起按照年利率10%由目标公司财神岛公司回购投资方广华创投的股权。
>
> 2017年12月15日，财神岛公司及其创始股东李某、于某兰夫妇作为甲方，广华创投作为乙方签订协议书，约定：(1)甲方在2017年12月31日退还广华创投一方的投资款2250万元；(2)如甲方按时退还，乙方放弃利息；(3)自2018年开始，甲方向乙方每年提供100万元海参，累计7年（提供至2024年）。

① 参见辽宁省大连市中级人民法院(2018)辽02民初611号民事判决书（一审），辽宁省高级人民法院(2019)辽民终1198号民事判决书（二审），最高人民法院(2020)最高法民再350号民事判决书（再审）。

财神岛公司2011年1月20日章程记载，公司注册资本2750万元。其中，李某以现金、实物合计认缴出资1150万元，持股41.82%；于某兰以现金、实物合计认缴出资1050万元，持股38.18%；广华创投以现金认缴出资550万元，持股20%。公司章程关于异议股东请求公司回购股权的规定与《公司法》第74条①相同。

后因股权回购争议，广华创投向辽宁省大连市中级人民法院起诉：(1)请求财神岛公司收购广华创投持有的公司全部20%的股份；(2)请求财神岛公司向广华创投支付股权收购款3000万元及利息200万元(以3000万元为基数，以年利率10%为标准，自2011年1月1日起暂计算至2018年5月11日止，利息应计至股权收购款全部付清为止)；(3)请求李某、于某兰对财神岛公司应向广华创投支付的股权收购款中的本金2250万元及相对应的利息部分承担连带清偿责任；(4)请求财神岛公司、李某、于某兰负担本案诉讼费用。

辽宁省大连市中级人民法院一审认为：根据基本事实和当事人诉辩观点，本案的焦点问题是如何认定财神岛公司收购广华创投持有股权的协议效力。对此具体分析如下：公司有效资本是维持公司正常运营、获得持续盈利能力、保障债权人利益的基础。因此，我国采取严格的公司资本维持制度，原则上禁止有限责任公司收购本公司股权，仅针对个别情形作出例外规定。《公司法》第74条②规定，有限责任公司收购本公司股权的情形严格限于股东投票反对公司连续5年盈利而不分配利润，公司合并、分立、转让主要财产，出现解散事由协议存续的情形。上述情形中，连续5年盈利而不分配利润和出现解散事由协议存续均表明公司资产大于负债，完全能够履行对外债务。同时《公司法》规定，有限责任公司合并、分立以及减少注册资本前均应对公司债权人进行清偿或提供有效担保。由此可见，有限责任公司收购本公司股权减少注册资本均以保障公司债权人清偿利益为前提。如正常经营期间，有限责任公司依约以现金价款收购其股东股权，必然导致公司现金量减少、流动性降低，可能出现财务困难情形危及公司的正常运营，进而损害盈利能力。有限责任公司收购本公司股权使公司有效资本减少还可能直接导致公司不能清偿到期债务，且资产不足以清偿全部债务或明显缺乏清偿能力，从而超越破产边界，导致公司停止经营。因此，在没有法定程序保障的前提下，该种可能严重损害清偿能力的交易安排不仅会损害公司债权人的合法利益，还可能会危害公司的持续经营能力，并为股东之间串通抽逃有效资本留有空间。基于以上理由，案涉各份协议中关于在不能上市时由财神岛公司收购广华创投股权的条款，属股东滥用公司法人独立地位和股东有限责任，可能严重损害公司债权人利益，违反了《公司法》第20

① 2023年《公司法》修订后，条文序号调整为第89条。
② 2023年《公司法》修订后，条文序号调整为第89条。

条①的规定,应归于无效。广华创投请求财神岛公司以现金价款收购其持有的股权,不应予以支持。同时,因当事人设立主债务的协议条款无效,故广华创投请求李某、于某兰承担连带债务同样不予支持。

广华创投不服一审判决,提起上诉。辽宁省高级人民法院二审认为:关于广华创投主张财神岛公司回购广华创投持有的财神岛公司股权的问题。财神岛公司章程对于股权回购的情形和程序有明确的约定,广华创投主张财神岛公司回购股权不符合章程规定的情形,亦未按章程规定的程序进行。同时,根据《公司法》第 74 条②的规定,有下列情形之一的,对股东会该项决议投反对票的股东可以请求公司按照合理的价格收购其股权:(1)公司连续 5 年不向股东分配利润,而公司该 5 年连续盈利,并且符合《公司法》规定的分配利润条件的;(2)公司合并、分立、转让主要财产的;(3)公司章程规定的营业期限届满或者章程规定的其他解散事由出现,股东会会议通过决议修改章程使公司存续的。自股东会会议决议通过之日起 60 日内,股东与公司不能达成股权收购协议的,股东可以自股东会会议决议通过之日起 90 日内向人民法院提起诉讼。所以,广华创投的主张也不符合《公司法》第 74 条③规定的情形。股权回购对公司、其他股东以及公司债权人等都会产生较大影响,应严格按照约定和法定的情形及程序进行,公司不得随意进行股权回购。广华创投的主张既不符合公司章程的规定,也不符合法律规定,故对于广华创投的主张不予支持。综上,广华创投的上诉请求不能成立,应予驳回;一审判决认定事实清楚,适用法律正确,应予维持。

广华创投仍不服,向最高人民法院申请再审。最高人民法院再审认为,本案当事人争议焦点问题为:(1)案涉 2012 年 3 月 30 日协议书和 2017 年 12 月 15 日协议书的效力认定;(2)财神岛公司是否应按约定回购广华创投所持的财神岛公司 20% 股权;(3)李某、于某兰应否对 2250 万元股权收购款及相应利息承担连带清偿责任。

1. 关于案涉 2012 年 3 月 30 日协议书和 2017 年 12 月 15 日协议书的效力认定。《公司法》第 20 条④规定:"公司股东应当遵守法律、行政法规和公司章程,依法行使股东权利,不得滥用股东权利损害公司或者其他股东的利益;不得滥用公司法人独立地位和股东有限责任损害公司债权人的利益。公司股东滥用股东权利给公司或者其他股东造成损失的,应当依法承担赔偿责任。公司股东滥用公司法人独立地位和股东有限责任,逃避债务,严重损害公司债权人利益的,应当对公司债务承担连带责任。"由此可见,前述规定是关于禁止公司股东权利滥用的规定,旨在维护公司内部治理机制的良好运

① 2023 年《公司法》修订后,条文序号调整为第 21 条、第 23 条。
② 2023 年《公司法》修订后,条文序号调整为第 89 条。
③ 2023 年《公司法》修订后,条文序号调整为第 89 条。
④ 2023 年《公司法》修订后,条文序号调整为第 21 条、第 23 条。

行,调节公司相关利益主体之间的冲突。本案中,财神岛公司、李某、于某兰虽主张广华创投滥用股东权利而违反《公司法》第 20 条①规定,但并未具体举证证明其主张。退一步而言,即便广华创投存在财神岛公司主张的滥用股东权利行为,根据《公司法》第 20 条②之规定,也仅能得出广华创投应为此承担相关责任的结论,而非案涉两份协议书协议无效的结论。同时,财神岛公司、李某、于某兰亦未举证证明案涉两份协议书存在法律所明确规定的合同无效事由。故案涉两份协议书有效。

2. 关于财神岛公司是否应按约定回购广华创投所持的财神岛公司20%股权。依照《公司法》第 35 条和第 37 条第 1 款第 7 项③之规定,有限责任公司注册资本确定后,未经法定程序,不得随意减少或抽回。而且,关于异议股东请求公司回购股份的约定,财神岛公司章程的规定与《公司法》第 74 条④的规定相同。2012 年 3 月 30 日协议书约定,如财神岛公司不能上市,以"投资额3000 万元为基数,以 2011 年 1 月 1 日为始点,以年利率 10% 为标准",由财神岛公司全额收购广华创投所投资的财神岛公司股权。尽管该协议书是双方当事人的真实意思表示,但其中关于财神岛公司回购股份的约定不属于《公司法》第 74 条⑤和财神岛公司章程所列举的情形,不符合《公司法》关于资本维持的基本原则,广华创投请求财神岛公司收购其股权的条件并不具备。原审判决未支持广华创投要求财神岛公司按约定价格收购其 20% 股份的诉讼请求,并无不当。

3. 关于李某、于某兰应否对 2250 万元股权收购款及相应利息承担连带清偿责任。在如前所述的财神岛公司不具备履行股权回购的法定或约定条件而广华创投不能要求其收购股权并返还投资款的情况下,李某、于某兰作为财神岛公司的股东,应当按照协议约定独立承担收购广华创投持有的财神岛公司股权的责任。在 2017 年 12 月 15 日协议书约定系当事人的真实意思表示且不具有法定无效事由的情况下,广华创投有权要求李某、于某兰就该协议书约定的股权回购款中的本金 2250 万元及相应利息承担连带清偿责任。一审判决以相关协议无效为由认定李某、于某兰不承担责任,二审判决未审理广华创投主张李某、于某兰承担责任的上诉请求而径行判决驳回上诉、维持原判,适用法律错误,本院予以纠正。由于 2017 年 12 月 15 日协议书仅就 3000 万元投资款中的 2250 万元进行处理,故该项投资款仅对应财神岛公司 15% 的股权。在李某、于某兰承担 2250 万元投资款返还责任后,广华创投应将所持有的财神岛公司 15% 的股权登记变更至李某、于某兰名下。

---

① 2023 年《公司法》修订后,条文序号调整为第 21 条、第 23 条。

② 2023 年《公司法》修订后,条文序号调整为第 21 条、第 23 条。

③ 2023 年《公司法》修订后,条文序号调整为第 53 条第 1 款、第 59 条第 1 款第 5 项。

④ 2023 年《公司法》修订后,条文序号调整为第 89 条。

⑤ 2023 年《公司法》修订后,条文序号调整为第 89 条。

> 关于利息的计付标准，广华创投主张应按照2012年3月30日协议书约定的年利率10%来计算，但李某、于某兰的还款责任系依据2017年12月15日协议书确定，故应按照该协议书的约定计付利息。然而，该协议书仅约定了“相对应的利息”，对利息的计付标准约定不明，结合广华创投的实际利息损失，本院按照中国人民银行同期同类贷款基准利率计算。综上，广华创投的再审请求部分成立，应予支持。原审判决对部分事实认定不准确，适用法律错误，本院予以纠正。依照《公司法》第35条、第74条[①]之规定，本院判决撤销原一审、二审判决，李某、于某兰向广华创投共同返还2250万元股权收购款，并共同支付股权收购款利息。

《九民纪要》实施后，对于对赌协议引发的纠纷，法院认可其效力，即投资方与目标公司对赌有效。至于能否判决目标公司履行股权回购义务，则需要评判具体履行行为在事实和法律上是否具备可能性。从实践情况来看，由此引发的纠纷大多为未能实现约定的对赌目标。一方面，此时目标公司经营情况早已不容乐观，根本不存在启动减资程序让投资人全身而退的可能性。另一方面，即便启动减资程序，目标公司债权人还享有依法干预的权利，他们原则上也不会同意。从某种意义上说，认定投资方与目标公司对赌有效，不啻于司法开具的“空头支票”。对此，最高人民法院说得坦诚，“海富案[②]认定投资方与目标公司‘对赌’无效，也没有影响投资方的投资……人民法院在这个问题上只要表明我们的裁判思路即可。这样，投资方采取什么方式，他会有相应的办法，知道怎么做”[③]。

在对赌协议的具体实践中，仅约定与目标公司对赌而不将目标公司原股东、实际控制人纳入对赌相对方的，十分少见。因此，即便投资方与目标公司的对赌因未履行减资程序及无可供分配的利润而无法执行，但对于目标公司原股东、实际控制人等主体而言，还是需要承担约定的回购义务。

---

① 2023年《公司法》修订后，条文序号调整为第53条第1款、第89条。

② 苏州工业园区海富投资有限公司诉甘肃世恒有色资源再利用有限公司公司增资纠纷再审案，该案中最高人民法院确认投资方与目标公司对赌无效，参见最高人民法院(2012)民提字第11号民事判决书。该案的裁判要旨已经不再适用。

③ 最高人民法院民事审判第二庭编著：《〈全国法院民商事审判工作会议纪要〉理解与适用》，人民法院出版社2019年版，第118页。

第八章　公司变更纠纷及司法实务

有关公司股东、注册资本甚至是法定代表人、董事、经营场所的变化，都可以称为公司变更，与此相关的一些内容已经在本书的其他章节予以论述。本章所称的公司变更，与我国《公司法》第十一章“公司合并、分立、增资、减资”的规定相对应，仅限于公司增加或者减少注册资本以及公司的合并、分立。

对于有限责任公司的变更，《公司法》第 66 条第 3 款规定，股东会作出修改公司章程、增加或者减少注册资本的决议，以及公司合并、分立、解散或者变更公司形式的决议，应当经代表 2/3 以上表决权的股东通过。同样，对于股份有限公司的变更，《公司法》第 116 条第 3 款规定，亦作类似规定。公司变更属于公司经营中的重大事项，故法律明确规定特别多数表决，以期慎重。对于发行类别股的股份有限公司，公司变更事项对类别股股东亦有重大影响。对此，《公司法》第 146 条第 1 款特别规定，发行类别股的公司，有本法第 116 条第 3 款规定的事项可能影响类别股股东权利的，除应当依照第 116 条第 3 款的规定经股东会决议外，还应当经出席类别股股东会议的股东所持表决权的 2/3 以上通过。

变更公司形式，既包括公司由有限责任公司的形式经过改制转变为股份有限公司，也包括从股份有限公司的形式变更为有限责任公司。由有限责任公司转变为股份有限公司大多是为了吸纳更多的资本，为公司新三板挂牌、上市做准备。从股份有限公司转变为有限责任公司的情形在实践中较为少见。对于公司新三板挂牌、上市及其所涉及的资产评估、IPO、私募（PE）增资、高新技术企业改制、定向增发股份等，已经有足够的实务著作予以论述，且基本上归入非诉讼法律业务。因此，本书对变更公司形式的内容不予涉及，而仅分别论述司法实务中的增减注册资本以及合并、分立的部分，且论述的主体也仅限于有限责任公司。

■ 第一节　公司增资司法实务

《公司法》第 228 条规定，有限责任公司增加注册资本时，股东认缴新增资本的出资，依照本法设立有限责任公司缴纳出资的有关规定执行。股份有限公司为增加注册资本发行新股时,股东认购新股,依照本法设立股份有限公司缴纳股款的有关规定执行。结合前述《公司法》第66条第3款、第116条第3款的规定,股东会作出增加注册资本的决议须经代表2/3以上表决权的股东通过。

一、公司增资的方式

按照公司增资所吸纳的注册资本来源,公司增资的方式可以分为以下三类:

1. 利用公司自有资金增资,即公司所增加的注册资本来源为公司的税后可分配的盈余或者资本公积金。依照《公司法》第214条第1款的规定,公司的公积金用于弥补公司的亏损、扩大公司生产经营或者转为增加公司注册资本。在公司决定增加注册资本时,完全可以以公司已经提留的法定公积金或者任意公积金转增注册资本。即使公司公积金已经用于弥补此前年度的亏损,如果公司当年有可供分配的税后盈余,公司股东会也完全可以决定不予分配盈余而用于转增公司注册资本。《公司法》第213条规定,公司以超过股票票面金额的发行价格发行股份所得的溢价款、发行无面额股所得股款未计入注册资本的金额以及国务院财政部门规定列入资本公积金的其他项目,应当列为公司资本公积金。公司资本公积金主要用于转增注册资本。本轮《公司法》修订对资本公积金的使用进行了一定程度的松绑。第214条第2款规定:公积金弥补公司亏损,应当先使用任意公积金和法定公积金;仍不能弥补的,可以按照规定使用资本公积金。

2. 向股东募集资金增资,即公司增加的注册资本来源于公司股东的追加出资。基于有限责任公司的人合性,法律默认有限责任公司股东对于新增注册资本有优先认缴权;而股份有限公司系资合性公司,法律默认股份有限公司股东不享有新增资本的优先认缴权,但授权公司章程可以作出例外规定。《公司法》第227条规定,有限责任公司增加注册资本时,股东在同等条件下有权优先按照实缴的出资比例认缴出资。但是,全体股东约定不按照出资比例优先认缴出资的除外。股份有限公司为增加注册资本发行新股时,股东不享有优先认购权,公司章程另有规定或者股东会决议决定股东享有优先认购权的除外。

3. 向股东以外的主体募集资金增资。公司增资也可以通过吸纳原有股东以外的其他主体(引入新的投资者)的方式进行。

以上三种方式均能达到增加公司注册资本的效果。但相较而言,三种增资方式在法律评价及法律规范上也各有侧重。利用公司自有资金增资,因不涉及公司股东变更及股权稀释等问题,在法律处理及实务操作上最为便利。向股东募集资金增资,则会涉及增加注册资本后股东股权是否被稀释的问题,因此法律明确规定了有限责任公司股东有权按照实缴出资比例优先认缴新增资本金。向股东以外的主体募集资金增资,既无可避免地涉及原有股东的股权稀释问题,又很有可能涉及新加入的投资者利益保护问题,因而最为复杂。本书将结合司法实践中的相关情况,分别予以讨论。

二、新增注册资本优先认缴权

（一）股东对新增注册资本享有优先认缴权

《公司法》第227条第1款规定，有限责任公司增加注册资本时，股东在同等条件下有权优先按照实缴的出资比例认缴出资。但是，全体股东约定不按照出资比例优先认缴出资的除外。股东新增资本优先认缴权在权利性质上属于形成权，其立法目的在于防止因公司增加注册资本而造成公司原有股东权利的稀释，从而减弱其在增资后公司中的控制力。

股东应在公司作出增资决议时及时行使新增注册资本优先认缴权，公司在作出增资的股东会决议时也应当征询并考虑股东的此项权利。司法实务中，侵犯股东新增注册资本优先认缴权的，可以由股东提起决议无效之诉等方式进行救济。但股东以侵犯其新增注册资本优先认缴权为由提起诉讼，也应受到一定的制约。基于对公司债权人的保护以及法律关系的稳定性考虑，在涉及公司及股东以外的第三人利益保护时，人民法院应在不同的法益之间进行平衡。

最高人民法院在**绵阳市红日实业有限公司、蒋某诉绵阳高新区科创实业有限公司股东会决议效力及公司增资纠纷案**[①]中公布的裁判要旨为，在民商事法律关系中，公司作为行为主体实施法律行为的过程可以划分为两个层次：一是公司内部的意思形成阶段，通常表现为股东会或董事会决议；二是公司对外作出意思表示的阶段，通常表现为公司对外签订的合同。出于保护善意第三人和维护交易安全的考虑，在公司内部意思形成过程存在瑕疵的情况下，只要对外的表示行为不存在无效的情形，公司就应受其表示行为的制约。根据2005年《公司法》第35条的规定，公司新增注册资本时，股东有权优先按照实缴的出资比例认缴出资。从权利性质上来看，股东对于新增注册资本的优先认缴权应属形成权。现行法律并未明确规定该项权利的行使期限，但从维护交易安全和稳定经济秩序的角度出发，结合商事行为的规则和特点，人民法院在处理相关案件时应限定该项权利行使的合理期间，对于超出合理期间行使优先认缴权的主张不予支持。最高人民法院经再审后认为，绵阳市红日实业有限公司和蒋某在股权变动近两年后又提起诉讼，争议的股权价值已经发生了较大变化，此时允许其行使优先认缴出资的权利将导致已趋稳定的法律关系遭到破坏，并极易产生显失公平的后果，并最终维持原一审法院关于优先认缴权已经超过合理期间的认定。

（二）股东对公司新增出资份额不享有优先认购权

关于对公司新增出资份额是否享有优先认购权，理论和司法实践中都存在迥然不同的

① 参见四川省绵阳市中级人民法院（2006）绵民初字第2号民事判决书（一审），四川省高级人民法院（2006）川民终字第515号民事判决书（二审），最高人民法院（2010）民提字第48号民事判决书（再审）。参见《最高人民法院公报》2011年第3期。

意见，但最高人民法院近年来的倾向性意见对此持否定态度。本书以**聂某英诉天津信息港电子商务有限公司等公司决议侵害股东权纠纷案**[①]（以下简称电子商务公司案）以及**贵州捷安投资有限公司诉贵阳黔峰生物制品有限责任公司等股权确认及新增资本认购纠纷案**[②]（以下简称黔峰公司案）为例予以详细分析。

【案例8.1】 电子商务公司增资案

被告天津信息港电子商务有限公司（以下简称电子商务公司）于2000年3月20日设立，注册资金为620万元，共有三方股东。出资情况分别为：天津信息港发展有限公司（以下简称信息港发展公司）、天津市银翔经济发展中心（以下简称银翔中心）及原告聂某英，三方出资额分别为220万元、200万元、200万元，分别持有电子商务公司股权的35.48%、32.26%、32.26%。电子商务公司系从事电子商务、CA认证等服务的特殊行业。根据2005年《电子认证服务管理办法》的规定，申办电子认证服务许可，注册资金应不得低于3000万元。[③] 电子商务公司为申办电子认证服务许可，需新增注册资金2380万元。电子商务公司关于增资召开股东会及决议情况为：

1. 第二届三次股东会临时会议（2005年8月7日召开）

本次会议形成了增资决议，主要内容包括：（1）公司注册资本增加2380万元，增资后注册资本为3000万元；（2）各股东按原出资比例负责增资，信息港发展公司、银翔中心、聂某英分别负责增资845万元、767.5万元、767.5万元；（3）各股东自己出资或引入新股东出资，完成所负责的增资数额。引入的新股东本届股东会予以确认；……（5）以8月25日为最后期限，各股东负责的增资交电子商务公司指定的会计师事务所验资；（6）股东如不能按时完成承诺的筹资数额，未能实现部分自动放弃认缴权，由其他股东优先认缴。其他股东不再认缴的部分，由董事长负责引资完成。聂某英对该决议第3条引入新股东出资表示反对。2005年8月15日聂某英以律师函的形式向信息港发展公司、银翔中心提出第二届第三次股东会决议第3条内容侵犯其合法权益，要求撤销该条。

2. 第二届四次股东会临时会议（2005年8月20日召开）

本次会议就协商的事项纪要如下：其中达成一致的意见有以下三项：（1）同意公司

---

① 参见天津市第一中级人民法院（2005）一中民二初字第304号民事判决书（一审），天津市高级人民法院（2006）津高民二终字第0076号民事判决书（二审）。

② 参见贵州省高级人民法院（2007）黔高民二初字第28号民事判决书（一审），最高人民法院（2009）民二终字第3号民事判决书（二审），最高人民法院（2010）民申字第1275号民事判决书（再审）。

③ 参见2005年《电子认证服务管理办法》第5条规定，电子认证服务机构应当具备下列条件：……（3）注册资本不低于人民币3000万元……

增资扩股2380万元，增资扩股后注册资金为3000万元。(2)同意各股东按出资比例负责增资，其中信息港发展公司按35.5%的比例，负责增资845万元；银翔中心按32.25%的比例，负责增资767.5万元，聂某英按32.25%的比例，负责增资767.5万元。(3)出资形式严格按照《公司法》有关规定执行，银翔中心表示以现金形式出资。未达成一致的事项，各股东表达以下意见：(1)聂某英主张："我方不同意吸收新的社会股东进入公司"，另两名股东坚持原决议，各股东可以自己出资或引入新股东出资，完成所负责的增资数额。(2)第二届三次股东会决议中，确定以8月25日为最后出资期限，信息港发展公司表示，由于天津市人民政府信息化办公室会议纪要《关于市数字认证管理委员会主任专题会会议纪要》(津信安全纪〔2005〕1号)明确表示因为电子商务公司股东间没有形成一致意见，暂不考虑将天津市人民政府信息化办公室对公司的历年拨款674万元转为信息港发展公司的投资款。在股东聂某英不同意吸收新的社会股东进入电子商务公司的情况下，信息港发展公司需要重新考虑出资方案，不能按照原出资期限完成出资。银翔中心表示，其注册资金是670万元，已经投资200万元，如果再出资767.5万元，必须首先完成自己增资到2000万元，①从出资时间及程序上无法按照原定期限完成出资。股东聂某英表示，如果8月25日的出资缴付期限不变，可以按照第二届三次股东会决议中规定的时间完成出资。如果本次股东会确定的出资缴付期限有变化，将按照本次股东会确定的出资缴付时间缴付出资。(3)聂某英表示，如果其他股东不能完成自己认缴的出资，其可以出资2380万元，与原出资200万元合计，共出资2580万元，占公司3000万元注册资金的股本比例为86%(注：2380万元出资将于2005年9月15日前完成)。(4)信息港发展公司提出，在电子商务公司中，信息港发展公司作为代表政府出资的一方，是原来的第一大股东。电子认证服务作为特定行业，最好还是保持国有股东的大股东地位，因此将积极创造条件完成所负责的增资认缴额，决不放弃自己的认缴权。银翔中心表示，积极创造条件完成所负责的增资，决不放弃自己的认缴权。(5)关于本次增资的出资期限，信息港发展公司、银翔中心表示，在8月7日第二届三次股东会临时会议后，如果快马加鞭地根据第二届三次股东会决议要求进行筹措，是能够按期完成的，但现在情况有变，具体出资时间目前难以确定。聂某英表示，9月15日前完成出资。(6)信息港发展公司、银翔中心提出，为了保证公司信誉，所有股东在出资时都应该提交所出资金的合法证明，并能够证明所有资金都是股东的。股东聂某英表示，依据国家有关法律规定执行，国家法律没有明确规定的，将不会提供资产证明。

---

① 参见《公司法》(2004年修正)第12条第2款规定：公司向其他有限责任公司、股份有限公司投资的，除国务院规定的投资公司和控股公司外，所累计投资额不得超过本公司净资产的50%，在投资后，接受被投资公司以利润转增的资本，其增加额不包括在内。

3. 第二届五次股东会会议(2005 年 9 月 20 日召开)

本次会议决定吸收合并朗德公司,经过代表 2/3 以上表决权的股东通过并形成决议,主要内容如下:(1)同意电子商务公司以吸收合并的方式与朗德公司合并,合并后朗德公司解散。(2)同意信息港发展公司、天津信息港智能社区科技有限公司(以下简称智能公司)、天津信息港互联网数据有限公司(以下简称互联网公司)以各自在朗德公司中所占有的净资产对电子商务公司投资。(3)确认朗德公司净资产经会计师事务所评估,价值 2380 万元。其中,信息港发展公司拥有 980 万元;智能公司拥有 700 万元;互联网公司拥有 700 万元。(4)现在电子商务公司注册资金 620 万元,在吸收合并朗德公司后,注册资金 3000 万元。合并后的股东及股权分别为:信息港发展公司 1200 万元,占注册资金比例 40%;智能公司 700 万元,占注册资金比例 23.33%;互联网公司 700 万元,占注册资金比例 23.33%;银翔中心 200 万元,占注册资金比例 6.67%;聂某英 200 万元,占注册资金比例 6.67%。表决时,聂某英表示不同意上述四项决议内容。其代理律师王某梅在决议上注明意见如下:(1)坚决不同意本次股东会议事先安排好的信息港发展公司操控下形成的所谓"决议",该决议内容严重违法,侵犯了原股东聂某英对本次增资的优先权。(2)聂某英坚决不同意以吸收合并方式完成本次增资,且吸收合并程序违法。(3)第一大股东信息港发展公司擅自挪用电子商务公司资金达 500 万元必须立即全部归还。其现处于抽逃资金状况,在其归还电子商务公司全部资金前,其无权按其股权比例行使表决权。(4)本次股东会决议实质性违反《公司法》,严重侵犯了聂某英股东权益,应为无效决议,本股东将寻求法律保护。

另查明,被告朗德公司注册资本 2380 万元,系被告信息港发展公司出资 980 万元、案外人智能公司出资 700 万元、互联网公司出资 700 万元,于 2005 年 9 月设立。而且在电子商务公司第二届三次股东会决议规定的期限内,原告及其他股东均没有履行增资义务。本案中,吸收合并增资如图 8.1 所示:

聂某英认为,电子商务公司以吸收合并朗德公司的形式进行增资,既剥夺了其依法享有的按照持股比例优先认缴 767.5 万元增资的权利,也剥夺了其对信息港发展公司、银翔中心不能认缴的增资所享有的优先认缴权。故诉请法院判决:(1)确认被告电子商务公司第二届五次股东会决议无效;(2)确认被告电子商务公司第二届三次股东会决议第 3 条无效;(3)确认被告电子商务公司与被告朗德公司吸收合并无效;(4)确认原告按持股比例对被告电子商务公司本次增资享有 767.5 万元的优先认缴权;(5)确认原告对被告信息港发展公司、被告银翔中心不能认缴的增资享有优先认缴权;(6)本案诉讼费用及律师代理费由四被告负担。

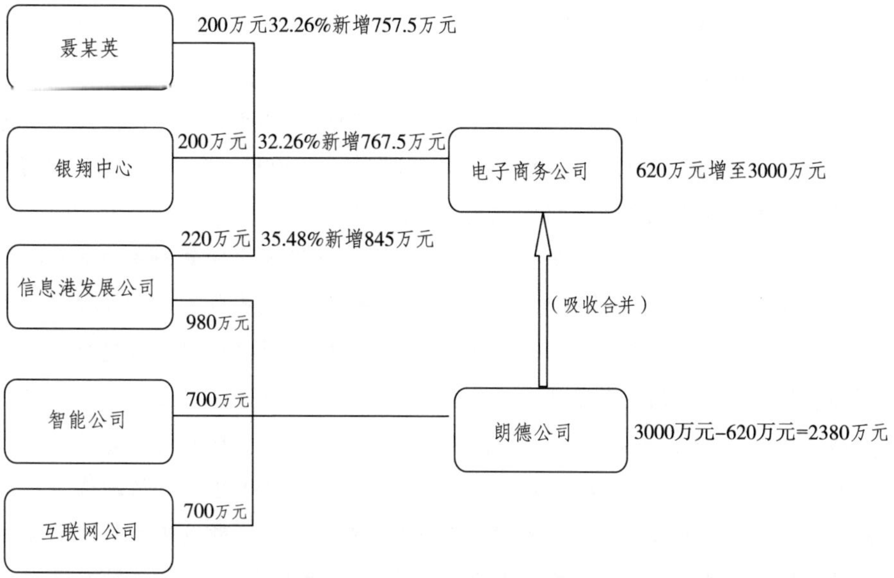

图 8.1　电子商务公司吸收合并朗德公司增资示意图

天津市第一中级人民法院审理后认为：电子商务公司第二届三次股东会召集程序合法，决议内容亦不违反法律规定，并符合该公司章程的规定，意思表示真实，应为有效决议，对各股东均有约束力。原告聂某英主张按股东出资比例优先认缴增资额，但没有按股东会形成的决议所规定的期限缴纳增资款。按照该决议第 6 条规定，应认定为自动放弃了认缴权。虽然电子商务公司在原告的提议下于 2005 年 8 月 20 日又召开了第二届四次股东临时会议，但该会议只形成纪要，不能对抗第二届三次股东会决议，也不能视为对该决议所规定的增资期限进行了变更。在此基础上所形成的第二届五次股东会决议，已获代表 2/3 以上表决权的股东表决通过，也系有效决议。故此，原告聂某英的诉讼请求，因法律和事实依据不足，不予支持。

天津市高级人民法院审理后认为：公司股东对新增注册资本享有优先认缴权，同时对于新增出资份额亦享有优先认购权。电子商务公司以吸收合并朗德公司的方式进行增资，侵犯了股东聂某英对于新增注册资本的优先认缴权；在其不同意新股东加入公司，并有能力增缴公司需要增资的注册资本的情况下，应当允许其向公司进行增资。电子商务公司第二届五次股东会决议（吸收合并朗德公司）及第二届三次股东会决议（引入新的投资者）因违反法律规定，侵犯股东聂某英对新增注册资本享有的优先认缴权以及对于新增出资份额所享有优先认购权，应确认为无效。该院公布的裁判要旨为：“有限公司增资时，如果公司的原有股东愿意自己出资购买这部分股份，其应比他人有优先购买的权利。只有公司原股东均不能认缴增资，才可以由股东之外的人向公司增资。根据《公司法》及公司章程的规定，股东之间如果就公司事务产生分歧，应通过表决的方式解决，按资本多数决原则形成决议，股东应按决议执行。但资本多数决原则的前提是决议内容不得违反法律的规定，并不得侵犯股东的合法权益。”

关于股东对于新增出资份额所享有的优先认购权，天津市高级人民法院从有限责任公司人合性出发，结合2004年《公司法》第33条①以及2005年《公司法》第72条②关于股权转让情况下股东优先购买权的规定，进行评述。

有限责任公司的人合性是有限责任公司与股份有限公司之间最根本的区别。法律规定有限责任公司增资时，原股东对增资有优先认缴的权利，也是基于有限责任公司的人合属性。有限责任公司股东之间是否合作、同谁合作，以及共同出资组建公司是以股东之间相互信任为基础的。基于股东之间的相互信任，公司得以成立并能够正常开展经营活动。因此，为防止公司增资所带来的原有股东股权的稀释并保障有限责任公司的人合属性，法律规定了在公司新增资本时，各股东有优先于其他人认缴增资份额的权利。对于其他股东不能按持股比例认缴的部分，股东是否可以较股东之外的人优先认缴的问题，我国《公司法》的规定并不明确。但是，对此可以从《公司法》对有限责任公司股权转让的有关规定去分析和判断。《公司法》规定，股东之间可以相互转让股权，但向股东之外的其他人转让股权应当经其他股东过半数同意，且在同等条件下，其他股东对该出资份额有优先购买权。法律这样规定的目的，就是维护有限责任公司的人合属性，使公司股份维持在原股东之间，不轻易向外扩散。公司股份是一个整体，由各股东按比例分享。他人想取得公司的股份，只能来自公司原有股东的让与。如果允许股东以外的他人向公司增资，无疑是公司的原股东向增资人转让股权。在公司增资的情形下，如果由股东之外的人向公司增资，公司原有股东的股份比例必定下降，也就是这部分下降的比例由公司的原有股东让与了新股东。在此情形下，如果公司的原有股东愿意自己出资购买这部分股份，其应比他人有优先购买的权利。只有公司原股东均不能认缴增资，才可以由股东之外的人向公司增资。因此，认定公司原股东对其他股东不能认缴的增资享有优先于他人认缴的权利，是符合《公司法》的立法本意和基本精神的。当原有股东能够满足公司的增资需要时，就不能由股东之外的人认缴这部分增资。否则，就违反了我国《公司法》关于股东对转让的股权有优先购买权的规定。从本案的实际情况看，上诉人聂某英明确表示其对公司的增资有权优先认缴，且不同意新股东加入公司，在其有能力增缴公司需要增资的注册资本的情况下，应当允许其向公司进行增资。在聂某英可以向公司增资的情形下，电子商务公司第二届三次股东会决议第3条关于引入新的投资者的内容便构成对其优先认缴权及优先认购权利的侵犯，应属无效，

① 2004年《公司法》第33条规定，股东按照出资比例分取红利。公司新增资本时，股东可以优先认缴出资。

② 2005年《公司法》第72条，2023年《公司法》修订后，条文序号调整为第84条。

各股东应按原出资比例在约定的期限内向公司增资。虽然第二届三次股东会决议的出资期限到期后，各股东未能按期履行增资义务，但并不能因此而认定股东自动放弃优先认缴权。因为在第二届三次会议后的第二届四次会议上，各股东对于第二届三次股东会决议所约定的出资期限的变更持不同意见，并未形成最后定论，仍处于继续协商的状态。虽然，第二届四次会议只形成了会议纪要，但根据《公司法》的规定，股东会议只要制作了会议记录且有出席会议的股东签名即可。因此，本案第二届四次会议的会议纪要的内容足以证明在出资期限问题上，变更了第二届三次会议决议的规定。

电子商务公司第二届五次股东会决议的内容议题是吸收合并朗德公司。虽然本次会议议决事项已经2/3以上的表决权通过，但会议所议的合并事项，实质上仍是要解决公司的增资问题。从朗德公司注册资本数额来看，其成立目的就是向电子商务公司增资。与其他公司合并是解决增资问题的途径之一，但如果公司原股东可以投入公司需要的注册资本，公司的合并就失去了必要。另外，公司的合并是否能够真正达到增加公司注册资本的目的，还要待实际评估资产状况后才能得出结论。本案朗德公司的注册资本虽然为2380万元，但其与电子商务公司合并是否能够满足3000万元注册资本的需求，还要对朗德公司的资产进行清算评估后才能确定。只有在该公司净资产达到2380万元的前提下，才能确定朗德公司的各股东向电子商务公司投入了2380万元。公司合并与否应由股东之间进行协商，并以不损害各股东合法利益为前提。本案合并的实际目的是增资，现聂某英明确表示其可以向公司增资2380万元，在此前提下，公司的合并无实际意义。为了确保大股东对公司的控制地位的合并行为实际上直接侵害了聂某英优先向公司增资的权利。

综上，根据《公司法》及公司章程的规定，股东之间如果就公司事务产生分歧，应通过表决的方式解决，按资本多数决原则形成决议，股东应按决议执行。但资本多数决原则的前提是决议内容不得违反法律的规定，并不得侵犯股东的合法权益。从本案的具体情况来看，两次股东会决议的有关内容明显违反了《公司法》关于公司增资的相关规定，侵犯了聂某英作为公司股东对公司增资享有的优先认缴权。因此，这两次股东会决议的有关内容是不能产生法律效力的。原审判决认定这两次股东会决议内容有效应属于适用法律不当，应予依法纠正。在确认第二届五次股东会决议无效的前提下，聂某英提出的确认电子商务公司与朗德公司合并无效的诉讼请求也就丧失了基础，何况该吸收合并尚未实际实施。

关于聂某英提出的偿付律师费的主张，因为聂某英已提出相关证据证明其实际支出了律师代理费用，且该代理费用并未超出律师收费标准，故该费用应由电子商务公司偿付聂某英。

据此,天津市高级人民法院作出二审判决:撤销天津市第一中级人民法院的一审判决,确认电子商务公司第二届五次股东会决议(吸收合并朗德公司)无效,确认电子商务公司第二届三次股东会决议第3条(引入新股东出资)无效,确认聂某英按持股比例对电子商务公司本次增资享有767.5万元的优先认缴权;并确认聂某英对信息港发展公司、银翔中心不能认缴的增资享有优先认缴权;判令电子商务公司给付聂某英实际支出的诉讼代理费用383750元。

【案例8.2】 黔峰公司案

贵阳黔峰生物制品有限责任公司(以下简称黔峰公司)共有四家法人股东,股权结构为重庆大林生物技术有限公司(以下简称大林公司)持股54%、贵州益康制药有限公司(以下简称益康公司)持股19%、深圳市亿工盛达科技有限公司(以下简称亿工盛达公司)持股18%、贵阳友谊(集团)股份有限公司(以下简称友谊集团)持股9%。但友谊集团因当时入股黔峰公司的股金中有296万元系由贵州捷安投资有限公司(以下简称捷安公司)提供,友谊集团与捷安公司达成关于股权代持的有关协议。捷安公司也一直派人进入黔峰公司董事会,并以友谊集团代表人的身份行使股东权利。各股东单位对于捷安公司为黔峰公司实际股东亦不持异议。黔峰公司增资前股权结构如图8.2所示。

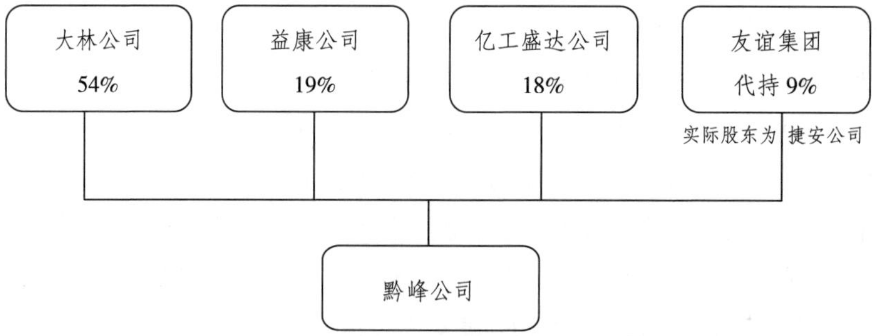

图8.2 黔峰公司增资前股权结构

2007年4月18日、20日,黔峰公司先后召开两次股东会,就增资扩股、改制上市等相关事宜进行磋商,但均未能达成一致意见。2007年5月28日,黔峰公司召开临时股东会,对拟引入战略投资者、按每股2.8元溢价私募资金2000万股、各股东按各自的股权比例减持股权,以确保公司顺利完成改制及上市的方案再次进行讨论。会议表决:(1)股东大林公司、益康公司从有利于公司发展的大局出发,同意按股比减持股权,引进战略投资者。同时承诺采取私募增资扩股方案完全是从有利于公司改制和上市的目的出发，绝不从中谋取私利。赞成91%（大林公司、益康公司、亿工盛达公司赞成），反对9%（捷安公司反对）。(2)亿工盛达公司同意引进战略投资者、按股比减持股权的方案，但希望投资者能从上市时间及发行价格方面给予一定的承诺。赞成91%，反对9%。(3)同意捷安公司按9%股比及本次私募方案的溢价股价增持180万股。赞成100%。(4)本次私募资金必须在2007年5月31日前汇入黔峰公司账户，否则视作放弃。100%赞成。5月29日，大林公司、益康公司、亿工盛达公司、捷安公司股东代表均在决议上签字，其中，捷安公司代表在签字时特别注明"同意增资扩股，但不同意引入战略投资者"。同日，捷安公司向黔峰公司提交了《关于我公司在近三次股东会议上的意见备忘录》，表明其除应按出资比例优先认缴出资外，还要求对其他股东放弃的认缴份额行使优先认购权。5月31日，捷安公司将其180万股的认缴资金缴纳到黔峰公司账上，并再次致函黔峰公司及各股东，要求对其他股东放弃的出资份额行使优先认购权，未获其他股东及黔峰公司同意。为此，捷安公司以大林公司、益康公司、亿工盛达公司均放弃新股认购权总计1820万股后，在其已明确表示行使优先认购权的情况下，仍决定将该部分认购权让与公司股东以外的其他人，违反《公司法》的有关规定，侵犯其优先认购权为由诉至法院，请求判令确认其为黔峰公司股东，并确认其对黔峰公司增资扩股部分的1820万新股享有优先认购权。

贵州省高级人民法院一审确认捷安公司为黔峰公司股东，但认定捷安公司对其他股东放弃的份额没有优先认购权。"首先，现行《公司法》对股东行使增资优先认购权范围进行了压缩，并未明确规定股东对其他股东放弃的认缴出资比例有优先认缴的权利。其次，公司股权转让与增资扩股不同，股权转让往往是被动的股东更替，与公司的战略性发展无实质联系，故要更加突出保护有限责任公司的人合性；而增资扩股，引入新的投资者，往往是为了公司的发展，当公司发展与公司人合性发生冲突时，则应当突出保护公司的发展机会，此时若基于保护公司的人合性而赋予某一股东的优先认购权，该优先权行使的结果可能削弱其他股东特别是控股股东对公司的控制力，导致其他股东因担心控制力减弱而不再谋求增资扩股，从而阻碍公司的发展壮大。最后，黔峰公司股东会在决议增资扩股时，已经按照《公司法》第35条①的规定，根据捷安公司的意思，在股东会决议中明确其可以按实缴出资比例认购180万股出资，且捷安公司已按比例缴交了认股出资，故该股东会决议没有侵害捷安公司依法应享有的优先认购权。"遂判决驳回捷安公司主张对黔峰公司其他股东放弃的1820万股增资扩股出资份额享有优先认购权的诉讼请求。捷安公司不服，提出上诉。

---

① 2005年《公司法》第35条，2023年《公司法》修订后，条文序号调整为第227条。

最高人民法院二审认为，从黔峰公司股东会决议内容可以看出，黔峰公司各股东对增资扩股是没有争议的，而争议点在于要不要引进战略投资者。尽管对此各股东之间意见有分歧，但也是形成决议的，是股东会形成资本多数决的意见，而并非没有形成决议。决议内容符合黔峰公司章程有关规定。因此该股东会决议是有效的，各股东应按照股东会决议内容执行。关于股份对外转让与增资扩股的不同，一审判决对此已经论述得十分清楚，予以认可。2005 年《公司法》第 35 条并没有直接规定股东对其他股东放弃的认缴出资比例增资份额有无优先认购权，也并非完全等同于该条但书或者除外条款即“全体股东约定不按照出资比例分取红利或者不按照出资比例优先认缴出资的除外”所列情形，此款所列情形完全是针对股东对新增资本的认缴权而言的，这与股东在行使认缴权之外对其他股东放弃认缴的增资份额有无优先认购权并非完全一致。对此，有限责任公司的股东会完全可以有权决定将此类事情及可能引起争议的决断方式交由公司章程规定，从而依据公司章程规定方式作出决议，当然也可以包括股东对其他股东放弃的认缴出资有无优先认购权问题，该决议不存在违反法律强行规范问题，决议是有效力的，股东必须遵循。只有股东会对此问题没有形成决议或者有歧义理解时才有依据《公司法》规范适用的问题。即使在此情况下，由于公司增资扩股行为与股东对外转让股份行为确属不同性质的行为，意志决定主体不同，因此二者对有限责任公司人合性要求不同。在已经充分保护股东认缴权的基础上，捷安公司在黔峰公司此次增资中利益并没有受到损害。当股东个体更大利益与公司整体利益或者有限责任公司人合性与公司发展相冲突时，应当由全体股东按照公司章程规定方式进行决议，从而形成最终结论以便各股东遵循。综上，捷安公司对其他股东放弃认缴的增资份额没有优先认购权，遂判决驳回上诉，维持贵州省高级人民法院一审判决。捷安公司仍不服，提出再审申请。

最高人民法院对于捷安公司的再审申请，经审查认为，增资扩股不同于股权转让，两者最明显的区别在于公司注册资本是否发生变化上。此外，增资扩股与股权转让资金的受让方是截然不同的。增资扩股中的资金受让方为标的公司，而非该公司的股东，资金的性质属于标的公司的资本金；而股权转让中的资金由被转让股权公司的股东受领，资金的性质属于股权转让的对价。捷安公司将增资扩股行为混同于股权转让却认为原审判决适用法律错误，法院不予支持。优先购买权作为一种排斥第三人竞争效力的权利，对其相对人权利影响重大，必须基于法律明确规定才能享有。其发生要件及行使范围须以法律的明确规定为根据。2005 年《公司法》第 35 条明确规定了全体股东无约定的情况下，有限责任公司新增资本时股东优先认缴出资的权利以及该权利的行使范围以“实缴的出资比例”为限，超出该法定的范围，则无所谓权利的存在。本案中黔峰公司股东会对优先权问题没有形成决议，故应当依据 2005 年《公司法》规范来认定。本案捷安公司已根据2005年《公司法》第35条的规定按照其实缴的出资比例行使了优先认购权,其对黔峰公司享有的支配权和财产权仍然继续维持在原有状态,不存在受到侵害的事实或危险。在2005年《公司法》无明确规定有限责任公司新增资本时,部分股东欲将其认缴出资份额让与外来投资者其他股东有优先认购权的情况下,捷安公司不能依据与增资扩股不同的股权转让制度行使2005年《公司法》第72条①所规定的股权转让过程中的优先购买权。综上,捷安公司提出的再审事由不符合《民事诉讼法》规定的再审条件,本案不应再审,遂裁定驳回捷安公司的再审申请。

应当说,电子商务公司增资案与黔峰公司案在法律性质上属于“同案”。两起案件中,法院所面临的核心问题均是对“股东就新增注册资本份额是否享有优先认购权”作出司法回应,但判决产生了“同案不同判”的结果。天津市高级人民法院从公司人合性出发,类推适用2005年《公司法》关于股权转让情况下股东优先购买权的规定,支持股东对新增注册资本份额的优先认购权;而贵州省高级人民法院及最高人民法院认为增资扩股与股权转让不同,拒绝类推适用,从而否认股东对新增注册资本份额享有所谓的“优先认购权”。但仔细分析,两起案件也存在细微的差异,主要表现在:其一,电子商务公司的股东中含有自然人股东聂某英,而黔峰公司股权结构中并无自然人股东。通常来说,有限责任公司作为封闭公司,其具有的人合性特征主要是着眼于公司股东之间的良好合作关系,而对于黔峰公司这种全部由股东单位组建的有限责任公司来说,由于欠缺自然人股东,因而其人合性也就只能停留在理论层面,甚至根本不存在所谓的人合性。其二,电子商务公司与黔峰公司的增资目的并不相同。电子商务公司增资主要是为了申办电子认证服务许可,系属于增加公司营业范围;而黔峰公司增资扩股是为了引入战略投资者、改制上市。其三,增资后对于两家公司的影响不同。电子商务公司增资后,公司性质仍为有限责任公司。如果另外两家股东单位信息港发展公司和银翔中心无力以自有资金进行增资,所涉及的股权减持仅发生在该两家股东单位之间。而黔峰公司增资后必然要转变公司形式,变更为股份有限公司,这样才能符合《公司法》以及《证券法》关于公司上市的规定。引入战略投资者并转变公司形式,所带来的后果原则上是原有股东股权的等比例减持。在具体案件中,由于采取的解释方法和着眼点的不同,因而得出迥然不同的意见,也并不足为奇。

最高人民法院在黔峰公司增资扩股案件的评析中指出了增资扩股与股权转让的区别,具体表现在以下五个方面:(1)股权转让和增资扩股中出资人资金的性质及受让方是截然不同的。股权转让中的资金由被转让股权公司的股东受领,资金的性质属于股权转让的对价;而增资扩股中的资金受让方为标的公司,而非该公司的股东,资金的性质属于标的公司

① 2023年《公司法》修订后,关于股权转让所涉优先购买权的问题条文序号调整为第84条。

的资本金。(2)标的公司的注册资本是否变化,并不相同。股权转让后,出资人履行义务完成时标的公司的注册资本是保持不变的,仍然为原数额;而增资扩股后,标的公司的注册资本发生了变化。(3)股权转让和增资扩股中出资人对公司的权利义务也不相同。股权转让中,支付价金的一方在支付价金取得了公司股东地位的同时,不但继承了原股东在公司中的权利,也应当承担原股东对公司从成立之时到终止之日的所有义务,其承担义务是无条件的;而增资扩股中支付价金一方的投资人是否与标的公司的原始股东一样,对于其投资之前标的公司的义务是否承担,可以由协议各方进行约定,支付价金的一方对其加入该公司前的义务的承担是可以选择的。(4)二者表决程序采取的规则不同。股权具有财产权利的性质,具有价值并可转让。股权对外转让系股东处分其个人的财产权,当时《公司法》对股东对外转让股权适用的是股东多数决(以股东人数为标准),而非资本多数决,并且欲转让股权的股东只需书面通知其他股东,而无须召开股东会表决。增资扩股是公司资本运营过程中的内部重大决策问题,因此,增资扩股必须经股东会作出决议,并且采用的是资本多数决而非股东多数决,并且召开股东会进行表决是增资扩股的必经程序。(5)对公司的影响不同。股权转让导致股东变化,但公司的注册资本并没有增加或减少,故对公司的发展壮大不会产生太大影响,《公司法》对股权对外转让的限制规定注重保护的是公司的人合性。而公司增资扩股往往不仅导致新股东的加入,更是为公司增加了注册资本,带来了新鲜血液,使公司的经济实力增强,从而可以扩大生产规模、拓展业务,故增资扩股主要涉及公司的发展规划及运营决策,注重保护的是公司的资合性。

当然,有限责任公司的股东会有权决定将此类事情及可能引起争议的决断方式交由公司章程规定,从而依据公司章程规定方式作出决议,当然也可以包括股东对其他股东放弃的认缴出资有无优先认购的问题。但本案中黔峰公司股东会对优先认购的问题没有形成决议,故应当依据2005年《公司法》规范来认定。虽然黔峰公司因增资扩股,各股东持股比例会发生变化,但持股比例发生变化或者说原有股权被稀释的是除捷安公司外的其他股东,本案捷安公司已根据2005年《公司法》的相关规定按照其实缴的出资比例行使了优先认缴权,其对黔峰公司享有的支配权和财产权仍然继续维持在原有状态,不存在受到侵害的事实或危险。在2005年《公司法》无明确规定有限责任公司新增资本时,部分股东欲将其认缴出资份额让与外来投资者,其他股东对此不享有优先认购权的情况下,捷安公司不能依据与增资扩股不同的股权转让制度行使股权转让过程中的优先购买权。①

事实上,从历史的角度看,现行《公司法》仅规定在公司新增注册资本时,股东在同等条件下有权优先按照实缴的出资比例认缴出资。而从2004年《公司法》的“可以优先认缴出资”到2005年《公司法》的“有权优先按照实缴的出资比例认缴出资”,再到2023年《公司法》修订后“在同等条件下有权优先按照实缴的出资比例认缴出资”,明显是对优先认缴出

① 参见何抒、杨心忠:《股东对公司新增出资份额不享有优先认购权》,载《人民司法》2011年第12期。

资的权利作出一定的限缩。另外,《公司法》修订的宗旨即在于放松政府管制,对于《公司法》未明令禁止的事项,均可由公司自行通过公司章程另行作出规定。但从最高人民法院的司法政策上看,在今后的司法实践中,应该坚持股东对新增注册资本份额不享有优先认购权的观点。

三、私募增资情况下,对赌协议的效力问题

对赌协议(Valuation Adjustment Mechanism,VAM),是投资方与融资方在达成协议时,双方对于未来不确定情况的一种约定。如果约定的条件出现,投资方可以行使一种估值调整协议权利;如果约定的条件不出现,融资方则行使另一种权利。所以,对赌协议实际上就是期权的一种形式。在国际企业对国内企业的投资中,对赌协议已经被广泛采纳,如摩根士丹利投资蒙牛以及上海永乐家用电器有限公司、凯雷投资控股徐工集团工程机械有限公司等均是对赌协议的实际应用。通过条款的设计,对赌协议可以有效保护投资人利益。尽管在实践中曾经存在一些争议,但近十余年来,“对赌协议”在我国投融资实践中已经被广泛采用。

司法实践中,投资方与目标公司原股东对赌,因不涉及公司资产减损,不损害公司债权人的利益,即便对赌失败亦仅是原股东承担赔偿责任,因此一般认为有效。对于投资方与目标公司对赌,在实践中经历了从认定无效到认定有效的一个曲折的过程。

在素有对赌第一案之称的**甘肃世恒有色资源再利用有限公司等与苏州工业园区海富投资有限公司增资纠纷案**[①]中,最高人民法院认为,投资方与目标公司对赌的约定使得苏州工业园区海富投资有限公司(投资方)的投资可以取得相对固定的收益,该收益脱离了甘肃世恒有色资源再利用有限公司(目标公司)的经营业绩,损害了公司利益和公司债权人利益,该约定无效。

数年后,最高人民法院的裁判观点发生了变化。在下面这起案件中,最高人民法院认可了目标公司可以为原股东的对赌提供担保,实质上变相认可了投资方与目标公司对赌的效力。

【案例8.3】　强某延与曹某波等股权转让纠纷案[②]

2011年4月26日,山东瀚霖生物技术有限公司(以下简称瀚霖公司)作为甲方,强某延等作为乙方,曹某波(瀚霖公司股东、法定代表人)作为丙方,共同签订了《增资协

---

① 参见甘肃省兰州市中级人民法院(2010)兰法民三初字第71号民事判决书(一审),甘肃省高级人民法院(2011)甘民二终字第96号民事判决书(二审),最高人民法院(2012)民提字第11号民事判决书(再审)。

② 参见四川省成都市中级人民法院(2014)成民初字第1180号民事判决书(一审),四川省高级人民法院(2015)川民终字第445号民事判决书(二审),最高人民法院(2016)最高法民再128号民事判决书(再审)。

议书》及《补充协议书》。主要约定乙方向甲方增资扩股及其他事宜。关于强某延向瀚霖公司增资以及其他事宜部分,《增资协议书》主要约定:强某延向瀚霖公司增资3000万元,其中400万元作为瀚霖公司的新增注册资本,其余2600万元作为瀚霖公司的资本公积金,强某延持有瀚霖公司0.86%的股权。《补充协议书》第2条第1款约定:曹某波承诺争取目标公司于2013年6月30日前获准首次公开发行股票并在国内主板或创业板证券交易所上市(以下简称合格IPO);第2款约定:如果目标公司未能在2013年6月30日前完成合格IPO,强某延有权要求曹某波以现金方式购回强某延所持的目标公司股权,回购价格为强某延实际投资额再加上每年8%的内部收益率溢价,计算公式为P=M×(1+8%)T,其中:P为购回价格,M为实际投资额,T为自本次投资完成日至强某延执行选择回购权之日的自然天数除以365;第6款约定:瀚霖公司为曹某波的回购提供连带责任担保。《增资协议书》及《补充协议书》落款处有甲方瀚霖公司印章及法定代表人签名。上述协议签订后,强某延于2011年4月29日将3000万元转入瀚霖公司账上,瀚霖公司将强某延登记在其股东名单中。

2012年5月31日,强某延与曹某波签订了《股权转让协议》,约定:强某延将持有的瀚霖公司股权转让给曹某波,按《补充协议书》约定的价格计算方式回购,曹某波应在协议签订后30个工作日内全额付清转让款,逾期未付清应按欠款额每日5‰支付违约金;逾期超过30日仍未付清,则强某延有权要求曹某波付清转让款和违约金后,退出股权。《股权转让协议》签订后,曹某波未履行支付义务。2014年4月2日,强某延书面通知曹某波、瀚霖公司支付股权转让款并承担违约责任,但曹某波、瀚霖公司未履行付款义务。

一、二审法院均认为,《补充协议书》中瀚霖公司为曹某波回购强某延股权提供担保的约定无效。最高人民法院再审认为:案涉《补充协议书》所约定担保条款合法有效,瀚霖公司应当依法承担担保责任。理由如下:其一,强某延已对瀚霖公司提供担保经过股东会决议尽到审慎注意和形式审查义务。其二,强某延投资全部用于公司经营发展,瀚霖公司全体股东因而受益,故应当承担担保责任。《公司法》第16条[①]的立法目的,系防止公司大股东滥用控制地位,出于个人需要、为其个人债务而由公司提供担保,从而损害公司及公司中小股东权益。本案中,案涉担保条款虽系曹某波代表瀚霖公司与强某延签订,但是3000万元款项并未供曹某波个人投资或消费使用,亦并非完全出于曹某波个人需要,而是全部投入瀚霖公司资金账户,供瀚霖公司经营发展使用,有利于瀚霖公司提升持续盈利能力。这不仅符合公司新股东强某延的个人利益,也符合公司全体股东的利益,瀚霖公司本身是最终的受益者。即使确如瀚霖公司所述并未对担保

① 2023年《公司法》修订后,条文序号调整为第15条。

> 事项进行股东会决议，但是该担保行为有利于瀚霖公司的自身经营发展需要，并未损害公司及公司中小股东权益，不违反《公司法》第16条①的立法目的。因此，认定瀚霖公司承担担保责任，符合一般公平原则。综上，强某延已对瀚霖公司提供担保经过股东会决议尽到审慎注意和形式审查义务，瀚霖公司提供担保有利于自身经营发展需要，并不损害公司及公司中小股东权益，应当认定案涉担保条款合法有效，瀚霖公司应当对曹某波支付股权转让款及违约金承担连带清偿责任。

《九民纪要》提出了“保护交易安全和投资安全”，就是要求转变理念，交易安全与投资安全依法均应给予保护，有的情况下还应当依法优先保护投资安全。②

《九民纪要》正式认可投资方与目标公司对赌的效力，但能否实际执行，则需要根据目标公司的实际情况。在对赌失败的情况下，目标公司绝大多数情况下，根本不可能向投资方实际支付对赌赔偿款。这样是否会影响投资者的投资热情？对此，最高人民法院也坦然指出：“我们认为，海富案（**甘肃世恒有色资源再利用有限公司等与苏州工业园区海富投资有限公司增资纠纷案**③。——笔者注）认定的投资方与目标公司‘对赌’无效，也没有影响投资方的投资，所以答案应该是否定的。人民法院在这个问题上只要表明我们的裁判思路即可。这样，投资方采取什么方式，他会有相应的办法，知道怎么做。”“我们在起草这部分条文时，始终把握……金融服务实体经济的原则。不能形成金融压榨实体经济的结果。要与中央的大政方针保持一致。不能出现打一个官司，死一个企业的恶果，尤其是在当前实体经济比较苦难的大背景下，更不能出现这样的结果，要服从大局。”④

因投资对赌而引发的纠纷，在实践中有以“合同纠纷”“公司增资纠纷”“股权转让纠纷”“请求公司收购股份纠纷”等案由进行立案处理的。例如：在股东及增资方之间因增资协议的效力、解除、撤销等引发的争议，常适用合同纠纷这一案由；在增资方要求目标公司回购股权的案件中，既有适用请求公司股份收购纠纷这一案由，也有选择合同纠纷这一案由。

四、公司增资中的其他纠纷

公司增资过程中还涉及其他的纠纷，主要包括：

1. 公司请求股东（无论是原有股东还是新加入的股东）依照约定缴纳认缴出资的纠纷。

---

① 2023年《公司法》修订后，条文序号调整为第15条。

② 参见最高人民法院民事审判第二庭编著：《〈全国法院民商事审判工作会议纪要〉理解与适用》，人民法院出版社2019年版，第112页。

③ 甘肃省兰州市中级人民法院（2010）兰法民三初字第71号民事判决书（一审），甘肃省高级人民法院（2011）甘民二终字第96号民事判决书（二审），最高人民法院（2012）民提字第11号民事判决书（再审）。

④ 最高人民法院民事审判第二庭编著：《〈全国法院民商事审判工作会议纪要〉理解与适用》，人民法院出版社2019年版，第118－119页。

此种纠纷的本质与公司设立过程中股东不履行对公司的出资义务并无不同。对此,《公司法》第228条规定,有限责任公司增加注册资本时,股东认缴新增资本的出资,依照本法设立有限责任公司缴纳出资的有关规定执行。股份有限公司为增加注册资本发行新股时,股东认购新股,依照本法设立股份有限公司缴纳股款的有关规定执行。《公司法》第51条规定的董事会对股东出资的核查义务以及第52条关于股东失权的规定,在公司增资时同样适用。

2. 股东(主要为新吸收的股东)以公司未履行增资的变更程序,将其在公司登记部门登记为公司的显名股东,从而引发的请求确认增资协议无效、解除增资协议以及返还增资款的纠纷。此类纠纷与传统商事案件中确认合同效力、合同解除以及解除合同后返还投资款,并无特殊之处。

3. 以增资为名恶意稀释其他股东股权所引发的纠纷。例如,在**黄某忠诉陈某庆等股东资格确认纠纷案**①中,法院审理后认为,太仓宏冠钢结构制品有限公司(以下简称宏冠公司)系黄某伟与陈某庆等共同出资设立的有限责任公司,设立时黄某忠持有公司股权的20%。在黄某忠没有对其股权作出处分的前提下,除非宏冠公司进行了合法的增资,否则原告黄某忠的持股比例不应当降低。在没有证据证明黄某忠明知且在股东会上签名同意宏冠公司增资至1500万元的情况下,对宏冠公司设立时的股东内部而言,该增资行为无效,黄某忠仍持有宏观公司20%的股权。《最高人民法院公报》公布的裁判要旨为:"未经公司有效的股东会决议通过,他人虚假向公司增资以'稀释'公司原有股东股份,该行为损害原有股东的合法权益,即使该出资行为已被工商行政机关备案登记,仍应认定为无效,公司原有股东股权比例应保持不变。"

4. 公司增资后抽逃出资形成的诉讼。最高人民法院在**银基烯碳新材料集团股份有限公司与连云港市丽港稀土实业有限公司公司增资纠纷案**②中指出,在公司溢价增资的情况下,溢价增资的款项应当计入公司资本公积金。增资方与公司原有股东签订《增资合同》并溢价增资的,在增资款项进入公司并将溢价部分计入资本公积金后,增资方利用对公司的控制权及关联关系将资本公积金中款项转出的,可以比照抽逃出资进行处理。对于如何追究增资方的责任,可以从《公司法》及《民法典》两个角度分析。从《公司法》的角度分析,资本公积金不仅是企业所有者权益的组成部分,亦是公司资产的重要构成,而公司资产在很大程度上代表着公司的资信能力、偿债能力、发展能力,在保障债权人利益、保证公司正常发展、维护交易安全方面起着重要作用。公司作为企业法人,具有独立人格和独立财产,而独立财产又是独立人格的物质基础。出资股东可以按照章程规定或协议约定主张所有者权益,但其无正当理由不得随意取回出资侵害公司财产权益。本案中,《增资合同》明确约定,

---

① 参见黄某忠诉陈某庆等股东资格确认纠纷案,载《最高人民法院公报》2015年第5期。

② 参见江苏省高级人民法院(2015)苏商初字第00023号民事判决书(一审),最高人民法院(2018)最高法民终393号民事判决书(二审),法院裁判理由由作者综合提炼,不拘泥于判决书中原文。

银基烯碳新材料集团股份有限公司（以下简称银基公司）向连云港市丽港稀土实业有限公司（以下简称丽港公司）增资2亿元，持有丽港公司40%股权，其中2000万元进入丽港公司注册资本，1.8亿元进入资本公积金。因此，涉案1.5亿元资本公积金本应属于丽港公司资产，无正当理由转出后，理应予以返还，一审认定该行为属于抽逃出资行为并无不当。从《民法典》合同编的角度分析，《增资合同》系银基公司与丽港公司原股东李某沛、李某、狄某廷签订，丽港公司是增资的目标公司。银基公司负有依约足额增加出资的合同义务。本案中，银基公司虽有出资行为，但随后1.5亿元的出资在无正当理由的情况下被转出，其转出行为违反诚实信用原则、不符合合同约定、不利于合同目的的实现。因此，涉案1.5亿元资本公积金根据合同约定亦应予以返还。综上所述，不论是从《公司法》还是《民法典》角度分析，涉案被转出的1.5亿元资本公积金均应返还丽港公司。作为目标公司的丽港公司可以依据《公司法》相关规定提起诉讼主张权利，而作为《增资合同》当事人的李某沛、李某、狄某廷亦可依据《民法典》合同编相关规定提起诉讼主张权利，究竟适用《公司法》还是《民法典》合同编并不实质影响本案纠纷的处理，仅影响提起诉讼的原告主体资格。

依照《公司法》第34条以及《市场主体登记管理条例》第24条第1款的规定，公司增加注册资本的，应当自变更决议或者决定作出之日起30日内申请变更登记。

第二节　公司减资司法实务

公司在经营过程中，可以根据实际情况的需要减少注册资本。例如，采用分期出资的方式认缴注册资本额的，在首期出资之后，认为现有出资已经能够维持公司的正常运转，无须再行继续投资，即可就减少注册资本作出股东会决议，对各股东的后续出资义务进行豁免。再如，公司运营过程中，公司的净资产已经显著低于公司的注册资本，为了调整两者之间的差别，公司可以作出减少注册资本的股东会决议，以使公司注册资本减少至公司净资产的水平。另外，在公司僵局的情况下，由公司收购一方股东的股权并进行减资，也被视为避免公司被解散的替代方式之一，在立法及司法实践中被鼓励使用。在股东行使异议股东股份回购请求权以及股东失权时，公司回购股东的股权以及被宣告失权的股权无法转让的也应进行减资，注销所回购及失权的股权。因此，公司可能基于各种事由减少注册资本。

公司注册资本是公司对外债务的一般担保，如果公司随意减少注册资本，必然导致对公司债权人清偿能力的降低，从而危及债权人的债权。因此，需要对公司减少注册资本的行为进行法律上的规制。除了依照我国《公司法》第66条第3款的规定，减少注册资本需要经代表2/3以上表决权的股东通过外，《公司法》第224条还规定，公司减少注册资本，应当编制资产负债表及财产清单。公司应当自股东会作出减少注册资本决议之日起10日内通知债权人,并于30日内在报纸上或者国家企业信用信息公示系统公告。债权人自接到通知之日起30日内,未接到通知的自公告之日起45日内,有权要求公司清偿债务或者提供相应的担保。公司减少注册资本,应当按照股东出资或者持有股份的比例相应减少出资额或者股份,法律另有规定、有限责任公司全体股东另有约定或者股份有限公司章程另有规定的除外。

一、减少注册资本未有效通知债权人,公司股东应承担法律责任

【案例8.4】 上海杰之能信息科技有限公司诉钟某东、第三人江苏保旺达信息产业有限公司公司减资纠纷案①

原告上海杰之能信息科技有限公司(以下简称杰之能公司)与案外人钟某晔、江苏保旺达信息产业有限公司(以下简称保旺达公司)股权转让纠纷案,经由上海市闸北区人民法院及上海市第二中级人民法院裁判确定:保旺达公司应返还杰之能公司股权转让款1600万元及相应利息,钟某晔对保旺达公司的上述付款承担连带责任。该案判决后,保旺达公司及钟某晔履行部分还款义务。

法院另查明:2011年1月13日,保旺达公司由南京市六合区工商局准予设立,注册资本为500万元:钟某东认缴200万元,实缴40万元;钟某晔认缴300万元,实缴60万元;分期交付时间为2013年1月3日。其间,保旺达公司在股东之间发生过数次股权转让及认缴资本与实缴资本的调整。2012年11月28日,保旺达公司在《扬子晚报》上刊登减资公告,表明将注册资本从500万元减少到330万元,其中钟某东认缴出资额400万元减少至230万元。为办理减资登记,保旺达公司股东承诺对减资前公司债务承担偿还责任,钟某东在该承诺上签名。在本案诉讼过程中,保旺达公司又于2014年5月4日经六合区工商局核准增资,钟某东将专有技术"数据防火墙"作价170万元作为无形资产出资。杰之能公司遂以保旺达公司违法减资损害其权益为由,提起本案诉讼,请求判令钟某东在保旺达公司尚欠杰之能公司1000万元本息范围内承担连带责任。

法院审理后认为:从保障公司债权人的角度出发,股东负有按照公司章程切实履行全面出资的义务,同时负有保证公司注册资本充实的责任。公司减资时,应当履行完整的法律程序,确保债权人有机会在公司责任财产减少之前作出相应的权衡和行为。通知已知债权人并根据债权人的要求进行清偿或者提供担保,是相应减资程序对该债权人发生效力、股东减资部分免责的必要条件。本案中,保旺达公司在作出减资决议时,杰之能公司已对其提起诉讼,虽然在此时该诉讼尚未审结,保旺达公司对于杰之能公司

---

① 参见江苏省南京市中级人民法院(2014)宁商初字第110号民事判决书(一审),江苏省高级人民法院(2015)苏商终字第00034号民事判决书(二审)。

向其主张债权已明知。保旺达公司仅在《扬子晚报》上进行公告，而对于杰之能公司这一已知债权人，未就减资事项及时采取合理、有效的方式告知，致使杰之能公司丧失了在保旺达公司减资前要求其偿还债务或者提供担保的权利，保旺达公司减资决议对杰之能公司不具有对抗效力。在公司未对已知债权人进行减资通知时，该情形与股东违法抽逃出资的情形在本质上并无不同。公司减资在实质上是公司股东会决议的结果，且减资的受益人系股东。因此，在公司减资未履行通知已知债权人的义务时，公司股东就其减资部分不能免责。钟某东应在其减资额170万元范围内对保旺达公司不能清偿的债务承担赔偿责任。对于杰之能公司依据钟某东出具的说明要求钟某东对保旺达公司的全部债务承担连带责任的主张，法院认为，钟某东的承诺系因减资行为作出，而非通常情况下所作债务加入或连带责任保证的意思表示，故对于其表明承担还款责任的范围，应根据《公司法》的原则及出具说明的原因进行判断。依据《公司法》的相关规定，有限责任公司的股东以其认缴的出资额为限对公司债务承担责任，钟某东系为公司减资行为出具说明，其承担责任的范围亦应以减资额的范围为限。保旺达公司虽在2014年5月进行增资，该增资行为并不能导致其减资过程中钟某东承诺对债务偿还责任的免除，[①]钟某东仍应在其减资额范围内对保旺达公司的债务承担偿还责任。

在**立邦船舶涂料(上海)有限公司与陈某剑、陈某龙公司减资纠纷案**[②]中，法院审理后认为，作为舟山市旭海建材贸易有限公司(以下简称旭海公司)股东的陈某剑、陈某龙在公司减资过程中，明知立邦船舶涂料(上海)有限公司(以下简称立邦公司)系旭海公司的债权人的情况下，未依法采用合理、有效的方式就减资事项通知原告，仅在《舟山日报》上发布减资公告，程序上有瑕疵，使立邦公司无从得知其减资情况，丧失了在旭海公司减资前要求其清偿债务或提供担保的权利，损害了原告的利益。因公司注册资本是公司对外清偿债务的责任财产，陈某剑、陈某芳作为旭海公司股东作出的股东会决议，主观上存在过错，客观上降低了旭海公司偿债能力。故陈某剑、陈某芳作出的减资决议产生和股东抽逃出资一致的法律后果，应对旭海公司不能清偿部分的债务在其各自减资范围内承担补充赔偿责任。

对于减资未书面通知已知债权人的，司法实践中比照抽逃出资进行处理。本书注意到，在前述两个案例中，南京市中级人民法院、舟山市定海区人民法院均援引《公司法司法

① 按照股东出资瑕疵的相关理论，一旦股东消弭出资瑕疵，规范出资，其对公司及公司债权人的责任即告解除。本案中之所以判决钟某东在“增资后”仍需对违法减资行为承担责任，系因为“本案系债权人因债务人减资行为导致其债权实现受损而主张的侵权赔偿之诉，损害结果在减资行为作出时即已实际发生。鼓楼区法院2014年8月11日(2013)鼓执字第2355号执行裁定认定，因未发现被执行人保旺达公司其他可供执行的财产而终结该执行程序”。故保旺达公司的专有技术增资仅证明其在本案诉讼中完善了公司注册资本登记，对于债权人债权的实现并无影响。

② 参见舟山市定海区人民法院(2015)周定商初字第425号民事判决书(一审)。

解释(三)》第14条第2款[①]的规定作为判决依据。之所以比照抽逃出资进行处理,系因为《公司法》对于违法减资的后果未作出明确规定。事实上,违法减资是股东规避出资责任甚至抽逃出资的一种方式,其法律评价与抽逃出资具有相当性。

《公司法》第226条规定,违反本法规定减少注册资本的,股东应当退还其收到的资金,减免股东出资的应当恢复原状;给公司造成损失的,股东及负有责任的董事、监事、高级管理人员应当承担赔偿责任。

二、简易减资

简易减资,也称形式减资。对此,《公司法》第225条规定,公司依照本法第214条第2款的规定弥补亏损后,仍有亏损的,可以减少注册资本弥补亏损。减少注册资本弥补亏损的,公司不得向股东分配,也不得免除股东缴纳出资或者股款的义务。依照前款规定减少注册资本的,不适用前条第2款的规定,但应当自股东会作出减少注册资本决议之日起30日内在报纸上或者国家企业信用信息公示系统公告。公司依照前两款的规定减少注册资本后,在法定公积金和任意公积金累计额达到公司注册资本50%前,不得分配利润。换言之,简易减资情况下,可以豁免通知债权人,债权人也无权要求公司清偿债务或者提供相应的担保。

【案例8.5】 浙江省浙商资产管理有限公司与马某波、陆某英股东损害公司债权人利益责任纠纷案[②]

浙江省浙商资产管理有限公司(以下简称浙商资产公司)受让建设银行不良资产包,承继浙江省慈溪市人民法院(2013)甬慈商初字第371号民事判决项下的权利,即飞宇公司返还借款本金910万元及支付相应利息、律师费,宁波洁达新材料有限公司(以下简称洁达公司)对判决确定的飞宇公司的付款义务承担连带清偿责任等。

洁达公司工商登记内档资料显示,洁达公司于2016年1月3日作出的《股东会决议》载明,公司的注册资本由原2880万元减至50万元,共减少注册资本2830万元,其中,马某波减少出资2490.4万元,陆某英减少出资339.6万元。减资后,公司的注册资本为50万元。2016年2月22日洁达公司向工商登记机关作出的《减资债务担保说明》载明:"根据《公司法》有关规定,本公司于2016年1月3日经股东会决议,将公司注册

---

① 《公司法司法解释(三)》第14条第2款规定,公司债权人请求抽逃出资的股东在抽逃出资本息范围内对公司债务不能清偿的部分承担补充赔偿责任、协助抽逃出资的其他股东、董事、高级管理人员或者实际控制人对此承担连带责任的,人民法院应予支持;抽逃出资的股东已经承担上述责任,其他债权人提出相同请求的,人民法院不予支持。

② 参见浙江省慈溪市人民法院(2021)浙0282民初169号民事判决书(一审),浙江省宁波市中级人民法院(2021)浙02民终3001号民事判决书(二审)。

资本从2880万元减至50万元。公司已于减资决议作出之日起10日内通知了全体债权人，并于2016年1月5日在《市场导报》上发布了减资公告。至2016年2月22日，公司已对债务提供了相应的担保。各减资股东承诺对公司减资前的所有的债务及隐性债务以减资前认缴注册资本额为限承担连带责任。公司以减资前的全部资产对减资前的全部债务及隐性债务承担责任。”同日，马某波、陆某英在洁达公司《关于确认减资债务担保说明的股东会决议》中签字确认。2016年2月24日，洁达公司进行了工商变更登记，注册资本由2880万元变更为50万元。

慈溪信邦联合会计师事务所于2008年8月3日出具的慈信会验〔2008〕412号验资报告载明：“截至2008年8月12日，变更后的累计注册资本2880万元，实收资本2880万元。”2021年3月8日，宁波永敬会计师事务所有限公司出具《宁波洁达新材料有限公司股东减资资金去向的专项审计报告》，该报告载明：“除对账单短缺造成原因外，银行存款未发现支付给股东马某波、陆某英的款项。账面上股东减少注册资本后的减资额去向挂账在其他应付款科目的贷方。”浙商资产公司对该报告有异议，但未申请对洁达公司减资金额去向进行重新审计。另查明，洁达公司在减资中未通知浙商资产公司，浙商资产公司也未在洁达公司减资公告期间要求洁达公司清偿债务或提供相应担保。

浙商资产公司向一审法院提起的诉请为：判令马某波、陆某英分别对洁达公司对浙商资产公司所负担的（2013）甬慈商初字第371号民事判决确定的债务在减少出资的2490.4万元、339.6万元范围内承担补充赔偿责任。

浙江省慈溪市人民法院一审认为：首先，公司对外承担责任的基础是公司的责任财产，公司注册资本减少并不必然导致公司清偿债务能力的下降。公司减资形式多样，既包括股东收回出资的实质减资，也包括仅变更对外公示的注册资本而不减少公司财产的形式减资。形式减资仅变更对外公示的注册资本，不导致公司财产减少，亦未导致偿债能力因此而降低，与债权人不能获得债权的后果之间没有因果关系，对该减资股东不应承担侵权赔偿责任。公司违反规定进行减资，公司股东是否对公司债务承担责任，2013年《公司法》第177条①未作规定，故应当按照2013年《公司法》第20条第3款②等规定，根据是否存在公司股东滥用公司法人独立地位和股东有限责任，逃避债务，损害公司债权人利益的事实作出判断。也就是说，股东承担责任的范围应以实际收取的减资额为限，而不是将工商登记的减资金额作为确定股东承担赔偿责任的范围。首先，浙商资产公司未举证证明马某波、陆某英因洁达公司减资获得了利益，取得了洁达公司的责任资产，造成了洁达公司资产减少、偿债能力降低。其次，验资报告也载明洁达公司

① 2023年《公司法》修订后，条文序号调整为第224条第1款、第2款。

② 2013年《公司法》第20条第3款规定，公司股东滥用公司法人独立地位和股东有限责任，逃避债务，严重损害公司债权人利益的，应当对公司债务承担连带责任。2023年《公司法》修订后，条文序号调整为第23条第1款。

已足额缴纳了注册资本金。再次,根据浙商资产公司的庭审陈述及提交的证据,洁达公司已被该院执行,均未执行到位,且已终结本次执行结案。最后,股东承担责任的范围应以实际收取的减资额为限,本案马某波、陆某英签字确认的《关于确认减资债务担保说明的股东会决议》系为办理工商变更需要,本意应为在实际减资范围内对洁达公司减资前的债务承担责任。在公司股东承担有限责任且洁达公司已出现经营不善、对外负有高额债务的情况下,股东如再为未实际减资的公司债务提供担保,不符合常理。综上,浙商资产公司在不能举证证明两被告滥用公司法人独立地位和股东有限责任、逃避债务、损害洁达公司债权人利益的情况下,对浙商资产公司要求马某波、陆某英因违反《公司法》的减资程序规定对洁达公司的债务承担补充赔偿责任的诉请,法院难以支持。

浙江省宁波市中级人民法院二审认为:本案洁达公司减资,属仅变更对外公示的注册资本而不减少公司财产的形式减资,公司注册资本减少并未导致公司清偿债务能力的下降。浙商资产公司不能提供证据证明马某波、陆某英因洁达公司减资获得了利益,致使洁达公司资产减少,清偿能力降低;浙商资产公司也不能提供证据证明马某波、陆某英滥用公司法人独立地位和股东有限责任、逃避债务、损害洁达公司债权人利益。马某波、陆某英签字确认的《关于确认减资债务担保说明的股东会决议》系为办理工商变更需要,并没有为未实际减资的公司债务提供担保。后洁达公司依法进行了工商变更登记,注册资本由2880万元变更为50万元。故一审法院驳回浙商资产公司的诉讼请求,并无不当。

简易减资是资本维持原则的体现。简易减资实质上是挤掉登记公示的注册资本中的“泡沫”,股东并未从公司中抽回出资,股东的出资责任并不免除,公司的责任财产亦不减少,因此也不损害债权人的利益。需要指出的是,在注册资本认缴制下,如果股东的出资处于“认而未缴”的状态,通过减资豁免后续出资义务,则不属于简易减资,而应当遵循《公司法》第224条的规定,债权人享有知情权及干预权,有权要求公司提前清偿债务或者提供相应担保。

三、减资过程与股东利益平衡

在公司减资过程中应注意股东利益平衡,不得损害小股东的权益。2023年《公司法》修订特于第224条第3款规定股东同比例减资权,即公司减少注册资本,应当按照股东出资或者持有股份的比例相应减少出资额或者股份,法律另有规定、有限责任公司全体股东另有约定或者股份有限公司章程另有规定的除外。在2023年《公司法》修订前,司法实践中通过采用类推新增资本优先认缴权的法律解释路径,明确认可股东的同比例减资权。法院在审理公司减资纠纷过程中，应注意审查控股股东是否压制非控股股东的意见甚至利用其优势地位侵害非控股股东的权益。控股股东滥用对公司的控制权，就减少的注册资本不按照股东出资比例进行分配，损害其他股东利益的，该减资决议应属无效。

江苏省无锡市中级人民法院在**陈某和与江阴联通实业有限公司公司决议效力确认纠纷案**①中指出，根据《公司法》的规定，股东会会议作出减少注册资本的决议，必须经代表2/3以上表决权的股东通过。该规定中“减少注册资本”仅指公司减少注册资本，而并不涵盖减资在股东之间的分配。由于减资存在同比减资和不同比减资两种情况，不同比减资会直接突破公司设立时的股权分配情况，如果只要经 2/3 以上表决权的股东通过就可以作出不同比减资的决议，实际上是以多数决的形式改变公司设立时经发起人一致决所形成的股权架构，故对于不同比减资，应由全体股东一致同意，除非全体股东另有约定。

2023 年《公司法》修订后，对于股东同比例减资的问题，直接援引第 224 条第 3 款的规定即可。

四、违法减资的法律后果

《公司法》第 226 条对违法减资的法律后果作出规定，即违反本法规定减少注册资本的，股东应当退还其收到的资金，减免股东出资的应当恢复原状；给公司造成损失的，股东及负有责任的董事、监事、高级管理人员应当承担赔偿责任。

还需指出的是，公司违法减资—如未通知债权人—损害公司法人的责任财产，也侵害债权人的干预权，对债权人不发生法律效力。公司及股东不得以违法减资的后果对抗债权人，其仍应在“违法减资”前的认缴出资范围内对公司债务承担补充赔偿责任。当然，这里的债权人应当限缩为违法减资前已经产生债权债务基础关系而对公司享有请求权的债权人。

五、公司减资的其他需要

司法实践中，公司减资作为股东退股的方式也具有现实的意义。例如，在**北京歌华文化中心有限公司与北京京城水系旅游开发有限公司公司减资纠纷案**②中，北京京城水系旅游开发有限公司即系通过临时股东会决议的方式，将注册资本从 3516 万元减少至 3416 万元，从而达到让北京歌华文化中心有限公司退股的目的。此外，公司减资还可以作为公司僵局化解的方式，通过公司减资让提起公司解散诉讼的原告股东退出公司，从而有效地化解公司僵局，具体内容见本书第十一章的相关论述。

---

① 参见江苏省江阴市人民法院(2016)苏 0281 民初 10874 号民事判决书(一审)，江苏省无锡市中级人民法院(2017)苏 02 民终 1313 号民事判决书(二审)。

② 参见北京市海淀区人民法院(2015)海民(商)初字第 18291 号民事判决书(一审)。

■ 第三节　公司合并司法实务

公司合并,是指两个以上的公司订立合并契约并依照法定程序归并为一个公司的法律行为。[①] 公司合并可以采取吸收合并或者新设合并的方式。所谓吸收合并,是指一个公司在合并后法人资格存续,而其他公司法人资格被存续后的公司所吸收而归于消灭的合并方式。例如,在**聂某英诉天津信息港电子商务有限公司等公司决议侵害股东权纠纷案**[②]中,如该案的合并方式能够有效进行,即电子商务公司与朗德公司合并后,朗德公司解散,合并后的公司名称仍为"天津信息港电子商务有限公司",此种合并方式即为典型的吸收合并。吸收合并又称存续式合并。所谓新设合并,是指两个以上公司合并设立一个新的公司的合并方式。新设合并后,参与合并的各公司法人人格均为新设立的公司所吸收,合并之前的数个公司均应予以解散。

公司合并与企业兼并、重组、公司并购属于相似的法律概念。因公司合并所引发的纠纷,在各合并公司内部,表现为股东权益保护的问题;在合并公司外部,表现为各参与合并公司债权人利益保护的问题。就公司合并本身来讲,又牵涉合并协议的效力问题,合并协议的履行问题。此外,国家对于相关行业的产业政策(如合并方案的行政审批以及反垄断审查等),也对公司合并产生重大影响,因而也容易引起相关法律争议。

一、《公司法》关于公司合并的规定

(一)常规合并

依照我国《公司法》第66条第3款的规定,公司合并应当经过参与合并各公司股东会多数决议通过,即应当经代表2/3以上表决权的股东通过。同时,《公司法》第220条规定,公司合并,应当由合并各方签订合并协议,并编制资产负债表及财产清单。公司应当自作出合并决议之日起10日内通知债权人,并于30日内在报纸上或者国家企业信用信息公示系统公告。债权人自接到通知之日起30日内,未接到通知的自公告之日起45日内,可以要求公司清偿债务或者提供相应的担保。依照上述规定,公司合并应当经过以下几个步骤:

1. 由参与合并的各方签订合并协议。
2. 参与合并的各方就合并事项作出特别多数股东会决议。
3. 参与合并的各方编制资产负债表及财产清单。

---

① 参见施天涛:《公司法论》,法律出版社2006年版,第513页。

② 参见天津市第一中级人民法院(2005)一中民二初字第304号民事判决书(一审),天津市高级人民法院(2006)津高民二终字第0076号民事判决书(二审)。

4. 参与合并的各方在作出合并决议后，应当书面通知公司的债权人，并进行公告，应债权人的要求提供担保或者提前清偿债务。

5. 具体履行合并协议的内容（如各参与合并方重新制定合并后公司章程，选举合并后公司组织机构）并相应办理公司变更登记。如涉及行政审批的事项，应及时办理审批手续；需要对公司资产进行审计的应委托审计，以及具体履行合并协议所确定的参与合并各方的义务。无论是吸收合并还是新设合并，都会发生参与合并的公司法人资格的消灭，以及合并之后公司注册资本的增减及管理人员的变动，对此应及时办理公司变更登记。

（二）简易合并

《公司法》第 219 条规定，公司与其持股 90% 以上的公司合并，被合并的公司不需经股东会决议，但应当通知其他股东，其他股东有权请求公司按照合理的价格收购其股权或者股份。公司合并支付的价款不超过本公司净资产 10% 的，可以不经股东会决议；但是，公司章程另有规定的除外。公司依照前两款规定合并不经股东会决议的，应当经董事会决议。

简易合并是控制公司与被控制公司之间的合并。由于法律规定控制公司需持股 90% 以上，方适用简易合并的规定，此时再要求被控制公司（被合并公司）作出股东会决议没有必要，因为控制公司就是其第一大股东。对于控制公司而言，如果因公司合并所支付的价款不超过控制公司净资产的 10%，说明收购价格相对来说对控制公司影响较小，可以不经过控制公司股东会决议。但毕竟公司合并也属于重大事项，为慎重起见，应当经过公司董事会决议。

《公司法》第 219 条规定属于《公司法》第 66 条第 3 款规定的例外，公司简易合并可以豁免股东会决议。但简易合并并不构成《公司法》第 89 条异议股东请求收购公司股权的例外。因简易合并可以豁免被控制公司股东会决议，此时异议股东自然无法在被豁免的股东会上投反对票；异议股东只要表达出反对的意思，即可以直接向公司提出请求，要求公司以合理的价格收购其股权或者股份。

二、公司合并协议的效力及履行纠纷

我国《民法典》《公司法》等相关法律并未就公司合并合同作出规定，因此，公司合并合同属于我国法律上的无名合同。通常情况下，公司合并是有对价的，根据《民法典》第 467 条①以及第 646 条②的规定，对于公司合并合同，应当适用《民法典》合同编通则并参照买卖合同的规定执行。法院在审查合并协议效力纠纷的案件中，也基本遵循《民法典》关于合同

---

① 《民法典》第 467 条第 1 款规定，本法或者其他法律没有明文规定的合同，适用本编通则的规定，并可以参照适用本编或者其他法律最相类似合同的规定。

② 《民法典》第 646 条规定，法律对其他有偿合同有规定的，依照其规定；没有规定的，参照适用买卖合同的有关规定。

效力的规定进行审查并据以判定其效力。①

福建省漳州市中级人民法院在**福建御众房地产开发有限公司与漳州市良发房地产开发有限公司公司合并纠纷案**②中认定双方签署的《吸收合并协议》无效。漳州市良发房地产开发有限公司(以下简称良发公司)在签订《吸收合并协议》前因未按规定接受年检而被吊销营业执照,已经发生了公司解散事由,良发公司应当在解散事由出现之日起15日内成立清算组,由清算组处理与清算有关的公司未了结的业务、清理债权、债务等,而清算结束后才能依法申请注销公司登记。故福建御众房地产开发有限公司(以下简称御众公司)和良发公司约定双方合并后解散、注销良发公司,与法不符。良发公司将其全部股权作价5000元,通过合并方式将公司全部资产转移给御众公司,即是经营性行为,但其营业执照已被吊销,故其与御众公司之间的交易已违反法律规定。

【案例8.6】 济南高新技术产业开发区管理委员会国有资产监督管理委员会办公室等诉济南山水集团有限公司等公司合并纠纷案③

2009年5月27日,济南高新技术产业开发区管理委员会国有资产监督管理委员会办公室(以下简称高新国资委)作为甲方与山东丰大投资担保股份有限公司(乙方,以下简称丰大公司)签订《吸收合并暨增资扩股协议》(以下简称《协议》)1份,约定高新国资委下属的济南开发区科信担保服务中心(以下简称科信担保中心)吸收合并丰大公司。增资扩股后变更设立科信丰大投资担保有限公司(以下简称科信丰大公司)。《协议》第2条第1款约定,各方同意,科信担保中心以本协议约定的条件和方式吸收合并丰大公司,合并完成后科信担保中心继续存续,丰大公司解散,丰大公司的全部资产、负债和权益由合并后公司承继。第3条约定,各方同意,作为本次吸收合并的对价,丰大公司股东持有的丰大公司股权转换为其各自对新公司的股权,转换后各方持股比例分别为:高新国资委占51%、山东森特医院控股管理集团有限公司(以下简称森特医院)占34.3%、山东永大房地产开发有限公司(以下简称永大房地产公司)占9.8%、济南山水集团有限公司(以下简称山水集团公司)占2.94%、济南市经济技术投资公司(以下简称经济技术投资公司)占1.96%。第4条第2款约定,本次吸收合并完成后,新公司承继丰大公司的全部债务(以对丰大公司的鲁天元同泰审字2009第1193号审计报告

① 《民法典》关于合同效力的规定,在本书第六章中已经作了分析,可以参考。

② 参见福建省漳州市芗城区人民法院(2021)闽0602民初2137号民事判决书(一审),福建省漳州市中级人民法院(2021)闽06民终2852号民事判决书(二审)。

③ 参见山东省济南市中级人民法院(2013)济商初字第132号民事判决书(一审),山东省高级人民法院(2014)鲁商终字第180号民事判决书(二审)。

载明的债权债务为准)。第10条第2款第3项约定,因本次合并交割完成前丰大公司的担保业务、其他业务及丰大公司本身所存在的债务、风险、责任、或有负债等造成新公司损失的,由丰大公司的股东连带赔偿新公司损失。《协议》附件中有丰大公司股东大会决议,载明"一致同意授权公司董事长范某军代表本公司及各股东与高新国资委签署《吸收合并暨增资扩股协议》,并一致同意和认可范某军代表签署的《吸收合并暨增资扩股协议》的内容"。

因丰大公司在合并前给股东森特医院提供担保,合并后的科信丰大公司经济南市中级人民法院和山东省高级人民法院判决确定需对案外人山东省能源环境管理中心有限公司承担担保责任。经强制执行,科信丰大公司账户上被划转1200071.75元[①]。因该节事实在1193号审计报告中未予披露,故高新国资委与科信丰大公司作为共同原告,以丰大公司原股东森特医院、永大房地产公司、山水集团、经济技术投资公司为被告诉至法院,请求法院判令四被告连带赔偿原告损失1200071.75元及相应利息。

法院审理后认为,《协议》由丰大公司与高新国资委签订符合法律规定,但《协议》第10条第2款第3项系为丰大公司股东设定义务,该条款超出了普通公司合并的范畴,应由丰大公司的各股东即本案被告同意方对其具有法律效力,否则订立合同双方不能为第三人创设合同义务。《协议》虽未以各股东名义签署,但各被告均授权范某军代表丰大公司及各被告与高新国资委签订合并协议,范某军也作为授权人在《协议》上签字。同时,丰大公司股东大会亦决议一致同意并认可范某军代表签署的《协议》。既然《协议》经四被告授权范恩军签署且已得到四被告认可,故《协议》条款对四被告具有约束力。四被告持股比例系由丰大公司净资本总额确定,但由于丰大公司为森特医院提供担保的事实在公司合并中并未进行披露,该笔债务也未纳入审计范围,由此导致科信丰大公司承继丰大公司的债务并实际向债权人支付后丰大公司净资本总额的减少。在《协议》约定的持股比例不变的情况下,因丰大公司净资本总额的减少,显然损害了高新国资委的利益。高新国资委有权作为原告提起诉讼。公司合并是公司设立的一种特殊形式,新设公司的股东也要履行出资义务。所不同的是其对新设公司的出资系由其原来对被合并公司的出资转化而来。因对于森特公司的担保未纳入审计范围,科信丰大公司实际承担原丰大公司的债务后,本质上相当于丰大公司的原股东(四被告)未完全履行对科信丰大公司的出资义务,参照《公司法司法解释(三)》第13条第1款、第3

① 最高人民法院裁判文书网公布的生效判决书中具体金额被技术化处理,记载为12×××71.75元,本书将×替换为"0"。

款[①]的规定,科信丰大公司有权要求四被告向其履行规范出资的义务,且可以请求公司发起人与被告股东承担连带责任。本案中,高新国资委与科信丰大公司系基于不同的请求权基础分别向四被告主张权利,二者作为共同原告并不矛盾。遂判决森特医院等四被告向科信丰大公司连带赔偿1200071.75元及相应利息。

三、公司合并过程中对于股东及债权人利益的保护

公司合并行为对参与合并公司的股东以及债权人的利益有重大影响,因此在合并过程中,需要对此特别予以重视。

(一)公司合并与股东利益保护

除对公司合并应依法由股东会特别多数决议外,我国法律还对在股东会会议上反对公司合并的股东(异议股东)规定了要求公司回购其所持有公司股权的权利。依照《公司法》第89条、第162条第1款第4项的规定,在股东会上对公司合并、分立、转让主要财产投反对票的股东,有权要求公司以合理的价格收购其股权。自股东会决议通过之日起60日内,股东与公司不能达成股权收购协议的,股东可以自股东会会议决议通过之日起90日内向人民法院提起诉讼。

另外,合并决议属于公司股东会决议的一种,如果股东认为不当的合并行为违反法律规定,侵害自己合法权益,也可以依照《公司法》第25条至第27条的规定,诉请撤销该股东会决议或者确认其无效、不成立。

公司合并损害股东利益还有其他的表现形式,如公司合并将造成股东投资入股的目的发生根本改变。

---

① 《公司法司法解释(三)》第13条第1款规定,股东未履行或者未全面履行出资义务,公司或者其他股东请求其向公司依法全面履行出资义务的,人民法院应予支持。第3款规定,股东在公司设立时未履行或者未全面履行出资义务,依照本条第1款或者第2款提起诉讼的原告,请求公司的发起人与被告股东承担连带责任的,人民法院应予支持;公司的发起人承担责任后,可以向被告股东追偿。在出资瑕疵情况下,公司与规范出资的股东对于瑕疵出资股东均享有直接的诉权,具体内容详见本书第二章的相关论述。

【案例8.7】 成都华西电力(集团)股份有限公司与成都商业银行公司合并纠纷案[①]

本案中,成都市旅游城市信用合作社(以下简称旅游信用社)系经中国人民银行成都分行批准的非银行独立法人机构,后因资本不足和经营存在问题被人民银行责令停业整顿。为使旅游信用社走出困境,成都华西电力(集团)股份有限公司(以下简称华西集团)经协商,与其旗下总计5家单位决定参股旅游信用社。该5家参股单位每家向旅游信用社注资24万元,同时每家参股单位亦分别帮助旅游信用社偿还对外欠款74万元(计370万元)。其后旅游信用社经中国人民银行批准被兼并并改组为成都市合作银行蜀能支行(以下简称蜀能支行),考虑到华西集团帮助旅游信用社偿还债务的现实,经有关部门批准,蜀能支行在4年内独立核算,继续清收旅游信用社的原有债权。事实上蜀能支行没有实行内部独立核算,原告华西公司也未能参与其实际经营。成都市合作银行后更名为成都市商业银行,且未以任何形式在4年中对华西集团予以弥补。法院经审理后认为:华西集团等5家单位在投入股金和代旅游信用社偿还370万元债务后成为旅游信用社的股东,其本意并非只是成为旅游信用社的普通股东,而是成为旅游信用社的控股股东,以便于为华西公司吸储融资。旅游信用社并入成都市合作银行后华西集团作为成都市合作银行的普通股东,只能享有分红的权利。然而,原告华西集团等5家单位以此代价所期待的是对旅游信用社的管理权、经营权。成都市合作银行接收旅游信用社不能为原告等提供原有的条件,其作为旅游信用社控股股东的期待权利则无法实现,损害了华西集团的利益。遂判决成都市商业银行赔偿华西集团370万元并承担部分利息损失。

(二)公司合并与债权人利益保护

虽然通常情况下公司合并行为能够扩大公司规模,但公司合并的行为并非对参与合并公司的债权人都有利。由于公司合并的法律后果是参与合并公司法人人格消灭而由合并后的公司承继,因此公司合并行为可能损及部分债权人的利益。例如,甲公司现有资产100万元,对外负债90万元(债权人为A),此时甲公司对于债权人A的清偿比例为100%,即甲公司对于债权人A具有完全偿债能力。乙公司现有资产100元,对外负债100万元(债权人为B),已经资不抵债,依法应进行破产处理。现甲乙两公司进行合并组建为丙公司。依照《公司法》第221条的规定,公司合并时,合并各方的债权、债务,应当由合并后存续的公司或者新设的公司承继。公司合并后,丙公司的资产为1000100元,而对外负债为欠债权人A90万元,欠债权人B100万元,对外负债总额为190万元。即使合并后,对于丙公司而言,

① 参见四川省成都市中级人民法院(2000)成经初字第570号民事判决书(一审)。

亦已经达到破产界限。原甲公司债权人A的债权应当与原乙公司债权人B的债权按照比例对丙公司资产进行分配。可见,原甲公司的债权人A显然无法得到足额完全的清偿,其利益将因公司合并而受到损害。为了避免在公司合并过程中,对参与合并公司的债权人的利益受到损害,故《公司法》第220条要求公司履行对债权人的通知义务,并赋予债权人干预权。公司合并中通知债权人以及应债权人的要求提前清偿债务或者提供担保,与公司减资中相关操作相似。具体见本章第二节的相关论述。

本节有关公司合并纠纷的论述,只是粗线条地就《公司法》的规范以及合并过程中所应注意的对于股东及债权人的利益进行保护的问题进行阐述。事实上,公司并购在实践中更多地表现为非诉讼法律业务,如并购合同的起草、并购方案的安排、并购前的尽职调查、并购后公司的股权结构设计等。公司并购专项还存在周期长、尽职调查项目多、并购方案及公司治理结构反复磋商,甚至涉及并购中的业绩对赌等较为复杂的法律事务。这些内容均有专门著作进行论述,并非本书一节内容所能囊括。有需要的读者可参阅其他书籍的相关阐述。

■ 第四节　公司分立司法实务

《公司法》对于公司分立的规定较为原则,第222条规定,公司分立,其财产作相应的分割。公司分立,应当编制资产负债表及财产清单。公司应当自作出分立决议之日起10日内通知债权人,并于30日内在报纸上或者国家企业信用信息公示系统公告。根据《民法典》第67条第2款以及《公司法》第223条的规定,公司分立前的债务由分立后的公司承担连带责任。但是,公司在分立前与债权人就债务清偿达成的书面协议另有约定的除外。

与公司合并相对应,公司分立一般也有新设分立和派生分立两种方式。新设分立是指一个公司经过分立之后,原公司解散且法律人格消灭,并将原公司资产分割设立两个及两个以上新公司的分立方式。派生分立,又称存续式分立,是指一个公司以其部分资产设立新公司的法律行为,派生分立后,原公司法律人格仍然存在,只是公司资产有所减少。按照公司分立后股权结构是否发生变化,可将公司分立分为股权结构不发生变化仅就公司资产进行拆分的公司分立,以及股权结构发生变化的公司分立。下面以具体案例予以说明。

【案例8.8】 南方泵业公司分立案①

杭州南方特种泵业有限公司(以下简称南方泵业公司)主要经营不锈钢冲压焊接离心泵及无负压变频供水设备等的研发、制造和销售。南方泵业公司分立前持有杭州之春绿色食品有限公司90%股权和杭州万达钢丝有限公司78.125%的股权。杭州之春绿色食品有限公司经营范围为加工销售鱼干、销售农副产品,而杭州万达钢丝有限公司主要从事钢铁线材拉丝、酸洗业务;该两公司营业与南方泵业公司的主营业务关系并不紧密。南方泵业公司为突出主营业务、集中人力和财力发展不锈钢冲压焊接离心泵的研究、生产和销售业务,决定通过公司分立处置上述与主业经营不相关的股权。经公司临时股东会决议,采取存续式分立的方式,将南方泵业公司分立为南方泵业公司与杭州金润投资有限公司。分立前南方泵业公司对于杭州之春绿色食品有限公司以及杭州万达钢丝有限公司的持股权益归入新成立的杭州金润投资有限公司。分立前南方泵业公司的注册资本5700万元拆分为南方泵业公司5200万元并划转500万元作为杭州金润投资有限公司的注册资本。南方泵业公司原有股东对于公司所享有的股权,在分立后,按照原有持股比例分别持有南方泵业公司以及杭州金润投资有限公司的股权。南方泵业公司分立示意图如图8.3所示。

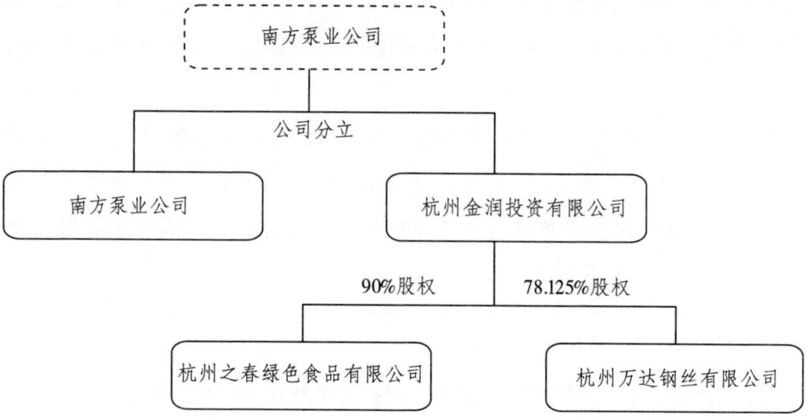

图8.3 南方泵业公司分立示意图

本案中,南方泵业公司即采取存续式分立的方式,突出公司主营业务。分立后的南方泵业公司主要经营不锈钢冲压焊接离心泵的研究、生产和销售业务,经过改制,成功在创业板上市。因公司分立前后,股东及股权结构均不发生变化,未涉及异议股东股份回购的问题,故公司分立在操作上较为简便。

---

① 参见《光大证券股份有限公司关于〈杭州南方特种泵业股份有限公司首次公开发行股票并在创业板上市申请文件反馈意见〉的补充回复之一》,载凤凰网,http://app.finance.ifeng.com/data/stock/ggzw/300145/13745512,2013年8月21日访问。

【案例8.9】 东北高速(600003)分立案[①]

东北高速(600003)是典型的我国早期上市指标制的产物。“1998年,国务院提出要利用资本市场解决高速公路建设资本金不足问题,但当时上市指标很紧俏,于是出现了两家甚至几家分属不同地区的企业共享‘上市指标’,捆绑出一家上市公司。东北高速即属此列。当年,黑龙江省的龙高集团与吉林省的吉高集团和华建交通发起设立了东北高速。1999年,东北高速成功IPO。此时,东北高速被外界誉为‘赚钱机器’,上市第一年主营业务收入就近4亿元,其后平均每年坐收近5亿元。”但好景不长,东北高速内部因捆绑上市所引发的股东大战不断升级,最终东北高速因公司治理混乱被中国证监会采取措施,“上交所发布公告,东北高速被实施特别处理,股票简称改为‘ST东北高’,成为A股首家因公司治理而被戴帽的上市公司”。后在包括黑龙江省交通厅、吉林省交通厅等多方参与下,东北高速决定采取直接新设分立的方式,分为龙江交通和吉林高速两家公司。东北高速在分立日在册的所有股东,其持有的每股东北高速股份将转换为一股龙江交通的股份和一股吉林高速的股份。在此基础上,龙高集团将其持有的吉林高速的股份与吉高集团持有的龙江交通的股份互相无偿划转,上述股权划转是本次分立上市的一部分,将在分立后公司股票上市前完成,东北高速在分立完成后将依法办理注销手续。两大股东龙高集团和吉高集团按照属地原则划分主营业务及相关资产。

东北高速分立后,新设的吉林高速(601518)和龙江交通(601118)获得中国证监会的上市许可。上市首日吉林高速、龙江交通涨幅均超过100%。两只新股当日收盘总股价高达8.64元,比ST东北高停牌前的3.87元高出123%。公司分立取得良好的社会效果。

与公司合并纠纷相对应,公司分立纠纷一般也涉及公司分立决议效力、公司分立与公司股东利益保护、公司分立协议的履行等法律纠纷。不同之处在于,依照《公司法》第223条的规定,除公司分立前与债权人就债务清偿达成书面协议另有约定的外,公司分立的法律后果是分立之后的数公司对于分立前公司的债务承担连带责任。公司分立仅是就公司资产进行分割,通常不涉及公司资产的减少,故对于公司债权人的清偿能力并不会受到明显影响。

此外,依照《公司法》第66条第3款的规定,公司分立亦属公司重大事项,须经代表2/3以上表决权的股东通过。同样,依照《公司法》第89条、第162条第1款第4项的规定,在股

① 参见《东北高速公路股份有限公司分立上市报告书》,载《上海证券报》2010年1月14日,B17、B18版。同时参见徐明徽:《东北高速首次尝试分立上市 捆绑难题一朝破解》,载新浪网,http://finance.sina.com.cn/stock/t/20101215/02549107952.shtml,2013年8月21日访问。

东会上对公司分立决议投反对票的股东，有权要求公司以合理的价格收购其股权。自股东会决议通过之日起60日内，股东与公司不能达成股权收购协议的，股东可以自股东会决议通过之日起90日内向人民法院提起诉讼。例如，在前述东北高速(600003)分立案中，为保护对公司分立持有异议的股东的利益，东北高速赋予异议股东现金选择权，并安排第三方作为现金选择权提供方。行使现金选择权的东北高速异议股东可就其有效申报的每一股份，在东北高速现金选择权实施日，获得由异议股东现金选择权提供方支付的按照现金选择权定价基准日前20个交易日股票交易均价确定并公告的现金对价，即每股人民币3.73元。

第九章　公司债权人保护法律实务

■ 第一节　公司对外担保与债权人利益保护

一、公司担保的法律规定

公司作为商事主体，一般来说具有对外担保的能力，公司章程明确规定公司不得进行任何担保业务的除外。但担保可能使公司面临法律责任，损及公司资产进而影响股东及其他债权人的利益，因此法律不能不予以适当规制。《公司法》第15条规定："公司向其他企业投资或者为他人提供担保，按照公司章程的规定，由董事会或者股东会决议；公司章程对投资或者担保的总额及单项投资或者担保的数额有限额规定的，不得超过规定的限额。公司为公司股东或者实际控制人提供担保的，应当经股东会决议。前款规定的股东或者受前款规定的实际控制人支配的股东，不得参加前款规定事项的表决。该项表决由出席会议的其他股东所持表决权的过半数通过。"《最高人民法院关于执行担保若干问题的规定》（法释〔2020〕21号）第5条规定，公司为被执行人提供执行担保的，应当提交符合《公司法》第16条[①]规定的公司章程、董事会或者股东会、股东大会决议。

因上市公司涉及众多投资者，股票可以在公开的交易市场上自由流通，法律对于上市公司的重大担保也作出特别规定。《公司法》第135条规定，上市公司在一年内购买、出售重大资产或者向他人提供担保的金额超过公司资产总额30%的，应当由股东会作出决议，并经出席会议的股东所持表决权的2/3以上通过。

除了公司法的上述规定外，证监会等一些部门规章还对上市公司的担保作出其他限制性的规定。如证监会、公安部、国务院国有资产监督管理委员会、原中国银行保险监督管理委员会联合发布的《上市公司监管指引第8号——上市公司资金往来、对外担保的监管要求》（证监会公告〔2022〕26号）第7条规定，上市公司对外担保必须经董事会或者股东大会

---

① 2023年《公司法》修订后，条文序号调整为第15条。2023年修订后的《公司法》对于公司权力机关统一称为股东会。

审议。第 9 条规定,应由股东大会审批的对外担保,必须经董事会审议通过后,方可提交股东大会审批。须经股东大会审批的对外担保,包括但不限于下列情形:(1)上市公司及其控股子公司的对外担保总额,超过最近一期经审计净资产 50% 以后提供的任何担保;(2)为资产负债率超过 70% 的担保对象提供的担保;(3)单笔担保额超过最近一期经审计净资产 10% 的担保;(4)对股东、实际控制人及其关联方提供的担保。股东大会在审议为股东、实际控制人及其关联方提供的担保议案时,该股东或者受该实际控制人支配的股东,不得参与该项表决,该项表决由出席股东大会的其他股东所持表决权的半数以上通过。第 10 条规定,应由董事会审批的对外担保,必须经出席董事会的 2/3 以上董事审议同意并做出决议。第 11 条规定,上市公司为控股股东、实际控制人及其关联方提供担保的,控股股东、实际控制人及其关联方应当提供反担保。

二、公司担保的法律效力认定

(一)为公司自身提供担保

由于公司为自身经营活动(如向银行贷款融资)提供担保,是公司经营活动的一部分,对其效力不应存在争议。《公司法》第 3 条第 1 款规定:“公司是企业法人,有独立的法人财产,享有法人财产权。公司以其全部财产对公司的债务承担责任。”换言之,公司名下的所有财产都是自身债务的一般担保。由公司法定代表人、负责人为公司自身的经营活动提供担保,即便内部程序存在瑕疵,亦属于有权代表或表见代表。此时,依照《民法典》第 61 条第 2 款、第 3 款的规定,法定代表人以法人名义从事的民事活动,其法律后果由法人承受。法人章程或者法人权力机构对法定代表人代表权的限制,不得对抗善意相对人。《公司法》第 11 条亦规定:“法定代表人以公司名义从事的民事活动,其法律后果由公司承受。公司章程或者股东会对法定代表人职权的限制,不得对抗善意相对人。法定代表人因执行职务造成他人损害的,由公司承担民事责任。公司承担民事责任后,依照法律或者公司章程的规定,可以向有过错的法定代表人追偿。”

(二)越权为他人及关联方提供担保——代表权限制说

《民法典》第 504 条规定:“法人的法定代表人或者非法人组织的负责人超越权限订立的合同,除相对人知道或者应当知道其超越权限外,该代表行为有效,订立的合同对法人或者非法人组织发生效力。”《民法典》第 505 条规定:“当事人超越经营范围订立的合同的效力,应当依照本法第一编第六章第三节和本编的有关规定确定,不得仅以超越经营范围确认合同无效。”

司法实践对公司法定代表人越权担保的裁判思路作出了重大调整。2017 年 12 月 2 日,最高人民法院民事审判第二庭第 7 次法官会议纪要采“代表权限制说”,将公司担保纳入代表(代理)范畴进行考量,重新确立公司担保的效力评价标准和评价体系。“公司作为组织体参与经济和社会事务，客观上必须由自然人代为进行，故公司代表人的代表权范围和限制是其外部关系的核心内容，判断未经公司机关决议而对外担保的公司担保案件的效力问题，实际上都可归结为公司代表人或其他人员越权代表（理）公司对外实施担保的效力判断和效果归属问题。《公司法》第16条[①]关于公司担保的规定，公司对外提供一般担保和关联担保均应当由公司机关依法定程序做出决议，即将公司对外提供一般担保的决定权授予公司章程确定的董事会或者股东（大）会，将关联担保的决定权授予股东（大）会，而公司法定代表人或其他人员未经公司机关决议，无权对外提供担保。据此，《公司法》第16条实际上在公司对外担保事项上对法定代表人的代表权进行了法定限制。基于公司代表权法定限制和约定限制的区分，《民法总则》第61条第3款[②]的规定与《公司法》第16条并不冲突，《民法总则》第61条第3款[③]不适用于公司法定代表人未经公司机关决议而对外签订担保合同的情形。因此，违反《公司法》第16条的公司对外担保效力问题，应当引入《合同法》第50条[④]关于表见代表的规定并类推适用《合同法》第48条[⑤]有关无权代理的规则加以判断。具体而言，根据法律一经公布即推定所有人明知及不知法律不免责的法理，公司担保相对人在接受担保时，对有关公司董事会或者股东（大）会决议负有必要的形式审查义务，否则不能构成表见代表中的善意相对人，该担保行为对公司不生效力。”[⑥]

如在**宁波绣丰彩印实业有限公司与浙江杭州湾汽配机电市场经营服务有限公司、孙某生等合同纠纷案**[⑦]中，最高人民法院审判委员会讨论后认为，孙某生同时担任慈溪市一得工贸有限公司（以下简称一得公司）和浙江杭州湾汽配机电市场经营服务有限公司（以下简称机电公司）的法定代表人，为达到清偿本人及其所控制的一得公司债务的目的，以机电公司法定代表人的身份与宁波绣丰彩印实业有限公司（以下简称绣丰公司）签订的房地产转让

---

① 本段中援引的《公司法》第16条均指2018年《公司法》的第16条，2023年《公司法》修订后，条文序号调整为第15条。

② 《民法典》施行后，《民法总则》同时废止。《民法总则》第61条第3款即《民法典》第61条第3款，该款规定：“法人章程或者法人权力机构对法定代表人代表权的限制，不得对抗善意相对人。”

③ 《民法典》施行后，《民法总则》同时废止。《民法总则》第61条第3款即《民法典》第61条第3款，该款规定：“法人章程或者法人权力机构对法定代表人代表权的限制，不得对抗善意相对人。”

④ 《合同法》第50条规定：“法人或者其他组织的法定代表人、负责人超越权限订立的合同，除相对人知道或者应当知道其超越权限的以外，该代表行为有效。”《民法典》施行后，《合同法》被废止，该条现规定于《民法典》第61条。

⑤ 《合同法》第48条规定：“行为人没有代理权、超越代理权或者代理权终止后以被代理人名义订立的合同，未经被代理人追认，对被代理人不发生效力，由行为人承担责任。相对人可以催告被代理人在一个月内予以追认。被代理人未作表示的，视为拒绝追认。合同被追认之前，善意相对人有撤销的权利。撤销应当以通知的方式作出。”《民法典》施行后，《合同法》被废止，该条现规定于《民法典》第171条。

⑥ 贺小荣主编：《最高人民法院民事审判第二庭法官会议纪要》，人民法院出版社2018年版，第192页。

⑦ 参见浙江省慈溪市人民法院（2009）甬慈民初字第501号民事判决书（一审），浙江省宁波市中级人民法院（2010）浙甬民二终字第268号民事判决书（二审），浙江省高级人民法院（2011）浙民提字第46号民事判决书（再审），最高人民法院（2012）民提字第208号民事判决书（再审）。该案中，一、二审法院认定孙某生代表机电公司与绣丰公司签订的合同有效，而浙江省高级人民法院及最高人民法院认定孙某生的行为构成无权代表且绣丰公司并非善意相对人，故相关以房抵债合同对机电公司不发生效力。

协议在法律性质上属于以房抵债合同。孙某生私刻公章[①],以机电公司财产偿还其个人及个人控制的一得公司的债务,属于违反《公司法》第 148 条[②]规定的法定忠实义务的无权代表行为。相关协议条款使得机电公司只承担巨额债务而不获得任何对价,不属于公司的正常经营活动,且孙某生同时代表公司和个人签订上述协议,行为后果是将公司利益转移给个人,具有明显的超越代表权的外观。其为股东及法定代表人清偿债务的性质较《公司法》(2005 年修订)第 16 条第 2 款[③]规定的关联担保更为严重,机电公司直接对外承担债务而不能取得经营利益,如未经股东会同意,将构成侵占公司财产的行为。在孙某生不能提供股东会同意证明的情形下,绣丰公司根据协议内容理应知道孙某生的行为不是机电公司经营活动所从事的职务行为,而是违反公司法强制性规定的侵占公司财产行为。综合本案交易过程及事实,绣丰公司应当知道孙某生的签约超越代表权限,应认定其不属于《合同法》第 50 条[④]保护的善意相对人。据此,法院认定孙某生的代表行为无效,该房地产转让协议不能约束机电公司。

三、公司担保效力评判的价值取向与相对人注意义务

最高人民法院民事审判第二庭法官会议指出:“对于未经公司决议的公司担保案件,在司法取向上应依法保护公司及中小股东的合法权益,同时立足于公司债权人总体保护观,做到平等保护公司担保债权人和公司其他债权人的合法利益。”基于公司法律人格的拟制性,公司行为必须通过自然人代表方可外化。“按照《公司法》的逻辑,原则上只有经过合法的决议程序所实现的对外担保,其担保权人的利益才能保护。对于未经决议程序的公司担保相对人,即便其利益基于交易安全而依法进行保护,也应当作为法律适用的例外。担保的无偿性特点决定了担保权人在获得债务清偿时无须支付任何对价,而公司其他债权人的债权成立是基于对待给付义务的履行而形成的。因此,司法不能仅强调保护公司担保的债权人的利益,而忽视公司其他债权人的合法权益,否则无疑对公司其他债权人明显不公。”

最高人民法院民事审判第二庭法官会议还指出,“相对人在接受担保时对代表人代表权限的审查,是基于法律规定的注意义务。其证明善尽注意义务的方式,可以简单到只要求作为公司的担保人提供该公司同意担保的股东会或者董事会决议,其履行注意义务的成本并不高……将注意义务置于外部债权人所付出的成本要远远小于由公司约束法定代表人对外签章所需付出的成本”。此外,担保行为的无偿性和担保相对人的纯粹受益属性,以及担保行为有效将构成公司或然债务的负担,可能损害公司、股东、员工、其他债权人的利益,基于诚实信用原则,也要求担保相对人要善尽基本的注意义务。

---

① 该协议上孙某生作为机电公司法定代表人私刻并加盖与机电公司备案印章不一致的印章。

② 2023 年《公司法》修订后,相关内容被细化规定于第 180 ~ 184 条之中。

③ 2023 年《公司法》修订后,条文序号调整为第 15 条。

④ 现为《民法典》第 61 条。

【案例9.1】 江西宏安房地产开发有限责任公司与南昌县兆丰小额贷款股份有限公司等借款合同纠纷案①

2012年4月17日,南昌县兆丰小额贷款股份有限公司(以下简称兆丰小贷)向罗某福出借款项300万元。张某生挂靠在江西宏安房地产开发有限责任公司(以下简称宏安公司)名下从事城北汽车站地产项目开发,利用私刻的宏安公司印章为该借款与兆丰小贷签订保证/最高额保证合同(签署日期为2012年4月17日),提供担保。本案一审期间,弋阳县弋江镇杭南长高速铁路客运专线协调领导小组于2014年7月9日出具证明:宏安公司位于弋阳××××城北汽车站房屋及土地因高铁建设被征用,拆迁征地补偿款合计16940865.12元。此款项分四次付清,最后一次付款时间为2012年4月24日。宏安公司拆迁补偿款领款人是张某生,付款方式为银行转账。后因罗某福未按时还款,兆丰小贷起诉请求宏安公司承担担保责任。

南昌市中级人民法院一审认为,虽经鉴定,宏安公司在保证/最高额保证合同加盖的印章与该公司登记备案的印章并非同一枚印章,但宏安公司在公权力部门使用过该枚印章,该印章亦属于宏安公司公开使用的印章。遂判令宏安公司承担担保责任。

江西省高级人民法院二审认为,宏安公司应否对兆丰小贷的借款承担连带保证清偿责任,关键在于保证/最高额保证合同上宏安公司的公章对外是否具有公示效力,是否能够使兆丰小贷对该印章形成合理信赖。根据一、二审查明的事实,在弋阳××××北街居委会城北汽车站的土地开发过程中,张某生与宏安公司存在挂靠合作关系,张某生系以挂靠宏安公司的名义开发上述土地,并长期多次使用宏安公司印章从事经营活动及在弋阳县房管局等行政部门办理他项权证等。张某生在弋阳县房管局等行政部门办理他项权证等相关手续所使用的宏安公司印章与保证/最高额保证合同上宏安公司的印章一致。虽然宏安公司的该枚印章经弋阳县公安机关认定为伪造,但张某生多次使用该枚公章从事经营活动,且该枚公章已为相关政府职能部门确认。因此,张某生挂靠宏安公司并使用该公司公章的行为对外具有公示效力,应推定宏安公司对于张某生使用该枚公章对外从事民事活动是知晓的,兆丰小贷基于对该枚公章的合理信赖而与罗某福签订借款合同,并与宏安公司签订保证/最高额保证合同,兆丰小贷的合理信赖利益应当得到保护,遂维持一审判决。

① 参见江西省南昌市中级人民法院(2014)洪民二出资第146号民事判决书(一审),江西省高级人民法院(2016)赣民终321号民事判决书(二审),最高人民法院(2017)最高法民再209号民事判决书(再审)。该案涉案金额并不高,却释放出最高人民法院对越权担保裁判思路调整的重要信号。

最高人民法院再审认为：张某生挂靠在宏安公司名下，从事弋阳××××北街居委会城北汽车站的土地开发项目，但就涉案担保事宜，宏安公司不仅没有授权张某生为罗某福的借款向兆丰小贷提供担保，且事先并未获悉此节事实，故依法应当认定张某生以宏安公司的名义与兆丰小贷签订涉案保证/最高额保证合同的行为系无权代理。《合同法》第48条第1款规定："行为人没有代理权、超越代理权或者代理权终止后以被代理人名义订立的合同，未经被代理人追认，对被代理人不发生效力，由行为人承担责任。"第49条规定："行为人没有代理权、超越代理权或者代理权终止后以被代理人名义订立合同，相对人有理由相信行为人有代理权的，该代理行为有效。"[①]根据前述规定，在宏安公司拒绝追认涉案保证/最高额保证合同的情况下，只有张某生的行为构成表见代理，该保证合同的效果才能够归属于宏安公司并由其承担相应的法律责任。表见代理行为的本质是无权代理，认定无权代理人的行为构成表见代理则意味着本人必须承受其意思以外的他人决定的约束，有违当事人自主决定的民法基本原则，故立法将相对人的信赖利益保护限定在其善意无过失的场合。据此，在判断兆丰小贷是否有理由相信张某生有代理权这一问题时，再审法院从张某生是否具有代理权存在的外观、兆丰小贷对相关的权利外观的信赖是否合理、宏安公司作为被代理人对该权利外观的存在是否具有可归责性及其程度这三个方面进行综合考量。

关于张某生是否具有以宏安公司名义为他人提供担保的代理权外观的问题，《公司法》(2013年修正)第16条[②]规定："公司向其他企业投资或者为他人提供担保，依照公司章程的规定，由董事会或者股东会、股东大会决议；公司章程对投资或者担保的总额及单项投资或者担保的数额有限额规定的，不得超过规定的限额。公司为公司股东或者实际控制人提供担保的，必须经股东会或者股东大会决议。前款规定的股东或者受前款规定的实际控制人支配的股东，不得参加前款规定事项的表决。该项表决由出席会议的其他股东所持表决权的过半数通过。"由此可见，在公司为他人提供担保这一可能影响股东利益的场合，法律规定了公司机关决议前置程序以限制法定代表人的代表权限。在公司内部，为他人提供担保的事项并非法定代表人所能单独决定的，其决定权限交由公司章程自治，或由公司股东决定，或是委诸商业判断原则由董事会集体讨论决定；在为公司股东或实际控制人提供担保的场合，则必须交由公司其他股东决定。这种以决议前置的方式限制法定代表人担保权限的立法安排，其规范意旨在于确保该担保行为符合公司的意思，不损害公司、股东的利益。据此，能够证明张某生享有以宏安公司名义为他人提供担保的代理权外观的证据，只能限于宏安公司的股东会决议或者执

① 2021年1月1日《民法典》施行后，《合同法》被废止，无权代理及表见代理制度现规定于《民法典》第171条、第172条。

② 2023年《公司法》修订后，条文序号调整为第15条。

行董事的授权,或者是能够证明涉案担保行为确系宏安公司真实意思的其他相关证据。但在本案中,无论是张某生与宏安公司之间的挂靠关系,还是张某生因此而持有相关印章、文件的事实,均不足以证明其代理权限的存在。首先,张某生挂靠宏安公司开发城北汽车站地产项目的事实,使张某生享有以宏安公司名义对外开展与该房地产开发有关的通常经营业务的代理权外观,但该代理权外观并不能延展至为他人提供担保这一特别事项方面。再审法院注意到,弋阳县弋江镇杭南长高速铁路客运专线协调领导小组于2014年7月9日出具证明,是在一审法院审理本案期间发生的,并非兆丰小贷在签订保证合同时获知的事实。若以该节事后获知的事实来反推兆丰小贷在签约时对张某生代理权限的判断,并不能令人信服。其次,兆丰小贷称张某生签约时向其提供了宏安公司的章程、贷款卡、股东出资信息、组织机构代码证等相关材料,并持有宏安公司印章,张某生持有上述资料的确能够证明张某生与宏安公司存在某种关联。但考虑到本案中兆丰小贷作为专业的放贷机构,其在接受辽宁赣通置业有限公司(以下简称赣通公司)、弋阳县赣宏房屋建筑工程有限公司(以下简称赣宏公司)、宏盛建业投资集团有限公司(以下简称宏盛公司)所提供的担保时,均要求张某生提供相关的公司决议,说明其已经知道《公司法》(2013年修订)第16条存在公司为他人提供担保的限制性规定。故兆丰小贷在获得宏安公司的章程、股东出资信息、组织机构代码证等证据材料后,已经实际知道张某生既非宏安公司的股东,也非宏安公司的法定代表人,仅凭借张某生持有印章、贷款卡及自称为宏安公司法定代表人的口头说明,并不足以证明张某生享有相应的代理权外观。

关于兆丰小贷对张某生代理权的信赖是否合理的问题。首先,从兆丰小贷与张某生之间的交易历史来看,兆丰小贷在签订担保合同时存在要求提供公司相关决议文件的做法。在(2013)洪民二初字第137号案中,兆丰小贷在2012年年初向张某生发放6000万元贷款后,因张某生未能全额归还,于2012年4月17日补签书面的借款合同并由张某生担任法定代表人的赣通公司提供担保,兆丰小贷要求张某生和其妻叶某莲出具了《赣通公司股东/董事会决议(借款)》《赣通公司股东/董事会决议(担保)》两份书面文件,同意由赣通公司为张某生向兆丰小贷所借的4000万元借款本息承担保证责任。在(2013)洪民二初字第138号案中,兆丰小贷要求张某生提供宏盛公司、宏安公司、赣通公司共同出具的股东/董事会决议(担保)。由此可见,兆丰小贷在开展贷款业务时,已经认识到提供担保的行为须经公司机关决议,并非公司法定代表人所能单独决定的。本案中,2015年2月17日张某生在公安机关的讯问笔录中供述称其曾经应兆丰小贷的要求,向兆丰小贷出具了他和其妻子叶某莲的股东会决议,并加盖了宏安公司的印章。但兆丰小贷否认该决议的存在,并称其虽然曾经要求张某生提供宏安公司的股东会决议,但张某生告知其能够代表宏安公司签订合同,且宏安公司章程也未要求公司对外担保须经股东会或董事会同意，因此兆丰小贷最终并未要求其提供决议。再审法院认为，因本案与(2013)洪民二初字第137号、(2013)洪民二初字第138号案中的借款和担保合同均签订于2012年4月17日，兆丰小贷关于其并未就本案借款要求张某生提供宏安公司决议的相关陈述，与其在138号案中将宏安公司的决议作为证据提交的事实相互矛盾，再审法院不予采信。其次，张某生虽然持有宏安公司的印章，但兆丰小贷作为实际知道法律对公司为他人提供担保存在须经公司机关决议的法定要求的专业贷款经营机构，应当知道公章不能等同于公司决议。在张某生所提交的材料既不能证明其系宏安公司的股东，又不能证明其系宏安公司的实际控制人的情况下，兆丰小贷在2012年4月17日签订合同至2012年9月29日实际发放贷款这一长达5个多月的时间内，既未向宏安公司核实张某生的代理权限，亦未要求张某生出示委托书、公司决议等能够证明代理权限存在的证据，兆丰小贷的行为既与其公司经营业务特性不符，也未尽通常情形下的注意义务。本案中，只要兆丰小贷向宏安公司核实了解，就可以获悉张某生的行为系无权代理，由此可以认定，兆丰小贷对张某生的无权代理行为至少属于因重大过失而不知。最后，关于138号案中张某生利用私刻的宏安公司的公章办理抵押登记的事实能否用以证明本案中兆丰小贷的合理信赖问题。本案借款、担保合同与138号案中的借款和担保合同系于2012年4月27日同时签订的，而弋阳县房管局办理抵押登记的时间是2012年9月28日。兆丰小贷关于其基于对公权力部门的信任而相信张某生确实能够代表宏安公司提供担保的诉讼理由，理据不足，再审法院不予采信。原审判决以张某生使用的该枚印章已为相关政府职能部门确认，认为兆丰小贷基于对该枚公章的合理信赖利益应当得到保护的认定，未能根据法律规定正确审查、认定公司为他人提供担保的代表和代理权限，仅以印章的真伪为宏安公司是否应当承担责任的判断依据，对法律的理解并不正确，再审法院予以纠正。

关于宏安公司作为被代理人对张某生的行为是否具有可归责性的问题。本案中，宏安公司虽与张某生存在挂靠开发的关系，客观上使张某生存在职务代理的授权外观，但第三人对该外观的合理信赖应当限于与工程开发相关的事务为宜。在与挂靠开发有关的事项范围内，张某生以宏安公司名义对外从事的法律行为，应当由宏安公司承受相应的法律后果。根据生效刑事判决认定的事实，张某生私刻宏安公司的印章系用于其与兆丰小贷之间的贷款担保事宜，本案中并无证据表明宏安公司同意张某生另行刻制印章，或者对张某生私刻其印章对外开展民事活动存在放任不管的情形。故原审判决关于张某生挂靠宏安公司并使用该公司公章的行为对外具有公示效力，应推定宏安公司对于张某生使用该枚公章对外从事民事活动是知晓的认定不当，再审法院予以纠正。虽然宏安公司在获悉138号案的判决后对该案中的抵押担保予以追认，但该追认行为系其作为被代理人依法行使权利，不能由此延伸到对本案300万元贷款的担保，更不能以宏安公司另案执行程序中的事后追认行为得出本案贷款担保系有权代理的结论。兆丰小贷关于宏安公司在已经认可该枚印章在抵押合同上的效力就不能选择性地主张本案担保合同上的印章无效的诉讼理由,并无相应的事实和法律依据,再审法院不予支持。遂再审法院作出改判撤销一、二审关于宏安公司承担保证责任的判决。

本案裁判要旨:公司法规定了公司机关决议前置程序以限制法定代表人的代表权限。在公司内部,为他人提供担保的事项法定代表人无权单独决定,其决定权限由公司章程自治,或由公司股东决定,或由董事会集体讨论决定,仅凭公司印章不构成对公司对外担保表见代理的合理信赖。

四、越权担保的司法实践——从法官会议到《民法典担保制度解释》

(一)立法演进

2017 年 12 月 2 日,最高人民法院民事审判第二庭第 7 次法官会议对越权担保问题采"代表权限制说"后,2018 年 8 月 9 日印发的《最高人民法院关于审理公司为他人提供担保纠纷案件适用法律问题的解释(稿)》(以下简称《公司担保解释稿》),延续了此前法官会议的精神,但这一司法解释稿最终未正式通过。

2019 年 11 月 8 日,最高人民法院发布《九民纪要》,就公司为他人提供担保作出规定。《九民纪要》继续采取代表权限制说,指出担保行为不是法定代表人所能单独代表的事项,必须经公司股东会、董事会等公司机关的决议作为授权的基础和来源。法定代表人未经授权擅自为他人提供担保的,构成越权担保,此时要区分订立合同时债权人是否为善意分别认定合同效力:债权人是善意的,合同有效;反之,合同无效。《九民纪要》还对债权人善意的认定、越权担保民事责任、上市公司为他人提供担保、债务加入准用担保规则、无须机关决议的例外情形作出了规定。

【案例9.2】 吉林柳河农村商业银行股份有限公司与亿阳集团股份有限公司、亿阳信通股份有限公司、邓某等合同纠纷案①

最高人民法院对本案一审判决的有关判项作撤销、变更及改判。最高人民法院指

① 参见吉林省高级人民法院(2017)吉民初 80 号民事判决书(一审),最高人民法院(2019)最高法民终 1603 号民事判决书(二审)。

出，基于2018年《公司法》第16条第1款①对公司为他人提供担保权限的规定，涉案保证合同的相对人吉林柳河农村商业银行股份有限公司（以下简称柳河农商行）知道或者应当知道亿阳信通股份有限公司（以下简称亿阳信通公司）在拟决定签订该保证合同时应当按照公司章程规定的权限行事。据此，柳河农商行在受让债权时，应当合理审慎地审查亿阳信通公司的章程及有关决议或者决定文件。一审中，柳河农商行起诉亿阳信通公司主张其为涉案借款签订的保证合同合法有效、保证合同中载明亿阳信通公司对外提供担保已经经过亿阳信通公司股东会决议。但是，柳河农商行并未提供审查亿阳信通公司股东会决议材料的证据。鉴于柳河农商行知道或者应当知道亿阳信通公司法定代表人决定签订保证合同超越权限，该保证合同应认定为无效。一审法院认定保证合同合法有效，适用法律错误，最高人民法院予以纠正。亿阳信通公司时任法定代表人曲某，在未按其公司章程规定经股东大会决议的情况下，擅自决定为他人提供担保，是导致保证合同无效的原因之一。曲某以亿阳信通公司法定代表人名义签订保证合同的行为属于职务行为，保证合同上亦加盖亿阳信通公司公章，亿阳信通公司应对曲某的职务行为后果承担责任。亿阳信通公司对于保证合同无效具有主观过错，应承担相应责任。对于亿阳信通公司方面签订保证合同的权限，柳河农商行未尽谨慎审查义务，其对于保证合同的无效也具有过错，同样应承担相应责任。柳河农商行与亿阳信通公司的上述过错程度大致相当，故对于债务人亿阳集团股份有限公司不能清偿部分债务，亿阳信通公司应承担50%的赔偿责任。

最高人民法院在**湖北润达工程机械有限公司与合肥中建工程机械有限责任公司等买卖合同纠纷案**②中指出，担保行为不是法定代表人所能单独决定的事项，而必须以公司股东（大）会、董事会等公司机关的决议为授权的基础和来源。法定代表人未经授权擅自为他人提供担保的，构成越权代表，现厦门厦工机械股份有限公司并未提供证据证明以合肥中建工程机械有限责任公司（以下简称中建公司）名义为本案提供的担保经过了中建公司董事会或者股东会的同意，故该担保属于法定代表人未经授权擅自为他人提供担保。因此，涉案第三方单位担保书应当认定无效。

2021年1月1日，《民法典》正式施行，这是新中国历史上第一部以“法典”命名的法律，在新中国立法史上具有里程碑意义。为贯彻《民法典》的实施，最高人民法院于2020年12月25日发布《民法典担保制度解释》。《民法典》施行后，《担保法》同时废止，与《担保法》相关的司法解释亦失去效力。因此，《民法典担保制度解释》系统整合《最高人民法院关于

---

① 2023年《公司法》修订后，条文序号调整为第15条。

② 参见福建省高级人民法院（2016）闽民初101号民事判决书（一审），最高人民法院（2020）最高法民终1143号民事判决书（二审）。

适用〈中华人民共和国担保法〉若干问题的解释》(已失效)的相关内容,在吸收前述《公司担保解释稿》以及《九民纪要》关于公司为他人提供担保相关规定的基础上,就越权担保等事项作出了明确的规定。

(二)《民法典担保制度解释》关于公司越权担保的具体内容

由于本节主要讨论与公司法相关的越权担保问题,所以,对于《民法典担保制度解释》与公司越权担保无涉的内容,不作展开论述。

1. 关于越权担保的规定——代表权限制说+相对人审查义务

《民法典担保制度解释》第7条规定,公司的法定代表人违反公司法关于公司对外担保决议程序的规定,超越权限代表公司与相对人订立担保合同,人民法院应当依照《民法典》第61条①和第504条②等规定处理:(1)相对人善意的,担保合同对公司发生效力;相对人请求公司承担担保责任的,人民法院应予支持。(2)相对人非善意的,担保合同对公司不发生效力;相对人请求公司承担赔偿责任的,参照适用本解释第17条的有关规定。法定代表人超越权限提供担保造成公司损失,公司请求法定代表人承担赔偿责任的,人民法院应予支持。所谓善意,是指相对人在订立担保合同时不知道且不应当知道法定代表人超越权限。相对人有证据证明已对公司决议进行了合理审查,人民法院应当认定其构成善意,但是公司有证据证明相对人知道或者应当知道决议系伪造、变造的除外。

《民法典担保制度解释》第7条的规定,全面继受法官会议纪要、《公司担保解释稿》以及《九民纪要》的精神与规定,对公司担保行为采取代表权限制说。基于公司法的规定,公司对外担保事项不是法定代表人可以单独决定的事项,需要以公司股东会、董事会决议授权为法定代表人的权源基础,否则构成越权担保。因此,本条解释的对象包括三个:"一是《公司法》第16条。根据《公司法》第16条③的规定,不论是关联担保还是非关联担保,都需要经过公司决议程序来决定。因此,法定代表人未经公司决议程序擅自对外担保的,构成越权代表。另外,为公司股东或实际控制人提供的关联担保,必须经股东会决议;为他人提供担保的,要看章程如何约定。二是《民法典》第504条。据此,对于越权担保行为,要区分缔约时相对人是否为善意来认定越权担保行为的效力。缔约时相对人是善意的,构成表见代表,由公司承担担保责任。三是《民法典》第62条④。在法定代表人越权提供担保而相对人系恶意时,公司尽管不承担担保责任,但并不意味着公司不承担任何责任,而是要为其过

---

① 《民法典》第61条规定:"依照法律或者法人章程的规定,代表法人从事民事活动的负责人,为法人的法定代表人。法定代表人以法人名义从事的民事活动,其法律后果由法人承受。法人章程或者法人权力机构对法定代表人代表权的限制,不得对抗善意相对人。"

② 《民法典》第504条规定:"法人的法定代表人或者非法人组织的负责人超越权限订立的合同,除相对人知道或者应当知道其超越权限外,该代表行为有效,订立的合同对法人或者非法人组织发生效力。"

③ 2023年《公司法》修订后,条文序号调整为第15条。

④ 《民法典》第62条规定:"法定代表人因执行职务造成他人损害的,由法人承担民事责任。法人承担民事责任后,依照法律或者法人章程的规定,可以向有过错的法定代表人追偿。"

错承担损害赔偿责任，其性质属于缔约过失责任。”①

结合《民法典》第61条、《公司法》第15条的规定，在公司对外担保问题上采代表权限制说，如担保未经公司决议，则可推定法定代表人构成越权，同时推定相对人构成恶意，但符合《民法典担保制度解释》第8条②豁免决议的除外。即便公司对外担保提供了股东会或者董事会决议，相对人亦负有形式审查的义务，对公司决议进行合理审查，方可认定其为善意，并责令公司承担担保责任；如相对人根本未作任何审查，则属于违反法定义务，并不构成善意。因为《民法典》第504条明确规定“相对人知道或者应当知道其超越权限”以及《公司法》第15条规定“由董事会或者股东会决议”“应当经股东会决议”，上述内容构成相对人“知道或者应当知道”的义务基础。因此，如相对人未能审查自然难以认定其为“善意”，此时公司因亦有过错，应承担赔偿责任，这种赔偿责任属于缔约过失责任。如果公司有证据证明相对人知道或者应当知道决议系伪造、变造的，就不是善意与否的问题，而属于“恶意串通”的范畴。对此，《九民纪要》第20条后段规定，公司举证证明债权人明知法定代表人超越权限或者机关决议系伪造或者变造，债权人请求公司承担合同无效后的民事责任的，人民法院不予支持。《民法典》第154条规定：“行为人与相对人恶意串通，损害他人合法权益的民事法律行为无效。”此时，公司可以免责。《合同编通则解释》第23条第1款进一步明确，法定代表人、负责人或者代理人与相对人恶意串通，以法人、非法人组织的名义订立合同，损害法人、非法人组织的合法权益，法人、非法人组织主张不承担民事责任的，人民法院应予支持。法人、非法人组织请求法定代表人、负责人或者代理人与相对人对因此受到的损失承担连带赔偿责任的，人民法院应予支持。

对于相对人善意的认定，根据《民法典担保制度解释》第7条第3款的规定，善意是指相对人在订立担保合同时不知道且不应当知道法定代表人超越权限。相对人有证据证明已对公司决议进行了合理审查，人民法院应当认定其构成善意。“（相对人）对公司决议的审查只能是形式审查，基本要求包括：一是审查公司股东或者董事的身份是否属实；二是在关联担保情况下，应当回避表决的股东是否参与了表决。至于公司以机关决议系法定代表人伪造或者变造、决议程序违法、签名（章）不实、担保金额超过法定限额等事由抗辩债权人非善意的，人民法院一般不予支持，除非公司有证据证明债权人明知决议系伪造或者变造。”③

---

① 最高人民法院民事审判第二庭：《最高人民法院民法典担保制度司法解释理解与适用》，人民法院出版社2021年版，第134页。

② 《民法典担保制度解释》第8条规定：“有下列情形之一，公司以其未依照公司法关于公司对外担保的规定作出决议为由主张不承担担保责任的，人民法院不予支持：（一）金融机构开立保函或者担保公司提供担保；（二）公司为其全资子公司开展经营活动提供担保；（三）担保合同系由单独或者共同持有公司三分之二以上对担保事项有表决权的股东签字同意。上市公司对外提供担保，不适用前款第二项、第三项的规定。”

③ 最高人民法院民事审判第二庭：《最高人民法院民法典担保制度司法解释理解与适用》，人民法院出版社2021年版，第136页。

2. 豁免公司机关决议的情形

《民法典担保制度解释》第 8 条规定，有下列情形之一，公司以其未依照公司法关于公司对外担保的规定作出决议为由主张不承担担保责任的，人民法院不予支持：(1)金融机构开立保函或者担保公司提供担保；(2)公司为其全资子公司开展经营活动提供担保；(3)担保合同系由单独或者共同持有公司 2/3 以上对担保事项有表决权的股东签字同意。上市公司对外提供担保，不适用前款第 2 项、第 3 项的规定。

该条规定对豁免公司决议的情形予以了明确，这一规定延续《九民纪要》第 19 条的规定并略作调整。金融机构开立保函以及担保公司提供担保，均属于正常的业务范畴，有别于普通公司非常规的对外担保业务，自应排除；换言之，以担保为业的公司不在《公司法》第 15 条的调整范围内。公司为自身业务(如借贷)向商业银行提供担保，属于正常的经营业务，不涉及损害公司利益的情形，亦不属于《公司法》第 15 条规定的"为他人"提供担保。对此作扩张解释，母公司为全资子公司开展经营活动提供担保的情况下，虽然对母公司而言，全资子公司具有独立的法人主体资格，但由于全资子公司的利润要归并入母公司，故亦应将全资子公司排除在《公司法》第 15 条所称"他人"之外，豁免公司就此作出决议。由于 2/3 以上对担保事项有表决权的股东签字，虽在内部治理上不能认为成立公司股东会决议，但从保护债权人利益角度考量，仍应认定担保对公司发生效力。需要指出的是，这里的 2/3 有表决权的股东，是指根据《公司法》第 15 条第 3 款排除关联方及实际控制人控制的股东后，其他有表决权的股东的 2/3 以上。

既然为全资子公司提供担保可以豁免公司决议，在解释上，为控股子公司提供担保亦同样可以豁免公司决议。二者的相似点在于控股子公司的利益亦将归并入母公司，其与母公司具有利益上的一致性，有别于单纯负担义务的为"他人"提供担保。

最高人民法院在**中新房南方集团有限公司与中国工商银行股份有限公司鹰潭分行委托贷款合同纠纷案**[①]中指出，《公司法》第 16 条[②]规定的决议前置程序旨在确保公司为他人提供担保系公司的真实意思表示。本案中，中新房南方集团有限公司(以下简称中新房南方公司)为其控股子公司履行合同项下的义务提供担保，其担保行为不损害中新房南方公司的自身利益，应认定为中新房南方公司的真实意思表示。据此，中新房南方公司虽未提供其公司董事会决议，但根据本案相关证据可以认定涉案担保函的出具系其真实意思表示，中新房南方公司关于涉案担保函无效的上诉理由，明显违反诚信原则，依法不能成立。

3. 上市公司对外担保的规定

《民法典担保制度解释》第 9 条规定："相对人根据上市公司公开披露的关于担保事项已经董事会或者股东大会决议通过的信息，与上市公司订立担保合同，相对人主张担保合

---

① 参见江西省高级人民法院(2015)赣民二初字第 46 号民事判决书(一审)，最高人民法院(2017)最高法民终 369 号民事判决书(二审)。

② 2023 年《公司法》修订后，条文序号调整为第 15 条。

同对上市公司发生效力，并由上市公司承担担保责任的，人民法院应予支持。相对人未根据上市公司公开披露的关于担保事项已经董事会或者股东大会决议通过的信息，与上市公司订立担保合同，上市公司主张担保合同对其不发生效力，且不承担担保责任或者赔偿责任的，人民法院应予支持。相对人与上市公司已公开披露的控股子公司订立的担保合同，或者相对人与股票在国务院批准的其他全国性证券交易场所交易的公司订立的担保合同，适用前两款规定。”

近年来，上市公司违规对外担保所引发的案件大量发生。一方面，上市公司属于公众公司，牵涉大量散户投资人的利益，特别是在经济下行的情况下，判决上市公司承担担保责任将影响社会稳定，损害公共利益。另一方面，根据《证券法》以及交易所上市监管的要求，上市公司应当全面履行信息披露义务，相对人有条件审查上市公司的相关决议。再者，由于金融机构、国有担保公司等对于担保有严格的内控流程和合规体系，参与上市公司违规担保的大多属于社会游资，在政策上可以也有必要进行“严打”。实践中，经济下行情况下引发的上市公司违规担保问题，大多通过商业保理、地下钱庄、民间借贷的途径“暗箱操作”。2020年10月9日，国务院发布《关于进一步提高上市公司质量的意见》(国发〔2020〕14号)明确提出：“依法依规认定上市公司对违规担保合同不承担担保责任。上市公司实施破产重整的，应当提出解决资金占用、违规担保问题的切实可行方案。”“根据‘举重以明轻’的原理，无论该担保事项是否已经境内上市公司董事会决议通过，只要境内上市公司没有披露，相对人与境内上市公司订立的担保合同对境内上市公司都不发生法律效力。”①

如2019年1月2日广西慧球科技股份有限公司(股票代码:600556;股票简称:ST慧球)在广西慧球科技股份有限公司关于收到法院判决书的公告中披露:上海躬盛网络科技有限公司(以下简称躬盛公司)为主张广西慧球科技股份有限公司(以下简称慧球科技)的担保责任，向上海市高级人民法院提供了慧球科技出具的担保函，并要求慧球科技依该函对顾某平债务承担担保责任。上海市高级人民法院认为该担保函的真实性严重存疑不能采纳，躬盛公司诉请慧球科技承担担保责任，上海市高级人民法院依法不予支持。理由如下:(1)该担保函只加盖慧球科技印章，落款月份和日期空白，且没有任何人员签字，躬盛公司称签署系列协议当日，顾某平同时提供了担保函。然而，该担保函与其他协议落款处既有印章又有法定代表人签字的做法明显不同，而顾某平作为在场当事方，明确表示其并未提供担保函。(2)慧球科技作为一家上市公司，无论是依公司章程还是公司法，对关联担保(顾某平时任慧球科技第一大股东、董事长、实际控制人)均应由股东大会决议，但慧球科技股东大会、董事会及对外信息披露，均未发现此担保痕迹。(3)根据证监会行政处罚决定书查明的事实，鲜某与顾某平会商面谈系列协议时从未提及有此担保函。倘若如躬盛公司所述担保函“由顾某平同时提供”，鲜某此举不合常理。(4)更为重要的是，系列协议签署当

① 最高人民法院民事审判第二庭:《最高人民法院民法典担保制度司法解释理解与适用》，人民法院出版社2021年版，第153页。

日，即2016年4月27日，顾某平向躬盛公司移交了慧球科技的印章、证照。为此，躬盛公司还出具承诺函（由其法定代表人杨某峰签字），确认慧球科技印章、证照向其交割，并附交接清单（附预留印鉴）。可见，躬盛公司于2016年4月27日直接掌控了慧球科技的印章。综上，在债权人自身掌控担保人印章的情况下，直接参与面谈的一方顾某平（本身还是主债务人）否认提供担保函，而另一方鲜某（实际控制躬盛公司）未提及担保函，慧球科技股东会、董事会资料中未曾有此担保记录，故法院对该担保函的真实性不予确认，慧球科技无须对顾某平债务承担担保责任。

再如，亿阳信通公司（股票代码：600289；股票简称：ST信通）也发布公告，披露其无须就5000万元借款承担担保责任。北京市第三中级人民法院认为，根据《公司法》第16条①的规定，公司为公司股东或者实际控制人提供担保的，必须经股东会或者股东大会决议。本案无证据证明亿阳信通公司已经完成上述法定内部决议程序。作为上市公司，亿阳信通公司章程、对外担保决议情况均可在公开渠道查询，但北京华夏恒基文化交流中心未尽审查义务，在未经亿阳信通公司追认的情况下，涉案保证合同对亿阳信通公司不产生担保法上的效力。

4. 一人公司为股东提供担保的规定

《民法典担保制度解释》第10条规定："一人有限责任公司为其股东提供担保，公司以违反公司法关于公司对外担保决议程序的规定为由主张不承担担保责任的，人民法院不予支持。公司因承担担保责任导致无法清偿其他债务，提供担保时的股东不能证明公司财产独立于自己的财产，其他债权人请求该股东承担连带责任的，人民法院应予支持。"

公司法中的一人公司包括一人有限责任公司、一人股份有限公司以及国有独资公司。一人公司的特殊性在于仅有一名股东，因此一人公司为股东担保不涉及该股东回避表决外，还存在其他无关联关系股东的情形。因此，一人公司为股东提供担保，可以不受《公司法》第15条规定的限制，同时可以将该条规定的情形，看作《民法典担保制度解释》第8条规定的豁免公司决议的特殊情形。

5. 公司分支机构对外担保的规定

《民法典担保制度解释》第11条规定："公司的分支机构未经公司股东（大）会或者董事会决议以自己的名义对外提供担保，相对人请求公司或者其分支机构承担担保责任的，人民法院不予支持，但是相对人不知道且不应当知道分支机构对外提供担保未经公司决议程序的除外。金融机构的分支机构在其营业执照记载的经营范围内开立保函，或者经有权从事担保业务的上级机构授权开立保函，金融机构或者其分支机构以违反公司法关于公司对外担保决议程序的规定为由主张不承担担保责任的，人民法院不予支持。金融机构的分支机构未经金融机构授权提供保函之外的担保，金融机构或者其分支机构主张不承担担保责

① 2023年《公司法》修订后，条文序号调整为第15条。

任的，人民法院应予支持，但是相对人不知道且不应当知道分支机构对外提供担保未经金融机构授权的除外。担保公司的分支机构未经担保公司授权对外提供担保，担保公司或者其分支机构主张不承担担保责任的，人民法院应予支持，但是相对人不知道且不应当知道分支机构对外提供担保未经担保公司授权的除外。公司的分支机构对外提供担保，相对人非善意，请求公司承担赔偿责任的，参照本解释第十七条的有关规定处理。"

该条解释可以分为三个层面：一是对于普通公司，分支机构原则上无对外担保能力，不应承担责任。二是对于金融机构，应区分标准业务和非标准业务。对于标准业务（如开立保函），原则有效；对于非标准业务，则适用越权担保，原则无效。三是对于担保公司，其有别于一般金融机构的特殊性在于："担保公司分支机构的营业执照必然记载担保业务，故不能将其理解为担保公司对分支机构的概括授权。考虑到担保公司本身对外提供担保无须公司决议，担保公司分支机构代表担保公司对外提供担保亦无须公司决议，但须取得担保公司的授权。"①

6. 债务加入准用担保的规则

《民法典担保制度解释》第 12 条规定："法定代表人依照民法典第五百五十二条的规定以公司名义加入债务的，人民法院在认定该行为的效力时，可以参照本解释关于公司为他人提供担保的有关规则处理。"《民法典》第 552 条规定："第三人与债务人约定加入债务并通知债权人，或者第三人向债权人表示愿意加入债务，债权人未在合理期限内明确拒绝的，债权人可以请求第三人在其愿意承担的债务范围内和债务人承担连带债务。"

债务加入准用担保的规则，系因为担保行为负担或然债务，而债务加入需要承担连带债务，在债务责任承担上，债务加入明显重于债务担保。根据"举轻以明重"的解释原则，越权债务加入行为自然更不是法定代表人个人所能单独决定的事项，应当参照越权担保的规则处理。

《民法典担保制度解释》第 17 条对担保责任承担作出具体规定，即主合同有效而第三人提供的担保合同无效，人民法院应当区分不同情形确定担保人的赔偿责任：(1)债权人与担保人均有过错的，担保人承担的赔偿责任不应超过债务人不能清偿部分的 1/2；(2)担保人有过错而债权人无过错的，担保人对债务人不能清偿的部分承担赔偿责任；(3)债权人有过错而担保人无过错的，担保人不承担赔偿责任。主合同无效导致第三人提供的担保合同无效，担保人无过错的，不承担赔偿责任；担保人有过错的，其承担的赔偿责任不应超过债务人不能清偿部分的 1/3。

从最高人民法院民事审判第二庭法官会议纪要到《公司担保解释稿》，再到《九民纪要》直至《民法典》以及《民法典担保制度解释》施行，法律在公司越权担保规则上作出了重大调整。从保护交易、保护债权人利益到"保护交易安全和投资安全"，就是要求转变

① 最高人民法院民事审判第二庭：《最高人民法院民法典担保制度司法解释理解与适用》，人民法院出版社 2021 年版，第 167 页。

理念，对于交易安全和投资安全依法均应给予保护，有的情况下还应当优先保护投资安全。①

《最高人民法院公报》(2011 年第 2 期)刊载了**中建材集团进出口公司与北京大地恒通经贸有限公司等进出口代理合同纠纷案**②，该案裁判要旨为：公司违反 2005 年《公司法》第 16 条③第 2 款的规定，与他人订立担保合同的，不能简单认定合同无效。第一，该条款并未明确规定公司违反上述规定对外提供担保将导致担保合同无效；第二，公司内部决议程序，不得约束第三人；第三，该条款并非效力性强制规定；第四，依据该条款认定担保合同无效，不利于维护合同的稳定和交易的安全。作为该案二审法院，北京市高级人民法院进一步指出：有限责任公司的章程不具有对世效力，其作为公司内部决议的书面载体，它的公开行为不构成第三人应当知道的证据。强加给第三人对公司章程的审查义务不具有可操作性和合理性，第三人对公司章程不具有审查义务。第三人的善意是由法律推定的，第三人无须就自己的善意承担举证责任。如果公司主张第三人恶意，应对此负举证责任。此后，最高人民法院在**招商银行股份有限公司大连东港支行与大连振邦氟涂料股份有限公司、大连振邦集团有限公司借款合同纠纷案**④中指出《公司法》第 16 条⑤第 2 款规定为"管理性强制规范"。

上述两起公报案例的裁判要旨均已不再适用。《合同编通则解释》进一步明确，效力性强制性规范与管理性强制性规范的区分仅具有理论探讨的意义。实践中，对于《公司法》第 15 条规定的越权担保，已经统一到《民法典担保制度解释》之中。

第二节　揭开公司面纱制度及司法实务

通常情况下，公司具有独立的人格，表现为其作为独立的商事主体，公司财产与股东财产严格区分。股东以认缴的出资或认购的股份为限对公司的债务承担责任，公司以其全部资产对外承担责任。一旦公司资产无法清偿其全部债务，即应进入破产程序，经过破产程

① 参见最高人民法院民事审判第二庭编著：《〈全国法院民商事审判工作会议纪要〉理解与适用》，人民法院出版社 2019 年版，第 112 页。

② 参见中建材集团进出口公司诉北京大地恒通经贸有限公司、北京天元盛唐投资有限公司、天宝盛世科技发展(北京)有限公司、江苏银大科技有限公司、四川宜宾俄欧工程发展有限公司进出口代理合同纠纷案，载《最高人民法院公报》2011 年第 2 期。

③ 2023 年《公司法》修订后，条文序号调整为第 15 条。

④ 参见辽宁省大连市中级人民法院(2009)大民三初字第 36 号民事判决书(一审)，辽宁省高级人民法院(2010)辽民二终字第 15 号民事判决书(二审)，最高人民法院(2012)民提字第 156 号民事判决书(再审)。本案再审判决日期为 2014 年 4 月 22 日。

⑤ 2023 年《公司法》修订后，条文序号调整为第 15 条。

序仍未能得到清偿的债务即告消灭。但在例外的情况下，法律可能揭开公司面纱，否认公司具有独立人格，责令股东对公司的债务承担连带责任；或者在法律上将数个关联公司视为一体，共同对外承担连带责任。在极其特殊的情况下，也可能责令公司对股东的债务承担连带责任。这就是公司法理论中所谓的“揭开公司面纱”或者“法人人格否认”制度。

《民法典》第 83 条第 2 款规定：“营利法人的出资人不得滥用法人独立地位和出资人有限责任损害法人债权人的利益；滥用法人独立地位和出资人有限责任，逃避债务，严重损害法人债权人的利益的，应当对法人债务承担连带责任。”《公司法》第 23 条规定：“公司股东滥用公司法人独立地位和股东有限责任，逃避债务，严重损害公司债权人利益的，应当对公司债务承担连带责任。股东利用其控制的两个以上公司实施前款规定行为的，各公司应当对任一公司的债务承担连带责任。只有一个股东的公司，股东不能证明公司财产独立于股东自己的财产的，应当对公司债务承担连带责任。”

各国司法实践中一般认为，揭开公司面纱可以适用于以下几种情形：(1)公司资本显著不足；(2)关联公司之间人格高度混同，不能保持相互间独立性；(3)控制股东滥用控制支配地位，对公司进行不当操控；(4)对单一营业体进行故意虚假的拆分。

“关联公司之间人格高度混同，不能保持相互间独立性”又可细分为两个方面：一是公司之间存在控制与被控制关系，比如母子公司之间，母公司对子公司过度、不适当的操控；法院可能会根据债权人的申请，揭开母子公司面纱，否认公司之间的独立性，判令控制公司(如母公司)对被控制公司(如子公司)的债务承担连带责任。二是不同的公司之间虽不具有控制与被控制的关系，但受同一实际控制人实际控制，实践中形象地称之为“姊妹公司”。第一种情形，实际上是《公司法》第 23 条第 1 款规定的特殊情形，因为控制公司(母公司)就是被控制公司的股东。第二种情形则属于《公司法》第 23 条第 2 款规定的关联公司人格否定的情形。

一、正向揭开公司面纱——股东对公司债务承担连带责任

(一)揭开公司面纱概述

1. 股东对公司债务承担连带责任的一般情形

《九民纪要》指出，否认公司独立人格，由滥用公司法人独立地位和股东有限责任的股东对公司债务承担连带责任，是股东有限责任的例外情形，旨在矫正有限责任制度在特定法律事实发生时对债权人保护的失衡现象。只有在股东实施了滥用公司法人独立地位及股东有限责任的行为，且该行为严重损害了公司债权人利益的情况下，才能适用该制度。损害债权人利益，主要是指股东滥用权利使公司财产不足以清偿公司债权人的债权。同时，只有实施了滥用法人独立地位和股东有限责任的股东才对公司债务承担连带责任，而其他股东不应承担此责任。公司法人人格否认在实践中常见的情形有人格混同、过度支配与控制、资本显著不足等。

2. 一人公司的特殊规定

2023年《公司法》修订后,法律明确承认一人股份有限公司。并且,关于一人公司法人人格否认制度规定于"总则"之中。这就使得无论是一人有限公司、一人股份公司还是国有独资公司,均可使用《公司法》第23条第3款的规定,揭开公司面纱、否认法人人格。[①]

(1)普通一人公司法人人格否认

如在**梓潼县聚源融资担保有限公司与梓潼县凤凰建材有限公司、谢某牛等担保追偿权纠纷案**[②]中,四川省绵阳市中级人民法院以被告谢某牛[系被告梓潼县凤凰建材有限公司(以下简称凤凰建材公司)唯一股东]举出的公司相关财务报表及审计报告为由,认定其尚不足以否定凤凰建材公司法人人格。四川省高级人民法院撤销了原审判决并指出:首先,纳税申报表、利润表、资产负债表等财务报表及审计报告仅能反映公司在经营过程中某一特定时期财务状况、资金筹集、运用、收益分配等事实,并不能证明公司财产独立于股东财产。其次,审计报告附表中载明"公司无未决诉讼",事实上2012年8月四川省梓潼县人民法院即依梓潼县聚源融资担保有限公司的申请对凤凰建材公司进行了查封,后又裁定将案件移送绵阳市中级人民法院审理。该事实说明凤凰建材公司明知2012年有未决诉讼,而不予披露。凤凰建材公司及谢某牛提供的在案证据尚不足以证明凤凰建材公司财产独立于股东谢某牛自己的财产,判令谢某牛对凤凰建材公司的债务承担连带责任。

(2)"夫妻公司"法人人格否认

司法实践中,对于夫妻二人设立的公司,因财产权源于夫妻共同财产这一属性,在裁判价值导向上参照一人公司进行处理。

【案例9.3】 武汉猫人制衣有限公司与熊某平、沈某霞、江西青曼瑞服饰有限公司申请执行人执行异议之诉纠纷案[③]

2011年8月3日,熊某平与沈某霞登记结婚。2011年11月,熊某平、沈某霞出资成立江西青曼瑞服饰有限公司(以下简称青曼瑞公司),注册资本为200万元,实收资本200万元,熊某平、沈某霞各持股50%。

---

① 2023年修订前《公司法》第63条规定一人有限责任公司的法人人格否认,该内容规定于2018年《公司法》第二章"有限责任公司的设立和组织机构"第三节"一人有限责任公司的特别规定"之中;而第二章第四节"国有独资公司的特别规定"中并不包含这一内容。实践中,有观点认为2023年修订前《公司法》第63条一人公司法人人格否认制度对于国有独资公司并不适用。

② 参见四川省绵阳市中级人民法院(2013)绵民初字第62号民事判决书(一审),四川省高级人民法院(2013)川民终字第715号民事判决书(二审)。

③ 参见湖北省武汉市中级人民法院(2017)鄂01民初4309号民事判决书(一审),湖北省高级人民法院(2018)鄂民终1270号民事判决书(二审),最高人民法院(2019)最高法民再372号民事判决书(再审)。

2015年6月24日，湖北省武汉市中级人民法院作出（2015）鄂武汉中民商初字第00494号民事调解书，确认青曼瑞公司于2015年7月31日前一次性支付武汉猫人制衣有限公司（以下简称猫人公司）货款2983704.65元。因青曼瑞公司未履行调解书确定的义务，猫人公司向武汉市中级人民法院申请强制执行[案号为（2015）鄂武汉中执字第00707号]，法院执行到青曼瑞公司部分款项后未能查到青曼瑞公司其他财产，遂裁定终结案件的本次执行程序。

猫人公司认为（2015）鄂武汉中执字第00707号案件执行过程中，被执行人青曼瑞公司无财产可供执行，该公司符合一人公司的实质要件，遂请求依据《变更追加执行当事人规定》第20条的规定追加熊某平、沈某霞为被执行人，对青曼瑞公司所欠债务承担连带责任。武汉市中级人民法院作出（2017）鄂01执异986号民事裁定书，驳回猫人公司追加熊某平、沈某霞为本案被执行人的请求。猫人公司遂提起本案诉讼。一审法院判决：驳回猫人公司的诉讼请求。

湖北省高级人民法院二审认为：首先，青曼瑞公司股东登记一直为熊某平、沈某霞，股东人数为复数。但熊某平、沈某霞为夫妻，且青曼瑞公司设立于双方婚姻存续期间。依照法律规定，除夫妻约定财产分别所有制外，在婚姻存续期间所得财产归夫妻共同共有。熊某平、沈某霞经二审法院限期举证仍未提交证据证明双方对其婚前财产或婚后所得财产归属进行了约定，而青曼瑞公司设立于双方结婚后，故应认定青曼瑞公司的注册资本来源于熊某平、沈某霞的夫妻共同财产。虽然家庭成员发起设立有限责任公司时，需强制提交财产分割证明或协议的规定已被废止，但法律并不禁止夫妻发起设立有限责任公司时自愿备案财产分割证明或协议。一审法院调取的青曼瑞公司工商登记备案资料中并无熊某平、沈某霞财产分割的协议或证明，熊某平、沈某霞二审中亦未补充提交，因此熊某平、沈某霞以共同财产出资将股权分别登记在各自名下，不构成对夫妻共同财产分割的约定。故应认定青曼瑞公司的全部股权是熊某平、沈某霞婚后取得的财产归其双方共同共有。猫人公司二审中所举证据虽不能证明熊某平、沈某霞的财产与青曼瑞公司财产混同，但从一定程度上印证了熊某平、沈某霞均实际参与了青曼瑞公司的管理经营，青曼瑞公司实际由夫妻双方共同控制。上述全部事实表明，青曼瑞公司的全部股权实质来源于同一财产权，并为一个所有权共同享有和支配，该股权具有利益的一致性和实质的单一性。据此应认定青曼瑞公司系实质意义上的“一人公司”。其次，从公司财产混同角度分析，准许一人设立有限责任公司的出发点在于节约创业成本，繁荣市场经济。但该种便利性亦会带来天然的风险性。公司法规定的“一人公司”财产独立性举证责任倒置规则就是对该种风险予以规制的措施之一。青曼瑞公司在为同一所有权实际控制的情况下，难以避免公司财产与夫妻其他共同财产混同。在此情况下，有必要参照公司法“一人公司”举证责任倒置规则，将公司财产独立于股东自身财产的举证责任分配给熊某平、沈某霞。在二审法院就此事项要求熊某平、沈某霞限期举证的情况下,熊某平、沈某霞未举证证明其自身财产独立于青曼瑞公司财产,应承担举证不力的法律后果。熊某平、沈某霞应对青曼瑞公司涉案债务承担连带清偿责任。猫人公司申请追加熊某平、沈某霞为被执行人具有事实和法律依据。最后,从法律效果和社会效果分析,"夫妻公司"对债权人的利益保护存在天然缺陷,导致债权人与"夫妻公司"发生纠纷时,得不到法律的有力保护,此情况尚待立法及法律适用的完善。但依照我国法律确立的夫妻财产共同共有原则,夫妻股东持有的全部股权应构成不可分割的整体,而公司实质充任了夫妻股东实施民事行为的代理人,若依法人有限责任制度认定夫妻股东设立的公司承担有限责任的同时,不对夫妻股东其他义务予以强化和规制,则有违民法的公平原则,也不利于对交易相对方利益的平等保护。遂判决撤销一审判决,追加熊某平、沈某霞为(2015)鄂武汉中执字第00707号执行案件的被执行人,对青曼瑞公司在(2015)鄂武汉中民商初字第00494号民事案件中所负债务承担连带清偿责任。

最高人民法院再审认为:一人有限责任公司的法人人格否认适用举证责任倒置规则。之所以如此规定,是因为一人有限责任公司只有一个股东,缺乏社团性和相应的公司机关,没有分权制衡的内部治理结构,缺乏内部监督。股东既是所有者,又是管理者,个人财产和公司财产极易混同,极易损害公司债权人利益。故通过举证责任倒置,强化一人有限责任公司的财产独立性,从而加强对债权人的保护。本案青曼瑞公司由熊某平、沈某霞夫妻二人在婚姻关系存续期间设立,公司资产归熊某平、沈某霞共同共有,双方利益具有高度一致性,亦难以形成有效的内部监督。熊某平、沈某霞均实际参与公司的管理经营,夫妻其他共同财产与青曼瑞公司财产亦容易混同,从而损害债权人利益。在此情况下,应参照2018年《公司法》第63条①的规定,将公司财产独立于股东自身财产的举证责任分配给股东熊某平、沈某霞。综上,青曼瑞公司与一人有限责任公司在主体构成和规范适用上具有高度相似性,二审法院认定青曼瑞公司系实质意义上的一人有限责任公司并无不当。遂判决维持湖北省高级人民法院(2018)鄂民终1270号民事判决。

但也有法院不认可这一裁判逻辑,认为是否为一人公司仍应看公司登记机关登记的股东个数,不能因为登记股东之间存在夫妻关系,便视其为事实上的一人公司。江苏省高级人民法院在**泰州市盛杰印纺机械有限公司与廖某春、张某股东损害公司债权人利益责任纠**

① 2023年《公司法》修订后,条文序号调整为第23条第3款。

纷案[①]中指出，苏州市瞭远机电有限公司（以下简称瞭远公司）工商登记资料显示，该公司股东曾经为廖某春、张某二人，泰州市盛杰印纺机械有限公司（以下简称盛杰公司）仅依据二人系夫妻关系即主张瞭远公司系实质上的一人公司，与前述法律规定不符，盛杰公司仍应就廖某春、张某的个人财产与瞭远公司的公司财产存在混同承担举证责任。

（二）揭开公司面纱的常见类型

1. 资本显著不足

《九民纪要》第 12 条规定："资本显著不足指的是，公司设立后在经营过程中，股东实际投入公司的资本数额与公司经营所隐含的风险相比明显不匹配。股东利用较少资本从事力所不及的经营，表明其没有从事公司经营的诚意，实质是恶意利用公司独立人格和股东有限责任把投资风险转嫁给债权人。由于资本显著不足的判断标准有很大的模糊性，特别是要与公司采取'以小博大'的正常经营方式相区分，因此在适用时要十分谨慎，应当与其他因素结合起来综合判断。"

由于公司法取消最低注册资本的限制，并且对注册资本采取认缴制，所以资本不足的情形往往与"人格混同""过度控制"等其他情形相伴而生，在适用时应予以注意。

【案例 9.4】　陈某明与江某生、占某华股东损害公司债权人利益责任纠纷案[②]

广州市爱德龙汽车维修服务有限公司（以下简称爱德龙公司）成立日期为 2011 年 10 月 10 日，营业期限至 2018 年 6 月 30 日，法定代表人为江某生，股东为江某生与占某华；2015 年 9 月 16 日爱德龙公司的注册资本由 10 万元变更为 960 万元。爱德龙公司的章程显示，爱德龙公司认缴注册资本 960 万元，股东江某生出资 950.4 万元，股东占某华出资 9.6 万元，出资时间均为 2068 年 10 月 1 日。

陈某明与爱德龙公司劳动争议案，广东省广州市中级人民法院经审理后作出（2018）粤 01 民终 10854 号民事判决书：爱德龙公司向陈某明一次性支付工资余额 23500 元以及未签订劳动合同二倍工资差额 41948.28 元。陈某明申请执行后，因未发

---

① 参见江苏省苏州市中级人民法院（2019）苏 05 民终 9772 号民事判决书（二审），江苏省高级人民法院（2020）苏民申 6741 号民事裁定书（再审）。2023 年 9 月 28 日，江苏省高级人民法院发布 6 起公司纠纷审判典型案例，本案系其中第三起。该案的典型意义在于：出资来源与利益归属于夫妻共同财产，不代表夫妻二人股东意思必然同一，不能得出夫妻股东实为同一股东的结论。能否刺破"夫妻公司"面纱要求夫妻股东承担连带责任，并不是以"夫妻关系"为判断要件，仍应依照《公司法》第 20 条第 3 款（现《公司法》第 23 条第 1 款）的规定，以夫妻股东财产与公司财产是否混同、夫妻是否过度支配与控制公司等为认定标准。

② 参见广州市越秀区人民法院（2019）粤 0104 民初 7257 号民事判决书（一审），广东省广州市中级人民法院（2019）粤 01 民终 16278 号民事判决书（二审）。

现爱德龙公司有可供执行的财产,该案终结执行。后陈某明以江某生、占某华作为爱德龙公司的股东未履行出资义务为由提起本案诉讼。

广州市越秀区人民法院一审认为:本案中,爱德龙公司股东的出资认缴期限均未届满,不能认为江某生、占某华违反了其出资义务,故一审法院对陈某明以江某生、占某华未履行出资义务为由在本案提起的各项主张均不予以支持。遂判决驳回陈某明的诉讼请求。

广州市中级人民法院二审认为:《公司法》(2018年修正)明确规定:“公司股东应当遵守法律、行政法规和公司章程,依法行使股东权利,不得滥用股东权利损害公司或者其他股东的利益;不得滥用公司法人独立地位和股东有限责任损害公司债权人的利益。”因此,在认定股东未出资行为是否构成对公司债权人利益损害,进而是否需承担相应法律责任时,应当综合考量股东出资期限的设置与公司整体经营情况等各因素予以审查确定。其一,爱德龙公司章程规定,公司营业期限至2018年6月30日届满,而两股东对于公司注册资本金960万元的出资时间均为2068年10月1日。股东认缴出资期限已远超出公司的营业期限,亦明显超出一般公司经营资本的合理认缴期限。其二,江某生、占某华曾经将爱德龙公司交由他人合伙经营,在全体合伙人于2016年年底全部撤离原经营场所后,江某生、占某华作为爱德龙公司股东并未继续接管公司的经营业务,致使爱德龙公司从2016年年底已实际停止经营,直至2019年经营场所被全部拆除。爱德龙公司的实际经营状况反映,该公司经营性资产与其登记公示的高额注册资本金无法匹配,江某生、占某华亦确认爱德龙公司在经营后期已拖欠大量供货商货款及工人工资,而在经营停滞后,公司实有资本显著不足并引发了与公司经营风险显著不适应的冲突。其三,江某生、占某华已于诉讼中确认,在爱德龙公司章程规定的经营期限于2018年6月30日届满后,两股东并未按照公司法的规定修改公司章程、延长经营期限,故爱德龙公司已实际达成公司法所规定的解散条件,但江某生、占某华至今仍未采取有效措施解决公司经营矛盾,也未依法进行公司资产的清理清算,其行为已实质造成公司债权人利益受损。综上,江某生、占某华作为爱德龙公司股东,应当依法行使股东权利并承担相应股东责任,但其二人既未合理设置认缴出资期限,也未尽到公司经营期间的资本充实义务,在爱德龙公司早已实际达成解散条件并仍存有大量负债的情况下,若仍以公司章程规定的出资期限界定其是否违反出资义务及股东责任,明显有悖于诚实信用原则以及公司法律的规定,故对于江某生、占某华提出的该项免责抗辩,二审法院不予采纳。本案中,陈某明对爱德龙公司享有债权的性质为工人工资,该项债权已经过生效判决确定,并经强制执行无法获得清偿,故陈某明要求江某生、占某华在其认缴的960万元注册资金本息范围内就爱德龙公司的该项债务承担补充赔偿责任,并未超出上述法律规定的责任范畴,二审法院对此予以采纳。遂撤销一审判决,改判被上诉人江某生、占某华在其认缴的注册资本金 960 万元本息范围内，就爱德龙公司在（2018）粤 01 民终 10854 号民事判决项下所负债务不能清偿部分向上诉人陈某明承担补充赔偿责任。

该案裁判要旨：公司的实际经营状况反映其经营性资产与其登记公示的高额注册资本金无法匹配，股东亦确认公司在经营后期已拖欠大量供应商货款及工人工资，而在经营停滞后，公司实有资本显著不足引发了与公司经营风险显著不适应的冲突，可以认定为公司人格否认情形中的"资本显著不足"。

湖北省襄阳市中级人民法院在**高某与襄阳和德汽车贸易有限公司、葛某 1、葛某 2 买卖合同纠纷案**[①]中，改变一审法院的认定，以资本显著不足为由否定襄阳和德汽车贸易有限公司（以下简称和德汽车贸易公司）的法人人格，判令该公司控股股东及实际控制人对公司债务承担连带责任。法院指出，和德汽车贸易公司认可其控股股东葛某 1 投入的资本仅为 15 万元，而和德汽车贸易公司系从事汽车及配件销售等业务的公司，其设立后在经营过程中，从事了多笔汽车销售业务。故其股东实际投入和德汽车贸易公司的资本数额与和德汽车贸易公司经营所隐含的风险相比明显不匹配，和德汽车贸易公司的资本显著不足，其股东利用较少资本从事力所不及的经营，表明其没有从事和德汽车贸易公司经营的诚意，实质是恶意利用公司独立人格和股东有限责任把投资风险转嫁给债权人。被上诉人也认可和德汽车贸易公司现无资产清偿上诉人高某的债权，上述情形属于《公司法》（2018 年修正）规定的"公司股东滥用公司法人独立地位和股东有限责任，逃避债务，严重损害公司债权人利益的"情形。和德汽车贸易公司的控股股东葛某 1 应当对和德汽车贸易公司的债务承担连带责任。葛某 2 自认其是和德汽车贸易公司的实际控股股东、实际控制人，因此，葛某 2 应当与葛某 1 对和德汽车贸易公司对高某所负的债务承担连带责任。

辽宁省营口市中级人民法院在**王某蕾与原某生、营口云返汽车销售有限公司买卖合同纠纷案**[②]中以资本显著不足为由否定公司法人人格。法院指出，营口云返汽车销售有限公司作为一个认缴出资 100 万元的公司向被上诉人王某蕾销售汽车时却没有实缴资本，实为"空壳公司"，与其经营风险明显不匹配，实质是恶意利用公司独立人格和股东有限责任把投资风险转嫁给债权人，属于滥用公司法人独立地位和股东有限责任情形中的资本显著不足。

---

① 参见湖北省襄阳市樊城区人民法院（2019）鄂 0606 民初 57 号民事判决书（一审），湖北省襄阳市中级人民法院（2019）鄂 06 民终 2802 号民事判决书（二审）。

② 参见辽宁省营口市站前区人民法院（2020）辽 0802 民初 9 号民事判决书（一审），辽宁省营口市中级人民法院（2021）辽 08 民终 3069 号民事判决书（二审）。

2. 人格混同

《九民纪要》第10条规定:"认定公司人格与股东人格是否存在混同,最根本的判断标准是公司是否具有独立意思和独立财产,最主要的表现是公司的财产与股东的财产是否混同且无法区分。在认定是否构成人格混同时,应当综合考虑以下因素:(1)股东无偿使用公司资金或者财产,不作财务记载的;(2)股东用公司的资金偿还股东的债务,或者将公司的资金供关联公司无偿使用,不作财务记载的;(3)公司账簿与股东账簿不分,致使公司财产与股东财产无法区分的;(4)股东自身收益与公司盈利不加区分,致使双方利益不清的;(5)公司的财产记载于股东名下,由股东占有、使用的;(6)人格混同的其他情形。在出现人格混同的情况下,往往同时出现以下混同:公司业务和股东业务混同;公司员工与股东员工混同,特别是财务人员混同;公司住所与股东住所混同。人民法院在审理案件时,关键要审查是否构成人格混同,而不要求同时具备其他方面的混同,其他方面的混同往往只是人格混同的补强。"

在公司人格与股东人格混同的情况下应判令股东对公司债务承担连带责任,自无疑异。实践中,最高人民法院还在**佛山市南海能盛油品燃料有限公司、杜某1、杜某2与中国石化销售有限公司江西石油分公司等买卖合同纠纷案**①中判令实际控制人对公司债务承担连带责任。最高人民法院指出,杜某1、杜某2作为原审被告佛山市南海能盛油品燃料有限公司(以下简称能盛公司)的实际控制人,将能盛公司收取的中国石化销售有限公司江西石油分公司(以下简称中石化江西分公司)的款项无充足合理原因转付给与其有关联关系的广东省肇庆市能源交通贸易有限公司、佛山市隆泰能源有限公司及其个人之后,使能盛公司在不能履行与中石化江西分公司签订的购销合同的情况下,亦无能力及时退还其所收取的中石化江西分公司的购货款,从而严重损害了中石化江西分公司的利益。因此,原审判决类推适用《公司法》(2018年修正)第20条第3款②的规定,认定杜某1、杜某2应当对能盛公司所负的本案债务承担连带责任,并无不当。

3. 过度支配与控制

《九民纪要》第11条第1款规定:"公司控制股东对公司过度支配与控制,操纵公司的决策过程,使公司完全丧失独立性,沦为控制股东的工具或躯壳,严重损害公司债权人利益,应当否认公司人格,由滥用控制权的股东对公司债务承担连带责任。实践中常见的情形包括:(1)母子公司之间或者子公司之间进行利益输送的;(2)母子公司或者子公司之间进行交易,收益归一方,损失却由另一方承担的;(3)先从原公司抽走资金,然后再成立经营目的相同或者类似的公司,逃避原公司债务的;(4)先解散公司,再以原公司场所、设备、人员及相同或者相似的经营目的另设公司,逃避原公司债务的;(5)过度支配与控制的其他情形。"

---

① 参见江西省高级人民法院(2018)赣民初12号之一、(2018)赣民初12号之二民事判决书(一审),最高人民法院(2019)最高法民终30号民事判决书(二审)。

② 2023年《公司法》修订后,条文序号调整为第23条第1款。

【案例9.5】 山东烟台塔山企业集团股份有限公司与烟台桃花源置业有限公司等企业借贷纠纷案[①]

山东烟台塔山企业集团股份有限公司(以下简称塔山集团)向烟台中简置业有限公司(以下简称中简置业公司)出借7000万元,用于归还中简置业公司在(2011)烟商初字第82号生效判决项下对中国工商银行股份有限公司烟台工行南大街支行(以下简称工行南大街支行)的还款义务。后法院裁定将塔山集团变更为前述生效裁判的执行申请人。

2012年12月,中简置业公司、案外人上海和盘建筑装饰工程有限公司(以下简称上海和盘建筑公司)出资设立烟台桃花源置业有限公司(以下简称桃花源置业公司),其中中简置业公司以其所有的土地使用权作价3430万元(会计师事务所评估价值为8102.97万元),占桃花源置业公司49%股份。2013年8月1日,中简置业公司将其在桃花源置业公司的股权全部转让给案外人重庆同航置业有限公司(以下简称同航置业公司)并进行了变更登记。

烟台市福山区人民法院在执行工行南大街支行与中简置业公司借款担保纠纷案中,对中简置业公司财务总监、财务部长、会计等人制作的多份执行谈话笔录显示:中简置业公司与桃花源置业公司不是一家公司,中简置业公司是桃花源置业公司的股东,中简置业公司资金紧张,桃花源置业公司代中简置业公司付款,有借据。两家公司在一起办公,桃花源置业公司的现金委托中简置业公司会计小张负责。陈某良是中简置业公司的董事长,陈某欣是他儿子,吴某珠是公司的副总经理,分管账务工作,陈某欣是桃花源置业公司的,主要负责成本采购,吴某珠是中简置业公司的老板娘。保险柜里的现金不全是中简置业公司的,有一部分是桃花源置业公司的,桃花源置业公司没有保险柜,借中简置业公司的保险柜用。许多凭证中的费用、款项支付都有董事长陈某良签名是因为财务总监签字后,最后需要老板(董事长)签字确认后方能对外付款,所有公司财务都是这样,董事长不签字,不能支付。

烟台市福山区人民法院(2017)鲁0611刑初48号刑事判决书(已生效)认定,中简置业公司、作为中简置业公司实际控制人的陈某良为了逃避履行人民法院生效的判决和裁定,在明知名下房产处于人民法院查封的状态下仍进行销售,获取购房款8300余万元。

塔山集团主张,陈某良、吴某珠为中简置业公司和桃花源置业公司的实际控制人;中简置业公司设立桃花源置业公司系以明显不合理低价转移财产,逃避债务,中简置业

---

① 参见山东省烟台市中级人民法院(2016)鲁06民初480号民事判决书(一审),山东省高级人民法院(2019)鲁民终784号民事判决书(二审)。

公司与桃花源置业公司人格混同;故向一审法院起诉请求判令中简置业公司、桃花源置业公司、陈某良、吴某珠返还塔山集团借款本金2528万元及利息、申请执行案件逾期利息等。

山东省烟台市中级人民法院一审认为:根据烟台市福山区人民法院的执行笔录,可以看出中简置业公司与桃花源置业公司在一起办公,二者人员混同、财务账目混同。一审法院经审理认为,两公司的财务人员出入账的经手人交叉混同,经营地址、管理人员及实际控制人等方面均存在高度混同,导致债权人对两公司的法人人格难以区分,明显违背了公司法有关法人制度的设立宗旨,因此桃花源置业公司对中简置业公司的债权债务应承担连带责任。关于塔山集团主张陈某良、吴某珠作为中简置业公司实际控制人,滥用公司独立地位逃避债务,损害塔山集团利益,应对中简置业公司债务承担连带责任的问题。陈某良虽然已经生效的刑事判决书和裁定书认定为中简置业公司的实际控制人,但是塔山集团对其上述主张提供的中简置业公司与上海和盘建筑公司出资设立桃花源置业公司、中简置业公司将其在桃花源置业公司的股权全部转让给同航置业公司、一审法院民事调解书及验资报告等证据,不能直接作为认定陈某良作为中简置业公司实际控制人利用公司独立地位逃避债务损害塔山集团利益的证据。塔山集团主张吴某珠滥用公司独立地位损害其利益,没有事实依据。据此,塔山集团主张陈某良、吴某珠对本案借款承担连带责任,一审法院不予支持。

山东省高级人民法院二审认为:(1)认定公司人格与股东人格是否存在混同,最根本的判断标准是公司是否具有独立意志和独立利益,最主要的表现是公司的财务或财产与股东的财务或财产是否出现混同。本案中,中简置业公司系桃花源置业公司的股东;两公司在一起办公,经营地址混同;两公司共用一个保险柜,财务人员混同,财务出入账的经手人交叉混同;管理人员和实际控制人混同,陈某良是中简置业公司董事长,陈某欣是陈某良的儿子,陈某欣负责桃花源置业公司的采购;桃花源置业公司代中简置业公司付款。由此可见,两公司虽登记为彼此独立的企业法人,但实际上相互之间界限模糊、人格混同。中简置业公司将其评估价为8102.97万元的土地使用权仅作价3430万元出资成立桃花源置业公司,自己却无力清偿债权人塔山集团的债务,严重损害了债权人的利益。上述行为违背了法人制度设立的初衷,亦违背了民事法律制度最基本的诚实信用原则,其行为本质和危害结果与《公司法》第20条第3款①规定的情形相当,故参照该款规定,桃花源置业公司对中简置业公司的债务应当承担连带清偿责任。(2)关于陈某良、吴某珠应否对本案债务承担连带清偿责任的问题。第一,根据《公司

① 2023年《公司法》修订后,条文序号调整为第23条第1款。

法》第216条[1]的立法定义，关联关系，是指公司控股股东、实际控制人、董事、监事、高级管理人员与其直接或者间接控制的企业之间的关系以及可能导致公司利益转移的其他关系。本案中，中简置业公司系桃花源置业公司的初始股东，中简置业公司与桃花源置业公司之间具有关联关系。陈某良系中简置业公司的实际控制人，郁某毛系陈某良的妹夫；郁某毛系中简置业公司的法定代表人，系重庆和盘房地产营销策划中心(以下简称和盘营销策划中心)的初始股东，其也曾同时担任和盘营销策划中心的法定代表人，两公司亦具有关联关系。第二，商事主体从事商事活动，其直接和主要目的就在于营利。营利性是商法的基本特征，也是商事行为的基本特征之一。本案中，2013年7月16日，中简置业公司将其评估价为8102.97万元的土地使用权作价3430万元，出资成立了桃花源置业公司。3430万元的出资处置，与8102.97万元的评估价值相比，不足一半。陈某良控制的中简置业公司以明显不合理的低价作价出资，显然不是一个商事主体正常的经营行为。第三，根据陈某良、吴某珠二审中提交的中简置业公司与和盘营销策划中心间的款项往来，有的款项是以"借款"或"划款"的名义支付给中简置业公司，有的款项是以"代中简置业公司支付借款本金、利息、工程款、货款等"的名义向第三方支付，其中1500万元系2012年12月27日上海众喜新材料科技有限公司向中简置业公司转账，转账凭证上未注明系代和盘营销策划中心支付借款。第四，中简置业公司和陈某良在明知房产被法院查封的状态下仍进行销售，获取的购房款没有用于实现抵押权人塔山集团的债权，而是用于偿还了关联企业和盘营销策划中心的垫付款项，致使塔山集团的优先受偿权实现不能。基于以上事实，二审法院认为，陈某良虽然不是中简置业公司的股东，但其系中简置业公司股东桃花源企业集团有限公司的控股股东，通过投资关系其成为中简置业公司的实际控制人，系中简置业公司的"事实股东"或"影子股东"。陈某良过度控制中简置业公司，将中简置业公司的财产无理由转出，向关联公司输送利益，造成中简置业公司的资产减少，其滥用公司法人独立地位恶意逃避债务的意图明显，公司的法人人格变成其用来逃避公司债务的工具。且陈某良滥用法人人格的行为给塔山集团直接造成了损失。故参照《公司法》第20条第3款的规定[2]，陈某良应对本案中简置业公司的债务承担连带清偿责任。塔山集团主张吴某珠为中简置业公司实际控制人，但未提交证据予以证实，对其要求吴某珠对本案债务承担连带清偿责任的上诉理由，二审法院不予支持。

---

① 2023年《公司法》修订后，条文序号调整为第265条。

② 2023年《公司法》修订后，就关联公司人格否认作出明确规定。《公司法》第23条第2款规定："股东利用其控制的两个以上公司实施前款规定行为的，各公司应当对任一公司的债务承担连带责任。"

4. 关联公司人格混同——共同对外承担连带责任

关联公司如未能保持各公司之间的人格独立而损害债权人利益的，法院也可能揭开公司面纱，否认其法人人格，判令数个公司共同对外承担连带责任。《九民纪要》第 11 条第 2 款规定："控制股东或实际控制人控制多个子公司或者关联公司，滥用控制权使多个子公司或者关联公司财产边界不清、财务混同，利益相互输送，丧失人格独立性，沦为控制股东逃避债务、非法经营，甚至违法犯罪工具的，可以综合案件事实，否认子公司或者关联公司法人人格，判令承担连带责任。"

2023 年《公司法》修订后，对关联公司的人格混同及人格否认于第 23 条第 2 款直接进行立法规定，今后的司法实践直接适用《公司法》第 23 条第 2 款的规定即可。事实上，否认关联公司法律人格，判令关联公司连带承担对外债务的做法在实践中早已存在。

《最高人民法院公报》(2008 年第 10 期）刊载的**中国信达资产管理公司成都办事处与四川泰来装饰工程有限公司、四川泰来房屋开发有限公司、四川泰来娱乐有限责任公司借款担保合同纠纷案**①中，法院即以"装饰公司、房屋公司、娱乐公司股权关系交叉""均为同一法人出资设立""在同一地址办公、联系电话相同、财务管理人员在一段时期内相同""实质上构成人格混同"为由，判令三家公司对外承担连带责任。

最高人民法院第 15 号指导案例**徐工集团工程机械股份有限公司诉成都川交工贸有限责任公司等买卖合同纠纷案**②中，法院亦是以《民法通则》第 4 条③的规定为判决的法律依据。最高人民法院公布的裁判要旨为：关联公司的人员、业务、财务等方面交叉或混同，导致各自财产无法区分，丧失独立人格的，构成人格混同。关联公司人格混同，严重损害债权人利益的，关联公司相互之间对外部债务承担连带责任。

需要指出的是，最高人民法院第 15 号指导案例仅否认关联公司的法律人格，即公司法人人格的横向否认，并未判令股东或实际控制人承担连带责任，似显保守。实践中，在否认关联公司法律人格（横向否认）的同时，又否认公司与股东或实际控制人之间的独立人格（纵向否认）亦不存在障碍，已有多起案件同时适用横向否认与纵向否认。如前述【案例 9.5】**山东烟台塔山企业集团股份有限公司与烟台桃花源置业有限公司等企业借贷纠纷案**④即属这种类型。

---

① 参见四川省高级人民法院（2007）川民初字第 17 号民事判决书（一审），最高人民法院（2008）民二终字第 55 号民事判决书（二审）。参见《最高人民法院公报》2008 年第 10 期。

② 参见江苏省徐州市中级人民法院（2009）徐民二初字第 0065 号民事判决书（一审），江苏省高级人民法院（2011）苏商终字第 0107 号民事判决书（二审）。

③ 2021 年 1 月 1 日《民法典》施行后，《民法通则》同时废止。诚实信用原则现规定于《民法典》第 7 条，即民事主体从事民事活动，应当遵循诚信原则，秉持诚实，恪守承诺。

④ 参见山东省烟台市中级人民法院（2016）鲁 06 民初 480 号民事判决书（一审），山东省高级人民法院（2019）鲁民终 784 号民事判决书（二审）。

【案例9.6】 河南省伟祺园林有限公司、王某军、张某1、张某2、河南伟民置业有限公司与唐某亮等合资、合作开发房地产合同纠纷案[①]

最高人民法院在本案中驳回再审申请，认同河南省高级人民法院同时适用法人人格的横向否定与纵向否定的二审判决。再审裁定指出：关于王某军、张某1、张某2、河南伟民置业有限公司（以下简称伟民置业公司）、河南伟祺置业有限公司（以下简称伟祺置业公司）是否应对涉案债务承担连带责任的问题。原审已查明，张某1、张某2为河南省伟祺园林有限公司（以下简称伟祺园林公司）的股东，张某1担任伟祺园林公司的监事和财务负责人，张某2担任伟祺园林公司的执行董事。唐某亮提交的伟祺园林公司两个银行账户交易明细以及张某1个人多个银行账户的交易明细显示，鹿邑县财政国库支付中心汇入伟祺园林公司账户的多笔款项转入了张某1个人账户内，张某1个人账户与伟祺园林公司及张某2的账户之间存在频繁、巨额的资金往来。张某1、张某2以及伟祺园林公司在原审中未对此进行举证说明或作出合理解释，在伟祺园林公司对唐某亮的债务未予清偿的情形下，二审法院依据《公司法》（2018年修正）第20条第3款[②]关于“公司股东滥用公司法人独立地位和股东有限责任，逃避债务，严重损害公司债权人利益的，应当对公司债务承担连带责任”的规定，判决张某1、张某2对伟祺园林公司的债务承担连带责任并不缺乏证据证明，适用法律亦无不当。原审也查明，王某军虽然不是伟祺园林公司的股东，但其系伟祺园林公司股东张某2的丈夫，且作为伟祺园林公司的代表与苏州科环环保科技有限公司（以下简称苏州科环公司）签订了合作协议书，并对伟祺园林公司的款项支出行使审批的权力。在伟祺园林公司不能及时还款的情况下，王某军自愿出具保证书，保证对伟祺园林公司的债务承担还款责任，原审据此认定王某军系伟祺园林公司的实际控制人，并判决王某军对伟祺园林公司的债务承担连带责任适用法律亦无不当。原审亦查明，伟民置业公司、伟祺置业公司与伟祺园林公司登记为独立的企业法人，其中伟民置业公司、伟祺置业公司住所地相同；张某1分别为伟祺园林公司、伟祺置业公司的股东；伟祺置业公司的股东、法定代表人叶某东代表伟祺园林公司与业主签订PPP项目合同等文件，且经手收取苏州科环公司的保证金；唐某亮提交的伟祺园林公司的两个银行账户交易明细以及张某1个人多个银行账户的交易明细证明，伟祺园林公司直接或通过张某1的个人账户将鹿邑县财政国库支付中心汇入其账户的多笔款项直接转入了伟民置业公司、伟祺置业公司账户，而且伟民置业公司、伟祺置业公司还通过张某1个人账户与伟祺园林公司存在其他大量、频繁的资金往来。伟祺园林公司、伟民置业公司、伟祺置业公司未对上述资金往来的用途举

① 参见河南省周口市中级人民法院（2018）豫16民初360号民事判决书（一审），河南省高级人民法院（2019）豫民终896号民事判决书（二审），最高人民法院（2020）最高法民申1106号民事裁定书（再审）。

② 2023年《公司法》修订后，条文序号调整为第23条第1款。

证说明或作出合理解释,原审据此判决伟民置业公司、伟祺置业公司对伟祺园林公司的债务承担连带责任并不缺乏证据证明,适用法律亦无不当。

实际上,英美法系在判例法中将“对单一营业实体的虚假分割”作为揭开公司面纱否认公司法人人格的事由,其背后的理论基础是“企业实体理论”。例如,某人意欲经营出租车,为了规避可能出现的责任,他为每一辆出租车注册了一家公司,如果某一辆出租车发生了责任,那么,最大的责任范围不过是那一辆出租车而已。在这种情况下,法院根据“企业实体理论”,将全部出租车视为一个整体企业而由该企业对外承担责任。①

5. 关联公司人格混同在破产中的应用——实质合并破产

在企业破产程序中,关联公司人格混同的,可适用实质合并破产进行处理,这是公司人格混同在破产案件中的处理。最高人民法院于 2018 年 3 月 4 日发布《全国法院破产审判工作会议纪要》(法〔2018〕53 号),就关联企业合并破产作出规定:“会议认为,人民法院审理关联企业破产案件时,要立足于破产关联企业之间的具体关系模式,采取不同方式予以处理。既要通过实质合并审理方式处理法人人格高度混同的关联关系,确保全体债权人公平清偿,也要避免不当采用实质合并审理方式损害相关利益主体的合法权益。”《全国法院破产审判工作会议纪要》第 32 条规定:“关联企业实质合并破产的审慎适用。人民法院在审理企业破产案件时,应当尊重企业法人人格的独立性,以对关联企业成员的破产原因进行单独判断并适用单个破产程序为基本原则。当关联企业成员之间存在法人人格高度混同、区分各关联企业成员财产的成本过高、严重损害债权人公平清偿利益时,可例外适用关联企业实质合并破产方式进行审理。”

上海市高级人民法院在**中国人民银行广州分行疗养院等与上海华信集团财务有限公司等申请破产清算案**②中指出,公司人格独立是其作为法人独立承担责任的前提,公司的独立财产是公司独立承担责任的物质保证,关联企业之间财产无法区分,丧失独立人格时,就丧失了独立承担责任的基础。关联企业不当利用控股股东、实际控制人、董事、监事、高级管理人员等直接或者间接控制的企业之间的关系,造成关联企业成员之间法人人格高度混同,公司资产在各关联企业之间进行不当转移,将造成关联企业各成员债权人清偿的不平等,违背了破产法债权人公平受偿的基本原则。关联企业实质合并破产制度的价值取向,在于贯彻债权人公平受偿原则,纠正不当关联关系对各企业债权人的利益损害,打破关联企业成员内部的独立人格和有限责任围墙,实现破产法律制度的公平和效率价值。鉴于此,关联企业破产适用实质合并规则并不要求各关联企业均具备破产原因,对提起实质合

---

① 参见施天涛:《公司法论》(第 2 版),法律出版社 2006 年版,第 39 页。

② 参见上海市第三中级人民法院(2020)沪 03 破 9 号之六民事裁定书(破产裁定),上海市高级人民法院(2020)沪破监 2 号民事裁定书(破产复议)。

并破产申请的时间节点也不宜过于苛求。在破产终结前发现符合关联企业实质合并破产条件,且有利于程序推进和债权人整体清偿的,可以裁定进行合并审理。人民法院审理关联企业破产案件时,要立足于破产关联企业之间的具体关系模式,采取不同方式予以处理。在充分尊重法人独立责任和股东有限责任的基础上,关联企业成员之间存在法人人格高度混同、区分各关联企业成员财产的成本过高、严重损害债权人公平清偿利益时,可以适用关联企业实质合并破产方式进行审理。上海市华信金融控股有限公司(以下简称华信金控)等11家企业与中国华信能源有限公司(以下简称中国华信)等4家公司之间法人人格高度混同,严重损害债权人公平清偿利益,不具备分别破产清算的法律基础,将华信金控等11家企业纳入实质合并破产清算,可以客观、真实地反映中国华信等4家公司的资产和对外债务,有利于降低清算成本、提高清算效率,保障包括债务人、全体债权人在内的各方当事人之间的实质公平,从而实现整体上的公平。上海市第三中级人民法院裁定华信金控等11家企业与中国华信等4家公司进行实质合并破产清算,并无不当。

关联公司合并破产案件中最为典型的应属海航集团有限公司等321家公司实质合并重整案,海南省高级人民法院于2021年3月13日作出(2021)琼破1号之一民事裁定书,裁定对海航集团有限公司等321家公司进行实质合并重整。

二、反向揭开公司面纱——公司对股东债务承担连带责任

以上关于揭开公司面纱的理论探讨和司法案例都侧重于在否认公司法人人格之后,要求公司控制股东或者关联公司共同向公司的债权人承担连带责任。新近的司法实践中还存在揭开公司面纱、否认公司法人人格后,判令公司对股东的债务承担连带责任;这可以称为"反向揭开公司面纱"或者"公司法人人格的逆向否认"。

辽宁省沈阳市中级人民法院在**沈阳市第二市政建设工程有限公司与沈阳惠天热电股份有限公司、沈阳新东方供热有限责任公司建设工程施工合同纠纷案**①中即以沈阳新东方供热有限责任公司(以下简称新东方供热公司)与沈阳惠天热电股份有限公司(以下简称惠天公司)在人员、业务管理及资金方面存在混同为由,适用反向揭开公司面纱制度,否认新东方供热公司的法人人格,并判令其对法人股东惠天公司的债务承担连带责任。《人民司法·案例》(2010年第14期)刊载该案的裁判要旨为:公司独立人格与股东有限责任是现代公司制度的基石,但若存在股东滥用法人人格,导致股东与公司人格混同,损害债权人利益的情况,在特定个案中,法院可能会刺破公司面纱,否定公司独立人格的存在,使股东对公司的债务承担责任;与此扩张适用相对应的情形称为反向刺破公司面纱,即在特定条件下,法律将公司与股东视为一体,令公司为股东的债务承担责任。

---

① 参见陈林、贾宏斌:《反向刺破公司面纱:公司法人格否认规则的扩张适用》,载《人民司法·案例》2010年第14期;辽宁省沈阳市沈北新区人民法院(2009)北新民初字第2256号民事判决书(一审),辽宁省沈阳市中级人民法院(2010)沈民二终字第264号民事判决书(二审)。

新疆维吾尔自治区高级人民法院在**刘某安与昌吉市晋煤煤矿有限责任公司、王某堂等股权转让纠纷案**①中亦适用反向刺破公司面纱制度,判决刘某安与王某堂于2010年12月23日签订的股权转让协议无效,王某堂返还刘某安股权转让款7150万元、垫付款85.5万元,2010年注册的昌吉市晋煤煤矿有限责任公司(以下简称新晋煤公司)(该公司名称已被撤销)对以上债务承担连带责任。该案中存在一个特殊情况,即王某堂假借他人身份信息于2005年注册昌吉市晋煤煤矿有限责任公司(以下简称老晋煤公司),后该公司被撤销登记但一直未清算注销。此后王某堂又注册名称完全相同的新晋煤公司,并将其在新晋煤公司的股权转让给刘某安。王某堂在老晋煤公司被撤销登记后三年内又使用相同名称注册新晋煤公司,违反"申请登记注册的企业名称与下列企业的名称相同或者近似的,登记机关不予核准:企业被撤销未满三年的"的规定,新晋煤公司被新疆维吾尔自治区工商局于2012年1月5日撤销名称,该决定已被国家工商行政管理总局予以维持。昌吉市工商局据此于2012年1月11日决定撤销(昌工商市内字)名称预核内判决书中[2010]000345号"昌吉市晋煤煤矿有限责任公司"名称。新晋煤公司的名称被撤销,该名称即不应再被使用。但工商行政管理机关仅决定撤销新晋煤公司的名称,并非对公司登记予以撤销,因此王某堂独资设立的新晋煤公司的企业法人主体资格依然存在,新晋煤公司依然是本案适格的诉讼主体。新疆维吾尔自治区高级人民法院认为,刘某安所交付的股权转让款由新晋煤公司出具收据,王某堂也不能提交证据证明新晋煤公司的财产独立于王某堂自己的财产,因此在本案法律关系中适用一人公司法人人格否认的有关规定。对一人公司适用法人人格否认,可以发生两种结果:一是导致一人公司股东的无限责任,即由股东承担公司的责任;二是在否认公司拥有独立人格的情况下,将本应作为相互独立的公司及其背后的股东视为同一主体,由公司为其单独股东负担责任,以保护债权人的合法利益。因此,该院认定新晋煤公司应当连带承担王某堂向刘某安返还股权转让款7150万元及垫付款85.5万元的责任。

【案例9.7】 北京长富投资基金(有限合伙)、华夏银行股份有限公司武汉洪山支行与武汉航天波纹管股份有限公司等股权转让纠纷案②

> 该案中与公司法人人格逆向否认相关的案情包括:武汉航天波纹管股份有限公司(以下简称航天波纹管公司)与新荣村委会发起设立航新商贸公司(注册资本1500万元),其中航天波纹管公司出资975万元,持股65%。新荣村委会以26.25亩集体土地

---

① 参见新疆维吾尔自治区高级人民法院(2011)新民二初字第5号民事判决书(一审),最高人民法院(2013)民二终字第120号民事判决书(二审)。最高人民法院二审维持一审判决,但对于是否应反向刺破公司面纱,因不是上诉的内容(新晋煤公司未提出上诉),最高人民法院二审判决对此未予论述。

② 参见湖北省高级人民法院(2018)鄂民初48号民事判决书(一审),最高人民法院(2019)最高法民终542号民事判决书(二审),最高人民法院(2020)最高法民申2158号民事裁定书(再审)。

征用补偿款及部分资金出资，持股35%。航新商贸公司另需投入建设资金7500万元，由两方股东按比例投入。

2008年5月22日，航天波纹管公司（甲方）与中森华投资集团有限公司（以下简称中森华投资公司）（乙方）签订股权转让协议及补充协议。约定航天波纹管公司将所持有的航新商贸公司65%的股权转让给中森华投资公司，转让价款为5100万元，中森华投资公司另需支付股权溢价款及整体搬迁费8400万元。

另查明，中森华投资公司系由郑某云、陈某夏夫妻投资设立。武汉中森华置业有限公司（以下简称中森华置业公司）系由中森华投资公司持股90%、陈某夏持股10%设立的项目开发公司。

后因中森华投资公司不能全面履行2008年5月22日与航天波纹管公司签订的股权转让协议及补充协议，航天波纹管公司诉至法院，请求判决：(1)中森华投资公司、中森华置业公司赔偿依据合同不能交付的位于湖北省武汉市江岸区新荣村的中森华国际城商铺7508.43平方米折合相应价值18020.232万元（以开盘价2.4万元/平方米计）。(2)中森华投资公司、中森华置业公司依据合同为航天波纹管公司办理已经交付房屋（面积9291.57平方米）的不动产产权证，并且依法承担延期办证的违约责任1010.4582万元。(3)中森华投资公司、中森华置业公司承担本案诉讼费。

湖北省高级人民法院一审认为：中森华置业公司是中森华国际城的开发主体，中森华置业公司有两名以上股东期间，中森华投资公司有绝对控股地位，且自2013年7月11日以来，中森华置业公司是中森华投资公司持有100%股权的一人公司。《公司法》第63条①规定，一人有限责任公司的股东不能证明公司财产独立于股东自己的财产的，应当对公司债务承担连带责任。根据该条规定，中森华投资公司未提交证据证明公司财产独立于股东财产，两公司人格混同，在法律上应视为同一主体。法条规定股东应对公司债务承担连带责任，反之亦然，公司对股东债务亦应承担连带责任。经该院审判委员会讨论，一审法院判决：中森华投资公司、中森华置业公司于本判决生效之日起10日内向航天波纹管公司支付赔偿款3754.215万元；中森华投资公司、中森华置业公司于本判决生效之日起30日内配合航天波纹管公司办理已交付商铺的不动产权属证书；中森华投资公司、中森华置业公司于本判决生效之日起30日内向航天波纹管公司支付延期办证的损失1010.4582万元。

最高人民法院二审认为：《公司法》（2018年修正）第63条规定的立法目的在于当一人有限责任公司的股东不能证明自己的财产独立于公司财产时，应否认其法人有限责任，即股东应根据《公司法》（2018年修正）第63条②的规定，对公司债务负连带清偿

---

① 2023年《公司法》修订后，条文序号调整为第23条第3款。

② 2023年《公司法》修订后，条文序号调整为第23条第3款。

责任。本案中,中森华投资公司未提交证据证明中森华置业公司财产独立于其自己的财产,两公司在法律上应视为同一责任主体,构成人格混同。本案郑某云、陈某夏夫妻共同出资设立了中森华投资公司,而后中森华置业公司于2009年1月16日成立,成立时中森华投资公司持股90%,陈某夏持股10%,即中森华置业公司从成立之初就是实质上的一人公司。2010年5月又变更登记中森华投资公司持股100%,成为一人公司。一审关于"中森华置业公司与中森华投资公司人格混同,中森华置业公司应对中森华投资公司债务承担连带清偿责任"的认定,并无不当。

最高人民法院再审认为:我国法律在认定公司人格混同时,区分是否为一人有限责任公司并规定了不同的举证责任规则。其原因在于一人有限责任公司只有一名股东控制公司而缺乏其他股东的有效制约,极易造成股东对公司法人人格的滥用。《公司法》(2018年修正)第63条①规定,一人有限责任公司的股东不能证明公司财产独立于股东自己的财产的,应当对公司债务承担连带责任。原判决适用上述规定认定中森华投资公司与中森华置业公司构成人格混同,并无不当。《公司法》(2018年修正)第63条②的规定虽系股东为公司债务承担连带责任,但目前司法实践中,在股东与公司人格混同的情形下,公司亦可为股东债务承担连带责任。

三、公司及股东自行主张揭开面纱的禁止

法人人格否认制度的立法本意在于保护公司债权人,以免股东滥用其有限责任以及公司独立人格而使债权人的利益受到损害。因此,可以这么说,否认公司法人人格是为了债权人而设立的,其出发点就是扩大公司责任财产的范围,将其延伸至股东个人财产或者关联公司的财产,从而为债权人能够很好地实现自己的债权提供保障。司法实践中,也曾发生公司自己或者股东基于某种目的而请求法院否认公司人格的案件,但一般都难以得到法院的支持。

在**日本月亮人针织有限会社诉南通日出服装有限公司国际货物买卖合同纠纷案**③中,原告日本月亮人针织有限会社(以下简称日本月亮人会社)将价值740万日元的设备转让给被告南通日出服装有限公司(以下简称日出公司),双方因货款纠纷诉至法院。诉讼过程中,被告日出公司辩称公司目前已经停止经营活动,无力偿还债务,且由于公司注册时中方股东未能出资,注册资本未达到法定最低限额,请求法院揭开公司面纱,否认其法人人格,变更公司的三位法人股东为共同被告。南通市中级人民法院审理认为,由于日出公司的三

---

① 2023年《公司法》修订后,条文序号调整为第23条第3款。

② 2023年《公司法》修订后,条文序号调整为第23条第3款。

③ 案件选自"北大法宝"数据库,原标题为:股东日本月亮人会社因公司欠付买卖合同货款诉南通日出公司给付货款公司要求否定法人人格由全体股东作共同被告案。

个出资人中,包括原告日本月亮人会社在内的两位外方投资人已依法出资到位,被告日出公司请求法院宣告自身不具备法人资格,并由被告日出公司的三方股东承担责任的目的是逃避债务,转移风险,其自我否认法人人格的主张违反了诚实信用原则和公平原则,因此法院不予支持。

不仅公司自请揭开公司面纱、否认公司法人人格无法得到司法支持,股东以揭开公司面纱为目的的诉讼抗辩同样难以得到司法采信。《人民司法·案例》(2010年第8期)刊载的**田某媛诉刘某丽股权转让纠纷案**①可谓典型。该案中原告田某媛与被告刘某丽及案外人徐某伟共同发起设立南京云凯防雷科技有限责任公司(以下简称云凯公司),后原、被告双方签订股权转让协议约定以15.3万元的价格将原告田某媛在云凯公司的30%的股权转让给被告刘某丽。股权转让经过云凯公司股东会同意并办理工商变更登记。随后工商部门查明云凯公司成立之时三位股东均系委托他人代办垫资,公司成立后即全部抽逃,因此责令云凯公司改正并处以罚款。诉讼过程中,被告刘某丽以公司成立之时股东均未出资,且工商部门已经作出行政处罚,请求法院揭开公司面纱并确认其与原告所签订的股权转让协议无效。法院经审理后认为,存在瑕疵的股权并非不可转让的标的,被告刘某丽作为云凯公司法定代表人,对云凯公司的出资情况是了解的,对原告未出资的情况也是明知的;被告请求揭开公司面纱,否认公司法人人格并进而请求确认涉案股权转让协议无效无事实和法律依据,其应当依照约定支付股权转让款。至于原告田某媛未出资的情况,云凯公司可依照公司法的规定,另行通过诉讼予以解决。

安徽省高级人民法院在**贾某富与旌德县新义莹石有限公司股东出资纠纷案**②中指出,贾某富、陈某玲将增资款项转入公司账户验资后未经法定程序将增资抽回的行为,违反了公司资本维持原则,损害了新义莹石公司的权益,其行为构成抽逃出资。《公司法》第20条第3款③规定,公司股东滥用公司法人独立地位和股东有限责任,逃避债务,严重损害公司债权人利益的,应当对公司债务承担连带责任。该条是赋予公司债权人提起公司法人人格否认之诉的规定,目的是要求股东合法行使权利,禁止股东滥用公司法人独立地位和股东有限责任损害公司债权人利益。贾某富作为新义莹石公司股东,无权主张其与公司构成人格混同,更不能以法律所禁止的公司法人人格否认来规避自己的法定出资义务。

需要补充说明的是,并不是只要具有股东身份就绝对不能主张揭开公司面纱,当股东同时兼具公司债权人的身份时就是一个例外。因为公司法并不绝对禁止公司股东与公司进行交易,所以在个案中,原告可能兼具股东与债权人双重身份。

---

① 参见江苏省南京市玄武区人民法院(2008)玄民二初字第124号民事判决书(一审),江苏省南京市中级人民法院(2009)宁民二终字第39号民事判决书(二审)。案例选自《人民司法·案例》2010年第8期。

② 参见安徽省高级人民法院(2016)皖民初1号民事判决书(一审),最高人民法院(2018)最高法民终390号民事判决书(二审),最高人民法院(2019)最高法民申1098号民事裁定书(再审)。

③ 2023年《公司法》修订后,条文序号调整为第23条第1款。

四、破产程序终结后能否提起公司法人人格否认之诉

在企业破产程序中，破产管理人如未针对债务人（破产企业）及其股东提出公司法人人格否认诉讼，在破产程序结束后，个别债权人能否自行提起公司法人人格否认之诉在实践中存在争议。这一争议的实质在于，个别债权人在破产程序终结后提出公司法人人格否认之诉，是否构成《企业破产法》第16条规定的个别清偿。

《企业破产法》第16条规定："人民法院受理破产申请后，债务人对个别债权人的债务清偿无效。"《最高人民法院关于适用〈中华人民共和国企业破产法〉若干问题的规定（二）》（法释〔2020〕18号，以下简称《企业破产法解释（二）》）第21条规定："破产申请受理前，债权人就债务人财产提起下列诉讼，破产申请受理时案件尚未审结的，人民法院应当中止审理……（三）以债务人的股东与债务人法人人格严重混同为由，主张债务人的股东直接向其偿还债务人对其所负债务的……债务人破产宣告后，人民法院应当依照企业破产法第四十四条的规定判决驳回债权人的诉讼请求。但是，债权人一审中变更其诉讼请求为追收的相关财产归入债务人财产的除外。债务人破产宣告前，人民法院依据企业破产法第十二条或者第一百零八条的规定裁定驳回破产申请或者终结破产程序的，上述中止审理的案件应当依法恢复审理。"第23条规定："破产申请受理后，债权人就债务人财产向人民法院提起本规定第二十一条第一款所列诉讼的，人民法院不予受理。债权人通过债权人会议或者债权人委员会，要求管理人依法向次债务人、债务人的出资人等追收债务人财产，管理人无正当理由拒绝追收，债权人会议依据企业破产法第二十二条的规定，申请人民法院更换管理人的，人民法院应予支持。管理人不予追收，个别债权人代表全体债权人提起相关诉讼，主张次债务人或者债务人的出资人等向债务人清偿或者返还债务人财产，或者依法申请合并破产的，人民法院应予受理。"

从上述规定来看，似乎法院认为破产程序中的人格否认应当由破产管理人统一行使，或者由个别债权人代表全体债权人提起诉讼，而不得在破产程序终结后再单独以个别债权人自己的名义提起诉讼。实践中法院在很多案件中也确实是如此处理的。

本书认为，在破产程序终结后，债权人根据《公司法》第23条的规定，另案提起公司法人人格否认之诉，要求判令股东对公司债务承担连带责任，不属于《企业破产法》及其司法解释规定的个别清偿。无论是破产管理人统一提起公司法人人格否认之诉，还是破产程序终结后，个别债权人提起该诉讼，都不加重法人人格否认后股东承担的责任；二者的区别无外乎是对破产管理人提起的对全部债权承担连带责任，还是拆分开来对个别债权人的特定债权承担连带责任。很显然，后者为前者所涵盖，但并不因此加重滥用公司法人独立人格和股东有限责任的相关人员的法律责任。

【案例9.8】　曾某明与合昌国际贸易(深圳)有限公司、东莞市雷豹电子有限公司等股东损害公司债权人利益责任纠纷案[①]

最高人民法院在再审裁定中指出：鉴于当前我国破产法律制度仅限于规范企业法人的破产程序，尚无自然人等非企业法人破产制度，调整破产企业的股东与破产企业的法人人格严重混同情形下的关联企业实体合并破产制度，也仅适用于破产企业的股东为企业法人的场合，而不包括破产企业的股东为自然人等非企业法人的情形。在破产企业的股东为自然人等非企业法人的情形下，债权人有权依据《公司法》(2005年修订)第20条第3款[②]关于"公司股东滥用公司法人独立地位和股东有限责任，逃避债务，严重损害公司债权人利益的，应当对公司债务承担连带责任"的规定，向破产企业的自然人等非企业法人股东主张相关权利。因此，原审法院以本案系合昌国际贸易(深圳)有限公司(以下简称合昌公司)依据《公司法》(2005年修订)第20条第3款[③]的规定，要求滥用公司法人独立地位和股东有限责任损害债权人利益的债务人东莞市雷豹电子有限公司(以下简称东莞雷豹公司)的股东曾某明等，对东莞雷豹公司所负债务承担连带责任提起的诉讼，不属于2013年《企业破产法解释(二)》第21条第1款规定的债权人就债务人财产提起的个别清偿诉讼的情形为由，驳回曾某明关于一审法院受理合昌公司提起的本案诉讼程序违法的上诉理由，并无不当。

《企业破产法》第16条禁止的个别清偿是指破产程序启动后债务人以破产财产对个别债权人的清偿。鉴于前述调整破产企业的股东与破产企业的法人人格严重混同情形下的关联企业实体合并破产制度仅适用于破产企业的股东为企业法人的场合，而不适用于破产企业的股东为自然人等非企业法人的情形，在破产企业的股东为自然人等非企业法人的情形下，即使存在破产企业的自然人等非企业法人股东与破产企业的人格严重混同的事实，也不可能适用关联企业实体合并破产制度将自然人等非企业法人股东的财产纳入破产财产，并在破产程序中依法对全体债权人公平清偿。因此，自然人等非企业法人股东的财产在法律属性上并非破产财产。

广东省高级人民法院在**汤某鹤与胡某东股东损害公司债权人利益责任纠纷案**[④]中撤销一审裁定，指令原审法院对相关案件进行实体审理。该裁定指出：深圳市星力达通讯有限公司(以下简称星力达公司)的破产程序已经原审法院裁定终结，根据《企业破产法》第124

① 参见广东省高级人民法院(2014)粤高法民二破终字第105号民事判决书(二审)，最高人民法院(2015)民申字第541号民事裁定书(再审)。

② 2023年《公司法》修订后，条文序号调整为第23条第1款。

③ 2023年《公司法》修订后，条文序号调整为第23条第1款。

④ 参见广东省深圳市中级人民法院(2019)粤03民初857号之一民事裁定书(一审)，广东省高级人民法院(2020)粤民终315号民事裁定书(二审)。

条关于"破产人的保证人和其他连带债务人,在破产程序终结后,对债权人依照破产清算程序未受清偿的债权,依法继续承担清偿责任"的规定,破产程序终结后,债权人可以以其未受清偿的债权,向破产人的保证人和其他连带债务人要求清偿。据此,汤某鹤提起的本案诉讼,在星力达公司的破产程序终结后,其性质不属于汤某鹤就星力达公司财产提起的个别清偿诉讼,属于普通的民事诉讼,人民法院应予受理并进行审理,故法院对原审裁定予以纠正。至于胡某东与星力达公司是否存在人格混同和财产混同,是否应承担星力达公司的对外债务,则属于实体审理范围。汤某鹤主张撤销原审裁定的上诉请求,因有相应的事实和法律依据,法院予以支持。

实践中在破产程序中提起法人人格否认之诉,需要支付诉讼费、评估费、保全费等成本,如果案件标的较大而破产管理人又未能实际接管破产企业的财产,通常会与债权人沟通由债权人先行垫付相关费用,待胜诉后垫付的费用将作为共益债务优先清偿。出于诉讼风险的考量,债权人不愿意垫付诉讼费等司法费用的情况也比较常见。

最高人民法院在**海南金厦建设股份有限公司与中国农业银行股份有限公司深圳市分行等股东出资纠纷案**①中认可原审查明的事实,即在深圳市北大中基科技有限公司(以下简称北大中基公司)破产程序中,清算组在破产清算后期就已发现北大中基公司的部分股东存在虚假出资、抽逃出资的情形,但当时北大中基公司破产财产已经分配完毕,向虚假出资、抽逃出资的北大中基公司股东提起追偿之诉又需要各债权人按比例垫付诉讼费用,因此清算组提出的处理方案未获债权人会议通过,导致清算组不能在破产程序中向虚假出资、抽逃出资的股东进行追索。但是,清算组在发给各债权人的函中已经写明:对北大中基公司注册资本不实的相关责任人的追究问题,如要追究可在终结本案破产程序后两年内提出。破产程序终结后,个别债权人对此提起诉讼。最高人民法院再审认为,破产程序是集体强制清偿程序,破产程序的开始意味着个人清偿程序的中止,当破产程序终结后,个人清偿程序恢复。本案清算组提出的处理方案虽未获多数债权人通过,但并未免除债务人的债务,仅是对该部分财产在破产程序中不予处理,亦没有禁止主张追偿的债权人在破产程序结束后向北大中基公司虚假出资、抽逃出资的股东进行追索。

五、慎重适用法人人格否认制度

《最高人民法院民事案件案由规定》未将"公司法人人格否认纠纷"列为独立的案由,所以在司法实践中,能否提起法人人格否认诉讼取决于个案的案情。法院在审理这类案件时,也是遵循"司法谨慎干预"的原则,不应滥用法人人格否认制度。除非原告能够举证证明公司法人人格存在混同,且这种混同已经损害了作为债权人的原告的利益,法院才能适用揭开公司面纱制度,对公司法人人格予以否认。同时法院作出的否认公司法人人格的判

---

① 参见广东省高级人民法院(2013)粤高法民二终字第79号民事判决书(二审),最高人民法院(2016)最高法民再279号民事判决书(再审)。

决,也只针对个案适用,并不因法院在某一具体的案件中否认公司的法人人格,公司就从根本上丧失法人资格了。换言之,法院针对个案作出的否认公司法人人格的判决,并不具有从根本上否认公司法人人格的既判力。

需要注意的是,公司法针对否认普通公司法人人格与否认一人公司法人人格在举证责任分配上亦存在重大区别。否认普通公司的法人人格,作为债权人的原告需要证明公司已经丧失独立性,即公司人格混同的证据需要由原告提出。否认一人公司的法人人格则不同,考虑到一人公司无须完备的治理机制,其只有一个股东,更容易发生股东操控公司的情况,故而法律确立了举证责任倒置规则,需要一人公司的股东对公司人格独立性承担举证责任。如其无法证明公司具有独立人格,则在法律上推定为公司人格不具有独立性,从而责令其对公司债务承担连带责任。

适用法人人格否认制度,应当注意以下几个方面的内容:第一,公司法人已经取得独立人格,如果公司被撤销或尚未依法成立则应适用其他法律规则解决,而不是适用法人人格否认制度。第二,股东实施了滥用公司独立人格的行为,如人格混同、财产混同、"影子"股东、不正当控制等。第三,上述行为造成了债权人利益或社会公共利益的严重损害。这种损害必须达到"严重"的程度,才能在个案中否认公司法人人格。对于轻微影响,可以用瑕疵出资补充赔偿责任、代位权等制度解决的,不宜直接否定公司法人人格。第四,滥用公司独立人格行为与债权人利益或公共利益损害之间具有因果关系。第五,法人人格否认制度一般仅在公司无清偿能力时才能适用。可以诉请否认法人人格的当事人,只能是因股东滥用公司独立人格的行为而受到损害的公司债权人。在中小股东因控制股东的违法行为而受到损害时,其可以直接向侵害其权益的控制股东提起损害赔偿之诉,而不能提起否认公司法人人格的诉讼。就责任主体而言,也应只限于实施了滥用公司独立人格和股东有限责任行为的积极控制股东,但在司法实践中实际控制人等也可能被扩张适用。公司法人人格否认之诉的本质是控制股东对债权人的侵害,只有实施积极侵权行为的责任人才应该被责令承担连带责任。至于普通股东,因其并未实施"侵害债权人利益的行为",即便在公司法人人格被否认的情况下,其仍受有限责任的庇佑,不应承担连带责任。

在适用法人人格否认时应当注意的是,尽管公司法规定了法人人格否认制度,但在公司具有独立法人人格和法人人格否认制度的关系上,前者始终是处于本位的主导性规则,后者仅为适用于特定场合和特定事由的例外性规定而已。所以在审判实践中一定要审慎适用,防止滥用,不完全符合适用条件的,不应适用法人人格否认制度。

最高人民法院在**海南碧桂园房地产开发有限公司与三亚凯利投资有限公司、张某男等确认合同效力纠纷案**①中改变一审法院否认公司法人人格的认定。最高人民法院指出:公司人格独立和股东有限责任是公司法的基本原则。否认公司独立人格,由滥用公司法人独

---

① 参见海南省高级人民法院(2018)琼民初6号民事判决书(一审),最高人民法院(2019)最高法民终960号民事判决书(二审)。

立地位和股东有限责任的股东对公司债务承担连带责任,是股东有限责任的例外情形。否认公司法人人格,须具备股东实施滥用公司法人独立地位及股东有限责任的行为以及该行为严重损害公司债权人利益的法定要件。认定公司与股东人格混同,需要综合多方面因素判断公司是否具有独立意思、公司与股东的财产是否混同且无法区分、是否存在其他混同情形等。本案中,三亚凯利投资有限公司(以下简称凯利公司)的涉案单笔转账行为尚不足以证明凯利公司和张某男构成人格混同。并且,凯利公司以资产转让合同目标地块为涉案债务设立了抵押,海南碧桂园房地产开发有限公司亦未能举证证明凯利公司的该笔转账行为严重损害了其作为债权人的利益。因此,凯利公司向张某男转账 2951.8384 万元的行为,尚未达到否认凯利公司的独立人格的程度。原审法院依据《公司法》第 20 条第 3 款径行判令张某男对本案中凯利公司的全部债务承担连带责任不当,最高人民法院二审予以纠正。作为凯利公司股东的张某男在未能证明其与凯利公司之间存在交易关系或者借贷关系等合法依据的情况下,接收凯利公司向其转账 2951.8384 万元,虽然不足以否定凯利公司的独立人格,但该行为在客观上转移并减少了凯利公司资产,降低了凯利公司的偿债能力,张某男应当承担相应的责任。该笔转款 2951.8384 万元超出了张某男向凯利公司认缴的出资数额,根据举重以明轻的原则并参照《公司法司法解释(三)》第 14 条关于股东抽逃出资情况下的责任形态的规定,张某男应对凯利公司的 3.2 亿元及其违约金债务不能清偿的部分在 2951.8384 万元及其利息范围内承担补充赔偿责任。

第三节　清算及破产程序中对于债权人利益的特殊保护

公司解散、清算及破产都属于退出市场的方式,特别是公司清算与破产程序中,公司的责任财产很可能已经低于债权总额,因此也需要对债权人的利益进行特殊保护。

一、公司清算与债权人利益的保护

(一)清算义务人及其通知义务

《民法典》第 70 条规定:"法人解散的,除合并或者分立的情形外,清算义务人应当及时组成清算组进行清算。法人的董事、理事等执行机构或者决策机构的成员为清算义务人。法律、行政法规另有规定的,依照其规定。清算义务人未及时履行清算义务,造成损害的,应当承担民事责任;主管机关或者利害关系人可以申请人民法院指定有关人员组成清算组进行清算。"依照《公司法》第 232 条的规定,公司发生解散事由(合并或者分立除外)后应当清算。董事为公司清算义务人,应当在解散事由出现之日起 15 日内组成清算组进行清算。清算组由董事组成,但是公司章程另有规定或者股东会决议另选他人的除外。清算义务人未及时履行清算义务，给公司或者债权人造成损失的，应当承担赔偿责任。

清算组组成后，应当及时通知公司债权人申报债权。依照《公司法》第235条第1款的规定，清算组应当自成立之日起10日内通知债权人，并于60日内在报纸上或者国家企业信用信息公示系统公告。债权人应当自接到通知之日起30日内，未接到通知的自公告之日起45日内，向清算组申报其债权。

《公司法司法解释（二）》第11条进一步规定："公司清算时，清算组应当按照公司法第一百八十五条[①]的规定，将公司解散清算事宜书面通知全体已知债权人，并根据公司规模和营业地域范围在全国或者公司注册登记地省级有影响的报纸上进行公告。清算组未按照前款规定履行通知和公告义务，导致债权人未及时申报债权而未获清偿，债权人主张清算组成员对因此造成的损失承担赔偿责任的，人民法院应依法予以支持。"

清算组相当于公司正常经营时的董事会，全面负责公司清算工作。清算组成员的职责及所负担的义务与董事职责及义务相同。对此，《民法典》第70条第3款规定："……清算义务人未及时履行清算义务，造成损害的，应当承担民事责任。"《公司法》第238条规定："清算组成员履行清算职责，负有忠实义务和勤勉义务。清算组成员怠于履行清算职责，给公司造成损失的，应当承担赔偿责任；因故意或者重大过失给债权人造成损失的，应当承担赔偿责任。"

【案例9.9】 济南涤纶再生切片股份有限公司与赵某安等清算组成员责任纠纷案[②]

> 本案中，被告赵某安、张某凤系济南兴安泰合成纤维有限公司（以下简称兴安泰公司）的两位股东。兴安泰公司自行决议解散并于2008年3月22日在《山东商报》发布公告，内容为："济南兴安泰合成纤维有限公司经股东会决议，拟向公司登记机关申请注销登记，清算组由赵某安、张某凤、胡某娜组成，请债权人于2008年3月22日起45日内向公司清算组申报债权。"同年4月27日，兴安泰公司作出清算报告并于5月13日向工商部门办理了注销手续。原告济南涤纶再生切片股份有限公司持2008年4月16日兴安泰公司向原告出具的信函诉至法院，该信函确认截至2008年4月16日前，兴安泰公司尚欠原告货款合计178080.01元。济南市历城区人民法院经过审理认为，本案中两被告作为清算组成员未按照清算程序勤勉谨慎地处理清算事务，表现为：其一，两被告未书面通知原告申报债权；其二，两被告在公告的申报债权截止日未到期的情况下即

---

① 2023年《公司法》修订后，条文序号调整为第235条。

② 参见山东省济南市历城区人民法院（2010）历城民商初字第574号民事判决书。案例选自国家法官学院案例开发研究中心编：《中国法院2012年度案例·公司纠纷》，中国法制出版社2012年版，第192－194页。

向工商部门申请注销登记,结束清算行为。两被告未能依法履行通知及勤勉谨慎处理清算事务的义务,给原告造成损失,据此法院判令两被告赔偿原告损失178080.01元及相应的利息。

清算组履行通知义务,特别是履行对于已知债权人的通知义务,是债权人能够申报债权,进而参与清算并对清算公司的财产进行分配的重要保证。只有对于未知债权人,清算组才能以公告方式进行,这也是不得已的一种选择。比如发行公司债券的股份有限公司,债券如果在证券市场上流通,公司自然无法通知具体的每一名债券持有人。再如因产品责任、环境污染受到损害的债权人可能根本无法确定,对其通知亦只能通过公告方式。《江苏省高级人民法院公报》(2012年第2期)刊载的**杭叉集团股份有限公司与范某英、徐某故意隐瞒清算信息侵犯债权纠纷案**[①]裁判要旨载明:公司清算时,清算组应当在法定期限内将公司解散清算事宜书面通知全体已知债权人,并根据公司规模和经营地域范围在全国或者省级有影响的报纸上进行公告。本案清算组未将清算事宜书面通知其已知的债权人,且其明知对地处浙江省的债权人负有债务,却仅在江苏省的报纸刊登公告,显属故意未按照规定履行通知和公告义务。即使清算组已在债权人所在地的报纸上进行了公告,也不能免除其对已知债权人的书面通知义务。因此导致债权人未及时申报债权而未获清偿,造成债权人损失的,清算组成员应当承担赔偿责任。

(二)清算义务人的法律责任

需要说明的是,《民法典》及2023年修订后的《公司法》均将董事设定为公司的清算义务人,除非公司章程另有规定或者股东会决议另选他人。对于一般股东而言,法律不再视其为清算义务人。最高人民法院第9号指导案例**上海存亮贸易有限公司诉蒋某东、王某明等买卖合同纠纷案**[②]裁判要旨明确指出:有限责任公司的股东、股份有限公司的董事和控股股东,应当依法在公司被吊销营业执照后履行清算义务,不能以其不是实际控制人或者未实际参加公司经营管理为由,免除清算义务。这一裁判要旨已与《民法典》及2023年修订后的《公司法》规定相冲突。2020年12月29日发布的《最高人民法院关于部分指导性案例不再参照的通知》(法〔2020〕343号)指出,为保证国家法律统一正确适用,根据《民法典》等有关法律规定和审判实际,经最高人民法院审判委员会讨论决定,9号、20号指导性案例不再参照。

---

① 参见江苏省张家港市人民法院(2010)张商初字第613号民事判决书(一审),江苏省苏州市中级人民法院(2011)苏中商终字第0630号民事裁定书(二审)。

② 参见上海市松江区人民法院(2009)松民二(商)初字第1052号民事判决书(一审),上海市第一中级人民法院(2010)沪一中民四(商)终字第1302号民事判决书(二审)。

在《民法典》以及 2023 年修订后的《公司法》发布后,法律对于清算义务人的责任体系作出了重大调整。一是董事为公司默认、法定的清算义务人,除非公司章程另有规定或者股东会决议另选他人,普通股东对公司仅负有出资义务,并享受有限责任庇佑。故最高人民法院第 9 号指导案例的裁判要点已经被明确废止,在实践中亦不得再行参照。二是清算义务人的责任本质上是一种侵权责任。侵权责任赔偿的范围是“如果依法清算,公司财产得以保护的范围”或者说“怠于履行清算义务导致公司财产进一步减损的范围”。三是为了防止职业债权人购买债权、恶意诉讼,对债权人的债权应适用诉讼时效予以规制。债权人自知道或者应当知道公司无法清算后不及时提起诉讼,超过诉讼时效的,清算义务人可以依照《民法典》第 192 条第 1 款①的规定,提出不履行义务的抗辩。

浙江省金华市婺城区人民法院在**浙江省义乌市黑白矿山机械有限公司与胡某法、陈某阳公司清算义务人损害公司债权人利益责任纠纷案**②中以最后一次工商年检报告登记的资产为基础,推定金华市鑫汇建筑材料有限公司(以下简称鑫汇公司)的“损失范围”,从而判决怠于履行清算义务的鑫汇公司股东胡某法、陈某阳赔偿浙江省义乌市黑白矿山机械有限公司货款损失 24 万元、逾期付款违约金损失 35280 元及利息损失,并承担案件受理费。该案公布的裁判要旨为:公司清算义务人未及时履行清算义务,导致债权人债权难以实现,债权人主张其在造成损失范围内对公司债务承担赔偿责任的,法院应予以支持;若清算义务人不能提供相应证据证明因其怠于履行清算义务而给公司财产及债权人造成损失的实际范围,则法院可以最后一次工商年检报告登记的资产为据推定公司的“损失范围”,判令清算义务人在此范围内对公司债务承担连带清偿责任。

尽管《公司法》在 2013 年修正时就取消了“验资”的规定,但该案裁判要旨显示的“在造成损失范围内对公司债务承担赔偿责任”恰是侵权责任中损害后果这一要件的体现,值得肯定;其亦与《九民纪要》及 2023 年《公司法》修订后清算义务人的责任规定相符。司法实践中对于财产的减损,可以通过企业登记的公示信息、年报信息、向税务部门报送的会计报表等资料综合认定,也可以通过举证责任分配的规则、书证提出命令申请等制度进行查证、认定。

二、公司破产与债权人利益保护——深石原则

在破产程序中,保障债权人利益存在著名的深石原则。该原则是从著名的深石公司案发展引申出来的。由于深石公司(Deep Rock Oil Corp)受到母公司的操控,法院判令母公司对深石公司的债权清偿顺序排在其他债权人之后。为了保障从属公司债权人的正当利益免受控股公司的不法侵害,法律规定,在从属公司进行清算、和解和重整等程序中,控股公

① 《民法典》第 192 条第 1 款规定:“诉讼时效期间届满的,义务人可以提出不履行义务的抗辩。”

② 参见浙江省金华市婺城区人民法院(2010)金婺商初字第 1420 号民事判决书(一审)。本案收录于《人民司法·案例》2011 年第 20 期。

司对从属公司的某些债权,不论有无别除权或优先权,均应次于从属公司的其他债权受清偿。如我国台湾地区"公司法"第369条之七规定:控制公司直接或间接使从属公司为不合营业常规或其他不利益之经营者,若控制公司对从属公司有债权,在控制公司对从属公司应负担损害赔偿范围内,不得主张抵销。前项债权无论有无别除权或优先权,于从属公司依破产法之规定为破产或和解,或依本法之规定为重整或特别清算时,应次于从属公司之其他债权受清偿。

我国《企业破产法》尚未对此作出规定,此前最高人民法院于2003年11月4日公布的《关于审理公司纠纷案件若干问题的规定(一)(征求意见稿)》第52条规定:"控制公司滥用从属公司人格的,控制公司对从属公司的债权不享有抵销权;从属公司破产清算时,控制公司不享有别除权或者优先权,其债权分配顺序次于从属公司的其他债权人。"司法实践中,已经有一些法院开始尝试在个案中引入深石原则,这种尝试也得到了最高人民法院的支持。最高人民法院第二巡回法庭2021年第15次法官会议纪要明确,从民法公平和诚实守信原则出发,如果控股股东滥用股东权利致使公司人格混同、从事不公平关联交易等损害了债权人合法权利,可在破产程序中适用深石原则,认定控股股东债权劣后于其他普通债权受偿。

【案例9.10】 沙港公司诉开天公司执行分配方案异议案①

2010年6月11日,上海市松江区人民法院作出(2010)松民二(商)初字第275号民事判决,茸城公司应当向沙港公司支付货款以及相应利息损失。该案判决生效后进入执行程序,因未查实茸城公司可供执行的财产线索,终结执行。茸城公司被注销后,沙港公司申请恢复执行,上海市松江区人民法院裁定恢复执行,并追加茸城公司股东开天公司及7名自然人股东为被执行人,要求其在各自出资不实范围内向沙港公司承担责任,扣划到开天公司和4个自然人股东款项共计696505.68元(包括开天公司出资不足的45万元)。2012年7月18日,该院分别立案受理由开天公司提起的两个诉讼:(2012)松民二(商)初字第1436号案和(2012)松民三(民)初字第2084号案。开天公司要求茸城公司8个股东在各自出资不实范围内对茸城公司欠付开天公司借款以及相应利息、房屋租金以及相应逾期付款违约金承担连带清偿责任。该两案判决生效后均进入执行程序。

2013年2月27日,沙港公司收到上海市松江区人民法院执行局送达的被执行人茸城公司追加股东执行款分配方案表。该分配方案表将上述三案合并,确定执行款696505.68元,在先行发还三案诉讼费用后,余款再按31.825%同比例分配,今后继续

---

① 参见《最高人民法院发布的四起典型案例》,载《人民法院报》2015年4月1日,第3版。

执行到款项再行分配处理。沙港公司后向上海市松江区人民法院提交执行分配方案异议书，认为开天公司不能就其因出资不到位而被扣划的款项参与分配，且对分配方案未将逾期付款双倍利息纳入执行标的不予认可。开天公司对沙港公司上述执行分配方案异议提出反对意见，要求按原定方案分配。上海市松江区人民法院将此函告沙港公司，2013 年 4 月 27 日，上海市松江区人民法院依法受理原告沙港公司提起的本案诉讼。

法院审理后认为，公司法律明确规定有限责任公司的股东以其认缴的出资额为限对公司承担责任。开天公司因出资不实而被扣划的 45 万元应首先补足茸城公司责任资产，向作为公司外部的债权人原告沙港公司进行清偿。开天公司以其对茸城公司也享有债权要求参与其自身被扣划款项的分配，对公司外部债权人是不公平的，也与公司股东以其认缴的出资为限对公司债务承担责任的法律原则相悖。法院对 696505.68 元执行款中的 45 万元应先由原告受偿，余款再按比例进行分配的意见予以采纳。上述合并的三案民事判决书均判令如债务人未按指定期间履行金钱债务，须加倍支付迟延履行期间的债务利息。故对原告沙港公司关于执行标的应包括加倍支付迟延履行债务期间的利息的主张，予以采纳。原、被告双方均对各自主张的迟延履行期间双倍利息明确了计算方式，原告沙港公司对系争执行分配方案所提主张基本成立，法院依法予以调整。

需要指出的是，在本案审理中，法院明确了公司欠付股东的债权应当劣后于其他债权人的债权进行清偿。本书认为，本案在最终处理的过程中也仅是认为扣划到的因开天公司出资不实的 45 万元应先由原告沙港公司受偿，沙港公司就开天公司出资不足之外的部分并无优先受偿权，“余款再按比例进行分配”。因此本案中，开天公司对茸城公司的债权是部分居次而非全部居次，是相对居次而非绝对居次。

【案例 9.11】　周某平与淮安中誉房地产开发有限公司普通破产债权确认纠纷案[①]

本案中，淮安中誉房地产开发有限公司（以下简称中誉公司）系周某平独资企业，2013 年 7 月 30 日注册成立时注册资本为 100 万元。2013 年 7 月 8 日，周某平向淮安市国土资源局转账 1.37 亿元。2013 年 8 月 10 日，周某平与中誉公司签订借款合同，载

① 参见江苏省淮安市清江浦区人民法院（2020）苏 0812 民初 5677 号民事判决书（一审），江苏省淮安市中级人民法院（2021）苏 08 民终 1855 号民事判决书（二审）。本案收录于《人民司法 · 案例》2022 年第 26 期。

明:中誉公司为经营需要向周某平借款1.37亿元,借款年利率24%,借款期限5年。2013年10月18日,周某平与中誉公司又签订补充协议,约定中誉公司因经营需要向周某平借款,具体借款金额以实际到账为准,借款年利率24%,按年付息,利随本清。2014年4月25日,中誉公司注册资本变更为2000万元。2018年11月29日,法院受理对该公司的破产清算申请。2019年1月21日,经对账,中誉公司向周某平出具确认书一份,确认截至2018年11月29日中誉公司尚欠周某平借款本息共计2.8亿元,确认书上加盖中誉公司合同专用章。破产过程中的审计结果与确认书一致。周某平于2019年3月将其中1.8亿元转让给陈某,760万元转让给张某,后周某平就剩余借款本息9926万元向管理人申报普通债权,管理人不予确认。周某平遂诉至法院,请求确认其对中誉公司享有9926万元的普通债权。

周某平诉称:原、被告之间存在借贷合意,有钱款交付事实,请求法院判令确认原告周某平对被告中誉公司享有9926万元普通破产债权。中誉公司辩称:原告周某平是中誉公司唯一股东,其个人意志决定了中誉公司意志,借贷不存在合意过程,不存在借款人和出借人的概念。周某平与中誉公司存在权利意义上的混同。中誉公司注册资本为2000万元,但公司开发项目2000万元是不够的,周某平应当对公司的项目投入资金并自负盈亏。周某平与中誉公司存在财产上的混同,请求法院驳回原告周某平诉请。

淮安市清江浦区人民法院经审理认为:中誉公司成立时注册资本为100万元,2014年4月25日变更为2000万元,虽然已实缴,但公司从事房地产行业,房地产开发资金需求量大,公司注册资本远不足以支撑房产项目开发,而公司在其存续过程中应当保持与其资本额相当的财产。现中誉公司注册资本明显不足以负担公司正常运转,其通过向实际控制人、股东筹集资金的行为,在周某平提交的证据不足以证明其与公司存在借贷合意的情形下,该筹集资金行为应视为对公司资本的充实或投资,而非借款;遂判决驳回周某平的诉讼请求。周某平不服一审判决,提起上诉。

江苏省淮安市中级人民法院经审理认为:中誉公司系周某平投资设立的自然人独资公司,法定代表人亦是周某平,负责公司的经营管理,对公司的生产经营起主导作用。2013年公司注册资本仅为100万元,2014年增资后注册资金亦只有2000万元,但中誉公司基于此却启动了1亿多元的土地项目以开发房地产,注册资本明显不足以维系公司经营。虽然中誉公司通过各种方式筹资弥补注册资金不足,启动并推动了项目的部分建设,但后期明显缺乏资金维持公司经营和推进项目,这一状态一直无明显改善,最终中誉公司进入破产程序。且周某平二审中提供的公司资金来源明细显示,除了注册资金外,还包括向他人借款及经营收入等,而周某平向公司出借的款项合计超过公司资金来源的50%,可以认定中誉公司运作依靠向股东或实际控制人负债筹集达到了显著依赖的程度。综上,中誉公司注册资本明显不足以负担公司正常运作,公司运作依靠向股东或实际控制人负债筹集，股东或实际控制人因此而对公司形成的债权，应确定为劣后债权，安排在普通债权之后受偿。鉴于一审中周某平均是主张为普通债权，故判决驳回上诉，维持一审判决。

本案裁判要旨可归纳为：中誉公司进入破产程序，通常情况下股东债权人和其他债权人应平等受偿，但在中誉公司注册资本显著不足，无法支撑公司运营的情况下，股东不是充实资本而是通过借贷方式将投资风险转嫁给公司债权人，即将股权投资转化为债权投资，显然属于股东滥用公司法人独立地位和股东有限责任损害公司其他债权人利益的行为。依据公平诚信原则，应将股东债权列在普通债权之后受偿，这样既未剥夺股东对公司享有的债权，保障了股东的受偿权，又保护了公司其他债权人的利益。

《重庆市高级人民法院关于审理破产案件法律适用问题的解答》（渝高法〔2017〕207号）首次就深石原则作出具体明确的规定。该解答第5条就"何种情形下可以将公司股东或实际控制人对公司享有的债权确定为劣后债权，安排在普通债权之后受偿"这一问题指出：具有以下情形之一的，可以将公司股东或实际控制人对公司债权确定为劣后债权，安排在普通债权之后受偿：(1)公司股东因未履行或未全面履行出资义务、抽逃出资而对公司负有债务，其债权在未履行或未全面履行出资义务、抽逃出资范围内的部分；(2)公司注册资本明显不足以负担公司正常运作，公司运作依靠向股东或实际控制人负债筹集，股东或实际控制人因此而对公司形成的债权；(3)公司控股股东或实际控制人为了自身利益，与公司之间因不公平交易而产生的债权。公司股东或实际控制人在前述情形下形成的劣后债权，不得行使别除权、抵销权。

最高人民法院印发的《全国法院破产审判工作会议纪要》第39条中指出，关联企业成员之间不当利用关联关系形成的债权，应当劣后于其他普通债权顺序清偿，且该劣后债权人不得就其他关联企业成员提供的特定财产优先受偿。

目前，《企业破产法》的修订工作正在紧锣密鼓地开展，相信在不久的将来，深石原则将在法律条文中得到正式规定。

第十章 高级管理人员责任理论与司法实务

第一节 高管任职资格及法律责任概述

一、高级管理人员的任职资格

我国《公司法》第 265 条第 1 项对高级管理人员进行了立法定义，是指公司的经理、副经理、财务负责人，上市公司董事会秘书和公司章程规定的其他人员。同时《公司法》第 178 条对董事、监事、高级管理人员的任职资格作出了明确规定："有下列情形之一的，不得担任公司的董事、监事、高级管理人员：(一)无民事行为能力或者限制民事行为能力；(二)因贪污、贿赂、侵占财产、挪用财产或者破坏社会主义市场经济秩序，被判处刑罚，或者因犯罪被剥夺政治权利，执行期满未逾五年，被宣告缓刑的，自缓刑考验期满之日起未逾二年；(三)担任破产清算的公司、企业的董事或者厂长、经理，对该公司、企业的破产负有个人责任的，自该公司、企业破产清算完结之日起未逾三年；(四)担任因违法被吊销营业执照、责令关闭的公司、企业的法定代表人，并负有个人责任的，自该公司、企业被吊销营业执照、责令关闭之日起未逾三年；(五)个人因所负数额较大债务到期未清偿被人民法院列为失信被执行人。违反前款规定选举、委派董事、监事或者聘任高级管理人员的，该选举、委派或者聘任无效。董事、监事、高级管理人员在任职期间出现本条第一款所列情形的，公司应当解除其职务。"

2023 年《公司法》修订时对董事、监事、高级管理人员的任职资格作了一定的微调，表现在两个方面：一是增加"被宣告缓刑的，自缓刑考验期满之日起未逾二年"的规定；二是在"个人因所负数额较大债务到期未清偿"后增加"被人民法院列为失信被执行人"的规定。

如在**钱某红与苏州市苏能燃气有限公司公司决议效力确认纠纷案**[①]中，法院审理后指出“第三人吴某国对结欠宣燃公司的债务没有异议，但拒绝回答有关债务性质及债务金额的提问，结合上海市徐汇区人民法院受理的相关民间借贷纠纷案件及第二人宣燃公司出具的情况说明，可以认定吴某国依法不得担任公司董事或董事长，已任董事或董事长的也应解除其职务”，遂判决确认被告苏州市苏能燃气有限公司（以下简称苏能公司）2021 年 8 月 27 日股东会决议中有关由第三人吴某国担任该公司董事并选举其为董事长的决议内容无效。江苏省苏州市中级人民法院二审予以维持，并指出该次股东会会议召开前，吴某国即存在到期未清偿的个人债务，属于法律规定不得担任公司董事、监事、高级管理人员的情形，苏能公司 2021 年 8 月 27 日股东会决议中关于选任吴某国职务的决议违反前述法律规定，一审认定相关决议内容无效，具有事实及法律依据，处理并无不当。

即便相关人员的债务系因公司事项而负担，只要负债事实确定，即不应选任为公司董事、高级管理人员。上海市高级人民法院在**上海红富士家纺有限公司与熊某公司决议效力确认案**[②]中指出：从本案已查明的事实看，董某龙负有较大数额的债务，且因到期未清偿而被人民法院列为失信被执行人，即使该些债务系为承担对上海红富士家纺有限公司（以下简称红富士公司）及其关联公司的担保责任而产生，但该债务类型并未被排除出《公司法》第 146 条[③]第 1 款第 5 项规定的情形之外。故二审法院认定董某龙依法不能担任红富士公司的高级管理人员，并支持熊某关于确认系争股东会决议无效的诉讼请求，并无不当。

北京市第三中级人民法院在**北京飞腾房地产开发有限公司与李某公司决议效力确认纠纷案**[④]中，维持一审法院判决。法院认为已经生效的北京市怀柔区人民法院（2015）怀刑初字第 42 号刑事判决书认定李某无视国法，利用职务上的便利，挪用北京飞腾房地产开发有限公司（以下简称飞腾公司）40 万元资金归个人使用，数额巨大，构成挪用资金罪；判决其犯挪用资金罪，判处有期徒刑 10 个月，刑期自 2014 年 7 月 6 日起至 2015 年 5 月 15 日止。飞腾公司于 2018 年 3 月 16 日作出关于全体出席会议董事一致同意李某担任飞腾公司董事长，同时履行飞腾公司法定代表人权利的决议时，李某刑罚执行完毕尚未满 5 年，该项决议与《公司法》第 146 条[⑤]第 1 款第 2 项的规定相违背，应属无效。

从法律规定的内容上看，法律对于董事、监事、高级管理人员的任职资格主要是从消极方面予以限制的。除公司法的上述规定外，其他法律也可能含有对董事、监事、高级管理人员任职资格的限制，如根据《公务员法》第 59 条第 16 项的规定，公务员不得从事或者参与

---

① 参见江苏省苏州市姑苏区人民法院（2021）苏 0508 民初 8241 号民事判决书（一审），江苏省苏州市中级人民法院（2022）苏 05 民终 1396 号民事判决书（二审）。本案为笔者承办的案件。

② 参见上海市闵行区人民法院（2018）沪 0112 民初 28563 号民事判决书（一审），上海市第一中级人民法院（2019）沪 01 民终 8325 号民事判决书（二审），上海市高级人民法院（2020）沪民申 296 号民事裁定书（再审）。

③ 2023 年《公司法》修订后，条文序号调整为第 178 条。

④ 参见北京市怀柔区人民法院（2018）京 0116 民初 2511 号民事判决书（一审），北京市第三中级人民法院（2019）京 03 民终 4242 号民事判决书（二审）。

⑤ 2023 年《公司法》修订后，条文序号调整为第 178 条。

营利性活动，在企业或者其他营利性组织中兼任职务。再如根据《企业信息公示暂行条例》第17条第2款的规定，被列入严重违法企业名单的企业的法定代表人、负责人，3年内不得担任其他企业的法定代表人、负责人。这些均属于特别法中关于高级管理人员任职资格的规定。

以法律并未明确列举的消极事项主张某人不得担任公司董事、高级管理人员的，不应得到支持。如在**陈某真等与上海卓弈文化传播有限公司等公司决议效力确认纠纷案**①中，陈某真等以毕某然存在违法侵害公司利益的情形，如其担任董事则违反了董事应尽忠实义务的规定为由，主张公司股东会选举毕某然担任执行董事并作为法定代表人的决议无效。对此，两级法院指出：根据我国公司法的规定，如果毕某然有违反忠实勤勉义务的行为，则应依据我国相关规定承担相应的责任，但并不构成《公司法》第146条②规定的不得担任公司董事、监事、高级管理人员的情形，遂驳回陈某真等人的诉讼请求。

实践中，如果公司选任行为本身违法，即提交公司变更登记之时公司决议选任的董事、监事、高级管理人员等存在违法事由，而公司登记机关基于形式审查予以批准登记的，利害关系人提起行政诉讼主张撤销登记的，人民法院应予支持。

如在**冯某等与北京市东城区市场监督管理局工商行政登记纠纷案**③中，北京市东城区市场监督管理局在2017年1月12日作出京工商东注册企许字(2017)0201075号准予变更登记(备案)决定，准予北京富华建设发展有限公司(以下简称富华建设公司)变更登记的决定，将该公司的法定代表人由冯某变更登记为王某生。王某生因挪用公款罪、逃税罪、单位行贿罪被数罪并罚判处有期徒刑7年，刑期于2015年6月25日止。至诉争法定代表人变更时，王某生刑罚执行期满未逾5年，尚不具备担任董事资格，亦不得担任法定代表人。原北京市工商行政管理局东城分局虽然尽到了审慎审查义务，但根据相关材料作出的变更登记，显然违反法律法规的规定，依法应当予以撤销。因富华建设公司在2017年1月12日取得公司变更登记后，后续取得了其他公司变更登记，将法定代表人由王某生变更为石某，据此，本案被诉变更登记中关于法定代表人的变更事项已无可撤销内容，一审法院判决确认诉争行政登记行为违法。④ 北京市高级人民法院维持一审判决同时指出：针对本案中发现的富华建设公司涉嫌提交虚假材料骗取公司变更登记的行为，工商部门理应依职权启动调查处理程序，切实维护公司登记管理秩序。

在周某利与呼和浩特市市场监督管理局、内蒙古世纪华盛房地产开发有限责任公司行

---

① 参见上海市浦东新区人民法院(2019)沪0115民初87963号民事判决书(一审)，上海市第一中级人民法院(2020)沪01民终3262号民事判决书(二审)。

② 2023年《公司法》修订后，条文序号调整为第178条。

③ 参见北京市第二中级人民法院(2018)京02行初269号行政判决书(一审)，北京市高级人民法院(2019)京行终6556号行政判决书(二审)。

④ 《行政诉讼法》第74条第2款规定："行政行为有下列情形之一，不需要撤销或者判决履行的，人民法院判决确认违法：(一)行政行为违法，但不具有可撤销内容的；(二)被告改变原违法行政行为，原告仍要求确认原行政行为违法的；(三)被告不履行或者拖延履行法定职责，判决履行没有意义的。"

政登记纠纷案[1]中，内蒙古自治区呼和浩特市中级人民法院认为：依照《公司法》第146条[2]第1款第5项和《企业法人法定代表人登记管理规定》[3]第4条第7项的规定，个人负债数额较大到期未清偿的，不得担任公司董事、监事、高级管理人员。原呼和浩特市工商行政管理局有审核内蒙古世纪华盛房地产开发有限责任公司提交的变更法定代表人申请材料的权力。根据行政法权责统一原则，其既然享有核实真实材料的权力，就应当承担相应的审慎审查义务。遂维持一审法院撤销被告原呼和浩特市工商行政管理局为第三人内蒙古世纪华盛房地产开发有限责任公司作出的将法定代表人由周某利变更为王某杰的登记行为的判决。

公司法同时规定董事、监事、高级管理人员在任职期间出现任职资格妨碍的事由，公司应当解除其职务。司法实践中，对于出现任职妨碍的情形，一般采取指定期间限定变更的方式予以解决。毕竟依照公司法的规定，选举及罢免董事、监事、高级管理人员的权力应由相应公司机关行使。

如苏州市永星鸿福物业管理有限公司股东、法定代表人陈某康因多起案件被法院纳入失信被执行人，已经不具备公司法规定的担任公司执行董事、法定代表人的资格。公司另一股东蒋某宇以此为由向公司登记机关实名举报。苏州市虎丘区市场监督管理局于2020年11月5日作出《关于蒋某宇实名举报的答复》称关于陈某康任职资格的问题，我局已将相关讯息告知并提醒苏州市永星鸿福物业管理有限公司自查自纠。

《市场主体登记管理条例》第25条规定：公司、非公司企业法人的法定代表人在任职期间发生本条例第12条[4]所列情形之一的，应当向登记机关申请变更登记。据此，在任职期间公司董事、监事、高级管理人员出现任职妨碍事由的，公司有义务申请办理变更登记。如果公司未依法办理变更登记，根据《市场主体登记管理条例》第46条的规定，由登记机关责令改正；拒不改正的，处1万元以上10万元以下的罚款；情节严重的，吊销营业执照。

二、实际控制人的认定

《公司法》第265条在对高级管理人员给出立法定义的同时，也对控股股东、实际控制人给出了立法定义。其中"控股股东"是指：出资额占有限责任公司资本总额超过50%或者持有的股份占股份有限公司股本总额超过50%的股东；出资额或者持有股份的比例虽然低

---

① 参见内蒙古自治区呼和浩特市赛罕区人民法院(2018)内0105行初74号行政判决书(一审)，内蒙古自治区呼和浩特市中级人民法院(2019)内01行终77号行政判决书(二审)。

② 2023年《公司法》修订后，条文序号调整为第178条。

③ 《市场主体登记管理条例》(中华人民共和国国务院令第746号)自2022年3月1日起施行，原《企业法人法定代表人登记管理规定》同时废止。

④ 《市场主体登记管理条例》第12条的规定，与2023年修订前《公司法》第146条(现第178条)的规定相同，均是规定不得担任董事、监事、高级管理人员的情形。

于50%，但依其出资额或者持有的股份所享有的表决权①已足以对股东会的决议产生重大影响的股东。该条对于"实际控制人"给出的定义是指通过投资关系、协议或者其他安排能够实际支配公司行为的人。

"法院在认定实际控制人时，应当结合企业信用信息公示系统中的公司登记信息、股权结构、主要人员等信息，公司章程、决议、合同等书面证据以及证人证言等进行综合判断。如涉及上市公司实际控制人的认定，上市公司的信息披露文件亦可以作为认定实际控制人的主要证据。"②

对于实际控制人的理解应当从股权以及投资控制的角度入手，对此，可以从中国证监会的相关规定中得到启迪与印证。《〈首次公开发行股票注册管理办法〉第十二条、第十三条、第三十一条、第四十四条、第四十五条和〈公开发行证券的公司信息披露内容与格式准则第57号——招股说明书〉第七条有关规定的适用意见——证券期货法律适用意见第17号》（中国证券监督管理委员会公告〔2023〕14号）中指出："实际控制人是指拥有公司控制权、能够实际支配公司行为的主体……在确定公司控制权归属时，应当本着实事求是的原则，尊重企业的实际情况，以发行人自身的认定为主，由发行人股东予以确认。保荐机构、发行人律师应当通过核查公司章程、协议或者其他安排以及发行人股东大会（股东出席会议情况、表决过程、审议结果、董事提名和任命等）、董事会（重大决策的提议和表决过程等）、监事会及发行人经营管理的实际运作情况，对实际控制人认定发表明确意见。发行人股权较为分散但存在单一股东控制比例达到30%的情形的，若无相反的证据，原则上应当将该股东认定为控股股东或者实际控制人。"可见，法律对于实际控制人强调的是其对于公司表决权的控制。依据法理并结合立法原意，通过投资关系控制公司包括对目标公司采取直接投资方式，或者通过多层投资方式来直接或者间接地控制目标公司，此外还包括隐名投资的情形。通过协议或者其他安排的情形则主要包括企业承包、企业的经营运作需要控制人所提供的特许权利或者技术，或者相关人员直接或者间接享有指派或者控制董事会多数成员的权利等。

另外，从体系解释的角度看，《公司法》第22条第1款规定："公司的控股股东、实际控制人、董事、监事、高级管理人员不得利用关联关系损害公司利益。"《公司法》第265条第4项规定："关联关系，是指公司控股股东、实际控制人、董事、监事、高级管理人员与其直接或者间接控制的企业之间的关系，以及可能导致公司利益转移的其他关系……"上述条文在表述上将实际控制人与控股股东、董事、监事、高级管理人员并列，可见相互之间并不存在包容关系。

---

① 公司法授权有限责任公司可以通过公司章程对股东的表决权另行作出安排。《公司法》第65条规定："股东会会议由股东按照出资比例行使表决权；但是，公司章程另有规定的除外。"

② 《损害公司利益责任纠纷案件的审理思路和裁判要求》，载上海市第一中级人民法院官网，https://www.a-court.gov.cn/xxfb/no1court 412/docs/202011/d 3661533.html，2024年1月23日访问。

湖北省高级人民法院在**许某洲与上海义正船务有限公司、王某会船舶抵押合同纠纷案**[①]中指出：公司控股股东与实际控制人具有不同的法律内涵，许某洲是扬州万隆船业有限责任公司的控股股东，但不是实际控制人，一审法院认定许某洲是该公司的实际控制人，适用法律不准确，本院予以纠正。

当然，从法律规定的控股股东及实际控制人承担的受信义务来看，二者承担的法律义务与法律责任并无本质的差别。最高人民法院在**佛山市南海能盛油品燃料有限公司、杜某1、杜某2与中国石化销售有限公司江西石油分公司等买卖合同纠纷案**[②]中，认可一审法院类推适用《公司法》第20条[③]，追究实际控制人滥用权利的连带责任。最高人民法院指出：杜某1、杜某2作为佛山市南海能盛油品燃料有限公司（以下简称能盛公司）的实际控制人，将能盛公司收取的中国石化销售有限公司江西石油分公司（以下简称中石化江西分公司）的款项无充足合理原因转付给与其有关联关系的广东省肇庆市能源交通贸易有限公司、佛山市隆泰能源有限公司及其个人之后，使能盛公司在不能履行与中石化江西分公司签订的购销合同的情况下，亦无能力及时退还其所收取的中石化江西分公司的购货款，从而严重损害了中石化江西分公司的利益。因此，原审判决类推适用《公司法》（2018年修正）第20条第3款[④]的规定，认定杜某1、杜某2应当对能盛公司所负的本案债务承担连带责任，并无不当。

2023年《公司法》修订后，特于第180条中增加第3款，规定公司的控股股东、实际控制人不担任公司董事但实际执行公司事务的，适用前两款规定。

三、董事法律责任概述

前已述及，依照《公司法》第265条第1项的规定，高级管理人员是指公司的经理、副经理、财务负责人，上市公司董事会秘书和公司章程规定的其他人员。但考虑到立法及司法实践中，控股股东、实际控制人、董事、监事、高级管理人员所负担的法律责任并无本质上的区别，故本书所说的“高管”可以理解为对上述主体的通称。

董事责任是高管责任的重要内容，理论上有将控股股东或者实际控制人作类似于公司董事的理解。例如，在否认母子公司独立人格的理论中，就有基于母公司对于子公司的“过度控制”这一事实而将母公司视为子公司“事实上的董事”，从而追究母公司责任的理论。这一观点已被2023年《公司法》修订时所吸收，规定于第180条第3款之中。

我国《公司法》对于董事的法律责任集中规定在第180～188条以及第190条之中。其中《公司法》第180条原则性地规定了董事、监事、高级管理人员的忠实义务和勤勉义务。

---

① 参见武汉海事法院（2017）鄂72民初421号民事判决书（一审），湖北省高级人民法院（2018）鄂民终1139号民事判决书（二审）。

② 参见江西省高级人民法院（2018）赣民初12号民事裁定书（一审），最高人民法院（2019）最高法民终30号民事判决书（二审）。

③ 2023年《公司法》修订后，条文序号调整为第23条。

④ 2023年《公司法》修订后，条文序号调整为第23条。

忠实义务要求董事、监事、高级管理人员将公司利益置于自身利益之上，不得利用职权谋取不正当利益；而勤勉义务的着眼点则在于规制高管消极懒惰，要求董事、监事、高级管理人员应当为公司的最大利益尽到管理者通常应有的合理注意。

《公司法》第181条进一步将董事、监事、高级管理人员违反忠实义务的行为细化为6种情形：(1)侵占公司财产、挪用公司资金；(2)将公司资金以其个人名义或者以其他个人名义开立账户存储；(3)利用职权贿赂或者收受其他非法收入；(4)接受他人与公司交易的佣金归为己有；(5)擅自披露公司秘密；(6)违反对公司忠实义务的其他行为。《公司法》第182条规定自我交易与关联交易，第183条规定不得利用职务之便谋取属于公司的商业机会，第184条规定竞业限制。其他违反对公司忠实义务的行为包括过度的在职消费，如装修豪华的办公大楼，在没有必要的情况下，到消费高昂的场所召开董事会，相关费用由公司负担，等等。

《公司法》第51条规定了董事会核查股东出资的义务，此前《公司法司法解释(三)》已经在公司资本催收、抽逃出资、股权转让领域进一步规范和强化了董事、监事、高级管理人员的受信义务。

依照《公司法》第186条的规定，公司董事、监事、高级管理人员违反受信义务的后果是公司享有归入权，即可以将董事、监事、高级管理人员违反义务所获得的利益收归公司所有。除在公司法中规定了公司的归入权外，《证券法》中对于短线交易行为也赋予公司归入权。依据《证券法》第44条第1款的规定，上市公司董事、监事、高级管理人员、持有上市公司股份5%以上的股东，将其持有的该公司的股票在买入后6个月内卖出，或者在卖出后6个月内又买入，由此所得收益归该公司所有，公司董事会应当收回其所得收益。

此外，《公司法》第188条明确，董事、监事、高级管理人员执行职务违反法律、行政法规或者公司章程的规定，给公司造成损失的，公司有权要求其承担赔偿责任。清算组成员的责任、破产管理人的责任等职务责任都是以董事责任为蓝本进行规制的，因此，董事责任在商事组织法体系中居于中心地位。强化董事责任，也是消弭“股东—董事”这一代理成本的主要措施。2023年《公司法》修订后，特于第193条增加关于董事责任保险的规定：“公司可以在董事任职期间为董事因执行公司职务承担的赔偿责任投保责任保险。公司为董事投保责任保险或者续保后，董事会应当向股东会报告责任保险的投保金额、承保范围及保险费率等内容”。

■ 第二节　高管勤勉义务的司法实践

2023年《公司法》修订前，法律并未对勤勉义务作出具体规定。正如浙江省慈溪市人民法院在**慈溪富盛化纤有限公司等与施某平损害公司利益责任纠纷案**[①]中指出的那样：勤勉

① 参见浙江省慈溪市人民法院(2007)慈民二初字第519号民事判决书(一审)。

义务的含义和内容，法律并没有具体界定。一般认为，公司法中的勤勉义务与侵权法中的注意义务相似，指董事、监事、高级管理人员必须像一个正常谨慎之人在类似处境下应有的谨慎那样履行义务，为实现公司的最大利益努力工作。据此，管理者在作出某一经营判断前，应当收集足够的信息，诚实而且有正当的理由相信该判断符合公司的最佳利益。

江苏省泰州市中级人民法院在**姜堰宾馆有限公司与殷某损害公司利益责任纠纷案**①中也指出：所谓勤勉义务，是指董事应当诚信履行对公司的职责，"以合理的技能水准、合理的谨慎和注意程度去处理公司的事务"。

北京市第四中级人民法院在**北京煜森股权投资有限公司与李某纯等损害公司利益责任纠纷案**②中指出：勤勉义务是指董事、高级管理人员在行使职权时应当尽职尽责管理公司业务。对于董事、高级管理人员是否尽到勤勉义务的认定，应当达到主客观相一致的标准，即应以普通谨慎的董事、股东在同类公司、同类职务、同类相关情形中所应具有的注意、知识和经验程度作为衡量标准。

2023 年《公司法》修订后，于第 180 条第 2 款对勤勉义务作出立法定义，即"执行职务应当为公司的最大利益尽到管理者通常应有的合理注意"。通过对司法实践中追究高管勤勉义务的实证分析，大体上对高管勤勉义务的追究可以分为以下几个方面。

一、拒不执行公司决议造成公司损失

高管不执行公司股东会、董事会决议造成公司损失的情况下，公司可以追究高管违反勤勉义务的法律责任。

【案例 10.1】　北京国际艺苑有限公司诉薛某损害公司利益责任纠纷案③

该案中，被告薛某作为原告北京国际艺苑有限公司的总经理，应按公司章程的规定，组织领导原告的日常经营管理工作，直接对董事会负责，执行董事会的各项决定。2006 年 7 月 28 日原告公司董事会作出决议向交通银行股份有限公司北京市分行（以下简称交行北京分行）出具不可撤销担保函后，被告薛某未按董事会的指示，将董事会决议及其他文件送交交行北京分行，致使公司未能与交行北京分行重新办理续贷事宜。原告公司董事长在得知被告的不作为情况后，曾发送召开紧急董事会的通知，但包括被告薛某在内的三名中方董事共同致函原告公司董事长，表示不能参与，致使原告公司出

① 参见江苏省泰州市姜堰区人民法院（2018）苏 1204 民初 3529 号民事判决书（一审），江苏省泰州市中级人民法院（2019）苏 12 民终 1011 号民事判决书（二审）。

② 参见北京市第四中级人民法院（2020）京 04 民初 348 号民事判决书（一审）。

③ 参见北京市东城区人民法院（2006）东民初字第 8542 号民事判决书（一审），北京市第二中级人民法院（2008）二中民终字第 03331 号民事判决书（二审）。

席董事未达到公司章程规定的人数，无法作出有效的董事会决议。又因原告公司重要文件掌握在被告薛某之手，且被告薛某的不作为使得原告公司无法与交行北京分行续订合约以偿还到期债务；嗣后交行北京分行诉至法院，要求实现对原告公司的债权。法院认为，被告薛某作为总经理，应按公司法及公司章程的规定履行自己对公司的义务。然而被告不但不执行董事会决议，而且还将董事会决议等重要文件取出交与他人，致使交行北京分行对原告公司逾期还款加收罚息和复利，并通过诉讼向原告主张权利。原告公司无其他救济途径，被告应对由此给原告造成的支付复利及诉讼费等经济损失承担赔偿责任。

同样，在**北京华誉维诚技术服务有限公司与袁某损害公司利益责任纠纷案**[①]中，北京华誉维诚技术服务有限公司（以下简称华誉公司）股东为上海华东电脑股份有限公司（以下简称华东公司）及袁某两方，袁某曾担任华誉公司董事及总经理职务。2017 年 3 月 23 日，华东公司与袁某召开华誉公司股东会并形成决议：（1）免去袁某公司董事的职务；（2）袁某在本决议生效之日起 12 个月内退赔违规超发奖金等 172 万元。袁某及华东公司在股东会决议上签字或盖章。一审庭审中，袁某确认该笔款项应返还给华誉公司，但袁某至今未返还该笔款项。法院审理后认为股东会决议合法有效，袁某应按照股东会决议的内容向华誉公司退赔 172 万元。

二、应当提交股东会或董事会讨论的事项未提交造成公司损失

应当提交股东会或董事会的事项典型的如公司担保中的关联担保，依法应当经过股东会决议。对此，《公司法》第 15 条规定："公司向其他企业投资或者为他人提供担保，按照公司章程的规定，由董事会或者股东会决议；公司章程对投资或者担保的总额及单项投资或者担保的数额有限额规定的，不得超过规定的限额。公司为公司股东或者实际控制人提供担保的，应当经股东会决议。前款规定的股东或者受前款规定的实际控制人支配的股东，不得参加前款规定事项的表决。该项表决由出席会议的其他股东所持表决权的过半数通过。"

如今司法实践对于关联担保的裁判思路已经发生根本性调整，改变了对《公司法》第 15 条的规定究竟是效力性规范还是管理性规范的争论，对公司对外担保采取代表权限制说认定其效力（具体内容见本书第九章的相关论述）。无论是担保有效引起公司承担担保责任还是担保无效引发公司承担相应的赔偿责任，最终都可以向行为人进行追偿。如在**四川元**

① 参见北京市昌平区人民法院（2018）京 0114 民初 8878 号民事判决书（一审），北京市第一中级人民法院（2019）京 01 民终 3041 号民事判决书（二审）。

泰投资管理有限公司与曾某、陈某章损害公司利益责任纠纷案[①]中，法院认定曾某、陈某章作为四川元泰投资管理有限公司(以下简称元泰公司)的董事长、副董事长、股东，未经公司董事会或股东会决议，即为元泰公司设立担保义务，违反了法律及公司章程规定，导致元泰公司被扣划了3102672.81元。因此，曾某、陈某章上述行为造成了公司损失，应当承担赔偿责任。

另外，对于公司经营中的重大事项，董事、高级管理人员如果未提交公司股东会讨论决策，对由此造成的损失亦应当承担赔偿责任。如在**中国科学院合肥物质科学研究院与张某华、李某炎损害公司利益责任纠纷案**[②]中，安徽省合肥市中级人民法院认定：无论基于何种原因，合肥中科医学投资管理有限公司(以下简称合肥中科公司)向湖北同济堂投资控股有限公司(以下简称湖北同济堂公司)支付5.6亿元款项均应当经过合肥中科公司的内部决策程序。但至本案法庭辩论终结前，被告张某华、李某炎以及湖北同济堂公司(股东单位)未提交相应的证据证明其支付款项经过了合肥中科公司必要的内部决策程序。三被告擅自向湖北同济堂公司转款合计5.6亿元的行为，不仅违反《中国科学院合肥物质研究院、湖北同济堂公司共建转化医学临床平台战略合作协议书》以及公司章程有关股东会或董事会对公司“重要管理事项”和“重大决策内容”的决定必须经代表80%以上表决权的股东或董事表决通过的有关规定，也违反《公司法》第147条[③]有关公司董事、高级管理人员忠实义务的规定，严重损害公司利益，构成共同侵权。遂判令三被告承担连带赔偿责任。

三、未遵守公司规章制度，对外签订合同未尽应有的谨慎义务

勤勉义务的核心内容是高管履职应尽到应有的谨慎义务。如果高管在履行职务过程中未能尽到应有的谨慎义务，导致公司重大利益受损，从劳动关系角度分析，公司可以依法解雇该高管；从公司法的角度分析，公司可以追究其损害赔偿责任。

【案例10.2】　苏州易升电梯部件有限公司与朱某等6人劳动争议纠纷案[④]

朱某系苏州易升电梯部件有限公司(以下简称易升公司)采购总监，负责公司对外采购及供应商关系维护事宜。2021年8月，朱某向相关客户及供应商发布一则告知函，

---

① 参见四川省成都高新技术产业开发区人民法院(2019)川0191民初2005号民事判决书(一审)，四川省成都市中级人民法院(2019)川01民终14406号民事判决书(二审)。

② 参见安徽省合肥市中级人民法院(2019)皖01民初1475号民事判决书(一审)，安徽省高级人民法院(2020)皖民终1332号民事裁定书(二审)。在该案二审中，上诉人未缴纳上诉费，被裁定按撤回上诉处理，一审判决发生法律效力。

③ 2023年《公司法》修订后，条文序号调整为第180条。

④ 参见吴江劳人仲案字〔2021〕第2857号、第2858号、第2859号等仲裁裁决书。该系列案件为笔者承办的案件。

载明:"因本公司法定代表人、董事长翁某严重不负责任,擅自发布对外暂停一切付款指令,置公司、股东、客户、供应商利益于不顾……贵司可依法采取法律措施维护自身权利。"其后易升公司供应商提起诉讼,保全易升公司账户3000万元,造成公司经营陷入困难。

另查明,易升公司由3名股东组成,股东持股比例一致,均为33.3%。股东柳某担任公司总经理(兼董事),全面负责公司日常经营管理。公司另两名股东分别担任公司董事长、副董事长,董事长为公司法定代表人。因股东之间就经营异常存在分歧,不参与公司经营的两名股东(含董事长、法定代表人)要求审计查账。总经理柳某为阻止对其审计,在获悉审计动向后于次日凌晨2时,安排包括朱某在内的公司高层管理人员(含采购总监、IT总监、人事经理等)潜入公司,转移公司账册及公章等。公司董事长发现后报警处理,并代表公司以相关人员"严重失职、营私舞弊,对用人单位利益造成重大损失"为由,宣布开除上述参与转移公司证照、账册以及发布告知函等对公司经营产生重大不利影响的员工,同时全面接管公司。

朱某对公司开除决定不服,提起劳动仲裁,主张公司支付违法解除劳动合同的赔偿金。

苏州市吴江区劳动人事争议仲裁委员会认为:涉案告知函虽盖有公司公章,但函件内容直指公司董事长、法定代表人,这一函件的合法性、有效性显然存疑。函件内容涉及公司重大生产经营问题,无公司股东会、董事会决议,该告知函的内容显然未经查证,无法确认是公司真实意思表示。劳动者除应遵守书面的劳动合同约定的义务外,还负有诚实信用、忠实尽责、维护用人单位合法权利的义务。申请人作为公司采购总监,系公司高级管理人员,其能力及眼界有别于普通劳动者,就公司生产经营负有重要管理责任,应当预见该告知函发布所能产生的后果。即便其受总经理(助理)通知发布该函,其仍应当查证、分辨函件的真伪以及是否符合公司利益,是否经过公司相关机关的决议。另外,其凌晨受总经理指令搬运公司资料亦存在不合常理之处。劳动者忠实于用人单位,而非机械忠实上级或个人;应当维护公司利益,而非放任事态不良影响的加重。申请人的行为存在失职及主观放任,将对用人单位利益造成重大损害,故用人单位与其解除劳动合同在事实上并无不当。劳动仲裁机构遂作出驳回申请人(劳动者)仲裁申请的裁决。其余5名高级管理人员提出的劳动争议仲裁均被以相似的理由驳回。后相关劳动者提起诉讼,亦未得到法院的支持。

笔者将本案的裁决要旨归纳为:公司高级管理人员,应以与其职务相匹配的注意义务处理公司事务,应当预见实施相关行为将给公司造成的重大损害。其积极追求甚至放任公司损害发生的,属于"严重失职、营私舞弊,对用人单位造成重大损害"的情形,用人单位将其开除,符合《劳动法》《劳动合同法》的规定。劳动者主张违法解除劳动合同赔偿金的,不予支持。

【案例10.3】 吉林辉隆贸易有限公司与姚某损害公司利益责任纠纷案①

案外人谭某峰与吉林辉隆贸易有限公司(以下简称辉隆公司)副总经理姚某系同学关系,2011年至2013年,谭某峰找姚某称欲借用有资质的公司名义与辉隆公司做粮食生意。后谭某峰利用其伪造的案外人佳木斯绿谷米业有限公司(以下简称绿谷米业公司)的公章及法定代表人姚某庭签名,与辉隆公司签订代收代储合同。谭某峰带辉隆公司的工作人员到绿谷米业公司办公室,并巡查存放在绿谷米业公司外其他仓库的水稻。在谭某峰将虚假粮食产品收购日报表传真给辉隆公司后,辉隆公司将水稻款14980330元汇入绿谷米业公司账户,绿谷米业公司的法定代表人姚某庭将此款全部转交给谭某峰,并依谭某峰指示给辉隆公司开具增值税发票。2014年5月5日,辉隆公司发现其委托收购的水稻灭失,便找到谭某峰及绿谷米业公司,得知被骗后,向佳木斯经侦部门报案。后黑龙江省佳木斯市中级人民法院以(2015)佳刑二初字第7号刑事判决认定谭某峰构成合同诈骗罪,因谭某峰的犯罪行为给辉隆公司造成损失12780330元,对其判处刑罚并责令退赔辉隆公司全部损失。谭某峰已经退赔410000元,辉隆公司剩余损失12370330元未获赔偿。另查明,辉隆公司系安徽辉隆农资集团股份有限公司(以下简称辉隆集团)的子公司。姚某所提交的辉隆集团印制的辉隆大纲显示:股份公司按照本制度规定对子公司及下属公司财务工作实行统一管理、统一指导,子公司及下属公司按照相应的职责和权限履行财务管理职责,承担相应责任;股份公司实行财务负责人委派制。子公司财务负责人由股份公司委派,所在公司董事会按照法定程序聘任,负责被委派单位的财务核算与管理,并向股份公司财务总监报告工作,接受股份公司及所在公司的双重管理。辉隆大纲还包含委派财务负责人管理办法和合同管理办法,其中委派财务负责人管理办法就辉隆集团子公司及下属公司委派财务人员的选聘、管理、职权和义务作了详细规定;合同管理办法明确单笔业务资金在1000万元以上的合同由子公司总经理、董事长和股份公司分管总经理签署意见后,股份公司董事长审批。还查明,在涉案合同履行期间,姚某及其他公司管理人员、工作人员曾多次到谭某峰指定的仓库巡查存放的水稻,后姚某指派公司工作人员车某通负责该笔业务的巡库工作。至谭某峰刑事犯罪案发,上述人员均未能发现该笔业务库存水稻的异常情况。

吉林省长春市中级人民法院一审认为:辉隆公司以姚某违反忠实、勤勉义务为由,要求其承担涉案合同签订、履行所造成的损失,其请求是否应予支持,应进一步核查姚某有无违反公司勤勉义务的行为。对于违反公司勤勉义务的具体表现为何,公司法并未作出具体明确的规定,对此本院认为应依同类人标准对姚某是否违反该项义务进行

① 参见吉林省长春市中级人民法院(2017)吉01民初1463号民事判决书(一审),吉林省高级人民法院(2018)吉民终645号民事判决书(二审)。

判断。所谓同类人标准，即其他同类水平的董事、监事及高级管理人员在同类公司、同类职位和近似情形中所应当具备的注意义务。进一步讲，公司管理人员是否违反公司勤勉义务，不应仅以经营决策失误的结果为标准，而应当以行为人实际掌握的信息情况、决策能力，决策是否符合公司章程规定等综合判断。本案中，虽然姚某与谭某峰系同学关系，并因此提供了谭某峰与辉隆公司缔约的机会，但辉隆公司未能提供证据证明姚某在处理该项事务时不是出于善意。另从辉隆集团的相关管理规定看，涉案合同的签订及履行均非姚某所能单独决策，辉隆公司也未能证明姚某没有依照公司规程操作该项业务，且所涉款项也汇入了绿谷米业公司账户而非谭某峰个人账户。因此在公司财务、物流人员以及其他相关高级管理人员均未审查出涉案合同异常的情况下，认定姚某未尽合理注意义务及勤勉义务缺乏依据。另外除姚某外，公司其他管理人员也曾巡查涉案业务的水稻库存情况，姚某还专门委派公司人员车某通多次巡库，由此也难以认定辉隆公司未能发现谭某峰所指水稻库存虚假是姚某未尽勤勉义务所致。综上，辉隆公司提出的姚某未尽忠实勤勉义务的主张不能成立，其诉讼请求不予支持。

吉林省高级人民法院二审认为：本院（2016）吉民终 559 号民事判决认定在辉隆公司被谭某峰诈骗的过程中，辉隆公司、绿谷米业公司、谭某峰三方均存在过错，辉隆公司实际损失数额为 12370330 元，绿谷米业公司承担损失数额为 30%。辉隆公司二审提供的 2013 年版和 2014 年版辉隆大纲中的合同管理办法第 8 条规定：订立合同前，各公司具体业务人员、分管业务领导必须全面了解和掌握对方的企业性质、内部股份结构、资产状况、管理及运作模式、经营规模、经营资格、诚信状况等情况，同时要对企业全部情况做到动态管理，发现不利合同履行情况的，即刻采取措施，减少对我方的影响或损失。严禁与无经营资格、信誉不佳、管理混乱的企业或个人订立经济合同。第 9 条规定：合同的签订、履行实行总经理、董事长或分管领导审签负责制和第一责任人制度。第一责任人制度即从签订合同的前期考察、合同签订和履行，确定具体业务经办人员为第一责任人，部门负责人或分管副总经理为本单业务负责人，对合同的订立进行把关、承担连带责任。第一责任人和本单业务负责人可以为同一人，也可以由总经理根据业务性质或金额大小确定第一责任人，在第一责任人不明确的情况下，总经理为第一责任人。姚某作为本单业务的业务经办人、分管副总经理的第一责任人，未遵守辉隆大纲的上述规定，在明知其同学谭某峰没有经营资格，谭某峰明确表示借用他人经营资格的情况下，未按公司规定在订立合同前对谭某峰是否真实获得绿谷米业公司的授权等进行尽职调查，在合同订立过程中未尽审慎注意义务；在合同履行过程中，姚某在巡库检查时没有按照基本的工作要求，查验仓储合同、核对仓单、审查货物进出库单据等基本凭证。姚某并未尽到在类似情形、处于类似地位的具有一般性谨慎的人在处理自己事务时的注意义务，致使公司遭受巨额损失。根据《公司法》第147条第1款、第149条[①]的规定，姚某违反了对公司的勤勉义务，给公司造成损失，应当承担赔偿责任。本院（2016）吉民终559号民事判决认定在辉隆公司被谭某峰诈骗过程中，辉隆公司、绿谷米业公司及谭某峰三方均存在过错；长春市中级人民法院（2014）吉民四初字第69号民事判决中认定辉隆公司在签订合同的过程中未尽审慎注意义务。因此，辉隆公司造成自身损失的主要责任人为姚某，但也存在公司其他人员履行职务时未尽审慎注意义务的情形。姚某应对辉隆公司的自身损失（12370330元的70%）承担部分赔偿责任，故根据本案具体情况，酌情判决其承担辉隆公司应承担损失的10%，即865923元。同时，因黑龙江省佳木斯市中级人民法院（2015）佳刑二初字第7号刑事判决已经责令谭某峰退赔辉隆公司经济损失，故该案实际退赔数额应当在本案执行中按比例予以扣减。辉隆公司上诉提出姚某违反对公司的勤勉义务，在签订和履行合同的过程中未尽审慎注意义务，致使公司遭受重大损失，应承担赔偿责任的上诉理由成立，本院予以采纳，但要求姚某承担全部损失的上诉理由不成立，本院不予采纳。综上，一审判决认定事实清楚，适用法律有误，导致审判结论错误，应予纠正。遂改判：撤销吉林省长春市中级人民法院（2017）吉01民初1463号民事判决；被上诉人姚某于本判决生效之日赔偿辉隆公司损失865923元［黑龙江省佳木斯市中级人民法院（2015）佳刑二初字第7号刑事判决实际追缴谭某峰非法所得并退赔辉隆公司的数额，在本案执行中按比例予以扣减］。

需要指出的是，本案中辉隆公司并非国有企业，如国有企业高管在签订、履行合同过程中未尽应有的谨慎义务，导致国家利益遭受重大损失，将构成签订、履行合同失职被骗罪。

四、未履行催收注册资本的义务及协助抽逃出资

《公司法司法解释（三）》规定董事有催收注册资本的义务。2023年《公司法》修订后，于第51条第1款明确规定董事会核查出资、催收注册资本的义务。同时《公司法》第51条第2款明确规定，未及时履行前款规定的义务，给公司造成损失的，负有责任的董事应当承担赔偿责任。

最高人民法院通过个案裁判的形式将公司董事履行注册资本催收的义务扩展至公司设立之时，认为在公司注册资本认缴制下，公司设立时认缴出资的股东负有的出资义务与公司增资时是相同的，董事、高级管理人员负有的督促股东出资的义务也不应有所差别。换言之，无论是公司设立时股东认缴出资，还是公司增资时股东认缴新增注册资本，董事、高级管理人员均负有催收注册资本的义务。司法实践中，已经不再区分作为与不作为，无

① 2023年《公司法》修订后，条文序号调整为第180条、第188条。

论董事、高级管理人员是积极实施协助抽逃注册资本的行为,还是以消极不作为的方式放任股东不履行出资义务,均构成对受信义务的违反,需要承担相应的法律责任。当然,毕竟出资的义务主体是股东,董事、高级管理人员承担责任后,可以向股东追偿。

【案例10.4】 斯曼特微显示科技(深圳)有限公司诉胡某生等损害公司利益责任纠纷案①

斯曼特微显示科技(深圳)有限公司(以下简称深圳斯曼特公司)成立于2005年1月11日,系外国法人独资的有限责任公司,唯一股东为开曼群岛斯曼特微显示科技有限公司(以下简称开曼斯曼特公司),认缴注册资本额为1600万美元。2005年1月5日,股东开曼斯曼特公司签署深圳斯曼特公司章程。2005年1月11日至2006年12月29日,胡某生、薄某明、史某文担任深圳斯曼特公司董事,其中胡某生为董事长、法定代表人。自2006年12月30日起,贺某明、王某波、李某滨担任深圳斯曼特公司董事,其中贺某明为董事长、法定代表人。

深圳斯曼特公司章程规定,公司成立后90日内股东应缴付出资300万美元,第一次出资后一年内应缴付出资1300万美元;公司成立之日即为董事会生效日,董事会由6名成员组成,均为股东公司的董事,以反映股东董事会的意愿;董事会是公司最高权力机关,拥有法律赋予的最终决定权。

股东开曼斯曼特公司于2005年3月16日至2005年11月3日分多次出资后,欠缴出资5000020美元。后深圳市中级人民法院应深圳斯曼特公司债权人的申请,裁定追加开曼斯曼特公司为被执行人。经强制执行后,开曼斯曼特公司仍欠缴出资4912376.06美元。因开曼斯曼特公司没有其他可供执行的财产,一审法院于2012年3月21日裁定终结该次执行程序。后深圳斯曼特公司被裁定破产,破产管理人代表深圳斯曼特公司对包括胡某生在内的6名董事提起诉讼,主张胡某生等6名董事对深圳斯曼特公司股东欠缴出资所造成的深圳斯曼特公司的损失承担连带赔偿责任,赔偿责任范围为深圳斯曼特公司股东欠缴的注册资本4912376.06美元。

广东省深圳市中级人民法院一审认为:本案争议的焦点是胡某生等6名董事作为深圳斯曼特公司董事,是否应当对深圳斯曼特公司股东开曼斯曼特公司欠缴出资所造成的损失承担连带赔偿责任。对此,需要从三个方面分析:一是追缴股东出资是否属于董事勤勉义务的范围;二是胡某生等6名董事未追缴股东出资与股东欠缴出资之间是否存在因果关系;三是胡某生等6名董事未追缴出资是否导致了深圳斯曼特公司损失。

① 参见广东省深圳市中级人民法院(2015)深中法破初字第8号民事判决书(一审),广东省高级人民法院(2016)粤民破70号民事判决书(二审),最高人民法院(2018)最高法民再366号民事判决书(再审)。

(1)关于追缴股东出资是否属于董事勤勉义务范围的问题,该院认为本案追缴股东欠缴出资事项属于深圳斯曼特公司事务,胡某生等6名董事作为深圳斯曼特公司的董事,应当积极通过董事会会议,就该事项作出决策。但其负有该项勤勉义务,并不等于未履行就必然需要承担法律责任。胡某生等6名董事消极未履行该项勤勉义务,是否应当承担赔偿责任,应从胡某生等6名董事未履行该义务与深圳斯曼特公司股东欠缴出资之间的因果关系,以及胡某生等6名董事未履行该义务是否导致深圳斯曼特公司损失两方面作进一步分析。(2)关于胡某生等6名董事未追缴股东出资与股东欠缴出资的关系问题。《公司法司法解释(三)》第13条第1款规定,股东未履行或者未全面履行出资义务,公司或者其他股东请求其向公司依法全面履行出资义务的,人民法院应当予以支持。据此,在股东欠缴出资的情况下,董事会有权作出追缴出资的决定。但董事会未作出追缴股东欠缴出资的决定,与股东欠缴出资并无必然联系,也即股东是否履行全面出资义务,并不取决于董事会的决定。本案无证据显示胡某生等6名董事通过深圳斯曼特公司董事会作出了追缴股东欠缴出资的决定,也无证据显示胡某生等6名董事通过董事会作出了有碍于股东缴纳出资的决定。胡某生等6名董事消极未履行追缴股东应缴出资的勤勉义务,并不是股东欠缴出资的原因。(3)关于胡某生等6名董事未追缴出资是否导致深圳斯曼特公司损失的问题。深圳斯曼特公司主张,胡某生等6名董事未履行催缴股东出资的勤勉义务导致深圳斯曼特公司损失,损失额为深圳斯曼特公司股东欠缴的出资。对此,如前所述,胡某生等6名董事消极未履行追缴股东欠缴出资的勤勉义务,与股东欠缴出资之间并不存在必然联系。深圳斯曼特公司未收到全部出资,系深圳斯曼特公司股东未全面履行出资义务所致,并非胡某生等6名董事作为深圳斯曼特公司董事消极不履行勤勉义务或者积极阻止股东履行出资义务所致。依据《公司法司法解释(三)》第13条第4款的规定,股东在公司增资时未履行或者未全面履行出资义务,公司请求未尽《公司法》(2005年修订)第147条①规定的义务而使出资未缴足的董事承担相应责任的,人民法院应当支持;依据《公司法司法解释(三)》第14条第1款的规定,股东抽逃出资,公司请求其向公司返还出资本息、协助抽逃出资的董事对此承担连带责任的,人民法院应予支持。从上述规定中关于"执行职务""公司增资""协助抽逃"等的表述可知,董事对公司损失承担责任,系因董事作出了某种积极行为,从而公司受到损失。在董事消极未履行某种勤勉义务,且该等消极未履行与公司所受损失并无直接因果关系的情况下,董事不应当受到追责。此外,本案胡某生等6名董事作为深圳斯曼特公司董事,虽未通过董事会作出追缴股东欠缴出资的决定,但并不影响深圳斯曼特公司、其他利益相关方请求欠缴出资的股东承担相应责任。据此,一审法院判决驳回深圳斯曼特公司的诉讼请求。

---

① 2023年《公司法》修订后,条文序号调整为第180条。

广东省高级人民法院二审认为：本案中，深圳斯曼特公司股东未按公司章程规定按时足额履行出资义务，深圳斯曼特公司有权请求股东向公司依法全面履行出资义务。出资义务是股东的基本义务，但非公司董事的法定义务。《企业破产法解释(二)》第20条第2款规定，管理人依据公司法的相关规定代表债务人提起诉讼，主张公司的发起人和负有监督股东履行出资义务的董事、高级管理人员，或者协助抽逃出资的其他股东、董事、高级管理人员、实际控制人等，对股东违反出资义务或者抽逃出资承担相应责任，并将财产归入债务人财产的，人民法院应予支持。据此，在股东未全面履行出资义务时，董事或因协助股东抽逃出资，或因负有监督职责而未履行，或因对增资未尽忠实勤勉义务等情形而承担相应责任，但不应将股东未全面履行出资义务的责任一概归因于公司董事。如果董事仅仅只是怠于向未全面履行出资义务的股东催缴出资，以消极不作为的方式未尽忠实勤勉义务，而该不作为与公司所受损失之间没有直接因果关系，那么要求董事对股东未履行全面出资义务承担责任，则缺乏事实和法律依据。深圳斯曼特公司股东开曼斯曼特公司未全面履行出资义务，深圳斯曼特公司可依法向其主张权利。6名董事在不同时期分别担任深圳斯曼特公司股东中方董事，在公司章程没有明确规定其负有监督股东履行出资义务，没有证据显示其消极未向股东催缴出资与公司所受损失存在因果关系的情况下，深圳曼斯特公司请求上述6名董事对股东欠缴的出资承担连带赔偿责任，于法无据，不予支持。遂判决驳回深圳斯曼特公司的上诉，维持一审判决。

最高人民法院再审认为：根据《公司法》第147条第1款①的规定，董事、监事、高级管理人员应当遵守法律、行政法规和公司章程，对公司负有忠实义务和勤勉义务。上述规定并没有列举董事勤勉义务的具体情形，但是董事负有向未履行或未全面履行出资义务的股东催缴出资的义务，这是由董事的职能定位和公司资本的重要作用决定的。根据董事会的职能定位，董事会负责公司业务经营和事务管理，董事会由董事组成，董事是公司的业务执行者和事务管理者。股东全面履行出资是公司正常经营的基础，董事监督股东履行出资是保障公司正常经营的需要。《公司法司法解释(三)》第13条第4款规定："股东在公司增资时未履行或者未全面履行出资义务，依照本条第一款或者第二款提起诉讼的原告，请求未尽公司法第一百四十七条第一款②规定的义务而使出资未缴足的董事、高级管理人员承担相应责任的，人民法院应予支持；董事、高级管理人员承担责任后，可以向被告股东追偿。"上述规定的目的是赋予董事、高级管理人员对股东增资的监管、督促义务，从而保证股东全面履行出资义务，保障公司资本充实。在公司注册资本认缴制下，公司设立时认缴出资的股东负有的出资义务与公司增资时是相

---

① 2023年《公司法》修订后，条文序号调整为第180条。

② 2023年《公司法》修订后，条文序号调整为第180条。

同的，董事、高级管理人员负有的督促股东出资的义务也不应有所差别。本案深圳斯曼特公司是外商独资企业，实行注册资本认缴制。参照《公司法司法解释(三)》第13条第4款的规定，在公司注册资本认缴制下，股东未履行或未全面履行出资义务，董事、高级管理人员负有向股东催缴出资的义务。根据《公司法》第149条[①]的规定，董事、监事、高级管理人员执行公司职务时违反法律、行政法规或者公司章程的规定，给公司造成损失的，应当承担赔偿责任。本案胡某生等6名董事在股东开曼斯曼特公司认缴出资额期限届满即2006年3月16日之后均担任过深圳斯曼特公司董事。胡某生等6名董事作为深圳斯曼特公司的董事，又是股东开曼斯曼特公司的董事，对股东开曼斯曼特公司的资产情况、公司运营状况均应了解，具备监督股东开曼斯曼特公司履行出资义务的便利条件。胡某生等6名董事未能提交证据证明其在股东出资期限届满即2006年3月16日之后向股东履行催缴出资的义务，以消极不作为的方式构成对董事勤勉义务的违反。一审法院依据(2012)深中法执恢字第50号执行裁定，强制执行了开曼斯曼特公司财产后，开曼斯曼特公司没有其他可供执行的财产，一审法院于2012年3月21日裁定终结该次执行程序。后深圳斯曼特公司被债权人捷普电子(苏州)有限公司申请破产清算。由此可见，股东开曼斯曼特公司未缴清出资的行为实际损害了深圳斯曼特公司的利益，胡某生等6名董事消极不作为放任了实际损害的持续。股东开曼斯曼特公司欠缴的出资即为深圳斯曼特公司遭受的损失，开曼斯曼特公司欠缴出资的行为与胡某生等6名董事消极不作为共同造成损害的发生、持续，胡某生等6名董事未履行向股东催缴出资义务的行为与深圳斯曼特公司所受损失之间存在法律上的因果关系。一、二审判决认为胡某生等6名董事消极不作为与深圳斯曼特公司所受损失没有直接因果关系，系认定错误，应予纠正。遂撤销一、二审判决，改判胡某生等6名董事应向深圳斯曼特公司连带赔偿4912376.06美元。

五、上市公司高管未全面履行信息披露义务

《证券法》于2019年12月28日进行第二次全面修订，本次修订的一大亮点在于将“信息披露”作为专章进行规定。2019年修订后的《证券法》在第五章专门规定信息披露。《证券法》第85条规定：“信息披露义务人未按照规定披露信息，或者公告的证券发行文件、定期报告、临时报告及其他信息披露资料存在虚假记载、误导性陈述或者重大遗漏，致使投资者在证券交易中遭受损失的，信息披露义务人应当承担赔偿责任；发行人的控股股东、实际控制人、董事、监事、高级管理人员和其他直接责任人员以及保荐人、承销的证券公司及其直接责任人员，应当与发行人承担连带赔偿责任，但是能够证明自己没有过错的除外。”

① 2023年《公司法》修订后，条文序号调整为第188条。

2019 年修订后的《证券法》强化虚假信息披露的处罚力度，对信息披露义务人报送的报告或者披露的信息有虚假记载、误导性陈述或者重大遗漏的，处罚金额从修订前的 60 万元提升至 1000 万元。

实践中，上市公司高管因未尽勤勉义务，未及时披露有关信息的情况屡见不鲜。对此，中国证监会作为主管部门也多次对相关主体进行行政处罚。

【案例 10.5】 宜华生活科技股份有限公司及其 19 名责任人员信息披露违法行政处罚案①

中国证监会调查认定：宜华生活科技股份有限公司（以下简称宜华生活）通过虚构境内销售业务、高报出口货物销售额等方式虚增 2016 年至 2019 年营业收入，虚增金额分别为：22.98 亿元、21.4 亿元、20.1 亿元、6.4 亿元。同时，宜华生活 2016 年至 2018 年年度报告以及 2019 年半年度报告通过财务不记账、虚假记账、伪造银行单据等方式虚增货币资金。宜华生活 2016 年至 2019 年年度报告存在重大遗漏，2016 年 1 月 1 日至 2019 年 12 月 31 日，在未经上市公司决策的情况下，宜华企业（集团）有限公司（以下简称宜华集团）总裁刘某香直接指挥相关人员，通过宜华生活名下共 6 家银行的 10 个账户向关联法人汕头市宏辉木制品有限公司（以下简称汕头宏辉）和汕头市亮光建材贸易有限公司（以下简称汕头亮光）名下共 2 家银行的 3 个账户进行资金划转，总共划转资金 15710968918.60 元，回流资金 16420811763.60 元。宜华生活对上述与汕头宏辉及汕头亮光的巨额资金往来均未记账，亦未按照相关规定，在相关年度报告中披露上述关联关系及关联交易，其 2016 年至 2019 年年度报告存在重大遗漏。

中国证监会认为：首先，根据《公司法》第 147 条②的规定，董事、监事、高级管理人员对公司负有忠实义务和勤勉义务。根据 2005 年《证券法》第 68 条第 3 款、2019 年《证券法》第 82 条第 3 款的规定，董事、监事、高级管理人员负有保证上市公司所披露的信息真实、准确、完整的义务。黄某群等人作为宜华生活时任董事、监事、高级管理人员，应对公司信息披露实施必要、有效的监督，应主动了解、持续关注公司的经营和财务等状况，积极问询，提出问题，提供建议，前述人员提出的未参与、不知情、难以发现等理由均不构成免责事由。其次，在案证据不足以证明前述人员已勤勉尽责。宜华生活长期系统性财务造假，内部治理失效，时任董事、监事、高级管理人员难辞其咎。且自 2019

① 参见《中国证监会行政处罚决定书（宜华生活科技股份有限公司及其 19 名责任人员）》，载中国证监会网，http://www.csrc.gov.cn/csrc/c101928/c1560144/content.shtml，2021 年 10 月 18 日访问。本案是 2019 年《证券法》实施后证监会首批行政处罚案件。

② 2023 年《公司法》修订后，条文序号调整为第 180 条。

年年初以来，宜华生活因“存贷双高”被媒体质疑，2018 年年报被交易所问询，2019 年财务报表被会计师事务所出具无法表示意见的审计报告；而前述董事、监事、高级管理人员未对前述异常情形予以应有的关注，更未进行必要、审慎的核查，即在相关定期报告上签署确认意见，更是未勤勉尽责的体现。

最终，中国证监会对宜华生活责令改正，给予警告，并处以 600 万元的罚款，对刘某喜给予警告，并处以 930 万元的罚款，其中直接负责的主管人员罚款 30 万元，实际控制人罚款 900 万元；对其余 18 名时任宜华生活董事、副总经理、董事会秘书、监事、独立董事等给予警告并分别处以 15 ~ 450 万元不等的罚款。

六、未依法制作、保存文件资料

公司经营过程中，必须遵守相应的程式，保留与全部经营活动相关的文件资料。如果公司董事、高级管理人员未能按照公司法及其他法律（如会计法等）的规定，保留相关文件资料，可能会承担相应的赔偿责任。对此，《公司法司法解释（四）》第 12 条规定：“公司董事、高级管理人员等未依法履行职责，导致公司未依法制作或者保存公司法第三十三条、第九十七条[①]规定的公司文件材料，给股东造成损失，股东依法请求负有相应责任的公司董事、高级管理人员承担民事赔偿责任的，人民法院应当予以支持。”

准确适用司法解释的条文追究董事、高级管理人员的责任，需要进一步界定“给股东造成损失”的内涵。“这里所称的损失，指的是经济利益损失。从我国公司实践和有关司法实践来看，股东因公司未依法置备文件材料遭受损失，主要是由于公司会计账簿被故意隐匿或者销毁所导致。股东因此遭受的损失主要包括难以证明公司具备可分配利润并请求公司分配利润、难以证明公司具有可分配剩余财产并请求相应分配，以及因无法组织公司清算而依法承担赔偿责任等带来的损失等。”[②]

根据《公司法司法解释（四）》第 12 条的规定，董事、高级管理人员应当如何承担赔偿责任，在多大范围及限度内承担赔偿责任，司法解释并未作出明确的规定。从现有的司法实践来看，有两种处理方式：

一是行使司法自由裁量权，判决支持原告股东的诉讼请求。如在**熊某与刘某军损害股东利益责任纠纷案**[③]中，上海市松江区人民法院考虑到被告刘某军作为上海渝椒旺餐饮管理有限公司（以下简称渝椒旺公司）执行董事未履行制作、保管会计账簿的法定义务使原告熊某无法行使股东知情权，客观上影响了原告作为公司投资人的决策能力，遂综合渝椒旺

① 2023 年《公司法》修订后，条文序号调整为第 57 条、第 110 条。

② 杜万华主编，最高人民法院民事审判第二庭编：《最高人民法院公司法司法解释（四）理解与适用》，人民法院出版社 2017 年版，第 254 - 255 页。

③ 参见上海市松江区人民法院（2019）沪 0117 民初 755 号民事判决书（一审）。

公司的经营情况、原告占股比例以及被告行为的违法程度等因素，酌情判令被告赔偿原告损失 1 万元。同样，在**叶某与周某损害股东利益责任纠纷案**①中，叶某向公司执行董事、法定代表人周某起诉的金额 70 万元实系其向上海 A 有限公司（以下简称 A 公司）的出资款，在其已经先行提起返还出资款的股东出资纠纷之诉且经法院审理予以驳回的情况下，再次提起本案损害股东利益责任之诉，两案由同一事实引起，诉讼请求本质上亦一致，而叶某现未提供新的证据证明 A 公司存在可分配利润或可分配剩余财产，故上海市闵行区人民法院一审判决驳回叶某的诉讼请求。上海市第一中级人民法院撤销了一审判决，认为：叶某提起的两起诉讼请求权基础不同、基本事实亦不同。前案股东出资纠纷案件系叶某基于股份资本调整协议的约定而提起的合同履行之诉；而本案诉讼的请求权基础为 2017 年《公司法司法解释（四）》第 12 条，即关于公司董事和高级管理人员未依法履行职责置备公司文件材料，给股东造成损失时应如何承担赔偿责任的规定，属于侵权损害赔偿之诉。二审法院综合考虑周某作为 A 公司执行董事应当承担的职责，其在股东知情权诉讼中未反映上述公司文件材料“被查封”的情况，以及在股东知情权案件执行过程中未如实陈述并最终被法院予以司法拘留的客观情况，酌定周某应向叶某支付 10 万元赔偿金。

二是采取技术性手段予以驳回。技术性手段又可细分为两种：第一种是原告股东举证不能。可以肯定的是，如将知情权被侵犯而遭受的具体损失金额作为待证事实进而根据“谁主张，谁举证”的原则，将举证责任分配给原告股东，原告股东基本不可能完成举证责任。第二种是以公司未经清算、最终损失金额难以确定为由，对被诉董事、高级管理人员给予否定性评价，同时驳回原告的诉讼请求。第二种裁判方式属于留有余地的判决，原告股东可以基于公司无法清算等事实（因公司账簿资料灭失肯定无法清算）再次提起诉讼。

【案例 10.6】 杨某宝与房某忠损害股东利益责任纠纷案②

> 杨某宝系苏州三璟金属科技有限公司（以下简称三璟公司）股东之一，房某忠系三璟公司股东并担任执行董事、法定代表人。因投资损失以及房某忠另行设立竞业公司，杨某宝向苏州市吴江区人民法院起诉要求行使股东知情权。苏州市吴江区人民法院作出（2017）苏 0509 民初 13410 号民事判决书，支持杨某宝的诉讼请求。该案判决生效后，三璟公司未履行案件判决书所确定的义务，杨某宝向苏州市吴江区人民法院申请强制执行。苏州市吴江区人民法院作出（2018）苏 0509 执 3573 号执行裁定书，其中载明：

---

① 参见上海市闵行区人民法院（2019）沪 0112 民初 39785 号民事判决书（一审），上海市第一中级人民法院（2020）沪 01 民终 3550 号民事判决书（二审）。

② 参见苏州市吴江区人民法院（2019）苏 0509 民初 14366 号民事判决书（一审），江苏省苏州市中级人民法院（2020）苏 05 民终 3020 号民事判决书（二审）。本案为笔者承办的案件。

> 本院多次责令被执行人提供财务会计报告、会计账簿以及原始凭证供申请人查阅，被执行人均未能提供，本院也未发现上述物品的下落。故裁定终结本次执行程序。后杨某宝以 2017 年《公司法司法解释（四）》第 12 条为依据，对被告房某忠提起损害股东利益责任之诉，要求其返还投资损失 38.58 万元。
>
> 法院审理后认为：三璟公司财务资料在被告房某忠担任公司执行董事、法定代表人期间已下落不明；房某忠作为三璟公司执行董事、法定代表人未依法履行保存公司财务资料的职责，存在渎职行为。但杨某宝应对其损失与房某忠未依法履职之间的因果关系进行举证，而杨某宝主张的损失为其未能从三璟公司拿回的剩余投资款。杨某宝对三璟公司的投资只有在该公司经过清算后才能确定是否返还以及返还的金额。现虽存在房某忠对杨某宝的侵权行为，但侵权后果暂不能确定，遂对杨某宝的诉讼请求不予支持。

关于举证责任的问题，本书赞同上海市第一中级人民法院在**叶某与周某损害股东利益责任纠纷案**[①]中指出的那样。被上诉人周某没有建立和保存 A 公司的财务会计报告、会计账簿和会计凭证，该行为导致叶某作为 A 公司的股东无法通过行使股东知情权查阅、复制前述文件材料，并遭受了包括难以证明公司具备可分配利润并请求公司分配利润，难以证明公司具有可分配剩余财产并请求相应分配，以及因无法组织公司清算而依法承担赔偿责任等在内的损失。对于上述“难以证明”的损失，一审法院要求叶某承担举证责任，系举证责任分配不当。上海市第一中级人民法院二审认为，周某因未依法履行职责，应当对 A 公司有无可分配利润或剩余财产等承担举证证明的责任。现周某未能对此予以举证证明，应承担举证不能的后果。

本书认为，如果将证明“因此遭受的损失”分配给原告股东，将导致《公司法司法解释（四）》第 12 条沦为一种宣示性的规定，使其无法在实践中落地。在通过庭审无法查明原告股东的损失金额时，由法院依法行使自由裁量权，综合全案情况酌情确定董事、高级管理人员的赔偿责任相对合理。

七、刑事责任

国有企事业单位的管理者，违反勤勉义务，致使国家利益遭受重大损失的，应当承担刑事责任。如我国《刑法》第 167 条规定了签订、履行合同失职被骗罪。该条规定：“国有公司、企业、事业单位直接负责的主管人员，在签订、履行合同过程中，因严重不负责任被诈骗，

---

① 参见上海市闵行区人民法院（2019）沪 0112 民初 39785 号民事判决书（一审），上海市第一中级人民法院（2020）沪 01 民终 3550 号民事判决书（二审）。

致使国家利益遭受重大损失的，处三年以下有期徒刑或者拘役；致使国家利益遭受特别重大损失的，处三年以上七年以下有期徒刑。”《刑法》第168条规定了国有公司、企业、事业单位人员失职罪、滥用职权罪：“国有公司、企业的工作人员，由于严重不负责任或者滥用职权，造成国有公司、企业破产或者严重损失，致使国家利益遭受重大损失的，处三年以下有期徒刑或者拘役；致使国家利益遭受特别重大损失的，处三年以上七年以下有期徒刑。国有事业单位的工作人员有前款行为，致使国家利益遭受重大损失的，依照前款的规定处罚。国有公司、企业、事业单位的工作人员，徇私舞弊，犯前两款罪的，依照第一款的规定从重处罚。”

除此之外，职务侵占罪，背信损害上市公司利益罪，隐匿、故意销毁会计凭证、会计账簿、财务会计报告罪等都属于董事、高级管理人员违反受信义务而构成的犯罪。在这些罪名中，只要符合刑法中相应罪名构成要件的，均构成犯罪。

董事、高级管理人员严重违背受信义务，无论是勤勉义务还是忠实义务，都可能构成犯罪。如签订、履行合同失职被骗罪属于典型的违背勤勉义务的情形，而职务侵占罪、背信损害上市公司利益罪则属于典型的违背忠实义务的情形。如上海市高级人民法院在**鲜某背信损害上市公司利益案**①中认定：上诉人鲜某作为上市公司上海多伦实业股份有限公司的董事长、实际控制人，违背对公司的忠实义务，利用职务便利，将上市公司资金用于个人营利活动，致使上市公司遭受重大损失，其行为已构成背信损害上市公司利益罪。

国家一直重视对民营企业的保护。《宪法》第11条规定：“在法律规定范围内的个体经济、私营经济等非公有制经济，是社会主义市场经济的重要组成部分。国家保护个体经济、私营经济等非公有制经济的合法的权利和利益。国家鼓励、支持和引导非公有制经济的发展，并对非公有制经济依法实行监督和管理。”2023年7月14日，中共中央、国务院发布《关于促进民营经济发展壮大的意见》，就持续优化民营经济发展环境、加大对民营经济政策支持力度、着力推动民营经济实现高质量发展、促进民营经济人士健康成长等作出规定。2023年12月29日，《公司法》修订获得通过，《刑法修正案（十二）》亦同时通过，其专门在非法经营同类营业罪、为亲友非法牟利罪等犯罪中增加针对民营企业董事、监事、高级管理人员等的惩处条款。

■ 第三节　竞业禁止的司法实务

董事的竞业禁止义务作为一种职务管理义务，属于受信义务中的忠实义务。《公司法》

---

① 参见上海市第一中级人民法院（2018）沪01刑初13号刑事判决书（一审），上海市高级人民法院（2019）沪刑终110号刑事判决书（二审）。

第184条专门规定了高管的竞业禁止义务，即董事、监事、高级管理人员未向董事会或者股东会报告，并按照公司章程的规定经董事会或者股东会决议通过，不得自营或者为他人经营与其任职公司同类的业务。

一、作为竞业禁止义务主体的董事

通常情况下，依照公司法的规定，董事由公司股东会选举产生。作为公司董事，应当勤勉尽职，切实维护好公司以及股东的利益，这是受信义务的题中应有之义。但在特殊情况下，董事的产生方式以及竞业禁止义务的内容会存在差异，因此有必要先就这些情形展开讨论。

（一）职工董事与竞业禁止义务

职工董事是职工参与公司管理的方式之一，根据《公司法》第68条第1款的规定，董事会中的职工代表由公司职工通过职工代表大会、职工大会或者其他形式民主选举产生。针对国有独资公司，根据《公司法》第173条第3款的规定，董事会成员由履行出资人职责的机构委派；但是，董事会成员中的职工代表由公司职工代表大会选举产生。

【案例10.7】 郑某忠与广东星光机电有限公司董事损害公司利益纠纷案①

郑某忠是广东星光机电有限公司（以下简称星光公司）的职工董事，同时负责公司产品开发工作。2002年2月19日，郑某忠向公司法定代表人提出终止劳动合同。同年3月1日，郑某忠到与星光公司有竞业关系的广东科达机电股份有限公司（以下简称科达公司）工作。同年5月18日，星光公司召开临时股东会，免去郑某忠的董事职务。2003年4月10日，星光公司以郑某忠作为公司董事，未经公司同意，擅自到与星光公司有竞业关系的科达公司工作，为其开发新产品，违背竞业禁止义务为由，诉至法院，并主张就郑某忠在科达公司的收入行使归入权。一审法院审理后认为，郑某忠在星光公司任董事期间，参与了他人与星光公司同类业务的经营，违反竞业禁止义务，损害了星光公司利益，应承担赔偿责任；其所得收入，应归星光公司所有。但二审过程中，广东省佛山市中级人民法院撤销了一审判决，改判驳回星光公司的诉讼请求。其判决理由认为：对于董事职务的退任，现行法律以及星光公司的公司章程均没有明确的规定②。职工董事的选举系以职工与单位间存在劳动关系为前提和基础的，在劳动关系解除后，郑某忠的董事职务亦随之丧失。至于星光公司何时召开股东会免去郑某忠的董事职务，仅是该公司内部程序上的事情。

---

① 参见广东省佛山市中级人民法院（2003）佛中法民二终字第700号民事判决书（二审）。

② 2023年《公司法》第70条第3款规定：董事辞任的，应当以书面形式通知公司，公司收到通知之日辞任生效，但存在前款规定情形的，董事应当继续履行职务。

职工董事的特殊之处就在于，其董事职务是以劳动关系的存在为前提的；并且对于职工董事的解任，通常也只能由公司职工通过职工代表大会、职工大会或者其他民主形式进行。根据2006年5月31日《中华全国总工会关于进一步推行职工董事、职工监事制度的意见》（总工发〔2006〕32号）的规定，职工董事、职工监事离职的，其任职资格自行终止。职工董事、职工监事出缺应及时进行补选，空缺时间一般不得超过3个月。2016年《中华全国总工会关于加强公司制企业职工董事制度、职工监事制度建设的意见》进一步明确："职工董事、职工监事的任期与其他董事、监事的任期相同，每届任期不超过三年，任期届满后可以连选连任。职工董事、职工监事因辞职、患病、工作调动等原因离职的，或因劳动关系变更、终止、解除等原因不能履行职责时，经职代会通过终止其任职资格。"

（二）事实董事与竞业禁止义务

2023年修订后的《公司法》第180条第3款特别规定："公司的控股股东、实际控制人不担任公司董事但实际执行公司事务的，适用前两款规定。"这就在法律上确认了事实董事的地位，并对其课以董事责任。

在此前司法实践中，亦认可事实董事。如在**邓某军等与上海德盾实业有限公司损害公司利益责任纠纷案**①中，上海市闵行区人民法院一审认为：我国公司法虽规定高级管理人员指公司的经理、副经理、财务负责人，但考虑到公司实际经营过程中存在不同经营内容和需要，对于高级管理人员的名称存在不同称谓，故对高级管理人员的身份认定应当采取实质性认定的态度。本案中，虽然上海德盾实业有限公司（以下简称德盾实业）不能提供证明王某宏担任德盾实业高级管理人员的书面证据，但王某宏于2012年至2013年申请资质证书过程中，以及证后例行监督检查过程中，均作为负责人和代表签署了文件。并且，王某宏的电脑中也储存了原告德盾实业通知其客户、供应商的公司更名通知函。根据德盾实业的经营范围来看，德盾实业属于生产经营性企业，该类企业的生产技术属于重要的经营要素。王某宏在德盾实业处掌握生产经营方面的重要商业信息，故担任重要管理职责。德盾实业主张王某宏具有公司高级管理人员的身份，一审法院予以确认。上海市第一中级人民法院二审认为：（1）在案证据显示，德盾实业的消防产品认证证书变更至上海申盾消防设备有限公司（以下简称申盾公司）名下的手续由王某宏负责办理，王某宏曾作为德盾实业的负责人在相关部门对德盾实业的检查文件上签字，王某宏没有提供证据证明其实施的上述行为依据的是德盾实业的授权，而非履行其高管职权。（2）王某宏的个人电脑里储存了德盾实业通知其公司客户、供应商的公司更名通知函，同时王某宏自认其负责德盾实业的生产技术，故二审法院认为王某宏实际掌握了德盾实业生产销售等方面的重要资料。（3）邓某军二审提供的德盾实业工资表中，记载王某宏的职务为经理，而两上诉人对此项记载内容并未作

---

① 参见上海市闵行区人民法院（2019）沪0112民初19312号民事判决书（一审），上海市第一中级人民法院（2020）沪01民终9247号民事判决书（二审）。

出合理解释。基于此，二审法院认为应认定王某宏是德盾实业的高级管理人员。

又如在**上海逸华经贸发展有限公司与刘某军、朱某伟等董事、经理损害公司利益纠纷案**[①]中，上海市第二中级人民法院经审理后认为，刘某军、朱某伟虽然名义上是上海逸华经贸发展有限公司（以下简称逸华公司）的业务员，但由于其负责公司的业务经营，参与对公司财产的控制和管理活动，可以认为他们实际上行使类似公司董事的职责，负有类似公司董事的义务，可推断他们具有公司董事的职责权限。二人另行投资成立海逸公司，和逸华公司从事相同的营业活动，已属竞业禁止行为。遂判决逸华公司对刘某军、朱某伟在海逸公司中的收益享有归入权。

同样，云南省昆明市盘龙区人民法院在**云南鑫和泰药业有限公司与周某飞损害公司利益责任纠纷案**[②]中，原告云南鑫和泰药业有限公司并没有书面任命被告周某飞为公司总经理；但原告公司对被告以公司总经理的名义从事管理活动不持异议，事实上被告也以总经理的名义在原告公司领取工资和薪金，因而确认被告已事实上成为原告公司的总经理。

甘肃省高级人民法院在**甘肃中集华骏车辆有限公司与周某等关联交易损害责任纠纷案**[③]中指出：判断公司相关人员是否为高级管理人员，应从该人员是否担任公司法规定的职务，或者公司的章程是否将担任其他职务的人员规定为公司的高级管理人员进行分析。公司的高级管理人员应是执行公司出资人的决策，拥有执行权或一定程度的决策权，掌握公司内部管理或外部业务的核心信息，并决定公司的决策及发展方向的特定人群。本案中，周某的身份是甘肃中集华骏车辆有限公司（以下简称甘肃中集华骏）营销部经理，全面负责销售工作，在此期间甘肃中集华骏并没有设立副总经理，周某对选择交易对象以及是否签订合同具有决策权，对以什么方式进行资金回收亦有决定权，故周某实际上行使的是公司高级管理人员的职权。

《广西壮族自治区高级人民法院民二庭关于审理公司纠纷案件若干问题的裁判指引》（桂高法民二〔2020〕19 号）第 34 条第 2 款指出："但任何实际上享有或行使董事高管职权的人员，都可以属于勤勉义务的责任主体。具体有两类情形：（1）名义不适格但实质适格。例如，名为公司部门经理（负责人）或办公室主任（负责人），但实际上享有总经理或副经理的职位或职权。（2）不显名的实质适格。例如股东、控股股东或实际控制人未在公司中显名任职，但在公司经营中却实际享有管控与决策权，他们实质上行使了公司董事高管的职权，因为股权本身并无直接参与公司经营管理的权能，故不应简单依据《公司法》第 20 条[④]来判

① 参见上海市静安区人民法院（2002）静民二（商）初字第 138 号民事判决书（一审），上海市第二中级人民法院（2003）沪二中民三（商）终字第 41 号民事判决书（二审）。

② 参见云南省昆明市盘龙区人民法院（2007）盘法民三初字第 541 号民事判决书（一审）。

③ 参见甘肃省白银市中级人民法院（2017）甘 04 民初 51 号民事判决书（一审），甘肃省高级人民法院（2018）甘民终 590 号民事判决书（二审），最高人民法院（2019）最高法民申 2728 号民事裁定书（再审）。

④ 2023 年《公司法》修订后，条文序号调整为第 23 条。

断其是否滥用股东权利而承担相关责任,而是应当以公司法及章程关于董事高管的忠实与勤勉义务作为判断标准。”

(三)独立董事、外部董事原则上无须负担竞业禁止义务

《公司法》第136条第1款原则性地规定了独立董事制度:“上市公司设独立董事,具体管理办法由国务院证券监督管理机构规定。”《公司法》第173条第2款规定:“国有独资公司的董事会成员中,应当过半数为外部董事,并应当有公司职工代表。”

中国证监会在2001年8月16日发布《关于在上市公司建立独立董事制度的指导意见》(证监发〔2001〕102号),对上市公司独立董事任职、权利、责任等进行规范。为了适应新时期资本市场的发展,中国证监会于2022年1月5日发布《上市公司独立董事规则》(中国证券监督管理委员会公告〔2022〕14号),对独立董事提出了新的要求。《上市公司独立董事规则》共7章,30条。

独立董事,又称外部董事,是指不在公司担任除董事外的其他职务,并与其所受聘的上市公司及其主要股东不存在可能妨碍其进行独立客观判断的关系的董事。由于独立董事须持续保证其独立性,且不负担公司日常经营管理,因而,其也不负有基于职务管理而产生的竞业禁止义务。《上市公司独立董事规则》亦仅从诚信与勤勉两个方面设置独立董事的义务。另外,其从履职所需的时间与精力角度规定独立董事所任职的上市公司原则上不得超过5家,同时要求独立董事确保有足够的时间和精力有效地履行职责。

虽然法律仅规定上市公司、国有独资公司应当设立独立董事(或外部董事),但这并不妨碍非上市公司参照有关规定在董事会中聘任独立董事。无论是在上市公司还是在非上市公司担任独立董事,该独立董事都不负有竞业禁止义务。但如果该独立董事丧失其独立性,实质性地参与公司具体事务的经营管理,其应该被视为普通董事。此时,应课以其竞业禁止的义务。事实上,由于独立董事需要具备财经、管理或者法律上的专业知识,同时担任相同行业的数家公司的独立董事也并不鲜见。

根据《公司法》《证券法》以及上市公司相关监管规则的规定,独立董事所负担的勤勉义务与普通董事并无差异。在资本市场法制体系中,独立董事一直承担着监事会之外另一“看门人”的角色。《证券法》在2019年全面修订时也大幅提升资本市场违法的处罚及赔偿力度,强化对投资者的保护。

【案例10.8】 顾某骏等55326名投资者与康美药业股份有限公司等证券虚假陈述责任纠纷案①

2020年5月13日，中国证监会作出〔2020〕24号行政处罚决定书，认定康美药业股份有限公司（以下简称康美药业）2016~2018年年度年报分别虚增营业收入89.99亿元、100.32亿元、16.13亿元。年度报告存在虚假记载，虚增营业收入、利息收入及营业利润。2016年1月1日至2018年12月31日，康美药业在未经过决策审批或授权程序的情况下，累计向控股股东及其关联方提供非经营性资金11619130802.74元用于购买股票，替控股股东及其关联方偿还融资本息，垫付解质押款或支付收购溢价款等，信息披露存在重大遗漏。故中国证监会对康美药业及相关董事、独立董事、实际控制人等作出行政处罚。

2021年2月18日，中国证监会作出〔2021〕11号行政处罚决定书，认定康美药业2016~2018年年度审计报告存在虚假记载，会计师事务所未对康美药业的业务系统实施相应审计程序，未获取充分适当的审计证据，实质性程序存在重大缺陷，对广东正中珠江会计师事务所处责令改正，没收业务收入1425万元，并处以4275万元罚款，对承办具体业务的签字注册会计师给予警告并处罚款。

2021年4月8日中证中小投资者服务中心有限责任公司接受黄某香等56名权利人特别授权，向法院申请作为代表人参加诉讼。经最高人民法院指定管辖，广东省广州市中级人民法院适用特别代表人诉讼程序审理本案。

法院审理后认为：康美药业作为上市公司，信息披露存在虚假记载，虚增营业收入、利息收入及营业利润，虚增货币资金；未按规定披露控股股东及其关联方非经营性占用资金的关联交易情况，应当依照证券法的规定，对投资者损失2458928544元承担赔偿责任……广东正中珠江会计师事务所承担连带责任。相关人员（含独立董事）虽然并未具体分管康美药业财务工作，但康美药业公司财务造假持续时间长、涉及会计科目众多、金额十分巨大，相关被告作为董事、监事或高级管理人员如尽勤勉义务，即使仅分管部分业务，也不可能完全不发现端倪。因此，虽然前述被告作为董事、监事、高级管理人员并未直接参与财务造假，但却未勤勉尽责，存在较大过失，且均在涉案定期报告中签字，保证财务报告真实、准确、完整，所以前述被告是康美药业信息披露违法行为的其他直接责任人员。江某平、李某安、张某1为兼职的独立董事，不参与康美药业日常经营管理，过失相对较小，法院酌情判令其在投资者损失的10%范围内承担连带赔偿责任；郭某慧、张某2为兼职的独立董事，过失相对较小，且仅在康美药业2018年半年度报告中签字，法院酌情判令其在投资者损失的5%范围内承担连带赔偿责任。

① 参见广东省广州市中级人民法院（2020）粤01民初2171号民事判决书（一审）。该案一审判决后各方未上诉，一审判决已生效。

该案的判决让广大独立董事心有余悸,10%的连带责任也高达近2.46亿元,5%的连带赔偿责任亦高达1.23亿元。这相对于市场上平均年薪10万元左右的独立董事津贴,不啻天壤之别。独立董事在中国"水土不服"早已颇受诟病,此案判决甫一作出,瞬间引发了一波独立董事辞职的浪潮。

二、竞业行为的认定及构成要件

公司法意义上的董事竞业,是指未向董事会或者股东会报告,且未经董事会或者股东会决议同意,董事自营或者为他人经营与本公司存在竞争关系的同类业务。对于竞业禁止在理解上应采"实质营业"标准。具体来说,构成竞业禁止应该同时满足以下要件。

第一,公司法意义上的董事、高级管理人员的竞业限制义务是一种职务义务,只有基于董事、高级管理人员这一身份才能产生这一法定义务。相反,如果相关人员在职务被解除或者辞任之后从事同类业务,则不构成公司法意义上的竞业禁止。山东省高级人民法院在**孙某才与候某滨、山西联邦制药有限公司等损害公司利益责任纠纷案**[①]中指出:候某滨虽系山东圣鲁制药有限公司董事,但未参与公司经营决策。孙某才和山东圣鲁制药有限公司自认候某滨在山东圣鲁制药有限公司设立以后从未参与公司经营管理,候某滨与山东圣鲁制药有限公司之间仅仅是药品委托加工关系。故法院最终驳回孙某才对候某滨提起的股东代表诉讼。事实上,正是因为候某滨系山东圣鲁制药有限公司的"挂名董事",不存在"利用职务便利"这一前提条件,法院才认定其没有违反竞业禁止义务。

【案例10.9】 北京森贝德科技发展有限公司与许某华等损害公司利益责任纠纷案[②]

> 北京森贝德科技发展有限公司(以下简称森贝德公司)设立于2005年5月23日,许某华担任该公司执行董事、法定代表人。2016年12月30日,森贝德公司召开临时股东会议,通过决议免去许某华执行董事和法定代表人职务,选举周某兰为执行董事和法定代表人,并解聘许某华经理职务,聘任李某胜为经理;同时撤销许某华在公司内的所有职务及所有业务的经办权,许某华的工作交由李某胜全面负责。2017年11月7日,森贝德公司办理工商变更登记,法定代表人由许某华变更为周某兰。

---

① 参见山东省济宁市中级人民法院(2012)济商初字第26号民事判决书(一审),山东省高级人民法院(2016)鲁民终1454号民事判决书(二审)。

② 参见北京市通州区人民法院(2019)京0112民初444号民事判决书(一审),北京市第三中级人民法院(2020)京03民终4374号民事判决书(二审)。

克莱德贝尔格曼华通物料输送有限公司（以下简称克莱德公司）共计向森贝德公司出具8份授权书，授权森贝德公司在指定的代理销售区域内对输灰系统、捞渣机系统及辅助系统享有备件产品销售和服务的代理权利。2013年12月24日，神华国华（北京）电力研究院有限公司（以下简称国华电力研究院）（甲方）、克莱德公司（乙方）、森贝德公司（丙方）签订《克莱德除灰渣系统备件长约采购合作协议》，约定三方经协商，一致同意建立长约采购合作关系，乙方在合作期内授权丙方按照协议约定向甲方指定的发电公司供应乙方制造的产品，合作期限从协议生效之日起3年。

2016年12月9日，森贝德公司向国华电力研究院、克莱德公司发送告知函，内容为：森贝德公司对接办理国华电力研究院业务的原负责人——许某华，未经公司股东会同意，利用职务便利为自己谋取属于公司的商业机会，自营与公司同类的业务，严重违反了公司高级管理人员忠实、勤勉义务。为维护公司权益，公司股东会通过如下决议：（1）撤销许某华在公司内的所有职务及相关业务经办权，其原有业务经办权全部移交李某胜负责；（2）撤销许某华法定代表人一职。

格亚兴华科技发展（北京）有限公司（以下简称格亚兴华公司）成立于2011年7月14日。2016年7月20日，许某华之妻曹某梅受让该公司99%的股份，并担任经理、执行董事和法定代表人。2017年1月1日至2019年12月31日，克莱德公司向格亚兴华公司授权在指定的代理销售区域内对输灰系统、捞渣机系统及辅助系统享有备件产品销售和服务的代理权利。

森贝德公司以许某华在职期间存在竞业限制、谋取属于公司的商业机会为由诉至法院，请求判令许某华停止侵权、赔偿损失。

法院审理后认为：森贝德公司股东会决议作出之后，许某华和森贝德公司因股东会决议效力之争诉至法院，法院最终判决确认免去许某华执行董事和法定代表人职务，解聘许某华经理职务的相关决议有效。虽然森贝德公司的法定代表人变更登记的时间是2017年11月7日，但从股东会决议作出之日即2016年12月30日起，许某华即已不再担任森贝德公司的法定代表人、执行董事和经理。格亚兴华公司主张系森贝德公司在先告知克莱德公司许某华不再代表森贝德公司后，许某华才代表格亚兴华公司向克莱德公司申请授权的，并对此提交了告知函及录音等证明。2016年12月9日森贝德公司出具的告知函中显示，森贝德公司告知克莱德公司其已撤销许某华法定代表人一职。格亚兴华公司取得克莱德公司的销售授权期间为2017年至2019年，且进行相关业务也在2017年，此时许某华已经不在森贝德公司任职，不应受公司法中关于董事和高级管理人员忠实、勤勉义务的约束。森贝德公司不能证明许某华违反了竞业禁止义务，也不能证明许某华和格亚兴华公司共同侵犯了森贝德公司的利益。最终，法院驳回了森贝德公司的诉讼请求。

第二,董事所任职的数个市场主体(既包括公司,也包括合伙企业、个人独资企业、个体工商户等其他形态的市场主体)都处于正常的营业状态。如果董事任职在先的公司已经停产歇业或者被吊销营业执照而未清算,则即便董事自营或者为他人经营与该公司相同的业务,也不应认定为竞业。

如在**北京中明国际物流有限公司与田某等损害公司利益赔偿纠纷案**[①]中,法院认定北京中明国际物流有限公司(以下简称中明公司)在原公司法定代表人丁某1去世后,新股东之间无法就公司继续经营达成一致意见,中明公司人员撤离经营场所,解除承租合同,丁某2出具退股声明以及公司股东和高级管理人员签署中明公司公章、财务章、法定代表人名章等共管协议的行为,表明中明公司的股东已经对公司暂停经营达成了一致意见,即公司处于暂时停业的状态。莱帕德公司成立于2007年9月,虽然该公司与中明公司经营同类业务,但此时中明公司已经暂时停业,没有经营活动。现中明公司也没有证据证明田某、魏某鸣、丁某2、欧阳某成立及加入新公司经营的行为符合竞业禁止的规定,也没有证据证明田某、魏某鸣、丁某2、欧阳某的行为导致了中明公司的损失,故法院判决驳回中明公司的诉讼请求。另外,在**上海天恩桥绝缘材料有限公司与张某明损害公司利益责任纠纷案**[②]中,法院认定被告张某明自原告上海天恩桥绝缘材料有限公司成立之日起担任法定代表人、执行董事,直至该公司于2010年下半年停止经营时,其行为应受竞业禁止的限制。对此作反向解释即原告公司停业后,张某明作为原告公司的高级管理人员即不再受竞业禁止义务的约束。

近年来,出于应对新冠疫情的现实需要,疫情期间部分企业对于暂时性地停业、歇业有现实需求。对此,《市场主体登记管理条例》新增"歇业登记"这一形态。《市场主体登记管理条例》第30条第1款规定:"因自然灾害、事故灾难、公共卫生事件、社会安全事件等原因造成经营困难的,市场主体可以自主决定在一定时期内歇业。法律、行政法规另有规定的除外。"需要指出的是,如果董事、高级管理人员故意制造所在公司停止经营的事实,将相关业务转入其所另行设立的竞业公司、关联公司,给原公司造成损失的,则属于严重违背受信义务的行为,仍应依法承担赔偿责任。对此,本书将在本章第四节"谋取属于公司的商业机会"中予以探讨。

第三,董事所任职的数个公司等市场主体在业务上属于"同类业务"。江苏省高级人民法院在**达康公司与李某文、思达公司关联交易损害公司利益赔偿案**[③]中,对竞业限制公司给

---

① 参见北京市顺义区人民法院(2008)顺民初字第7108号民事判决书(一审),北京市第二中级人民法院(2009)二中民终字第02263号民事判决书(二审)。

② 参见上海市青浦区人民法院(2013)青民二(商)初字第1173号民事判决书(一审),上海市第二中级人民法院(2013)沪二中民四(商)终字第1414号民事判决书(二审)。

③ 参见江苏省徐州市泉山区人民法院(2008)泉民二初字第1076号民事判决书(一审),江苏省徐州市中级人民法院(2009)徐民二终字第0394号民事判决书(二审)。该案为江苏省高级人民法院公报案例,见《江苏省高级人民法院公报》2010年第6期。

出了司法意见，其公布的裁判要旨将竞业限制公司扩张解释为公司控股股东、实际控制人、董事、监事、经理等高级管理人员直接或者间接控制、参与经营的与本公司具有相同经营业务的其他公司。在前述**上海天恩桥绝缘材料有限公司与张某明损害公司利益责任纠纷案**[①]中，法院指出，法律对于“同类业务”采取的是较为宽松的标准，其范围既包括与所任职公司完全相同的经营业务，也可以是同种或者类似的业务，并非指完全一致的产品。

我国台湾地区“公司法”第209条第1款对董事竞业禁止的义务表述为“董事为自己或他人为属于公司营业范围内之行为，应对股东会说明其行为之重要内容，并取得其许可”。这里“属于公司营业范围内之行为，从竞业禁止之观点视之，系指其所为之行为属于章程所载之公司所营事业中为公司实际上所进行之事业，并包括公司业已着手准备或只是暂时停止之事业在内。若公司尚未着手准备或已经废止之事业，纵载于章程，亦应加以排除，盖此际无竞业之可言”[②]。由于现代公司已经摆脱了特许主义的束缚，可以从事“任何合法营业”，因此判定是否构成竞业不能简单地通过对比公司章程的经营范围条款或者经过登记的营业范围而得出结论。应该综合考虑董事所任职的数个市场主体实际从事的业务、经营地域等因素予以综合认定。

河北省高级人民法院在**邯郸市冀翔冶金材料集团有限公司与杨某德损害公司利益责任纠纷案**[③]中，邯郸温康药物中间体研发有限公司（以下简称邯郸温康公司）（原公司）的核心业务为石杉碱甲的研发，属于药品领域，烟台六谛医药科技有限公司（以下简称烟台六谛公司）（被诉竞业公司）的实际经营范围为染发剂的研发和销售，属于化妆品领域，两者属不同类别。仅凭营业执照上经营范围的部分重合，不足以认定烟台六谛公司对邯郸温康公司构成侵权。一审法院认定烟台六谛公司的经营范围与邯郸温康公司不属于同一类别，不存在与邯郸温康公司同业竞争的可能性，与邯郸温康公司无明显的竞争关系和直接的利益冲突，并无不当。

第四，董事竞业未得到所任职的公司股东会的事先许可或者事后追认，这是认定竞业的程序条件。司法实践中一般认为，如果某人在成为现任公司的董事之前，已经在存在竞业的其他公司任职，则选举其作为现任公司董事的行为可以认为是现任公司接受其此前在同类公司中任职的事实，不产生法律上的竞业禁止义务。如在**李某明、如东县东旺水产品有限公司清算小组、周某金、盛某祥与日本东源株式会社、杨某兵返还侵占资金纠纷案**[④]中，江苏省高级人民法院改变了南通市中级人民法院对于李某明、盛某祥和杨某兵违反竞业禁止义务的认定。江苏省高级人民法院指出，如东县东旺水产品有限公司（以下简称东旺公

① 参见上海市青浦区人民法院（2013）青民二（商）初字第1173号民事判决书（一审），上海市第二中级人民法院（2013）沪二中民四（商）终字第1414号民事判决书（二审）。

② 柯芳枝：《公司法论》，中国政法大学出版社2004年版，第256页。

③ 参见河北省邯郸市中级人民法院（2017）冀04民初260号民事判决书（一审），河北省高级人民法院（2019）冀民终1018号民事判决书（二审）。

④ 参见江苏省高级人民法院（2003）苏民三终字第005号民事判决书（二审）。

司)在南通昌佳水产品有限公司(以下简称昌佳公司)设立前即已存在,且双方注册的经营范围基本相同,同时,李某明分别担任东旺公司的法定代表人和昌佳公司的总经理,必然造成李某明同时经营东旺公司和昌佳公司的状况。我国法律并没有规定在合资企业成立后,从事同类经营的中方投资者必须停止同类经营活动。由此可见,《公司法》规定的竞业禁止义务并不指向担任公司董事、高级管理人员之前已经是同类行业的董事、经理或业务负责人的主体。

董事竞业限制义务引发的损害公司利益责任纠纷,本质上是高管对其职务义务的违反。但如果原告公司未能举证证明高管存在"收益"或者原告公司存在损失,则在司法实践中,法院大多驳回原告公司关于归入权及损害赔偿的诉讼请求。

如广东省高级人民法院在**深圳市思达仪表有限公司与王某勇等损害公司利益责任纠纷案**[①]中认定:王某勇担任深圳市思达仪表有限公司(以下简称思达公司)董事、总经理期间以及郎某次担任财务总监期间,属于公司法规定的应对任职公司履行忠实义务的主体。该二人未经股东会同意,在未办妥离职手续的情形下即投资创办深圳市银河表计股份有限公司,经营与所任职公司同类业务,属违反忠实义务的行为。但思达公司提交的证据不足以证明他们实际有获取收益,遂维持一审法院驳回思达公司诉讼请求的判决。

又如在**上海汇慧电子通讯有限公司与王某樑等损害公司利益责任纠纷案**[②]中,江苏省苏州市相城区人民法院认为:王某樑担任上海汇慧电子通讯有限公司(以下简称汇慧公司)的高级管理人员期间,作为股东于2018年6月8日投资成立了照梁智能科技(上海)有限公司(以下简称照梁上海公司)并担任法定代表人,且经营同类业务,应当推定其在一定程度上违反了公司高级管理人员的忠实义务。虽然王某樑设立照梁上海公司时尚未脱离其在汇慧公司的高级管理人员身份,该行为违反《公司法》第147条、第148条的规定[③],其所得收入应归汇慧公司所有;但其自2018年7月已不再担任汇慧公司的总经理,自2018年7月19日也不再担任照梁上海公司股东,两个身份重合时间仅为一个月,该时间处于照梁上海公司设立之初,尚无获利和利润分配也属正常。照梁上海公司2018年度、2019年度财务报表及审计报告显示净利润为负值,其也确认王某樑在担任股东期间无收入和分红。故一审法院判决确认王某樑构成违反公司高级管理人员的忠实义务,驳回汇慧公司请求赔偿等其他诉讼请求。二审法院维持一审判决。

三、股东、监事与竞业禁止义务

股东对公司的基本义务是出资,除此之外,单纯的股东身份并不负有法定的受信义务。

---

① 参见广东省深圳市中级人民法院(2018)粤03民初3478号民事判决书(一审),广东省高级人民法院(2020)粤民终2741号民事判决书(二审)。

② 参见江苏省苏州市相城区人民法院(2019)苏0507民初6219号民事判决书(一审),江苏省苏州市中级人民法院(2020)苏05民终10257号民事判决书(二审)。

③ 2023年《公司法》修订后,条文序号调整为第180条、第184条。

《公司法》第21条第1款规定："公司股东应当遵守法律、行政法规和公司章程，依法行使股东权利，不得滥用股东权利损害公司或者其他股东的利益。"《公司法》第180条第3款特别规定，公司的控股股东、实际控制人不担任公司董事但实际执行公司事务的，适用前两款规定，也就是需要负担受信义务。说到底，控股股东、实际控制人只有在"实际执行公司事务"时，才会被认定为事实董事，才需要负担受信义务，包括勤勉义务和忠实义务，当然也包括竞业限制义务。

需要指出的是，虽然原则上股东并不负有法定的竞业限制义务，但法律同样不禁止公司与股东之间就竞业禁止事项作出约定。股东应严格遵守相关约定，否则应承担违约责任。单纯以股东身份负担约定的竞业禁止义务的，应优先适用股东协议中关于违约责任的约定来追究违约股东的责任。如果股东协议中虽设定竞业限制义务，但未约定违约责任承担，可以参照《公司法》关于董事、监事、高级管理人员竞业限制义务的法律后果，由公司依法行使归入权及损害赔偿请求权。本书不建议以公司决议的形式为股东设定竞业限制义务，因为以公司决议的形式设定竞业限制义务属于超越法律规定的公司机构（股东会、董事会）的权限，如未经相关股东同意，该决议可能被判定为无效或至少对提出异议的股东不生效。

2023年修订前的《公司法》并未将监事纳入竞业限制的规制范围。究其立法本意，盖因竞业禁止义务是一种职务义务，立法旨趣在于防止公司管理者将利用职务便利所知悉的公司商业秘密或者商业机会，带入竞业公司之中；而监事只要尽到勤勉义务即足已，无须负担竞业限制义务。2023年《公司法》修订后，将监事完全纳入受信义务的规制对象，其义务已提升到与董事、高级管理人员相同的水平。

【案例10.10】　常州铂隽装饰工程有限公司与刘某、潘某文等损害公司利益责任纠纷案①

常州铂隽装饰工程有限公司（以下简称铂隽公司）于2018年1月11日设立，法定代表人为黄某明，注册资本200万元。经营范围主要为室内装饰工程的设计、施工，五金产品、机电产品的销售等。铂隽公司股东为黄某明、刘某、潘某文，其中黄某明任执行董事并担任公司法定代表人，潘某文任监事。2019年5月30日，铂隽公司修改章程，股东由刘某变更为朱某训（刘某母亲）。

常州铂廷装饰工程有限公司（以下简称铂廷公司）成立于2019年7月31日，股东为赵某（兼执行董事，占股50%，系潘某文配偶）和杨某芬（占股50%），经营范围与铂隽公司一致。

① 参见江苏省常州市天宁区人民法院(2019)苏0402民初6470号民事判决书(一审)，江苏省常州市中级人民法院(2020)苏04民终3254号民事判决书(二审)。

2018年9月13日左右,铂隽公司股东黄某明、刘某、潘某文签署一份合作协议书,三方约定:在合作前,黄某明主要经营地板地毯类产品,刘某、潘某文主要经营壁纸、壁布、窗帘、挂画类产品。三方签署协议后不得擅自自营或与他人合作装修建材品类产品(合作前已经营的产品除外),不得独资经营已合作的产品或项目。如因特殊情况,需征得其他两合伙人同意。合作期限为一年,自2018年9月13日起至2019年9月13日止,如公司正常经营,双方无意退出,则合作期限自动延续一年。

后铂隽公司以刘某、潘某文等违反竞业限制义务等事由向法院起诉请求:(1)判令各被告立即停止经营与原告同类的室内装饰工程各项业务;(2)判令各被告共同赔偿原告各项损失112万元,且被告刘某、潘某文不得参与分配该款项等。

常州市天宁区人民法院一审认为:

第一,关于竞业禁止诉讼被告主体资格问题。《公司法》(2018年修正)第148条第1款第5项①列举的董事、高级管理人员"未经股东会或者股东大会同意,利用职务便利为自己或者他人谋取属于公司的商业机会,自营或者为他人经营与所任职公司同类的业务"内容,即是对竞业禁止的法律规范。对于公司"高级管理人员"的定义,《公司法》(2018年修正)第216条第1项②明确,高级管理人员是指公司的经理、副经理、财务负责人,上市公司董事会秘书和公司章程规定的其他人员。可见,公司法对有限责任公司竞业禁止义务主体的规定包括董事、经理、副经理和财务负责人,并不包括普通股东及监事;如果股东在公司任职,担任董事、经理、副经理、财务负责人等职务,则该股东可以成为竞业禁止的义务主体。公司法之所以规定董事和高级管理人员为竞业禁止的义务主体,其根本原因就是该类人员均具有公司实际的经营决策权,可能利用职务便利为自己或他人谋取不当利益,出现道德风险。因此,法院认为竞业禁止被告主体是否适格的判断标准,最核心的是看其在公司是否享有实际的经营决策权。铂隽公司章程显示,各被告在公司均未担任董事及高级管理人员职务,形式上均不具备公司法规定的竞业禁止义务主体身份。

关于股东之间约定竞业禁止义务的效力。公司法并不禁止股东之间通过协议形式约定竞业禁止义务,协议如无法律规定的无效情形,则对各股东产生约束力。故一审法院认定铂隽公司三方股东签署的合作协议书有效。潘某文自铂隽公司成立后一直具有股东身份,在公司担任监事职务,并按约定参与公司经营管理和市场运作,具有一定的经营决策权,故其可以成为竞业禁止的适格被告;刘某原为铂隽公司股东,于2019年5月30日将持有股份转让给其母亲朱某训,但其实际上仍按约定与潘某文共同负责公司家居事业部、装饰工程事业部的经营管理和市场运作,具有一定的经营决策权,故在合

① 2023年《公司法》修订后,条文序号调整为第184条,竞业禁止的义务主体包括监事。

② 2023年《公司法》修订后,条文序号调整为第265条第1项。

作协议书有效期内仍应受协议约定的竞业禁止义务约束，可以成为竞业禁止的适格被告。刘某、潘某文享有的经营管理和决策权来源于三方协议，并不源于股东会决议或公司授权。

第二，关于刘某、潘某文是否违反了竞业禁止义务的问题。判断竞业禁止义务人违反竞业禁止义务应符合几个要件，即主体适格、利用职务便利、未经股东会同意、为自己或他人谋取属于公司的商业机会、该商业机会属于所任职公司的同类业务等。从本案原告主张的被告违反竞业禁止义务所依据的事实看，翠竹新村等 4 个项目均是原告承接的装修工程项目，双方争议的也均是尾款结算、报销费用等内容，故不符合竞业禁止行为的构成要件，有关结算和报销问题双方可另行主张。

第三，关于违反竞业禁止义务的责任承担问题。(1)根据《公司法》(2018 年修正)第 148 条第 2 款①的规定，董事、高级管理人员违反竞业禁止规定所得的收入应当归公司所有，这条规定体现的是损失补偿原则，即不因竞业禁止行为使公司应得收入减少，也不因竞业禁止行为使义务人获得不当利益。对于所得收入的理解，法院认为，该收入应当属于净收入，即应当在违规取得的款项中剔除所支出的合理成本，否则将与损失补偿原则相悖。(2)公司章程和三方协议均未约定违反竞业禁止义务的违约责任承担方式。(3)关于原告诉讼请求的处理：①原告要求被告立即停止经营与原告同类的室内装饰工程各项业务。本案涉及的竞业禁止行为主要是刘某、潘某文利用职务便利为铂廷公司谋取商业机会的行为。铂廷公司作为独立注册的有限责任公司，潘某文的妻子赵某仅是参股方，并不能当然认定铂廷公司是刘某、潘某文自己的公司，故不能禁止铂廷公司从事家装等业务，应当禁止的是刘某、潘某文在三方协议有效期内利用职务便利为自己或铂廷公司等他人获得同类的商业机会。现三方协议有效期已结束，尚未达成新的协议，故刘某、潘某文不再享有三方协议赋予的经营决策权，也不再受竞业禁止义务的约束。②原告要求被告共同赔偿各项损失 112 万元，且刘某、潘某文不得参与分配该款项。原告未提交被告违反竞业禁止义务造成其损失的有效证据，故该请求缺乏事实依据，法院不予采信。基于以上理由，一审法院判决驳回原告铂隽公司的诉讼请求。

江苏省常州市中级人民法院二审认为：本案系黄某明作为执行董事、法定代表人，以铂隽公司名义起诉刘某、潘某文。黄某明系铂隽公司的执行董事，潘某文系监事，而刘某未明确为铂隽公司的高管，结合黄某明配偶吴某佩、潘某文配偶赵某均在铂隽公司存续期间投资经营装饰工程公司而刘某亦未有异议的实际，铂隽公司主张以潘某文、刘某违反董事、监事、高级管理人员的忠实义务这一法律规定而应承担赔偿责任的诉讼请求，没有事实依据，二审法院不予支持。铂隽公司实际是以刘某、潘某文违反股东之间

① 2023 年《公司法》修订后，条文序号调整为第 186 条。

通过协议形式约定的竞业禁止义务而主张权利的。合作协议书中明确"三方签署协议后不得擅自自营或与他人合作装修建材品类产品(合作前已经营的产品除外),不得独资经营已合作的产品或项目,如因特殊情况,需征得其他两合伙人同意",故在协议有效期内,三股东确实均负有相关义务。铂隽公司以此向法院提出诉讼请求,应就股东实施了约定禁止的行为、该行为对公司利益构成侵害及侵害大小等,承担举证证明责任。现铂隽公司举证不能,遂判决驳回上诉,维持一审判决。

在**四川省成都普迅达印务有限公司与陈某红与公司有关的纠纷案**[①]中,四川省成都普迅达印务有限公司(以下简称普迅达公司)召开股东大会,以超过2/3的表决权形成如下决议,"……任何股东不得自营或者为他人经营与其所在公司经营相同或相近的项目,或者从事损害公司利益的活动。从事上述营业或活动的,一旦被发现将赔偿公司人民币80万元整",这一决议被法院判决无效。该案裁判要旨指出:公司法规定了董事、监事、高级管理人员对公司负有忠实义务和勤勉义务,设定了董事、高级管理人员的同业禁止义务,但未对作为公司出资人的股东设定同业禁止义务。因此,除非股东共同达成合意,公司部分股东不能借表面符合公司法程序、形式的股东会,通过决议和修改章程,设定其他股东对公司法定义务之外的其他义务;尤其是同业禁止义务的设定,实际上损害甚至剥夺了该股东投资同类业务的合法的财产权、经营权和收益权。因而,对于多数股东的这种行为,虽然具有合法的"外壳",但仍然是无效的。

四、竞业禁止义务的豁免——董事会或者股东会作出豁免决议

《公司法》第184条所规定的董事、监事、高级管理人员等的竞业禁止义务是一种相对禁止义务而非绝对禁止义务。其立法宗旨在于确保高管将有限的时间和精力贡献于公司,避免高管"脚踏两只船"而存在道德风险,进而保护公司利益,实现股东投资公司的目的。事实上是否允许公司高管突破竞业的限制,也没有必要一概禁止,如果公司股东会经过考量,认定高管到竞业公司从事职务并不妨碍公司利益从而豁免高管的竞业禁止义务,法律自然不应"越俎代庖",毕竟是否损害公司利益的最终判定权应该属于公司的投资者,即全体股东。关于豁免董事、监事、高级管理人员的竞业禁止义务,根据《公司法》第184条、第185条的规定,相关人员有向董事会或者股东会报告的义务,经董事会或者股东会决议同意后,始构成对竞业禁止义务的豁免。

需要注意的是,公司盖章出具的豁免不能等同于股东会的决议,其在实践中并不必然

① 参见四川省成都高新技术产业开发区人民法院(2009)高新民初字第729号民事判决书(一审),四川省成都市中级人民法院(2010)成民终字第2921号民事判决书(二审)。

产生豁免竞业禁止义务的法律效果。**无锡微研有限公司与徐某洪、无锡德森精密模具有限公司买卖合同损害公司利益纠纷案**[①]即为适例。该案中，被告徐某洪身为原告无锡微研有限公司（以下简称微研公司）中方常务副总经理，在原告公司之外，自行组建被告无锡德森精密模具有限公司（以下简称德森公司）并担任德森公司执行董事、总经理。该案中原告微研公司于2005年4月7日曾出具一份承诺书，内容为：现微研公司承认徐某洪副总经理同时兼任协力公司[②]，即德森公司执行董事职务。该公司系自负盈亏企业，徐某洪在该公司的债权债务与微研公司无关。其后，徐某洪离开微研公司。微研公司以徐某洪违反竞业禁止义务，利用职务便利使微研公司与其自行设立的德森公司订立买卖合同为由，请求法院认定该买卖合同无效，并得到法院支持。法律规定的有权豁免公司高管竞业禁止义务的主体只能是公司股东（大）会[③]，况且徐某洪当时担任微研公司中方常务副总经理，可以利用其自身职务的便利获得加盖公司印章的承诺书。故而法院作出"原告公司对被告设立其他公司的认可不能等同于公司股东会或者股东大会的意见"的认定。事实上，以目前公司法实践中的代表权限制说来审视这一起案件将更容易理解。公司内部形成组织意志并借助公司法定代表人等表示于外，方可对公司发生效力。该案中，在无公司团体意志的情况下，相关承诺书的内容并不能体现公司团体意志。

对于国有独资公司董事、高级管理人员竞业限制义务的豁免，依照《公司法》第175条的规定，应当由履行出资人职责的机构进行。对于国有独资公司的董事、高级管理人员来说，限制的范围已经不局限于同类业务，而是任何其他可以获得薪酬的市场经营业务。《公司法》第175条规定："国有独资公司的董事、高级管理人员，未经履行出资人职责的机构同意，不得在其他有限责任公司、股份有限公司或者其他经济组织兼职。"

五、劳动法上的竞业限制义务

与公司法中董事、监事、高级管理人员竞业禁止义务相类似的是劳动法上的竞业限制义务。《劳动合同法》第23条第2款规定："对负有保密义务的劳动者，用人单位可以在劳动合同或者保密协议中与劳动者约定竞业限制条款，并约定在解除或者终止劳动合同后，在竞业限制期限内按月给予劳动者经济补偿。劳动者违反竞业限制约定的，应当按照约定向用人单位支付违约金。"《劳动合同法》第24条规定："竞业限制的人员限于用人单位的高级管理人员、高级技术人员和其他负有保密义务的人员。竞业限制的范围、地域、期限由用人单位与劳动者约定，竞业限制的约定不得违反法律、法规的规定。在解除或者终止劳动合同后，前款规定的人员到与本单位生产或者经营同类产品、从事同类业务的有竞争关系

① 参见无锡市滨湖区人民法院（2006）锡滨民二初字第0810号民事判决书（一审）。

② 公司设立之初，公司名称定为"协力公司"，并已经和微研公司签过相应合同，但后来徐某洪设立的公司最终名称定为"无锡德森精密模具有限公司"。

③ 根据2023年《公司法》修订后第185条的规定，豁免董事、监事、高级管理人员竞业禁止义务的机关原则上为董事会，只有在出席会议的无关联董事人数不足3人时，才应当将该事项提交股东会审议。

的其他用人单位,或者自己开业生产或者经营同类产品、从事同类业务的竞业限制期限,不得超过二年。”劳动法上的竞业限制与公司法上的竞业禁止的区别见表10.1。

表10.1 劳动法上的竞业限制与公司法上的竞业禁止的区别

区别	劳动法上的竞业限制	公司法上的竞业禁止
限制对象	与用人单位签订竞业限制协议的人员,如管理岗位、技术岗位的核心人员(未必属于公司法意义上的高级管理人员)	公司法意义上的董事、监事、高级管理人员。控股股东、实际控制人执行公司职务时亦同,范围较劳动法上的竞业限制人员较窄
义务属性	约定义务:竞业限制协议的约定	法定义务:《公司法》的规定(特定情况下为约定义务,如股东协议共同约定)
限制期限	具体时间由竞业限制协议约定,但不得超过劳动者离职后2年	董事、监事、高级管理人员任职期间
豁免	用人单位不签订竞业限制协议,则不存在竞业限制协议的问题。用人单位在劳动者离职后未依约支付竞业限制补偿金的,劳动者竞业限制义务得到豁免,可选择不再履行竞业限制协议	公司可豁免董事、监事、高级管理人员的竞业禁止义务,豁免机关为公司董事会(或股东会)
有无补偿	用人单位应依约支付竞业限制补偿金,一般不得低于劳动者在职期间月平均工资的1/3	法定义务,无须支付竞业禁止补偿金
违反竞业限制的后果	用人单位有权要求停止违约行为、返还已经支付的竞业限制补偿金、继续履行竞业限制协议并支付违约金	所得收益归公司所有。公司没收竞业行为所得收益尚不足以弥补损失的,有权要求董事、监事、高级管理人员等赔偿公司损失
是否仲裁前置	属于劳动争议,应当先进行劳动仲裁	不属于劳动争议,无须劳动仲裁前置,直接向法院起诉即可(亦可根据公司章程的规定提起商事仲裁)
责任追究方式	用人单位提起劳动仲裁,以及仲裁前置后提起劳动争议诉讼	公司法意义上的诉讼。由公司直接起诉,或者监事(会)作为诉讼代表人提起诉讼。特定情况下,股东经过前置程序后,提起股东代表诉讼

对于公司董事、监事、高级管理人员而言,公司法上的竞业限制义务属于法定的职务义务,在其职务解除后,无论是公司解任还是自行离任,均不再负担公司法意义上的竞业限制义务。但公司作为用人单位,完全可以与这些人员签订竞业限制协议,按照劳动法律的规定,在支付竞业限制补偿金的基础上,进一步设置劳动法意义上的竞业限制义务,从而有效维护公司利益。

【案例10.11】 北京道隆华尔软件股份有限公司与徐某军等损害公司利益责任纠纷案[①]

北京道隆华尔软件股份有限公司(以下简称道隆华尔公司)系一家非上市股份有限公司。2012年5月10日,徐某军任道隆华尔公司总经理。2009年12月18日,徐某军成为道隆华尔公司的董事。2017年2月1日,徐某军与道隆华尔公司正式解除劳动关系。2017年8月1日,道隆华尔公司董事会免去徐某军董事职务。

北京科睿金信技术有限公司(以下简称科睿金信公司)系一家成立于2015年12月15日的有限责任公司(自然人投资或控股),注册资本为1000万元,徐某军为该公司股东,持股比例77.5%,并担任该公司法定代表人。徐某军从道隆华尔公司离职后,即进入科睿金信公司工作,担任该公司的经理和执行董事。

2018年7月27日,原告道隆华尔公司诉被告徐某军劳动争议一案,在北京市海淀区人民法院立案。该案中,道隆华尔公司的诉讼请求包括:请求判令徐某军返还工资、报销款,赔偿经济损失等。后北京市海淀区人民法院作出(2018)京0108民初44253号民事判决书,判决驳回道隆华尔公司的全部诉讼请求。该判决在本院认为部分的论述为:道隆华尔公司主张徐某军在职期间自行成立与该公司经营范围重合的科睿金信公司要求徐某军赔偿经济损失,但未能就实际已发生的直接经济损失提交相应证据,故对于道隆华尔公司要求徐某军赔偿经济损失的诉讼请求,本院不予支持。北京市第一中级人民法院就该劳动争议案件作出(2019)京01民终1011号民事判决书,判决驳回上诉,维持原判。二审判决对赔偿经济损失一节的论述为:就赔偿经济损失一节。道隆华尔公司主张徐某军由于在职期间私自设立了与道隆华尔公司存在同业竞争关系的公司,造成道隆华尔公司业绩大幅下降,故主张徐某军赔偿其7080000元经济损失。但道隆华尔公司未能举证证明其直接经济损失的数额,故一审法院对其该项主张不予支持亦无不当。

道隆华尔公司提起本案损害公司利益责任诉讼,诉讼请求为:(1)请求判令徐某军向道隆华尔公司赔偿因其违法、违约行为给道隆华尔公司造成的经济损失300万元(含利润损失、人力成本损失、技术研发成果损失等200万元以及侵害道隆华尔公司商誉造成的损失100万元);(2)请求判令徐某军就其侵害道隆华尔公司商誉的行为消除影响,向道隆华尔公司书面道歉;(3)请求判令徐某军自2015年12月15日至2020年3月8日在科睿金信公司的全部收入归属于道隆华尔公司,科睿金信公司就此承担连带责任。

---

① 参见北京市海淀区人民法院(2020)京0108民初29859号民事判决书(一审),北京市第一中级人民法院(2021)京01民终5425号民事判决书(二审)。

北京市海淀区人民法院一审判决认为：从营业执照记载的内容来看，两家公司确系存在重合的经营范围，但是徐某军是否因此承担损害赔偿责任，应当综合考察徐某军是否存在侵害道隆华尔公司的行为、道隆华尔公司是否存在实际损失以及两者之间的因果关系。本案涉及公司高管违反竞业禁止的请求权竞合问题，《劳动合同法》第 23 条和《公司法》(2018 年修正)第 148 条第 1 款第 5 项①均对竞业限制或竞业禁止有所规定，二者的目的均在于防止核心人员参与其他与公司有竞争关系的企业的业务中，保证公司的市场竞争力和持续发展，但是两项规则亦存在明显差异。公司因高级管理人员、董事存在竞业禁止行为起诉劳动争议案件被驳回后，又以同一事实依据公司法起诉，是否违反一事不再理原则，是本案审查的重点之一。经审查发现，道隆华尔公司在本案中向徐某军主张的利润损失，和其在(2018)京 0108 民初 44253 号劳动争议案件中要求徐某军赔偿的经济损失，均系基于徐某军创设科睿金信公司导致其未完成承诺的 2016 年销售业绩的事实，两案中计算损失的标准亦均系按照承诺业绩与实际完成业绩之间的差额，再乘以相应比例而得出。由于二者属于基于同一侵权事实对同一当事人提起的重复诉讼，遂依法驳回该部分请求事项的起诉。现有证据确实反映徐某军在道隆华尔公司担任高级管理人员和董事期间，成立在经营范围方面与其存在重合的科睿金信公司，但是并不能证明徐某军存在利用职务便利，谋取道隆华尔公司商业机会，为科睿金信公司经营同类业务的行为。遂判决驳回道隆华尔公司的诉讼请求。

北京市第一中级人民法院二审认为：道隆华尔公司要求徐某军赔偿经济损失的诉讼请求来源于侵权行为理论，本案与劳动争议案件的侵权人(徐某军)、侵权行为(同业竞争)、损害事实(未完成 2016 年承诺业绩)均是重合的，虽然公司法和劳动法均有关于同业竞争损害赔偿的相关法律规定，但其本质上均来源于侵权行为理论。现道隆华尔公司基于同一侵权行为和同一损害结果重复主张，违反了一事不再理原则，构成重复起诉，对其利润损失部分的诉讼请求，不予支持。遂维持一审判决。

最高人民法院在**孙某祥与吉林麦达斯轻合金有限公司劳动争议纠纷案**②中指出：从公司法的角度看，公司依据章程规定及股东会决议聘任董事行使法定职权，董事同意任职并依法开展委托事项，公司与董事之间即形成委任关系，从双方法律行为的角度看实为委托合同关系。但公司与董事之间的委任关系并不排斥劳动合同关系的存在，即二者之间在符合特定条件时还可以同时构成劳动法上的劳动合同关系。2013 年《公司法》第 44 条第 2

① 2023 年《公司法》修订后，条文序号调整为第 184 条。

② 参见吉林省辽源市中级人民法院(2018)吉 04 民初 193 号民事判决书(一审)，吉林省高级人民法院(2019)吉民终 19 号民事判决书(二审)，最高人民法院(2020)最高法民再 50 号民事判决书(再审)。

款[①]规定:“两个以上的国有企业或者两个以上的其他国有投资主体投资设立的有限责任公司,其董事会成员中应当有公司职工代表;其他有限责任公司董事会成员中可以有公司职工代表”,这就以法律形式明确肯定了董事与公司之间可以形成劳动关系,委任关系与劳动关系并非绝对排斥、不能兼容。

董事、高级管理人员与公司之间可能存在劳动法与公司法上的双重关系,一是基于劳动合同的约定而形成劳动合同法律关系,二是基于公司股东会、董事会的选举而形成职务委任关系。委任关系的解除可参照《民法典》关于“委托合同”的相关规定,双方均具有任意解除权。但委任关系的解除不能等同于劳动合同关系的解除,双方劳动关系是否解除仍要具体分析是否符合《劳动法》《劳动合同法》关于劳动合同解除的规定。董事、高级管理人员与公司形成劳动关系并约定竞业限制的,公司作为用人单位既可以主张劳动法上的权利,也可以基于职务委任关系主张公司法上的权益。如果两种诉求指向的违反竞业限制的行为具有时间跨度、行为内容上的同一性,则会构成《民事诉讼法解释》第 247 条[②]规定的重复起诉。但如果竞业行为的时间跨度、内容等并不相同,则不属于重复起诉。

六、公司归入权的具体行使

公司归入权的立法本意在于通过对董事违反受信义务所获得的收益行使归入权,弥补公司因董事违背受信义务而遭受的利益损失。如果董事的行为并没有损害公司利益,则公司无权主张归入权。欠缺损害结果这一法定且必要的构成要件,侵权行为无法成立,损害赔偿(归入权)也无从谈起。“如果管理者在从事竞业行为的过程中并没有转移公司资产,或者公司无须进行业务扩张以及不享有既存利益,则无论是挪用理论还是期待利益理论都不能阻止管理者从事该种竞业行为。”[③]本书认为,未经公司许可的竞业行为,如果没有给公司造成损害,公司也无权主张归入权。换言之,在董事损害公司利益纠纷案件中,公司如主张归入权,需对受到实际损失负担证明责任。

引起争议的问题在于:江苏省高级人民法院在**苏州财亨利房产有限公司与凌某法董事同业竞争损害公司利益纠纷案**[④]中公布的裁判要旨认为,无须考虑该竞业禁止是否给公司

① 2023 年《公司法》修订后,国有独资公司外部董事规定于第 173 条。

② 《民事诉讼法解释》第 247 条规定,当事人就已经提起诉讼的事项在诉讼过程中或者裁判生效后再次起诉,同时符合下列条件的,构成重复起诉:(1)后诉与前诉的当事人相同;(2)后诉与前诉的诉讼标的相同;(3)后诉与前诉的诉讼请求相同,或者后诉的诉讼请求实质上否定前诉裁判结果。当事人重复起诉的,裁定不予受理;已经受理的,裁定驳回起诉,但法律、司法解释另有规定的除外。

③ Lewis D. Solomon & Alan R. Palmiter, *Corporations Examples and Explanations*, 3nd edtion, China Fangzheng Press, p. 293.

④ 参见江苏省苏州市沧浪区人民法院(2007)沧民二初字第 0317 号民事判决书(一审),江苏省苏州市中级人民法院(2008)苏中民二终字第 0770 号民事判决书(二审),江苏省高级人民法院(2010)苏商再提字第 0015 号民事判决书(再审),最高人民法院(2011)民再申字第 116 号民事裁定书(再审)。江苏省高级人民法院再审判决作出后,笔者代理凌某法不服该再审判决向最高人民法院申请再审,遗憾的是最高人民法院作出(2011)民再申字第 116 号民事裁定书,驳回凌某法的再审申请。笔者就本案发表过详细的法律意见书,附于本章之后,与方家同仁探讨。

造成损害。该案的裁判要旨为:《公司法》(2005 年修订)第 149 条[①]第 1 款第 5 项规定,董事、高级管理人员未经股东会或者股东大会同意,不得利用职务便利为自己或者他人谋取属于公司的商业机会,自营或者为他人经营与所任职公司同类的业务。该条第 2 款规定:董事、高级管理人员违反前款规定所得的收入应当归公司所有。根据这一规定,公司董事、高级管理人员的竞业禁止有两种情形:一是未经股东会或者股东大会同意,利用职务便利为自己或他人谋取属于公司的商业机会;二是未经股东会或者股东大会同意自营或者为他人经营与所任职公司同类的业务。只要董事及高级管理人员的行为符合其中一种情形,即构成竞业禁止,而且不必考虑该竞业禁止是否给公司造成损害,公司即可以行使归入权,主张其因竞业禁止行为所得收入归公司所有。

反过来再看宁波市鄞州区人民法院在**宁波市科技园区新华信息技术有限公司与徐某利等损害公司权益案**[②]中的裁判理由。法院认为,公司高级管理人员非"恶意的,对公司具有损害性"的竞业行为,公司无归入权和请求赔偿权。"什么是'恶意的、对公司具有损害性竞争'的行为,从《公司法》第 149 条第 1 款第 5 项[③]的规定来看,主要是指'谋取属于公司的商业机会'后进行竞业的行为,即'谋取属于公司的商业机会'必须与'自营或者为他人经营与所任职公司同类的业务'同时存在,公司才能行使归入权和请求赔偿权。因为谋取公司的商业机会只是一种手段,通过自营或者与他人经营方式开拓此商业机会获得利益才是目的。如无前者,高管没有谋取属于公司的商业机会,只是把非通过职务便利获得的商业机会以自营或者他营的方式开拓,充其量只能说是违反道德义务;如无后者,高管'谋取属于公司的商业机会'就失去了客观认定标准。"[④]

云南省高级人民法院在**云南绿宝香精香料股份有限公司与敖某等损害公司利益责任纠纷案**[⑤]中认为,对原公司未造成损害的竞业行为无须承担赔偿责任,原公司不得主张归入权。其裁判理由载明:虽然在案事实显示云南亿沁进出口有限公司(以下简称亿沁公司)(被诉竞业公司)确实为本案 6 位自然人被上诉人相关亲属开办,且经营范围与云南绿宝香精香料股份有限公司(以下简称绿宝公司)(原公司)存在部分重合,有违反同业竞争禁止性行为的嫌疑。但绿宝公司在此期间系承包经营,只要其按约定上交了应该交纳的费用,其发生自主经营活动并不会当然损害绿宝公司的利益,故亿沁公司的成立及其开展的经营活动并未直接损害绿宝公司的公司利益。亿沁公司系独立法人,依法独立开展经营活动,获得收益、分配利润,上诉人绿宝公司主张应当将亿沁公司的所得收入及未分配利润归绿宝

---

① 2023 年《公司法》修订后,条文序号调整为第 184 条。

② 参见宁波市鄞州区人民法院(2007)甬鄞民二初字第 2 号民事判决书(一审)。本案收入《中国审判案例要览(2008 年商事审判案例卷)》。

③ 2023 年《公司法》修订后,条文序号调整为第 184 条。

④ 曾宪义、万鄂湘主编:《中国审判案例要览(2008 年商事审判案例卷)》,人民法院出版社、中国人民大学出版社 2009 年版,第 246 页。

⑤ 参见云南省昆明市中级人民法院(2017)云 01 民初 2030 号民事判决书(一审),云南省高级人民法院(2020)云民终 1219 号民事判决书(二审)。

公司所有，由6位自然人赔偿无事实及法律依据。

有意思的是，江苏省高级人民法院的司法观点似乎一以贯之。在**江苏乐辉医药科技有限公司与谢某等损害公司利益责任纠纷案**①中，一审法院认为：尽管谢某系上海信好实业有限公司（以下简称信好公司）股东，但并未在本质上改变江苏乐辉医药科技有限公司（以下简称乐辉公司）与信好公司原有的利益格局，乐辉公司亦未提供证据证明谢某的行为篡夺了乐辉公司的商业机会，并损害了乐辉公司的商业利益。因此谢某在信好公司担任股东的行为不违背高级管理人员竞业禁止义务的根本目的，不构成高级管理人员竞业禁止行为。但二审法院及再审法院均认为：公司行使归入权，并不以董事、高级管理人员的交易行为获得溢出利益，或者其行为给公司造成损害或损失为前提。只要董事、高级管理人员的交易行为违反公司章程的规定或者未经股东会、股东大会同意，其进行交易获得的收入即应归公司所有。

对此，本书认为，既然将董事、高级管理人员实施竞业行为损害公司利益视为对公司的侵权行为，就应当遵循侵权行为构成的一般要件。倘若相关竞业行为并无所得抑或原公司并无损失，则不完全符合侵权行为的构成要件。此时判令董事、高级管理人员承担责任，难免有矫枉过正之嫌。

■ 第四节　谋取属于公司的商业机会

2023年修订前的《公司法》第148条第1款规定："董事、高级管理人员不得有下列行为：……（五）未经股东会或者股东大会同意，利用职务便利为自己或者他人谋取属于公司的商业机会，自营或者为他人经营与所任职公司同类的业务……"该项规定了高管违背忠实义务的表现形式包括谋取属于公司的商业机会及竞业禁止两种形态。尽管谋取属于公司的商业机会通常和竞业禁止有所交叉和重复，但理论上仍更多地倾向于二者均可独立构成董事、高级管理人员违背忠实义务的形态。2023年《公司法》修订后，将谋取属于公司的商业机会作为单独条款予以规定。《公司法》第183条规定："董事、监事、高级管理人员，不得利用职务便利为自己或者他人谋取属于公司的商业机会。但是，有下列情形之一的除外：（一）向董事会或者股东会报告，并按照公司章程的规定经董事会或者股东会决议通过；（二）根据法律、行政法规或者公司章程的规定，公司不能利用该商业机会。"

---

① 参见江苏省南京市建邺区人民法院（2014）建商初字第155号民事判决书（一审），江苏省南京市中级人民法院（2015）宁商终字第252号民事判决书（二审），江苏省高级人民法院（2016）苏民再296号民事判决书（再审）。

【案例10.12】 徐某培等与北京一亚高科能源科技有限公司损害公司利益责任纠纷案①

北京一亚高科能源科技有限公司(以下简称一亚公司)和北京立化科技有限公司(以下简称立化公司)为关联公司,张某国为两家公司的实际控制人。2018年2月9日,一亚公司作出人事任命通知,任命徐某培为公司兼职副总经理。2018年12月12日,一亚公司和立化公司联合作出人事安排通知,通知内容如下:……徐某培借调到一亚公司兼任销售副总经理,主管国内销售及市场工作,原一亚公司的销售经理王某、张某的工作由徐某培管理和调度……徐某培可根据市场、销售工作的需要,调度总工办、技术部人员配合售前技术支持工作,涉及人员请尽全力配合。其他各部门在合理范围内资源亦优先向销售部门倾斜……

上海即崇环保科技有限公司(以下简称即崇公司)的成立日期为2018年4月13日,注册资本500万元,由徐某培100%持股并担任法定代表人。上海水合智能科技有限公司(以下简称水合公司)成立日期为2018年11月23日,注册资本100万元,股东为徐某培持股95%,王某才持股5%,并由王某才担任法定代表人。

一亚公司主张:上海公卫项目是指上海市公共卫生临床中心(以下简称上海公卫中心)焚烧炉项目,第一阶段是2017年3月,招标项目为焚烧炉采购,中标单位为北京北锅环保设备有限公司(该项目的总包方),一亚公司为总包方提供技术服务,立化公司为总包方提供设备配件。第二阶段是2018年,招标项目为焚烧炉委托运行管理服务,一亚公司中标焚烧炉委托运行管理服务项目。2017年至今,上海公卫中心一直是一亚公司的客户。徐某培任一亚公司主管销售的副总经理,主管上海公卫项目及国内市场工作,在上海公卫项目中主要负责与项目委托方的磋商合作、商业谈判及推进招投标项目的进行。

2018年7月,即崇公司(需方)与上海湘顺源科技有限公司(以下简称湘顺源公司)(供方)签订《实验室废液处理系统采购合同》,约定即崇公司以46万元的价格自湘顺源公司处采购实验室综合废液处理系统XSYFYH-20L-D及服务1套和系统资料2套。2019年3月,上海公卫中心(甲方)与即崇公司(乙方)签订《实验室废液即时处置项目设备租赁合同》,约定甲方租赁乙方20L/D实验室废液"一站式即时"处理设备一台,租赁期限2019年3月1日至2024年2月29日,租赁价格为每年19.6万元。2019年3月,上海公卫中心(甲方)与水合公司(乙方)签订《上海公卫中心实验室废液即时处置项目设备运行服务合同》,约定甲方委托乙方对20L/D实验室废液处理设备进行

① 参见北京市海淀区人民法院(2019)京0108民初51601号民事判决书(一审),北京市第一中级人民法院(2021)京01民终6267号民事判决书(二审)。

操作、维护和保养。服务期限为:2019年3月1日至2020年2月29日,若合同到期,双方无异议,服务期限自动续延一年。服务费用:每年9.6万元。

一亚公司及徐某培均认可:上海公卫废液处理项目为实验室废液处理项目。此外,经询问,徐某培称一亚公司没有废液处理业务,该项业务运营不需要特殊资质。一亚公司称其没有处理过实验室废液项目,但处理过其他废液处理项目,上海公卫废液处理项目属于其公司的商业机会。

北京市海淀区人民法院一审认为:本案诉争商业机会为上海公卫废液处理项目,被告徐某培构成谋取一亚公司的商业机会。首先,从商业机会的来源看,公司董事、高级管理人员对公司负有受信义务的来源是其在公司所担任的职务,那么由此推定,其基于职务获取的商业机会均应当认定为可能为公司所属商业机会,而其基于个人身份获得的机会,则应当推定为与公司无关。本案中,上海公卫废液处理项目的甲方为上海公卫中心,上海公卫中心为一亚公司客户,徐某培在担任一亚公司副总经理期间获取的涉及上海公卫中心的商业机会,在徐某培无证据证实属于其完全基于个人身份获知、获取的情况下,应当认定为属于一亚公司的商业机会范畴。其次,从诉争商业机会与一亚公司经营活动的关联性分析,本案中,诉争商业机会在一亚公司经营范围之内,属于一亚公司同类业务内容,对一亚公司而言具有可利用性。最后,从一亚公司是否具有利用诉争商业机会的条件分析,应当主要结合案件的实际情况,考察商业机会是否能够实际被公司所利用,包括该公司是否具有该商业机会所需的资源、能力等因素。若公司初步证实其具备获取该商业机会的条件,而董事、高级管理人员认为该公司具有某些不利于获取该商业机会的因素,则应当举证予以证明。本案中,从一亚公司的经营范围和技术能力来看,其显然具有利用诉争商业机会的条件。徐某培虽主张一亚公司没有意向与上海公卫中心开展废液处理项目合作,但未提供相应佐证,一审法院不予采纳。综上,一审法院认定诉争的上海公卫废液处理项目属于一亚公司的商业机会,徐某培通过即崇公司、水合公司利用该商业机会开展自营活动,谋取了一亚公司的商业机会,侵害了一亚公司的合法权益。结合其他案件事实,一审法院判决被告徐某培向一亚公司赔偿30万元,即崇公司、水合公司对此承担连带责任。

北京市第一中级人民法院二审认为:判断董事、高级管理人员获得的商业机会是否构成公司的商业机会,应当同时考虑以下因素:一是该商业机会是否是董事、高级管理人员在执行公司职务过程中获得的。二是该商业机会是否与公司经营活动密切相关。三是该商业机会是否是董事、高级管理人员有义务向公司披露的。本案中,首先,上海公卫废液处理项目的一方是上海公卫中心,上海公卫中心是一亚公司客户,现徐某培未能提交有效证据证明其获知上海公卫废液处理项目系基于其个人身份,故应认定其系在执行一亚公司职务过程中获得的应属一亚公司的商业机会。其次,虽然一亚公司未实际开展过类似上海公卫废液处理项目的业务,但该业务的开展在一亚公司经营范围内,不需要特殊资质,徐某培未能提出有效证据证明一亚公司在明知存在上海公卫废液处理项目商业机会的情况下,明确表示拒绝,故应认定该商业机会对一亚公司具有可利用性且与公司经营活动密切相关。最后,如上所述,徐某培系在执行一亚公司职务过程中获得的商业信息和机会,即负有向一亚公司披露的义务。综上,应认定涉案上海公卫废液处理项目属于一亚公司的商业机会,徐某培通过即崇公司、水合公司利用该商业机会开展经营活动,谋取了一亚公司的商业机会,侵害了一亚公司的合法权益,一审法院酌情判定徐某培、即崇公司、水合公司连带赔偿一亚公司30万元并无不当,应予维持。

何谓“属于公司的商业机会”? 一项商业机会在何种情况下才能构成公司的商业机会? 我国公司法并无明确的规定。理论上,一项商业机会只有在具备以下条件时方可被认定为属于公司的商业机会。

其一,董事知悉该商业机会系基于履行公司职务。如在**周某琳与刘某彪、第三人湖南恒志房地产开发有限责任公司等损害公司利益责任纠纷案**①中,法院认为,湖南恒志房地产开发有限责任公司(以下简称恒志公司)与石湾镇人民政府签订协议,不计成本投入巨额资金拆迁电影院及修通贯穿电影院的商业步行街等行为都体现出恒志公司的意思表示,即在电影院地 d1#地块上获取商业机会或者追求公司的预期利益。恒志公司法定代表人刘某彪参与前期沟通谈判,最终却以个人名义通过竞拍取得电影院 d1#地块国有建设用地使用权,构成谋取属于恒志公司的商业机会。同样在**邓某军等与上海德盾实业有限公司损害公司利益责任纠纷案**②中,上海市第一中级人民法院认为:两上诉人将德盾实业(原任职公司)的消防认证证书通过不当手段变更至二人另行设立的申盾公司名下,申盾公司、上海德盾科技有限公司(以下简称德盾科技)使用该份认证证书与他人签订消防产品销售合同。考虑到德盾实业与申盾公司、德盾科技存在销售消防产品等经营范围的重合,结合两上诉人实施对德盾实业的本案侵权行为实际损害了德盾实业的生产销售权,故应认定申盾公司、德盾科技对外签订的消防产品买卖合同属于德盾实业的商业机会。

其二,公司利用该商业机会具有现实可能性,不存在事实及法律上的障碍。如在**上海圆融典当有限公司与宋某红损害公司利益责任纠纷案**③中,上海圆融典当有限公司(以下简称圆融典当)注册资本为1000 万元,被告宋某红与案外人卢某签订的房地产抵押借款合同

① 参见湖南省衡东县人民法院(2015)东民二初字第54号民事判决书(一审)。

② 参见上海市闵行区人民法院(2019)沪0112民初19312号民事判决书(一审),上海市第一中级人民法院(2020)沪01民终9247号民事判决书(二审)。

③ 参见上海市黄浦区人民法院(2014)黄浦民二(商)初字第815号民事判决书(一审),上海市第二中级人民法院(2015)沪二中民六(商)终字第32号民事判决书(二审)。

的借款总金额为720万元，占圆融典当注册资本的72%。依据《典当管理办法》第44条的规定，典当行对同一自然人的典当余额不得超过注册资本的25%。典当行注册资本在1000万元以上的，房地产抵押典当单笔当金数额不得超过注册资本的10%。法院据此认定，圆融典当已不能与案外人卢某签订借款合同，承接上述业务本身可能存在经营上的违规。整个市场对资金的需求是极大的，对圆融典当而言，不是市场上所有的融资需求均属于该公司的商业机会。只有与其资金实力、运营能力相适应，且符合典当监管规定的部分，才是圆融典当的现实的商业机会。又如在**北京全圣时代数字技术有限公司与郅某香等损害公司利益责任纠纷案**①中，法院指出，认定梁某臣行为是否构成篡夺公司商业机会，首先应判断其与北京航天中兴医疗系统有限公司（以下简称中兴公司）签订的买卖合同是否为北京全圣时代数字技术有限公司（以下简称全圣公司）的商业机会。本案中，全圣公司于2005年3月31日开发完成涉案探测器采集控制软件，2005年4月8日首次发表该软件，该事实表明全圣公司于2005年3月31日方具有以该软件技术生产探测器的商业机会。北京长峰恒业科技有限公司（以下简称长峰公司）于2004年7月即与中兴公司签订了相关探测器买卖合同，即长峰公司与中兴公司签订探测器买卖合同在全圣公司取得计算机软件著作权之前，故根据全圣公司提供的现有证据无法认定梁某臣篡夺了全圣公司的商业机会。

【案例10.13】　深圳中艺文化投资发展有限公司与陈某荣损害公司利益责任纠纷案②

该案中，江西省抚州市中级人民法院一审认为：构成侵害商业机会有一个重要特征，即商业机会须具有专属性。就本案而言，判断陈某荣是否侵害深圳中艺文化投资发展有限公司（以下简称中艺公司）商业机会，首先需要认定涉案土地使用权是否为专属于中艺公司的商业机会。陈某荣提供的协议（意向）明确约定了项目用地按招、拍、挂程序公开出让，由乙方（中艺公司）依法取得。中艺公司自己提供的协议文本（复印件）也明确约定了项目用地根据项目建设进度分期分批按招、拍、挂程序公开出让，由乙方依法取得。双方分别提交的补充协议亦均有类似约定。因此，不论是根据陈某荣提供的协议文本还是中艺公司自己提供的协议文本，中艺公司对这一商业机会并不是必然能够获得的，而是需要通过参与招、拍、挂程序公开出让，依法取得。根据招、拍、挂程序的公开性和竞争性的法律性质，任何满足招、拍、挂条件的竞买人均有权参与竞买涉案土

① 参见北京市海淀区人民法院（2014）海民初字第04322号民事判决书（一审），北京市第一中级人民法院（2015）一中民（商）终字第435号民事判决书（二审）。该案中梁某臣已经死亡，被告郅某香等系其第一顺位继承人。

② 参见江西省抚州市中级人民法院（2019）赣10民初18号民事判决书（一审），江西省高级人民法院（2020）赣民终578号民事判决书（二审）。

地使用权，故竞买人并非仅限于中艺公司。竞拍的最终结果存在不确定性，任何一个竞买人都不必然获得竞买标的。因此，在中艺公司与上犹县人民政府签订协议后（不论该协议是否为意向协议），至竞拍成交前，涉案土地使用权并非当然地专属于中艺公司的商业机会。中艺公司与上犹县人民政府签订的协议仍然需要通过公开招、拍、挂程序成交后才能变成商业机会。本案中，陈某荣代表中艺公司签订协议后，并未向公司及公司其他股东披露，自己作为公司法定代表人也没有积极落实协议要求，没有以中艺公司名义成立项目公司参与土地竞拍。由于陈某荣的不作为，中艺公司事实上不可能取得涉案项目的商业机会，故本案尚不构成侵犯商业机会。

江西省高级人民法院在二审中虽未明确指出一审关于商业机会的认定错误，但事实上对于商业机会的认定，与一审裁判明显不同。二审法院认为，商业机会一般指公司董事、监事及高级管理人员在执行公司事务过程中获得的，并且有义务向公司披露的与公司经营活动密切相关的各种机会。涉案项目系上犹县人民政府通过招商引资引进的文化产业项目，且由中艺公司与上犹县人民政府签订协议，陈某荣作为中艺公司的股东和法定代表人，在中艺公司中同时具备股东和公司高管的双重身份，无论是从有限公司的人合性角度还是从其担任公司高管职务考察，陈某荣均有向其他股东和中艺公司披露该商业机会的义务。现有证据证实陈某荣作为公司执行董事，将本应由公司享有的商业机会以其子控股的三家公司竞拍取得项目，并未经公司其他股东同意，其亦未举证证明中艺公司因其他原因放弃该商业机会……故陈某荣的行为违反了股东、高管应尽的忠实义务。

从二审裁判的表述上看，其与一审法院关于案涉土地使用权是否属于中艺公司商业机会的裁判旨趣明显不同，本书亦认为其应属于中艺公司的商业机会。实际上从汉语字面理解，“机会”本身就蕴含可能性的意思，如果将专属性作为认定商业机会的评判标准，则无疑是用“必然性”替代“可能性”，这无疑将大大限缩实践中对于商业机会的认定，与《公司法》第183条的立法目的相悖。

其三，相对方不排除与公司进行交易。如果相对方根本不打算与公司进行交易，对公司来说自无商业机会可言。浙江省宁波市鄞州区人民法院在**宁波市科技园区新华信息技术有限公司与徐某建等损害公司权益案**[①]中指出：公司放弃商业机会或者第三人不愿和该公司合作的，公司高级管理人员获得商业机会不属于谋取公司的商业机会。对公司高级管理人员非恶意、对公司具有非损害性的竞业行为，公司无归入权和请求赔偿权。

通常情况下，公司主张其享有某项商业机会，还需要证明公司已经为利用该项商业机

① 参见浙江省宁波市鄞州区人民法院（2007）甬鄞民二初字第2号民事判决书（一审）。本案收录于《中国审判案例要览（2008年商事审判案例卷）》。

会做了一定的准备。如前述**周某洁与刘某彪、第三人湖南恒志房地产开发有限责任公司等损害公司利益责任纠纷案**中，法院通过恒志公司投入成本进行拆迁等行为认定该公司为获取并实际利用涉案地块这一商业机会进行了必要的准备。

在法律体系中，保护商业机会这一理念贯彻最为彻底的当属《反不正当竞争法》。《最高人民法院公报》(2009 年第 9 期)刊载的**山东省食品进出口公司等诉青岛圣克达诚贸易有限公司、马某庆不正当竞争纠纷案**①中公布的裁判要旨为：在反不正当竞争法上，一种利益应受保护并不构成该利益的受损方获得民事救济的充分条件。商业机会虽然是一种可以受到反不正当竞争法保护的法益，但其本身并非一种法定权利，而且交易的达成并非完全取决于单方意愿，而是需要交易双方的合意，因此他人可以自由参与竞争来争夺交易机会。竞争对手之间彼此进行商业机会的争夺是竞争的常态，也是市场竞争所鼓励和提倡的。对于同一交易机会而言，竞争对手之间一方有所得另一方即有所失。利益受损方要获得民事救济，还必须证明竞争对手的行为具有不正当性。只有竞争对手在争夺商业机会时不遵循诚实信用的原则，违反公认的商业道德，通过不正当的手段攫取他人可以合理预期获得的商业机会，才为反不正当竞争法所禁止。商业道德要按照特定商业领域中市场交易参与者即经济人的伦理标准来加以评判，它既不同于个人品德，也不能等同于一般的社会公德，其所体现的是一种商业伦理。反不正当竞争法所要求的商业道德必须是公认的商业道德，是指特定商业领域普遍认知和接受的行为标准，具有公认性和一般性。即使在同一商业领域，由于是市场交易活动中的道德准则，公认的商业道德也应当是交易参与者共同并普遍认可的行为标准，不能仅从买方或者卖方、企业或者职工的单方立场来判断是否属于公认的商业道德。具体到个案中的公认的商业道德，应当根据特定商业领域和个案情形(如特定行业的一般实践、行为后果、交易双方的主观状态和交易相对人的自愿选择等)具体分析确定。作为具有学习能力的劳动者，职工在企业工作的过程中必然会掌握和积累与其所从事的工作有关的知识、经验和技能。除属于单位的商业秘密的情形外，这些知识、经验和技能构成职工人格的组成部分，是其生存能力和劳动能力的基础。职工离职后有自主利用其自身的知识、经验和技能的自由，因利用其自身的知识、经验和技能而赢得客户信赖并形成竞争优势的，除侵犯原用人企业的商业秘密的情况外，并不违背诚实信用的原则和公认的商业道德。在既没有违反竞业限制义务，又没有侵犯商业秘密的情况下，劳动者运用自己在原用人单位学习的知识、经验与技能为其他与原单位存在竞争关系的单位服务的，不宜简单地以《反不正当竞争法》第 2 条的原则规定认定其构成不正当竞争。

评价一项商业机会是否构成公司特定的具体商业机会，还需结合公司运作的实际情况以及商业机会本身的特定情况具体分析。一项最初准备给予某一公司的商业机会可能随着实际情况的变化，不再成为该公司的商业机会。从优化资源配置的角度分析，当公司不

---

① 参见山东省青岛市中级人民法院(2007)青民三初字第 136 号民事判决书(一审)，山东省高级人民法院(2008)鲁民三终字第 83 号民事判决书(二审)，最高人民法院(2009)民申字第 1065 号民事裁定书(再审)。

具有某项商业机会时,高管自行利用该商业机会便不构成对于忠实义务的违反,自然也不为法律所禁止。

《最高人民法院公报》(2014 年第 11 期)刊载的**林某恩与李某山等损害公司利益纠纷案**①中指出,尽管 700 亩土地使用权当初是要给予新纶高科技集团股份有限公司(以下简称香港新纶公司)的,但是香港新纶公司要获得这一商业机会必须满足其与南昌县小蓝工业园管理委员会所订合同中的相关条件以及土地使用权挂牌交易的相关条件。因此,涉案 700 亩土地使用权并非当然专属于香港新纶公司的商业机会。林某恩与李某山设立香港新纶公司的目的即是在江西成立新纶高科技皮业(江西)有限公司(以下简称江西新纶公司)及设立房地产企业运营房地产项目。但双方在江西新纶公司设立后,合作并不融洽,林某恩对香港新纶公司及江西新纶公司长期不管不问,最终要求保本撤资并放弃江西项目。在此情况下,李某山通过与他人共同投资及努力最终以江西万和房地产有限公司(以下简称万和公司)的名义取得 700 亩土地使用权,不但不应被认定为谋取属于香港新纶公司商业机会的侵权行为,相反应当定性为为避免香港新纶公司违约而采取的合法补救行为,也是维护其自身权益而采取的正当经营或交易行为。

【案例 10.14】 中冶全泰(北京)工程科技有限公司与丛某民等公司高级管理人员损害公司利益赔偿案②

中冶全泰(北京)工程科技有限公司(以下简称全泰公司)成立于 2005 年 1 月 18 日,被告丛某民系全泰公司的总经理,并于 2006 年 10 月 19 日出资成立中冶京泰(北京)工程技术有限公司(以下简称京泰公司),丛某民系京泰公司的控股股东。2007 年 10 月 17 日,京泰公司与 ATIBIR 公司签订了供货合同,合同总价格为 2057.2 万美元。经确认,该合同的预期利润率为 15%。同年 11 月,丛某民从全泰公司辞职。经查明,京泰公司与全泰公司的名称近似,两家公司名称均为 14 个字,其中仅有两个字不同,而英文缩写则完全相同。丛某民不仅将全泰公司的域名改为京泰公司域名,而且将全泰公司两部办公电话也转做京泰公司办公电话。同时,丛某民在与 ATIBIR 公司签订和履行供货合同的过程中利用了全泰公司的资源:丛某民在谈判过程中使用了全泰公司的办公场所,动用了全泰公司的汽车,并且在缔约过程中利用了全泰公司的人力资源参与谈判。不仅如此,在供货合同签约之后的一个月内,10 余名工作人员一起从全泰公司辞职,并悉数进入京泰公司工作。

① 参见江西省高级人民法院(2010)赣民四初字第 4 号民事判决书(一审),最高人民法院(2012)民四终字第 15 号民事判决书(二审)。

② 参见北京市海淀区人民法院(2009)海民初字第 3189 号民事判决书(一审),北京市第一中级人民法院(2010)一中民终字第 10249 号民事判决书(二审)。

全泰公司认为，从某民作为高级管理人员，负有保守公司商业秘密的义务，对公司负有忠实义务和勤勉义务。但其却在任职期间，将全泰公司的业务与自己注册成立的京泰公司进行签约，谋取属于全泰公司的商业机会。故全泰公司诉至法院，请求判令从某民、京泰公司连带赔偿全泰公司3051万元。

法院经审理认为，供货合同的谈判与签约活动均发生于从某民担任全泰公司总经理职务期间，并且从某民动用了全泰公司的物力、人力资源参与涉案项目的缔约过程，涉案项目又与全泰公司的经营活动密切相关，由此取得的商业机会理应属于全泰公司的商业机会。从某民作为全泰公司的总经理，挪用公司资金成立与全泰公司具有同类营业范围的京泰公司，并在未经全泰公司股东会同意，亦未举证证明全泰公司曾明确表示放弃该商业机会，或全泰公司基于其他原因无法利用该商业机会的情况下，操纵其作为控股股东的京泰公司与ATIBIR公司签署供货合同。依据公司法规定，从某民已构成对全泰公司商业机会的侵犯，应对其违反忠实义务的侵权行为向全泰公司承担赔偿责任。赔偿数额应相当于京泰公司履行合同而获得的利润。法院根据供货合同的合同价款和经确认的利润率，以及判决作出之日的汇率对赔偿数额酌定为2800万元（二审调降为2100万元）。同时，因从某民为京泰公司的控股股东，京泰公司的注册资金来源于从某民挪用全泰公司的资金，从某民的意志对于京泰公司具有决定性作用，二者在侵犯全泰公司商业机会的过程中为利益共同体，具有共同的侵权行为。因此，京泰公司应对从某民的上述损害赔偿义务承担连带赔偿责任。

■ 第五节 守法经营义务与高管责任

《公司法》第179条规定："董事、监事、高级管理人员应当遵守法律、行政法规和公司章程。"《公司法》第125条第2款规定："董事应当对董事会的决议承担责任。董事会的决议违反法律、行政法规或者公司章程、股东会决议，给公司造成严重损失的，参与决议的董事对公司负赔偿责任；经证明在表决时曾表明异议并记载于会议记录的，该董事可以免除责任。"上述法律规范构成公司法中董事、高级管理人员守法经营义务的法源基础。董事、高级管理人员在处理公司事务时应该严格依照法律、行政法规以及公司章程的规定，而不应逾越法律、行政法规以及公司章程的界限。"在公司违法时，即使董事没有直接违反其作为义务相对人的法律、行政法规或章程，也应对公司的损失承担赔偿责任。该责任的基础在于:董事有‘使公司守法或不违法经营的义务’。”①

【案例10.15】 扬州维扬豆制食品有限公司与曲某山、程某银损害公司权益纠纷案②

江苏省扬州市广陵区人民法院(2007)扬广刑初字第30号刑事判决书认定:2004年至2005年,曲某山作为扬州维扬豆制食品有限公司(以下简称维扬公司)法定代表人兼董事长,与公司财务科长程某银等人,代表单位意志决定设立公司“小金库”,通过在公司账目上少列收入进行虚假的纳税申报,偷逃税款1456709.46元,违法所得归单位所有,其行为符合单位犯罪的构成要件。维扬公司、曲某山、程某银的行为构成偷税罪。江苏省扬州市广陵区人民法院判决:(1)维扬公司犯偷税罪,判处罚金146万元;(2)曲某山犯偷税罪,判处有期徒刑3年,缓刑3年,并处罚金146万元;(3)程某银犯偷税罪,判处有期徒刑2年,并处罚金80万元,犯挪用公款罪,判处有期徒刑6个月,数罪并罚,决定执行有期徒刑2年,缓刑3年,并处罚金80万元。综上,维扬公司被判决追缴偷税款146万元③,并判处罚金146万元,合计292万元。法院经审理后,对于维扬公司诉请曲某山、程某银赔偿公司146万元的诉讼请求予以支持。

江苏省扬州市中级人民法院一审认为:曲某山、程某银作为维扬公司的董事,在管理和执行公司事务中设立“小金库”偷逃税款,其行为违反法律规定,导致维扬公司构成犯罪并被处以罚金,造成公司损失。公司在承担责任后有权要求曲某山、程某银承担赔偿责任。由于生效刑事判决已经认定曲某山、程某银系共同谋划、实施设立“小金库”,故应认定其二人对维扬公司构成共同侵权,承担连带赔偿责任。

江苏省高级人民法院二审认为:公司法规定董事、监事、高级管理人员执行公司职务时违反法律、行政法规或者公司章程的规定,给公司造成损失的,应当承担赔偿责任。上述规定并未就有关人员违反“法律”的范围作出特别限制,对此应作通常理解,不得随意作扩大解释或限缩解释。刑法为国家基本法律,属于上述规定的法律之一,而在执行职务过程中遵守法律、行政法规是公司董事、监事、高级管理人员的首要义务。因此,公司董事、监事、高级管理人员执行公司职务违反刑法造成公司损失的,应当向公司承担赔偿责任。根据2007年《企业所得税法》第10条第4项的规定,在计算应纳税所得额时,罚金、罚款和被没收财物的损失支出不得扣除。据此,企业依法缴纳的罚金不能

---

① 刘惠明:《公司违法时董事对公司的赔偿责任探析》,载《河海大学学报(哲学社会科学版)》2010年第4期。

② 参见江苏省扬州市中级人民法院(2008)扬民二初字第0020号民事判决书(一审),江苏省高级人民法院(2008)苏民二终字第260号民事判决书(二审)。该案为江苏省高级人民法院公报案例,见《江苏省高级人民法院公报》2011年第1辑。

③ 补缴税款的金额不应计入损害赔偿数额,因为该部分税款是本应向税务部门缴纳的,并不属于公司因此受到的损失。

作为企业的成本支出在其应纳税所得额中扣除，即企业应以其税后利润缴纳罚金，如企业当年没有利润，应以企业往年积累或其他自有资金缴纳罚金，企业并不因缴纳罚金而被多征收企业所得税。本案中，虽然维扬公司缴纳了罚金，但其并未因此多交企业所得税，故其要求曲某山、程某银赔偿所谓税金损失缺乏事实和法律依据。二审法院判决：撤销原判；由曲某山、程某银向维扬公司赔偿因缴纳罚金产生的损失146万元；驳回维扬公司的其他诉讼请求。

江苏省高级人民法院对本案公布的裁判要旨为：公司董事、高级管理人员执行公司职务过程中违反法律、行政法规或者公司章程的规定，导致公司的行为构成单位犯罪，即使违法所得归公司所有，且个人亦因单位犯罪受到刑事处罚，相关个人仍应对公司遭受的损失承担赔偿责任。

河北省高级人民法院在**河北瑞和玻璃钢有限公司、陈某会等与张某太损害公司利益责任纠纷案**①中亦指出：根据衡水市国家税务局相关税务处理决定书和行政处罚决定书，河北瑞和玻璃钢有限公司因漏缴税款而被税务机关依法追缴税款并给予加收滞纳金和罚款等处罚。其中，滞纳金和罚款的支出属于公司财产非正常减少，应认定为公司财产损失，并据此判令相关高管承担责任。

同样，福建省三明市中级人民法院在**福建省旺竹园竹木制品有限公司与黄某竹损害公司利益责任纠纷案**②中指出：福建省旺竹园竹木制品有限公司（以下简称旺竹园公司）因未经有关部门批准违法占地动工建设竹木制品厂车间，被尤溪县国土资源局立案查处并作出行政处罚。旺竹园公司被申请强制执行并列入失信被执行人名单，其法定代表人林某铭也被列入限制消费人员名单。涉案行政处罚中的罚款43940元虽然至今未得到执行，但已在一审法院强制执行中，该罚款构成旺竹园公司的必然性负担，属于旺竹园公司已经确定的损失。实际经营管理旺竹园公司的黄某竹等人属于对公司的经营管理活动和风险控制实际具有决策权或者重大影响的公司高级管理人员，对因违法占地建设竹木制品厂车间被行政罚款而给公司造成的损失，应当共同承担赔偿责任，但赔偿款项应当用于履行行政罚款义务。

① 参见河北省冀州市人民法院（2015）冀民三初字第419号民事判决书（一审），河北省衡水市中级人民法院（2016）冀11民终460号民事判决书（二审），河北省高级人民法院（2017）冀民再99号民事判决书（再审）。

② 参见福建省尤溪县人民法院（2020）闽0426民初135号民事判决书（一审），福建省三明市中级人民法院（2020）闽04民终1455号民事判决书（二审）。

【案例10.16】 新疆博乐互益纺织有限公司与宋某官、谢某明等损害公司利益责任纠纷案[①]

2014年9月至2015年1月，宋某官、谢某明、谢某铨为解决新疆博乐互益纺织有限公司（以下简称博乐互益公司）经营困难，支付拖欠的工人工资，未将博乐互益公司加工贸易电子手册C9404445002/3号从塔吉克斯坦共和国进口的306.443吨皮棉加工生产的237.6212吨棉纱进行复出口，在未向阿拉山口海关等主管部门申请核销的情况下，擅自将上述应当复出口的棉纱内销给张家港互益染整有限公司等11家国内公司。博乐互益公司偷逃税款230.707303万元，谢某明、谢某铨偷逃税款148.114866万元。后新疆维吾尔自治区阿拉山口市人民法院作出（2017）新2702刑初7号刑事判决：（1）被告单位博乐互益公司犯走私普通货物、物品罪，判处罚金180万元；（2）被告人谢某明、谢某铨均犯走私普通货物、物品罪，判处有期徒刑3年，缓刑4年；（3）被告单位博乐互益公司，退缴的违法所得款230.707303万元由阿拉山口海关缉私分局上缴国库。2018年1月16日，博乐互益公司向阿拉山口市人民法院缴纳罚金180万元。博乐互益公司向一审法院起诉请求判令宋某官、谢某明、谢某铨赔偿损失180万元及利息损失。

新疆维吾尔自治区博尔塔拉蒙古自治州中级人民法院一审认为：虽然宋某官、谢某明、谢某铨曾经担任博乐互益公司的董事、监事，其将出口棉纱转内销，偷逃税款的行为触犯了刑法，导致博乐互益公司被判处罚金，谢某明、谢某铨被判处缓刑的刑事处罚，但该案的发生是由于博乐互益公司当时面临经营困难，拖欠工人工资，当地劳动监察部门要求博乐互益公司在一个月内支付工人工资。谢某明、谢某铨受时任香港互益有限公司（以下简称香港互益公司）董事长、博乐互益公司法定代表人宋某官的指示实施了上述行为，其行为的目的是解决公司困难，并无损害公司利益的故意，无法反映出其对公司未尽到忠实义务和勤勉义务。该内销违法犯罪所得全部用于发放工人工资，宋某官、谢某明、谢某铨作为个人并未获得利益。法院对于博乐互益公司作为单位犯罪主体，要求宋某官、谢某明、谢某铨赔偿损失及利息的诉讼请求不予支持。综上，博乐互益公司的诉讼请求不能成立。

新疆维吾尔自治区高级人民法院二审认为：（1）宋某官虽然在涉案加工贸易电子手册C9404445002项下皮棉内销时是博乐互益公司执行董事、法定代表人，但其是受博乐互益公司唯一股东香港互益公司委派，代表香港互益公司履行股东职责，维护股东利益的代表。同时，结合宋某官任香港互益公司执行董事及法定代表人这一重要职务，可以认定宋某官的指示行为是代表博乐互益公司唯一股东香港互益公司行使股东权利，而

---

① 参见新疆维吾尔自治区博尔塔拉蒙古自治州中级人民法院（2018）新27民初34号民事判决书（一审），新疆维吾尔自治区高级人民法院（2020）新民终43号民事判决书（二审）。

非以董事身份履行董事职责。故宋某官不应承担损害公司利益责任纠纷中的“董事责任”。(2)谢某明、谢某铨在涉案皮棉内销过程中,虽担任博乐互益公司的董事、法定代表人或者总经理,并被以直接的主管人员及经办人追究刑事责任,但结合二审法院查明的谢某明、谢某铨是受宋某官指示所为,宋某官的指示行为是代表股东履职的认定以及博乐互益公司在实际经营管理中向香港互益公司请示,获批准后实施的操作模式等事实可知,涉案皮棉内销造成博乐互益公司罚金损失是由宋某官代表股东履职造成的。因此,涉案皮棉内销造成博乐互益公司罚金损失与谢某明、谢某铨不当履职无法律上的因果关系,谢某明、谢某铨不应承担损害公司利益责任中的“董事责任”。

司法实践中,公司因未取得经营许可证擅自开展营业活动、税务违法、社保违规等被行政机关处以行政处罚甚至被追究刑事责任、判处罚金的,相关罚款、滞纳金、罚金属于公司的损失。依法纳税是企业的法定义务,被责令补交的税款不应计算在企业损失之内。因为,无论是董事、高级管理人员守法经营还是违法被查处后,纳税都是企业的法定义务,不存在损失的问题。

对照【案例 10.15】**扬州维扬豆制食品有限公司与曲某山、程某银损害公司权益纠纷案**(以下简称维扬豆制食品案)与【案例 10.16】**新疆博乐互益纺织有限公司与宋某官、谢某明等损害公司利益责任纠纷案**(以下简称博乐互益案),两起案件在实体处理上,审理法院明显采取了不同的解释路径和价值取向。后者相较于前者,行为人更值得同情,可以说其是“毫不利己、大公无私”的,而前者则多少带有私心。如果从纯粹的经济效果来看,偷税成功仅损害国家利益(国家应收的税没有收到)而并不损害公司利益,相反公司会因此获利。

董事违反法律、行政法规的规定给公司造成损失的,属于对受信义务的违反,应当承担赔偿责任。这里“法律、行政法规”的范围如何界定,究竟是限定在直接规范董事行为的法律、行政法规(如《公司法》中的董事禁止竞业、禁止谋取属于公司的商业机会等)上,还是扩张至所有以公司为义务对象的其他法律法规。对此,日本的司法实践中遵循“非限定说”。“最高法院认为……不仅包括直接以董事为义务相对人的法律规定,还包括以公司为义务相对人、公司在业务中应遵守的相关的所有法律规定。因此,日本最高法院实际上是将原《日本商法》第 266 条第 1 款第 5 项所述的法令,也即董事在履行职务时应遵守的法令分为两部分:一部分是直接以董事为义务相对人的法律规定;另一部分是以公司为义务相对人的法律规定。因此,董事虽然不是‘对公司规定’的义务相对人,但其履行职务时如果违反了以公司为义务相对人的法律规定,仍然要对公司承担赔偿责任。”①

事实上,在维扬豆制食品案二审裁判中就存在这样的观点,即认为该案应撤销原审判

① 刘惠明:《公司违法时董事对公司的赔偿责任探析》,载《河海大学学报(哲学社会科学版)》2010 年第 4 期。

决,改判驳回维扬公司的诉讼请求。具体理由为:(1)既然是单位犯罪而非个人犯罪,表明该犯罪主体并非为个人谋取非法利益,与为自己谋取私利损害公司利益的个人犯罪相比,曲某山、程某银的主观恶意明显较弱。两人已因单位犯罪被判处自由刑及高额罚金,依据法律责任归责应遵循正当、适度、人道的基本原则,其应承担的民事责任已被刑事责任吸收,不应再承担本案中的民事赔偿责任。(2)根据刑法中的单位犯罪理论和被害人理论,维扬公司与曲某山、程某银共同构成单位犯罪的主体,为同一犯罪行为的实施人,而非犯罪行为的被害人。该犯罪行为侵犯的是社会主义市场经济秩序中的税收征管秩序,损害的是国家和社会的利益,故维扬公司向同为犯罪主体的曲某山、程某银主张损失赔偿缺乏依据。(3)如果本案认定曲某山、程某银应向公司赔偿损失,将承担不良的社会效果。一方面,在该损失能够得到全部清偿的情况下,公司实质上已将其应承担的刑事责任转嫁给曲某山、程某银,公司及其股东、其他高级管理人员无须承担因用人不当、监管不力而应承担的任何责任。该结果将极大地降低公司及公司其他股东对于公司高管人员经营行为进行监管的积极性,甚至放任高管人员实施违法行为。在该违法行为未被追究法律责任的情况下,公司取得收益;而一旦东窗事发,则由公司高管人员承担全部责任,公司仅承担极小的法律责任或者实际上免除其法律责任,公司成为实际受益人。另一方面,在该损失不能全部清偿的情况下,曲某山、程某银将背负巨额债务,其承担的责任与其过错不成正比,且永无改过自新的机会,不符合基本的法律精神。该结果将导致公司董事、监事、高级管理人员在日常经营决策时顾虑重重,趋于保守,工作积极性降低;同时,也必将影响公司引进经营管理人才。上述现象均不利于公司的发展,也不利于宏观经济的长期健康发展。[①] 最终法院采纳了另一种意见,即本案应改判由曲某山、程某银向维扬公司承担因缴纳罚金产生的损失146万元,驳回维扬公司的其他诉讼请求。具体理由为:依据目前的公司法处理本案似乎使曲某山、程某银承担的责任过重,但公司法的相关规定并未对公司董事、监事、高级管理人员违反法律的范围作出限定,故应作一般理解,如对此进行限缩解释则缺乏法律依据。同时,遵守法律是公民的基本义务,董事、监事、高级管理人员应当遵守法律法规,对其违法行为予以较为严厉的制裁,也有利于促使公司及相关人员合法经营,有利于市场健康发展。对于相关人员承担责任过重的问题可以通过建立董事责任保险制度、股东会商议减免相关人员责任制度等途径解决。[②] 相较而言,本书认为随着《公司法》《证券法》的修改并进一步强化董事的责任,维扬豆制食品案的裁判思路将更值得推崇。博乐互益案中宋某官的身份尽管存在母公司委派这一特定情形,但裁判时基于其身份的双重性,刻意淡化其董事身份而强调其股东代表的身份没有法律依据。更何况,无论是控股股东还是董事都需要负担同样

① 参见马杰:《构成单位犯罪的公司高管人员应对公司承担民事赔偿责任》,载《人民法院报》2011年3月2日,第7版。

② 参见马杰:《构成单位犯罪的公司高管人员应对公司承担民事赔偿责任》,载《人民法院报》2011年3月2日,第7版。

的受信义务，守法经营都是其受信义务的题中应有之义。如同马杰法官所指出的那样，“相关人员承担责任过重的问题可以另寻其他解决途径”，而无须由法院来充任“善良家父”。只不过江苏省高级人民法院在维扬豆制食品案作出裁判之时，法律上根本没有给出解决相关人员责任过重的“另外途径”，而博乐互益案中新疆维吾尔自治区高级人民法院院则无疑多了一些悲悯之情，在一定程度上体现了司法的“关爱”。本书认为，从强化董事责任提升公司治理水平的角度分析，江苏省高级人民法院的裁判路径应该值得肯定。博乐互益案中，相关董事应该申请破产保护，相关权利人的权益应在破产程序中予以实现，涉案加工贸易电子手册C9404445002项下皮棉也在破产程序中处理，则不会产生董事责任的问题。毕竟，当公司经营不善达到破产条件之时，主动申请破产也是董事、高级管理人员履行守法经营义务的体现。

在行政处罚或者刑事犯罪的情况下，高级管理人员需要对公司的损失承担民事赔偿责任，但同时应该注意到我国公司法有关高级管理人员任职资格的限制规定。依照《公司法》第178条的规定，有刑事犯罪瑕疵以及对企业破产、被责令关闭、吊销营业执照负有个人责任的主体不得担任公司董事、监事、高级管理人员，公司也应当及时解除其职务。

■ 第六节　侵占、挪用公司财产与高管责任

《公司法》第181条规定的董事、监事、高级管理人员违反忠实义务的行为中，挪用公司资金或者侵占公司财产也常常成为公司指控高管的事由。董事、监事、高级管理人员利用其控制公司的优势地位，一旦个人私欲膨胀并凌驾于公司利益之上，则可以利用其控制公司的优势，较为便利地采取虚伪手段，巧立名目、虚构债务、多列开支，进而转移、侵占公司资产。

山东省高级人民法院在**李某军、由某与音都密斯集团有限公司、青岛佳誉汽车铸铝有限公司损害公司利益责任纠纷案**[①]中认为：公司法规定的忠实义务，要求董事、监事、高级管理人员必须忠实地为公司谋取最大利益，不得利用职务之便为自己或他人谋取私利或将自己及与自己有关联的个人利益置于公司利益之上。本案中，胶南市国土资源局与青岛佳誉汽车铸铝有限公司（以下简称佳誉公司）签订了国有土地使用权出让合同，为佳誉公司办理了土地使用权证书，佳誉公司是涉案土地的权利人。李某军、由某作为佳誉公司董事，通过其夫妻二人另行设立的誉荣新公司向青岛临港产业加工区管理委员会缴纳涉案汽车铸铝项目的土地款合计人民币383.7844万元，又指使佳誉公司的会计分9次从佳誉公司账户以偿还代垫土地款的名义支付誉荣新公司共计人民币931.5303万元。佳誉公司向李某军、由

① 参见山东省青岛市中级人民法院（2019）鲁02民初420号民事判决书（一审），山东省高级人民法院（2020）鲁民终3155号民事判决书（二审）。

某持全部股份的誉荣新公司多划付了547.7459万元，誉荣新公司获得该款没有合同等事实依据，侵害了佳誉公司的合法财产。故二审法院维持一审判决，判令李某军、由某对佳誉公司返还本金547.7459万元并赔偿利息。

最高人民法院在**李某真与宁夏唐华实业有限公司损害公司利益责任纠纷案**[①]中维持一、二审判决，指出：李某真作为宁夏唐华实业有限公司（以下简称唐华公司）原法定代表人，其在代表公司履行职务时，应当按照法律、行政法规和公司章程的规定履行职务，按照公司的意志行为。在转款期间，唐华公司并非一人公司。现无证据证明相关转款经过唐华公司股东会授权或认可，也无证据证明上述转款具有合法事由，李某真在任职期间从唐华公司账户向呼某芳转款7056068元，侵害了唐华公司的财产权益，应当承担赔偿责任。

同样，最高人民法院在**陈某香与于某波、张某宁、荣成市威港海珍品养殖开发有限公司损害公司利益责任纠纷案**[②]中认为，股东之间另案提起的公司解散诉讼不构成股东通过代表诉讼追究董事、高级管理人员损害公司利益责任的中止事由，一审法院认定于某波作为荣成市威港海珍品养殖开发有限公司（以下简称威港公司）董事长、法定代表人，将威港公司120公顷海域、围堰等征收补偿款12127万元汇入公司财务张某宁的账户，构成损害公司利益的行为。即使张某宁是威港公司的财务工作人员，亦无权将公司资金存入自己名下。任何公司或其他民事主体都有权在银行依法开立账户，威港公司并不存在不能开立银行账户的情形。遂判令于某波、张某宁向威港公司返还征用补偿款12127万元并支付相应的利息。[③]

需要指出的是，在挪用公司资金的情况下，获益主体，一般是高管的关联方，对公司应负有返还的义务。公司在追究高管责任的同时，可以一并将获益主体列为被告，请求其返还相应财产。如在**上海华天房地产发展有限公司与桂某珍、上海银华时装饰品有限公司等损害公司利益纠纷案**[④]中，法院查明被告桂某珍采用私刻原告上海华天房地产发展有限公司（以下简称华天房产公司）支票专用章、更换银行预留印鉴的方法，将原告"上海城"供电配套费人民币1200万元、一期电话号费人民币750.88万元，合计人民币1950.88万元挪用至其名下的私营公司之中。法院认为，被告桂某珍作为原告华天房产公司的原董事长，在任职期间，滥用职权，采用犯罪手段挪用原告巨额资金，严重侵犯了原告的合法权益，应当承担赔偿责任。被告上海银华时装饰品有限公司、华海金属公司、华海集团公司、华海科技

---

① 参见宁夏回族自治区石嘴山市中级人民法院（2016）宁02民初176号民事裁定书（一审），宁夏回族自治区高级人民法院（2018）宁民终98号民事判决书（二审），最高人民法院（2019）最高法民再331号民事判决书（再审）。

② 参见山东省高级人民法院（2017）鲁民初75号民事判决书（一审），最高人民法院（2019）最高法民终1039号民事判决书（二审）。

③ 从二审判决书的内容来看，一审法院并未就张某宁是否为公司高级管理人员作出认定，一审法院的裁判逻辑在于财经管理法律规定张某宁无权将公司资金存入个人名下，并据此判令其共同承担返还征收补偿款的责任。在二审程序中，于某波、张某宁虽上诉主张撤销一审判决，但未缴纳上诉费，最高人民法院经释明后仅围绕改判计算利息的上诉请求进行审理，对于一审判决其他内容不予审理。笔者认为张某宁的责任可以从不当得利和共同侵权两个角度进行分析。司法实践中，出借账户行为本身就构成帮助侵权。

④ 参见上海市第一中级人民法院（2002）沪一中民三（商）初字第295号民事判决书（一审）。

公司及银达公司作为被告桂某珍名下的私营企业,收受被告桂某珍挪用的资金显然缺乏合法依据,其行为属不当得利,应当将其所占用资金如数返还原告并支付相应利息。

通过对相关案例进行检索,本书发现在追究董事、监事、高级管理人员损害公司利益责任的案件中,有时候法院不支持判令高管的关联公司承担法律责任。如在董事竞业禁止的案件中,法院可能认为实施竞业这一违法行为的主体是董事本人,而非董事设立或参与的竞业公司,因此驳回该董事原任职公司对竞业公司的诉讼请求。但在侵占、挪用资金的情况下,法院又有可能以董事的关联公司构成不当得利为由,判决其共同承担返还董事原任职公司损失的责任。对此,本书认为,从诉讼策略的角度分析,完全可以将董事、高级管理人员连同竞业公司等关联公司一并作为被告提起诉讼。无论最终裁判结果是否支持这一诉讼请求,都不妨碍原告公司通过采取诉讼保全措施的方式在程序上赢得先机。

【案例10.17】 上海华喜膜结构工程有限公司与潘某华损害公司利益责任纠纷案①

上海华喜膜结构工程有限公司(以下简称华喜公司)由刘某喜(任公司监事)、潘某华(任公司执行董事、法定代表人)和王某华发起设立,三人持股比例相同。2017年3月23日,刘某喜代表华喜公司与北京佰润泽环境科技发展有限公司(以下简称佰润泽公司)签订《石家庄桥西项目合同》,约定佰润泽公司将桥西污水处理厂厂内除臭部分膜结构工程交给华喜公司施工。2017年5月23日,潘某华代表华喜公司和上海天德建筑劳务有限公司(以下简称天德劳务公司)为石家庄桥西项目签订《钢结构膜棚施工劳务分包合同》,合同金额为1596000万元。上述劳务分包合同签订后,天德劳务公司在石家庄桥西项目中并未实际向华喜公司提供人工劳务,但华喜公司从其基本账户中分4次向天德劳务公司支付劳务费1596008元。天德劳务公司收到前述款项后,按照收款金额向华喜公司开出劳务费发票,扣除应缴税费及管理费后,通过该公司员工吴某账户将余款汇至华喜公司财务经理胡某芳(潘某华配偶)账户。胡某芳收到上述款项后,立即于当日将全款转至潘某华个人账户,潘某华未再将收到的款项交付华喜公司。2018年5月9日,华喜公司向佰润泽公司发出更换项目负责人通知称原项目负责人刘某喜不再负责石家庄桥西项目,另指派他人执行相关合同。华喜公司监事刘某喜认为潘某华通过虚构劳务方式侵占公司资产、损害公司利益,以华喜公司监事身份代表公司对潘某华、天德劳务公司提起损害公司利益责任诉讼。

---

① 参见上海市崇明区人民法院(2018)沪0151民初5328号民事判决书(一审),上海市第二中级人民法院(2019)沪02民申1071号民事裁定书(再审);上海市崇明区人民法院(2020)沪0151民初3851号民事判决书(一审),上海市第二中级人民法院(2021)沪02民终3766号民事判决书(二审),上海市高级人民法院(2021)沪申2558号民事裁定书(再审)。本案为笔者承办的案件。

上海市崇明区人民法院一审认为：华喜公司监事主张潘某华损害公司利益的行为方式有二：一是其作为执行董事，将公司资金以个人名义开立账户存储和使用；二是其以华喜公司名义与天德劳务公司虚构劳务合同，将华喜公司资金转移至其个人账户。据此，该院认为不论潘某华出于何种理由和目的，其将属于华喜公司的资金存储于其个人开立的账户并以虚构劳务合同的方式将华喜公司资金转入其个人账户的行为是存在的。潘某华收到天德劳务公司转入的余款后，并未再将余款回归到华喜公司账户，由此法院推定潘某华的相关行为造成公司资金损害。虽然潘某华辩称其个人账户资金用于华喜公司工程的劳务费及其他各项费用，但这种收支均缺乏公司、股东以及相关管理机构的监控。特别是从潘某华回函拒绝原告华喜公司监事刘某喜查账的事实来看，公司监事查账的行为，是公司有效控制、管理公司事务，股东行使权利的有效方式；而潘某华拒绝行为的结果既是公司自我管理的失控，也是股东对公司的失控，均是公司及股东遭受损害的表现。华喜公司历次章程以及《公司法》第148条①均明确载明公司董事、高级管理人员不得将公司资金以其个人名义或者以其他个人名义开立账户存储。由此，法院推定潘某华明知不得以个人名义开立账户存储公司资金而为之，主观上存在过错。同时，《发票管理办法》明文规定“禁止非法代开发票”。“无真实交易不得虚开发票”，这应当是广为人知的常识，潘某华在本案中关于“劳务作业队无法提供合法的劳务费发票，导致原告华喜公司账户直接现金支付劳务费，而与天德劳务公司签订劳务分包合同，从而将资金转入其个人账户”的辩称意见，并不是法律认可的合法有效的理由，而应视为潘某华无视法律禁止性规定而故意为之的无效违法行为，过错明显。关于天德劳务公司的法律责任，法院认为根据《发票管理办法》的规定，任何单位和个人不得转借、转让、代开发票。天德劳务公司理应知道上述发票管理规定，其在没有实际提供劳务的前提下向华喜公司开票，收取管理费和发票所载明的虚假劳务费的税率，其行为属于违反法律行政法规禁止性规定的无效行为，主观过错明显；且天德劳务公司与潘某华协商后以华喜公司名义签订劳务分包合同的事实，也反映二者在损害华喜公司利益上存在共识。虽然天德劳务公司在扣除管理费及税费后将余款返还，但其返还的对象是个人账户而非华喜公司账户，该行为客观上也直接导致了华喜公司资金损失的结果。一审法院同时指出，假如潘某华有为原告华喜公司垫付劳务费及其他各项费用的支出，亦可按照正规的财务制度，依据相关凭证向华喜公司进行报销。故一审法院作出(2018)沪0151民初5328号民事判决书(以下简称5328号案件)，判决被告潘某华、天德劳务公司连带赔偿华喜公司1596008元。

① 2023年《公司法》修订后，条文序号调整为第181条。

潘某华、天德劳务公司不服一审判决，提起上诉。在二审审理过程中，潘某华主动申请撤回上诉，天德劳务公司因未在规定期限内缴纳上诉案件受理费按自动撤回上诉处理。另，潘某华于2019年8月24日履行了一审判决，一审法院认定执行完毕并结案。

后潘某华、天德劳务公司对一审判决申请再审，在上海市第二中级人民法院再审审查过程中，天德劳务公司撤回再审申请。对于潘某华的再审申请，上海市第二中级人民法院认为：潘某华主张转入其个人账户的资金全部用于公司经营，对此应承担举证责任，且其具有举证能力。但是，潘某华在一审期间提供的银行流水等证据，无法证明其个人账户的资金使用得到华喜公司认可并已计入华喜公司财务账册，故应由潘某华自行承担举证不利的法律后果。一审法院根据在案证据判决潘某华对系争钱款承担全部赔偿责任并无不当，潘某华确为华喜公司支出的费用仍可通过向华喜公司报销获得救济。遂裁定驳回潘某华的再审申请。

关于潘某华履行5328号案件判决以及向华喜公司报销事宜，经核查银行流水，华喜公司工行尾号0078的账户显示：2019年7月30日，王某华向华喜公司连续支付9笔款项合计1595608元，当日华喜公司又以“垫资报销款”为由连续向潘某华支付9笔款项亦合计1595608元；且王某华付至华喜公司的9笔款项与华喜公司以“垫资报销款”支付潘某华的9笔款项能够一一对应，均合计1595608元。华喜公司监事刘某喜遂重新以潘某华、王某华损害公司利益、虚假过账报销为由，提起损害公司利益责任纠纷诉讼，案号为(2020)沪0151民初3851号(以下简称3851号案件)。诉讼中，华喜公司撤回对王某华的起诉，得到法院准许。在3851号案件庭审中，法庭要求潘某华提供向华喜公司报销1595608元的构成明细及报销凭证，潘某华至3851号案件判决作出之日未予提交，并辩称1595608元报销凭证已经交给华喜公司，并在另案中提交等待司法审计。

对于3851号案件，上海市崇明区人民法院审理后认为：根据《会计法》第9条的规定，各单位必须根据实际发生的经济业务事项进行会计核算，任何单位不得以虚假的经济业务事项或者资料进行会计核算。本案中潘某华向华喜公司进行报销属于公司会计核算内容之一，应当提供真实、完整的会计资料作为报销凭证。法院在审理过程中，责令潘某华提供报销清单和报销凭证，并释明相应举证不能的法律后果，但潘某华作为华喜公司法定代表人有能力提供上述证据却始终未予提供。潘某华辩称报销凭证已交华喜公司，并在另外的民事诉讼中作为审计证据提交法院。对此，审理法院认为在民事诉讼中，当事人有权查阅、复印诉讼材料。即使潘某华所述属实，也不影响其到相应案件中调取、复印3851号案件所需要的报销凭证以完成本案的举证责任。据此，法院推定潘某华在向华喜公司请求垫付款报销时并未向公司提供真实、完整的垫付款凭证，不应当从华喜公司取得垫付报销款。潘某华既未按照会计法等法律规定，也未尊重生效裁判的释明，以不当的方式向华喜公司报销并成功取得报销款，主观上明显具有过错。因此，潘某华构成不当报销取得华喜公司资金的侵权行为，理应返还从华喜公司取得的不当报销款。遂判决潘某华赔偿华喜公司 1595608 元。

潘某华不服 3851 号案件一审判决，提起上诉。上海市第二中级人民法院二审认可一审法院的裁判理由及结论，维持一审判决。潘某华仍不服，向上海市高级人民法院申请再审，后又撤回再审申请，得到法院准许。最终，潘某华履行了本案判决，将 1595608 元重新向华喜公司支付，本案遂告终结。

第七节　关联交易与高管责任

相对于域外立法制定专门的关系企业法（或称企业集团法），或者在公司法中专章规定关系企业，我国现行《公司法》并没有专章规定关联公司（也称关系企业），这应该说是我国公司法立法上的缺憾。但《公司法》第 265 条第 4 项对关联关系作出了定义，即关联关系，是指公司控股股东、实际控制人、董事、监事、高级管理人员与其直接或者间接控制的企业之间的关系以及可能导致公司利益转移的其他关系。但同时该条也以“但书”的形式作出了除外规定，即国家控股的企业之间不仅因为同受国家控股而具有关联关系。

2023 年《公司法》修订后，于第 182 条针对董事自我交易以及关联交易作了详尽的规定：“董事、监事、高级管理人员，直接或者间接与本公司订立合同或者进行交易，应当就与订立合同或者进行交易有关的事项向董事会或者股东会报告，并按照公司章程的规定经董事会或者股东会决议通过。董事、监事、高级管理人员的近亲属，董事、监事、高级管理人员或者其近亲属直接或者间接控制的企业，以及与董事、监事、高级管理人员有其他关联关系的关联人，与公司订立合同或者进行交易，适用前款规定。”《民法典》第 84 条规定：“营利法人的控股出资人、实际控制人、董事、监事、高级管理人员不得利用其关联关系损害法人的利益；利用关联关系造成法人损失的，应当承担赔偿责任。”《公司法》第 22 条规定：“公司的控股股东、实际控制人、董事、监事、高级管理人员不得利用关联关系损害公司利益。违反前款规定，给公司造成损失的，应当承担赔偿责任。”

董事身份的特殊性决定了其与公司进行交易将有可能涉及双方代理，存在将个人利益置于公司利益之上的背信风险。因此，法律在此种情况下要求董事将与缔约、交易相关的情况进行充分披露。在充分披露的基础上，法律尊重公司自治，由公司依照章程的规定，由董事会或者股东会决定是否同意该项交易。

对于关联交易时董事的报告义务,此前的司法实践中已有相关判决。如上海市第一中级人民法院在**王某萍与中国中福实业集团有限公司等公司的控股股东、实际控制人、董事、监事、高级管理人员损害公司利益赔偿纠纷案**[①]中指出,在公司可能受到利益冲突影响的情况下,作为公司高级管理人员的王某萍应将货运代理公司与中国中福实业集团有限公司所将建立的业务具体情况告知公司中对此具有相应决议权的董事会或者股东会,由与此业务无利益纠葛的公司决策层衡量诸多因素后,作出决定。因此,原审法院认定王某萍未依据忠实义务向公司报告,并无不当。

在商事实践中,关系企业之间交往十分频繁,虽然并不是所有的关联交易都是有损公司利益的,但关联交易是一把"双刃剑"则是毋庸置疑的。通过研读司法判例,可以得出这样的结论:司法实践中对于利用关联交易损害公司利益的案件,主要通过宣告关联交易行为无效、撤销不正当的关联交易、恢复原状的方式维护公司的利益。通常情况下,原告公司对以关联交易损害公司利益为由起诉至法院不具有诉讼动力。甚至可以说,公司对于高管的损害赔偿责任都不具有诉讼动力,因为在公司未发生控制权变化的情况下,让公司起诉高管,实际上等同于让掌握公司决策的高管自己起诉自己。因此,此类诉讼从目前的司法实践来看,在公司控制权发生变更的情况下,一般系以公司提起直接诉讼为主;在公司控制权没有发生变化的情况下,则以非控制股东提起股东代表诉讼为主。

《公司法司法解释(五)》第1条规定:"关联交易损害公司利益,原告公司依据民法典第八十四条、公司法第二十一条[②]规定请求控股股东、实际控制人、董事、监事、高级管理人员赔偿所造成的损失,被告仅以该交易已经履行了信息披露、经股东会或者股东大会同意等法律、行政法规或者公司章程规定的程序为由抗辩的,人民法院不予支持。公司没有提起诉讼的,符合公司法第一百五十一条第一款规定条件的股东,可以依据公司法第一百五十一条第二款、第三款[③]规定向人民法院提起诉讼。""关于关联交易的内部赔偿责任问题。司法解释中明确规定了关联交易损害公司利益的,履行法定程序不能豁免关联交易赔偿责任。实践中,人民法院审理公司关联交易损害责任纠纷案件时,相关行为人往往会以其行为已经履行了合法程序而进行抗辩,最主要的是经过了公司股东会或董事会决议批准,且行为人按照规定回避表决等。但是,关联交易的核心是公平,本条司法解释强调的是尽管交易已经履行了相应的程序,但如果违反公平原则,损害公司利益,公司依然可以主张行为人承担损害赔偿责任。"[④]对于关联交易合同存在无效或者可撤销情形,公司没有起诉合同

---

① 参见上海市卢湾区人民法院(2010)卢民二(商)初字第690号民事判决书(一审),上海市第一中级人民法院(2010)沪一中民四(商)终字第1684号民事判决书(二审)。

② 2023年《公司法》修订后,条文序号调整为第22条。

③ 2023年《公司法》修订后,股东代表诉讼制度规定在第189条。

④ 孙航:《依法保护股东权益 服务保障营商环境——最高人民法院民二庭相关负责人就〈关于适用若干问题的规定(五)〉答记者问》,载中华人民共和国最高人民法院网,http://www.court.gov.cn/zixun-xiangqing-155282.html,2019年4月28日访问。

相对方的,《公司法司法解释(五)》第2条明确股东可以提起代表诉讼。

应当指出,并不是所有的关联交易都在法律禁止之列。“正常的关联交易,可以稳定公司业务,分散经营风险,有利于公司发展……”①北京市高级人民法院在**无锡精汇天成精密测量技术有限公司与北京精汇天成精密测量技术有限责任公司技术开发合同纠纷案**②中指出:北京精汇天成精密测量技术有限责任公司(以下简称北京精汇天成公司)与无锡精汇天成精密测量技术有限公司(以下简称无锡精汇天成公司)所签订的三坐标测量机技术开发合同属于关联交易。但是关联交易并不能够直接导致合同无效,其应当存在恶意串通、损害公司利益的构成要件。本案中,无锡精汇天成公司并未举证证明在合同订立过程中,北京精汇天成公司与李某岭、杨某华存在恶意串通的情形,同时亦未证明在合同履行过程中实际损害了无锡精汇天成公司的权益。因此,无锡精汇天成公司认为关联交易导致合同无效的上诉理由,缺乏法律依据,法院不予采纳。

评判关联交易是否损害公司利益,可以借鉴《上市公司治理准则》(中国证券监督管理委员会公告〔2018〕29号)第76条的规定。该条规定:“……关联交易应当具有商业实质,价格应当公允,原则上不偏离市场独立第三方的价格或者收费标准等交易条件。”如在**新疆中基蕃茄制品有限责任公司与奎屯农工商总场、新疆天山番茄制品有限责任公司关联交易损害责任纠纷案**③中,新疆维吾尔自治区高级人民法院生产建设兵团分院维持新疆生产建设兵团第七师中级人民法院的一审判决,认定新疆中基蕃茄制品有限责任公司利用控股经营新疆天山番茄制品有限责任公司(以下简称天山番茄公司)的便利条件,违反法律规定,以明显低于公开市场价的非公允价格,将天山番茄公司生产的全部番茄酱产品关联交易,造成天山番茄公司重大经济损失,依法应当承担赔偿责任。同样,在**江苏戴格诺思生物技术有限公司与徐某、中肽生化有限公司等公司关联交易损害责任纠纷案**④中,法院亦指出:公司关联交易行为的实质审查,主要是对关联交易行为的效力进行审查,其关键是确定行为是否损害公司或者公司股东及公司债权人合法利益,即判断行为是否符合营业常规。同时还要审查当时合同双方是否遵循了商业原则,即交易价格原则上不偏离市场独立第三方的价格或收费标准。关联人不得以垄断采购和销售业务渠道等方式干预公司经营,损害公司利益。

近期的司法实践中,最高人民法院有明显从严审查认定关联交易是否损害公司利益

① 孙航:《依法保护股东权益 服务保障营商环境——最高人民法院民二庭相关负责人就〈关于适用若干问题的规定(五)〉答记者问》,载中华人民共和国最高人民法院网,http://www.court.gov.cn/zixun-xiangqing-155282.html,2019年4月28日访问。

② 参见北京市第二中级人民法院(2010)二中民初字第12204号民事判决书(一审),北京市高级人民法院(2010)高民终字第2650号民事判决书(二审)。

③ 参见新疆生产建设兵团第七师中级人民法院(2017)兵07民初12号民事判决书(一审),新疆维吾尔自治区高级人民法院生产建设兵团分院(2018)兵民终32号民事判决书(二审)。

④ 参见江苏省泰州医药高新技术产业开发区人民法院(2020)苏1291民初67号民事判决书(一审),江苏省泰州市中级人民法院(2020)苏12民终2251号民事判决书(二审)。

的裁判倾向。表现在以下几个方面：一是《公司法司法解释（五）》明确履行相关程序并不能直接豁免关联交易赔偿责任；二是在多起案件中，最高人民法院以实质审查的方式评判关联交易是否公允，是否构成对公司利益的损害，并进而改判关联人员承担赔偿责任。

【案例 10.18】　西安陕鼓汽轮机有限公司与高某华、程某公司关联交易损害责任纠纷案①

高某华系西安陕鼓汽轮机有限公司（以下简称陕鼓汽轮机公司）副董事长、总经理，程某系陕鼓汽轮机公司董事兼公司总装试车车间代主任。2010 年至 2015 年 5 月，陕鼓汽轮机公司与杭州钱塘机电有限公司（以下简称钱塘公司）（高某华、程某等另行设立的公司）共签订采购合同近 2100 份，总额约为 2.5 亿元。

2017 年 4 月 5 日，陕鼓汽轮机公司监事会作出“西安陕鼓汽轮机有限公司部分高管进行关联交易损害公司利益的调查报告”，记载：经财务统计核算，陕鼓汽轮机公司自 2009 年至 2015 年 6 月 30 日累计向钱塘公司采购入库报销 2.5689 亿元，占总采购量的 61.4%。关于与钱塘公司交易价格公允性。关联交易价格核查采取对比陕鼓汽轮机公司现有合同价格与市场询价的方法。（1）冷凝器，汽轮机冷凝器的采购价格比其他供应商平均价格高 12.27%。（2）油站，汽轮机油站的采购价格比其他供应商平均报价高 16.76%。（3）汽缸，按照图纸及与钱塘公司在同一地区的杭州汽轮铸锻有限公司前汽缸的粗加工价格 18 元/千克，陕鼓汽轮机公司价格高了 5.55%……此外，由于钱塘公司已经注销，陕鼓汽轮机公司撤回了对钱塘公司的起诉。

陕西省西安市中级人民法院一审认为：本案中 2010 年至 2015 年 5 月，高某华、程某同时任职的陕鼓汽轮机公司与钱塘公司之间签订了大量采购合同。鉴于高某华、程某的双重身份和陕鼓汽轮机公司和钱塘公司之间的交易行为，陕鼓汽轮机公司和钱塘公司之间构成关联关系，其交易构成关联交易。我国法律并不禁止关联交易，禁止的是利用关联关系损害公司利益。关联交易是否合法有效应当从交易信息是否充分披露、交易程序是否合法、交易对价是否公允等多个方面综合判断。结合本案查明的案件事实分析，首先，陕鼓汽轮机公司与钱塘公司之间从 2010 年至 2015 年 5 月签订了约 2100 份采购合同，涉及金额高达 2.5 亿元，双方不仅交易时间长而且交易金额高。此种情况下，

① 参见陕西省西安市中级人民法院（2017）陕 01 民初 469 号民事判决书（一审），陕西省高级人民法院（2020）陕民终 777 号民事判决书（二审），最高人民法院（2021）最高法民再 181 号民事判决书（再审）。

即使高某华、程某未提供直接证据证明其向陕鼓汽轮机公司披露担任钱塘公司股东的相关事实，陕鼓汽轮机公司作为交易的一方对于钱塘公司的相关股权情况应当是可以通过查询工商档案知晓的。本案中陕鼓汽轮机公司仅以高某华、程某未披露相关任职情况而否认关联交易的合法性不具有合理性。其次，尽管庭审中高某华已自认陕鼓汽轮机公司与钱塘公司之间的交易未经股东会决议批准，但是应当注意到高某华、程某仅为陕鼓汽轮机公司的董事，高某华还兼任副董事长，二人既不是公司控股股东也不是实际控制人或法定代表人。高某华、程某对陕鼓汽轮机公司对外采购合同的订立是否具有决定权缺乏证据支持。陕鼓汽轮机公司在本案中也未提供证据证明陕鼓汽轮机公司与钱塘公司之间的交易是高某华、程某直接订立或者授意他人订立的。高某华、程某是否利用其特殊身份促成关联交易尚难以确认。最后，陕鼓汽轮机公司提供的"陕鼓汽轮机向钱塘公司采购业务核查报告""西安陕鼓汽轮机有限公司部分高管进行关联交易损害公司利益的调查报告"是其单方制作的，并且在内容上虽然认定采购配件价格过高，但其是依据初步询价而得出的价格过高结论。陕鼓汽轮机公司与钱塘公司之间的采购合同涉及的相关配件并无统一市场定价。各个生产厂基于生产成本、产品自身质量等多方面因素，产品价格会有高低差异，而这种价格差异是否必然导致陕鼓汽轮机公司利益受损尚缺乏依据。陕鼓汽轮机公司的财务报表显示，在整个关联交易的2011年至2015年，陕鼓汽轮机公司始终处于盈利状态，该事实也可以在一定程度上反映关联交易未对公司利益造成损害。综合上述分析，本案中陕鼓汽轮机公司提供的证据均无法证明高某华、程某作为陕鼓汽轮机公司的董事、高级管理人员违反了忠诚义务，在陕鼓汽轮机公司与钱塘公司之间的关联交易中损害了陕鼓汽轮机公司的利益。故一审法院对陕鼓汽轮机公司的诉讼请求，不予支持。

陕西省高级人民法院二审认为：本案涉采购配件均非标准件，无统一市场定价，不同厂家生产的产品之间价格差别较大，陕鼓汽轮机公司通过初步询价进行比对得出价格过高的结论显然缺乏科学依据。因此，仅从该两份调查报告出发不足以说明涉案关联交易价格不合理。二审法院的其余裁判理由认同一审法院的裁判理由，遂维持原判。

最高人民法院再审撤销一、二审判决，改判高某华、程某承担赔偿责任，并就涉案关联交易是否损害陕鼓汽轮机公司利益的问题进行详细论证：

(1)高某华、程某是否履行了披露义务。披露关联交易有赖于董事、高级管理人员积极履行忠诚及勤勉义务，将其所进行的关联交易情况向公司进行披露及报告。但本案中高某华、程某作为董事及高级管理人员，未履行披露义务，违反了董事、高级管理人员的忠诚义务。

(2)涉案关联交易价格是否符合市场公允价格。公司法保护合法有效的关联交易，并未禁止关联交易，合法有效关联交易的实质要件是交易对价公允。参照《公司法司法解释(五)》第1条第1款关于“关联交易损害公司利益,原告公司依据公司法第二十一条[①]规定请求控股股东、实际控制人、董事、监事、高级管理人员赔偿所造成的损失,被告仅以该交易已经履行了信息披露、经股东会或者股东大会同意等法律、行政法规或者公司章程规定的程序为由抗辩的,人民法院不予支持”的精神,应当从交易的实质内容即合同约定、合同履行是否符合正常的商业交易规则以及交易价格是否合理等方面进行审查。

高某华、程某设立钱塘公司后,利用关联交易关系和实际控制陕鼓汽轮机公司经营管理的便利条件,主导陕鼓汽轮机公司与钱塘公司签订若干采购合同。涉案诉讼双方均认可交易模式为钱塘公司在市场上采购加工定制产品后,转售给钱塘公司的唯一客户陕鼓汽轮机公司。陕鼓汽轮机公司提交的证据能够证明生产加工单位可直接向陕鼓汽轮机公司发货,陕鼓汽轮机公司能够从市场上直接采购到生产所需的零部件。在这种交易模式中,陕鼓汽轮机公司本可以在市场上采购相关产品,而通过钱塘公司采购产品则增设了不必要的环节和增加了采购成本,由钱塘公司享有增设环节的利益。在取消与钱塘公司的关联交易后,陕鼓汽轮机公司亦通过市场直接采购的方式购买了相关产品,高某华、程某未能对此作出合理解释。综上,陕鼓汽轮机公司关于高某华、程某将本可以通过市场采购的方式购买的相关产品转由向钱塘公司进行采购而增加购买成本,陕鼓汽轮机公司所多付出的成本,损害了陕鼓汽轮机公司权益的主张,有事实和法律依据。陕鼓汽轮机公司关于涉案交易对价高于市场价且不具备公允性的上诉主张,本院予以采信。

(3)高某华、程某的行为与陕鼓汽轮机公司损害结果的发生有因果关系。在高某华、程某任职并主持生产经营工作期间,关联交易额所占陕鼓汽轮机公司采购总额的比例大幅上升,且在高某华、程某被解除相应职务后,关联交易急速减少并消失。关联交易的发生及变化与高某华、程某任职期间及职务变化存在同步性。根据《公司法》(2018年修正)第21条[②]关于“公司的控股股东、实际控制人、董事、监事、高级管理人员不得利用其关联关系损害公司利益。违反前款规定,给公司造成损失的,应当承担赔偿责任”的规定,高某华、程某共同实施的关联交易行为,损害了陕鼓汽轮机公司的利益。

最高人民法院在**西安陕鼓汽轮机有限公司与高某华、程某公司关联交易损害责任纠纷案**再审裁判逻辑可以概括为三个方面:一是基于诚实信用原则和董事责任的立法目的,明确董事、高级管理人员对于关联交易事项有主动披露的义务。二是对于增加采购中间环节

---

① 2023年《公司法》修订后,条文序号调整为第22条。

② 2023年《公司法》修订后,条文序号调整为第22条。

的必要性疑问,结合陕鼓汽轮机公司的采购情况进行反向推理,即可以通过正常方式进行采购,增加关联公司作为中间环节必然增加采购成本。同时,将证明这一交易模式的公允性、不损害陕鼓汽轮机公司利益的举证责任分配给高某华、程某,而该二人显然举证不能。三是不考虑陕鼓汽轮机公司在关联交易期间持续盈利,而是从关联交易发生、体量的变化与董事、高级管理人员职务变化的同步性入手,论证这一行为损害了公司利益,并判令相关人员承担赔偿责任。这一裁判思路对于今后同类案件的审理具有较强的指导意义。

此前,最高人民法院就曾在**武穴市迅达医化有限公司与湖北迅达药业股份有限公司等关联交易损害责任纠纷案**[①]中作出裁定,指令湖北省高级人民法院重审该案。最高人民法院在再审裁定中明确:企业在经营期间是否有固定利润收入与关联交易是否对公司造成损失之间并不存在对应的因果关系。换言之,即便关联交易损害了公司利益,但只要损害的部分在公司本应盈利的数额之下,公司仍可能存在利润。因此,不能以公司在关联交易期间账面有利润来反推关联交易未损害公司利益。湖北省高级人民法院再审该案后,该院审判委员会讨论后判定涉案关联交易损害公司利益。该案中,李某系武穴市迅达医化有限公司(以下简称武穴迅达医化公司)章程载明的股东兼监事,同时代表武穴迅达医化公司、湖北迅达药业股份有限公司(以下简称湖北迅达药业公司)与南京威斯康国际贸易有限公司(以下简称南京威斯康公司)协商交易情况。故湖北迅达药业公司与武穴迅达医化公司涉案期间构成关联关系,其交易构成关联交易。李某将武穴迅达医化公司生产的氨基吡唑(INT)等药品通过先行销售给南京威斯康公司再加价销售给湖北迅达药业公司。整个销售过程采取无实物交易方式并增加南京威斯康公司这一环节,损害了武穴迅达医化公司的利益。

在**耿某友、刘某联、山西晨东药业有限公司与山西东驰速达物流有限公司关联交易损害责任纠纷案**[②]中,法院认定涉案关联交易损害公司利益。山西省高级人民法院一审认为:在本次关联交易中,对于山西晨东药业有限公司(以下简称晨东公司)转让给山西东驰速达物流有限公司(以下简称东驰公司)的债权,晨东公司所提交的证据不足以证明其将相关债权凭证移交给了东驰公司,并通知了债务人,结果导致大部分债权无法实现。对于晨东公司转让给东驰公司的债务,在耿某友、刘某联经营期间,东驰公司代晨东公司将大部分债务偿还完毕。最高人民法院进一步指出:不能仅凭涉案关联交易形式合法来认定双方之间的关联交易公平公允。在晨东公司与东驰公司之间的关联交易符合形式合法的外观要件的情况下,应当对交易的实质内容即合同约定、合同履行是否符合正常的商业交易原则以及交易价格是否合理等进行审查。按照合作备忘录的约定,耿某友、刘某联与山西振东医药

---

① 参见湖北省黄冈市中级人民法院(2014)鄂黄冈中民二初字第00033号民事判决书(一审),湖北省高级人民法院(2016)鄂民终967号民事判决书(二审),最高人民法院(2017)最高法民申2409号民事裁定书(再审),湖北省高级人民法院(2018)鄂民再61号民事判决书(再审)。

② 参见山西省高级人民法院(2014)晋商初字第2号民事判决书(一审),最高人民法院(2019)最高法民终496号民事判决书(二审)。

有限公司(以下简称振东医药公司)共同出资设立山西振东医药物流有限公司(以下简称振东医药物流公司)后,应由耿某友促成其控制的晨东公司及其关联企业(含东驰公司)的业务(资产盘点明细表中的所有资产)无偿转移至新公司,即振东医药物流公司名下。可见,耿某友、刘某联与振东医药公司的合作建立在振东医药物流公司收购包括东驰公司在内的耿某友所控制的所有关联企业的基础之上,并最终达到实际控制所有关联企业的目的。但耿某友、刘某联在其将持有的东驰公司股份转让、东驰公司已纳入振东医药物流公司经营体系的情况下,以关联交易的方式,将本应由其自行承担的晨东公司债务转由东驰公司承担,与合作备忘录约定的晨东公司债务承担方式不符,有明显的摆脱债务嫌疑。关联交易的具体履行也由耿某友、刘某联实际控制。在东驰公司已代晨东公司清偿绝大部分债务的情况下,晨东公司未能提供有效证据证明其向东驰公司转让的债权真实有效,从而导致东驰公司未能收回两份协议中约定的债权,损害了东驰公司的利益。

【案例10.19】　洪某与项某秋、宁波明州投资有限公司、第三人宁波中美许氏西洋参天然补品有限公司确认合同无效纠纷案[①]

洪某与项某秋均系宁波明州投资有限公司(以下简称明州公司)股东,洪某持有明州公司4%的股权,项某秋持有明州公司32.5%的股权并担任明州公司董事长兼法定代表人。明州公司其余股权由另外14名股东持有。1998年明州公司以人民币130万元通过转制方式获得宁波中美许氏西洋参天然补品有限公司(以下简称许氏公司)45%的股权。许氏公司另一法人股东为美国许氏人参企业公司(以下简称美国许氏公司),持有许氏公司55%的股权。2011年3月18日,项某秋与明州公司签订股权转让协议,约定明州公司将其持有的许氏公司45%的股权以130万元的价格转让给项某秋。同时,许氏公司作出董事会决议同意转让,美国许氏公司表示放弃优先购买权。洪某认为项某秋自己担任明州公司董事长,在没有召开公司股东会的前提下擅自决定将明州公司持有的许氏公司45%的股权以130万元的价格转让给自己,转让价格显著低于市场价;其自我交易的行为损害了明州公司及其股东的利益。许氏公司在没有看到明州公司股东会决议的情况下同意股权转让,并协助办理工商变更登记,存在与项某秋恶意串通的故意。据此,洪某诉至法院请求确认项某秋与明州公司间就转让许氏公司45%股权而达成的股权转让协议无效。

在该案二审过程中,明州公司除洪某外其余股东(合计持有明州公司股权的96%)均表示同意项某秋与明州公司签订的股权转让协议。法院另查明,明州公司在收到项某秋130万元股权转让款的同时另外收到许氏公司2010年度未分配利润等116万余

① 参见浙江省宁波市江东区人民法院(2014)甬东商初字第1628号民事判决书(一审),浙江省宁波市中级人民法院(2015)浙甬商终字第265号民事判决书(二审)。

元。法院据此认为，尽管项某秋与明州公司达成股权转让协议时未经明州公司股东会同意，但从现有证据看，尚难以认定项某秋与明州公司、许氏公司之间存在恶意串通，以明显低于市场价的价格进行股权转让。最终，法院驳回洪某关于确认股权转让协议无效的诉讼请求。

吉林省高级人民法院在**王某敏、史某男与吉林天顺置业有限公司、吉林省美城园林工程有限责任公司损害公司利益纠纷案**①中指出：史某佳作为吉林省美城园林工程有限责任公司（以下简称美城公司）的法定代表人超越权限与其本人订立合同的代表行为属无效代表行为。该代表行为因未经股东会决议通过，未被美城公司追认而对美城公司不发生效力，即史某佳代表美城公司将公司持有的吉林省缘山湖农业园有限责任公司（以下简称缘山湖公司）99%的股权转让给史某佳的转让行为无效。该案中，史某佳系美城公司持股49%的股东并担任该公司法定代表人，其将美城公司对缘山湖公司以792万元出资的股权（占缘山湖公司股权的99%）转让给自己且未支付对价。史某佳亡故后，缘山湖公司全部股权由其妻王某敏、儿子史某男继承。最终法院判决股权转让无效，史某佳的继承人王某敏、史某男应返还美城公司缘山湖公司99%的股权。

在未经许可的情况下，"赤膊上阵"式的自我交易当然不能被法律所支持，而"曲线救国"式的借名交易同样不为法律所允许。重庆市高级人民法院在**冷某峰与谢某、重庆云创置业发展有限公司与公司有关的纠纷案**②中指出：冷某峰作为重庆云创置业发展有限公司（以下简称云创公司）的执行董事兼总经理，理应履行对公司的忠实义务。云创公司章程中没有允许董事、高级管理人员同本公司订立合同或者进行交易的明确规定，且冷某峰假借他人的名义与云创公司订立借款合同，出借资金给云创公司，并未经股东会同意或得到其他股东的同意。故冷某峰的前述行为已经违反了公司法的规定，冷某峰出借资金给云创公司并收取的高额利息应当收归云创公司所有。

---

① 参见吉林省长春市中级人民法院（2019）吉01民初264号民事判决书（一审），吉林省高级人民法院（2020）吉民终224号民事判决书（二审）。

② 参见重庆市第五中级人民法院（2019）渝05民初112号民事判决书（一审），重庆市高级人民法院（2020）渝民终543号民事判决书（二审）。

第八节　与公司归入权相关的几个问题

一、损害公司利益责任纠纷案件属于侵权案件，不适用公司纠纷特殊地域管辖

归入权纠纷不是独立的民事案件案由，在实务中属于损害公司利益责任纠纷。损害公司利益责任纠纷本质上仍属于侵权纠纷，不适用《民事诉讼法》关于公司纠纷特殊地域管辖的规定。如江苏省昆山市人民法院在**苏州市陆星玻璃制品有限公司与董某华损害公司利益责任纠纷案**[①]的管辖权裁定中指出："根据原告提供的证据，可以证明，被告原为原告公司的股东，2010 年 3 月被告出资与他人在昆山共同注册设立另一公司，经营与原告相同的经营范围，因此，违反竞业禁止的义务，此属侵权行为，主要侵权行为地在昆山。依照《民事诉讼法》第 29 条'因侵权行为提起的诉讼，由侵权行为地或者被告住所地人民法院管辖'的规定，本案的侵权行为地在昆山。原告向本院提起诉讼，符合法律规定，本院对本案有管辖权。被告的异议理由不能成立，不予采纳。"

上述关于管辖的认定思路，也得到最高人民法院终审裁定的明确支持。在**海南盛鼎实业有限公司与徐州市国盛投资控股有限公司、赵某损害公司利益责任纠纷案**[②]中，最高人民法院明确指出，根据上诉人海南盛鼎实业有限公司（以下简称盛鼎公司）在一审中提出的诉讼请求，海南省高级人民法院确定本案为损害公司利益责任纠纷正确。《民事诉讼法》第 26 条[③]规定："因公司设立、确认股东资格、分配利润、解散等纠纷提起的诉讼，由公司住所地人民法院管辖。"本案为损害公司利益责任纠纷，由海南盛元投资有限公司（以下简称盛元公司）的股东盛鼎公司代表其向徐州市国盛投资控股有限公司请求返还其转走的盛元公司在大连证券有限责任公司徐州证券交易营业部资金账户内的款项，并要求盛元公司法定代表人赵某承担连带赔偿责任。虽然本案根据《最高人民法院民事案件案由规定》被列为"与公司有关的纠纷"，但其不属于《民事诉讼法》第 26 条[④]规定的应当由公司住所地人民法院管辖民事案件的情形。本案应当按照《民事诉讼法》第 28 条[⑤]的规定，由侵权行为地或者被告住所地人民法院管辖。

---

① 参见江苏省昆山市人民法院（2012）昆山初字第 0855 号民事裁定书（一审）。本案为笔者代理的案件。

② 参见海南省高级人民法院（2014）琼民二初字第 6－1 号民事裁定书（一审），最高人民法院（2014）民二终字第 234 号民事裁定书（二审）。

③ 2023 年《民事诉讼法》修订后，条文序号调整为第 27 条。

④ 2023 年《民事诉讼法》修订后，条文序号调整为第 27 条。

⑤ 2023 年《民事诉讼法》修订后，条文序号调整为第 29 条。

二、归入金额如何确定

在损害公司利益责任纠纷案件中,归入金额的确定是案件审理的一大难题,现有的司法实践对于该收益的计算方法也颇有差异。“有的判决以竞业公司年度未分配利润为基数,乘以被告董事的持股比例,得出被告可从竞业公司分得的利润额为违法收入。有的判决参照竞业公司营业收入及年检报告确认的费用,确定利润,再乘以被告的持股比例确定违法收入。被告配偶的持股也被计算在内。还有的判决以竞业公司的‘净利润’为基数计算违法收入。”①

如上海市第一中级人民法院在**邓某军等与上海德盾实业有限公司损害公司利益责任纠纷案**②中即综合高管侵权行为的持续时间、竞业公司的营业收入、经营情况以及行业平均利润率等,酌情认定邓某军等应向德盾实业赔偿185万元。

广东省广州市中级人民法院在**广州市湘力电机维修有限公司与黄某洋、周某损害公司利益责任纠纷案**③中认为:对于黄某洋、周某在竞业公司的收入,广州市湘力电规维修有限公司(以下简称湘力公司)客观上无法举证证明,其原审中提出参照广州市城镇私营单位就业人员年平均工资情况计算无明显不合理之处。两级法院根据竞业期间(2015年2月4日至2019年4月15日)以及广州市统计局公布的2015年至2017年城镇私营单位就业人员年平均工资情况(分别为49337元/年、55223元/年、61241元/年),计算黄某洋、周某在竞业公司获得的收入至少不低于:$49337/12 \times 11 + 55223 + 61241 + 61241 + 61241/12 \times 4 = 243344$元(四舍五入后取整),最终判令每人向湘力公司赔偿经济损失243344元。

河南省南阳市中级人民法院在**张某永、焦某军与姚某明、上海宇席石油设备有限公司损害公司利益责任纠纷案**④中认定:姚某明作为上海宇席石油设备有限公司(以下简称宇席公司)的高级管理人员,在未经宇席公司股东会同意,亦未举证证明宇席公司曾明确表示放弃此商业机会或宇席公司基于其他原因无法利用该商业机会的情况下,利用职务之便,变更交易主体为其供职的南阳埃赛克石油设备有限公司(以下简称埃赛克公司),已经构成对宇席公司商业机会的侵犯,应对其违反忠实义务的侵权行为向宇席公司承担赔偿责任。就宇席公司的损失如何认定,该院指出:埃赛克公司与天津市东方先科石油机械有限公司签订的工业品买卖合同约定的价款为6076110元,依据国家税务总局南阳市卧龙区税务局出具的“关于南阳埃赛克石油设备有限公司出口退税情况说明”,涉案标的出口价格为

① 王军:《竞业如何禁止》,载《IT经理世界》2011年第8期。

② 参见上海市闵行区人民法院(2019)沪0112民初19312号民事判决书(一审),上海市第一中级人民法院(2020)沪01民终9247号民事判决书(二审)。

③ 参见广东省广州市黄埔区人民法院(2018)粤0112民初6529号民事判决书(一审),广东省广州市中级人民法院(2019)粤01民终18964号民事判决书(二审)。

④ 参见河南省南阳市卧龙区人民法院(2019)豫1303民初8020号民事判决书(一审),河南省南阳市中级人民法院(2020)豫13民终760号民事判决书(二审)。

6412937.19 元，退增值税税额为 882853.59 元，埃赛克公司在该次交易中的营业收入为 1219680.78 元。姚某明、埃赛克公司未举证证明其在该次交易中付出的成本。宇席公司股东张某永、焦某军提起代表诉讼，在埃赛克公司该次交易营业收入范围内请求姚某明及埃赛克公司向宇席公司支付本次交易收入 800000 元，法院予以支持。

江苏省苏州市相城区人民法院在**乐胶网信息技术（苏州）有限公司与孙某伟等损害公司利益责任纠纷案**[①]中指出：从举证能力角度分析，原告乐胶网信息技术（苏州）有限公司（以下简称乐胶网公司）并不能完全掌握有关卧龙在线信息技术（苏州）有限公司（竞业公司）的经营情况及被告孙某伟获取违法所得收入的确切证据。虽然原告不能证明其因被告孙某伟违反竞业禁止行为所受到的损失金额大小，以及被告孙某伟违法所得有多少，但是本院仍根据诚实信用原则、公平原则，酌情确定被告孙某伟向原告乐胶网公司赔偿损失 8000 元。

尽管主张归入权的金额对原告公司来说是一件困难的事情，但可以充分利用《民事诉讼法解释》以及《最高人民法院关于民事诉讼证据的若干规定》（法释〔2019〕19 号）关于书证提出命令制度，辅助查明竞业所得。《最高人民法院关于民事诉讼证据的若干规定》第 47 条第 1 款规定："下列情形，控制书证的当事人应当提交书证：……（三）对方当事人依照法律规定有权查阅、获取的书证；（四）账簿、记账原始凭证；（五）人民法院认为应当提交书证的其他情形。"实践中，竞业公司的财务资料、账簿、原始凭证等往往为被诉高管掌握，故完全可以利用《最高人民法院关于民事诉讼证据的若干规定》中书证提出命令这一制度，辅助查明。

三、归入权与损害赔偿请求权能否同时提起

《公司法》第 186 条规定，董事、监事、高级管理人员违反本法第 181 条至第 184 条规定所得的收入应当归公司所有。《公司法》第 188 条确认了公司可以对董事、监事、高级管理人员执行职务违反法律、行政法规或者公司章程的规定，给公司造成的损失，追究高管的损害赔偿责任。从理论上看，"赔偿损失之诉和归入权之诉可以同时提出。因为二者的目的不同：前者在于没收被告的违法所得，后者在于赔偿原告的经济损失"[②]。另外，从最高人民法院发布的《民事案件案由规定》看，无论是归入权纠纷还是损害赔偿请求权纠纷，其适用的案由均为"损害公司利益责任纠纷"，属于同一案由，不涉及案由不同需要另案起诉的情形。

实践中，在同一案件中一并提起归入权与损害赔偿请求权的案件比比皆是。如天津市

---

① 参见江苏省苏州市相城区人民法院（2016）苏 0507 民初 5286 号民事判决书（一审）。本案为笔者办理的案件。该案民事判决之后，江苏省苏州市相城区人民法院作出（2019）苏 0507 刑初 15 号刑事判决书，以孙某伟犯合同诈骗罪，判处其有期徒刑 11 年，并处罚金 20 万元。

② 王军：《竞业如何禁止》，载《IT 经理世界》2011 年第 8 期。

和平区人民法院在**天津国商人集团有限公司与李某全、天津全众机电设备维护有限公司损害公司利益责任纠纷案**[①]中指出，当公司高级管理人员违反竞业禁止规定时，公司既可以同时行使归入权、损害赔偿请求权，也可择一行使权利，但不得获取双重利益。本案中，原告未能提供其实际损失的证据，故原告仅享有公司归入权，不存在损害赔偿的问题。

北京市东城区人民法院在**北京市建国出租汽车有限责任公司与张某成损害公司利益责任纠纷案**[②]中对如何选择适用责任承担方式指出，若单独适用损害赔偿方法，在侵权人收益大于公司损失的情形下，侵权人会获益，同时会限制公司对自身权益的救济；若单独适用归入权方法，在侵权人的收益小于公司损失的情形下，仍会限制公司对自身权益的救济。在保护公司利益与避免赔偿责任过重原则的指导下，两种赔偿方式可以叠加适用。首先应该行使归入权，把侵权人的收益归入公司，让侵权人不能获得利益；在无法确定侵权收益或者公司行使归入权不能救济公司损失时，再行使损害赔偿请求权，进一步救济公司自身权益。

江西省高级人民法院在**林某恩与李某山等损害公司利益纠纷案**[③]一审判决中指出，当行使归入权后仍不能弥补损失时，对于超出归入权的损失部分，公司仍可主张赔偿。

本书认为，如果公司行使归入权后，尚不足以弥补公司受到的实际损失，可以在同一案件中一并提起损害赔偿诉讼。

四、归入权的行使是否受时效限制

公司归入权的行使，应在多长的时间内提出，我国公司法并未作出规定。公司归入权系基于公司单方意思表示，使违反勤勉忠实义务的高管将其行为产生的经济上的效果归属于公司的特殊的权利。该权利属于形成权，不应受诉讼时效的限制，而应受除斥期间的规制。

董事竞业所为的行为在法律上并非无效，仅是其经济利益归属于公司。基于诚实信用原则，公司如果提起归入权诉讼，应该受到除斥期间的限制，这点有赖于最高人民法院作出相应的司法解释。

五、归入权诉讼是否必须由公司作出股东会决议

《公司法》第 186 条规定，董事、监事、高级管理人员违反本法第 181 条至第 184 条规定

---

① 参见天津市和平区人民法院（2020）津 0101 民初 295 号民事判决书（一审），天津市第一中级人民法院（2020）津 01 民终 6907 号民事判决书（二审）。

② 参见北京市东城区人民法院（2019）京 0101 民初 1289 号民事判决书（一审），北京市第二中级人民法院（2020）京 02 民终 8216 号民事判决书（二审）。

③ 参见江西省高级人民法院（2010）赣民四初字第 4 号民事判决书（一审），最高人民法院（2012）民四终字第 15 号民事判决书（二审）。虽然该案在二审中得到改判，但一审法院指出的损害赔偿请求权与归入权可以一并主张的观点，本书认为值得肯定。

所得的收入应当归公司所有。同时《证券法》第 44 条第 1 款对短线交易行为赋予公司归入权，即上市公司、股票在国务院批准的其他全国性证券交易场所交易的公司持有 5% 以上股份的股东、董事、监事、高级管理人员，将其持有的该公司的股票或者其他具有股权性质的证券在买入后 6 个月内卖出，或者在卖出后 6 个月内又买入，由此所得收益归该公司所有，公司董事会应当收回其所得收益。《证券法》第 44 条第 3 款规定，公司董事会不按照第 1 款规定执行的，股东有权要求董事会在 30 日内执行。公司董事会未在上述期限内执行的，股东有权为了公司的利益以自己的名义直接向人民法院提起诉讼。由此可见，法律用语“应当归公司所有”以及“由此所得收益归该公司所有”足以明确归入权的权利主体应为公司。虽然证券法规定公司董事会应当收回短线交易的收益，但无论是公司法还是证券法，都没有对公司行使归入权的具体方式作出明确规定。

公司提起归入权诉讼，是否必须由公司作出决议，将高管违背受信义务（如竞业）的收益归入公司，我国公司法未作规定。

从《公司法》第 186 条以及《证券法》第 44 条的表述上看，法律并未要求公司股东会作出相关的决议才能行使归入权。故司法实践中，法院只要审查原告主体资格即可，无须要求原告公司提供股东会决议。另外，在公司受到涉诉董事操纵的情况下，公司直接提起归入权诉讼变得不可行，而需要由公司股东依照《公司法》第 189 条、《证券法》第 44 条第 3 款的规定提起股东代表诉讼的时候，再要求提供公司股东会决议则变得不可能。

尽管实践中，归入权诉讼不必然需要作出股东会或者董事会决议，但如果公司就此作出相关决议，对于该决议又应当如何审查确认，值得探讨。

【案例 10.20】　洪某与宁波大榭明州投资有限公司公司决议确认无效纠纷案[①]

洪某是宁波大榭明州投资有限公司（以下简称明州公司）的一名小股东，持有该公司股权的 4%。其先后于 1996 年和 2008 年通过“债转股”拥有浙江贝因美科工贸有限公司（以下简称贝因美科工贸公司）6 万元股权，通过“个人信用金转股”拥有贝因美集团有限公司（以下简称贝因美集团）73.4 万元股份。明州公司以洪某经营同类业务为由，认为其违反了对公司的忠实义务，遂于 2012 年 12 月 14 日召开公司临时股东会议，决定将洪某在贝因美科工贸公司和贝因美集团的投资所得收归明州公司所有，从而引发了一场旷日持久的股东会决议纠纷案。三级法院的不同判决也引发了法律界的广泛争议。

---

① 参见浙江省宁波市北仑区人民法院（2013）甬仑商初字第 275 号民事判决书（一审），浙江省宁波市中级人民法院（2013）浙甬商终字第 896 号民事判决书（二审），浙江省高级人民法院（2014）浙商提字第 86 号民事判决书（再审）。

宁波市北仑区人民法院一审认为，工商登记中载明洪某为公司董事、经理的相关文件并非其本人签署，明州公司作为优势方，在缺乏相应公司决议、聘书、董事资格证明书的情况下，仅凭仿冒洪某签名的工商材料，难以认定其高管资格。涉案股东会决议作出时，明州公司的经营范围已经变更为与奶粉行业无关的实业投资、房屋租赁。加之，洪某虽系贝因美科工贸公司及贝因美集团的股东，但无证据显示其对于该两公司的经营具有实质影响力或控制权。一审法院难以认定洪某的高管身份及在本案中存在违反对公司忠实义务的行为，并据此确认2012年12月14日明州公司作出的股东会决议无效。

浙江省宁波市中级人民法院二审认为，明州公司设立时，洪某系该公司法人股东宁波明州保健食品公司（持有明州公司90%的股权）的法定代表人，在其未提供宁波明州保健食品公司公章由他人控制的证据的情况下，盖有宁波明州保健食品公司公章的文件应视为洪某的真实意思表示。二审法院以此为出发点，推定明州公司自1994年成立以来，洪某一直担任该公司董事。洪某在1999年3月5日与贝因美科工贸公司进行投资交易时，存在自身利益与公司利益冲突的可能。洪某在2008年受让贝因美集团股份时虽不是明州公司高管，但其是明州公司子公司的法定代表人。根据明州公司章程中有关禁止谋取属于公司及控股公司商业机会的规定，洪某投资入股贝因美集团构成对于明州公司忠实义务的违反。二审法院据此改判撤销一审判决，驳回洪某的诉讼请求。

浙江省高级人民法院再审认为，明州公司2012年12月14日公司股东会作出的决议内容涉及公司法规定的公司归入权制度，而公司归入权是法律赋予公司的特别救济权，《公司法》(2013年修正)第148条①规定的竞业禁止归入权就属于此。从本案洪某的主张看，法院无须就股东会决议内容是否符合归入权的构成要件等进行实质审查，只有公司在提起归入权诉讼时，才由受理案件的人民法院对决议内容进行实质性审查，故再审法院仅对该股东会决议作形式审查。明州公司2012年12月14日作出的股东会决议，在召集程序、表决方式上未违反法律、行政法规或者公司章程的规定，决议的内容也属于法律规定的公司归入权制度内容，故洪某申请再审的理由不能成立。故再审法院维持二审判决。

六、归入收益应否向责任股东进行分配

公司行使归入权，将高管违反受信义务的收益收归公司所有后，面临的下一个问题是该部分收益进行分配时应否向有责任的股东进行分配。试举例如下。甲、乙、丙三人共同发

---

① 2023年《公司法》修订后，董事、监事、高级管理人员竞业禁止义务规定于第184条，违反受信义务由公司行使归入权规定于第186条。

起设立A公司后,甲当选公司董事。后甲与丁、戊等人又共同发起设立B公司,且B公司的实际经营范围与A公司完全相同。经查明,甲在B公司中的收益为100万元。现A公司起诉甲董事损害公司利益,要求将甲在B公司中的收益收归A公司所有,并得到法院支持。乙、丙认为,股东甲作为A公司执行董事,违背公司法规定的竞业禁止义务,擅自与他人组建B公司的行为构成违法,其所得收益100万元收归公司所有后,不应再向甲分配该收益。甲则认为,违反竞业禁止义务系因为其担任执行董事的职务,由于公司法并未课以股东竞业禁止义务,对于收归公司所有的100万元,其有权要求按照出资比例在股东之间进行分配。应当说,甲的理由是成立的,公司法上的违信责任指向的对象是公司的董事、监督、高级管理人员、实际控制人等,其目的在于将公司利益置于他们个人利益之上。违信主体承担的法律责任仅仅是其所得收益归公司所有,而公司行使归入权后,即认为公司所受损失已经得到弥补(如果公司能够证明因董事、高级管理人员等的违信行为还受有其他损失,则可以一并提起损害赔偿诉讼)。此时,若再限制兼有股东身份的董事、高级管理人员的盈余分配权则违反"股权平等"原则。从另一个角度讲,董事、高级管理人员等为竞业公司创造的收益已经收归公司所有,则相当于其为本公司在经营管理,因而也没有必要再限制其分配盈余的权利。当然,这并不妨碍公司依照公司法及公司章程的规定罢免违信高管的职务。

■ 第九节 高管责任案件中的抗辩事由

法院在审理公司董事、高级管理人员损害公司利益纠纷的案件中,不应事实上也无力对董事、高级管理人员的具体决策是否适当进行判断。法院作为处理法律争议的司法机关,应当只着眼于法律问题,而不能替代公司的管理者去做本该由他们自己进行商业决策的事情。董事、高级管理人员作出一项决策时,只要有合理的根据证明他们在作出该决定时是出于善意而非将自己利益凌驾于公司之上,且没有明显的浪费公司财产等情形,即便该项决策失误导致公司受有损失,公司或者股东也应当承受这种商业上的风险而不应对董事、高级管理人员提出赔偿诉讼。换言之,商业的归商业,法律的归法律,此即"商业判断原则"。只要法院判定董事的决策属于正常的商业决策,则被告董事即可以援引商业判断原则进行抗辩而免受司法审查。司法实践中,被告对于损害公司利益责任纠纷有效的抗辩事由可以概括为以下几个方面。

一、高管身份抗辩——被告是否属于公司法意义上的高管

《公司法》第265条对"高级管理人员"作出了立法定义,即高级管理人员是指公司的经理、副经理、财务负责人,上市公司董事会秘书和公司章程规定的其他人员。但在公司运作

中,公司治理机制混乱,特别是有限责任公司,管理者任免随意性较大,甚至根本没有经过任免程序。这时,对于被告的身份确认就成为案件审理的先决问题。

上海市第一中级人民法院在**上海美福集网络科技有限公司与胡某科损害公司利益责任纠纷案**①中认定担任原告公司中国区销售总监的胡某科不是公司法意义上的高级管理人员。上海美福集网络科技有限公司(以下简称美福集公司)与胡某科并未直接签订劳动合同而是通过中智上海经济技术合作公司以劳务派遣的方式将胡某科派至美福集公司工作。虽然胡某科在美福集公司任职期间曾担任中国区销售总监一职,但该职务并不属于公司法列明的高级管理人员,且美福集公司章程也未对公司高级管理人员作出明确规定。故按照公司法的规定,胡某科不能被认定为公司的高级管理人员,对公司不负有法定的竞业禁止义务。

江苏省高级人民法院在**北京天星讯通电子科技有限公司与陈某东、南京兆宝电子科技有限公司等损害公司利益责任纠纷案**②中指出:陈某东系北京天星迅通电子科技有限公司(以下简称天星公司)的首席科学家、顾问及隐名股东,并非公司法所规定的控股股东、实际控制人及高级管理人员。故天星公司以陈某东违反公司法关于公司控股股东、实际控制人及高级管理人员的义务为由主张陈某东应当承担相应的赔偿责任缺乏事实与法律依据。

【案例10.21】 徐某与康龙化成(南京)临床医学研究有限公司等损害公司利益责任纠纷案③

> 康龙化成(南京)临床医学研究有限公司(以下简称康龙公司)原名南京希麦迪医药科技有限公司(以下简称希麦迪公司),公司登记的注册股东原为陈某敬一人④。2018年3月,希麦迪公司注册资本变更为2000万元,营业执照登记的经营范围为医药科技研发、技术咨询及技术服务。2017年2月,徐某入职希麦迪公司,劳动合同约定其职务为临床高级总监,年薪17万美元。庭审中,徐某称其职务为首席医疗官,系希麦迪公司医疗服务技术上的最高职位,在技术上有最终的判断权和决策权。

---

① 参见上海市闵行区人民法院(2013)闵民二(商)初字第1570号民事判决书(一审),上海市第一中级人民法院(2013)沪一中民四(商)终字第2071号民事判决书(二审)。

② 参见江苏省南京市中级人民法院(2017)苏01民初864号民事判决书(一审),江苏省高级人民法院(2019)苏民终313号民事判决书(二审)。

③ 参见江苏省南京市中级人民法院(2018)苏01民初708号民事判决书(一审),江苏省高级人民法院(2021)苏民终2410号民事判决书(二审)。本案二审由笔者代理,诉讼前后经历5年多时间,直至2023年12月8日才最终作出二审判决。

④ 徐某另案主张其系希麦迪公司的发起人,当时因公司急于登记暂先登记在陈某敬名下,并对希麦迪公司提起股东资格确认诉讼,被法院驳回,目前仍在申请再审中。

2017年12月,徐某向希麦迪公司就尽职调查表予以回复。表中载明,徐某系苏州若泰医药科技有限公司(以下简称苏州若泰公司)(持股20%)、上海若泰医药科技有限公司(以下简称上海若泰公司)、睿可(上海)医疗科技有限公司(以下简称睿可公司)(持股100%)的法定代表人。徐某回复:苏州若泰公司系其与他人在2016年年底合作建立,是研发肿瘤疫苗的生物技术公司,可以是希麦迪公司的上游药物研发公司,与希麦迪公司没有竞争业务。其本人系苏州若泰公司的法定代表人、董事长,但无实际介入运营,目前没有拿过报酬,去开过两次董事会;上海若泰公司是苏州若泰公司的全资子公司,该公司主要作为疫苗研发的良好生产规范实验室,与希麦迪公司没有竞争业务,其本人也没有实际介入运营,目前没有拿到报酬;睿可公司系其一人所有公司,为医疗技术咨询公司,目前尚未用于任何业务及账户,也没有拿过报酬。审理中,苏州若泰公司、上海若泰公司均表示徐某并未在公司中享受劳动待遇。

希麦迪公司以徐某为被告,苏州若泰公司、上海若泰公司、睿可公司为第三人诉至法院要求徐某赔偿希麦迪公司损失200万元。一审判决后,希麦迪公司更名为康龙公司。

江苏省南京市中级人民法院一审认为:(1)徐某应系希麦迪公司的高级管理人员。高级管理人员的核心特点是负有公司经营管理职责,了解公司核心商业模式和商业秘密。公司法中虽规定了高级管理人员的主体范围为经理、副经理、财务负责人,上市公司董事会秘书和公司章程规定的其他人员,但现实中,公司高级管理人员的称谓并不仅限于经理、副经理之类的表述,故不能仅以字面称谓界定是否系高级管理人员,而应结合身份和职务范围审查争议人物是否有实质经营决策的权限,是否了解公司的核心商业模式和商业秘密。本案中,徐某的职务,无论是希麦迪公司主张的临床高级总监还是徐某自称的首席医疗官,其实际工作职责是一致的,并不因称谓的不同而有所区分。对于徐某的职责范围,徐某在庭审中自称系希麦迪公司医疗服务技术上的最高职位,在技术上有最终的判断权和决策权。从其职责范围判断,徐某就其负责的技术部分,在希麦迪公司具有经营决策权,且技术部分系希麦迪公司的核心业务组成部分。结合本案其他证据,徐某实际具有对希麦迪公司商业模式和技术秘密应有的深度了解,徐某实际行使了希麦迪公司高级管理人员的权利,应当认定徐某系希麦迪公司的高级管理人员。(2)关于徐某是否存在违反竞业禁止义务的行为的问题。徐某存在违反竞业禁止义务的行为,理由如下:希麦迪公司的经营范围为医药科技研发、技术咨询及技术服务。苏州若泰公司、上海若泰公司、睿可公司三家公司的经营范围亦均包括医药科技领域的技术开发、技术咨询。苏州若泰公司、上海若泰公司的经营范围还包括医疗技术领域的技术服务。徐某均担任了上述三家公司的法定代表人、董事长或执行董事兼总经理等。可见,苏州若泰公司等三家公司经注册登记确认的经营范围与希麦迪公司存在重合,主营业务属于同类业务。应认定该三家公司与希麦迪公司为同业公司，存在一定的利益性冲突。徐某系苏州若泰公司和睿可公司股东，并在上述三家公司任职，担任法定代表人、董事长、执行董事等职务，系自营或为他人经营与希麦迪公司同类的业务。虽徐某辩称其经营的苏州若泰公司等三家公司的业务与希麦迪公司的业务系上下游业务，不存在业务上的重合，但其未能提供充分证据证实。即使希麦迪公司尚未实际开展苏州若泰公司等三家公司的经营业务，其招聘徐某入职，亦是对徐某整体业务能力与开展后续业务的潜力的信赖。徐某任职同业公司，实际上剥夺了希麦迪公司的部分商业机会，有违忠实义务。(3)徐某的竞业限制义务并未得到豁免。(4)关于徐某是否因违反竞业禁止义务取得了收入以及收入数额的认定问题。希麦迪公司主张徐某应给付的收入为人民币200万元，但未提供计算依据。徐某辩称其未在苏州若泰公司等三家公司取得工资报酬。一审法院结合第三人陈述及各项证据，认定徐某存在因违反竞业禁止义务而取得收入的情况，但因各方均未提供明确的证据证明徐某在苏州若泰公司等三家公司任职期间的具体收入明细，一审法院参照该行业的平均薪资水平(其中2017年江苏省城镇非私营单位“科学研究、技术服务”行业平均年薪为人民币112285元，2018年为人民币123839元)、竞业禁止义务的期限、徐某在苏州若泰公司等三家公司的职位、持股比例等因素，综合酌定徐某应向希麦迪公司给付的收入数额为人民币15万元。遂判决：徐某于判决发生法律效力之日起10日内向希麦迪公司支付人民币15万元。

江苏省高级人民法院二审认为，徐某不是康龙公司的高级管理人员。理由在于：第一，徐某是康龙公司的临床高级总监，不是公司的经理、副经理、财务负责人，不属于《公司法》第216条①第1项明确列举的高级管理人员。第二，康龙公司的章程没有规定临床高级总监为公司高级管理人员，徐某也不是公司章程规定的高级管理人员。第三，康龙公司提供的证据不足以证明徐某实际行使公司高级管理人员职权。康龙公司主张，徐某是康龙公司临床试验业务和医学业务的最高负责人，对部门业务有决定权，也参与公司重大业务讨论，掌握公司核心信息，在一定程度上决定公司决策和发展。徐某也主张，其在技术上有最终判断权和决策权。对此法院认为，首先，徐某与康龙公司订立劳动合同，该劳动合同并没有明确约定徐某负责公司日常经营管理。其次，根据当事人陈述，徐某只是在医学技术问题上有决定权，没有证据证明徐某对内执行公司日常经营管理业务，对外代表公司，相关证据不足以表明徐某实际上行使公司高级管理人员职权。康龙公司关于徐某掌握公司核心商业秘密，系公司高级管理人员的主张，没有法律依据，二审法院不予支持。由于徐某不是康龙公司的高级管理人员，不具备康龙公司行使归入权的第一个要件，康龙公司一审诉讼请求没有法律依据，不能成立。关于徐某是否

① 2023年《公司法》修订后，条文序号调整为第265条。

经营与康龙公司同类的业务，徐某是否从其他公司取得收入等争议焦点，二审法院不再审理。遂判决撤销一审判决，改判驳回康龙公司全部诉讼请求。

需要指出的是，司法中对于高级管理人员的认定采取的是实质标准。如在**云南鑫和泰药业有限公司与周某飞损害公司利益责任纠纷案**①中，虽然原告云南鑫和泰药业有限公司并未任命被告周某飞为公司总经理，但原告公司认可被告为公司总经理；被告也以公司总经理的名义在公司领取工资和薪金，处理公司事务。因此被告周某飞已事实上成为公司的总经理。

天津市高级人民法院在**图尔克（天津）传感器有限公司与马某祥损害公司利益责任纠纷案**②中，被告马某祥担任图尔克（天津）传感器有限公司（以下简称图尔克公司）公共事业部经理。图尔克公司章程中规定："总经理、副总经理以及其他所有经理均应认真履行其职责，不得兼任其他公司的经理或其他形式的雇员。"但公司章程并未明确规定哪些人员属于高级管理人员。从马某祥在公司的职务内容看，法院认定图尔克公司提供的证据可以证明马某祥在图尔克公司承担与总经理、副总经理、财务负责人等高级管理人员相近似的重要职责，具有高级管理人员的权力。结合公司章程的上述规定，法院认定马某祥属于图尔克公司的高级管理人员。

因此，在追究公司高管责任的案件中，有时高管的身份确认问题会成为案件审理的先决问题，应引起注意。

二、董事辞任——被告是否履行高管职务

【案例10.22】　恩平市汉邦陶瓷有限公司与刘某来损害公司利益责任纠纷案③

2008年11月3日，刘某来、梁某、王某文等5人发起设立恩平市汉邦陶瓷有限公司（以下简称汉邦公司），公司注册资本100万元，刘某来出资27.8万元，持有公司股权的27.8%。2009年7月25日、2010年4月1日，汉邦公司与刘某来签订两份劳动合同，合同期限分别为2009年8月1日至2009年9月1日、2011年4月1日至2013年3月31日，约定刘某来担任公司总经理。汉邦公司工商登记资料显示，刘某来的职务为生产总

① 参见云南省昆明市盘龙区人民法院（2007）盘法民三初字第541号民事判决书（一审）。

② 参见天津市第二中级人民法院（2013）二中民二初字第252号民事判决书（一审），天津市高级人民法院（2014）津高民二终字第0043号民事判决书（二审）。

③ 参见广东省新丰县人民法院（2014）韶新法遥民初字第1号民事判决书（一审），广东省韶关市中级人民法院（2014）韶中法民二终字第81号民事判决书（二审）。

经理，公司总经理由奚某文担任。

2010年6月28日，汉邦公司与奚某文签订《关于汉邦公司经营权的承包合同》，约定将汉邦公司经营权承包给奚某文，承包期限为4年，同时约定承包费用等事项。汉邦公司全体股东在该合同上签字确认并加盖公司印章。2010年7月1日，奚某文、刘某来、梁某签订《关于汉邦公司经营权承包的内部协议》，约定由上述三人共同承包经营汉邦公司。2011年6月25日，奚某文与刘某来签订《恩平汉邦陶瓷有限公司关于奚某文、梁某两人部分股权转让及经营权变更协议》，约定刘某来退出三人承包经营，并不再承担自2011年7月起至承包结束期间汉邦公司经营的各种风险、责任和义务，也不再享受经营的成果，梁某在此协议上签署同意按以上协议办理，刘某来占汉邦公司的股权变更为10.98%。

经刘某来提出申请，汉邦公司于2011年7月21日与其解除劳动合同。2011年12月20日，刘某来与他人共同发起设立韶关特伦特新型材料有限公司（以下简称特伦特公司），注册资本为300万元，刘某来持有该公司52%的股权并担任法定代表人。特伦特公司的经营范围为：筹建、生产销售陶瓷制品、建材产品、配件。

汉邦公司以刘某来经营的特伦特公司经营范围与其基本相同，损害汉邦公司权益为由诉至法院。一审法院予以驳回。后在二审中，法院以"刘某来辞去或汉邦公司解除刘某来董事的身份，需要经过股东大会决定，汉邦公司与刘某来解除劳动关系，并不影响刘某来董事的身份"为由，改判支持汉邦公司的诉讼请求。

本书认为，本案一审法院的判决说理充分、逻辑严谨，符合法理。广东省新丰县人民法院认为：竞业禁止义务是董事、高级管理人员负担的忠实义务的一部分，就此而言，公司可以追究的应当是董事、高级管理人员在任职期内进行的竞业行为。董事、高级管理人员在离任之后，由于已经失去了董事、高级管理人员的身份，就不再负有竞业禁止义务。汉邦公司没有举证其与刘某来就竞业禁止义务作出了特殊的约定，即约定了离职后的竞业禁止义务，现刘某来仍然是汉邦公司的股东、工商部门注册登记中的董事。此时出现的第一个问题便是公司股东是否负有竞业禁止义务。对此，法律并未明文为公司股东设置竞业禁止义务，但需要注意的是，股东可能负担的竞业禁止义务源自公司法的授权性规范，如果在公司章程中没有明确的约定，股东并不当然负有竞业禁止义务。本案中，汉邦公司在公司章程中对此没有明确的约定，故刘某来作为汉邦公司的股东不负有竞业禁止义务。第二个问题是双方解除劳动关系后，刘某来的董事职务是否也随之解除。对于董事职务的退任，现行法律以及汉邦公司的公司章程并无明确规定。在本案中，刘某来在解除劳动合同关系后未经股东会解任的程序而主动辞职，虽形式上具有董事身份，但在解除劳动合同关系后，刘某来实际上不再享有董事的权利，也未履行董事的职责，亦不再参与汉邦公司的决策经营,即董事职务在事实上已不存在,其董事的身份已丧失。至于汉邦公司何时召开股东会免去刘某来董事职务,何时到工商部门进行变更登记,此为汉邦公司股东会程序上的事情。因此,汉邦公司主张刘某来在解除劳动合同关系后,仍具有董事身份,缺乏事实依据。刘某来虽然与他人设立的特伦特公司与汉邦公司经营的业务相同或相近,但均是发生在刘某来从汉邦公司离职之后,即竞业禁止义务的约束期外。刘某来虽从特伦特公司获得收入,但其行为并不受竞业禁止之规制。

2023 年《公司法》修订后,对董事辞任及解任问题作出了明确规定。《公司法》第 70 条第 3 款规定:"董事辞任的,应当以书面形式通知公司,公司收到通知之日辞任生效,但存在前款规定情形的,董事应当继续履行职务。"《公司法》第 71 条规定:"股东会可以决议解任董事,决议作出之日解任生效。无正当理由,在任期届满前解任董事的,该董事可以要求公司予以赔偿。"

三、经过公司内部程序决议

司法实践中,如果董事、高级管理人员的行为是在执行公司股东会或者董事会的意志,而非自己滥用职权私自为之,即使该项决策最终导致公司损失,法院也不会支持公司的诉讼请求。

如在**云南鑫和泰药业有限公司与周某飞损害公司利益责任纠纷案**①中,法院查明:大黄藤合作种植是原告云南鑫和泰药业有限公司(以下简称鑫和泰公司)的经营项目之一,原告法定代表人同意该项目的实施。从原告公司和合作者(当地村民)签订的《大黄藤合作种植合同》《大黄藤林木管护合同》《大黄藤鲜茎收购合同》来看,所有合同均有原告法定代表人的印鉴。后因原告公司的项目涉嫌非法集资被云南省发展和改革委员会叫停,原告公司及公司财务总监、董事被昆明市公安局五华分局调查盘问(最终未立案)。昆明市盘龙区人民法院认为,被告周某飞的行为系执行公司董事会的决议,相关合作协议均盖有原告公司法定代表人的印鉴,说明公司法定代表人对签订合作协议是明知且认可的。公司经营决策失误,预期经营目标无法达成,属于经营中的商业风险;原告鑫和泰公司为实施该项目所进行的投入(135516 元)不应要求经营活动的具体执行人(本案被告)承担。

再如在**惠州市新世纪建化有限公司与叶某民财产损害赔偿纠纷案**②中,原告惠州市新世纪建化有限公司(以下简称建化公司)以被告叶某民在执行职务期间,未尽履行董事长的职责,对公司所进购的吹瓶机以及搅拌桶未进行检查,所进购的设备均为伪劣产品,亦未与供货单位签订购货合同,严重损害了公司的利益为由诉至法院,并得到一审法院的支持。但在二审法院撤销了一审判决,理由在于:上诉人叶某民在担任建化公司董事长期间,其所

① 参见云南省昆明市盘龙区人民法院(2007)盘法民三初字第 541 号民事判决书(一审)。

② 参见广东省惠州市惠城区人民法院(2002)惠城法民初字第 249 号民事判决书(一审),广东省惠州市中级人民(2002)惠中法民一终字第 322 号民事判决书(二审)。

在公司与深圳市日泰工业设备有限公司和山东临沂亚特有限公司购买的机械设备虽为假冒伪劣产品或缺少税务发票,但上诉人为法定代表人的公司在实施多次购买行为之前均已经董事会讨论决定,并且经多人操作共同实施,属于公司集体的行为,而不是上诉人的个人行为。上诉人的行为无违反法律或公司章程的情形,且被上诉人建化公司并无证据证实上诉人在该行为中有为自己谋取私利的事实。因此,被上诉人主张应由上诉人承担损失赔偿责任没有依据。

在**上高县宜佳置业有限公司与陈某珠损害公司利益责任纠纷案**[①]中,一审法院认定被告陈某珠在任上高县宜佳置业有限公司(以下简称宜佳公司)总经理期间,于2011年11月5日至2012年5月21日,经宜佳公司三次股东会决定由经营执行班子负责筹集资金4760万元,而陈某珠未忠实履职,维护公司利益,擅自频繁扩大融资规模,向外借款多达7628万元(其中向自己和家属借款2187万元),造成公司支付高额利息1247.2472万元(其中支付自己及家属利息218.4917万元)。二审法院则认为:筹资利率、筹资金额及筹资范围,均是经股东会决议决定,陈某珠担任总经理的经营执行班子是执行股东会的决定。在股东会纪要与各时间节点借款余额对比分析的专项审计报告中,经营执行班子负责筹集的资金未超过三次股东会授权的筹集资金总额。在2014年5月29日的股东会决议中,公司股东肯定在公司运营中随时可能存在的资金缺口问题,并且授权经营执行班子拟定筹资方案。在公司对外的高息借款中,公司股东及其亲属均参与,并且领取高额利息。对高息借款的事实,不管是股东会决议,还是股东借款给公司领取利息的事实,均能表明是得到全体股东共同认可的。对一边高息借款,一边低益理财的行为,由于公司财务管理有失规范,宜佳公司出具的文件及将资金存入股东账户的行为表明股东同意公司为银行部门完成揽储。在不影响公司资金调配使用的情况下,没有证据证明陈某珠的短期理财行为对公司造成了实际损失。江西省宜春市中级人民法院审判委员会在讨论后,撤销了一审判决,改判驳回宜佳公司对陈某珠的诉讼请求。

福建省高级人民法院在**泉州市福田机械配件有限公司与陈某海、福建省泉州市鲤城海银小额贷款有限公司等损害公司利益责任纠纷案**[②]中认为:从一审查明的各方当事人均无争议的事实上看,福建省泉州市鲤城海银小额贷款有限公司(以下简称海银小贷公司)在2015年2月2日召开2015年度第一次股东大会,决议通过福建省海银典当行有限责任公司(以下简称海银典当行)的注册资金由海银小贷公司各股东按其在海银小贷公司的占比借出。涉案2100万元债权具有合法、正规的借款合同、借据、保证合同、付款凭证等借贷文件,是海银小贷公司合法、正当的债权。海银小贷公司出借的2100万元借款,系全体股东包括

① 参见江西省上高县人民法院(2019)赣0923民初2145号民事判决书(一审),江西省宜春市中级人民法院(2020)赣09民终1057号民事判决书(二审)。

② 参见福建省泉州市中级人民法院(2019)闽05民初989号民事判决书(一审),福建省高级人民法院(2019)闽民终1660号民事判决书(二审)。

泉州市福田机械配件有限公司(以下简称福田机械公司)的真实意思表示,一致的行为结果。该借款的债务人并非海银典当行,也非陈某海、林某莹个人的行为,是依据公司股东会决议的行为。故陈某海、林某莹不违反《公司法》(2018年修正)第147条[①]"董事、监事、高级管理人员应当遵守法律、行政法规和公司章程,对公司负有忠实义务和勤勉义务"规定的情形,福田机械公司提起股东代表诉讼,请求陈某海等赔偿海银小贷公司的损失没有依据。

2023年《公司法》修订后,进一步强化了董事、高级管理人员的报告义务。如《公司法》第182条规定董事在实施关联交易、自我交易时,"应当就与订立合同或者进行交易有关的事项向董事会或者股东会报告"。《公司法》第183条关于商业机会的使用,明确"向董事会或者股东会报告,并按照公司章程的规定经董事会或者股东会决议通过"即得到豁免。董事、高级管理人员在执行公司团体意志时即便产生公司利益受损的结果,也不应以事后的结果来反推董事、高级管理人员没有尽到受信义务,但故意违法经营或者明知违反法律、行政法规、公司章程规定的除外。如果公司高管的行为违法并被行政查处或者被法院判处罚金,则相关决策的董事、高级管理人员需要承担相应的赔偿责任。毕竟商业风险不能与违法行为等量齐观,逾越法律的界限即需承担法律责任。具体内容在本章第五节中已经予以论述。

四、商业判断原则

商业判断原则认为:"商事活动充满了风险和机遇,为了社会经济发展,应当鼓励商人进入新的市场、开发新的产品、不断创新,鼓励他们承担各种商业风险;董事是做生意的专家,法院和律师对商事活动相对外行,外行应当尊重内行的决策。因此,只要董事在决策时是知情的,并且认为这样做符合公司的最佳利益,而不是为了个人的私利,那么即使事后证明该决策是错误的和灾难性的,董事也不应当承担赔偿责任,法院不可以充当事后诸葛亮,对董事的决定指手画脚。商业判断规则为董事的商业决策提供了一个安全港,只要符合商业判断规则适用条件的,被告一般都会胜诉。具体地,它的适用条件有三:一是知情;二是主观上认为符合公司的最佳利益;三是不为个人私利。"[②]

贵州省高级人民法院在**铜仁市川主科技助农有限公司与刘某龙损害公司利益责任纠纷案**[③]的二审判决中指出,由于川主置业公司的两位法人股东铜仁市川主科技助农有限公司(以下简称川主科技公司)与德阳龙泰房地产开发有限公司矛盾重重,引发多起诉讼,甚至起诉解散川主置业公司。川主置业公司无法正常经营,且在涉案土地未能办理相关规划许可立项开发的情况下,刘某龙代表川主置业公司,与铜仁市国土资源局万山分局以第一

① 2023年《公司法》修订后,条文序号调整为第180条。

② 朱锦清:《公司法学》(下),清华大学出版社2017年版,第62页。

③ 参见贵州省铜仁市中级人民法院(2019)黔06民初67号民事判决书(一审),贵州省高级人民法院(2020)黔民终456号民事判决书(二审),最高人民法院(2021)最高法民申1698号民事裁定书(再审)。

次土地征收的价格签订国有土地使用权收回补偿协议书，是正常的履职行为，该决策也是为了维护公司、股东权益的交易行为。在此情况下，即使涉案土地价值偏低，也不构成损害公司利益的行为。公司的经营行为具有商业、市场风险，考虑到土地价值具有上涨与下跌的波动，处分涉案土地可能价值偏高，也可能价值偏低，不能仅以结果来判断是否损害公司利益；否则会导致董事、高级管理人员仅因公司获利而得到正面评价，而公司的商业风险、经营风险均由董事、高级管理人员承担，这有违公司法所规定的忠实、勤勉义务之精神。川主科技公司不服二审判决，申请再审。最高人民法院在再审裁定中指出：刘某龙作为川主置业公司的法定代表人，有权代表川主置业公司对外签订合同。川主置业公司的公司章程并未对法定代表人或执行董事以公司名义处分公司资产有程序上的形式要求。另外从原审查明的事实来看，在川主置业公司无法正常经营，且涉案土地一直未办理相关规划许可立项开发的情况下，刘某龙沿用第一次土地征收价格作为第二次土地征收的参考价格签订国有土地使用权收回补偿协议书的行为，系其根据公司实际情况进行商业判断后的履职行为，川主科技公司提交的证据不足以证明刘某龙存在违反法定义务的情形。

广东省广州市中级人民法院在**吕某辉与林某伟、刘某贤、广州市骏升水产品有限公司损害公司利益责任纠纷案**[①]中，即明确以商业判断原则驳回吕某辉提起的股东代表诉讼。二审裁判理由指出，基于公司经营业务的复杂性和商业决策自身的特点，考量公司执行董事经营管理行为的合理性，可以参照商业判断规则。根据执行董事这一公司治理机构的运作特点，如果作出商业判断的执行董事与作出判断的内容没有利害关系，其有正当理由相信其在当时情形下掌握的有关商业判断的信息充分、妥当、可靠。只要其商业判断符合公司的最佳利益，就应当认定其忠实、勤勉地履行了义务。

黑龙江省高级人民法院在**黑龙江鸿基米兰热力有限责任公司与王某玉损害公司利益责任纠纷案**[②]的再审裁定中指出：由于公司的高级管理人员在从事商业活动时常会面临极大的商业风险，不能要求每一个决策活动均产生最佳效益，否则对实际经营管理者的要求将过于苛刻。王某玉的涉案行为在当时的情形下具有一定的合理性，并不违反商业判断规则。

安徽省合肥市中级人民法院在**宫某与孙某、安徽天盛地矿科技有限公司等损害公司利益责任纠纷案**[③]以及**范某、蒋某保与武汉美之融电器营销有限公司损害公司利益责任纠纷案**[④]中均明确指出：基于公司经营业务的复杂性和商业决策自身的特点，考量公司高级管理

---

① 参见广东省广州市越秀区人民法院(2020)粤0104民初4020号民事判决书(一审)，广东省广州市中级人民法院(2021)粤01民终1056号民事判决书(二审)。

② 参见黑龙江省双鸭山市中级人民法院(2017)黑05民终750号民事判决书(二审)，黑龙江省高级人民法院(2018)黑民申2845号民事裁定书(再审)。

③ 参见安徽省合肥市包河区人民法院(2017)皖0111民初2511号民事判决书(一审)，安徽省合肥市中级人民法院(2017)皖01民终7360号民事判决书(二审)。

④ 参见安徽省合肥市包河区人民法院(2015)包民二初字第03790号民事判决书(一审)，安徽省合肥市中级人民法院(2017)皖01民终7901号民事判决书(二审)。

人员的责任,应当参照商业判断规则。如果作出商业判断的高级管理人员与作出判断的内容没有利害关系,其有正当理由相信其在当时情形下掌握的有关商业判断的信息充分、妥当、可靠,其作出的商业判断符合公司的利益,就应当被认定为忠实、勤勉地履行了义务。该高级管理人员对由此发生的合理经营判断失误造成的损失,可以减轻或者免除责任。最终两起案件均改判驳回原告股东提起的代表诉讼。

五、公司利益并未受到损害

公司董事、高级管理人员正常行使管理职权,对公司事务的处理没有损害公司利益的,公司无权诉请损害赔偿。如在**上海康园房地产开发有限公司与周某忠等董事、经理损害公司利益纠纷案**[①]中,上海康园房地产开发有限公司(以下简称康园公司)曾对上海万千投资开发(集团)有限公司(以下简称万千公司)向中国建设银行上海市分行(以下简称上海市建行)的借款提供最高额担保。后因万千公司未按时偿还上海市建行的贷款,周某忠等四被告作为康园公司的董事、经理与上海市建行签订展期还款协议书。后康园公司诉讼缠身,在上海申房房地产估价有限公司评估确认的基础上,由案外第三方整体受让康园公司被法院查封的49套房产,所得款项均用于偿还公司对外债务。康园公司起诉四被告展期担保和出售房产损害公司利益未得到法院支持。一、二审法院均认为,康园公司先前已有担保,在被担保人不能偿还到期债务的情况下,康园公司作为担保人,其担保责任已经发生。故而涉诉展期还款协议并非四被告擅自对外担保,也没有加重康园公司的负担。涉案49套房产已被法院查封,后经债权人同意并经法院许可,经由上海申房房地产估价有限公司评估后出售,售房所得均用于偿还康园公司债务并不损害康园公司的利益。

在**中国航空技术国际控股有限公司与湖北福汉木业(集团)发展有限责任公司、中航林业有限公司等损害公司利益责任纠纷案**[②]中,法院查明:2017年4月11日至5月31日,中航林业有限公司(以下简称中航林业公司)持股51%的控股股东湖北福汉木业(集团)发展有限责任公司(以下简称湖北福汉公司)从中航林业公司中转出款项合计4.8亿元。后控股股东湖北福汉公司又于2017年6月至2018年8月向中航林业公司转入款项合计9.7亿元。中国航空技术国际控股有限公司(以下简称中国航空国际公司)作为中航林业公司的股东,对控股股东湖北福汉公司提起股东代表诉讼。山东省高级人民法院一审认为,在中国航空国际公司未提交有效证据证明湖北福汉公司与中航林业公司存在其他债权债务关系的情况下,湖北福汉公司向中航林业公司的转款行为应视为前期转出资金4.8亿元的归位。所以,虽然湖北福汉公司从中航林业公司调拨4.8亿元资金的行为不当,但其已在之后

---

① 参见上海市普陀区人民法院(2004)普民二(商)初字第875号民事判决书(一审),上海市第二中级人民法院(2005)沪二中民三(商)终字第361号民事判决书(二审)。

② 参见山东省高级人民法院(2017)鲁民初51号民事判决书(一审),最高人民法院(2019)最高法民终8号民事判决书(二审)。

进行了资金回拨，未给中航林业公司造成实际损失。最高人民法院二审认为，中国航空国际公司作为提起本案诉讼的原告，在湖北福汉公司转回中航林业公司资金数额大于转出资金数额的情况下，应当提供充分证据证实湖北福汉公司转回的资金9.7亿元用作他用，转出的4.8亿元资金未全部返还的基本事实成立，但由于双方仲裁管辖的约定，人民法院无权对上述事实进行审理，这意味着中国航空国际公司主张的4.8亿元资金未全部返还的基本事实不能在本案中予以认定，该不利后果应由提起本案诉讼的中国航空国际公司承担。故中国航空国际公司的上诉请求不能得到支持。如之后中国航空国际公司与湖北福汉公司通过仲裁程序进行裁决，影响本案的处理结果，中国航空国际公司可通过适当方式主张权益。遂驳回上诉，维持一审判决。最高人民法院在二审判决中还附带指出，虽然本案目前的证据尚不足以支持中国航空国际公司的诉讼请求，但并不意味着本院对湖北福汉公司擅自将中航林业公司巨额资金转出的行为持认可态度。毕竟，控股股东及其委派的董事擅自将公司资金转出的行为有损公司法人独立地位，是不适当的。

最高人民法院在**陕西永泽房地产开发有限公司与何某虎等损害公司利益责任纠纷案**①中指出，原审依据本案事实，认定涉案3000万元是何某虎、吕某侠为陕西永泽房地产开发有限公司（以下简称永泽公司）竞拍土地向他人所支付的补偿款，为永泽公司的营业外支出，未损害永泽公司利益，从而判决驳回永泽公司关于何某虎、吕某侠损害公司利益的诉讼请求，并无不当。

六、被告尽到合理注意义务

在追究高管损害公司利益责任的案件中，如果被告能够证明其已经尽到合理的注意义务，也可以构成对于原告诉讼请求的有效抗辩。

【案例10.23】 慈溪富盛化纤有限公司等与施某平损害公司利益责任纠纷案②

慈溪富盛化纤有限公司（以下简称富盛公司）是由被告施某平、王某定、叶某方、刘某辉四人各出资12.5万元发起设立的有限责任公司，施某平在该公司中担任执行董事、法定代表人。因富盛公司没有进出口经营权，四股东又各出资45万元另行设立宁波全盛进出口有限公司（以下简称全盛公司），被告施某平在全盛公司中担任监事职务。富盛公司与全盛公司系“一套班子，两块牌子”，住所、工作人员、生产车间均一致，

---

① 参见陕西省高级人民法院（2020）陕民终953号民事判决书（二审），最高人民法院（2021）最高法民申3646号民事裁定书（再审）。

② 参见浙江省慈溪市人民法院（2007）慈民二初字第519号民事判决书（一审）。

被告施某平事实上总管两家公司。2004年,被告以富盛公司、全盛公司的名义分别与浙江东海翔纺织印染有限公司(以下简称东海翔公司)签订原料购销协议,向东海翔公司出售丙纶空变纱,由东海翔公司加工成布后卖给浙江临亚工艺品公司(以下简称临亚公司)。后东海翔公司以临亚公司的布出现质量问题,且原因在于两原告富盛公司、全盛公司提供的空变纱存在质量问题为由,向两原告公司提出异议。被告施某平作为两原告公司的代表,对东海翔公司的质量异议予以承认,并向该公司承诺赔偿,赔偿的数额以临亚公司反映的损失额为准。东海翔公司后据此向法院起诉,在诉讼过程中,两原告公司与东海翔公司达成调解协议,赔偿东海翔公司140万元。

法院经过审理,认可被告施某平提出的其已经尽到合理注意义务的抗辩。首先,相关证据已经证明,被告施某平为赔偿问题多次赴东海翔公司协商,说明被告为解决该问题采取了积极的行动。在多次协商的情况下,被告不可能对产品是否存在质量问题以及损失的大小没有了解。其次,2005年9月,被告施某平与王某定、叶某方为赔偿问题一起去过东海翔公司。虽然最终未就质量问题达成一致意见,但至少王某定和叶某方对东海翔公司要求赔偿的事情是知情的,股东之间也必然就赔偿的事情进行过协商。再次,从被告施某平的文化程度(浙江大学高分子专业本科毕业)和从业经历(曾任宁波浙东化纤总厂副厂长,主管生产技术开发经营)来看,其业务水平显然远高于其他几位股东,被告基于对自身业务水平的信任,认为问题布一碰即破,造成质量问题的原因不经过鉴定也能够判断出来,这种自信在无相反证据的情况下应可推定为合理。复次,对于损失额的问题,由于两原告公司是提供布料,由东海翔公司加工后卖给临亚公司,临亚公司再销往国外,一旦布料出现问题,造成的损失不但包括布料本身的价值,从2006年4月25日东海翔公司致被告的信函可以看出,还包括东海翔公司的库存布、重新加工费,甚至可能包括空运费用。所以,赔偿额高于合同标的额并非不可能,以此为由不能说明该赔偿数额就是不合理的。最后,两原告公司在东海翔公司起诉后,未充分行使抗辩权利(如行使撤销权等),却自愿与东海翔公司订立调解协议,并部分履行了协议,这间接地说明两原告公司已认可被告签订的协议。最终法院认为,被告的行为并未超越法律和公司章程所赋予被告的职权,也未违反法律规定的勤勉义务,故判决驳回原告富盛公司、全盛公司的诉讼请求。

七、举证责任的抗辩

公司起诉董事、高级管理人员损害公司利益,须对自己的主张承担举证责任。如提起归入权诉讼,则公司必须证明董事、高级管理人员实施了《公司法》第182~184条所列举的法律明确禁止的行为。公司如对董事、高级管理人员提起损害赔偿诉讼,则必须证明董事、高级管理人员的行为符合侵权行为的构成要件,即董事、高级管理人员实施了违反法律、行政法规或者公司章程的行为,该行为给公司的利益造成损害,该损害结果与董事、高级管理人员的行为二者间存在因果关系,以及董事、高级管理人员主观上存在故意或者过失。另外,关于归入金额或者损害赔偿的具体数额也需原告举证证明。

【案例 10.24】 苏州财亨利房产有限公司与凌某法董事同业竞争损害公司利益纠纷案申请再审法律意见书

江苏致邦律师事务所苏州分所
关于苏州财亨利房产有限公司与凌某法
董事损害公司利益申请再审事宜的
法律意见书①

前　　言

受凌某法先生的委托,江苏致邦律师事务所苏州分所对苏州财亨利房产有限公司与凌某法先生董事损害公司利益申请再审事宜进行审查,依法出具法律意见。

接受委托后,江苏致邦律师事务所苏州分所对凌某法先生提供的书面文件进行了审查,检索了相关法律、行政法规、司法解释、规章与规范性文件。本着审慎原则,依法出具本法律意见。

对有关书面文件资料的审查采取形式审查的方式,由凌某法先生本人对所提供的文件资料的真实性负责;凌某法先生所提供的相关书面文件以附件一的形式附于本法律意见书之后。

本法律意见以凌某法先生所提供的全部书面文件为事实基础,其他任何非书面的意见或情况介绍均不构成本法律意见的基础,以保证本法律意见的独立性和客观性。

本法律意见正文部分由相关案件情况、有关法律问题、意见与建议三部分组成,共计 20 页。

本法律意见仅对委托人凌某法先生负责。

---

① 出具本法律意见书时笔者的执业单位为江苏致邦律师事务所苏州分所,现已更名为江苏致邦(苏州)律师事务所。另外,由于《公司法》与《民事诉讼法》经过修改,本意见书引述的法律条文、司法解释可能已经失效。为保证法律意见书的完整性,附件中相关司法解释仍保持原样,对于已经变动的法律条文以注释的形式标注,提请读者阅读时予以注意。

第一部分　本案案件事实及法院审理情况

在对凌某法先生所提供的全部书面文件进行整理、审查和分析的基础上，本所对苏州财亨利房产有限公司（以下简称财亨利公司）与凌某法先生董事损害公司利益案件的事实经过以及相关法院审理情况作简要归纳和概括，并以此为本法律意见的事实基础。

一、本案的案件事实情况

（一）财亨利公司的基本情况

财亨利公司是依照《中外合资经营企业法》[①]，由苏州市房地产经营公司和香港基协企业（中国）有限公司依法设立的合资公司。

财亨利公司于1995年5月27日开业运营。2001年合资双方签订书面《关于〈中外合资苏州财亨利房产有限公司〉合同、章程有关条款的修改协议》，就增加注册资本及延长合营期限达成一致意见，并相应修改合资合同及公司章程。

2006年，财亨利公司的内地股东苏州市房地产经营公司因转制安排退出合资公司，其在财亨利公司的股份由苏州市房地产测绘队承接。此一转制退股得到苏州市对外贸易经济合作局以及苏州市人民政府国有资产监督管理委员会的批准。2006年7月1日，苏州市房产管理局作为合资公司的内地股东与苏州市房地产测绘队签订书面国有资产划转协议，将其在合资公司中的股权转让给受让人苏州市房地产测绘队。合资公司（财亨利公司）按照此次转股安排相应修改合资合同以及公司章程。因合资公司的内地股东发生变更，公司董事会中的内地董事亦相应发生变更，改由承接内地股份的苏州市房地产测绘队委派。

（二）凌某法先生在财亨利公司的任职情况

1994年4月，凌某法先生受苏州市房地产经营公司的委派担任财亨利公司的董事，并由港方聘请为合资公司的总经理[见苏州市沧浪区人民法院（2007）沧民二初字第0317号民事判决书第2页]。1995年1月21日，财亨利公司董事长庄某亨先生向凌某法先生出具书面委托书，以公司董事不全、其本人忙于商务为由，在无法举行董事会的情况下，将属于董事长权力范围内的一切事务，委托凌某法先生全权办理。

财亨利公司2006年9月整理并在工商部门登记备案的《苏州财亨利房产有限公司历年董事会成员及公司领导变更情况》表明，凌某法先生一直担任合资公司的总经理职务，合资公司董事长职务一直由庄某亨先生担任。需要特别指出并提请注意的是，自合资公司成立至1999年7月，在合资公司第一至九届董事会中，凌某法先生的董事职务一

① 2020年1月1日，《外商投资法》施行，《中外合资经营企业法》同时废止。

直是由合资公司的内地公司委派。自2000年5月合资公司第十届董事会开始,凌某法先生的董事职务改由合资公司的港方即香港基协企业(中国)有限公司委派。至此,凌某法先生连续担任合资公司十五届董事以及总经理的职务。

2006年11月6日,合资公司的港方即香港基协企业(中国)有限公司致函通知合资公司董事会,撤销对凌某法先生、陈某杰先生的董事委派;在随后(2006年11月20日)召开的合资公司第十六次董事会会议上,董事长庄某亨先生宣布撤销对凌某法先生、陈某杰先生港方董事的委派并改由委派肖某强先生、李某华女士出任合资公司的港方董事;董事会同时决议着手安排会计师事务所对原公司总经理凌某法先生作离任审计。

(三)苏州仁记房地产投资开发有限公司的设立及运营情况

2003年3月,凌某法先生与吴某明先生、陈某杰先生、章某敏女士共同设立苏州仁记房地产投资开发有限公司(以下简称仁记公司),公司注册资本人民币800万元,四人每人出资人民币200万元,均占公司股份的25%;凌某法先生出任该公司执行董事。仁记公司的经营范围为:服务、销售、房地产投资、开发、咨询、中介、租赁、营销代理、房屋配套工程、装饰装潢、绿化景观、建筑材料。

因仁记公司未按照规定办理2004年度检验,经责令限期办理后,逾期仍不补办年检手续,江苏省苏州市工商行政管理局于2005年8月5日作出苏工商处〔2005〕59-030号行政处罚决定书,吊销该公司营业执照。

(四)格林花园项目合作情况

2002年2月10日,财亨利公司与苏州枫盛房地产有限公司(以下简称枫盛公司)在双方律师的见证下签订协议书,合作开发建设"枫盛小区"(又称"格林花园项目")。协议约定:枫盛公司以已受让而未开发土地90亩(面积按实计算)作价3200万元人民币,作为项目投入;由财亨利公司负责出资补交配套费用及三期37.601亩土地出让金并运作该项目的开发建设。同时约定对于该项目双方在各自收回成本之后,产生效益由双方平分(见协议书第八项)。对于该项目的运作,双方设立项目董事会,董事长由枫盛公司指派,副董事长由财亨利公司指派。

(五)仁记公司参股枫盛公司以及转让股权的情况

苏州新区枫桥镇农工商总公司(以下简称枫桥公司)系枫盛公司的股东,持有枫盛公司25%的股权。2003年4月10日,枫桥公司将其所持有的枫盛公司25%的股权向外转让。仁记公司与宁波美厦房地产开发有限公司分别以400万元人民币的价格受让枫桥公司持有的枫盛公司的股份。此次股权转让之后,仁记公司与宁波美厦房地产开发有限公司均持有枫盛公司12.5%的股权,成为枫盛公司的股东。

2003年8月19日,苏州新区枫桥镇人民政府苏高新政发(2003)39号文件《关于对

"苏州新区枫桥镇农工商总公司"名称变更及对其增资的批复》,将原苏州新区枫桥镇农工商总公司更名为"苏州高新区枫桥投资发展总公司"。因公司名称变更对本案没有影响,故本法律意见书均以"枫桥公司"指称之。

2007年3月,仁记公司所持有的枫盛公司12.5%的股权欲向外转让。因仁记公司已被工商部门吊销营业执照,故借用苏州市亨利物业管理有限公司的名义,将其所持有的枫盛公司12.5%的股权以人民币200万元的价格转让给香港籍人士周某桥先生。

2010年12月枫盛公司出具书面情况说明,证明仁记公司在向周某桥先生转让其所持有的枫盛公司12.5%的股权时,股权转让为除权转让,200万元转让价款系当时股权的实际价值,即分配完未分配利润后的股权价值。

关于本案件中格林花园项目的合作以及仁记公司参股退股的情况,见本法律意见书的附件三。

二、本案的诉讼经过及法院审理情况

(一)沧浪区人民法院①一审情况及判决

2007年,财亨利公司以凌某法先生担任公司董事、总经理期间在公司以外与他人设立与公司从事相同业务的苏州建盛房地产有限公司(以下简称建盛公司)、仁记公司,且透过仁记公司入股枫盛公司,拥有枫盛公司12.5%的股权为由诉至法院。枫盛公司的相关工商年检材料反映,仁记公司截至2005年已获取利润人民币4225000元。财亨利公司认为凌某法先生此举违反《公司法》第148条②、第149条第1款第5项③的规定,属于未经股东会或者股东大会同意,利用职务便利为自己或他人谋取属于公司的商业机会,自营或者为他人经营与所任职公司同类的业务;并据此主张行使公司归入权,请求法院判决被告凌某法先生因竞业所得收入1056250元归原告财亨利公司所有。

被告凌某法先生辩称,其在原告公司任职期间一直勤勤恳恳,原告没有证据证明其有违反公司法相关规定的情形,请求法庭驳回原告诉讼请求。

沧浪区人民法院经过审理,认为被告凌某法先生虽然未经原告股东会或股东大会同意,在任职期间与他人设立了与原告经营范围相同的仁记公司和建盛公司,并分别担任法定代表人和监事,但被告凌某法先生所获得的利益是通过投资仁记公司获得的,同时仁记公司的收益是通过参股枫盛公司而获得的股权孳息,有别于通过从事与原告具有竞争业务的房地产开发经营直接取得的利益。因而判决驳回原告财亨利公司的诉讼请求。

---

① 因苏州市行政区划调整,原平江、金阊、沧浪三区合并为姑苏区,原三家基层人民法院相应合并为姑苏区人民法院。

② 2023年《公司法》修订后,条文序号调整为第180条。

③ 2023年《公司法》修订后,该条被拆分为第183条、第184条。

(二)苏州市中级人民法院二审情况及判决

原告财亨利公司不服一审判决,上诉至苏州市中级人民法院。财亨利公司上诉称:被上诉人凌某法先生隐瞒其于2003年8月受仁记公司委托出任枫盛公司董事并于2004年12月任枫盛公司副董事长的事实。仁记公司从枫盛公司获得的股权收益全部来自格林花园项目的收益,被上诉人凌某法先生一方面为财亨利公司工作,另一方面为枫盛公司即他自己赚钱,违反了竞业禁止的规定,其收入应归上诉人财亨利公司所有。

被上诉人凌某法先生辩称:财亨利公司在二审时提供的证据不能作为新证据使用,一审法院认定事实清楚,适用法律准确,请求二审法院驳回上诉人的上诉请求,维持原判。

苏州市中级人民法院审理后认为,被上诉人凌某法先生受上诉人委托,在财亨利公司与枫盛公司合作开发格林花园项目的董事会中担任执行董事,其负责项目的日常管理活动是得到上诉人的认可的。枫盛公司与上诉人在开发项目上系合作互利关系,不属于同业竞争关系,不产生目的利益冲突。上诉人不能证明被上诉人在负责格林花园项目开发日常事务中对其经营造成损害。对于被上诉人凌某法先生在仁记公司中获得的收益,二审法院认同一审法院的观点。最后,二审法院判决驳回上诉,维持原判。

(三)江苏省高级人民法院再审情况及判决

二审宣判后,上诉人财亨利公司不服已经生效的二审判决,向江苏省高级人民法院申请再审。江苏省高级人民法院于2010年6月13日作出(2009)苏民二申字第0141号民事裁定书,裁定提审本案。财亨利公司申请再审称:根据《公司法》第149条第1款第5项①的规定,只要是公司董事或高级管理人员,就不得在同类公司中兼职经营,同类公司之间有无竞争关系或利益冲突在所不论。一、二审判决关于只要两家公司无竞争关系或利益冲突,就不构成竞业禁止行为的认定,违背了上述法律规定。被申请人凌某法先生的收入来源于竞业行为而非投资行为,原审判决认定被申请人凌某法先生的收入不应归入财亨利公司是错误的。

被申请人凌某法答辩称,一、二审判决认定事实清楚、适用法律正确,请求维持原判。

江苏省高级人民法院再审后认为:被申请人凌某法先生利用了其在财亨利公司任职、了解财亨利公司与枫盛公司合作的格林花园项目信息的职务便利。同时被申请人凌某法先生作为申请再审人的总经理,对于受让枫盛公司的股权事项未提交申请再审人财亨利公司股东大会、公司董事会讨论决定由财亨利公司利用该商业机会。故而认定被申请人凌某法先生的行为构成竞业禁止和谋取公司的商业机会。据此判决撤销原一、二审判决,改判被申请人凌某法先生于再审判决生效之日起10日内返还财亨利公司1056250元及其利益;一、二审案件受理费、财产保全费由被申请人负担。

① 2023年《公司法》修订后,该条被拆分为第183条、第184条。

第二部分 有关法律问题分析

一、本案财亨利公司对于凌某法先生从仁记公司中获得的股权收益不享有归入权

《公司法》第148条①规定了公司董事、监事、高级管理人员的忠实义务和勤勉义务。第149条第1款第5项②规定董事、高级管理人员不得未经股东会或者股东大会同意,利用职务便利为自己或者他人谋取属于公司的商业机会,自营或者为他人经营与所任职公司同类的业务。上述条文规定了公司董事、高级管理人员竞业禁止义务以及不谋取属于公司商业机会的义务。对于董事、高级管理人员违背忠实义务所获得的收益,公司可以依照《公司法》第149条第2款③的规定,行使归入权。但具体到本案,因凌某法先生成立仁记公司并通过仁记公司参股枫盛公司的行为并不损害财亨利公司的利益,故而财亨利公司无权主张归入权,理由如下:

第一,财亨利公司与枫盛公司是合作而非竞争关系。凌某法先生受财亨利公司的委派出任格林花园项目的副董事长,格林花园项目的管理运作系其分内之事,且其对该项目的管理符合财亨利公司的利益要求。这一事实并不因凌某法通过仁记公司参股枫盛公司而改变。

第二,凌某法先生与另外三人成立仁记公司并担任该公司的执行董事,虽然表面上与公司法关于竞业禁止的规定相违背,但在本案中,一方面仁记公司开业后并没有实际"营业",后因未参加年检被工商部门吊销营业执照;另一方面,凌某法先生作为格林花园项目的副董事长在执行职务过程中也没有利用职务便利,损害财亨利公司权益的情事。因而,诚如一、二审法院所认为的那样,凌某法先生所获得的利益是通过投资仁记公司而获得的,同时仁记公司的收益是通过参股枫盛公司而获得的股权孳息,有别于通过从事与财亨利公司具有竞争关系的房地产开发经营业务而直接取得的利益。

第三,关于凌某法先生受仁记公司的委派担任枫盛公司的副董事长一节,据枫盛公司2010年8月22日出具的书面证明,凌某法先生担任枫盛公司副董事长仅是挂名而已,并未参与该公司的任何经营活动;随着仁记公司被工商部门吊销营业执照,凌某法先生在枫盛公司的挂名副董事长也随之取消。由此可见,凌某法先生亦未在枫盛公司从事有损财亨利公司利益的行为。

再者,董事、高级管理人员损害公司利益纠纷在本质上属于侵权纠纷,公司归入权的立法本意在于通过对董事、高级管理人员的收益行使归入权弥补公司因董事、高级管理人员违背忠实义务而遭受的利益损失。如果董事、高级管理人员的行为并没有损害

① 2023年《公司法》修订后,条文序号调整为第180条。
② 2023年《公司法》修订后,该条被拆分为第183条、第184条。
③ 2023年《公司法》修订后,条文序号调整为第186条。

公司利益，则公司无权主张归入权。欠缺损害结果这一法定且必要的构成要件，侵权行为无法成立，损害赔偿(归入权)也无从谈起。相关司法判例亦已经对此作出了先例判决。《中国审判案例要览(商事审判案例卷)》收录的宁波市鄞州区人民法院(2007)甬鄞民二初字第2号民事判决书的裁判要旨指出，“公司高级管理人员非‘恶意的，对公司具有损害性’的竞业行为，公司无归入权和请求赔偿权”。此前，江苏省高级人民法院(2003)苏民三终字第005号民事判决书也以相同的理由作出否认公司享有归入权的判决。

二、本案中凌某法先生没有利用属于财亨利公司的商业机会

本案中，凌某法先生设立仁记公司以及通过仁记公司参股枫盛公司的行为并不构成利用属于财亨利公司的商业机会。理由如下：

第一，财亨利公司对于受让枫盛公司的股权不享有期待利益。枫桥公司于2008年4月15日出具的证明表明，该公司从未考虑将所持有的枫盛公司的股权转让给财亨利公司，双方未就该股权转让事项有过任何意向。

第二，2008年4月16日，枫盛公司的致益友天元律师事务所复函表明，枫盛公司从不考虑让财亨利公司收购其股权，双方也未就转股事宜有过任何表示或商谈。枫盛公司当时的股东枫桥公司和香港安盛置业有限公司根本没有考虑也没有意向将任何股权转让给财亨利公司。

第三，凌某法先生作为财亨利公司的董事、总经理，尽到了对公司的忠实义务。凌某法先生知悉枫盛公司股东枫桥公司对外转股的事情后，在公司2002年6月17日召开的第十二次董事会会议上，将有关收购枫盛公司股份情况列为董事会一项单独的议题。公司董事会经过讨论认为收购枫盛公司25%的股份涉及合资公司投资双方的资金投入及股份增减问题，并表示“最好不买股份，只搞项目开发建设”。

综上，本案中财亨利公司对枫盛公司的股权变动情况并不享有期待利益，此种股权变动也不属于财亨利公司的商业机会。此时，凌某法先生通过仁记公司受让枫桥公司的股权并参股枫盛公司不属于公司法规定的谋取“属于公司的商业机会”的情形。在财亨利公司不能受让该股权，无法利用该“商业机会”的情况下，如果仍不允许作为董事、总经理的凌某法先生利用该商业机会，则是对2005年《公司法》第149条第1款第5项①的教条、机械的理解，不利于优化资源配置。

三、本案凌某法先生在仁记公司中的收益为1056250元

本案中，因凌某法先生并不构成利用财亨利公司的商业机会，并且其投资仁记公司以及通过仁记公司参股枫盛公司的行为并没有损害财亨利公司的利益，故而财亨利公

① 2023年《公司法》修订后，该条被拆分为第183条、第184条。

司不能依照2005年《公司法》第149条第2款[①]的规定，主张行使公司归入权。但凌某法先生通过仁记公司参股枫盛公司的股权收益应当认定为1056250元。理由在于：

第一，凌某法先生在本案一、二审期间均自认截至2005年年底从仁记公司获得股权收益1056250元。并且在二审过程中，还就此事专门向苏州市中级人民法院作出书面的情况说明。

第二，枫盛公司2005年会计报表附注表明仁记公司可分得的股利为4225000元；另外，2008年11月，枫盛公司出具的书面证明也表明：截至2005年12月31日，仁记公司从格林花园项目中获利422.5万元。结合仁记公司的股权结构（凌某法先生持有仁记公司25%的股权），凌某法先生从中获得的股权收益为1056250元。

需要指出的是，虽然2003年4月10日仁记公司以400万元的价格受让枫桥公司持有的枫盛公司的股份，并且2007年3月仁记公司借用苏州市亨利物业管理有限公司的名义将该项股权转让给香港籍人士周某桥先生时，转让价格仅为200万元，即仁记公司在受让与转让持有的枫桥公司的股权时存在差价。但这是另一法律关系，与本案无关。凌某法先生不能以股权转出时存在差价为由，推翻此前的自认陈述。

四、本案江苏省高级人民法院没有完全查明案件事实且审判组织存在法律瑕疵

财亨利公司是按照《中外合资经营企业法》设立的合作经营企业，依照《中外合资经营企业法》以及该公司章程第18条的规定，"公司设董事会，董事会是合资公司的最高权力机构，是法定代表"。在案件审理中，原一、二审法院以及再审法院对这一事实没有查清。

江苏省高级人民法院再审合议庭组成人员与作出再审判决书的组成人员不一致。江苏省高级人民法院2010年10月28日再审本案的庭审笔录记载，本案再审时，因相关人员工作变动，书记员由原来的李某改为江某担任。江苏省高级人民法院(2010)苏商再提字第0015号民事判决书中，显示书记员为赵某。此违反民事诉讼法有关告知合议庭组成人员的规定，存在法律瑕疵。

五、本案的再审申请应该向最高人民法院提出，江苏省高级人民法院对于本案的再审申请没有司法管辖权[②]

《最高人民法院关于人民法院对民事案件发回重审和指令再审有关问题的规定》（法释〔2002〕24号）（已失效）第3条第1款规定："同一人民法院根据民事诉讼法第一百七十八条的规定，对同一案件只能依照审判监督程序审理一次。"《最高人民法院关于正确适用〈关于人民法院对民事案件发回重审和指令再审有关问题的规定〉的通知》

---

① 2023年《公司法》修订后，条文序号调整为第186条。

② 《民事诉讼法》及其司法解释近年来频繁修订，本节关于《民事诉讼法》及司法解释所引用的条文均为之后修改后的《民事诉讼法》及最新司法解释所修正。

(法〔2003〕169号)进一步规定:“各级人民法院对本院已经发生法律效力的民事判决、裁定,不论以何种方式启动审判监督程序的,一般只能再审一次。”依照上述规定以及《最高人民法院关于再审于某春诉李某强拖欠租金纠纷一案请示的复函》([2004]民立他字第40号)的规定,江苏省高级人民法院不得依当事人的申请再次再审本案。

依照2007年《民事诉讼法》第178条、《最高人民法院关于适用〈中华人民共和国民事诉讼法〉审判监督程序若干问题的解释》(法释〔2008〕14号)第1条的规定,对于经过江苏省高级人民法院依照审判监督程序审理过的本案,其申请再审应当向最高人民法院提出。

第三部分　意见与建议

江苏致邦律师事务所苏州分所经审查全案证据材料并依照相关法律规定,就本案提供以下法律意见及建议:

第一,依照现行法律规定,我们认为凌某法先生有权就本案向最高人民法院申请再审,申请再审应当在江苏省高级人民法院(2010)苏商再提字第0015号民事判决书生效之日起两年内①提出;

第二,凌某法先生亦可就本案申请最高人民检察院向最高人民法院提出抗诉;

第三,凌某法先生享有法律规定的申诉权,且申诉权的行使不受时间限制,申诉机关也没有法律明确的规定;受理申诉的机关经审查如果认为本案存在事实或者法律上的问题,将会依照有关规定处理。

本所就财亨利公司与凌某法先生董事损害公司利益纠纷申请再审事宜所出具的法律意见书,请凌某法先生予以充分关注,并对相关事宜予以审慎处理。本所再次提示凌某法先生注意,本法律意见书所告知的您有权向最高人民法院申请再审或者向最高人民检察院申请抗诉以及您本人所享有的依法向有关机关申诉的权利,系基于有关法律的规定,并不意味着本所以及本律师保证您的申请或者申诉一定能够得到受理或者能够取得预期目标。

如有问题,请及时与我们联系。

江苏致邦律师事务所苏州分所

2011年4月9日

① 依照2023年《民事诉讼法》,申请再审的期限缩短为6个月,且对于再审判决不服的,只能向检察机关申请抗诉或者再审检察建议。

附件一：出具本法律意见书所依据的事实材料

第一部分：有关苏州财亨利房产有限公司的文件材料

[01]江苏省苏州工商行政管理局企业登记资料查询表（苏州财亨利房产有限公司简档）

[02]苏州财亨利房产有限公司章程（1992年）

[03]苏州财亨利房产有限公司董事会成员及总经理协商名单（1992年4月）

[04]苏州市房地产经营有限公司委派书（1992年4月）

[05]苏州财亨利房产有限公司关于参加公司第十五次董事会成员情况说明（2006年9月12日）

[06]苏州市对外贸易经济合作局文件《关于“苏州财亨利房产有限公司”转股的批复》（外经贸资〔2006〕318号）（2006年8月29日）

[07]国有资产划转协议（2006年7月1日）

[08]香港基协企业（中国）有限公司致苏州财亨利房产有限公司董事会的通知（2006年11月6日）

[09]苏州财亨利房产有限公司致苏州市工商行政管理局的申明（2006年11月20日）

[10]苏州财亨利房产有限公司董事会第十六次会议决议（2006年11月20日）

[11]苏州财亨利房产有限公司历年董事会成员及公司领导变更情况（2006年9月整理）

[12]苏州财亨利房产有限公司委托书（1995年1月21日）

第二部分：有关苏州仁记房地产投资开发有限公司的文件材料

[01]江苏省苏州工商行政管理局企业吊销后未注销资料查询表（苏州仁记房地产投资开发有限公司简档）

[02]苏州仁记房地产投资开发有限公司章程（2003年）

[03]苏州仁记房地产投资开发有限公司第一次股东大会决议（2003年3月4日）

[04]江苏省苏州工商行政管理局行政处罚决定书（苏工商处〔2005〕59－030号）（2005年9月5日）

第三部分：有关仁记公司参股枫盛公司以及转让股权的文件材料

[01]股权转让协议书（2003年4月10日）

[02]《苏州枫盛房地产有限公司部分股权转让协议》（2007年3月）

[03]苏州财亨利物业有限公司情况说明（2010年12月）

[04]苏州枫盛房地产有限公司情况说明（2010年12月）

第四部分:格林花园项目、凌某法先生获益及财亨利公司放弃商业机会等文件材料

[01]格林花园项目协议书(2002年2月10日)

[02]苏州新区枫桥镇人民政府《关于对“苏州新区枫桥镇农工商总公司”名称变更及对其增资的批复》(苏高新枫政发〔2003〕39号)(2003年8月19日)

[03]苏州高新区枫桥投资发展总公司证明(2008年4月15日)

[04]苏州枫盛房地产有限公司致益友天元律师事务所复函(2008年4月16日)

[05]苏州财亨利房产有限公司董事会第十二次会议决议(2002年6月17日)

[06]苏州枫盛房地产有限公司证明(2008年11月)

[07]苏州枫盛房地产有限公司证明(2010年8月22日)

[08]苏州枫盛房地产有限公司2005年会计报表附注

[09]被上诉人凌某法先生致苏州市中级人民法院情况说明(2008年11月5日)

第五部分:法院民事判决书类

[01]苏州市沧浪区人民法院(2007)沧民二初字第0317号

[02]江苏省苏州市中级人民法院(2008)苏中民二终字第0770号

[03]江苏省高级人民法院(2010)苏商再提字第0015号

[04]宁波市鄞州区人民法院(2007)甬鄞民二初字第2号

[05]江苏省高级人民法院(2003)苏民三终字第005号

附件二:出具本法律意见书所依据的法律规定

[01]《公司法》(2005年10月27日修订)

[02]《民事诉讼法》(2007年10月28日修正)

[03]《中外合资经营企业法》(2001年3月15日修正)

[04]《最高人民法院关于适用〈中华人民共和国民事诉讼法〉审判监督程序若干问题的解释》(法释〔2008〕14号)

[05]《最高人民法院关于人民法院对民事案件发回重审和指令再审有关问题的规定》(法释〔2002〕24号)

[06]《最高人民法院关于正确适用〈关于人民法院对民事案件发回重审和指令再审有关问题的规定〉的通知》(法〔2003〕169号)

[07]《最高人民法院关于再审于某春诉李某强拖欠租金纠纷一案请示的复函》(〔2004〕民立他字第40号)

[08]《最高人民法院关于民事诉讼证据的若干规定》(法释〔2001〕33号)

附件三：格林花园项目的合作以及仁记公司参股退股的情况简图

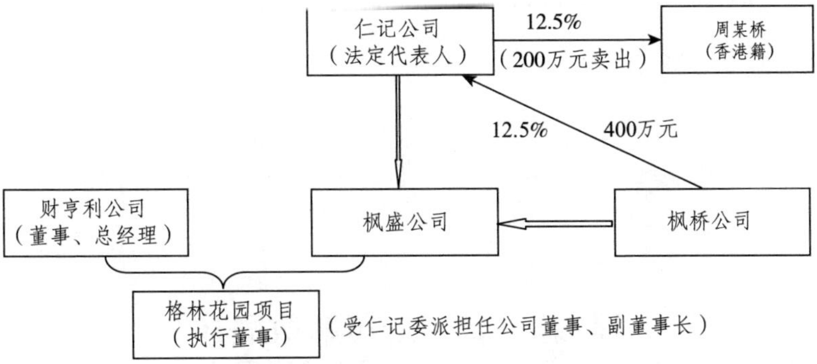

格林花园项目关系图及案件简图

第十一章　公司解散纠纷理论与实务

■ 第一节　公司解散概述

建立完备顺畅的企业退出机制是市场经济的内在要求。依照《公司法》《市场主体登记管理条例》的规定，公司通过解散程序退出市场竞争主要有三种方式，即公司自行解散、行政解散和司法解散。此外，根据《企业破产法》的规定，通过破产程序完成破产清算后进行注销，亦属于公司退出市场竞争的范畴。但因企业破产涉及专门的法律规定，本章不予以展开探讨。

一、公司解散的三种类型

（一）自行解散

公司自行解散是指基于公司自身的需要，由公司自行决定解散的情形，又可以细分为三种情形：一是出现公司章程规定的公司解散事由，因而发生公司解散。比如公司章程规定的公司经营期限届满。二是虽然公司尚在经营期限内，但作为公司权力机关的股东会就公司解散事项作出决议。三是因公司合并、分立而需要解散。如发生新设合并的情况下，甲公司与乙公司合并成为丙公司之后，原甲公司与乙公司均会发生公司解散的法律后果。公司自行解散体现的是公司权力机关的意志，是公司自治的结果。公司因合并、分立而解散的，应当遵循《公司法》关于合并、分立的具体程序规定。

（二）行政解散

行政解散是指公司因违反法律法规的规定被市场监督管理机关吊销营业执照、责令关闭或者被撤销因而发生公司解散的情形。依照《公司法》第 260 条第 1 款的规定，公司成立后无正当理由超过 6 个月未开业的，或者开业后自行停业连续 6 个月以上的，公司登记机关可以吊销营业执照，但公司依法办理歇业的除外。再如《公司法》第 262 条规定，利用公司名义从事危害国家安全、社会公共利益的严重违法行为的，吊销营业执照。除《公司法》以外，其他法律中也存在大量的有关吊销营业执照的规定。如《产品质量法》第50条规定，在产品中掺杂、掺假，以假充真，以次充好，或者以不合格产品冒充合格产品的，责令停止生产、销售，没收违法生产、销售的产品，并处违法生产、销售产品货值金额50%以上3倍以下的罚款；有违法所得的，并处没收违法所得；情节严重的，吊销营业执照；构成犯罪的，依法追究刑事责任。

此外，依照《市场主体登记管理条例》的规定，存在以下情形的，也可以吊销营业执照：(1)提交虚假材料或者采取其他欺诈手段隐瞒重要事实取得市场主体登记，情节严重的(第44条)；(2)实行注册资本实缴登记制的市场主体虚报注册资本取得市场主体登记，情节严重的(第45条第1款)；(3)市场主体未依照本条例办理变更登记，经登记机关责令改正但拒不改正，情节严重的(第46条)；(4)市场主体伪造、涂改、出租、出借、转让营业执照，情节严重的(第48条第3款)。

(三)司法解散

公司司法解散，是指在发生法定事由的情况下，法院依股东申请，以判决的方式强制公司解散的情形。现代公司法一般将公司僵局、公司资产重大浪费、股东压迫、人合性破裂、法人人格变异等事由作为司法解散公司的法定情形。《公司法》第231条规定，公司经营管理发生严重困难，继续存续会使股东利益受到重大损失，通过其他途径不能解决的，持有公司10%以上表决权的股东可以请求人民法院解散公司。

二、公司司法解散的法理基础

从期待利益理论、公司契约理论以及社会责任理论出发，都可以寻找到司法解散公司的正当性，这些理论都可以成为公司司法解散的理论基础。

(一)期待利益理论

按照期待利益理论，股东决意投资公司系由于其对于公司的稳定存续和持续良好的运营享有期待利益。对封闭公司而言，股东具体的期待利益可能包含以下几个方面的内容：受雇于公司并取得劳动报酬、分享公司运营所产生的利润、担任公司的管理职务等。并且期待利益理论考虑到公司经营以及公司存续的长期性，承认股东期待利益具体内容的可变性。例如，股东期待利益可以从原先的分配盈余转换为担任公司高管职务并取得职务薪酬，因为在封闭公司中取得薪酬会被视为一种隐性的盈余分配。

正是基于此种期待利益，股东才会设立公司、制定公司章程、选举公司机构对公司进行管理并共享投资收益。然而，在公司的运营过程中，由于股东之间相互关系的变化、经营理念的分歧以及其他种种原因，很可能使得公司既定的表决规则失灵、股东的期待利益落空，从而形成公司僵局。此时，倘使股东不能从公司内部寻求救济以打破这种局面，必将导致股东的利益受到重大损失,致使股东投资公司的目的以及其对于公司稳定存续与持续良好运营的期待利益落空。尤其是对于有限责任公司和未上市的股份有限公司,在发生公司僵局的情形下,股东既无法从公司获得盈余分配,也很难寻找到受让股权的合适对象。此时,法律应该予以介入,赋予他们起诉解散公司的权利。

(二)公司契约理论

公司契约理论认为,公司是一系列契约的总和。公司实际上是股东之间所缔结的契约,他们的权利、义务和责任实际上取决于他们之间所缔结的契约。①

从公司契约理论出发,既然股东之间是通过一系列的契约来设立公司并通过一系列的契约安排来维系公司的正常运营,那么在发生重大的情事变更,缔结这些契约的目的无法实现的时候,也当然可以依照情事变更原则②和根本违约理论,请求法院解除他们之间缔结的这些契约。司法介入公司的运作起到了"弥补合同缝隙""解读隐含合同条款"的作用。③公司的司法解散作为一种制度,它真正的立法价值在于当公司内部发生股东之间的纠纷,采用其他手段尚不能平息矛盾时,赋予少数股东请求司法机关介入以终止投资合同、解散企业、恢复各方权益,最终使基于共同投资所产生的社会冲突得以解决。④ 我国司法实践中,对于公司的契约性在一定程度上也是明确承认的。如司法机关对于公司章程或者章程条款无效的审理,亦明确按照《民法典》关于民事法律行为效力的评判规定进行判定。再如,《公司法》关于盈余分配以及股东会议事规则等的规定,亦多次强调股东之间另有约定的从其约定或者公司章程另有规定的除外。

(三)社会责任理论

美国学者约瑟夫 · W. 欣格教授指出,公司应当被看作一个"公共企业",并且所有的当事人都必须对公共事务拥有发言权,而财产所有人对社会以及那些他们与之建立了持续的相互依赖关系的人们负有社会责任,其核心的观点是保护对于构成"公共企业"的所有关系的信赖……社会责任理论有助于维护公司所有参与者之间的和睦关系,促进公司与外界的和谐相处,最终有利于公司投资者也有利于公共福利。从这样一个广泛的公共利益视角出发来看待公司僵局问题,可以发现,严重的公司僵局损害的不仅是公司的所有者,而且包括

---

① 参见张民安:《公司法的现代化》,中山大学出版社 2006 年版,第 83 页。

② 《民法典》第 533 条规定,合同成立后,合同的基础条件发生了当事人在订立合同时无法预见的、不属于商业风险的重大变化,继续履行合同对于当事人一方明显不公平的,受不利影响的当事人可以与对方重新协商;在合理期限内协商不成的,当事人可以请求人民法院或者仲裁机构变更或者解除合同。人民法院或者仲裁机构应当结合案件的实际情况,根据公平原则变更或者解除合同。

③ 参见全萍:《2006 年中国公司法理论研究综述》,载顾功耘主编:《公司法律评论》(2007 年卷),上海人民出版社 2008 年版,第 265 页。

④ 参见全萍:《2006 年中国公司法理论研究综述》,载顾功耘主编:《公司法律评论》(2007 年卷),上海人民出版社 2008 年版,第 265 – 266 页。

所有与公司的兴衰存亡存在利害关系者，包括它的雇员、债权人、供应商、顾客以及周围的社区。基于这一观点，法院就应当具有充分的正当性进行迅速干预，以将公司僵局的不利影响减至最小。[①]

2023年《公司法》修订亦进一步强化了公司的社会责任。《公司法》第20条规定，公司从事经营活动，应当充分考虑公司职工、消费者等利益相关者的利益以及生态环境保护等社会公共利益，承担社会责任。国家鼓励公司参与社会公益活动，公布社会责任报告。

另外，由于有限责任公司具有人合性，如果股东之间出现合作基础丧失、人合性难以维系的情况，亦有必要赋予股东诉请解散公司的权利，从而避免矛盾的进一步激化并切实维护股东的利益。

三、我国法律关于公司司法解散制度的发展演进

我国司法介入公司困境的规定，肇始于2001年3月15日第九届全国人民代表大会第四次会议通过的《全国人民代表大会关于修改〈中华人民共和国中外合资经营企业法〉的决定》。[②] 依照该决定第7条及《中外合资经营企业法》的规定，合营各方发生纠纷，董事会不能协商解决时，由中国仲裁机构进行调解或仲裁，也可由合营各方协议在其他仲裁机构仲裁。合营各方没有在合同中订有仲裁条款的或者事后没有达成书面仲裁协议的，可以向人民法院起诉。该决定首次将司法介入公司困境写入法律。但司法介入公司困境只能处理作为中外合资企业的有限责任公司，而不包括普通公司，因此具有很大的局限性。如在**苏某诉四川惠松公司等要求确认股东权及解散公司案**[③]中，合议庭对于苏某能否以公司僵局为由诉请解散四川惠松公司产生了分歧。一种意见认为，该案中四川惠松公司仅有两名股东且各占公司50%的股份，由一个股东把持公司，严重侵害另一股东的基本权利，两名股东已经失去合作的基础，这时，仅仅要求损害赔偿或撤销滥权行为已不足以解决股东间的争议，因此法院对股东提起的公司解散之诉应当予以支持。但合议庭多数意见认为：根据《公司法》（指2004年《公司法》。——笔者注）的规定，对于内资企业，股东不享有解散请求权，且本案的法律适用上《公司法》应优先于《合同法》。最终，法院判决驳回原告苏某关于解散公司的诉讼请求。应当说，这种裁判观点在当时的司法实践中占据主流。

《公司法》全面接受司法介入公司僵局并将其作为一项保护中小股东的基本制度，是在2005年10月27日第十届全国人民代表大会常务委员会第十八次会议上通过对《公司法》

① 参见最高人民法院民事审判第二庭编著：《最高人民法院关于公司法司法解释（一）、（二）理解与适用》，人民法院出版社2015年版，第142页。

② 2020年1月1日，《外商投资法》施行，《中外合资经营企业法》《中外合作经营企业法》《外资企业法》相应废止。

③ 参见最高人民法院中国应用法学研究所编：《人民法院案例选（2004商事·知识产权卷）》，人民法院出版社2005年版，第338－342页。

的修订予以确立的。依照该次会议修订后的《公司法》第183条[①]的规定，公司经营管理发生严重困难，继续存续会使股东利益受到重大损失，通过其他途径不能解决的，持有公司全部股东表决权10%以上的股东，可以请求人民法院解散公司。

为了明确公司僵局的认定标准，2008年5月5日最高人民法院审判委员会通过了《公司法司法解释（二）》，对公司僵局给出了参照性的认定标准。至此，我国公司法立法以及司法实践中对于司法介入公司僵局以及公司解散案件的审理裁判有了较为明晰的标准。

■ 第二节　公司司法解散构成要件分析

依照《公司法》第231条的规定，我国法律对于公司司法解散规定的条件比较严格，公司司法解散必须同时具备以下四个要件。

一、公司经营管理发生严重困难

公司经营管理发生严重困难，主要是指公司内部的组织机构难以发挥应有的自治功能，在组织机构上形成难以破解的公司僵局。如公司长期无法召开股东会，对于需要由股东会决议的事项难以形成决议，或者公司董事会成员就公司经营管理事项发生分歧无法形成决议，又不能通过公司股东会予以解决。

《公司法》第231条所称的"公司经营管理发生严重困难"即通常所说的公司僵局，是指公司股东会、董事会等权力和决策机构由于股东或董事之间的矛盾出现运行障碍，无法按照法定程序就公司事务作出有效决议，以致公司经营及内部治理陷入瘫痪的事实状态。其实质是公司作为法律拟制的主体无法依照《公司法》的要求形成自主意志，公司内部出现了功能性缺陷和人合性危机。公司经营管理发生严重困难，既包括经营上的困难，如公司亏损、资金周转困难等；又包括管理上的困难，如公司机构（股东会、董事会、监事会）无法正常行使职权、公司机构失范等。但根据最高人民法院第8号指导案例**林某清诉常熟市凯莱实业有限公司等公司解散纠纷案**[②]裁判要旨，"判断公司经营管理是否发生严重困难，应从公司组织机构的运行状态综合分析。公司虽处于盈利状态，但其股东会机制长期失灵，内部管理有严重障碍，已陷入僵局状态，可以认定为公司经营管理产生严重困难"。

司法实务中，公司僵局的表现形式一般为公司股东会形成50%∶50%的对等股权比例，

---

① 2013年12月28日第十二届全国人民代表大会常务委员会第六次会议《关于修改〈中华人民共和国海洋环境保护法〉等七部法律的决定》对于《公司法》作出修正，将公司司法解散条款调整为第182条，2023年《公司法》修订后，条文序号再次调整为第231条。

② 参见江苏省苏州市中级人民法院（2006）苏中民二初字第0277号民事判决书（一审），江苏省高级人民法院（2010）苏商终字第0043号民事判决书（二审）。

或者虽然没有形成此种对等持股比例，但公司章程设定的表决机制事实上使得发生分歧的股东双方均具有“一票否决权”，只要任何一方不予配合就无法正常作出股东会决议，以及董事会中形成对立冲突的两派，股东会又无法就改组董事会或重新委派董事形成有效决议，无法通过股东会这一权力机构来协调、化解董事会僵局等。发生单纯的公司经营困难，而非治理结构上的根本性冲突，如公司经营亏损、资金周转不畅等都不是股东提起司法解散诉讼的理由。相反，如果公司内部运行机制失灵，治理结构出现根本性障碍，即使公司目前仍处于盈利状态，也不影响股东依照《公司法》的规定提起司法解散诉讼。这一裁判思路也得到了前述最高人民法院第8号指导案例的明确支持，江苏省高级人民法院对于该案的二审判决明确指出，公司本身是否处于盈利状态并非判断公司经营管理出现严重困难的必要条件。

《公司法司法解释（二）》第1条对《公司法》第231条的规定予以细化，规定公司具有下列四种情形之一的，适格股东可以诉请人民法院解散公司：（1）公司持续两年以上无法召开股东会或者股东大会，公司经营管理发生严重困难的；（2）股东表决时无法达到法定或者公司章程规定的比例，持续两年以上不能作出有效的股东会或者股东大会决议，公司经营管理发生严重困难的；（3）公司董事长期冲突，且无法通过股东会或者股东大会解决，公司经营管理发生严重困难的；（4）经营管理发生其他严重困难，公司继续存续会使股东利益受到重大损失的情形。

司法实践中，股东之间已经形成严重的冲突，公司治理结构混乱，但由于僵局时间未能达到司法解释规定的“两年”的限制，而被法院驳回的案件亦大量存在。如在**上海方汀瓦特建筑新材料有限公司等与上海博拉什塑料建材有限公司公司解散纠纷案**①、**俞某耀与宜昌市得道商贸有限责任公司公司解散纠纷案**②中，法院驳回原告股东诉讼请求的主要理由均是公司僵局时间较短，未能达到司法解释要求的“两年”的标准。

司法解释之所以要规定“两年”的标准或许是基于这样的考量：以股东会为例，公司股东会是各方股东意见交流的平台，由于其审议事项的重要性、利益代表的广泛性等原因，短时间或偶尔无法正常召开和不能作出有效决议是难免的，这种短时间的或偶然性的运行困境应该属于公司的正常状态。③ 尽管如此，本书认为，司法解释强调“持续两年”仍显得十分教条。很多公司往往在成立后不久就陷入僵局。如果法院机械地以僵局时间未达到两年而不予解散，无疑是一种司法不作为。值得庆幸的是，在一些案件中我们也看到了法院试图通过个案来校正司法解释的机械与教条。

① 参见上海市第二中级人民法院（2011）沪二中民四（商）初字第45号民事判决书（一审），上海市高级人民法院（2012）沪高民二（商）终字第19号民事判决书（二审）。

② 参见湖北省宜昌市中级人民法院（2012）鄂宜昌中民二初字第21号民事判决书（一审），湖北省高级人民法院（2013）鄂民二终字第54号民事判决书（二审）。

③ 参见最高人民法院民事审判第二庭编著：《最高人民法院关于公司法司法解释（一）、（二）理解与适用》，人民法院出版社2015年版，第122页。

如湖南省高级人民法院在**黄某情、李某云与张家界宾利酒店用品有限责任公司公司解散纠纷案**[①]中维持解散公司的一审判决,同时指出:有限责任公司的一个重要特征是人合性和资合性的统一。人合性要求股东之间融洽相处、团结协作、互相信任,共同努力推动公司发展。从查明的本案事实来看,股东李某云与黄某情、马某明之间已存在严重冲突,三股东议事时不欢而散。虽经中间人调和,但矛盾仍无法解决。三股东之间因矛盾冲突不可调和,已不符合有限责任公司股东人合性的基本要求。张家界宾利酒店用品有限责任公司(以下简称宾利酒店用品公司)现已处于瘫痪状态,事实上已形成"公司僵局",且三股东均不能找到解决冲突的有效途径。继续下去,因公司无法开展经营盈利,会给股东利益造成重大损失。因此,宾利酒店用品公司已符合《公司法》及相关司法解释规定的解散条件。一审法院判决解散宾利酒店用品公司并无不当。该案中宾利酒店用品公司于2017年3月29日进行设立登记,至二审裁判作出之日(2019年2月15日)成立尚不足两年,两级法院均判决解散公司。

最高人民法院在**海南龙润恒业旅业开发有限公司与海南博烨投资有限公司等公司解散纠纷案**[②]中指出:未召开股东会持续时间不足两年并非阻碍判定公司解散的绝对条件。判定公司能否解散应根据2013年《公司法》第182条[③]的规定予以综合判断。故即使2016年1月15日海南龙润恒业旅业开发有限公司(以下简称龙润公司)召开股东会且作出了股东会决议,亦不能得出龙润公司尚未陷入公司僵局的结论。

二、继续存续会使股东利益受到重大损失

股东投资公司的终极目的是追求投资回报,获得投资利益。通常情况下,公司经营管理发生困难,会对公司的正常运行产生一定的影响,但并不必然引发股东利益遭受重大损失的后果。一时的困境也并不表示将永久陷入困境,甚至在特定情况下,公司经营管理存在严重困难仅仅是原告股东的主观判断。甚至即使在股东会层面上产生僵局,但董事会仍能正常运行,公司经营受股东会僵局影响较小。对于此种情况,应该首先通过公司治理机构的内部协调来进行解决。如在**王某林等诉菏泽市军安房地产置业有限公司公司解散纠纷案**[④]中,虽然菏泽市军安房地产置业有限公司(以下简称军安公司)存在两套印章,并且股东之间就大学嘉园三期、睿鹰嘉园项目能否继续开展产生分歧。但经过军安公司对于股东关系的协调,大学嘉园三期、睿鹰嘉园项目能够继续进行,与之相配套的工程已陆续开工,

---

① 参见湖南省张家界市中级人民法院(2018)湘08民初34号民事判决书(一审),湖南省高级人民法院(2018)湘民终849号民事判决书(二审)。

② 参见海南省高级人民法院(2017)琼民终266号民事判决书(二审),最高人民法院(2018)最高法民申280号民事裁定书(再审)。

③ 2023年《公司法》修订后,条文序号调整为第231条。

④ 参见山东省菏泽市中级人民法院(2013)菏商初字第11号民事判决书(一审),山东省高级人民法院(2014)鲁商终字第1号民事判决书(二审)。

并未影响公司正常经营。因此,法院认定"对于股东之间发生的矛盾或纠纷,只要不危及公司的正常决策以及经营活动的正常进行,不能认定经营管理发生严重困难……军安公司的继续存续也不会使股东利益受到重大损失"。

事实上,公司继续存续是否会使股东利益遭受重大损失,涉及对于公司未来经营的预判。经营的事项交给职业经理人,法律的评判委诸法官。"商业判断原则"划定了商业决策与法律评判之间的界限。让法官事先作出经营上的预判,本身也超越了司法者的能力。尽管"继续存续会使股东的利益受到重大损失"是公司解散的法定要件之一,但在司法实践中,法官很难具体作出评判和认定。默示的假设在于任何公司困难只要无法化解,都会对股东的利益造成重大影响。法官在作出判断时,也往往综合考虑股东分歧的原因、存续时间、化解可能性等因素。这似乎也注定了是否具备"继续存续会使股东的利益受到重大损失"这一要件难以外化为客观标准,而只能通过法官的自由心证达成。

三、通过其他途径不能解决

通过其他途径不能解决是指除了解散公司之外,没有更为妥当的解决公司的经营困难和管理困难的途径,没有更为有效的避免股东权益继续受到损害的方式。但在公司解散司法实务中,并不因此需要将公司股东提起其他诉讼作为诉请公司司法解散的前置程序。是否用尽公司内部救济,是否确实无法通过其他途径——如转让股权、司法调解、召开临时股东会等——予以解决,则由法官在具体案件中进行审查判定。"对于何为'通过其他途径不能解决',人民法院可能更多的是形式审查,对于起诉股东而言其声明应归结为其已经采取了能够采取的其他方法而不能得到解决,'不得不'寻求司法救济的表述,该前置性条件的意义更多在于其向导性。"①

【案例11.1】　湖州太湖地效翼船有限公司等诉浙江湖州环太湖集团有限公司公司解散纠纷案②

浙江省湖州市中级人民法院认为:"湖州太湖地效翼船有限公司(以下简称太湖公司)已经连续五年不能召开股东会、董事会,总经理不能向董事长报告和请示工作,重大问题不能尽快解决,已影响太湖公司重大事项的决策,导致太湖公司难于维持正常工作,已存在'公司经营管理发生严重困难'之法定可以解散的事由。且由于太湖公司管

① 最高人民法院民二庭负责人就《关于适用〈中华人民共和国公司法〉若干问题的规定(二)》答记者问。

② 参见浙江省湖州市中级人民法院(2008)湖民二初字第22号民事判决书(一审),浙江省高级人民法院(2009)浙商终字第59号民事判决书(二审)。该案中,太湖公司由广州公司(持股72.73%)和环太湖集团(持股27.27%)共同发起设立,虽然太湖公司连续五年没有召开股东会,但广州公司可以凭借其持股优势单方作出股东会决议。

理不善，业已出现经营持续亏损的现象，符合‘继续存续会使股东利益受到重大损失’而应予以解散的条件……鉴于浙江湖州环太湖集团有限公司（以下简称环太湖集团）与广州公司作为太湖公司的现有股东均无意向对方或外部转让股权，也无以减资等形式使太湖公司存续的意向，双方已不存在继续合资经营太湖公司的‘人合因素’，环太湖集团主张解散太湖公司的理由和证据充分，予以支持。”该案二审期间，作为太湖公司成立的主要筹划人的中国科技开发院致函法院，反映太湖公司成立、运营的相关背景情况。中国科技开发院也通过中国科技开发院浙江分院昌某铭院长向法院表示：太湖公司的大股东广州公司已开始清产核资，待中国科技开发院与广州公司之间的问题厘清处理完后，中国科技开发院会对太湖公司的未来经营作出计划。广州公司、中国科技开发院均表达了通过股东之间的友好协商继续经营太湖公司的愿望。这就使得借助中国科技开发院的力量化解太湖公司的僵局具有一定的可能性。在此基础上，二审法院认为：“不是所有的公司僵局都不可逆转和化解，人民法院在处理涉及公司僵局的争议问题时，应力促当事人通过协商等途径解决纠纷，司法判决解散公司只能是竭尽其他途径后的最后一个司法救济途径。鉴于中国科技开发院将可能接手处理公司僵局、太湖公司的大股东广州公司已开始清产核资，并考虑到太湖公司成立的相关背景情况，太湖公司目前出现的公司僵局问题尚不属于……‘通过其他途径不能解决’的情形。”据此，二审法院撤销一审判决，改判驳回原审原告环太湖集团的诉讼请求。同时法院在二审判决书中释明：“本案二审判决生效后，如通过协商等途径，仍不能解决争议，当事人仍可以在合理期限内，基于新的事实和更充分的理由，再次提起诉讼。”在维持公司存续与保障太湖公司的小股东环太湖集团的利益之间取得了很好的平衡。

《公司法司法解释（二）》第5条第1款规定，人民法院审理解散公司诉讼案件，应当注重调解。当事人协商同意由公司或者股东收购股份，或者以减资等方式使公司存续，且不违反法律、行政法规强制性规定的，人民法院应予支持。当事人不能协商一致使公司存续的，人民法院应当及时判决。《公司法司法解释（五）》第5条进一步规定，人民法院审理涉及有限责任公司股东重大分歧案件时，应当注重调解。当事人协商一致以下列方式解决分歧，且不违反法律、行政法规的强制性规定的，人民法院应予支持：（1）公司回购部分股东股份；（2）其他股东受让部分股东股份；（3）他人受让部分股东股份；（4）公司减资；（5）公司分立；（6）其他能够解决分歧，恢复公司正常经营，避免公司解散的方式。

山东省高级人民法院在**沈某君与宁阳县鑫安酒业有限公司等公司解散纠纷案**[①]中认定存在公司僵局，但同时指出：公司在经营管理方面出现的僵局，只要尚有通过其他途径解决

① 参见山东省泰安市中级人民法院（2019）鲁09民初59号民事判决书（一审），山东省高级人民法院（2020）鲁民终1856号民事判决书（二审）。

矛盾的可能,应尽可能采取其他方式解决,避免公司解散。在现阶段,万世酒造株式会社(以下简称万世酒造,系鑫安酒业公司另一股东,与沈某君互相冲突的对方。——笔者注)已与案外人泰安涌晟酒业有限公司签订股权转让协议,将其持有的宁阳县鑫安酒业有限公司(以下简称鑫安酒业)80%股权转让于泰安涌晟酒业有限公司。该协议的签订表明已有民事主体同意收购万世酒造持有的股权,沈某君可以与新股东合作继续享有股东利益。若沈某君不欲与他方共同持股,其亦可以通过购买股权以实现股东权益。沈某君对万世酒造转让股权是否主张优先购买权这一问题态度上的前后变化,及其以自身有权优先购买股权、诉请法院判令解除股权转让协议[(2019)鲁09民初419号,现裁判文书仍未生效——指本案二审判决当时尚未生效(笔者注)]的行为,亦表明了其欲优先购买股权的态度,欲成为鑫安酒业的全资股东、享有股东利益的意愿。该意愿与其在本案中主张解散公司的意思表示相矛盾。无论该案的最终裁判结果如何,沈某君与万世酒造两股东在鑫安酒业经营管理过程中的矛盾,存在以万世酒造转让股权的方式解决的极大可能。在现阶段,解散鑫安酒业并非矛盾解决的唯一、最佳方式。尽管鑫安酒业存在经营管理严重困难的情形,但其两股东之间的矛盾存在通过转让股权、变更股东的方式解决的可能性。沈某君诉请解散鑫安酒业,该院不予支持。

同样,吉林省高级人民法院在**包某军与白山天源蜜酿科技有限公司、裴某收公司解散纠纷案**[①]中驳回了包某军关于解散公司的诉讼请求。该案中,包某军作为白山天源蜜酿科技有限公司(以下简称天源公司)的董事长、大股东(持股80%)以另一股东裴某收(持股20%)设立经营范围相同的其他公司、白条入账等为由主张解散公司。法院认为,包某军作为天源公司的董事长、大股东,完全可以通过召开股东会议等公司内部治理方式解决公司股东矛盾引发的相关问题,要求司法解散天源公司并非解决纠纷必须且唯一的途径;至于其他相关问题,亦可另寻解决途径。

西藏自治区高级人民法院在**日喀则市珠峰扶贫开发有限责任公司与西藏珠峰林下资源开发有限公司、吕某公司解散纠纷案**[②]中指出:从本案实际情况看,日喀则市珠峰扶贫开发有限责任公司(以下简称珠峰扶贫公司)起诉前,虽然西藏珠峰林下资源开发有限公司(以下简称林下资源公司)已持续两年以上无法召开股东会,公司经营管理出现严重困难。但在二审审理过程中,两股东为确保扶贫资金保值增值以及维护各方当事人利益,积极协商沟通并召开股东会,决议由案外人收购吕某所持股份,以股东离散的方式解决公司僵局,使林下资源公司得以继续存续。林下资源公司不符合2018年《公司法》第182条[③]规定的公司解散条件。因此,本院认为目前不宜解散林下资源公司。由于二审中出现新的事实,林

---

① 参见吉林省白山市中级人民法院(2020)吉06民初38号民事判决书(一审),吉林省高级人民法院(2020)吉民终484号民事判决书(二审)。

② 参见西藏自治区日喀则市中级人民法院(2020)藏02民初11号民事判决书(一审),西藏自治区高级人民法院(2020)藏民终45号民事判决书(二审)。

③ 2023年《公司法》修订后,条文序号调整为第231条。

下资源公司的两股东通过公司自治方式解决了股东之间的争议，遂撤销一审判决，改判驳回珠峰扶贫公司要求解散林下资源公司的诉讼请求。

最高人民法院在**仕丰科技有限公司与富钧新型复合材料(太仓)有限公司、第三人永利集团有限公司公司解散纠纷案**[①]中公布的裁判要旨明确："公司僵局并不必然导致公司解散。司法应审慎介入公司事务，凡有其他途径能够维持公司存续的，不应轻易解散公司。"但最高人民法院同时也指出："当公司陷入持续性僵局，穷尽其他途径仍无法化解，且公司不具备继续经营条件，继续存续会使股东利益受到重大损失的，法院可以根据公司法第183条[②]的规定，判决解散公司。"在**林某清诉常熟市凯莱实业有限公司、戴某明公司解散纠纷案**[③]中，江苏省高级人民法院还指出："将调解等其他救济手段设置为司法解散的前置程序，是因为司法解散将导致公司主体资格的消灭，且具有不可回复性，处理不当可能导致社会资源浪费。但是，立法对此所抱有的精神态度不等同于前置程序可以久拖不决。对于那些已经陷入严重经营管理困难的公司，在通过其他多种方法仍然无法化解纠纷时，只能通过司法解散公司这一股东退出机制来打破僵局；否则，过于冗长的前置程序可能使得公司司法解散机制形同虚设。"

【案例11.2】 唐某文、朱某与苏州东美顺商贸有限公司等公司解散纠纷案[④]

> 苏州东美顺商贸有限公司(以下简称东美顺公司)于2015年6月26日依法设立，注册资本200万元，经多次变更登记，现登记股东为第三人崔某东、高某。2018年9月，二原告唐某文、朱某及第三人王某(高某表弟)通过增资扩股的方式进入被告东美顺公司。东美顺公司于2018年9月30日作出股东会决议，明确：原告唐某文出资225万元，出资比例为11.57%；原告朱某出资450万元，出资比例为23.14%；崔某东出资500万元，出资比例为25.7%；高某出资500万元，出资比例为25.7%；王某出资270万元，出资比例为13.89%。原告唐某文、朱某的出资已经足额实缴到位。崔某东、高某、王某自始未提供实缴出资到位的证据，相反肆意侵占公司财产。2019年7月8日，东美顺公司全体股东就继续经营、财务分工、实缴出资等内容达成协议，但其后因股东之间存在重大分歧并未实际履行。

---

① 参见江苏省高级人民法院(2007)苏民三初字第3号民事判决书(一审)，最高人民法院(2011)民四终字第29号民事判决书(二审)。本案为最高人民法院公报案例，见《最高人民法院公报》2014年第2期。

② 2023年《公司法》修订后，条文序号调整为第231条。

③ 参见江苏省苏州市中级人民法院(2006)苏中民二初字第0277号民事判决书(一审)，江苏省高级人民法院(2010)苏商终字第0043号民事判决书(二审)。本案收录于《江苏省高级人民法院公报》2010年第5期。

④ 参见江苏省苏州市姑苏区人民法院(2020)苏0508民初6060号民事判决书(一审)，江苏省苏州市中级人民法院(2021)苏05民终1750号民事判决书(二审)。本案为笔者承办的案件。

因被告东美顺公司一直未为原告唐某文、朱某办理变更登记为公司股东的手续，二人分别诉至苏州市姑苏区人民法院，该院先后作出(2020)苏0508民初1432号、1433号民事判决书，确认二原告的股东资格及出资比例。2020年3月26日，被告东美顺公司的登记地址自苏州市姑苏区胥江路53号1幢211室变更为姑苏区吉庆街57号。但经原告委托律师实地查看，并无"吉庆街57号"这一地址，现东美顺公司经营场所不明。此外，东美顺公司法定代表人、第三人崔某东亦称公司资产已经被第三人高某全部转移。

二原告为解决公司股东之间争议，向各股东发出《关于请求召开苏州东美顺商贸有限公司2020年度第一次临时股东会会议的通知》，但终因三位第三人不予配合、未出席会议而无法作出决议。公司股东之间通过股东会解决分歧的努力归于失败。目前东美顺公司已经成为一家无办公场所、无资产设备、无员工的"僵尸企业"，继续存续势必会使二原告作为股东的利益进一步遭受损失。

庭审中，东美顺公司法定代表人、股东崔某东同意解散公司，第三人王某、高某不同意解散公司。

法院审理后认为：就本案而言，首先虽然东美顺公司各股东于2019年7月就公司继续经营问题达成相应协议，但该协议未能实际履行，而后各股东之间就是否继续经营问题存在较大争议，无法达成一致意见，进而朱某、唐某文通过诉讼请求解散公司。在占公司多数股份的股东坚持解散公司的情况下，东美顺公司各股东已无法就公司经营管理问题形成有效股东会决议，故东美顺公司股东会机制实质上已经失灵。其次，案涉2019年7月股东协议显示，2019年东美顺公司即出现经营困难，而至2020年公司已停止经营。在股东内部存在重大矛盾冲突，公司股东会机制实际已经失灵的情况下，朱某、唐某文投资公司的目的已经落空。如东美顺公司继续存续，也将导致现有资产的严重损耗贬值，股东利益必然受到重大损失。最后，本案中，就各股东之间的矛盾，一、二审法院均征询各方当事人意见并进行调解，而东美顺公司各股东无法就解决方案达成一致意见。法院遂判决解散东美顺公司。

四、原告股东需持有公司10%以上的表决权

这是诉请解散公司的主体要求。对股东持有的表决权比例设置一定的要求，是为了防止股东滥用诉权。司法实践中遇到的问题在于：对于原告股东的表决权比例应坚持形式审查标准还是实质审查标准。换言之，如果原告股东存在出资瑕疵，是否应对其提起公司解散诉讼的权利进行限制。司法实践中倾向性的意见认为，应当对原告股东的表决权比例进行形式审查。

股东提起解散公司诉讼的权利在性质上属于股东共益权的内容，而非自益权的内容。

对于股东权利的限制通常情况下只能限制其自益权的部分，即对于盈余分配权、新增资本优先认缴权以及剩余财产分配权可以进行限制。根据资本民主的原则，司法实践中还发展出了对于股东表决权亦可根据实缴出资比例进行相应限制的裁判规则。2023 年《公司法》修订后，对于股东出资瑕疵可采取“催告—失权”的方式进行解决。在股东并未被公司除权时，对于属于共益权部分的提起诉讼的权利，不应予以限制。

《最高人民法院公报》(2023 年第 1 期）刊载的**陈某与陕西博鑫体育文化传播有限公司等公司解散纠纷案**[①]的裁判摘要指出，根据《公司法司法解释（三）》第 16 条的规定，股东因未履行或者未全面履行出资义务而受限的股东权利，并不包括其提起解散公司之诉的权利。

安徽省高级人民法院在**安徽省兴华房地产投资（集团）有限公司、安徽省侨康房地产开发有限公司与金濠（合肥）建设发展有限公司等公司解散纠纷案**[②]中指出：对于提起公司解散诉讼的股东的持股比例，只能作形式审查。安徽省兴华房地产投资（集团）有限公司（以下简称兴华公司）、安徽省侨康房地产开发有限公司（以下简称侨康公司）提起本案诉讼时，从工商行政管理部门登记备案的金濠（合肥）建设发展有限公司（以下简称金濠公司）章程记载的股东出资份额来看，兴华公司、侨康公司合计持有金濠公司 24% 的表决权，符合 2018 年《公司法》第 182 条[③]规定的提起公司解散之诉的条件。此种情况下，兴华公司是否实际出资到位及侨康公司是否实际出资属于另一法律关系，本案不予涉及，故原审法院对金濠公司及建坤公司的前述辩称理由不予采纳。

此前，山东省滨州市中级人民法院在**滨州华康达服装有限公司等与华纺股份有限公司公司解散纠纷案**[④]中指出：缴纳出资是股东依法应当向公司履行的义务，具备股东资格是履行出资义务的前提，反之，未履行出资义务不应当影响股东资格。请求人民法院解散公司是股东对公司僵局穷尽公司内部的救济手段后，请求司法救济的最后解决方式，该项诉权不应受到出资瑕疵的影响。否则任由公司僵局状态持续下去，则会导致公司股东利益受到重大损失。因此滨州华康达服装有限公司和香港有康公司提出的华纺股份有限公司未履行出资义务，不享有股东权益，无权提起公司解散之诉的理由不能成立，法院不予采纳。

---

① 参见陕西省高级人民法院（2021）陕民终 206 号民事判决书（二审），最高人民法院（2021）最高法民申 6453 号民事裁定书（再审）。

② 参见安徽省高级人民法院（2016）皖民初 59 号民事判决书（一审），最高人民法院（2019）最高法民终 1504 号民事判决书（二审）。

③ 2023 年《公司法》修订后，条文序号调整为第 231 条。

④ 参见山东省滨州市中级人民法院（2007）滨中民二初字第 50 号民事判决书（一审），山东省高级人民法院（2008）鲁民四终字第 128 号民事判决书（二审）。

【案例11.3】　甘肃兰驼集团有限责任公司与兰州常柴西北车辆有限公司等公司解散纠纷案①

甘肃兰驼集团有限责任公司(以下简称兰驼集团)与常柴股份的控股子公司常柴银川柴油机有限公司(以下简称常银公司)有业务往来,结欠常银公司5700万元。后兰驼集团与常柴股份发起设立兰州常柴西北车辆有限公司(以下简称西北车辆公司)。兰驼集团以其在西北车辆公司中的部分股权抵偿其对常银公司的债务后,常银公司以该股权质押向兰州万通房地产经营开发有限公司(以下简称万通公司)借款,其后又以该质押的股权抵偿万通公司债务。

截至本案诉讼,西北车辆公司企业信用信息公示系统显示,万通公司出资6600万元,出资比例66%,兰驼集团出资2900万元,出资比例29%……西北车辆公司自2000年11月成立后至2003年年底曾从事拖拉机等设备的生产,之后因产品质量问题停止生产。2004年至今,西北车辆公司以仓储租赁为主营业务。2011年至2018年,兰驼集团与常银公司、西北车辆公司、万通公司之间因股权纠纷等发生多起诉讼。

兰驼集团认为:西北车辆公司成立后生产经营没有起色,成立未满三年即全面停产,主营业务未能恢复。常银公司违规担保,又违规将股权转让给万通公司,酿成公司及股东之间大量诉讼。股东会不能正常召开,董事会名为选举实际系各方股东委派。在西北车辆公司长期经营困难的情况下,既无股东会为公司利益积极行使职权,也无董事会为公司利益积极行使职权,更无股东、董事为公司利益行使权利,公司已经成为"僵尸企业",公司成立、运营之目的已经无法实现。西北车辆公司运行已经陷入僵局,经营管理发生严重困难,继续经营将导致公司及股东利益受到重大损失。故诉请法院解散西北车辆公司。

西北车辆公司辩称:兰驼集团不具备提起解散公司诉讼的资格。兰驼集团以土地出资,但并未将土地转移至西北车辆公司名下。西北车辆公司已对兰驼集团另案提起诉讼。

甘肃省兰州市中级人民法院一审认为:根据查明事实,截至本案诉讼,兰驼集团持有西北车辆公司29%的股份,超出了《公司法》规定的10%的持股比例。股东出资是否到位,是股东之间或者公司与股东之间的出资法律关系,股东出资未到位并不能据此否认其股东资格,且西北车辆公司已对兰驼集团提起诉讼,因此,兰驼集团具备法律规定的提起解散公司之诉的主体资格。该院以原告兰驼集团提供的证据不能证明西北车辆公司已经陷入公司僵局为由,驳回其诉讼请求。

---

①　参见甘肃省兰州市中级人民法院(2019)甘01民初453号民事判决书(一审),甘肃省高级人民法院(2020)甘民终328号民事判决书(二审),最高人民法院(2021)最高法民申2928号民事裁定书(再审)。

甘肃省高级人民法院二审认为:关于西北车辆公司提出兰驼集团未完成出资义务,依法不享有相应的股东权利的问题,首先,西北车辆公司主张的该事实并无相应的生效判决予以确认,且该事实不属于本案公司解散诉讼中应当予以审查的范围。其次,《公司法司法解释(三)》第16条规定:股东未履行或者未全面履行出资义务或者抽逃出资,公司根据公司章程或者股东会决议对其利润分配请求权、新股优先认购权、剩余财产分配请求权等股东权利作出相应的合理限制,该股东请求认定该限制无效的,人民法院不予支持。从该规定来看,公司对于未履行出资义务的股东仅能限制其财产收益权等自益权,对于股东享有的共益权并未作出限制,故西北车辆公司的该抗辩理由于法无据,不予采信……有限公司具有人合兼资合的性质,股东之间是否相互信任是公司能否正常运营和发展的重要基础。万通公司通过强制执行程序成为西北车辆公司的新股东,其与兰驼集团本身缺乏人合的基础,虽然股东之间的矛盾和冲突并不必然等同于公司治理机制失灵,但对于股东人数较少的公司,矛盾和冲突一定程度上影响到公司的经营管理和股东会的召开,是不争的客观事实……最终二审法院认定西北车辆公司治理机构已经失灵,公司僵局成立,撤销一审判决,改判解散西北车辆公司。

最高人民法院再审审查认为:根据本案原审法院查明的事实,截至本案诉讼,工商登记及股东名册均记载兰驼集团在西北车辆公司的出资比例为29%,超出了《公司法》规定的10%的持股比例……在股东存在未履行或者未全面履行出资义务或者抽逃出资等出资瑕疵的情况下,对股东权利的限制并不及于请求公司解散的权利。最终驳回了西北车辆公司的再审申请。

因司法实践中存在隐名股东的问题,对于隐名股东能否直接诉请解散公司,《公司法》及相关司法解释并未予以明确。实践中,一般法院较难受理隐名股东直接起诉解散公司的案件。对于隐名股东问题,通说认为其与显名股东之间系合同关系,公司解散问题属于社团组织法上的关系,自然不可混为一谈。

况且,公司解散问题涉及公司法人资格的终止,不仅牵涉原告股东的权益,还涉及公司其他股东、公司职工以及债权人等多方面的利益。司法解散公司只是公司自行解散和行政解散的必要补充,只有在公司僵局无法打破的情况下才应适用,不应作为公司解散的常态。因此,隐名股东如果认为需要解散公司,应通过显名股东来主张相关权利;也可以在符合条件的情况下先提起股东资格确认诉讼,使自己成为公司的显名股东,然后再向法院提起公司解散诉讼。股东资格确认诉讼与公司解散诉讼在性质上属于两种不同的诉讼类型,从诉讼法理论上看,前者属于确认之诉,后者属于变更之诉,无法进行诉的合并。

第三节　公司解散制度司法实务

一、公司司法解散的程序问题

（一）诉讼主体确定问题

根据《公司法司法解释（二）》第 4 条的规定，股东提起解散公司诉讼应当以公司为被告。原告以其他股东为被告一并提起诉讼的，人民法院应当告知原告将其他股东变更为第三人；原告坚持不予变更的，人民法院应当驳回原告对其他股东的起诉。原告提起解散公司诉讼应当告知其他股东，或者由人民法院通知其参加诉讼。其他股东或者有关利害关系人申请以共同原告或者第三人身份参加诉讼的，人民法院应予准许。

根据上述司法解释的规定，诉请解散公司应当以公司为被告。如果原告股东坚持将其他股东作为共同被告提起诉讼，法院应向原告释明，告知将其他股东变更为第三人。如果原告坚持不变更，则属于起诉的被告主体不适格，法院应裁定驳回原告对其他股东的起诉。但即使原告不将其他股东变更为第三人，法院也可以要求原告追加其他股东为第三人或者自行裁定将其他股东追加为第三人参加诉讼。本书建议原告股东在提起公司解散诉讼时，可以直接在民事起诉状中将所有未提起诉讼的股东均列为第三人，并按照被告及第三人的人数提供起诉状副本，以利于法院通知相关股东参加诉讼。

（二）股东起诉解散公司的地域管辖与级别管辖

《民事诉讼法》第 27 条对于与公司有关的争议确立了特殊地域管辖制度。该条规定，因公司设立、确认股东资格、分配利润、解散等纠纷提起的诉讼，由公司住所地人民法院管辖。《公司法》第 8 条规定，公司以其主要办事机构所在地为住所。司法实践中，公司解散纠纷应向公司登记地人民法院起诉。《公司法司法解释（二）》第 24 条第 1 款规定，解散公司诉讼案件和公司清算案件由公司住所地人民法院管辖。公司住所地是指公司主要办事机构所在地。公司办事机构所在地不明确的，由其注册地人民法院管辖。

关于公司解散诉讼的级别管辖，《公司法司法解释（二）》第 24 条第 2 款规定，基层人民法院管辖县、县级市或者区的公司登记机关核准登记公司的解散诉讼案件和公司清算案件；中级人民法院管辖地区、地级市以上的公司登记机关核准登记公司的解散诉讼案件和公司清算案件。

（三）公司营业执照已经被吊销但尚未清算，股东诉请解散公司的，法院不应受理

司法实践中，往往存在公司股东会决议解散公司或者公司被行政机关吊销营业执照或

者撤销登记后,因公司或相对方股东、董事等不组织进行清算,一方股东向人民法院起诉解散公司的情形。应该指出的是,《公司法》第229条所列举的公司解散事由中,只要满足其中一种,即发生公司解散的法律后果。股东会决议解散或者公司被吊销营业执照、责令关闭、撤销均是公司解散的事由,相应地引发公司清算的法律后果。当事人再诉请法院判令解散公司的,属于对公司的重复解散,缺乏相应的诉权,其起诉应依法予以驳回。

(四)同时起诉公司解散并请求进行清算的,对于清算请求应不予受理

按照《公司法》第232条的规定,清算是公司解散所引发的法律后果。公司应当在解散事由出现之日起15日内组成清算组进行清算。因公司在解散事由发生后,存在自行成立清算组的可能性。因此,如果法院直接受理原告股东的清算请求则无异于否定公司自行清算的可能性,这不符合司法的被动性及"不告不理"的司法原则。此外,公司解散是通过诉讼程序作出的,而公司强制清算则类似于破产程序,属于非诉讼程序,二者无法兼容于一个司法程序中。原告在提起解散公司诉讼的同时又申请法院对公司进行强制清算的,按照《公司法司法解释(二)》第2条的规定,人民法院应当对原告提出的清算申请不予受理。同时,法院应向原告释明,如果公司被法院判决解散,依照《民法典》第70条第3款、《公司法》第233条和《公司法司法解释(二)》第7条的规定,对于逾期未能自行进行清算的,股东可以向法院申请进行强制清算。

(五)司法解散过程中的财产保全

原告股东在提起公司解散诉讼时,可以提出财产保全申请。《民事诉讼法》第103条规定,人民法院对于可能因当事人一方的行为或者其他原因,使判决难以执行或者造成当事人其他损害的案件,根据对方当事人的申请,可以裁定对其财产进行保全、责令其作出一定行为或者禁止其作出一定行为;当事人没有提出申请的,人民法院在必要时也可以裁定采取保全措施。人民法院采取保全措施,可以责令申请人提供担保,申请人不提供担保的,裁定驳回申请。人民法院接受申请后,对情况紧急的,必须在48小时内作出裁定;裁定采取保全措施的,应当立即开始执行。

原告在提起公司解散诉讼时,公司通常正处于其他股东或者实际控制人的控制支配之下,而其他股东或者实际控制人有可能利用控制公司的便利进行利益输送,掏空、处置甚至故意浪费公司资产。这样,即便法院判决公司解散,原告股东所享有的剩余财产取回权也将因公司资产的减少而受到实质性的影响。因此,应当允许原告股东在提起公司解散诉讼的同时申请对公司的财产进行保全。但由于解散公司的案件正处于审理过程中,公司是否应予解散尚不确定,为避免原告股东滥用财产保全制度,应课以原告股东提供担保的义务。对此《公司法司法解释(二)》第3条规定,股东提起解散公司诉讼时,向人民法院申请财产保全或者证据保全的,在股东提供担保且不影响公司正常经营的情形下,人民法院可予以保全。

（六）公司解散案件的诉讼费用

2023年7月17日，最高人民法院审判委员会第1896次会议通过《最高人民法院关于公司解散纠纷案件受理费收费标准的批复》（法释〔2023〕9号），自2023年9月22日起施行。该批复指出，公司解散纠纷应当按照非财产案件确定受理费收费标准。公司强制清算案件的申请费以强制清算财产总额为基数，按照财产案件受理费标准减半计算。

需要指出的是，在司法实践中公司解散案件的诉讼费收取一度十分混乱，很多案件均系以公司注册资本为基础，按照财产性案件的标准动辄收取数万元、数十万元的诉讼费。如最高人民法院审理的**重庆正浩实业（集团）公司与重庆国能投资有限公司、重庆正浩机电工业有限公司股东知情权及公司解散纠纷案**①以及**上海印刷（集团）有限公司与厦门市闽隆发工贸发展有限公司、上海印刷集团吉安印刷有限公司损害公司权益纠纷案**②两起案件，二审案件受理费分别为185010元、163420元，显然是将公司解散纠纷按照财产性案件的标准计收的案件受理费。在最高人民法院第8号指导案例**林某清诉常熟市凯莱实业有限公司等公司解散纠纷案**③中，江苏省高级人民法院的二审判决中亦载明"一、二审案件受理费各20910元，均由凯莱公司负担"，显然亦系按照财产性案件收费标准予以收取的。

笔者是较早提出对于公司解散案件不应以公司注册资本为基础按照财产性案件的标准计收受理费的律师。早在2014年10月，笔者即在《法务管理》杂志上发表《公司解散诉讼费收费乱象待解》一文，本书在此前版本中亦明确提出对于公司解散案件应当按照非财产性案件的标准收取诉讼费。其具体理由在于：

首先，从诉的类型上分析，公司解散之诉属于变更之诉。人民法院判决公司解散之前，公司为营业法人，可以开展经营活动；人民法院判决公司解散之后，公司不得再开展经营活动，相应触发公司清算事由，应当开展清算活动。原告股东无法从公司解散之诉的判决中获得任何经济利益，因此公司解散纠纷不属于财产性案件。股东只有通过公司解散后的清算程序才能实现剩余财产取回权，该项权利具有财产权属性，属于股东自益权。因此，从法理上分析，将公司解散之诉这一变更之诉按照财产性案件的标准收取诉讼费明显错误。

其次，以注册资本为基数计收公司解散案件受理费本身就十分荒谬。公司注册资本是一个静态的概念，公司实有资产是一个动态的概念。特别是2013年《公司法》修订时引入注册资本认缴制后，登记的注册资本不过是公司发起人申报的一个数额而已，其与公司资

① 参见重庆市高级人民法院（2005）渝高法民初字第10号民事判决书（一审），最高人民法院（2007）民二终字第31号民事判决书（二审）。

② 参见江西省高级人民法院（2006）赣民二初字第9号民事判决书（一审），最高人民法院（2007）民二终字21号民事判决书（二审）。

③ 参见江苏省苏州市中级人民法院（2006）苏中民二初字第0277号民事判决书（一审），江苏省高级人民法院（2010）苏商终字第0043号民事判决书（二审）。

产的关系进一步脱节。一个注册资本为1亿元的公司,可能在股东仅出资100万元时就陷入僵局。此时,以1亿元注册资本为基数将收取541800元的诉讼费。如此高昂的诉讼费将大大增加股东维权成本,使得大量公司解散诉讼因股东无法支付高昂的诉讼费而无疾而终。实践中,确实存在大量案件以原告股东未缴纳诉讼费为由被裁定按撤诉处理的情况。

再次,提起公司解散诉讼是原告股东行使股东共益权,而非行使自益权(如请求公司收购股份)并直接获得现实的利益。公司解散判决生效后公司应当开展清算活动,如公司无法自行开展清算,股东及利害关系人可向法院申请强制清算。强制清算程序中,股东可以行使剩余财产取回权。因此,《最高人民法院关于审理公司强制清算案件工作座谈会纪要》(法发〔2009〕52号)第20条规定,公司强制清算案件的申请费以强制清算财产总额为基数,按照财产案件受理费标准减半计算。

最后,提升中小投资者维护合法权益的便利度是优化营商环境的内在要求。《优化营商环境条例》第16条规定,国家加大中小投资者权益保护力度,完善中小投资者权益保护机制,保障中小投资者的知情权、参与权,提升中小投资者维护合法权益的便利度。其中"提升中小投资者维护合法权益的便利度"就包括降低中小股东维权成本,给予其司法关爱,制止并惩处公司内部侵害中小股东权益的行为。

关于非财产性案件的具体收费标准,《诉讼费用交纳办法》第13条第2款规定,省、自治区、直辖市人民政府可以结合本地实际情况在本条第2项、第3项、第6项规定的幅度内制定具体交纳标准。《价格法》第19条第3款规定,地方定价目录由省、自治区、直辖市人民政府价格主管部门按照中央定价目录规定的定价权限和具体适用范围制定,经本级人民政府审核同意,报国务院价格主管部门审定后公布。因此,非财产性案件收费标准的调整属于省级人民政府的事权。

(七)公司司法解散判决的效力

依照《公司法司法解释(二)》第6条的规定,人民法院关于解散公司诉讼作出的判决,对公司全体股东具有法律约束力。人民法院判决驳回解散公司诉讼请求后,提起该诉讼的股东或者其他股东又以同一事实和理由提起解散公司诉讼的,人民法院不予受理。

公司解散之诉属于变更之诉,在判决不准许解散后,股东基于新的事实和理由重新提起公司解散诉讼的,不属于重复起诉,不违反一事不再理原则,人民法院应予受理。

二、公司解散案件司法实务类型化梳理

尽管司法解散公司案件的最终原因均可以归结为股东之间合作关系的破裂、公司人合性的丧失、形成公司僵局等,但仍不影响进一步对公司僵局的形成原因作类型化梳理。通过对现有案件的梳理,本书认为可以将股东提起解散公司之诉的原因及类型分为以下几个方面。

（一）由于项目报请审批、政府行为等致使股东设立公司的目的难以实现

前已述及，股东在设立公司之际，对于公司的稳定存续以及持续良好的运营享有期待利益；但在公司成立之后的实际运营过程中，可能因为政府行为等使得股东的这种期待利益落空。从公司合同理论出发，合同目的不能实现时自然可以解除股东之间缔结的合同，从而解散公司。对此，《民法典》第563条明确将“因不可抗力致使不能实现合同目的”以及“当事人一方迟延履行债务或者有其他违约行为致使不能实现合同目的”作为合同解除的法定事由。

如天津市第二中级人民法院在**天津大洋物流有限公司与怡海（天津）投资有限公司、原审第三人北京海欣方舟房地产开发有限公司公司解散纠纷案**[①]中指出，判断公司是否符合司法解散的情形，核心在于公司经营管理是否存在严重困难。虽然通常情况下公司经营管理困难多由股东、董事的正面积极冲突导致，但各股东或董事对公司漠不关心亦可导致公司经营管理困难。在公司各股东均无继续经营管理公司的意愿与行为的情况下，公司设立的目的落空，应当认定符合《公司法司法解释（二）》第1条第1款第4项“经营管理发生其他严重困难”的情形，人民法院可以依法判决公司解散。

【案例11.4】 福建双林农业开发有限责任公司与江西省煤炭集团云南矿业有限责任公司、江煤贵州矿业集团有限责任公司等公司解散纠纷案[②]

> 2010年5月7日，江西省煤炭集团公司与云南广丰矿业有限公司、云南恒达华星矿业有限公司、麒麟区永灿经营部签订关于江西省煤炭集团云南矿业有限责任公司（以下简称云南矿业公司）的《出资人协议》，约定各方同意通过资源、资本、技术的有机结合，共同出资组建合资公司（注册资本1亿元），开发红丫口煤矿、永思安煤矿、永乐顺煤矿、顺通煤矿、云南省富源县营上镇平稳煤矿的煤炭资源。随后，各方签署《探矿权出资作价协议》，江西省煤炭集团公司现金出资5100万元，持股51%；其余各家以探矿权作价出资，合计持股49%。

① 参见天津市河西区人民法院（2016）津0103民初9953号民事判决书（一审），天津市第二中级人民法院（2017）津02民终5716号民事判决书（二审）。

② 参见云南省曲靖市中级人民法院（2020）云03民初5号民事判决书（一审），云南省高级人民法院（2021）云民终106号民事判决书（二审）。

2011年2月1日，云南矿业公司通过股东会决议，一致确认，公司注册资本增加到22157万元，其中江西省煤炭集团公司认缴出资11300万元，占比51%，出资方式为货币；云南广丰矿业有限公司认缴出资1965万元，占比8.87%；云南恒达华星矿业有限公司认缴出资7508万元，占比33.89%；麒麟区永灿经营部认缴出资1384万元，占比6.25%，后三者出资方式均为探矿权作价出资。

2011年10月26日，除江西省煤炭集团公司外，云南矿业公司其余股东将其所持股权全部转让给福建双林农业开发有限责任公司(以下简称福建双林公司)。2012年3月26日，江西省煤炭集团公司发出《关于无偿划转云南矿业公司股权的通知》，决定以2012年1月1日为基准日，将其持有的51%的股权无偿划转给江煤贵州矿业集团有限责任公司持有。后各方均完成相应工商变更登记。至此，云南矿业公司的股东为江煤贵州矿业集团有限责任公司(持股比例51%)和福建双林公司(持股比例49%)。

在公司经营过程中，股东之间存在矛盾和纠纷，通过内部股东会或董事会无法解决。2017年，云南矿业公司向福建双林公司、云南恒达华星矿业有限公司、云南广丰矿业有限公司、林某、第三人江西省能源集团有限公司提起股东出资纠纷之诉，最高人民法院作出(2019)最高法民终1391号民事判决，维持原一审判决，即驳回云南矿业公司的诉讼请求。在该判决中最高人民法院向当事人释明"既然各方当事人在本院庭审中均认为设立江煤云南公司开采案涉四个煤矿的目的难以实现，那么尽快依法解决公司存续问题后各自取回其投资并按照合同约定和法律规定分担公司的损失，才是彻底解决各方争议并将损失降到更低程度的最佳路径"。

云南省曲靖市中级人民法院一审认为：云南矿业公司经营管理发生严重困难，公司股东会、董事会等权力机构及管理机构无法正常运行，公司经营管理陷入僵局；云南矿业公司设立的目的难以实现，股东不愿共同经营公司，无法实现预期经营目的。该公司不仅丧失人合基础，权力运行严重困难，业务经营也处于严重困难状态，继续经营将使股东利益受到重大损失。双方也始终不能就公司存续的解决方案达成合意，没有确立解决公司僵局的其他替代性救济措施，解散公司能为双方股东提供退出机制，避免股东利益受到不可挽回的重大损失。遂判决解散云南矿业公司。

云南省高级人民法院二审认为：根据在案的事实，云南矿业公司内部股东已经发生过损害公司利益责任纠纷、股东知情权纠纷、公司董事会决议撤销纠纷等多起纠纷，公司经营管理已经陷入僵局，内部机构已经不能正常运转，云南矿业公司自2010年注册成立至今已经11年，但11年中公司一直没有发生任何的经营活动。根据云南矿业公司的陈述，其每年需发生很多的成本费用，目前各方当事人均予以认可，煤矿探矿经营活动难以开展，已经不能实现成立公司时预期的经营目的，公司持续经营会使股东利益受到更大的损失。公司自成立至今未发生经营活动，现在各方当事人均认可公司成立

> 的目的已经难以实现，公司的存续已失去意义……云南矿业公司成立11年没有发生经营活动，且十多年间公司的探矿情况已经发生一些变化，公司存续已失去意义，而且通过其他途径无法解决，遂维持一审判决。

山西省高级人民法院在**山西国际物流有限公司与山西能投国际物流张台有限公司等公司解散纠纷案**[①]中指出：从山西能投国际物流张台有限公司（以下简称能投张台公司）的设立目的来看，能投张台公司的设立目的为建设××路项目，拟建项目于2013年5月13日依据山西省发展和改革委员会下发的晋发改交通发〔2013〕936号《山西省发展和改革委员会关于新建地方铁路蒲县至龙华山线项目核准的批复》（以下简称〔2013〕936号批复）获批建设，各方当事人对能投张台公司自设立至今并未对拟建设项目进行实质性建设，亦无其他经营活动并无异议。因〔2013〕936号批复明确规定文件有效期为两年，拟建项目在核准文件有效期内未开工建设也未申请延期，核准文件已自动失效，故能投张台公司的设立目的客观上已无法实现，最终法院判决能投张台公司解散。

（二）由于股东之间《设立协议》《联营合同》等的解除致使公司丧失存在的基础

公司契约理论告诉我们，公司是一系列契约的总和。在公司设立的过程中，《设立协议》是规范公司设立过程中设立各方权利义务的重要法律文件。即使在公司设立成功之后，对于公司章程没有规定的事项，《设立协议》对于公司设立人之间的权利义务仍然可以起到重要的调整作用（《设立协议》约定公司设立成功该协议即失效的除外）。现有的公司司法解散案例中，也不乏由于《设立协议》《联营合同》等自行或者被法院判令解除致使股东之间合作的基础丧失的案件。

【案例11.5】 北京宏韵伟业文化传播有限公司与晏某全公司解散纠纷案[②]

> 北京宏韵伟业文化传播有限公司（以下简称宏韵公司）系由股东晏某全与冯某宏共同出资设立，《合作协议》及《宏韵公司章程》是两人设立、解散宏韵公司的基础。由于《合作协议》约定"公司章程与《合作协议》不一致的，以《合作协议》为准"，因此《合作协议》更真实地反映了两人的意思。所以法院认定，《合作协议》中"宏韵公司成立后

① 参见山西省临汾市中级人民法院（2020）晋10民初33号民事判决书（一审），山西省高级人民法院（2020）晋民终831号民事判决书（二审）。

② 参见北京市第二中级人民法院（2009）二中民终字第03819号民事判决书（二审）。

两年内如无盈利,合作协议自行终止"的约定,构成两人对宏韵公司解散情形的约定。宏韵公司在成立后两年内确无盈利,《合作协议》约定的自行终止的条件成就,晏某全已向冯某宏提出终止《合作协议》,故应认定《合作协议》已终止。并且晏某全无法通过转让股权的形式退出宏韵公司,法院据此支持晏某全的诉请,判决解散宏韵公司。

另外,在**北京玉泉兴业投资管理公司诉北京新立世界风情园公司公司解散纠纷案**①中,法院亦以"作为涉诉公司设立基础的股东之间订立的《联营合同》已经经由北京市第二中级人民法院以及北京市高级人民法院判决解除,故而涉诉公司存在的基础已经不复存在"为由,判决北京新立世界风情园公司解散。

最高人民法院在**王某侃与潍坊振兴焦化有限公司合同纠纷案**②中指出:《合同法》第97条③规定"合同解除后,尚未履行的,终止履行;已经履行的,根据履行情况和合同性质,当事人可以要求恢复原状、采取其他补救措施,并有权要求赔偿损失"。本案《合资协议书》及《补充条款》解除后,尚未履行的部分终止履行,已经履行的部分如何处理,应根据履行情况和合同性质决定。王某侃要求返还出资款及利息,实为要求"恢复原状",但是本案中合资公司已经成立,王某侃的1000万元出资和潍坊振兴焦化有限公司(以下简称焦化公司)的9000万元出资均已转化为了合资公司的注册资本。合资公司作为企业法人,其设立、运营、解散、清算均应遵守《公司法》的规定。依据《公司法》第35条④"公司成立后,股东不得抽逃出资"的规定,合资公司成立后,王某侃和焦化公司作为股东均不得要求抽回出资。此外,虽然焦化公司构成违约,但《合资协议书》及《补充条款》并没有约定违约方应返还另一方出资款。故王某侃提出的返还出资款及利息的请求缺乏法律依据和事实依据,本院对此不予支持。但因合资公司是依据《合资协议书》设立的,《合资协议书》解除后,合资公司具备解散事由,故在本案审结后,双方当事人可依据《公司法》的相关规定,另行通过合资公司的解散、清算程序解决剩余财产分配问题。

(三)股东之间人合性破裂引发公司解散

对于有限责任公司而言,股东人数较少以及公司的封闭性决定了公司运营的好坏在很大程度上取决于公司股东之间是否能够良好地合作。从目前的司法实践来看,对于有限责任公司,一旦股东之间产生矛盾、无法良好合作,便会很容易形成公司僵局。此种情况下,公

① 参见北京市丰台区人民法院(2008)丰民初字第16598号民事判决书(一审)。

② 参见山东省高级人民法院(2017)鲁民初102号民事判决书(一审),最高人民法院(2018)最高法民终196号民事判决书(二审)。

③ 《民法典》施行后,《合同法》被废止,该条相关内容现规定于《民法典》第566条。

④ 2023年《公司法》修订后,条文序号调整为第53条第1款。

司也往往难逃被解散的命运。

诚如湖北省武穴市人民法院在**李某章、湖北迅达药业股份有限公司与武穴市迅达医化有限公司、陈某良等公司解散纠纷案**[①]中指出的那样，对一个公司而言，影响公司经营管理的原因有很多，如市场、技术、产品、决策、人员管理等，但作为公司所有者的股东也是非常重要的因素，股东之间如因过于注重个人利益而陷入内部争斗、内耗，对公司的正常经营管理显然会带来严重的影响，再好的市场、技术、产品都难以弥补因此而造成的损失，最终使所有的股东的利益受损。

在一些案件中，公司仅有的两名股东原先为夫妻关系，后因离婚等问题长期分歧、对抗甚至存在多起诉讼，最终两人共同设立的公司也因一方起诉而由法院判决解散。如笔者代理的**顾某诉苏州海宝金属有限公司、第三人胡某勤公司解散纠纷案**[②]中，此前苏州市姑苏区人民法院作出(2018)苏0508民初4882号民事判决书，判决顾某与胡某勤离婚，双方各持有苏州海宝金属有限公司(以下简称海宝公司)50%的股权。苏州工业园区人民法院就公司解散纠纷审理后指出，自胡某勤与顾某的离婚案件起诉以来，海宝公司未形成真实、有效的股东会决议……由于海宝公司股东胡某勤、顾某之间存在较大矛盾，且彼此不愿妥协而处于僵持状态，导致公司股东会等内部机制不能按照约定程序作出决策，遂判令解散海宝公司。

由于有限责任公司股东人数较少，股东之间如因相互不信任、肢体冲突、互殴、相互追究刑事责任等导致人合性破裂，最终公司亦难逃被解散的命运。如福建省高级人民法院在**漳州市北环再生资源有限公司与漳州市报废汽车回收拆解有限责任公司等公司解散纠纷案**[③]中指出的那样，一审判决认定漳州市报废汽车回收拆解有限责任公司的所有财产均由股东单位之一的福建省漳州市物资再生利用公司掌控，三家股东单位之间互不信任，合作关系极度恶化，人合性基础不复存在，认定漳州市报废汽车回收拆解有限责任公司已陷入经营管理的严重困难，并无不当。

在认定股东人合性破裂这一问题上，成为公司股东的原因也是法院考量的重要因素之一。股东系因强制执行、以股抵债等方式取得股东资格的，往往与公司其他股东之间缺乏充分合作的基础。对于被动成为公司股东的原告而言，其提起公司解散诉讼更容易获得法院的支持。

前述【案例11.3】**甘肃兰驼集团有限责任公司与兰州常柴西北车辆有限公司等公司解**

---

① 参见湖北省武穴市人民法院(2019)鄂1182民初492号民事判决书(一审)，湖北省黄冈市中级人民法院(2019)鄂11民终2467号民事判决书(二审)。

② 参见江苏省苏州市苏州工业园区人民法院(2023)苏0591民初7604号民事判决书(一审)，该案一审判决后各方均未上诉，判决已发生法律效力。该案中，法院原先以海宝公司注册资本5000万元为由，按财产性案件收取顾某缴纳的诉讼费291800元，经笔者沟通后，最终按照80元收取，其余诉讼费已经退还。

③ 参见福建省漳州市中级人民法院(2020)闽06民初37号民事判决书(一审)，福建省高级人民法院(2020)闽民终1897号民事判决书(二审)。

散纠纷案[①]中，甘肃省高级人民法院即指出，万通公司系通过强制执行程序成为西北车辆公司的新股东，其与兰驼集团本身缺乏人合的基础。广东省高级人民法院在**广州珩宇工程咨询有限公司与中弘市政园林工程有限公司、陈某锦公司解散纠纷案**[②]中指出，中弘市政园林工程有限公司（以下简称中弘公司）的股东陈某锦、广州珩宇工程咨询有限公司（以下简称珩宇公司）均是通过竞拍获得各自股权的，双方缺乏合作基础。事实上，陈某锦、珩宇公司在成为中弘公司股东后至本案诉讼前的近三年时间内，亦缺乏有效沟通，不能召开股东会议，以协商公司经营、管理、发展等相关事宜。最终法院判决解散中弘公司。

（四）全体一致决或者实质上的全体一致决使得公司表决机制完全失灵

通常情况下，公司纠纷多是由于大股东基于资本多数决原则控制整个公司进而侵蚀中小股东的利益，由此而引发诸如股东知情权纠纷、盈余分配纠纷等。但是如果公司章程的表决机制设置不合理，尤其是在股东人数较少的时候，则有可能出现小股东利用自己事实上享有的一票否决权反过来支配大股东决策的情况，形成所谓“小马拉大马”的局面。

如在笔者代理的**王某星等诉苏州富勒姆能源环境科技有限公司公司解散纠纷案**[③]中，富勒姆能源环境科技有限公司章程第 18 条规定，股东会会议应当对所议事项作出决议，决议应由全体股东同意通过……公司章程的这种表决设置，直接造成公司任何股东均享有否决权。只要任何一位股东反对，公司股东会即陷入僵局。又如在**北京市西山试验林场诉北京西山国家森林公园有限责任公司公司解散纠纷案**[④]中，北京西山国家森林公园有限责任公司两个股东的持股比例分别为 70% 和 30%，而公司章程第 16 条规定：股东会议应对所议事项作出决议，决议应由代表 4/5 以上表决权的股东表决通过，但股东会对公司增加或者减少注册资金、分立、合并、解散或者变更公司形式、修改公司章程所作出的决议，应由全体股东表决通过。这种表决机制实质上赋予了股东一票否决权。最终也正是这种制度设置使得股东之间产生的分歧无法得到解决，在股东会层面上形成僵局。

云南省高级人民法院在**云南宝象物流集团有限公司与云南纵横汽车销售有限公司公司解散纠纷案**[⑤]中撤销一审判决，改判解散云南纵横汽车销售有限公司（以下简称纵横公司）。纵横公司仅有云南宝象物流集团有限公司（以下简称宝象公司）与昆明聚福隆机械设备有限公司（以下简称聚福隆公司）两名股东，宝象公司持有 60% 的股份，聚福隆公司持有

---

① 参见甘肃省兰州市中级人民法院（2019）甘 01 民初 453 号民事判决书（一审），甘肃省高级人民法院（2020）甘民终 328 号民事判决书（二审），最高人民法院（2021）最高法民申 2928 号民事裁定书（再审）。

② 参见广东省广州市中级人民法院（2019）粤 01 民初 892 号民事判决书（一审），广东省高级人民法院（2020）粤民终 441 号民事判决书（二审）。

③ 参见江苏省苏州市苏州工业园区人民法院（2015）园商初字第 01133 号民事判决书（一审），江苏省苏州市中级人民法院（2015）苏中商终字第 02025 号民事判决书（二审）。本案为笔者承办的案件。

④ 参见北京市海淀区人民法院（2008）海民初字第 11517 号民事判决书（一审）。

⑤ 参见云南省昆明市中级人民法院（2017）云 01 民初 2399 号民事判决书（一审），云南省高级人民法院（2020）云民终 1217 号民事判决书（二审）。

40% 的股份。纵横公司章程规定“股东会会议应对所议事项作出决议，决议应由代表 2/3 以上表决权的股东表决通过”。因此，只要两名股东存有分歧、互不配合，就无法形成有效表决，从而影响公司的运营。

广西壮族自治区高级人民法院在**广西南宁厦兴物业服务有限公司与广西南宁梦之岛百货有限公司、梁某等公司解散纠纷案**①中亦撤销一审判决，改判解散广西南宁梦之岛百货有限公司（以下简称梦之岛百货公司）。梦之岛百货公司的 6 个股东分为三个派别（三个派别分别持有 35%、32%、33% 的股权），三个派别对公司经营事项无法达成一致，导致公司股东会长期无法对公司的任何事项作出决策，公司经营管理困难。而梦之岛百货公司章程规定，股东会对公司经营方针、投资计划、利润分配、董事选举、章程修改、公司解散或清算等事项需作出决议时，均需代表 3/4 以上表决权的股东同意方能通过。因梦之岛百货公司股东之间的长期冲突，股东们对公司的经营管理事项进行表决时长期不能达到公司章程规定的 3/4 以上的表决权，导致公司股东会、董事会多年无法对公司重大事项作出决策，公司经营管理陷入僵局。

（五）公司章程规定的解散条件成就

根据《公司法》第 229 条的规定，“公司章程规定的营业期限届满或者公司章程规定的其他解散事由出现”是公司解散的原因之一。司法实践中，虽然公司已出现章程所规定的解散事由，但由于一方股东控制公司，其仍可以公司名义对外从事商业活动。此时，其他股东以“章程规定的解散条件成就”为由诉至法院，均可得到司法机关的支持。但应指出的是，此种情况下的公司解散判决与通常意义上法院以公司僵局为由依照《公司法》第 231 条作出的公司解散判决存在差异。依照《公司法》第 229 条的规定，“公司章程规定的营业期限届满或者公司章程规定的其他解散事由出现”与“人民法院依照本法第二百三十一条的规定予以解散”是两个相列的公司解散事由。具备“公司章程规定的营业期限届满或者公司章程规定的其他解散事由出现”的要件，即发生公司解散的法律后果。只是由于公司此时有可能受一方股东的控制，其仍可对外正常开展经营活动。此种情况下，原告股东起诉至法院，事实上是借助司法机关对于已发生公司章程规定的公司解散事由的事实进行确认，该种诉讼本质上属于确认之诉。司法机关在此过程中是消极被动地确认而非积极主动地干预。相反，法院依照《公司法》第 231 条的规定，在公司僵局的情况下判决解散公司，是对于公司营业资格的强行干预，在本质上属于变更之诉。

司法实践中，因公司章程规定的解散事由出现而判决解散公司的案件亦时有发生。如在**陈某勇诉南京轻研机电发展有限公司公司解散纠纷案**②中，法院即认为，根据南京轻研机

① 参见广西壮族自治区南宁市中级人民法院（2020）桂 01 民初 2525 号民事判决书（一审），广西壮族自治区高级人民法院（2021）桂民终 862 号民事判决书（二审）。

② 参见江苏省南京市白下区人民法院（2006）白民二初字第 328 号民事判决书（一审）。

电发展有限公司(以下简称轻研机电公司)章程第28条第2款的规定,“股东任何一方要求解散公司的,公司可以解散”,故轻研机电公司章程规定的公司解散事由已出现,陈某勇据此要求解散公司,符合法律规定。又如在**厦门华侨电子股份有限公司诉奥普斯国际集团有限公司等公司解散纠纷案**[①]中,双方合资成立的映鑫公司章程规定“合资企业发生严重亏损,无力继续经营,合资公司应当解散”。经审理查明,合资公司映鑫公司自2003年成立至起诉时连年亏损,亏损金额达480余万元;章程规定的公司解散条件——合资企业发生严重亏损,无力继续经营——已经成就,映鑫公司应当解散。[②]

重庆市第一中级人民法院在**重庆两江蚕业发展有限公司与重庆栩宽房地产开发有限公司公司解散纠纷案**[③]中指出:重庆栩宽房地产开发有限公司(以下简称栩宽公司)章程第69条规定:“公司因下列情形之一解散:……(4)合作方不履行本章程规定的义务,致使公司无法继续经营……”结合本院查明情况,本案出现了法律和栩宽公司章程规定的解散事由,故对重庆两江蚕业发展有限公司要求解散栩宽公司的诉讼请求,本院予以支持。

【案例11.6】 陈某余与桂林粤桂众力科技有限公司、高某江、谭某富公司解散纠纷案[④]

> 2018年12月12日,原告陈某余与第三人高某江、谭某富成立桂林粤桂众力科技有限公司(以下简称粤桂公司),公司注册资本为100万元。法定代表人陈某余任执行董事,出资比例为45%,高某江任总经理,出资比例为35%,谭某富任监事,出资比例为20%。《桂林粤桂众力科技有限公司章程》第12条规定:股东会会议作出决议修改公司章程、增加或者减少注册资本以及公司合并、分立、解散或者变更公司形式,须经代表2/3以上表决权的股东通过。2019年3月5日,原告及第三人高某江、谭某富在微信聊天中商议公司情况,原告陈某余在微信中坚持退出公司。第三人高某江表示如果陈某余退出,就把公司解散,除非能找到人接手。第三人谭某富表示如果是这样,那就让陈某余按公司法律章程办理后续工作。此后,公司股东再无其他沟通及决议,公司处于歇业状态。2019年4月2日,原告陈某余向法院提起诉讼,要求解散公司。2019年3月9日,第三人谭某富出具委托书及申明,内容主要为:鉴于粤桂公司法定代表人陈某余未

① 参见福建省厦门市中级人民法院(2006)厦民初字第182号民事判决书(一审)。

② 该案中,原告系以《公司法》(2005年修订)第183条公司发生僵局为由诉请解散公司;经审理查明,法院对于映鑫公司发生公司僵局的事实也予以认可。在叙明公司章程规定的解散事由已经出现,公司应予解散的同时,法院尊重原告的诉权,认定公司发生僵局,依照《公司法》(2005年修订)第183条的规定,判决映鑫公司解散。

③ 参见重庆市第一中级人民法院(2018)渝01民初531号民事判决书(一审)。

④ 参见广西壮族自治区桂林市叠彩区人民法院(2019)桂0303民初587号民事判决书(一审),广西壮族自治区桂林市中级人民法院(2019)桂03民终2728号民事判决书(二审)。

> 经股东会议决定突然离开，并将本公司所有证章及对公账户网银工具全部带走，然后分别向另外两名股东电话宣布自己退出公司，要求解散公司，但是并未要求通过司法程序处理，完全由其自己决定。为避免公司法定代表人个人违规和违法带来可能出现的公司法人违法和犯罪，我作为公司股东和监事，只能依据法律规定行使自己的职责和权力，要求对公司办公场所内所有公司名下的固定资产实施保全措施。另查明，粤桂公司自成立起未开展经营活动，亦未盈利。
>
> 广西壮族自治区桂林市中级人民法院二审指出：2019 年 3 月 5 日三股东通过线上会议就是否解散粤桂公司问题召开股东会议，从会议聊天内容看，陈某余、高某江作出了解散粤桂公司的意思表示，该二人的表决权占股东表决权的 2/3 以上，达到了章程规定的解散公司须经代表 2/3 以上表决权的股东通过的条件，形成了解散公司的决议。一审判决解散粤桂公司有事实和法律依据，本院予以维持。

应当说，从根本上讲现实中导致公司僵局的因素大多是股东之间产生信任危机，公司人合性丧失，从而导致公司组织机构无法正常运转。

三、股东压迫——扩张“公司僵局”理解的探索与尝试

从我国公司司法解散的事由来看，法律和司法解释中仅仅规定了“公司僵局”这一种情形。加之司法实践中强调司法干预公司的审慎性，将显著的公司财产处置失当致使损害股东的利益甚至危及公司存续的情形视为公司运营的商业风险，司法机关要求股东提起其他诉讼从而将其排除在诉请解散公司的救济形式之外。因而相较域外的规定，我国现行法律对于司法解散公司事由的规定，未免失之过窄。值得关注的是，司法实践中似乎存在这样的趋势：通过扩张对于公司僵局的理解，将一部分股东压迫引发的股东冲突纳入到公司解散诉讼中来，从而给予司法救济。

事实上，作为最高司法裁判机关的最高人民法院本可以就扩张解释《公司法》所规定的“公司经营管理发生严重困难”，将特定情形下的股东压迫、违法关联交易进行利益输送纳入司法干预的范围给出自己的裁判意见，但遗憾的是，它在下述案件中似乎并不愿意就此发表自己的见解。如在**重庆正浩实业（集团）有限公司与重庆国能投资有限公司、重庆正浩机电工业有限公司股东知情权及公司解散纠纷案**①中，重庆市高级人民法院一审判决多次提到作为重庆正浩机电工业有限公司（以下简称机电公司）大股东的重庆正浩实业（集团）有限公司（以下简称实业公司）“欺压行为严重”“利用大股东控制地位，违反《公司法》及公

① 参见重庆市高级人民法院（2005）渝高法民初字第 10 号民事判决书（一审），最高人民法院（2007）民二终字第 31 号民事判决书（二审）。该案中，机电公司系由重庆国能投资有限公司与实业公司共同发起设立，实业公司持股 51%，系控股股东。

司章程规定”“使小股东始终不能行使经营决策权、不能享有知情权”等内容，并由此判决解散被告机电公司。该案二审过程中，最高人民法院首先明确“凡与判令公司解散之理由无关者，因不属于本案审理范围，本院不予审查”，最终以“机电公司五年内仅召开两次股东会，且股东会、董事会长期不能达成决议”为由认定机电公司存在公司僵局，并据此维持一审判决。最高人民法院在股东压迫问题上的此种态度，并未起到将股东压迫完全排除于解散公司这一救济渠道之外的效果。

【案例 11.7】 马某华等诉无锡禾润泰纺织有限公司公司解散纠纷案[①]

> 该案中，无锡禾润泰纺织有限公司（以下简称禾润泰公司）系由王某华、马某华、赵某玲三人于 2004 年 10 月发起设立，三股东分别持有公司 60%、30%、10% 的股权。2007 年下半年起，大股东王某华与另外两名股东发生冲突，并采取锁门、停水等手段，影响公司正常经营，经相关部门多次协调均未果，后禾润泰公司由王某华实际控制。另外，王某华操控禾润泰公司，存在将属于公司的房产交由其妻子设立的华鑫纺织厂使用等利益输送行为。本案中，王某华作为禾润泰公司的控股股东，虽然禾润泰公司没有召开股东会，但并非不能召开并形成股东会决议。法院综合全案实际，认定本案中存在股东压迫，最终判决解散禾润泰公司。
>
> 法院裁判要旨明确，有限公司的股东有条件召开股东会（或形成决议）而连续两年未召开股东会的，虽然不能认定公司已陷入股东会僵局或者表决权僵局，但是有限公司的控股股东利用其控制地位，侵占公司的资产和商业机会，并向关联方进行利益输送，导致公司的人格和经营性特征发生根本性变化，并丧失经营条件的，属于“经营管理发生严重困难，公司继续存续会使股东利益受到重大损失”的情形，如无其他解决途径，人民法院可根据股东的请求依法判决公司解散。

最高人民法院在**吉林荟冠投资有限公司与长春东北亚物流有限公司、董某琴、东证融成资本管理有限公司公司解散纠纷案**[②]中正式对股东压迫作出回应。《最高人民法院公报》（2018 年第 7 期）刊载的该案裁判要旨为：公司解散的目的是维护小股东的合法权益，其实质在于公司存续对于小股东已经失去了意义，表现为小股东无法参与公司决策、管理，无法分享利润，甚至不能自由转让股份和退出公司。在穷尽各种救济手段的情况下，解散公司是唯一的选择。公司理应按照公司法良性运转，解散公司也是规范公司治理结构的有力

---

① 参见江苏省无锡市惠山区人民法院（2010）惠商初字第 0626 号民事判决书（一审），江苏省无锡市中级人民法院（2011）锡商终字第 626 号民事判决书（二审）。本案收录于《人民司法》2013 年第 2 辑。

② 参见吉林省高级人民法院（2016）吉民终 569 号民事判决书（二审），最高人民法院（2017）最高法民申 2148 号民事裁定书（再审）。

举措。在该案再审理由中，最高人民法院指出，客观上长春东北亚物流有限公司（以下简称东北亚公司）董事会已由董某琴方控制，吉林荟冠投资有限公司（以下简称荟冠公司）无法正常行使股东权利，无法委派董事加入董事会参与经营管理。东北亚公司的内部机构已不能正常运转，公司经营管理陷入僵局……荟冠公司作为东北亚公司的第二大股东，早已不能正常行使参与公司经营决策、管理和监督以及选择管理者的股东权利，荟冠公司投资东北亚公司的目的无法实现，股东权益受到重大损失。

其后，最高人民法院在**吉林省金融控股集团股份有限公司与吉林省金融资产管理有限公司、宏运集团有限公司公司解散纠纷案**①中对股东压迫导致的公司解散情形亦进一步明确。《最高人民法院公报》（2021年第1期）刊载的该案裁判要旨为：大股东利用优势地位单方决策，擅自将公司资金出借给其关联公司，损害小股东权益，致使股东矛盾激化，公司经营管理出现严重困难，经营目的无法实现，且通过其他途径已无法解决，小股东诉请解散公司的，人民法院应予支持。最高人民法院在裁判理由中明确指出：股东双方已经对簿公堂，证明股东之间、董事之间的矛盾已经激化且无法自行调和，股东会、董事会机制已经不能正常运行和发挥作用。在此情形下，继续维持公司的存续和股东会的非正常运行，只会产生大股东利用其优势地位单方决策，压迫损害小股东利益的后果。

需要指出的是，股东压迫必须达到公司法人人格变异的程度，其对原告股东的影响应与公司僵局情形类似或相当，方能予以解散公司。反之，如果存在轻微的股东压迫，或者仅原告股东自己理解存在股东压迫，则未必能够达到解散公司的程度。公司系具有自治能力的商事组织，虽然可能由于内部成员间的对抗而出现机制失灵、无法运转，导致公司决策和管理无法形成有效决议而陷入僵局，但是基于公司可以永久存续的特征，国家公权力对于股东请求解散公司的主张必须秉持谨慎态度。另外，2023年《公司法》修订强调公司的社会责任，②在解散公司保护股东利益与促使公司履行社会责任二者存在价值冲突的时候，也需要优先维护社会公共利益。

【案例11.8】　陈某豹与荆门市凯凌房地产开发有限公司公司解散纠纷案③

> 荆门市凯凌房地产开发有限公司（以下简称凯凌公司）系由陈某豹（持股20%）、董某林（持股80%）于2003年登记设立的有限公司；陈某豹任凯凌公司执行董事、经理，

① 参见吉林省高级人民法院（2018）吉民终619号民事判决书（二审），最高人民法院（2019）最高法民申1474号民事裁定书（再审）。

② 2023年《公司法》第20条规定，公司从事经营活动，应当充分考虑公司职工、消费者等利益相关者的利益以及生态环境保护等社会公共利益，承担社会责任。国家鼓励公司参与社会公益活动，公布社会责任报告。

③ 参见湖北省荆门市中级人民法院（2017）鄂08民初31号民事判决书（一审），湖北省高级人民法院（2018）鄂民终5号民事判决书（二审）。

为公司法定代表人;董某林为公司监事。凯凌公司主营业务为房地产开发,自设立至今,开发的房地产项目主要有紫竹苑、紫薇苑、凯凌·香格里拉等。截至2017年10月9日,凯凌·香格里拉一期尚有50套房屋未办理房屋所有权转移登记,二期尚有311套房屋未办理房屋所有权转移登记。2015年6~9月,凯凌·香格里拉三期项目(A、B、C地块)分别获得荆门市漳河新区发展和改革局核准。凯凌·香格里拉三期工程A、B地块开发已经完成,已预售房屋773套,尚未全面交房及办理房屋所有权转移登记。C地块预计于2017年11月开工建设。

凯凌公司两位股东自2013年10月开始发生纠纷。围绕公司执行董事的改选、公司向关联企业出借资金等问题,经过股东单方决定、登报声明、违反章程召集股东会、向法院起诉、向公安机关举报等过程,董某林与陈某豹于2014年10月9日达成协议。此后,双方参加股东会,改选了公司执行董事、监事。2015年4月,凯凌公司再次召开股东会,就公司借款事宜形成决议。自2016年5月陈某豹向公安机关举报董某林、董某忠挪用资金及侵占公司资产至其提起本案诉讼,围绕凯凌公司向关联企业出借资金、公司财务处理、董某忠任职等问题,两股东仍有冲突。其间,凯凌公司解除了与陈某豹委派的财务监督陈某的劳动合同,两股东为此发生肢体冲突。对于陈某豹提出的部分问题,凯凌公司有所改正,包括将车位收入调整入账、与主要关联企业补签借款合同、向关联企业及个人清收部分借款等。2017年7月,凯凌公司召开股东会,就执行董事、监事的改选,总经理聘任形成决议。后陈某豹提起解散凯凌公司的诉讼。

湖北省荆门市中级人民法院一审认为:基于凯凌公司两位股东持有的股份比例,即使两位股东意见不一,股东会通常也能形成有效决议,不易出现僵局。目前,凯凌公司股东会及内设机构能够运行,公司主营业务正在开展,尚未出现管理瘫痪、业务停滞的状况。因此,尚无依据支持股东整体利益会因公司存续而受损的判断。至于陈某豹所述股东纠纷,综合其诉状中的陈述、提供证据的证明目的及庭审陈述,其争执的核心在于:董某林不让其参与公司管理,不让其查阅公司账目,侵害其知情权及参与公司管理的权利;公司财务管理混乱,董某林侵占公司资金,损害其财产权益。股东的知情权、参与管理权、利润分配权受到侵害以及股东、高级管理人员损害公司及其他股东权益的,合法权益受损害的股东可以依法提出相应的诉讼及权利请求。陈某豹实际也采取了相应的维权措施,包括就查阅账簿、撤销股东会决议向法院起诉,就公司向关联企业及个人出借资金向公安机关举报等。可见,对股东之间的纠纷,尚有其他救济途径,目前不宜以解散公司作为解决争议的手段。该院驳回了陈某豹的诉讼请求。

湖北省高级人民法院二审针对股东压迫情形作了专门论述,论述了凯凌公司是否因构成股东压迫而应被解散。从陈某豹所陈述的股东间纠纷情形看,核心是董某林利用其大股东地位剥夺陈某豹参与公司管理的权利,进而损害其利益。这种情形在法学理论上属于股东压迫。该院认为,即使本案构成股东压迫的情形,仍不能判决解散公司。理由如下:其一,解散对于公司而言,是最严厉、最具破坏性的后果,若非万不得已,就不宜选择解散公司的办法来解决股东之间的矛盾。公司的法人性质及多数决的权力行使模式决定了公司的经营管理和发展方向必然不能遵循所有投资人的意志,但是最终的结果仍应由多数决作出,如果少数股东动辄请求解散公司,公司解散制度将沦为小股东制衡甚至打击大股东的工具。故不能因为公司具有股东压迫情形就直接解散公司,仍应当结合公司组织机构是否运行正常、公司经营管理是否正常进行综合认定。其二,公司解散涉及多种利益,不仅仅涉及股东利益,还涉及公司债权人、公司员工等多方主体的利益,关涉市场经济秩序的稳定和安宁。司法对股东压迫情形下的公司解散更应采取审慎态度。本案中,凯凌公司作为房地产开发企业,开发项目尚未结束,如果解散公司,合同将不能继续履行,不仅购房人利益无法得到保障,反而会导致公司承担巨额违约责任,最终损害公司利益及股东利益,这也与公司司法解散制度的目的不符。其三,作为持股比例较低的股东,在公司权力机关能够运行的情况下,若认为其意见不被采纳进而损害自己的利益,《公司法》为其提供了多种救济途径,如撤销股东会决议诉讼、股东知情权诉讼、分红请求权诉讼、股权退出机制等。本案中,陈某豹仅采取了该法规定的部分救济措施,如提起撤销股东会决议诉讼,且其向公安机关举报董某林侵占公司财产一案公安机关也未处理完毕。可见,陈某豹并非不能通过其他途径对其权利进行救济,也并非已经穷尽了其他救济手段,在此情况下不宜采用最为严厉的公司解散措施。遂驳回陈某豹的上诉,维持一审判决。

2023 年《公司法》修订审议过程中,2023 年 8 月第三次审议时针对有限责任公司新增第 89 条第 3 款,即公司的控股股东滥用股东权利,严重损害公司或者其他股东利益的,其他股东有权请求公司按照合理的价格收购其股权。将股东压迫作为法定的可以请求公司回购股权的情形。这一修订对于公司司法解散制度将造成何种影响,法院是否会据此将股权压迫排除在司法解散制度之外,均值得进一步观察。毕竟,《公司法》第 231 条规定的公司解散要件中包含“通过其他途径不能解决”这一内容。本书认为,如果法院以此为由判决驳回原告股东的诉讼请求,原告股东亦可转而另行依据《公司法》第 89 条第 3 款的规定提起诉讼请求公司收购股份,事实上也等同于给原告股东释放了退出通道。

第四节　公司僵局化解机制研究

《公司法》第230条第1款规定，公司有前条第1款第1项、第2项情形①，且尚未向股东分配财产的，可以通过修改公司章程或者经股东会决议而存续。《公司法司法解释（二）》第5条第1款规定，人民法院审理解散公司诉讼案件，应当注重调解。当事人协商同意由公司或者股东收购股份，或者以减资等方式使公司存续，且不违反法律、行政法规强制性规定的，人民法院应予支持。当事人不能协商一致使公司存续的，人民法院应当及时判决。除此之外，在强制清算程序中，公司也有可能"起死回生"。对此，《最高人民法院关于审理公司强制清算案件工作座谈会纪要》第18条规定，公司因公司章程规定的营业期限届满或者公司章程规定的其他解散事由出现，或者股东会、股东大会决议自愿解散的，人民法院受理强制清算申请后，清算组对股东进行剩余财产分配前，申请人以公司修改章程，或者股东会、股东大会决议公司继续存续为由，请求撤回强制清算申请的，人民法院应予准许。

司法实践中，股东提起公司解散诉讼的原因多种多样，如果司法机关进行恰当的释明和指引，则很有可能化解公司股东之间的紧张对立局面。有些情况下，原告提起公司解散诉讼，并不是因公司陷入了僵局，而是由于受到了股权压迫，一些权利无法正常行使，如无法获知公司正常经营信息、未能享受投资分红。对此，司法机关应当进行释明，告知原告另行提起相关诉讼。《公司法司法解释（二）》第1条第2款明确规定，股东以知情权、利润分配请求权等权益受到损害，或者公司亏损、财产不足以偿还全部债务，以及公司被吊销企业法人营业执照未进行清算等为由，提起解散公司诉讼的，人民法院不予受理。

《公司法》亦以维持公司存续作为处理公司僵局的基本准则。合理的股权配置以及将化解措施设置于公司章程或者股东协议之中是预防公司僵局的最有效的措施。此外，司法介入公司僵局，如司法调解、股权回购、股东失权、公司机构诉讼以及作为保全措施的定暂时状态假处分（行为保全）都是广为采用的化解公司僵局的措施。以下将结合公司法理论与实践，并援引、参照域外理论与司法实践，对此作相应的介绍与评析。

一、公司章程与僵局化解

《公司法》的历次修订均遵循放松管制的原则，大幅取消法律中的行政管理规范，尊重并鼓励公司通过章程自治。公司章程中可以另行规定大量的有关公司治理的内容，详见本书第三章的有关内容。

---

① 指"公司章程规定的营业期限届满或者公司章程规定的其他解散事由出现"以及"股东会决议解散"两种情形。

司法实践中,公司僵局大多是由于股权结构设置不合理以及股东表决机制设置不当产生的。本书认为,在公司自治的语境下,完全可以通过合理设置表决机制的方式化解公司僵局。对此,《证券投资基金法》中关于基金份额持有人大会召开方式的规定可以为公司合理设置表决机制提供借鉴。该法第 86 条前两款规定,基金份额持有人大会应当有代表 1/2 以上基金份额的持有人参加,方可召开。参加基金份额持有人大会的持有人的基金份额低于前款规定比例的,召集人可以在原公告的基金份额持有人大会召开时间的 3 个月以后、6 个月以内,就原定审议事项重新召集基金份额持有人大会。重新召集的基金份额持有人大会应当有代表 1/3 以上基金份额的持有人参加,方可召开。如 A 有限责任公司有甲、乙两位股东,甲股东占股 70%。公司章程可以规定:股东会决议应经全体股东表决权的 4/5 以上通过方为有效,但就同一议题,在前次股东会上未获通过,而于 3 个月后重新召开的股东会上,经股东表决权的 2/3 以上通过即为有效。显然,这样的约定能够保障公司权力机构的正常决策和有效运转。

再如,在公司处于股东表决权对等的情形下,公司章程完全可以就未来可能产生的僵局风险预先规定化解机制,如规定公司回购一方股东的股权并进行减资或者由股东一方受让另一方的股权从而化解股东矛盾,避免公司僵局。此种情况下,可能产生的争议在于究竟何方应从公司出局。对此,股东各方可以进行竞价(在股权结构并非对等持股的情况下,可以对各方出价按照持股比例进行加权计算),由出价较高者继续经营公司并回购另一方股权,从而使得公司继续存续。

在《公司法》对于公司注册资本改采认缴登记制后,在股东表决权以及盈余分配权上可能会有新的问题。如股东未按照分期出资的约定按时缴付出资而需要对股东行使表决权以及行使盈余分配权等自益权进行必要的限制,确立相关自益权的行使基准日等,对此公司章程都可以进行充分的规定,以避免将来产生相关争议无章可循而引发公司僵局。

有限责任公司还可能在这样一种特殊的情况下存在公司僵局,即为了避免突破股东人数 50 人的限制,而组建职工持股会或者其他持股平台①(统称持股平台)作为一个整体共同行使股权的情形。此种情况下,如果持股平台持股份额较多,并且强行要求持股平台以“全部同意或者全部反对”的方式进行股东会表决可能会无法作出某些股东会决议,甚至因此使公司股东会陷入僵局。对此,公司章程可以规定,持股平台的股权可以分散表决,以“部分同意部分反对(甚至包括部分弃权)”的方式行使表决权,以便更好地行使股东权利,避免

① 持股平台的形式多种多样,司法实践中出现了有限合伙、有限公司、股份公司以及股权信托等多种形式。甚至在发生股权继承的情况下,因有限公司原股东已经临近 50 人的临界点,去世股东的全体继承人作为一个继承共同体共同行使股东权的情形也可能发生。

公司股东会僵局。[①] 事实上，我国台湾地区“公司法”第181条第3项规定，公开发行公司之股东系为他人持有股份时，股东得主张分别行使表决权。有学者指出，表决权分别行使制度是对“同一股东应为同一意见之表示”的最大变革。[②]

在放松管制尊重公司自治的语境下，公司章程的明确规定可以弥补、修正《公司法》对于公司治理机制预设的默认规则。从公司的实际情况出发，合理确定各方权利义务并有效避免公司僵局的发生，或者在公司僵局产生时触发章程规定的特定机制，从而为公司走出僵局困境提供依据。

二、股东失权与僵局化解

在特定情况下，强制对公司僵局负有责任的股东退出公司，是化解公司僵局的有效措施，这一制度在德国公司法上存在广泛的应用。尽管德国《有限责任公司法》《股份法》并未明文规定股东除名制度，但“法院判决和理论界中很早就承认，应该按照《民法典》第737条以及《商法典》第140条以之为基础的束缚人的持续性法律关系可以被解除的一般原则，类推适用这些规定，以使其具有将一名股东除名的可能性”[③]。按照德国司法实践，除名甚至可以在“公司合同没有相应规定的情况下进行。前提条件是有一个导致这样结果的重大理由，即基于要除名的股东的行为或者个人原因，公司连同其一起存续存在对于其他股东来说过于苛刻，也就是说继续保留其成员身份将使公司的继续存在成为不可能或者被真实地威胁到。这不需要建立在过错的基础上”[④]。

2023年《公司法》修订后明确规定了股东失权制度。《公司法》第51条第1款规定，有限责任公司成立后，董事会应当对股东的出资情况进行核查，发现股东未按期足额缴纳公司章程规定的出资的，应当由公司向该股东发出书面催缴书，催缴出资。第52条第1款规定，股东未按照公司章程规定的出资日期缴纳出资，公司依照前条第一款规定发出书面催缴书催缴出资的，可以载明缴纳出资的宽限期；宽限期自公司发出催缴书之日起，不得少于60日。宽限期届满，股东仍未履行出资义务的，公司经董事会决议可以向该股东发出失权通知，通知应当以书面形式发出。自通知发出之日起，该股东丧失其未缴纳出资的股权。此前，为了应对司法实践中虚假出资或者抽逃出资的问题，《公司法司法解释(三)》第17条第1款规定，有限责任公司的股东未履行出资义务或者抽逃全部出资，经公司催告缴纳或者返

---

① 本书认为，存在持股平台的有限责任公司对于持股平台持有的股权在股东会上的表决可以借鉴、参照一些地方业主大会的表决规则。如《浙江省物业管理条例》第9条第2款规定，业主可以以幢、单元或者楼层等为单位推选业主代表。业主因故不能参加业主大会会议需要由业主代表代为表达意愿的，应当于业主大会会议召开前，将其书面意见提交业主代表，由业主代表代为转交。凡需投票表决的，业主的赞同、反对、弃权意见须由业主本人签字。由此可见，业主代表仅起到联系业主与业主大会的“中转”作用。同样地，持股平台参与股东会表决，亦可采取分散表决的方式，将通过持股平台持股的“股东”的意见带入股东会。

② 参见廖大颖：《公司法论》(增订6版)，台北，三民书局股份有限公司2012年版，第204页。

③ [德]格茨·怀克、[德]克里斯蒂娜·温德比西勒：《德国公司法》，殷盛译，法律出版社2010年版，第345页。

④ [德]格茨·怀克、[德]克里斯蒂娜·温德比西勒：《德国公司法》，殷盛译，法律出版社2010年版，第345页。

还,其在合理期间内仍未缴纳或者返还出资,公司以股东会决议解除该股东的股东资格,该股东请求确认该解除行为无效的,人民法院不予支持。相较而言,司法解释关于股东除名事由的规定仍过于狭窄,其着眼点仍局限于公司注册资本,而不及于公司治理。从司法实践考察,我国已有多起关于股东除名的诉讼。一些法院也明确支持公司可以在特定情况下依照公司章程的规定解除个别股东的股东资格。[①]

无论是股东根本未出资或者抽逃全部出资情况下的解除股东资格,还是在股东存在出资瑕疵的情况下对其作失权处理,都有可能改变股东会上的表决权结构,使得股东会僵局有可能被打破。

三、司法介入公司决策与僵局化解

通常情况下,公司控股股东本身存在违法行为且对公司僵局的形成负有责任,可以依照《公司法》第189条的规定,通过监事(会)代表诉讼或者股东代表诉讼进行处理。但特定情形下,仍需要司法机关强行介入公司决策,校正公司决策的偏差从而达到化解公司僵局的目的。

如江苏省无锡市中级人民法院在**强制收购广东恒通集团股份有限公司持有的股份以抵顶其债务执行案**[②]中,裁定以新江南公司对广东恒通集团股份有限公司(以下简称恒通公司,持有新江南公司80%的股权)享有的36426331元债权作为收购款,强制收购控股股东恒通公司所持有的39593838股新江南公司股份。新江南公司在收购结束后,依法相应减少其注册资本并办理股份注销手续。黑龙江省高级人民法院与最高人民法院在**安达新世纪·巨鹰投资发展有限公司与北京首都国际投资管理有限责任公司、协和健康医药产业发展有限公司股东权确权赔偿纠纷案**[③]中,判决确认控股股东安达新世纪·巨鹰投资发展有限公司如不能补足16500万元出资,则不享有对协和健康医药产业发展有限公司16500万股股份的表决权、利润分配权及新股认购权并判令其依约承担出资违约责任。在**杭州豪旭贸易有限公司与宋某祥公司决议效力确认纠纷案**[④]中,上海市第二中级人民法院直接认定如控股股东未出资,则其对于除名决议不享有表决权。以上三起案件均系司法机关应其他股东的请求,适当介入公司内部纠纷,消解控股股东利用其控制优势对于公司正常决策的妨碍,从而有效地避免公司陷入僵局。

事实上,这种司法干预公司决策的情况在英美法系中较为常见。如英国法律就规定法

---

① 具体见本书第二章第五节的相关论述。

② 参见江苏省无锡市中级人民法院(2000)锡经初字第140号民事判决书(一审)。另可参见褚红军主编:《运送正义:无锡法院裁判案例精选》,法律出版社2007年版,第200-207页;以及《最高人民法院公报》2001年第6期。该案具体案情见本书第六章第三节。

③ 参见吴庆宝主编:《权威点评最高法院公司法指导案例》,中国法制出版社2010年版,第114-126页。

④ 参见上海市黄浦区人民法院(2014)黄浦民二(商)初字第589号民事判决书(一审),上海市第二中级人民法院(2014)沪二中民四(商)终字第1261号民事判决书(二审)。该案具体案情见本书第二章第五节。

院在特定情形下可以召集公司股东会。根据英国1985年《公司法》,当通过正常途径召集会议变得“不可行”的时候,基于任何董事或者有权在股东会议上投票的股东的申请,法院可以按照其认为合适的方式下令召集股东会议。在特定的情形下,法院可以下令,一名股东或其代理人出席也可以召开会议。① 并且,法院召集股东会议的权力是强大的,因为法院介入后,有权更改备忘录及章程中的一些规定或者股东之间原来存在的协议,但是法院召集股东会议的目的是单一的,即去除可行性上的障碍,使股东会议能够召开。②

四、公司机构诉讼与僵局化解

对于股份公司而言,公司机构诉讼可以在公司内部建立起一套“分权—制衡”机制,也可以防范并化解公司僵局。机构诉讼,是指发生在股份有限公司组织内部的诉讼,即公司作为组织主体与其自身机构(董事会、监事会和股东大会)或机构成员之间以及机构(成员)与机构(成员)之间因内部法律关系而产生的诉讼。③ 德国法学界对于股份公司内部机构诉讼的研究热情发轫于1985年的“亚当—欧宝案”(Adam Opel Fall)。达姆施塔特州法院在该案一审判决中指出以董事会作为被告也是允许的。虽然董事会作为公司机构缺乏独立的权利能力和诉讼能力,但是在本案中可以由董事会作为公司机构得出其具有特殊的诉讼能力和相应的进行诉讼的权利这一结论。诉讼涉及的并非单个机构成员,而是机构整体的超出其自有权限的行为。从这一涉及机构权限的争议中可以得出机构具有特殊的权利能力和诉讼能力的结论,因为诉讼请求与机构的人员构成无关,而仅仅涉及机构的义务。④ 根据德国法律的规定,监事会(或监事)的权利可分为辅助性权利(Hifsrecht)、权限保护权利(Kompetenzschutzrecht)以及一般性监督权(Recht Zur allgemeinen Verhaltenskontrolle)三个方面。其中辅助性权利主要涉及方便监事会(监事)履行职责的权利,如信息知晓权(知情权);学界对于辅助性权利所涉及的是可以通过诉讼得到保护的法律地位这一点已经不再有争议。权限保护权利主要涉及在股份公司内部不同机构的权限划分中由监事会(监事)行使的权利。由于德国股份公司的治理结构采取监事会、董事会双层制,且监事会可以任免董事会成员,在董事会不尊重其与监事会的职责分工的情况下,监事会可以提起停止侵害之诉或者申请采取临时保全措施,以保护公司的权益。⑤ 一般性监督权是指监事会(监事)作为监督机构所享有的对董事会(董事)的一般意义上的监督权利。在德国双层制的公司治理结构下,理论界对于“监事会(监事)无权通过诉讼对董事会行为的目的合理性进行

① 参见葛伟军:《英国公司法:原理与判例》,中国法制出版社2007年版,第158页。

② 参见葛伟军:《英国公司法原理与判例》,中国法制出版社2007年版,第159页。

③ [德]莱茵哈德·博尔克:《股份有限公司董事会与监事会间的机构诉讼——实体法和程序法问题》,载蒋大兴主编:《公司法律报告》(第2卷),中信出版社2003年版,第274-275页。

④ 参见乔文豹:《突破传统还是维持现状?——德国“亚当—欧宝案”(Adam Opel Fall)介评》,载蒋大兴主编:《公司法律报告》(第2卷),中信出版社2003年版,第259页。

⑤ [德]托马斯·莱赛尔、[德]吕迪格·法伊尔:《德国资合公司法》,高旭军等译,法律出版社2005年版,第170页。

监督”的认识是一致的，因为赋予监事会这样一种监督权就等于赋予其针对董事会的指令权。而这正是立法者所要避免的。[①] 一般认为，对于辅助性权利与权限保护权利，无论是监事会还是单个监事均有权提起司法诉讼。从机构诉讼的功能上讲，将公司机构间的争议提交司法裁决，相较于在发生分歧的情况下监事会迳行作出罢免董事会成员的决定而言，不失为一种温柔的做法。在发生公司僵局的情况下，通过公司机构诉讼撤销某些引起股东间（董事会成员间）争议或者分歧的决议，也不失为避免公司被解散的良方。

我国《公司法》并未全面建立公司机构诉讼制度。相反，监督乏力倒是公司治理中一直存在的弊病。尽管如此，《公司法》也在一定程度上赋予了监事会（监事）提起诉讼的权利。如《公司法》第 189 条第 1 款规定监事会可以就公司董事、高级管理人员损害公司利益的行为向法院提起诉讼。对于有限公司而言，《公司法》第 78 条第 6 项明确规定监事会有权“依照本法第一百八十九条的规定，对董事、高级管理人员提起诉讼”。对于股份公司而言，《公司法》第 131 条规定，《公司法》第 78 条关于有限公司监事会职权的规定适用于股份公司监事会。由此，监事会有权行使公司的诉权。

在我国公司实践中，公司僵局的形成往往与大股东滥用多数股权以及对董事会的职权缺乏有效监督有很大关系。倘能强化监事会、审计委员会的监督作用，赋予监事会、审计委员会提起公司机构诉讼的权利，形成对董事会的有效制约，完善公司治理结构，亦不失为防范并化解公司僵局的有效方式之一。

五、定暂时状态假处分与僵局化解

定暂时状态假处分属于保全措施的一种，依照我国台湾地区“民事诉讼法”第 538 条的规定，关于假处分之规定，于争执之法律关系有定暂时状态之必要者，准用之。“因定暂时状态会使声请人于本案判决确定前，获得如同本案胜诉之利益，其影响较一般保全性假处分深远。禁止或准许董、监事执行职务或者禁止召开股东临时会等定暂时状态之假处分，为实务所常见，而假处分的结果，见诸实际案例，往往为公司经营权易手与否的关键。”[②]实践中之所以发生公司僵局，很大程度在于公司治理机制失范，特别是针对董事会层面发生的公司僵局，如能通过定暂时状态假处分禁止或者准许某一董事或某些董事行使职权，则这种僵局将很容易被打破。王文宇教授综括我国台湾地区定暂时状态假处分司法实务指出：“定暂时状态假处分的运用，在公司经营权争夺之过程中，扮演极重要之角色。其中尤以禁止或准许董、监事继续执行职务之定暂时状态假处分，在实务上为数最多。例如，台万纸业公司、广丰实业公司、高兴昌公司、明兴纺织公司、新竹玻璃公司、高企银行等均为著例。大抵在内场派与外场派争夺公司经营权时，由于董、监事席位为兵家必争之地，率皆有一方

---

① 参见乔文豹：《突破传统还是维持现状？——德国“亚当—欧宝案”（Adam Opel Fall）介评》，载蒋大兴主编：《公司法律报告》（第 2 卷），中信出版社 2003 年版，第 268 页。

② 王文宇：《新公司法与企业法》，中国政法大学出版社 2003 年版，第 130 - 131 页。

运用定暂时状态假处分的方式遂行其目的。”①

《民事诉讼法》第103条是关于行为保全的规定。该条第1款规定，人民法院对于可能因当事人一方的行为或者其他原因，使判决难以执行或者造成当事人其他损害的案件，根据对方当事人的申请，可以……责令其作出一定行为或者禁止其作出一定行为；当事人没有提出申请的，人民法院在必要时也可以裁定采取保全措施。《公司法司法解释（四）》（征求意见稿）曾借鉴我国台湾地区关于定暂时状态假处分的规定，其在第10条规定，股东会或者股东大会、董事会决议存在实施后不能恢复原状或者使当事人、利害关系人的合法权益受到难以弥补的损害等情形的，可以依据原告的申请禁止实施有关决议。人民法院采取前款规定的行为保全措施，可以根据公司的申请或者依职权责令原告提供相应担保。原告提供相应担保的，应当禁止实施有关决议。人民法院经审查认为，原告的申请存在恶意干扰或拖延决议实施情形的，应当驳回申请。遗憾的是，这一司法意见并未在最终通过的司法解释中得到保留。

本书认为，定暂时状态假处分对于化解公司僵局的意义在于通过司法介入公司董、监事人员职务之行使或禁止，打破公司现有情况下股东各方董、监事人数的平衡；尤其是在董事会人数为偶数，双方各执一词，无法作出有效董事会决议的情况下，通过定暂时状态假处分的裁准，打破这种平衡，为董事会顺利履行职权扫清障碍。但应注意的是，定暂时状态假处分仅是临时性地打破董、监事之间的平衡，至于公司董、监事是否确需停止职务或被准许履行职务，尚需在其后的诉讼中进行审理。

需要指出的是，虽然我国法律未确立定暂时状态假处分制度，但在公司控制权争议中由法院作出裁定进行行为保全，禁止股东行使特定权利，在实践中亦曾得到实践。如笔者代理的涉案标的30亿元的A股资本市场首例“对赌式买壳案”中，江苏省宜兴市人民法院即作出（2018）苏0282行保1号民事裁定书，裁定：禁止被申请人深圳鑫腾华资产管理有限公司在上海仲裁委员会对（2018）沪仲案字第2336号案件作出仲裁裁决前，就其所持有的江苏中超控股股份有限公司25360万股股份行使股东权利（包括但不限于提案权、表决权、盈余分配权、股东知情权等股东权利）。此前，广东省深圳市宝安区人民法院也曾作出（2017）粤0306行保1号民事裁定书，裁定：禁止被申请人深圳美盈森集团股份有限公司于（2016）深仲受字第740号案件的裁决书执行完毕前，自行或者通过其提名的董事行使对深圳市金之彩文化创意有限公司变更董事、董事长、监事的提案权、表决权。

六、股权转让、股权回购与僵局化解

依照《公司法》第231条的规定，提起公司解散诉讼，必须以通过其他途径不能解决公司僵局为前提。通过其他途径解决公司僵局较之于解散公司是更优的选择。

---

① 王文宇：《新公司法与企业法》，中国政法大学出版社2003年版，第133页及该页引注【5】。

很多情况下，小股东之所以选择起诉解散公司，是因为其自认为受到了公司控制股东的股权压迫，加之作为封闭公司的有限责任公司股权退出机制不畅，才诉至法院。司法实践中，亦有很多案件通过股权转让或者股权回购的方式有效地化解了公司僵局。

【案例11.9】　蒋某征诉宝应县阳光人力资源服务有限公司、第三人张某高公司解散纠纷案①

> 该案中，宝应县阳光人力资源服务有限公司（以下简称阳光公司）系由原告蒋某征与第三人张某高共同发起设立，两股东各出资5万元，均占公司股权的50%，张某高担任阳光公司的执行董事及法定代表人。原告蒋某征诉称：近年来，由于双方经营理念不合，加之各占一半股权，不能就公司经营相关事项达成一致意见，导致无法形成股东会决议，故诉请法院解散阳光公司。扬州市宝应县人民法院支持了原告蒋某征的主张，判决解散阳光公司。一审判决后，被告阳光公司提起上诉。二审中，经扬州市中级人民法院调解，最终以另一股东张某高以6万元价格受让蒋某征的股权，并将阳光公司转变为一人公司的形式使得阳光公司继续存续。需要提及的是，该案二审调解中，法院要求蒋某征及张某高各自对自己持有的阳光公司50%的股权进行报价，并释明所报的价格既是购买对方股权的价格也是出让己方股权的价格。最终在法院及双方律师的共同努力下，双方达成了以股权转让替代解散公司的调解协议。

另外，在**广州信康包装容器有限公司与张某建股权回购和公司盈余分配纠纷案②**中，广东省广州市番禺区人民法院认为，股东通过公司回购股份退出公司，并不仅限于2005年《公司法》第75条③规定的情形。公司的成立本身就是股东意思表示一致的结果。公司存在的意义不在于将股东困于公司中不得脱身，而在于谋求股东利益最大化。在股东之间就公司的经营发生分歧，或者股东因其自身原因不能正常行使股东权利时，股东与公司达成协议由公司回购股东的股权，既符合有限责任公司封闭性和人合性的特点，又可打破公司僵局、避免公司解散的最坏结局，使得公司、股东、公司债权人的利益得到平等保护。《公司法》允许公司与股东在公司解散诉讼案件中协商由公司回购股东股份，以打破公司僵局，使公司保持存续而免遭解散，那么允许公司与股东在公司僵局形成之初、股东提请解散公司之前即协商由公司回购股份以打破公司僵局、避免走向公司解散诉讼，这自是《公司法》应

---

① 参见江苏省扬州市宝应县人民法院(2012)宝商初字第57号民事判决书（一审），江苏省扬州市中级人民法院(2012)扬商终字第0144号民事调解书（二审）。笔者为该案二审中阳光公司的代理律师。

② 参见广东省广州市番禺区人民法院(2008)番法民二初字第707号民事判决书（一审），广东省广州市中级人民法院(2008)穗中法民二终字第2130号民事判决书（二审）。

③ 2023年《公司法》修订后，条文序号调整为第89条。

有之义。公司回购股东股份使公司继续存续,可以保持公司的营运价值,并不必然导致公司债权人利益受损。

我们也应清楚地认识到,挽救一家公司固然是法律追求的目标,但是以其为目标不等于在任何时候都要以维持公司存续作为司法行为的出发点和宗旨。正如江苏省高级人民法院在**林某芳诉常熟市凯莱实业有限公司、第三人戴某明公司解散纠纷案**[①]中所指出的那样:将调解等其他救济手段设置为司法解散的前置程序,是因为司法解散将导致公司主体资格的消灭,且具有不可回复性,处理不当可能导致社会资源浪费。但是,立法对此所抱有的这种态度不等同于前置程序可以久拖不决。对于那些已经陷入严重经营管理困难的公司,在通过其他多种方法仍然无法化解纠纷时,只能通过司法解散公司这一股东退出机制来打破僵局;否则,过于冗长的前置程序可能使得公司司法解散机制形同虚设。因此,对于深陷公司僵局,通过其他途径确实无法化解的案件,法院也应当及时判决解散公司。

【案例11.10】 肖某、戴某银、钟某峰与苏州乾唐织造有限公司、第三人唐某锋公司解散纠纷案[②]

在前次公司解散未获支持后,三原告委托笔者代理其再次提起公司解散诉讼。笔者起草的《民事起诉状》之“事实与理由”部分相对客观地叙述了案件的基本情况:

被告苏州乾唐织造有限公司(以下简称乾唐公司)系由三原告及第三人唐某锋共同发起设立的有限责任公司。2016年6月28日,乾唐公司股东会通过《苏州乾唐织造有限公司章程》及股东会决议,选举第三人唐某锋担任公司执行董事,原告肖某、钟某峰担任公司监事。三原告合计持有被告乾唐公司49%的股权。

被告乾唐公司设立之初经营尚好,2016年年底被告公司由第三人唐某锋掌控经营,三原告无法参与被告公司经营管理。三原告于2017年7月17日向贵院提起公司解散诉讼,未得到支持。现因出现以下新的事实与理由,为维护自身合法权益,特提起本次诉讼:

第一,2018年5月4日,江苏省苏州市中级人民法院(2018)苏05民终320号民事判决书[③]生效后,被告公司本应按照《公司法》的规定开展相关经营活动,第三人唐某锋作为执行董事应当对公司全体股东切实担负起其应当履行的忠实、勤勉义务,以被告公

---

① 参见江苏省苏州市中级人民法院(2006)苏中民二初字第0277号民事判决书(一审),江苏省高级人民法院(2010)苏商终字第0043号民事判决书(二审),本案为最高人民法院第8号指导案例。

② 参见江苏省苏州市吴江区人民法院(2019)苏0509民初4222号民事判决书(一审),江苏省苏州市中级人民法院(2019)苏05民终11394号民事判决书(二审)。本案中,重新起诉的第一、二审案件系笔者代理。

③ 该判决系肖某等人第一次起诉公司解散被驳回的生效判决。

司及全体股东利益最大化为自己的行为准则。但事实情况是,第三人唐某锋置《公司法》及三原告股东的利益于不顾,擅自扣押、隐匿进而处置被告公司机器设备及其他资产。三原告作为公司股东,被完全排除在公司经营之外。

第二,三原告作为被告公司股东,在公司员工全部被遣散、经营场所不明、主要资产下落不明的情况下,于2018年6月3日向被告公司书面提交《查账申请》后,遭到被告公司及第三人唐某锋的拒绝。后三原告于2018年9月23日向贵院提起股东知情权诉讼,贵院于2018年9月28日立案受理。现贵院已经就钟某峰提起的股东知情权案件作出判决,但迄今为止,三原告股东仍无法查阅到被告公司的任何账册,对被告公司的生产、经营状况一无所知。

第三,原告肖某、钟某峰作为被告公司监事,为了解公司经营及财务状况,于2018年10月29日作出《监事决定》,决定检查公司财务并进行必要调查。对于被告公司监督机关依法作出的监督决定,被告公司在第三人唐某锋的实际操控下拒绝配合。原告肖某、钟某峰作为公司监事无法正常行使监事职权,被告公司监督机关及监督机制完全失灵。

第四,原告戴某银及其委托的律师至被告公司及第三人唐某锋在苏州市中级人民法院(2018)苏05民终320号案件调查笔录中陈述的机器设备存放地点,未发现被告公司机器设备。在贵院审理的股东知情权案件中,被告公司向贵院陈述机器设备已卖于第三方,但拒不提供机器设备去向及处置金额。现被告公司主要资产已被处置,且具体处置过程三原告均不知情,被告乾唐公司已经丧失继续存续的基础,继续存续势必严重损害了三原告股东的合法权益。

第五,被告公司以及第三人唐某锋以原告肖某侵占公司财产为由要求追究原告肖某刑事责任,最终公安机关不予立案。股东之间的人合性彻底破裂。被告乾唐公司所有员工均已遣散(就该节事实申请贵院调取)。

最后,第三人唐某锋还经营吴江盛唐纺织科技有限公司、苏州快讯网络科技有限公司并担任上述两家公司的法定代表人。继续维持被告乾唐公司的存在,势必为第三人唐某锋实施关联交易、非法处置被告乾唐公司的资产进而侵害三原告的股东权利提供便利。

由于第三人唐某锋拒绝与三原告就被告公司经营管理事项进行沟通,被告公司经营管理存在严重的内部障碍,公司治理结构完全失效。第三人唐某锋作为执行董事,其履职行为已经不再体现公司及原告股东的意志。被告公司监督机构依法作出的决议无法得到执行,监督机构已经瘫痪。三原告无法有效参与被告公司的经营管理,公司僵局长期得不到有效解决,公司治理机构完全失灵,股东间人合性彻底破裂,维持公司继续存续势必进一步损害股东的权益。

基于上述新的事实与理由，为维护原告合法权益，特具状贵院，请依法判如所请。

江苏省苏州市吴江区人民法院一审认为：股东请求解散公司属于变更之诉，虽然三原告在之前提起解散公司之诉被法院判决驳回，但并不影响在出现关于公司新的重大事实情形下原告另行起诉的权利。《公司法》(2018年修正)第182条规定，“公司经营管理发生严重困难，继续存续会使股东权益受到重大损失，通过其他途径不能解决的，持有公司全部股东表决权百分之十以上的股东，可以请求人民法院解散公司。”本案中，原告戴某银、肖某、钟某峰分别持有乾唐公司10%以上股权，有权依照公司法的上述规定提起公司解散之诉。《公司法司法解释(二)》第1条规定了人民法院可以受理公司解散诉讼的四种情形：(1)公司持续两年以上无法召开股东会或者股东大会，公司经营管理发生严重困难的；(2)股东表决时无法达到法定或者公司章程规定的比例，持续两年以上不能作出有效的股东会或者股东大会决议，公司经营管理发生严重困难的；(3)公司董事长期冲突，且无法通过股东会或者股东大会解决，公司经营管理发生严重困难的；(4)经营管理发生其他严重困难，公司继续存续会使股东利益受到重大损失的情形。

根据本案审理查明的事实，对照相应的法律规定，可以认定乾唐公司出现了法律规定的解散事由：(1)乾唐公司成立后其经营场所为租赁的厂房，公司名下主要资产为机器设备。目前乾唐公司原租赁关系已终止，公司机器设备已出售给他人，公司已于2017年3月停止生产。虽然唐某锋称公司目前以委托他人代加工方式继续经营，但股东之间对于乾唐公司目前有无经营场所争议较大、各执己见。从公司账户流水来看，公司与控股股东唐某锋之间资金往来频繁，虽然唐某锋对此进行了相应说明用以证明其未占有公司资金，但可以认定公司目前处于非正常经营状态，解散乾唐公司不影响社会的稳定。(2)乾唐公司的经营范围为喷气织物生产、加工；高档纺织面料、原料、纺织品的研发；纺织品、化纤原料、纺织机械的销售，与唐某锋担任法定代表人的另一家公司吴江盛唐纺织科技有限公司经营范围相近。且自公司股东发生矛盾后，其他股东退出公司经营，公司由唐某锋一人掌控，容易发生关联交易从而导致乾唐公司商业机会的丧失，从而影响乾唐公司股东利益。(3)由于股东之间长期矛盾，三原告与唐某锋形成利益严重对立的双方，自2017年6月28日乾唐公司召开股东会之后虽然唐某锋有过召集行为，但事实上乾唐公司已持续两年以上未召开股东会，持续两年以上不能作出有效股东会决议。司法解释关于两年的规定意在给股东以相对充分的时间自行解决矛盾，但事实证明乾唐公司股东之间矛盾长期未能改善，股东之间已互不信任，公司人合性已丧失。(4)本案审理期间，股东之间仍无法就其中一个股东收购股份或者就股权转让、以减资方式使公司继续存续达成一致意见，且四名股东中有三名股东要求解散公司，占公司股份的49%，解散公司已不是公司部分小股东的诉求，股东之间的矛盾为结构性矛盾。至于股东之间的矛盾是因何原因引发，并不是公司解散的法定条件。遂判决解散被告乾唐公司。

江苏省苏州市中级人民法院二审认为：戴某银、肖某、钟某峰合计持有乾唐公司的股权超过10%，故其有权提起公司司法解散之诉。本案中，乾唐公司已经符合经营管理发生严重困难，继续存续会使股东利益受到损害，且通过其他途径已经无法解决股东冲突的情形。理由详述如下：首先，乾唐公司于2017年3月由于经营管理的分歧停止生产。此后，戴某银、肖某、钟某峰与唐某锋之间未能经过有效股东会决议解决股东之间的分歧，唐某锋虽提交了2019年5月15日的股东会决议，但该决议是在诉讼中形成，且仅有唐某锋一位股东签字，即便唐某锋持有股权的比例达到了表决权的要求，但除唐某锋以外的其他股东并不认可，故该股东会决议亦反映出股东之间的矛盾并未缓解。其次，有限责任公司具有人合性的要求。本案中，虽然唐某锋系持股51%的股东，即便没有其他股东同意亦可以作出股东会决议，但公司内部股东如果丧失人合性基础，大股东作出的股东会决议将有可能成为股东压制的工具，故对于其他股东而言，继续担任公司股东已经违反了其股权投资的目的。并且，存在分歧的两方股东之间的股权比例为51%∶49%，如果长期无法和解，一方面对于仅需1/2以上多数通过的决议事项，唐某锋以2%的表决权优势将自己的意志体现为股东会决议，确实对其他股东并不公平；另一方面对于需要2/3以上多数通过的特别决议事项，股东之间将无法形成有效的股东会决议。因此，乾唐公司已经丧失合理的、有效的公司治理基础。最后，本案中，唐某锋向本院提交的说明亦表明，股东之间已经就股东之间解决分歧的其他路径进行了尝试，大股东与小股东之间互相均无法达成受让对方股权的合意，唐某锋虽提出希望进行沟通解决矛盾，但自2017年6月戴某银、肖某、钟某峰第一次提起司法解散之诉至今亦已超过两年，股东之间经过尝试仍未能形成解决矛盾的合意，故公司僵局已然形成且在相当长的时间内均无法解决，具备公司司法解散的要件。乾唐公司、唐某锋虽主张公司存在经营行为且可能存在利润，但公司经营管理严重困难并非仅指公司发生经济或债务困难，更为强调的是公司是否仍能达到有效的治理状态、内部管理是否存在障碍，故无论乾唐公司是否仍存在经营行为，均不足以否认公司僵局的现状。遂驳回唐某锋的上诉，维持一审判决。

第十二章　股东代表诉讼公司法实务

■ 第一节　股东代表诉讼的概念及法律规定

《公司法》第180～184条进一步强化了董事、监事、高级管理人员、控股股东、实际控制人对于公司的勤勉及忠实义务，并将之进一步细化。同时第188条规定，前述人员执行职务违反法律、行政法规或者公司章程的规定，给公司造成损失的，应当承担赔偿责任。

显然，对于损害公司利益的案件，通常情况下公司作为法人，可以对相关责任人员提起追诉，自无疑义。由公司作为原告对损害公司利益的行为提起的诉讼，属于直接诉讼。但很多情况下，由于所有权与控制权的分离，公司可能没有足够的动力去提起诉讼。比如公司高管进行关联交易或者实施其他行为损害公司利益，此时公司控制权掌控在高管手中，如果强行要求公司自行提起诉讼，则会出现由公司高管代表公司追究自身责任的情形。

为了解决这一问题，我国《公司法》借鉴域外司法实践，引入股东代表诉讼制度。股东代表诉讼，又称派生诉讼、股东代位诉讼，是指当公司的合法权益受到不法侵害而公司怠于起诉时，公司的股东在一定条件下有权以自己的名义起诉、所获诉讼利益归于公司的一种诉讼制度。

股东代表诉讼制度规定于《公司法》第189条，即董事、高级管理人员有前条规定的情形的，有限责任公司的股东、股份有限公司连续180日以上单独或者合计持有公司1%以上股份的股东，可以书面请求监事会向人民法院提起诉讼；监事有前条规定的情形的，前述股东可以书面请求董事会向人民法院提起诉讼。监事会或者董事会收到前款规定的股东书面请求后拒绝提起诉讼，或者自收到请求之日起30日内未提起诉讼，或者情况紧急、不立即提起诉讼将会使公司利益受到难以弥补的损害的，前款规定的股东有权为公司利益以自己的名义直接向人民法院提起诉讼。他人侵犯公司合法权益，给公司造成损失的，本条第1款规定的股东可以依照前两款的规定向人民法院提起诉讼。公司全资子公司的董事、监事、高级管理人员有前条规定情形，或者他人侵犯公司全资子公司合法权益造成损失的，有限责任公司的股东、股份有限公司连续180日以上单独或者合计持有公司1%以上股份的股东，可以依照前三款规定书面请求全资子公司的监事会、董事会向人民法院提起诉讼或者以自己的名义直接向人民法院提起诉讼。

需要说明的是，虽然股东代表诉讼主要适用于追究高管责任及第三人侵害公司利益的情况，但并不以此为限。股东代表诉讼中原告股东所行使的诉权原本属于公司，因此只要公司享有诉权而怠于起诉，符合条件的股东均可以提起股东代表诉讼。股东不仅在一、二审程序中可以提起代表诉讼，在再审、执行程序中也可以提起代表诉讼，《民事诉讼法》第59条、第238条规定的第三人撤销之诉、执行异议之诉等程序中也均有股东代表诉讼制度适用的余地。不仅在民事诉讼程序中股东可以提起代表诉讼，在行政诉讼程序中亦同样有股东代表诉讼适用的余地。

最高人民法院在**张某强、施某国与浙江省慈溪市人民政府、浙江省慈溪市掌起镇人民政府不履行行政协议纠纷案**①中指出，2013年《公司法》第151条第3款②赋予了公司股东在他人侵犯公司合法权益，给公司造成损失而公司怠于行使诉权的情况下以自身名义向人民法院提起诉讼的权利。但该规定并未将股东代表诉讼限制在民事诉讼范围内，公司股东亦有权提起行政诉讼。且本案系行政协议争议，行政协议本身即具有行政和协议的双重属性，公司股东如果在民事诉讼中可以作为原告提起诉讼，那么并不因为相关争议属于行政争议而丧失其作为行政诉讼原告的主体资格。本案中，宁波云柱电器有限公司（以下简称云柱公司）系有限责任公司，张某强、施某国作为云柱公司的股东，在慈溪市政府、掌起镇政府不履行与云柱公司签订的系列协议，云柱公司不仅怠于起诉且与张某强、施某国达成允许其起诉协议的情况下，依据《公司法》第151条第3款③的规定，为了公司利益有权提起行政诉讼。最终，最高人民法院撤销原一、二审裁定，指令浙江省宁波市中级人民法院继续审理该案。

河南省洛阳市中级人民法院在**上海育华投资集团有限公司、上海育华股权投资基金管理有限公司等与栾川县人民政府不履行行政协议纠纷案**④中指出，《公司法》并未将股东代表诉讼制度限制在民事诉讼范围内，公司股东亦有权提起行政诉讼。本案原告上海育华投资集团有限公司（以下简称育华集团）、上海育华股权投资基金管理有限公司（以下简称育华基金管理公司）作为栾川城市建设发展有限公司（以下简称城建公司）的股东，在栾川县政府未依照《联合开发整理协议书》及《补充协议》向城建公司支付投资收益，公司利益受到损害的情况下，致函城建公司董事会、监事会，要求城建公司起诉栾川县政府，城建公司回函明确拒绝。在此情况下，原告育华集团、育华基金管理公司有权以自己的名义代表城建公司提起本案行政诉讼，要求栾川县政府按照行政协议的约定履行支付义务。

---

① 参见浙江省宁波市中级人民法院（2015）浙甬行初字第32号行政裁定书（一审），浙江省高级人民法院（2015）浙行终字第193号行政裁定书（二审），最高人民法院（2016）最高法行再91号行政裁定书（再审）。

② 2023年《公司法》修订后，条文序号调整为第189条。

③ 2023年《公司法》修订后，条文序号调整为第189条。

④ 参见河南省洛阳市中级人民法院（2020）豫03行初43号行政判决书（一审）。

■ 第二节　提起股东代表诉讼的条件

依照《公司法》第 189 条的规定,提起股东代表诉讼须满足以下条件。

一、股东代表诉讼中原告资格的限制与要求

1. 具备公司股东身份,这是股东提起代表诉讼的前提。如原告不具有公司股东身份,人民法院应当裁定不予受理;已经受理的,应当裁定驳回起诉。湖南省高级人民法院在**湖南安石企业(集团)有限公司与涟源钢铁集团有限公司等企业承包经营合同纠纷案**[①]中指出,湖南安石企业(集团)有限公司[以下简称安石集团,原系湖南煤化新能源有限公司(以下简称湖南煤化)股东]以湖南华菱涟源钢铁有限公司(以下简称华菱涟钢)未按照《承包经营合同》的约定支付相关承包费等费用,损害了湖南煤化以及安石集团的利益为由,提起本案诉讼,要求华菱涟钢等向湖南煤化支付承包费、税后利润等,该诉讼请求符合股东代表诉讼中将诉讼利益归于公司的法律特征。但是安石集团在提起本案诉讼前已经将所持湖南煤化的全部股权进行了转让,不再具备股东身份,也不再具备法定的提起股东代表诉讼的主体资格。一审法院以安石集团不是湖南煤化的股东,对其提出的诉讼请求无法律上的利害关系,不符合 2017 年《民事诉讼法》第 119 条[②]第 1 项规定的起诉条件为由,驳回安石集团的起诉并无不当,本院依法予以维持。

对股份有限公司的股东而言,还有持股比例及持股时间的限制。即提起股东代表诉讼的股东必须连续持股 180 日以上,且持股比例达到股份有限公司股份的 1%。从目的解释出发,如果股份有限公司成立至原告股东起诉尚未满 180 日的,则不应受 180 日的限制。

需要指出的是,原告的股东身份必须在起诉时是确定的。如登记于公司登记部门、记载于股东名册、经过司法确认以及公司内部对原告的股东身份没有异议等。如果被告及公司对原告的股东身份有合理异议,其应先确认其股东身份,方可提起股东代表诉讼。

最高人民法院在**刘某友与卢某峰、第三人江苏天华置业有限公司等损害公司利益责任纠纷案**[③]中指出,在一审期间,刘某友于 2019 年 9 月 6 日以江苏天华置业有限公司(以下简称天华公司)为被告另案向江苏省盐城市中级人民法院提起诉讼,请求确认其为天华公司股东,并将其持有的 20.33% 的股权登记至其名下。在该案尚未审结,并无生效判决确定刘

---

① 参见湖南省市娄底市中级人民法院(2018)湘 13 民初 550 号民事裁定书(一审),湖南省高级人民法院(2019)湘民终 836 号民事裁定书(二审)。

② 2023 年《民事诉讼法》修正后,条文序号调整为第 122 条。

③ 参见江苏省高级人民法院(2017)苏民初 56 号民事裁定书(一审),最高人民法院(2021)最高法民终 589 号民事裁定书(二审)。

某友股东资格的情况下，一审法院认为刘某友不是本案的适格原告，不符合 2017 年《民事诉讼法》第 119 条[①]第 1 项规定的起诉条件，驳回其起诉的结果并无不当。如刘某友被另案确认为天华公司股东，从被确认具有股东资格之日起，其仍然可以行使提起股东代表诉讼的权利。本案不属于 2017 年《民事诉讼法》第 150 条[②]第 1 款第 5 项规定的“本案必须以另一案的审理结果为依据，而另一案尚未审结”的情形，不需要等待另案判决而中止审理，刘某友要求撤销一审裁定，指令原审法院继续审理，且在刘某友股东资格确认纠纷案件结束前中止审理本案的上诉理由不能成立，本院不予支持。

2. 为防止股东滥用诉权，理论上还必须满足“同期所有权规则”（也称“当时股份持有原则”“当时所有权原则”），即要求原告股东必须在损害公司利益的行为发生之时以及起诉之时均具有股东身份。一方面是为了防止股东购买诉讼（为起诉而购买公司股权），另一方面，从诉讼利益角度考虑，只有原告在损害公司利益的行为发生之时以及起诉之时均具有股东身份，该诉讼才会对该股东的利益有较大的影响。如果原告系在损害公司利益的行为发生之后才通过受让股权成为公司股东的，则表明其在受让股权当时已经了解并接受公司利益受到损害的事实，股东代表诉讼可由其他适格的股东提出，从防范滥用诉权的角度，诉讼不宜由该股东提出。

《九民纪要》第 24 条规定，股东提起股东代表诉讼，被告以行为发生时原告尚未成为公司股东为由抗辩该股东不是适格原告的，人民法院不予支持。之所以未坚持“同期所有权规则”，是因为“我国目前股东代表诉讼适用还不广泛，需要鼓励广大中小投资者通过这种诉讼形式维护公司以及自身合法权益，本条规定明确了股东何时取得股权不影响其原告主体资格，降低了股东代表诉讼的门槛”[③]。

新疆维吾尔自治区高级人民法院在**杨某军与新疆亚欧大陆桥国际物流有限责任公司、阿拉山口中铁国际物流有限公司等损害公司利益责任纠纷案**[④]中指出，原告只要具备有限责任公司的股东身份就可以依照法律规定提起股东派生诉讼，对于可以提起股东派生诉讼的有限责任公司的股东的资格法律并没有规定其他的限制条件。因此，有限责任公司股东身份的取得时间不应当影响有限责任公司的股东依照法律规定提起股东派生诉讼。杨某军通过拍卖取得阿拉山口天博储运有限责任公司（以下简称天博公司）49% 的股权，自新疆维吾尔自治区乌鲁木齐市中级人民法院（2010）乌中执字第 156 - 3 号执行裁定发生法律效力时即成为天博公司的股东，对于其成为天博公司股东前发生的损害天博公司利益的行为有权提起诉讼。故新疆亚欧大陆桥国际物流有限责任公司抗辩杨某军对其成为天博公司的股东之前的相关事项无权提起股东派生诉讼的理由不能成立。

---

① 2023 年《民事诉讼法》修正后，条文序号调整为第 122 条。

② 2023 年《民事诉讼法》修正后，条文序号调整为第 153 条。

③ 最高人民法院民事审判第二庭编著：《〈全国法院民商事审判工作会议纪要〉理解与适用》，人民法院出版社 2019 年版，第 206 页。

④ 参见新疆维吾尔自治区高级人民法院（2020）新民初 13 号民事判决书（一审）。

需要指出的是，股东代表诉讼在原告资格上仅是对原告的持股比例进行限制，对于原告的人数并无限制。在股东代表诉讼案件中，公司未起诉的股东可以作为共同原告申请加入到诉讼之中；对此，《公司法司法解释（四）》第 24 条第 2 款规定，一审法庭辩论终结前，符合《公司法》第 151 条[①]第 1 款规定条件的其他股东，以相同的诉讼请求申请参加诉讼的，应当列为共同原告。对于原告股东人数众多的代表诉讼案件，则应当按照《民事诉讼法》第 56 条[②]有关代表人诉讼的规定，在原告股东中推选出诉讼代表人进行诉讼。

二、诉讼期间原告丧失股东身份对代表诉讼的影响

在案件审理过程中，如果原告丧失股东身份（如被除名、失权、转让股权或者股权被法院强制执行等），如无其他适格股东承继诉讼，对该股东代表诉讼应该裁定驳回起诉。

【案例 12.1】 上海高金股权投资合伙企业（有限合伙）诉许某荣、江苏省有色金属华东地质勘查局、第三人江苏华东有色投资控股有限公司等损害公司利益责任纠纷案[③]

2007 年 4 月 26 日，江苏省有色金属华东地质勘查局（以下简称华东地勘局）作为唯一出资人设立江苏华东有色投资控股有限公司（以下简称华东有色公司），注册资本为 7000 万元。2013 年 1 月 17 日，华东地勘局、苏州华东有色股权投资合伙企业（有限合伙）[以下简称苏州合伙企业，后更名为上海高金股权投资合伙企业（有限合伙）（以下简称上海高金合伙企业）]、中静公司、云峰公司四方签订《江苏华东有色投资控股有限公司增资协议》（以下简称《增资协议》），约定：华东有色公司增资至 12 亿元，云峰公司、中静公司和苏州合伙企业有意对华东有色公司进行增资并成为该公司新股东。本次增资款分三期进行缴纳。在协议生效先决条件全部满足后，华东有色公司发出缴款通知的 3 个工作日内，增资各方应缴纳增资款总额 20% 的首期增资款，2013 年 6 月 30 日前缴纳增资款总额 40% 的第二期增资款，增资款总额 40% 的第三期增资款于 2013 年 11 月 30 日前缴纳。《增资协议》另约定：如果增资方逾期缴纳增资款超过 30 个工作日，则守约方有权且应当在 10 个工作日内选择如下处置方式：(1) 按违约方实缴出资重新调整认缴出资及出资比例；(2) 取消违约方在协议项下的出资资格；(3) 要求违约方继续履行本合同向华东有色公司补缴欠缴的增资款。

---

① 2023 年《公司法》修订后，条文序号调整为第 189 条。

② 2023 年《民事诉讼法》第 56 条规定，当事人一方人数众多的共同诉讼，可以由当事人推选代表人进行诉讼。代表人的诉讼行为对其所代表的当事人发生效力，但代表人变更、放弃诉讼请求或者承认对方当事人的诉讼请求，进行和解，必须经被代表的当事人同意。

③ 参见江苏省高级人民法院（2014）苏商初字第 7 号民事裁定书（一审），最高人民法院（2014）民一终字第 295 号民事裁定书（二审），最高人民法院（2015）民申字第 2204 号民事裁定书（再审）。

《增资协议》签订后,参加增资的各方股东均按期缴付首期增资款。第二期增资款的缴纳时限为2013年6月30日前,苏州合伙企业于2013年6月28日缴纳了20500万元增资款,但未能在约定缴纳时限内缴纳第三期增资款。2014年1月24日,华东地勘局与云峰公司达成会议纪要载明:按照《增资协议》约定,各股东方增资款分三期缴纳。其中第三期增资款缴纳时限为2013年11月30日前,云峰公司已于2013年11月29日缴纳了21591.367548万元;苏州合伙企业未按协议缴纳20500万元第三期增资款,并于2013年11月29日、2014年1月13日两次函告其决定中止对华东有色公司进行第三期出资。截至目前,该公司逾期缴纳第三期增资款的天数已超过30个工作日。与会两方一致决定按照《增资协议》的约定,取消苏州合伙企业对华东有色公司的出资资格。

华东有色公司于2014年5月28日形成股东会年度会议决议1份,决议内容为:依据2014年1月24日华东地勘局、云峰公司两方股东达成的会议纪要,苏州合伙企业的股东资格已经发生变化。决议依据两方股东的认缴出资情况,将公司注册资本减少为77015.976807万元,同时按两方股东的认缴出资额重新确定公司股东、出资情况及持股比例。同时修改华东有色公司章程第13条和第14条。该决议作出后,华东有色公司已申请办理工商变更登记手续。上海高金合伙企业对《增资协议》、股东会年度会议决议的真实性不持异议,但认为股东会年度决议关于取消上海高金合伙企业出资资格的内容应为无效。

上海高金合伙企业向江苏省高级人民法院提起诉讼,认为被告许某荣等华东有色公司全体董事、高级管理人员、实际控制人等伙同华东地勘局绕开公司董事会,滥用职权处分澳大利亚全球金属与矿业公司(系华东有色公司控股子公司)投资事宜,致华东有色公司丧失对全球公司的控制,给该公司造成重大经济损失。华东有色公司监事会实际上已经无法履行职能,鉴于该公司在澳大利亚全球金属与矿业公司的利益处于紧急状态,请求判令上述被告连带向华东有色公司赔偿19597.62万元。

江苏省高级人民法院一审认为:上海高金合伙企业提起的股东代表诉讼,是指当公司合法权益受到不法侵害、公司怠于起诉时,股东可以以自己的名义起诉,诉讼利益归于公司。公司享有实际的诉权,诉讼后果由公司承担。在该类诉讼中,股东只是代为行使公司的诉权,因此提起损害公司利益责任纠纷案件的原告必须具备公司的股东身份,以证明其与本案具有直接的利害关系。而依据《增资协议》、股东会年度会议决议,上海高金合伙企业未能依约履行《增资协议》确定的第三期增资款的缴纳义务,已不具备华东有色公司的股东资格。上海高金合伙企业在无股东资格的情形下,无权提起股东代表诉讼。如允许其在丧失股东身份后继续为公司利益提出诉讼请求,亦违背该代表诉讼的原意。综上,因上海高金合伙企业在本案中未能举证证明其具备华东有色公司股东的身份,故其起诉不符合法律规定,应裁定驳回起诉。

最高人民法院二审认为：第一，关于上诉人股东资格的问题。上诉人上海高金合伙企业向一审法院起诉时依据《增资协议》和有关工商登记，证明其具有华东有色公司股东资格，因此，一审法院受理本案并无不当。在案件审理过程中，华东有色公司股东会根据《增资协议》约定，在上诉人上海高金合伙企业未按《增资协议》约定缴纳第三期增资款，经过两次函告仍未缴纳的情况下，于2014年5月28日召开股东会年度会议并作出决议，以减少注册资本的形式解除了上海高金合伙企业的股东资格。根据《公司法》及相关司法解释的规定，有限责任公司的股东会有权以股东会决议形式解除部分股东的股东资格。华东有色公司股东会年度会议关于解除上诉人股东资格的决议已经生效。2018年《公司法》第22条①规定，股东认为"股东会或者股东大会、董事会的会议召集程序、表决方式违反法律、行政法规或者公司章程，或者决议内容违反公司章程的，股东可以自决议作出之日起六十日内，请求人民法院撤销"；认为"公司股东会或者股东大会、董事会的决议内容违反法律、行政法规的"，股东可以提起确认股东会决议无效之诉。然而，截至一审裁定作出时，上诉人并没有依法提起申请撤销股东会决议诉讼或申请确认股东会决议无效诉讼。因此，一审裁定以上诉人在本案中丧失了股东资格，无权提起股东代表诉讼，裁定驳回起诉，并无不当。第二，关于上诉人提出的应在本案中一并审理华东有色公司股东会决议效力的问题。本院认为，确认股东资格问题，不仅是股东代表诉讼中面临的一个事实审查认定问题，同时也涉及诉的合并问题。股东资格诉讼与股东代表诉讼虽然都是与公司有关的诉讼，但两类诉讼的诉讼请求不同、法律关系不同，诉讼中当事人的诉讼地位也不同。在申请撤销或确认股东会决议解除股东资格无效之诉中，股东为原告，公司为被告；而在损害公司利益责任纠纷的股东代表诉讼中，虽然股东也是原告，但其是代表公司进行诉讼，诉讼利益完全归于公司，在该诉讼中，损害公司利益的法人或者个人为被告，公司只能以第三人的身份出现。因此，确认股东资格诉讼和损害公司利益责任诉讼是两个完全独立的诉讼，前一诉讼是前提、是基础，两类诉讼不符合诉的合并的条件。如果在股东代表诉讼中对于股东资格发生争议，人民法院应当向当事人释明，告知当事人可以通过提起撤销股东会决议诉讼或者确认股东会决议无效诉讼来解决。因此，上诉人认为华东有色公司股东会决议解除其股东资格无效，可以另行向有管辖权的人民法院提起申请确认股东会决议无效之诉。综上所述，上诉人上海高金合伙企业的上诉理由不能成立，对其要求撤销一审裁定，指令江苏省高级人民法院继续审理本案的主张，本院不予支持。一审裁定驳回起诉正确，应予维持。

上海高金合伙企业不服二审裁定申请再审，最高人民法院以与二审相同的理由，裁定驳回其再审申请。

① 2023年《公司法》修订后，关于公司决议无效、撤销、不成立的内容规定于第25～27条。

广东省高级人民法院在**赖某克诉周某兰、中国农业银行股份有限公司顺德北滘支行损害公司利益责任纠纷案**[①]中亦指出，赖某克虽在2005年7月8日提起本案诉讼时系公司股东，有权提起股东代表诉讼。但其在2009年5月已将其股权转让给区某钊并办理了工商变更登记，其作为股东为公司主张权利的基础已经不存在，无权再以股东身份为公司的利益进行本案诉讼。

【案例12.2】 南京东驰汽车工业（集团）有限公司诉江苏春兰自动车有限公司股东滥用股东权利赔偿纠纷案[②]

本案中，南京东驰汽车工业（集团）有限公司（以下简称东驰公司）系第三人徐工汽车公司持股40%的股东。其以江苏春兰自动车有限公司（以下简称春兰自动车公司）作为徐工汽车公司控股股东滥用股东权利，操纵徐工汽车公司向春兰（集团）公司转移财产，损害徐工汽车公司利益为由，提起股东代表诉讼。南京市中级人民法院受理该案后，经审理驳回东驰公司一审诉讼请求。在本案二审诉讼过程中，东驰公司将其所持有的徐工汽车公司40%的股权转让给案外人徐工机械公司。根据双方《股权转让协议》的约定，东驰公司享有对春兰自动车公司提起诉讼并获得收益的权利。江苏省高级人民法院二审及最高人民法院复查认为，由于东驰公司将其所持全部股权转让给徐工机械公司，并办理了工商变更登记；因此东驰公司已经丧失徐工汽车公司股东的身份，不符合股东代表诉讼主体资格的要求，丧失了在本案中继续以徐工汽车公司股东身份进行股东代表诉讼的资格。其再以自己名义要求春兰自动车公司、春兰（集团）公司向徐工汽车公司进行赔偿，无相应法律依据。最终二审法院撤销原审判决，裁定驳回东驰公司的起诉。最高人民法院复查后亦裁定驳回东驰公司的再审申请。

最高人民法院在**牟某昌与韩某民、一审第三人穆棱市大兴煤炭开采有限公司损害公司利益责任纠纷案**[③]中亦延续此前的裁判路径，认定股权转让后的原股东不再享有继续提起股东代表诉讼的权利。最高人民法院指出，牟某昌于2013年4月8日通过签订案涉三份协议受让穆棱市大兴煤炭开采有限公司（以下简称大兴公司）股权，并办理股权变更登记成为大兴公司股东后，其于2016年6月29日提起本案诉讼时具有股东资格，可以提起股东代表

① 参见广东省高级人民法院（2005）粤高法民一初字第5号民事判决书（一审），最高人民法院（2011）民一终字第78号民事裁定书（二审），广东省高级人民法院（2012）粤高法民一重字第1号民事裁定书（重审）。

② 参见江苏省高级人民法院（2011）苏商终字第68号民事裁定书（二审），最高人民法院（2013）民申字第645号民事裁定书（再审）。

③ 参见黑龙江省高级人民法院（2018）黑民终571号民事裁定书（二审），最高人民法院（2019）最高法民申4358号民事裁定书（再审）。

诉讼。但在本案诉讼中,牟某昌又于2018年1月将其持有的大兴公司的股权全部转让给了案外人张某璐,并已办理股权变更登记。在此情形下,牟某昌已在诉讼中失去大兴公司的股东身份,已不再是大兴公司的股东,不能再行使股东的相关权利,故其不再具有诉讼主体资格。

三、公司怠于行使诉权的实务认定

股东代表诉讼是对公司直接诉讼的补充。理论上,损害公司利益的侵权行为中直接受害者是公司而非股东,应当由公司直接提起诉讼。只有在公司不能直接提起诉讼的情况下,才可以通过股东代表诉讼制度来予以弥补。故股东提起代表诉讼尚需具备公司起诉障碍这一条件,即公司怠于行使诉权,不愿直接通过诉讼追究相关主体的责任。依照《公司法》第189条的规定,股东必须向公司机关(监事会、审计委员会或者董事会)提出书面请求。如公司机关接受股东提出的起诉请求,则表明可以通过公司直接诉讼来解决损害公司利益的纠纷,此时自无适用股东代表诉讼制度的余地。

北京市第一中级人民法院在**安泰科技股份有限公司与北京市海淀区食品药品监督管理局再审案**[①]中指出,被诉处罚决定的相对人是安泰生物医用材料有限公司(以下简称安泰生物)而非安泰科技股份有限公司(以下简称安泰科技,系安泰生物股东单位。——笔者注),安泰科技与被诉处罚决定缺乏行政法上的利害关系。安泰科技主张其有权提起股东代表诉讼,但根据《公司法》第151条[②]之规定,除情况紧急外,提起股东代表诉讼需穷尽公司内部救济程序,即在公司监事会、监事或董事会、执行董事拒绝提起或未提起诉讼时,股东才可提起股东代表诉讼。本案中,安泰生物已向法院提起诉讼,故安泰科技无权再提起股东代表诉讼。故原审裁定驳回安泰科技的起诉正确,本院再审予以维持。安泰科技关于其有权提起股东代表诉讼的再审理由缺乏法律依据,本院不予采信。

最高人民法院在**广西水利电业集团有限公司与桂林江河水电开发有限责任公司股权转让纠纷案**[③]中指出,控股股东未证明公司起诉存在障碍,直接就公司与案外人的债权债务问题提起股东代表诉讼的,不符合法律规定。

由此可以进一步引申,在一人公司中原则上不存在股东代表诉讼的适用余地。这里的

① 参见北京市海淀区人民法院(2018)京0108行初905号行政裁定书(一审),北京市第一中级人民法院(2018)京01行终1115号行政裁定书(二审),北京市第一中级人民法院(2020)京01行再5号行政裁定书(再审)。需要指出的是,该案第一、二审裁定均认定安泰科技并非被诉处罚决定的相对人,安泰科技仅是基于其安泰生物股东的身份提起本案诉讼,并不属于《行政诉讼法》规定的行政法意义上的利害关系人。因此,安泰科技不具备提起本案诉讼的原告主体资格,并据此驳回其起诉。

② 2023年《公司法》修订后,条文序号调整为第189条。

③ 参见广西壮族自治区高级人民法院(2019)桂民终684号民事判决书(二审),最高人民法院(2020)最高法民申4876号民事裁定书(再审)。

一人公司，包括国有独资公司、一人有限公司、一人股份有限公司。[①] 一人公司的股东完全可以以公司的名义直接提起诉讼，或者作出任命新法定代表人的决定，然后由新任命的法定代表人（无论是否经过变更登记）代表该一人公司提起诉讼，故一人公司不具有提起代表诉讼的前提。

云南省高级人民法院在**云南田坝投资集团有限公司与保山市辛街建筑工程有限责任公司、昌宁县珈源电力开发有限公司确认合同无效纠纷案**[②]中指出，本案争议的是云南田坝投资集团有限公司（以下简称田坝集团）是否有权作为原告直接提起本案诉讼，其原告主体资格是否适格的问题。本案昌宁县珈源电力开发有限公司（以下简称珈源公司）系田坝集团全资设立的公司，对外具有独立法人资格，依法独立享有民事权利、承担民事责任，其财产与田坝集团的财产彼此独立。珈源公司与保山市辛街建筑工程有限责任公司（以下简称辛街建筑公司）签订的《支付协议》是否有效，珈源公司应否向辛街建筑公司支付相关费用，利益受到直接影响的是珈源公司，田坝集团非民事诉讼法意义上的直接利益关系人。若其因珈源公司的对外处分行为影响其股东收益，也属其公司内部事宜。此外，本案田坝集团与珈源公司均系国资企业，实行的是国资企业的管理模式，且田坝集团系珈源公司的全资股东、唯一股东，对珈源公司具有完全的管理权、控制权和人事任免权，其能够要求珈源公司直接提起诉讼，田坝集团上诉主张的"情况紧急"不符合股东代表诉讼制度的立法本意，不适用于本案。

最高人民法院在**长白计算机股份有限公司与LG电子株式会社、一审第三人乐金电子（沈阳）有限公司公司关联交易损害责任纠纷案**[③]中指出，在公司经股东督促后已经行使诉权的情况下，股东不得另行提起股东代表诉讼。该案中，长白计算机股份有限公司［以下简称长白公司，系乐金电子（沈阳）有限公司（以下简称乐金公司）股东单位。——笔者注］于2016年9月27日请求乐金公司董事会立即采取相关措施，乐金公司董事会于2016年10月17日召开会议并决议同意诉诸法律程序解决。2016年10月27日，乐金公司依据其与LG电子株式会社（以下简称LG公司）签订的《销售代理合同》中的协议管辖条款，向韩国首尔中央地方法院提起对LG公司的诉讼，该诉讼虽系基于合同关系而非侵权关系，但其诉讼请求涵盖了长白公司于2016年6月3日向辽宁省高级人民法院提交的诉状中载明的金额。故在乐金公司已以自身名义提起诉讼且不存在怠于行使诉权的情况下，不宜认定长白公司具有提起股东代表诉讼的权利。

需要指出的是，根据《公司法》第189条第1款，由监事会、审计委员会或者董事会提起

---

① 2023年《公司法》修订后正式认可一人股份有限公司。该法第92条规定，设立股份有限公司，应当有一人以上二百人以下为发起人，其中应当有半数以上的发起人在中华人民共和国境内有住所。

② 参见云南省保山市中级人民法院（2018）云05民初13号民事裁定书（一审），云南省高级人民法院（2018）云民终804号民事裁定书（二审）。

③ 参见辽宁省高级人民法院（2016）辽民初77－2号民事裁定书（一审），最高人民法院（2018）最高法民辖终419号民事裁定书（二审），最高人民法院（2020）最高法民申4732号民事裁定书（再审）。

的诉讼,仍系公司机关在履行其职务,仍属于公司直接诉讼的范畴。另外,在不设置监事会的公司中,如果股东兼具监事身份,可以以监事身份提起诉讼,也不应提起股东代表诉讼。

广东省广州市中级人民法院在**杨某平、凌某与胡某峰、第三人广州富游信息科技有限公司损害公司利益责任纠纷案**[①]中撤销一审判决,驳回上诉人杨某平、凌某的起诉。法院指出,凌某既担任不设监事会的广州富游信息科技有限公司(以下简称富游公司)的监事,又是该公司股东,应以监事身份直接起诉。现无证据证实凌某代表富游公司提起诉讼存在障碍,杨某平作为公司股东以自己名义提起股东代表诉讼也未证实其已履行前置程序。综上,杨某平、凌某以自己的名义提起股东代表诉讼,不符合受理条件,一审法院对本案进行实体处理不当,遂裁定驳回杨某平、凌某的起诉。

值得注意的是,公司机关接受股东提出的请求,又恶意放弃起诉权利的,亦属于怠于行使诉权,人民法院应允许股东提起代表诉讼。如在**大连盛道集团有限公司与珠海市华丰集团食品工业(集团)有限公司、珠海市华丰塑料包装材料厂有限公司债务纠纷案**[②]中,大连盛道集团有限公司(以下简称盛道集团)与珠海市华丰集团食品工业(集团)有限公司(以下简称华丰集团)均是珠海市华丰塑料包装材料厂有限公司(以下简称包装材料厂)的股东单位,包装材料厂一直为华丰集团提供包装产品,双方之间的关联交易经对账结算,华丰集团结欠包装材料厂204万余元。对于上述结欠款项的归还问题,盛道集团与华丰集团在包装材料厂董事会上形成决议,表示将通过诉讼方式予以解决。于是,对于华丰集团结欠款项,由包装材料厂向法院提起直接诉讼。但诉讼过程中,华丰集团的法定代表人利用其同时担任包装材料厂法定代表人的特殊身份,出尔反尔,推翻董事会上已达成的共识,不同意起诉,导致包装材料厂诉华丰集团货款纠纷案被法院驳回,达到其逃避偿还债务的目的。盛道集团认为上述行为已严重损害了包装材料厂及其自身的合法权益,遂以包装材料厂股东的身份向法院提起代表诉讼,得到法院许可。经审理,法院判决华丰集团向包装材料厂支付所欠货款。

【案例12.3】 陈某顺、高某新诉无锡灵凯机械制造有限公司、第三人无锡市东方抗磨工程有限公司分期付款买卖合同纠纷案[③]

2012年7月18日,无锡市东方抗磨工程有限公司(以下简称东方抗磨公司)与无锡灵凯机械制造有限公司(以下简称灵凯公司)签订《合资协议(纲要)》,约定共同组建新的东方抗磨公司,将公司注册资本从550万元增至1亿元。其后,华某东、黄某、嘉益

① 参见广东省广州市黄埔区人民法院(2021)粤0112民初1804号民事判决书(一审),广东省广州市中级人民法院(2021)粤01民终21304号民事裁定书(二审)。

② 参见广东省珠海市香洲区人民法院(2000)珠香经初字第1506号民事判决书(一审)。

③ 参见江苏省无锡市锡山区人民法院(2013)锡法商初字第0571号民事判决书(一审)。

公司、雅丽投资四方作为甲方，陈某顺、陈某、高某新、高某作为乙方，灵凯公司作为丙方签订《合作协议的补充协议》，约定甲方对东方抗磨公司增资6000万元，持有增资后公司股权的60%；乙方增资3450万元，持有增资后公司股权的40%。东方抗磨公司增资后用所增资本购买丙方灵凯公司的土地、厂房，灵凯公司同意以1450万元的价格将上述财产卖给东方抗磨公司。其后，按照补充协议的约定，甲方华某东等首期增资1200万元，乙方陈某顺等首期增资250万元；相应地，东方抗磨公司注册资本增至2000万元。增资后，乙方陈某顺等四人合计持有公司股权的40%。东方抗磨公司董事会成员中，甲方华某东等占3席，乙方陈某顺等占2席，华某东担任董事长。东方抗磨公司依照补充协议的约定于2013年2月1日向灵凯公司汇款1450万元。灵凯公司收到款项后，因厂房、土地已经设定抵押，无法将其过户至东方抗磨公司名下。股东陈某顺等请求东方抗磨公司对灵凯公司的违约行为提起诉讼。因灵凯公司实际上系甲方华某东等实际控制，在诉讼过程中，华某东作为东方抗磨公司董事长向法院提出撤诉申请，因陈某顺等提出异议，法院不予支持。后华某东等利用其在董事会中占有3席的优势地位，作出董事会决议，对与灵凯公司的诉讼作撤诉处理，法院遂准许东方抗磨公司撤诉。陈某顺、高某新等作为东方抗磨公司的股东，在书面请求监事朱某君起诉遭到拒绝后，提起股东代表诉讼，请求法院判令灵凯公司返还东方抗磨公司1450万元，得到法院支持。

四、股东代表诉讼的前置程序

依照《公司法》第189条关于股东代表诉讼的规定，股东在提起代表诉讼前应当履行向公司机关提出书面请求的前置程序。这一前置程序分为以下几种情况。

（一）对于公司内部追责，应遵循监督的原则向相应机关提出请求

《公司法》在公司内部治理结构上，长期遵循“董监二元制”的治理结构模式。2023年《公司法》修订后，亦允许公司通过在董事会中设立审计委员会的方式来代替设置监事会。因此，如股东认为董事、高级管理人员存在损害公司利益的情形，应当书面向监事会提出起诉请求。依照法律规定可以不设置监事会而设置审计委员会的，审计委员会行使监事会的职权，相关申请应书面向审计委员会提出。同样，如果股东认为监事、审计委员会成员损害公司利益，应当向公司董事会提出起诉请求。

在不设置监事会而仅设两名监事[1]的情况下，出于鼓励股东提起代表诉讼的司法价值导向，股东向任一监事提出申请即认为履行了前置程序。安徽省合肥市中级人民法院在中

[1] 2023年《公司法》修订后，该法第83条规定，规模较小或者股东人数较少的有限责任公司，可以不设监事会，设1名监事，行使本法规定的监事会的职权；经全体股东一致同意，也可以不设监事。

国科学院合肥物质科学研究院与张某华、李某炎、第三人合肥中科医学投资管理有限公司等损害公司利益责任纠纷案①中指出，第三人合肥中科医学投资管理有限公司(以下简称合肥中科公司)未设监事会，现有监事两人。原告中国科学院合肥物质科学研究院已于2019年5月28日发函至合肥中科公司监事林某，书面要求其履行监事职责，林某于2019年5月29日回函明确表示拒绝履行监事职责。鉴于2018年《公司法》第151条②并未规定在不设监事会的有限责任公司，股东只有在所有监事都拒绝履行职责的情况下，才能以自己的名义提起诉讼，因此，原告在已向合肥中科公司监事书面请求履职并被拒绝的情况下提起本案诉讼，依法履行了法定的前置程序，原告有权以自己的名义就被告损害公司利益的行为提起诉讼。被告关于原告仅向合肥中科公司其中一名监事林某发出了书面请求，而未向另一名监事黄某星发出书面请求并得到明确拒绝的情况下，就以自己的名义直接向法院起诉的行为不符合法律规定的辩解意见，于法无据，本院不予支持。

(二)对于他人侵害公司利益，应向董事会提出书面请求

根据《公司法》的规定，董事会是公司的执行机构，行使法律及公司章程规定的属于股东会职权之外的职权。因此，他人损害公司利益而公司怠于追究他人责任的，股东应当向董事会提出书面请求。《公司法司法解释(四)》第23条第2款规定，董事会或者不设董事会的有限责任公司的执行董事……依据《公司法》第151条③第3款规定对他人提起诉讼的，应当列公司为原告，依法由董事长或者执行董事代表公司进行诉讼，“对他人造成公司损失的求偿应当属于经理和董事会的职权范围”④。

【案例12.4】 芜湖市润银融资担保有限责任公司与张某安等建设工程施工合同纠纷案⑤

章某森系原告芜湖市润银融资担保有限责任公司(以下简称润银公司)的监事，以润银公司诉讼代表人的身份对被告张某安、王某木、安徽丰利达建设有限公司(以下简称丰利达建设公司)提起建设工程施工合同诉讼，请求法院判令：(1)润银公司与张某

---

① 参见安徽省合肥市中级人民法院(2019)皖01民初1475号民事判决书，安徽省高级人民法院(2020)皖民终1332号民事裁定书(二审)。该案二审中，安徽省高级人民法院以张某华、李某炎、湖北同济堂投资控股有限公司未缴纳上诉费用为由，裁定按自动撤回上诉处理，一审判决自二审裁定书送达之日起发生法律效力。

② 2023年《公司法》修订后，条文序号调整为第189条。

③ 2023年《公司法》修订后，条文序号调整为第189条。

④ 杜万华主编，最高人民法院民事审判第二庭编著：《最高人民法院公司法司法解释(四)理解与适用》，人民法院出版社2017年版，第523页。

⑤ 安徽省芜湖市中级人民法院(2017)皖02民初97号民事裁定书(一审)，安徽省高级人民法院(2018)皖民终163号民事裁定书(二审)。

安、王某木对南陵县太白大道建设工程BT(建设—移交)投资项目进行合伙清算,并以各自实际出资比例对南陵县太白大道建设工程BT投资项目未付工程款进行分配;(2)丰利达建设公司按实际投资比例向润银公司、张某安、王某木支付南陵县太白大道建设工程BT投资项目工程款余款6500万元(以最终审核造价为准)。

安徽省芜湖市中级人民法院一审认为:章某森代表润银公司提起本案诉讼,未提交证据证明润银公司监事会已被取消或其以监事会名义起诉,亦未提交证据证明润银公司股东曾书面请求章某森提起诉讼。故此,章某森代表润银公司提起本案诉讼,不符合法律规定的起诉条件。裁定驳回章某森的起诉。

安徽省高级人民法院二审认为:作为监事的章某森无权代表公司对董事、高级管理人员之外的第三人张某安、王某木等提起诉讼。理由如下:(1)公司治理机构中,股东会或股东大会系公司的意思机关和权力机构,董事会、执行董事系执行机构,公司的对外意思表示原则上应当由公司执行机构表达。监事会、不设监事会的监事作为监督机构,主要职责是对公司内部人员、财务等进行监督,对外不代表公司进行民事行为和诉讼行为。《公司法》第53条[①]规定:"监事会、不设监事会的公司的监事行使下列职权:……(六)依照本法第一百五十条的规定,对董事、高级管理人员提起诉讼……"该条明确了只有在特定情况下,为了公司利益,监事会或者不设监事会的监事有权代表公司对董事、高级管理人员提起民事诉讼,并未规定监事会或者不设监事会的监事有权对第三人提起诉讼。(2)他人侵害公司权益的,原则上应当由董事会或者执行董事代表公司进行诉讼。《公司法司法解释(四)》第23条规定:"监事会或者不设监事会的有限责任公司的监事依据公司法第一百五十一条第一款规定对董事、高级管理人员提起诉讼的,应当列公司为原告,依法由监事会主席或者不设监事会的有限责任公司的监事代表公司进行诉讼。董事会或者不设董事会的有限责任公司的执行董事依据公司法第一百五十一条第一款规定对监事提起诉讼的,或者依据公司法第一百五十一条第三款规定对他人提起诉讼的,应当列公司为原告,依法由董事长或者执行董事代表公司进行诉讼。"司法解释列明了监事会或者不设监事会的监事对董事、高级管理人员提起诉讼以及董事会或者不设董事会的执行董事对监事或者他人提起诉讼的法律地位,并未承认监事会或者不设监事会的监事对他人提起诉讼的法律地位。综上可见,在公司章程没有授权的情况下,监事会、不设监事会的监事只能依据《公司法》第151条第1款代表公司对董事、高级管理人员提起诉讼,无权对董事、高级管理人员之外的第三人提起诉讼,超越法律条文规定扩大监事的诉讼代表权,将导致公司意思表示的不一致、不明确。股东认为第三人损害公司利益,董事会、执行董事怠于行使公司权利的,股东可以依法或依章程

① 2023年《公司法》修订后,关于监事会职权的条文序号调整为第78条,关于股东代表诉讼的条文序号调整为第189条。本案系2023年《公司法》修订前作出的判决,引述的条文序号为2018年《公司法》的条文序号。

规定相应调整董事会,或行使其他股东权利,包括依《公司法》第 152 条之规定自行提起诉讼。公司董事会、执行董事不愿意对第三人提起诉讼的,即使准许监事会或不设监事会的监事代表公司对第三人提起诉讼,也应当由监事会主席或者不设监事会的监事代表公司诉讼。本案润银公司存在监事会,章某森并非监事长或监事会主席,章某森称润银公司监事会已经无法履职,无法发挥监事会职能,但并无证据表明章程已撤销监事会或者其他监事资格已被股东会议免除,故一审裁定驳回监事章某森代表公司提起的诉讼,并无不当。综上,一审认定事实清楚,适用法律正确,程序适当。章某森上诉请求及理由不能成立。遂裁定驳回上诉,维持原裁定。

(三)在公司进入清算程序时,应向清算组提出书面申请

依照《公司法》第 234 条第 7 项的规定,清算组在清算期间行使"代表公司参与民事诉讼活动"的职权。因此,在清算程序中,公司董事会、监事会的职权被冻结,公司的诉权由清算组行使。股东提起代表诉讼的,应当向清算组提出书面申请。

广西壮族自治区柳州市城中区人民法院在**潘某珠与陈某、柳州贝泉林业有限责任公司损害公司利益责任纠纷案**①中指出,《公司法司法解释(二)》第 23 条规定,清算组成员从事清算事务时,违反法律、行政法规或者公司章程给公司或者债权人造成损失,公司或者债权人主张其承担赔偿责任的,人民法院应依法予以支持。有限责任公司的股东、股份有限公司连续 180 日以上单独或者合计持有公司 1% 以上股份的股东,依据《公司法》第 151 条②第 3 款的规定,以清算组成员有前款所述行为为由向人民法院提起诉讼的,人民法院应予受理。公司已经清算完毕注销,上述股东参照《公司法》第 151 条③第 3 款的规定,直接以清算组成员为被告、其他股东为第三人向人民法院提起诉讼的,人民法院应予受理。可知,公司清算期间,甚至公司已经清算完毕注销,符合条件的股东仍可依法提起股东代表诉讼。现原告潘某珠作为华夏公司(有限责任公司)的股东,已向清算组发函提起诉讼,然清算组以不是其职责范围为由予以拒绝,说明原告已竭尽了其内部救济,根据上述法律规定,原告依法有权提起本案股东代表诉讼。

同时,《公司法》第 238 条规定,清算组成员履行清算职责,负有忠实义务和勤勉义务。清算组成员怠于履行清算职责,给公司造成损失的,应当承担赔偿责任;因故意或者重大过失给债权人造成损失的,应当承担赔偿责任。是否依法积极行使公司诉权,也是衡量清算组是否违背勤勉义务的重要依据。

---

① 参见广西壮族自治区柳州市城中区人民法院(2021)桂 0202 民初 2439 号民事判决书(一审)。

② 2023 年《公司法》修订后,条文序号调整为第 189 条。

③ 2023 年《公司法》修订后,条文序号调整为第 189 条。

（四）在双重代表诉讼情况下，向全资子公司机关提出请求

《公司法》第 189 条第 4 款规定，公司全资子公司的董事、监事、高级管理人员有前条规定情形，或者他人侵犯公司全资子公司合法权益造成损失的，有限责任公司的股东、股份有限公司连续 180 日以上单独或者合计持有公司 1% 以上股份的股东，可以依照前三款规定书面请求全资子公司的监事会、董事会向人民法院提起诉讼或者以自己的名义直接向人民法院提起诉讼。这是《公司法》首次正式规定双重代表诉讼。根据这一规定，提起双重代表诉讼仅需向全资子公司的监事会、董事会提出书面请求即可。在符合《公司法》第 189 条第 2 款规定的豁免前置程序的情况下，可以不经前置程序，以自己的名义直接向人民法院提起诉讼。

五、股东代表诉讼需“为了公司的利益”

股东代表诉讼的诉权本属于公司，只有在公司怠于行使诉权的情况下才可以由适格股东提起代表诉讼。因此，股东代表诉讼必须是为了公司的利益，而不是为了股东自身的利益。

在**郭某与付某股东损害公司利益纠纷案**[①]中，郭某与付某共同设立北京金道宏平广告有限公司，持股比例均为 50%，付某担任公司执行董事、法定代表人。2004 年 9 月北京市大兴区人民法院作出（2004）大民初字第 6100 号调解书，确认的调解协议为：郭某与付某同意解散公司，成立清算组，清算组由郭某、付某组成。其后郭某以付某转移公司公章、证照、会计资料等损害公司利益为由，提起股东代表诉讼。法院经审理后认为：郭某起诉的实质在于敦促付某履行清算义务，而付某应否履行清算义务，以及在履行清算义务的过程中公司公章、证照和会计资料的保管方式如何，属于清算程序应当解决的问题。因此，郭某在此种情况下提起的本案诉讼，不属于民事诉讼受案范围，依法应予驳回。

对于名为股东代表诉讼，实为股东之间的纷争，法院应不予受理，并将其导向更合适的领域，即股东直接诉讼。[②]

六、股东代表仲裁

股东代表诉讼的前提是公司怠于行使诉权而由股东作为形式原告代表公司行使原本属于公司的诉权。如果公司在订立合同时与相对方约定了仲裁条款，则由于仲裁条款的存在，公司与相对方的争议只能提交仲裁机构仲裁。在此前的司法实践中，仲裁条款一直起到阻却股东提起代表诉讼的效果。

---

① 参见北京市海淀区人民法院（2008）海民初字第 7380 号民事裁定书（一审），北京市第一中级人民法院（2008）一中民终字第 14669 号民事裁定书（二审）。

② 参见郭丹青、郝山：《通往小股东保障之路径：中国派生诉讼》，载陈夏红主编：《中国公司法：中国公司法的问题与出路》，中国大百科全书出版社 2018 年版，第 43 页。

1994年,最高人民法院对江苏省高级人民法院请示的一起案例作出过复函[①],认为公司与第三方存在仲裁约定的,不得提起股东代表诉讼。该案的基本案情是:张家港市涤沦长丝厂(以下简称长丝厂)与香港吉雄有限公司(以下简称吉雄公司)合资成立的张家港吉雄化纤有限公司(以下简称化纤有限公司)与香港大兴工程公司(以下简称大兴公司)发生购销合同纠纷,因控制合营企业的港方吉雄公司与卖方大兴公司有直接利害关系,其拒绝召开董事会以化纤有限公司名义提起仲裁,致使长丝厂利益受到损害而无法得到法律保护。最高人民法院经研究认为,长丝厂可在化纤有限公司董事会不起诉的情况下行使诉权,人民法院依法应当受理。但就本案而言,由于合资经营合同与对外购买设备的合同中都订有仲裁条款,因此,其纠纷应提交仲裁裁决,法院不应受理。

《合同编通则解释》第36条规定,债权人提起代位权诉讼后,债务人或者相对人以双方之间的债权债务关系订有仲裁协议为由对法院主管提出异议的,人民法院不予支持。但是,债务人或者相对人在首次开庭前就债务人与相对人之间的债权债务关系申请仲裁的,人民法院可以依法中止代位权诉讼。可见,以仲裁协议、仲裁条款排除法院主管的态度已经出现了明显的松动。

实践中,要求突破仲裁条款的限制,允许股东代表公司提起仲裁的呼声一直不曾间断。如果约定仲裁就可以规避股东代表诉讼这一机制,那么势必会导致意图损害公司利益的主体以仲裁条款为借口,最终公司利益被损害后股东维权无门。显然,这是《公司法》设置股东代表诉讼制度时立法者所不曾预料的。股东代表诉讼是已经为实践所证明的有效提升公司治理水平的法律制度。况且,股东代表诉讼也好,股东代表仲裁也罢,其诉讼或仲裁的源权利属于公司,诉讼或仲裁的法律后果、裁判利益也均属于公司。目前,《仲裁法》正在进行修订,拟在法律中为股东代表仲裁扫除障碍。《仲裁法(修订)(征求意见稿)》第25条规定,公司股东、合伙企业的有限合伙人依照法律规定,以自己的名义,代表公司、合伙企业向对方当事人主张权利的,该公司、合伙企业与对方当事人签订的仲裁协议对其有效。可以预见的是,在《仲裁法》修订之后,股东代表仲裁制度将正式登场,这对于提升公司治理水平将大有裨益。

■ 第三节　股东代表诉讼的程序问题

一、股东代表诉讼的案由

《最高人民法院民事案件案由规定》并未直接规定“股东代表诉讼”这一案由,司法实践

① 《最高人民法院关于中外合资经营企业对外发生经济合同纠纷,控制合营企业的外方与卖方有利害关系,合营企业的中方应以谁的名义向人民法院起诉问题的复函》(法经〔1994〕269号)。

中一般按照案件所涉及的基础法律关系来确定案由，而不考虑股东代表诉讼本身。如对于董事、监事、高级管理人员、控股股东、实际控制人损害公司利益的案件，一般直接以"损害公司利益责任纠纷""公司关联交易损害责任纠纷"作为案由。对于第三人损害公司利益的案件，则按照第三人与公司之间的法律关系确定具体的案由。

二、股东代表诉讼的被告

《公司法》第 180 条前两款规定了董事、监事、高级管理人员的忠实义务和勤勉义务。第 3 款规定，公司的控股股东、实际控制人不担任公司董事但实际执行公司事务的，适用前两款规定。《公司法》第 238 条第 1 款规定，清算组成员履行清算职责，负有忠实义务和勤勉义务。依照《公司法》第 189 条的规定，股东代表诉讼中的被告既可以是公司的内部人员，如公司的董事、监事、高级管理人员、控股股东、实际控制人、审计委员会成员、清算组成员等，也可以是公司以外与公司存在法律纠纷的第三方。

根据《公司法》第 189 条第 3 款的规定，他人损害公司利益的，股东亦得提起代表诉讼。因此，任何公司享有诉权且怠于行使诉权的争议，均有股东代表诉讼适用的余地。实践中，与公司存在合同关系、侵权关系的主体，均可以成为股东代表诉讼的被告。前面已经讨论过，在行政诉讼中，也同样有股东代表诉讼的适用空间，因此行政机关、法律法规授权的组织亦皆可以成为股东代表诉讼的被告。

《公司法》第 189 条第 4 款规定了双重代表诉讼制度，因此全资子公司的内部人员（董事、监事、高级管理人员、控股股东、实际控制人等）以及使全资子公司受损的外部人员，亦皆可以成为双重代表诉讼中的被告。

三、公司在股东代表诉讼中的地位

《公司法司法解释（四）》第 24 条明确，股东代表诉讼中，应当列公司为第三人参加诉讼。在公司怠于行使诉权的情况下，股东提起代表诉讼并将公司列为第三人的，其与《民事诉讼法》第 59 条第 2 款规定的无独立请求权的第三人存在差异。公司除了参加诉讼并享有被动的、消极的程序性权利之外，还可以提供相应的证据、发表对诉争问题的意见等，但并不享有积极的诉讼程序权利，如变更、放弃诉讼请求等。①

---

① 参见杜万华主编，最高人民法院民事审判第二庭编著：《最高人民法院公司法司法解释（四）理解与适用》，人民法院出版社 2017 年版，第 559 页。

【案例12.5】 大连天河大厦有限公司与合肥百盛逍遥广场有限公司、第三人大连天河百盛购物中心有限公司等股权转让纠纷案①

根据大连天河大厦有限公司(以下简称大连天河公司)的起诉及主张的事实,该公司与狮贸控股有限公司系大连天河百盛购物中心有限公司(以下简称大连百盛公司)的股东。大连百盛公司将510万元汇给大连天河公司,大连天河公司又将该款项转付至深圳市鑫辉实业有限公司(以下简称深圳鑫辉公司)。深圳鑫辉公司在鞍山百盛公司中持有51%的股权,并将该51%股权委托大连百盛公司托管。后深圳鑫辉公司终结与大连百盛公司之间就鞍山百盛公司51%股权的托管协议,并将该股权转让给合肥百盛逍遥广场有限公司(以下简称合肥百盛公司)。大连天河公司认为,深圳鑫辉公司系代大连百盛公司持股,该51%股权的真实权利人为大连百盛公司。狮贸控股有限公司作为大连百盛公司的控股股东,与合肥百盛公司恶意串通,在未经大连百盛公司董事会决议的情况下将案涉股权转让给合肥百盛公司,侵害了大连百盛公司的利益。请求人民法院依法确认合肥百盛公司与深圳鑫辉公司所签订的股权转让合同无效,将股权返还至深圳鑫辉公司名下,并由狮贸控股有限公司承担连带返还责任。

辽宁省大连市中级人民法院一审认为:第三人大连百盛公司已参加诉讼,并同意大连天河公司的全部诉讼请求。在此情形下,大连天河公司以大连百盛公司怠于行使诉权为由,代位提起诉讼,与《公司法》的立法本意不符。遂裁定驳回大连天河公司的起诉。

辽宁省高级人民法院就大连百盛公司作为第三人参加诉讼并认可大连天河公司诉讼请求的行为是否影响大连天河公司提起股东代表诉讼的问题指出:本案中大连天河公司认为案涉股权的转让侵犯了大连百盛公司的权益,且其在提起诉讼前向大连百盛公司的董事会递交了书面的提起诉讼的请求,而大连百盛公司在收到书面请求后30日内未提起诉讼,此即符合了《公司法》规定的股东代表诉讼的条件。本案的股东代表诉讼正是由于大连百盛公司怠于行使诉权所提起。大连百盛公司在本案诉讼中为无独立请求权的第三人,大连百盛公司的请求权已被其股东大连天河公司代为行使,大连百盛公司在该诉讼中已经丧失了独立的请求权,不能放弃、变更诉讼请求。大连百盛公司因其与案件的处理结果具有法律上的利害关系而参加诉讼并发表意见的行为,并不能改变其怠于行使诉权的法律状态或法律后果。其以无独立请求权的第三人的身份参加诉讼发表意见,不影响本案股东代表诉讼的成立。遂撤销原审裁定,指令大连市中级人民法院对该案进行审理。

---

① 参见辽宁省大连市中级人民法院(2011)大民四初字第36-3号民事裁定书(一审),辽宁省高级人民法院(2014)辽民三终字第125号民事裁定书(二审)。

实践中不乏公司象征性提起诉讼并且在诉讼过程中与相关主体恶意串通，故意放弃诉讼请求或者撤回起诉，最终损害公司及股东利益的情形。同样，公司实际控制人、管理层既然可以操纵公司行使诉权，也当然可以在其他股东中寻找自己的代言人。公司实际控制人、管理层可以操纵“关系友好型”股东提起股东代表诉讼，进而在代表诉讼中谋求败诉判决以达到排除敌对股东诉权的目的。对此，《公司法司法解释（四）》第24条第2款规定，一审法庭辩论终结前，符合法律规定条件的其他股东，以相同的诉讼请求申请参加诉讼的，应当列为共同原告。

在股东代表诉讼中，其他股东可以作为共同原告参与到代表诉讼中以行使自己的诉权，表达自己的主张。但目前法律及司法解释并未规定公司应将已知的股东代表诉讼的情况向全体股东披露，由此也就不能完全排除公司实际控制人、管理层操纵“关系友好型”股东提起股东代表诉讼，从而谋求败诉判决的情形。未参加诉讼的股东如果发现这一情况，应当如何救济，不无疑问。《广东省深圳市中级人民法院关于审理股东代表诉讼案件的裁判指引》①第17条规定，人民法院对股东代表诉讼案件作出的判决、裁定、调解书生效后，持股时间和比例符合《公司法》第151条②第1款规定的公司股东依照《民事诉讼法》第56条③第3款规定提起诉讼的，人民法院应予受理。深圳市中级人民法院认为，持股时间和比例符合《公司法》第151条④第1款规定的公司其他股东对于股东代表诉讼的诉讼标的具有独立的起诉权利，虽然基于股东代表诉讼本身的特性，为了避免重复诉讼，不允许其他股东重新起诉，但为了保障其他股东的权益，对于股东代表诉讼的生效判决、调解书，其他股东可以根据《民事诉讼法》第56条⑤第3款的规定，提起第三人撤销之诉。

在被告提起反诉的情况下，因其反诉请求针对的并非作为形式原告的公司股东，而是公司，故在被告提起反诉的情况下，公司应当作为反诉的被告。由此，即产生在股东代表诉讼中，公司是本诉第三人，但却是反诉被告的局面。事实上，反诉被告并非本诉原告的案件在司法实践中已经出现，如在最高人民法院公报案例**巴菲特投资有限公司诉上海自来水投资建设有限公司等股权转让纠纷案**⑥中，上海水务资产经营发展有限公司即兼具本诉第三人与反诉被告的双重身份。《公司法司法解释（四）（草案）》（2009年10月专家论证会征求意见稿）第51条第1款规定，人民法院受理股东代表诉讼案件后，应当通知公司以第三人身份参加诉讼。被告反诉的，应列公司为反诉被告，但公司的诉讼权利由原告股东行使。

《九民纪要》第26条规定，股东依据《公司法》第151条⑦第3款规定提起股东代表诉讼

---

① 2015年10月15日深圳市中级人民法院审判委员会民事行政执行专业委员会第14次会议讨论通过。

② 2023《公司法》修订后，条文序号调整为第189条。

③ 2023年《民事诉讼法》修正后，条文序号调整为第59条。

④ 2023《公司法》修订后，条文序号调整为第189条。

⑤ 2023年《民事诉讼法》修正后，条文序号调整为第59条。

⑥ 参见上海市第二中级人民法院（2007）沪二中民三（商）初字第81号民事判决书（一审），该案经上海市高级人民法院二审，但第二审判决书文号因检索限制未能查到。该案刊载于《最高人民法院公报》2010年第4期。

⑦ 2023年《公司法》修订后，条文序号调整为第189条。

后，被告以原告股东恶意起诉侵犯其合法权益为由提起反诉的，人民法院应予受理。被告以公司在案涉纠纷中应当承担侵权或者违约等责任为由对公司提出的反诉，因不符合反诉的要件，人民法院应当裁定不予受理；已经受理的，裁定驳回起诉。可见，现阶段最高人民法院的倾向性意见仍坚持反诉与本诉"主体一致"的原则，认为股东代表诉讼中"被告如果对公司提出反诉，则是对本诉第三人提出反诉，不符合诉讼构造理论，故不能成立"①。

四、股东代表诉讼的管辖

《民事诉讼法》第27条对于与公司有关的争议规定了特殊地域管辖，即因公司设立、确认股东资格、分配利润、解散等纠纷提起的诉讼，由公司住所地人民法院管辖。《民事诉讼法解释》第22条规定，因股东名册记载、请求变更公司登记、股东知情权、公司决议、公司合并、公司分立、公司减资、公司增资等纠纷提起的诉讼，依照《民事诉讼法》第27条规定确定管辖。

目前法律及司法解释均未就股东代表诉讼规定由公司住所地法院专属管辖。司法实务中的主流观点认为，对于股东代表诉讼不宜统一规定专属管辖，而应根据股东代表诉讼的具体情况进行分析。如对于发生在公司内部，追究公司董事、监事、高级管理人员、清算组成员、控股股东、实际控制人等损害公司利益的案件，可以由公司住所地法院管辖。而对于发生在公司外部，第三方损害公司利益的案件，应当按照法律关系的性质，依照《民事诉讼法》对于普通案件的管辖规定确定管辖法院。"若一律采用公司住所地法院管辖，可能造成恶意争夺管辖权的问题。当公司与第三人发生纠纷时，公司自己提起诉讼若按一般'原告就被告'的管辖原则，公司就要到被告住所地法院提起诉讼，而公司为了规避这一管辖规定，会采取'迂回战术'，操纵股东以公司的名义提起股东代表诉讼，从而将管辖法院定位在公司住所地法院。所以，为了遏制这种行为的发生，应当根据股东代表诉讼的类型分别确定管辖。"②

本书认为，股东代表诉讼本质上是股东作为形式原告行使公司的诉权，应当根据案件纠纷的法律属性，确定管辖法院。最高人民法院在**海南盛鼎实业有限公司与徐州市国盛投资控股有限公司、赵某损害公司利益责任纠纷案**③中指出，根据上诉人海南盛鼎实业有限公司（以下简称盛鼎公司）在一审中提出的诉讼请求，海南省高级人民法院确定本案为损害公司利益责任纠纷正确。2012年《民事诉讼法》第26条④规定，因公司设立、确认股东资格、分配利润、解散等纠纷提起的诉讼，由公司住所地人民法院管辖。本案为损害公司利益责任

---

① 最高人民法院民事审判第二庭编著：《〈全国法院民商事审判工作会议纪要〉理解与适用》，人民法院出版社2019年版，第219页。

② 孟祥刚：《股东代表诉讼的审理》，载《法律适用》2007年第4期。

③ 参见海南省高级人民法院（2014）琼民二初字第6－1号民事裁定书（一审），最高人民法院（2014）民二终字第234号民事裁定书（二审）。

④ 2023年《民事诉讼法》修正后，条文序号调整为第27条。

纠纷,由海南盛元投资有限公司(以下简称盛元公司)的股东盛鼎公司代表其向徐州市国盛投资控股有限公司请求返还其转走的盛元公司在大连证券徐州营业部资金账户内的款项,并要求盛元公司法定代表人赵某承担连带赔偿责任,虽然根据《最高人民法院民事案件案由规定》列为"与公司有关的纠纷",但不属于2012年《民事诉讼法》第26条①规定的应当由公司住所地人民法院管辖的情形,本案应当按照2012年《民事诉讼法》第28条②的规定由侵权行为地或者被告住所地人民法院管辖。

最高人民法院在**汕头高新区露露南方有限公司与万向三农集团有限公司等关联交易损害责任纠纷案**③中撤销一审裁定,指令河北省高级人民法院将该案移送至广东省汕头市中级人民法院审理。最高人民法院指出,在股东代表诉讼案件中,由于公司怠于或者拒绝提起诉讼,而由股东代其提起诉讼。股东代表诉讼是股东为了公司的利益而以股东的名义直接提起的诉讼,胜诉后的法律后果归于公司。因此,股东代表公司针对第三人提起的诉讼受公司和第三人之间合同管辖权条款的约束。具体到本案而言,万向三农集团有限公司作为河北承德露露股份有限公司(以下简称承德露露公司)的股东提起股东代表之诉,应当受承德露露公司、汕头高新区露露南方有限公司、霖霖集团有限责任公司和香港飞达企业公司签署的《备忘录》和《补充备忘录》中约定的管辖权条款的约束。《补充备忘录》第14条明确约定:"本补充备忘录由各方于2002年3月28日在汕头签署。如因备忘录、补充备忘录履行过程中发生争议,各方应友好协商解决。协商解决不成,任何一方应当向备忘录签署地有管辖权的人民法院提起诉讼。"故广东省汕头市中级人民法院对本案享有管辖权。

五、代表诉讼中的重大诉权处分

股东代表诉讼判决的既判力及于公司及其他股东。换言之,股东提起代表诉讼后,公司及其他股东不得基于同一事实再次向法院起诉。因此,在诉讼中对于诉讼权利的处分应当予以特别关注。事实上,在代表诉讼的案件中,原告股东代表的主体具有双重性,原告股东代表公司自不待言,这是代表诉讼的本质特征,其诉讼利益亦是归属于公司。此外,因代表诉讼判决的既判力及于公司其他股东,故原告股东同时也是未提起并参与诉讼的公司其他股东的代表。对此,本书认为,为了防止公司操控代表诉讼,谋取败诉判决④等情形,应当准用《民事诉讼法》有关诉讼代表人的相关规定,保证公司其他股东对于代表诉讼的参与权及知情权。《民事诉讼法》第56条后段规定,代表人的诉讼行为对其所代表的当事人发生效力,但代表人变更、放弃诉讼请求或者承认对方当事人的诉讼请求,进行和解,必须经被

① 2023年《民事诉讼法》修正后,条文序号调整为第27条。

② 2023年《民事诉讼法》修正后,条文序号调整为第29条。

③ 参见河北省高级人民法院(2019)冀民初28-1号民事裁定书(一审),最高人民法院(2019)最高法民辖终404号民事裁定书(二审)。

④ 由于代表诉讼判决的效力及于公司及其他股东,在公司受到操控的情况下,控制人有可能为了防止其他股东提起代表诉讼而与部分股东进行串通,合谋取得败诉判决。

代表的当事人同意。因此,在股东代表诉讼中,原告股东对于变更、放弃诉讼请求,承认对方诉讼请求以及和解等重大诉权处分行为,应当经过公司及公司其他股东的同意。考虑到公司不同股东之间可能存在的利益上的冲突,《公司法司法解释(四)(征求意见稿)》第 34 条规定,人民法院审理股东依据《公司法》第 151 条[①]第 2 款、第 3 款的规定提起诉讼的案件,当事人达成调解协议的,应提交股东会或者股东大会通过调解协议的决议。有限责任公司未提交股东会决议的,全体股东应当在调解协议书上签名、盖章或者向人民法院出具同意调解协议的书面意见。应当说,征求意见稿的这一规定是符合法理的,也有最高人民法院公报案例的支持。但在最终发布的《公司法司法解释(四)》中,这一规定未能得到保留。

《九民纪要》第 27 条规定,公司是股东代表诉讼的最终受益人,为避免因原告股东与被告通过调解损害公司利益,人民法院应当审查调解协议是否为公司的意思。只有在调解协议经公司股东(大)会、董事会决议通过后,人民法院才能出具调解书予以确认。至于具体决议机关,取决于公司章程的规定。公司章程没有规定的,人民法院应当认定公司股东(大)会为决议机关。

《最高人民法院公报》(2009 年第 6 期)刊载的**浙江和信电力开发有限公司、金华市大兴物资有限公司与通和置业投资有限公司、广厦控股创业投资有限公司等损害公司权益纠纷案**[②]系一起股东代表诉讼案件,该案在最高人民法院的主持下,各方达成调解协议。最高人民法院就该案公布的裁判要旨为:有限责任公司的股东依照 2005 年《公司法》第 152 条[③]的规定,向公司的董事、监事、高级管理人员或者他人提起股东代表诉讼后,经人民法院主持,诉讼各方达成调解协议的,该调解协议不仅要经过诉讼各方一致同意,还必须经过提起股东代表诉讼的股东所在的公司和该公司未参与诉讼的其他股东同意后,人民法院才能最终确认该调解协议的法律效力。

在股东代表诉讼案件中,由于原告股东仅是形式上的原告,诉讼利益最终仍应归属于其所在的公司,故对于重大诉讼利益的处分应参照《民事诉讼法》第 56 条的规定,进行必要的限制。

六、执行与再审程序中的代表诉讼

虽然《公司法》《民事诉讼法》未明确规定执行程序以及再审程序中的股东代表诉讼,但基于诉讼法理及股东代表诉讼制度的立法本意,应认定在执行程序及再审程序中,公司股东有代表公司并为公司的利益申请执行或者申请再审的资格。

---

① 2023 年《公司法》修订后,条文序号调整为第 189 条。

② 参见浙江省高级人民法院(2007)浙民二初字第 5 号民事判决书(一审),最高人民法院(2008)民二终字第 123 号民事调解书(二审)。

③ 2023 年《公司法》修订后,条文序号调整为第 189 条。

江苏省高级人民法院在**上海东浩环保装备有限公司与南京东浩橡塑制品有限公司等股东代为申请执行复议案**[①]中指出：在公司作为债权人不申请执行生效法律文书的情况下，公司股东能否代表公司申请执行生效法律文书存在争议。根据2005年《公司法》第152条[②]的规定，他人侵害公司合法权益，给公司造成损失的，有限责任公司的股东有权为了公司的利益以自己的名义直接向人民法院提起诉讼。该条规定所指的诉讼，应当理解为既包括审判程序也包括执行程序的全部诉讼程序。因此当公司享有法律文书确定的债权，如果不提起执行将超过申请执行期限，且公司董事会拒绝申请执行时，为了保护公司及其股东的合法权益，公司股东有权以自己的名义代表公司直接向人民法院申请执行。公司股东代表公司以自己的名义直接向人民法院申请执行的，执行利益应归于公司。

【案例12.6】 郑某星、深圳市赛康德化工实业有限公司与邱某森执行异议纠纷案[③]

郑某星与邱某森均系深圳市赛康德化工实业有限公司（以下简称赛康德公司）股东，持股比例分别为48.5%、47.5%。邱某森以郑某星违反公司章程的规定，擅自将赛康德公司在万马化工公司中所持有的55%的股权出售，损害了赛康德公司的利益为由，提起股东代表诉讼。该案经苏州市中级人民法院与江苏省高级人民法院审理后，判令郑某星赔偿赛康德公司11130543元。后因郑某星未主动履行生效判决确定的义务，邱某森向苏州市中级人民法院申请强制执行。苏州市中级人民法院立案受理后，委托深圳市中级人民法院执行。执行过程中，郑某星与赛康德公司提出执行异议称：(1)法律虽规定了股东代表诉讼但没有赋予个人代表公司申请强制执行的权利，不能理所当然地认为股东可以代表公司申请强制执行。(2)郑某星曾多次借款给赛康德公司，且在判决生效后已经与赛康德公司达成债务处理协议，原判决确定的债权债务关系已经部分抵销，且对于剩余债务赛康德公司已经同意郑某星延期履行。

深圳市中级人民法院认为，执行程序中的抵销不同于民事活动中的抵销。执行过程中，申请执行人要求被执行人履行的义务已由生效法律文书确认，非经法定程序不会变更、消灭，即使被执行人在执行中通知申请执行人抵销，亦不能发生自动抵销的效果，这是由生效法律文书的既判力决定的。邱某森作为公司股东为维护公司利益提起诉讼，在生效法律文书支持其请求确定郑某星应当向赛康德公司支付赔偿款的情况下，其

① 参见《江苏省高级人民法院公报》2009年第2期。

② 2023年《公司法》修订后，条文序号调整为第189条。

③ 参见广东省深圳市中级人民法院(2011)深中法执异字第32号执行裁定书(一审)，广东省高级人民法院(2012)粤高法执复字第8号执行裁定书(二审)。

依法享有要求被执行人郑某星按照生效法律文书履行义务的权利。郑某星与赛康德公司虽主张双方互负债务予以抵销，但作为申请执行人的邱某森对抵销所依据的债权债务关系不予认可，而该债权债务关系又未经司法审查确认，其是否成立涉及对权利义务等实体内容的审查，在执行程序中不能直接予以确认。因此，郑某星与赛康德公司之间如存在其他债权债务关系，应另行进行清偿或另循法律途径解决。至于郑某星与赛康德公司提出权利人赛康德公司同意延期执行的问题，法院认为赛康德公司虽提出延期执行申请，但其在本案中系被动承受权利之人，而非申请执行人，其意思表示不能代替申请执行人的意思表示，亦不具有妨碍或阻却申请执行人行使权利之效力，故不符合《民事诉讼法》规定的应当中止执行的情形。遂驳回执行异议。

最高人民法院在**东风汽车贸易公司与内蒙古环成汽车技术有限公司、第三人内蒙古东风汽车销售技术服务联合公司等共同侵权纠纷执行复议纠纷案**①中指出，本案属于股东代表诉讼在执行阶段的自然延伸，当股东代表诉讼进入执行程序后，股东代表出于继续维护公司利益的目的，向人民法院申请执行生效法律文书，符合股东代表诉讼这一制度设计的内在逻辑。

另外，最高人民法院在《公司法司法解释(四)(征求意见稿)》中曾规定，人民法院判决公司董事、监事或者高级管理人员及他人向公司履行义务的生效判决，公司及持股时间和比例符合《公司法》第151条②第1款规定的股东，有权依据《民事诉讼法》的规定向人民法院申请强制执行。人民法院对股东代表诉讼案件作出的判决生效后，公司可以申请再审。持股时间和比例符合《公司法》第151条③第1款规定的股东，有权代表公司利益以自己的名义申请再审。尽管这一符合法理的司法意见并未在正式发布的《公司法司法解释(四)》中得到保留，但实践中允许股东在执行程序、再审程序、破产申报程序中延伸适用股东代表诉讼制度已经成为共识。

■ 第四节　股东代表诉讼中前置程序豁免的司法实践

《公司法》第189条对股东提起代表诉讼规定了前置条件，即必须书面向法定的公司机

① 参见内蒙古自治区高级人民法院(2014)内执异字第3号执行裁定书(执行异议)，最高人民法院(2016)最高法执复28号执行裁定书(执行复议)。

② 2023年《公司法》修订后，条文序号调整为第189条。

③ 2023年《公司法》修订后，条文序号调整为第189条。

关提出，只有公司拒绝提起诉讼或者自收到请求后30日未予答复的，方允许股东提起代表诉讼。同时，法律规定，在紧急情况下，不立即提起诉讼将会使公司利益受到难以弥补的损害的，方得豁免前置程序。但对于何为"情况紧急、不立即提起诉讼将会使公司利益受到难以弥补的损害"法律并无细化的规定，也无相关的司法解释作出进一步的规定。[①]《广东省深圳市中级人民法院关于审理股东代表诉讼案件的裁判指引》第10条规定，股东以《公司法》第151条[②]第2款"情况紧急、不立即提起诉讼将会使公司利益受到难以弥补的损害"为由直接向人民法院起诉的，人民法院应结合以下因素，判断其理由是否成立：(1)针对公司的侵权行为正在进行，经过前置的内部救济程序将产生对公司难以弥补的损害结果；(2)等待答复将使公司的权利期间届满；(3)侵害人正在转移公司财产或者公司财产可能发生灭失；(4)其他等待答复可能造成公司损失扩大或无法挽回的情形。

一、清算阶段针对清算组成员提起的股东代表诉讼，不必经过前置程序

已经发生解散事由的公司的股东能否提起代表诉讼，该问题实践中一度存有争议。公司发生解散事由，即丧失正常从事商业活动的资格，此时虽具有法律人格，但已沦为清算法人，只能开展与公司清算有关的活动。且清算阶段公司机关（如法定代表人、董事会、监事会、审计委员会）的职权已经被冻结，而由清算组全面行使并履行清算职责。此前司法实践中一般认为，此时提起股东代表诉讼，无须再行经历前置程序。

《公司法》第238条规定，清算组成员履行清算职责，负有忠实义务和勤勉义务。清算组成员怠于履行清算职责，给公司造成损失的，应当承担赔偿责任；因故意或者重大过失给债权人造成损失的，应当承担赔偿责任。《公司法司法解释(二)》第23条规定，清算组成员从事清算事务时，违反法律、行政法规或者公司章程给公司或者债权人造成损失，公司或者债权人主张其承担赔偿责任的，人民法院应依法予以支持。有限责任公司的股东、股份有限公司连续180日以上单独或者合计持有公司1%以上股份的股东，依据《公司法》第151条[③]第3款的规定，以清算组成员有前款所述行为为由向人民法院提起诉讼的，人民法院应予受理。公司已经清算完毕注销，上述股东参照《公司法》第151条[④]第3款的规定，直接以清算组成员为被告、其他股东为第三人向人民法院提起诉讼的，人民法院应予受理。清算组成员从事清算事务时因故意或重大过失给公司造成损失的，股东有权不经过请求程序（此时公司清算状态符合"紧急""难以弥补"的情形，同时本可代表公司起诉的董事或监事已不再执行职务）直接对清算组成员提起股东代表诉讼。这一条在本质上被视为代表公司

① 此前，最高人民法院《关于审理公司纠纷若干问题的规定(一)》(征求意见稿)第42条规定，股东提起代表诉讼具有下列情况之一的，可以不必经历前置程序：(1)有关财产将被转移，有关权利的行使期间或者诉讼时效即将超过；(2)其他紧急情况，必须立即起诉的。

② 2023年《公司法》修订后，条文序号调整为第189条。

③ 2023年《公司法》修订后，条文序号调整为第189条。

④ 2023年《公司法》修订后，条文序号调整为第189条。

诉讼(准确说是代表全体股东诉讼)——尽管此时公司已经消灭,形式上不再满足代表诉讼的特点。[①]

在**林某诉某科技公司股东损害公司利益纠纷案**[②]中,林某与某科技公司均为城市通公司的股东,且城市通公司一直由科技公司经营管理。但科技公司在经营管理城市通公司期间,存在侵占城市通公司资产的行为。北京市海淀区人民法院认为,城市通公司已被工商行政管理机关吊销营业执照,并经人民法院判决由几位股东对其进行清算,同时2005年《公司法》第185条[③]又作了关于清算组在清算期间代表公司参与民事诉讼活动的规定。据此,城市通公司的董事会或监事会已不能再对外行使相关职权,包括代表公司行使起诉权。该公司的股东在发现公司利益受到他人损害的情况下,书面请求监事会或董事会提起诉讼寻求救济已无实际意义和可能,又因城市通公司清算组也未成立,足以说明通过城市通公司内部救济途径无法实现对该公司的权益救济。据此,法院认定,在此情况下,公司的股东林某以自己的名义直接提起诉讼,为城市通公司请求利益保护,符合法律规定,作为本案原告适格。

在**南通东江房地产开发有限公司等诉扬州同基房地产开发有限公司、曹某、陈某萍损害公司利益责任纠纷案**[④]中,原告南通东江房地产开发有限公司等作为天一公司(已被法院判决解散并进入强制清算程序)的股东提起代表诉讼,追究被告扬州同基房地产开发有限公司、曹某等损害天一公司利益的法律责任。扬州市中级人民法院认为,原告系以股东代表诉讼的方式代替清算组履行法定职责。强制清算程序在人民法院监督下开展,不存在不当行为控制下的事实状态,即使出现怠于以自己的名义主张权利的情形,人民法院对此也可以有效调整并予消除。因此,在强制清算程序中,以股东代表诉讼替代清算组的法定职责,缺乏法律依据。[⑤] 江苏省高级人民法院审理后撤销原审裁定并指出,公司清算不但周期较短,而且其只消耗、不增加公司财产,所以公司的清算状态符合《公司法》第151条[⑥]规定的"情况紧急、不立即提起诉讼将会使公司利益受到难以弥补的损害"的情形,遂指令扬州市中级人民法院继续审理。

二、相关权利行使期间即将届满,再经历前置程序可能使公司丧失诉讼利益

法律规定前置程序的目的是敦促公司通过公司机关行使诉权,公司直接行使诉权提起

---

① 最高人民法院民事审判第二庭编著:《最高人民法院关于公司法司法解释(一)、(二)理解与适用》,人民法院出版社2015年版,第492-493页。

② 参见北京市海淀区人民法院(2006)海民初字第08927号民事判决书(一审)。

③ 2023年《公司法》修订后,条文序号调整为第234条。

④ 参见江苏省扬州市中级人民法院(2014)扬商初字第97号民事裁定书(一审),江苏省高级人民法院(2014)苏商终字第491号民事裁定书(二审)。

⑤ 一审裁判要旨综合本案与另一起关联案件一并表述。江苏星源房地产综合开发有限公司诉扬州同基房地产开发有限公司合资、合作开发房地产合同纠纷案,扬州市中级人民法院(2013)扬商初字第274号民事裁定书(一审),江苏省高级人民法院(2014)苏商终字第352号民事裁定书(二审)。

⑥ 2023年《公司法》修订后,条文序号调整为第189条。

直接诉讼是原则,只有在公司怠于行使、无法行使诉权的情况下,才应通过股东代表诉讼来维护公司利益。在极端情况下,要求股东遵循书面请求公司机关提起诉讼的前置程序将导致公司权利罹于诉讼时效或者除斥期间的,符合法律规定的"情况紧急、不立即提起诉讼将会使公司利益受到难以弥补的损害"的情形,从而可以豁免前置程序。

【案例12.7】 健台机械有限公司诉上海轻工机械股份有限公司、第三人上海天祥·健台制药机械有限公司董事损害公司权益纠纷案①

> 原告健台机械有限公司与被告上海轻工机械股份有限公司(以下简称轻工机械公司)系合资企业上海天祥·健台制药机械有限公司(以下简称天祥·健台公司)的合资双方。原告健台机械有限公司主张的基础事实是轻工机械公司实施了侵害合资公司权益的侵权行为。一般情况下,公司应以自己的名义提起有关诉讼。然而,法院注意到,原告与被告轻工机械公司均系合资公司的股东,双方均委派董事参加合资公司董事会。根据合资公司章程的规定,公司重大事项须董事会一致通过。法院认为,合资公司对其受到的侵害行为是否提起诉讼应属公司重大事项,根据章程规定,须经董事会一致通过才能起诉。现由于被告轻工机械公司是合资公司股东,并委派了部分董事参加董事会,因此不难看出,合资公司董事会难以形成,或者说根本不可能形成这样的有效决议。另外,本案系争的拆迁补充协议签订于2002年12月31日,合资公司对其损失提起诉讼的诉讼时效应至2004年12月31日止。原告起诉至法院时已是2004年12月15日,合资公司起诉的诉讼时效即将届满。这也反映出合资公司怠于以自己的名义提起诉讼。故法院认为,原告作为合资公司的股东,在其认为合资公司利益受到侵害,而侵权方涉及公司股东及高级管理人员,导致合资公司实际已无法行使诉权,同时又面临诉讼时效即将届满的紧急情况下,原告虽未经向公司提出请求的前置程序,仍得提起代表诉讼。

【案例12.8】 杨某捷与张某峰、第三人上海若来网络科技有限公司等侵害计算机软件著作权纠纷案②

> 杨某捷和张某峰、王某晔、朱某伟均为上海若来网络科技有限公司(以下简称若来公司)股东,认缴出资额均为25万元。2014年10月27日,若来公司法定代表人由杨某捷变更为张某峰;王某晔为若来公司的监事。2019年12月23日,上海市第三中级人民法院裁定若来公司进入强制清算程序。

① 参见上海市第一中级人民法院(2004)沪一中民五(商)初字第106号民事判决书(一审)。

② 参见上海知识产权法院(2018)沪73民初947号民事判决书(一审),最高人民法院(2021)最高法知民终1334号民事判决书(二审)。

2018年6月23日,杨某捷以王某晔、朱某伟及其二人设立的关联公司成都宝矶科技有限公司(以下简称宝矶公司)、成都陆拾分钟科技有限公司(以下简称陆拾分钟公司)等运营真封神2游戏侵犯若来公司神界风云软件计算机软件著作权(二者相似度90%以上)为由,分别向若来公司的执行董事张某峰和监事王某晔寄送《提请诉讼申请书》。其中,致王某晔的申请书主要内容为:"本人发现现任执行董事张某峰,系公司软件开发人员。张某峰利用职务之便泄露公司开发秘密,窃取公司享有著作权的软件给宝矶公司牟利……导致宝矶公司自张某峰任监事起,不再支付原有软件使用费,造成公司利益严重受损……本人请你立即以监事身份提起对执行董事张某峰的诉讼……限你3日内提起诉讼。"致张某峰的申请书主要内容为:"本人发现现任公司监事王某晔,隐瞒其实为宝矶公司隐名股东的事实。利用其是若来公司软件研发人员的便利,私下剽窃公司享有著作权的软件给宝矶公司。王某晔还存在与张某峰合伙侵占公司装有代码的服务器至宝矶公司私下牟利的情况。张某峰此后获得大量宝矶公司股份并担任监事。致使宝矶公司中断向若来公司支付使用费,造成若来公司利益严重受损。本人请你立即以执行董事身份提起对监事王某晔的诉讼……限你3日内提起诉讼。"后杨某捷提起本案股东代表诉讼,诉讼中各被告提出诉讼时效抗辩。

最高人民法院二审认为:杨某捷当时作为若来公司的法定代表人,朱某伟、张某峰、王某晔自2013年以来与若来公司、杨某捷进行股东知情权纠纷等多起诉讼,在案证据可以证明若来公司自2013年12月25日进行公证保全之时已经知道或应当知道朱某伟、张某峰、王某晔、宝矶公司、陆拾分钟公司运营真封神2游戏软件的事实,若来公司对该五侵权人的损害赔偿请求权的诉讼时效期间应自2013年12月25日起计算。若来公司的法定代表人于2014年10月27日由杨某捷变更为张某峰,之后若来公司实际由张某峰等控制,若来公司针对张某峰、王某晔、朱某伟、宝矶公司、陆拾分钟公司提起侵权诉讼存在现实障碍。《民法通则》第139条①规定:在诉讼时效期间的最后六个月内,因不可抗力或者其他障碍不能行使请求权的,诉讼时效中止。从中止时效的原因消除之日起,诉讼时效期间继续计算。据此,本案具有诉讼时效中止的情形,该中止的情形持续至若来公司不再受张某峰、朱某伟、王某晔控制之时,即上海市第三中级人民法院于2019年12月23日裁定若来公司强制清算并指定清算组之时。在杨某捷于2018年10月12日提起本案股东代表诉讼时,有关诉讼时效中止的情形尚未消除,本案起诉

---

① 2021年1月1日《民法典》施行后,《民法通则》被废止。关于诉讼时效中止的内容规定于《民法典》第194条,即在诉讼时效期间的最后六个月内,因下列障碍,不能行使请求权的,诉讼时效中止:(1)不可抗力;(2)无民事行为能力人或者限制民事行为能力人没有法定代理人,或者法定代理人死亡、丧失民事行为能力、丧失代理权;(3)继承开始后未确定继承人或者遗产管理人;(4)权利人被义务人或者其他人控制;(5)其他导致权利人不能行使请求权的障碍。自中止时效的原因消除之日起满六个月,诉讼时效期间届满。根据《民法典》的这一规定,笔者认为以"权利人被义务人或者其他人控制"这一情形适用于本案更为恰当。

> 并未超出诉讼时效期间。张某峰、王某晔、朱某伟、宝矶公司、陆拾分钟公司关于本案起诉超出诉讼时效期间的主张缺乏事实和法律依据，本院不予支持。最终，最高人民法院维持了上海知识产权法院判令各被告连带赔偿若来公司经济损失100万元及杨某捷支付的4万元律师费的一审判决。

三、公司不可能实际行使权利，股东提起代表诉讼不必经过前置程序

《最高人民法院公报》（2020年第6期）刊载的**周某春与庄士中国投资有限公司、李某慰、彭某傑及第三人湖南汉业房地产开发有限公司损害公司利益责任纠纷案**[①]裁判要旨指出：在能够证明依法有权代表公司提起诉讼的公司机关基本不存在提起诉讼的可能性，在原告履行前置程序已无意义的情况下，不宜以股东未履行《公司法》第151条[②]规定的前置程序为由驳回起诉。最高人民法院二审裁定指出，在二审询问中，湖南汉业房地产开发有限公司（以下简称湖南汉业公司）明确表示该公司没有工商登记的监事和监事会。本案证据无法证明湖南汉业公司设立了监事会或监事，周某春对该公司董事李某慰、彭某傑提起股东代表诉讼的前置程序客观上无法完成。此外，根据查明的事实，湖南汉业公司董事会由李某慰（董事长）、彭某傑、庄某农、李某心、周某春组成。除周某春以外，湖南汉业公司其他四名董事会成员均为庄士中国投资有限公司（以下简称庄士中国公司）董事或高层管理人员，与庄士中国公司具有利害关系，基本不存在湖南汉业公司董事会对庄士中国公司提起诉讼的可能性，再要求周某春完成对庄士中国公司提起股东代表诉讼的前置程序已无必要。据此，最高人民法院认为周某春主张可以不经股东代表诉讼前置程序直接提起本案诉讼的上诉理由成立。

《九民纪要》第25条规定，根据《公司法》第151条[③]的规定，股东提起代表诉讼的前置程序之一是，股东必须先书面请求公司有关机关向人民法院提起诉讼。一般情况下，股东没有履行该前置程序的，应当驳回起诉。但是，该项前置程序针对的是公司治理的一般情况，即在股东向公司有关机关提出书面申请之时，存在公司有关机关提起诉讼的可能性。如果查明的相关事实表明，根本不存在该种可能性的，人民法院不应当以原告未履行前置程序为由驳回起诉。

此前，最高人民法院在**李某与周某峰、刘某芝损害公司利益责任纠纷案**[④]中，豁免了原

---

① 参见湖南省高级人民法院（2017）湘民初18号民事裁定书（一审），最高人民法院（2019）最高法民终1679号民事裁定书（二审）。

② 2023年《公司法》修订后，条文序号调整为第189条。

③ 2023年《公司法》修订后，条文序号调整为第189条。

④ 参见辽宁省高级人民法院（2013）辽民三初字第8号民事裁定书（一审），最高人民法院（2015）民四终字第54号民事裁定书（二审）。

告李某提起股东代表诉讼所需经历的前置程序。最高人民法院指出,法律设置股东代表诉讼前置程序的目的在于尽可能地尊重公司内部治理,通过前置程序使公司能够了解股东诉求并自行与有关主体解决相关纠纷,避免对公司治理产生不当影响。通常情况下,只有经过了前置程序,公司有关机关决定不起诉或者怠于提起诉讼,股东才有权提起代位诉讼。该案中,鞍山市中兴房屋开发有限公司(以下简称中兴公司)的三名董事分别是原审原告李某与原审两被告周某峰、刘某芝,周某峰还兼任中兴公司监事,客观上,中兴公司监事以及除李某之外的其他董事会成员皆为被告,与案涉纠纷皆有利害关系。从《公司法》关于股东代表诉讼前置程序的规定来看,起诉董事需向公司监督机关提出书面请求,起诉监事则需向公司执行机关提出书面请求,此规定意在通过公司内部机关的相互制衡,实现利害关系人的回避,避免利益冲突。在本案的特殊情况下,已无途径达成该目的。被告中兴公司董事会成员和监事在同一案件中无法既代表公司又代表被告。为及时维护公司利益,在本案的特殊情况下,应予免除李某履行前置程序的义务。尽管一般而言,如果股东本身是公司的法定代表人,不应舍近求远提起股东代表诉讼,但本案中李某并不掌握公司公章,难以证明自己的法定代表人身份,故其以公司名义提起诉讼在实践中确有困难。且其提供了初步证据证明,其曾以中兴公司名义起诉而未能为法院受理。如不允许其提起股东代表诉讼,将使其丧失救济自身权利的合理途径。综合以上情况,并且原审已经就本案进行了长达两年半的审理,再要求李某履行前置程序后另行起诉,显然不利于及时维护公司权利,也给当事人造成不必要的诉累。最高人民法院遂裁定撤销原裁定,指令辽宁省高级人民法院进行审理。

【案例12.9】 北京城韵房地产开发有限公司与北京城建房地产开发有限公司等确认合同无效纠纷案[①]

北京城韵房地产开发有限公司(以下简称城韵公司)与北京城建房地产开发有限公司(以下简称城建公司)系北京城建东湖湾地产开发有限公司(以下简称东湖湾公司)的两家股东单位,城建公司为控股股东,持股55%。城韵公司主张城建公司与东湖湾公司签订的《〈合作经营协议〉之解除协议》(以下简称《解除协议》)损害东湖湾公司利益,提起本案诉讼。两级法院均豁免了城韵公司提起诉讼的前置程序。北京市高级人民法院的豁免理由可以归纳为两点:

第一,东湖湾公司象征性起诉后又撤诉。虽然在城韵公司提出请求后,东湖湾公司向法院提起了诉讼,但在东湖湾公司向法院提交的起诉状中,东湖湾公司陈述:"因东湖

① 参见北京市第二中级人民法院(2020)京02民初123号民事判决书(一审),北京市高级人民法院(2021)京民终422号民事判决书(二审)。

湾公司资金困难，无力承担后续投入，希望与城建公司解除《合作经营协议》，并由城建公司返还补偿款，解决当前经营困难。在公司各方股东多次协商讨论并一致表示同意解除《合作经营协议》的前提下，东湖湾公司提出与城建公司解除《合作经营协议》。”东湖湾公司之所以提起诉讼，并非因为其认为《解除协议》应撤销或应被认定无效，而是“因公司一方股东认为东湖湾公司与城建公司通过协商签订的上述《解除协议》损害其利益，要求东湖湾公司通过诉讼请求法院依法确认《解除协议》无效，并请求赔偿损失”。该理由与其提出的诉讼请求显然相互矛盾，法院根本无法通过其陈述的事实及理由支持其要求撤销《解除协议》或确认《解除协议》无效的诉讼请求。因此，东湖湾公司的诉讼行为并不能维护东湖湾公司的相关利益，不应视为东湖湾公司已经按照城韵公司的请求提起了诉讼。一审法院认定“城韵公司提起本案股东代表诉讼无须履行前置程序，允许其提起本案之诉更能维护东湖湾公司的利益”正确。

第二，案涉争议《解除协议》系控股股东与公司签订，公司的意志受控股股东控制，无提起诉讼的可能性。本案所涉《解除协议》的签订方为城建公司与东湖湾公司，而城建公司又持有东湖湾公司 55% 的股权，系东湖湾公司的控股股东，故该交易实质是城建公司的自我交易，属于关联交易。鉴于《解除协议》系关联交易，城建公司可以控制东湖湾公司并对东湖湾公司决策产生重大影响，因此虽然 2017 年东湖湾公司股东会决议和 2017 年东湖湾公司董事会决议均同意签订《解除协议》，但由于该两份决议系在缺少东湖湾公司另一股东城韵公司同意的情况下作出，即便该两份决议的作出符合《公司法》及公司章程的规定，《解除协议》实际上也只是城建公司一方的决定。《解除协议》只有在不违反公平原则、不损害东湖湾公司利益的情况下，才能视为城建公司与东湖湾公司真实意思的体现。故一审法院认定城建公司没有充分正当的理由主导签署《解除协议》，属于滥用控股股东地位损害东湖湾公司利益正确。2018 年《公司法》第 21 条第 1 款①明确规定公司的控股股东不得利用关联关系损害公司利益，城建公司的上述行为违反了该规定，一审法院据此认定案涉《解除协议》的签订属于以合法形式掩盖非法目的，并确认《解除协议》无效，并无不当。

广西壮族自治区高级人民法院在**邓某祺与广西国旭林业发展集团股份有限公司、第三人广西高林林业股份有限公司损害公司利益责任纠纷案**②中豁免了邓某祺提起代表诉讼的前置程序。法院指出，邓某祺是持有广西高林林业股份有限公司（以下简称高林林业公司）25% 股份的股东，符合法律对股份有限公司的股东提起股东代表诉讼须符合一定持股时间

---

① 2023 年《公司法》修订后，条文序号调整为第 22 条第 1 款。

② 参见广西壮族自治区玉林市中级人民法院（2019）桂 09 民初 48 号民事判决书（一审），广西壮族自治区高级人民法院（2020）桂民终 332 号民事判决书（二审）。

或持股数量的规定。根据高林林业公司章程的规定，其监事会本应是提起诉讼的“有关机关”，但三位监事中有两位都是控股股东广西国旭林业发展集团股份有限公司及其子公司的员工，不存在通过同意提起诉讼的监事会决议之可能性，若此时仍机械要求邓某祺须以向监事会提交书面申请作为其提起代表诉讼的前置程序，既有违设立前置程序的根本目的，也不符合股东代表诉讼保护中小投资者的立法初衷。

湖北省高级人民法院在**国际管理有限公司与武汉武商集团股份有限公司等损害公司利益责任纠纷案**[①]中豁免了国际管理有限公司提起代表诉讼的前置程序。法院指出，鉴于合资公司［指国际管理有限公司与武汉武商集团股份有限公司（以下简称武商集团）合资设立的武汉广场管理有限公司（以下简称武广公司）］面临清算，董事会已陷入僵局且无法达成有效决议，国际管理有限公司要求武广公司董事会或监事会提起代表诉讼已无实际可能性。同时，出租方武商集团提出的解除租赁协议的请求有可能损害到武广公司的合法利益，而武广公司作为承租方，对于出租方的解除协议的请求不提出异议；国际管理有限公司作为武广公司的合资方之一，并非租赁合同的缔约方，无法对解除租赁合同提出异议。因此，本案符合“情况紧急、不立即提起诉讼将会使公司利益受到难以弥补的损害”的情形，国际管理有限公司有权提起股东代表诉讼。

江苏省南通市中级人民法院在**上海驰宇投资有限公司、南通苏润投资有限公司与包某明、金某虎等股权转让纠纷案**[②]中将“引发群体性事件，数百名员工联名发出公开信”的情形认定为“情况紧急”从而豁免了前置程序。

四、有限公司依照《公司法》规定不设置监督机构的，对董事、高级管理人员等损害公司利益可以不经过前置程序提起股东代表诉讼

2023年《公司法》第83条规定，规模较小或者股东人数较少的有限责任公司，可以不设监事会，设一名监事，行使本法规定的监事会的职权；经全体股东一致同意，也可以不设监事。根据这一规定，如果有限责任公司不设置监督机构，则对于公司内部董事、高级管理人员、实际控制人、控股股东等损害公司利益的行为，股东提起代表诉讼自然无须经过前置程序。但如果他人损害公司利益，股东在提起代表诉讼之前，仍须向公司执行机关董事会或者董事书面提出请求。

对于提起股东代表诉讼之所以规定前置程序，是因为该诉权在法律上原本应归属于公司，只有在公司消极不起诉的情况下，才可以以股东代表诉讼的方式为之。但如果公司机关已经名存实亡或者股东能够提供证据证明公司根本不具有起诉的动因，此时再机械地要

① 参见湖北省高级人民法院（2014）鄂民四初字第00001号民事判决书（一审），最高人民法院（2019）最高法民终594号民事判决书（二审），最高人民法院（2020）最高法民申6044号民事裁定书（再审）。

② 参见江苏省南通市中级人民法院（2015）通中商初字第0063号民事判决书（一审），江苏省高级人民法院（2017）苏民终666号民事判决书（二审）。

求股东提起代表诉讼必须经历请求公司的前置程序，属于徒增当事人的诉累，对于尽快解决纷争亦无裨益，实无必要。

■ 第五节 双重代表诉讼

从股东代表诉讼的立法目的可以合理地引申出双重代表诉讼的概念。在母子公司或者说存在控制与被控制关系的企业集团之间，双重代表诉讼有存在的空间。在子公司（被控制公司）利益受到损害的情况下，有权提起直接诉讼的应该是子公司（被控制公司）本身，有权提起股东代表诉讼的则应该是包括母公司（控制公司）在内的所有子公司（被控制公司）的股东。此时如果母公司（控制公司）不愿意提起股东代表诉讼，则基于股东代表诉讼的立法目的，母公司（控制公司）的股东即有权提起第二层次的股东代表诉讼——因为启动股东代表诉讼的前提就是公司怠于行使诉权——此即所谓的双重代表诉讼。双重代表诉讼可以形象地说成是股东的股东提出的代表诉讼。双重代表诉讼是企业集团法的重要制度设计之一，美国和日本等国家都明确支持双重代表诉讼。

在判例法下，单个原告不仅可以代表自己直接拥有股份的公司提起代表诉讼，而且还可以代表该公司拥有重大投资股份的子公司提起代表诉讼……对于上述规则是仅适用于两个公司之间构成实质上的子公司与母公司的关系的情况，还是只要有投资即已足够，判例之间存在分歧。法院通常要求原告股东的公司至少持有受损害的公司事实上的股权，这是比较合理的做法……根据判决，即使母公司对子公司的控制是通过一家中间公司实现的，母公司的股东仍可代表子公司诉讼，这样实质上构成了“三重代表诉讼”。①

企业集团法中一项重要的制度是表决权穿越制度，即对于被控制公司的重大事项，不再仅仅要求由其股东会作出决议即可，而是要求由控制公司的股东会作出相应的决议；换言之，控制公司股东的表决权可以越过控制公司而及于被控制公司。表决权穿越制度的目的在于防止控制公司的董事会对被控制公司的不当操控。既然控制公司股东的表决权在特定情况下能够穿越控制公司而及于被控制公司，相应地，对于股东代表诉讼的诉权也可以作相应的穿透，因此，双重甚至多层次代表诉讼也相伴而生。

2023 年《公司法》第 189 条第 4 款规定，公司全资子公司的董事、监事、高级管理人员有前条规定情形，或者他人侵犯公司全资子公司合法权益造成损失的，有限责任公司的股东、股份有限公司连续 180 日以上单独或者合计持有公司 1% 以上股份的股东，可以依照前三

① 参见美国法律研究院：《公司治理原则：分析与建议》（下卷），楼建波、陈炜恒、朱征夫、李骐译，法律出版社 2006 年版，第 560 - 561 页。因本书中对于股东派生诉讼均称为代表诉讼，故在引述时将引文中的“派生诉讼”改为“代表诉讼”，此注。

款规定书面请求全资子公司的监事会、董事会向人民法院提起诉讼或者以自己的名义直接向人民法院提起诉讼。这就在立法上首次确认了双重代表诉讼。在此前的司法实践中,尽管双重代表诉讼缺乏明确的依据,但已经有很多案例表现出浓厚的双重代表诉讼色彩。

【案例12.10】 Sino公司案①

Sino - Holding S. A.(以下简称Sino公司)是注册在瑞士的一家公司,公司股东为张某及SDT Holding S. A.(以下简称SDT公司,同样是注册在瑞士的公司)。图尔克(天津)自动化系统有限公司(以下简称自动化公司)系Sino公司的全资子公司。图尔克(天津)传感器有限公司(以下简称传感器公司)系自动化公司的关联公司。② 张某兼任自动化公司法定代表人、传感器公司总经理。2008年10月28日,张某被免除自动化公司法定代表人、传感器公司总经理职务。自动化公司的部分技术人员于2008年年底离开自动化公司到传感器公司任职。2008年年底前自动化公司与案外人扬州亚联钢管有限公司洽谈扬州亚联JCOE直缝埋弧焊管工程自动化系统项目的开发,2008年年底传感器公司与扬州亚联钢管有限公司签署了JCOE项目开发合同,该合同总价款为人民币900万元。庭审中传感器公司未向法庭提供其开始洽谈该项目的时间和人员情况。本案中,各主体之间的关系如图12.1所示。

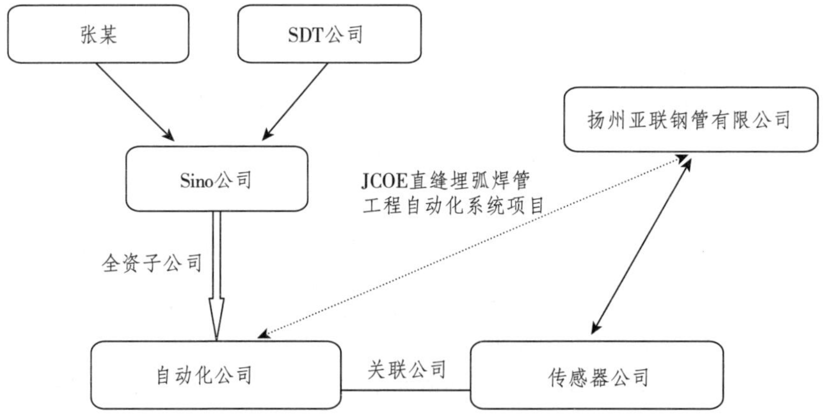

图12.1 Sino公司案法律关系示意图

---

① 参见天津市第一中级人民法院(2009)一中民初字第21号民事判决书(一审),天津市高级人民法院(2012)津高民四终字第1号民事判决书(二审)。

② 一审法院认定传感器公司与自动化公司之间具有关联关系,是关联公司;但二审法院改变了一审法院的认定,认为两公司不属于关联企业。但笔者查询图尔克中国网站,其中一段介绍为:目前,图尔克中国公司包括从事销售及市场营销的图尔克(天津)传感器有限公司、从事产品设计生产的图尔克(天津)科技有限公司以及从事自控系统集成的图尔克(天津)自动化系统有限公司三家下属公司。网址:http://www.turck.com.cn/aboutus.htm,2013年8月22日访问。因一、二审法院对于两公司之间是否属于关联公司均未作详细的阐述,笔者认为,根据我国《公司法》关于关联关系的规定,两公司之间属于关联公司。

> 张某认为自动化公司及传感器公司在SDT公司的指挥下，将自动化公司的核心技术人员、客户信息及商业机会陆续转移至传感器公司，恶意使自动化公司丧失核心技术、客户资源及商业利润，从而使Sino公司无法取得任何收益，而Sino公司未提起诉讼，其作为Sino公司的股东依据《公司法》的规定，代表Sino公司提起本案诉讼，请求SDT公司、自动化公司及传感器公司停止侵权行为，并连带赔偿Sino公司损失人民币250万元。

法院最终驳回了张某的诉讼请求，理由是Sino公司作为自动化公司的股东依法无权干涉自动化公司上述具体的管理和经营活动。企业的经营活动必然存在风险，自动化公司放弃某一具体的经营业务并不必然产生侵害股东权益的结果。2005年《公司法》第152条[①]第3款规定的"损失"应理解为"给公司的利益造成直接的损失"，而张某对此并未充分举证。本书认为，张某所提起的诉讼明显具有双重代表诉讼的性质。在双重代表诉讼的架构下，张某作为自动化公司股东单位Sino公司的股东，其有权在Sino公司怠于行使诉权的情况下，代表Sino公司追究侵害自动化公司权益的行为。在自动化公司已经与扬州亚联钢管有限公司接触谈判的前提下，依照公司法原理，应认定JCOE直缝埋弧焊管工程自动化系统项目属于自动化公司的商业机会。在该商业机会受到控股股东以及传感器公司侵害的情况下，其有权提起第二层次的代表诉讼，且该诉讼利益应归属于自动化公司。但该案中，张某却以Sino公司的利益受到损害为由，在股东代表诉讼的第二层级上代表Sino公司提起诉讼；之所以这样安排，是因为无法从当时的《公司法》文本中找到提起双重代表诉讼的依据。尽管最终张某的诉请未能获得法院的支持，但该案双重代表诉讼的属性是十分明显的。

【案例12.11】　任某明与杜某轩、郑某燕、第三人南阳景天置业有限公司损害公司利益责任纠纷案[②]

> 任某明与杜某林各持股50%设立希尔顿公司，希尔顿公司为了在河南新野县开发房地产又设立了全资子公司南阳景天置业有限公司（以下简称景天公司）。后希尔顿公司将景天公司的股权全部转让江西省景夷达洁具有限公司（以下简称景夷达公司，股东为任某明及杜某林的岳母汪某兰，二人各持股50%）。上述公司除新野希尔顿国际公馆项目外，没有其他经营项目。

---

① 2023年《公司法》修订后，条文序号调整为第189条。

② 参见河南省南阳市中级人民法院（2020）豫13民初24号民事判决书（一审），河南省高级人民法院（2020）豫民终1163号民事裁定书（二审），最高人民法院（2021）最高法民申6233号民事裁定书（再审）。

2020年3月,任某明以郑某燕(景天公司出纳)、杜某轩(景天公司主管会计)、景天公司为被告诉至法院,请求判决被告郑某燕、杜某轩赔偿原告任某明及景天公司、景夷达公司经济损失36341614元等诉讼请求。一审查明景天公司账目混乱,任某明提出审计申请。合议庭评议认为,为查明本案事实,解决双方争议,有必要对景天公司进行财务审计。经合议庭释明,郑某燕、杜某轩及景天公司不同意审计,亦未按合议庭要求在限定期间内提交景天公司相关财务资料,致使司法审计无法进行。本案核心争议焦点之一为:任某明作为景天公司股东单位景夷达公司持股50%的股东,是否有权提起本案诉讼。

河南省南阳市中级人民法院一审认可任某明提起双重代表诉讼,该院指出:本案中任某明系景夷达公司的股东,占有景夷达公司50%的股权,其和案外人杜某林设立希尔顿公司,并先后由希尔顿公司设立全资子公司新野希尔顿置业有限公司、景天公司,其目的均是开发新野希尔顿国际公馆项目。任某明虽然不是景天公司的股东,但其是景天公司唯一法人股东景夷达公司的股东,景天公司利益遭到侵害,景天公司母公司景夷达公司的利益亦会遭到损害,进而在景夷达公司中占股50%的股东任某明的利益亦会遭到损害,任某明系与本案有直接利害关系的公民,具有原告主体资格。景夷达公司为景天公司全资法人股东,除控股景天公司外没有开展其他业务,亦没有管理人员,而作为景夷达公司法定代表人的汪某兰为代杜某林持股的名义股东,在任某明认为杜某林儿子杜某轩及与杜某林具有一定亲戚关系的郑某燕侵害景天公司利益时,景夷达公司不可能实际行使权利,而在杜某林实际控制景天公司的情况下,景天公司亦不可能提起诉讼。因而任某明提起股东代表诉讼不必经过前置程序,其有权为了公司的利益以自己的名义直接向人民法院提起诉讼,任某明具有作为本案原告的主体资格。最终该院查明案件事实后判决杜某轩赔偿第三人景天公司损失36341614元。

河南省高级人民法院二审认为:任某明并非景天公司的股东,其系景天公司法人股东景夷达公司的股东,其针对损害景天公司利益的行为提起股东代表诉讼,主体并不适格。遂裁定撤销一审判决,驳回任某明的起诉。

最高人民法院再审认为:任某明以损害股东利益责任纠纷或者损害公司利益纠纷提起本案诉讼,均应具有景天公司股东身份。原审经审理查明,本案中,景天公司的股东系景夷达公司,并非任某明。任某明系景夷达公司的股东,其主张其系景天公司的实际投资人、实际股东,行使景天公司股东权利,没有法律依据。

本书认为,河南省南阳市中级人民法院对该案中任某明提起双重代表诉讼进行了充分的说理,并在实体审理的基础上作出支持其诉请的判决,难能可贵,值得赞赏。但囿于立法供给不足,二审法院直接以任某明缺乏诉权为由裁定撤销原判、驳回起诉,似显保守。

广东省中山市第一人民法院在**盛世游艇会(香港)有限公司与盛世游艇会(中山)有限公司、黄某光损害公司利益责任纠纷案**[1]中亦裁定驳回双重股东代表诉讼。法院指出,只有公司的直接股东才可以向人民法院起诉,目前我国法律并没有关于股东双重代表诉讼的规定,因此股东的股东不得提起代表诉讼。

【案例12.12】 林某恩与李某山等损害公司利益责任纠纷案[2]

《最高人民法院公报》(2014年第11期)刊载的这起案件从某种意义上来说,可视为双重代表诉讼的案件。该案基本案情是:林某恩与李某山均系香港新纶公司(系依据我国香港特区《公司条例》在香港设立的公司)的股东,均持有该公司50%的股权。2004年3月11日,香港新纶公司与江西省南昌县小蓝工业园管理委员会签订《合同书》,约定在管委会辖区兴办江西新纶公司,投资规模为8亿港元,管委会以挂牌方式出让700亩商住用地给香港新纶公司。2004年5月9日,香港新纶公司在管委会辖区设立独资公司江西新纶公司。

力高公司与华通公司均系依照我国香港特区《公司条例》在香港注册设立的公司。李某山与涂某雅分别持有华通公司62%和38%的股权。2004年9月24日,华通公司在管委会辖区设立万和公司,李某山担任万和公司董事长,涂某雅担任万和公司董事。2005年4月,华通公司将其所持有的万和公司85%的股权转让给力高公司,5月23日,又将其剩余的万和公司15%的股权无偿转让给力高公司。至此,力高公司取代华通公司的地位,成为万和公司的唯一法人股东。

2005年9月22日,万和公司向南昌县土地管理局缴纳6000万元土地出让款。2006年4月7日,万和公司以每亩17.5万元竞得NCX2006006号700亩国有土地使用权。

林某恩以李某山、涂某雅、华通公司共同侵犯香港新纶公司商业机会为由诉至法院,请求判令李某山等因谋取属于香港新纶公司的商业机会所得的收入5800万元归香港新纶公司所有。本案法律关系示意图如图12.2所示。

---

① 参见广东省中山市第一人民法院(2017)粤2071民初21628号民事裁定书(一审)。

② 参见江西省高级人民法院(2010)赣民四初字第4号民事判决书(一审),最高人民法院(2012)民四终字第15号民事判决书(二审)。

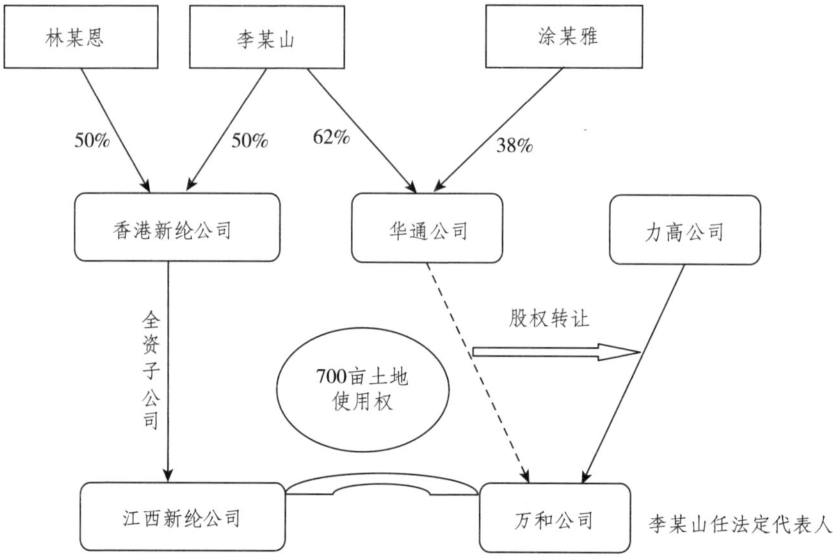

图 12.2　李某山案法律关系示意图

最高人民法院审理后认为，尽管700亩土地使用权当初是要给予香港新纶公司的，但是香港新纶公司要获得这一商业机会必须满足其与南昌县小蓝工业园管理委员会所订合同中的相关条件以及土地使用权挂牌交易的相关条件。因此，案涉700亩土地使用权并非当然专属于香港新纶公司的商业机会。林某恩与李某山设立香港新纶公司的目的是在江西成立江西新纶公司及设立房地产企业运营房地产项目。但双方在江西新纶公司设立后，合作并不融洽，林某恩对香港新纶公司及江西新纶公司长期不管不问，最终要求保本撤资并放弃江西项目。在此情况下，李某山通过与他人共同投资并经过努力最终以万和公司的名义取得700亩土地使用权，不但不应被认定为谋取属于香港新纶公司商业机会的侵权行为，相反应当被定性为为避免香港新纶公司违约而采取的合法补救行为，更是各方为维护其自身权益而采取的正当经营或交易行为。

撇开案件最终裁判结果，仅就林某恩能否提起本案股东代表诉讼进行分析。案件审理中，原告林某恩能否提起本案股东代表诉讼是庭审焦点之一。对此，法院认为，林某恩能否依据《公司法》在我国境内提起股东代表诉讼，涉及原告的诉权问题，而诉权属于程序范畴，根据法律适用的一般原则，对程序问题应适用法院地法，即适用我国内地程序法。林某恩依据《公司法》向法院提起代表诉讼，并未违反法律的禁止性规定，应予准许。

本案中，香港新纶公司与江西省南昌县小蓝工业园管理委员会签订《合同书》，约定投资设立公司并取得700亩国有土地使用权后，该700亩土地使用权便可能成为香港新纶公司的商业机会（能否成为现实的商业机会还需进一步考虑香港新纶公司是否为之作出努力以及土地出让的具体过程)。但从《合同书》以及江西新纶公司设立的目的来看,真正直接取得该700亩土地使用权的主体应当是江西新纶公司。只不过香港新纶公司是江西新纶公司的唯一法人股东,江西新纶公司取得该700亩土地使用权也就可以等同于香港新纶公司取得该700亩土地使用权。本书认为,本案在某种意义上可视为双重代表诉讼。究其原因,考虑到公司法人人格的独立性,700亩土地使用权如果构成商业机会,也应当是直接属于江西新纶公司的商业机会。鉴于香港新纶公司是江西新纶公司的唯一法人股东,该700亩土地使用权也可以视为香港新纶公司间接的商业机会。事实上,双重代表诉讼的提起,都是因为能够提起第一层代表诉讼的法人股东权利受到影响但事实上无法提起相应诉讼(如在被控侵权人的实际控制之下),从而间接影响到第二层级股东的权利。最终,700亩土地使用权由万和公司竞得。即便李某山等谋取了"属于公司的商业机会",也应当认定为谋取了属于江西新纶公司的商业机会。由于李某山系江西新纶公司的法定代表人,江西新纶公司提起直接诉讼追究李某山损害公司利益的责任显然存在法律上的障碍。此际,香港新纶公司作为江西新纶公司的股东,自然可以依照《公司法》关于股东代表诉讼的规定提起第一层级的股东代表诉讼。因李某山同时也负责香港新纶公司的经营。香港新纶公司显然并无动力且事实上也无法对李某山提起诉讼。林某恩作为香港新纶公司的股东,对李某山提起的诉讼显然是第二层级上的代表诉讼。因此,本案可以说是一起双重代表诉讼。但囿于当时《公司法》并无双重代表诉讼的规定,最高人民法院明修栈道暗度陈仓,将700亩土地使用权解释成属于母公司香港新纶公司的商业机会,从而达到实体审理本案的目的,可见用心良苦。

经笔者检索,目前公开支持双重代表诉讼的案例有如下两起:

【案例12.13】 南京兆润投资发展有限公司、王某林与王某斌、南京广厦(集团)万杰置业有限公司等损害公司利益责任纠纷案①

南京兆润投资发展有限公司(以下简称兆润公司)股东为王某斌(持股65%,任执行董事、法定代表人)和乔某(持股35%,任监事)。南京广厦(集团)万杰置业有限公司(以下简称万杰公司)系兆润公司持股90%的控股子公司,万杰公司其余10%的股权由程某姣、董某霞、王某持有。程某姣担任万杰公司执行董事、法定代表人,王某任监事。

王某林(系王某斌之侄)起诉万杰公司支付2000万元投资款及利润纠纷案,经南京市浦口区人民法院(以下简称浦口法院)的调解达成调解书,认定万杰公司返还王某林投资转让款本金2000万元,支付投资利润5800万元,合计7800万元。后因该案起诉金额超过基层法院管辖范围,浦口法院裁定撤销调解书,移送江苏省南京市中级人民法院

---

① 参见江苏省南京市浦口区人民法院(2016)苏0111民初8586号民事判决书(一审),江苏省南京市中级人民法院(2017)苏01民终7525号民事判决书(二审),江苏省高级人民法院(2020)苏民申777号民事裁定书(再审)。

(本案例以下简称南京中院)审理。南京中院审理过程中,王某林撤诉,该院予以准许。后因准许撤诉裁定书确有错误,案件有虚假诉讼嫌疑,南京中院撤销准许撤诉裁定书,对案件进行实体审理并作出(2016)苏01民初1138号判决书。2013年12月31日,王某斌代表万杰公司与王某林签订《关于联合开发合同履约和解协议书》,载明经结算双方同意万杰公司向王某林支付项目投资款2000万元、投资收益2800万元,合计4800万元,联合开发协议履行完毕,前述民事调解书不再执行。

南京中院在(2016)苏01民初1138号案件中认定:王某林以与万杰公司之间存在联合开发协议为由提起诉讼之时,王某林与万杰公司(王某斌)之间并无真实的投资关系,并无实质争议,没有诉讼纠纷,本质上是王某斌、王某林为了谋取利益,虚构金鼎达公司投资以及王某林受让投资权益的事实,损害了万杰公司的合法利益,并试图利用诉讼程序掩盖其违反法律规定的行为,因此该案件系虚假诉讼。至于王某林主张的2000万元是投资款还是借款,王某斌作为万杰公司法定代表人,与公司进行交易是否违反《公司法》的相关规定,王某斌是否应当获得相关利益以及应当获得多少利益等,可以依照相关法律的规定另行处理。王某林、万杰公司不服,向江苏省高级人民法院(以下简称江苏高院)提起上诉,江苏高院作出(2018)苏民终1383号判决,驳回上诉,维持一审判决。

另查明,兆润公司于2016年12月15日召开临时股东会决议,以王某斌支持、乔某弃权的表决结果通过决议,免去乔某兆润公司监事的职务,任命董某丰为兆润公司监事。二审中,董某丰以兆润公司监事的身份代表兆润公司向法院提出申请,请求撤回本案起诉。

本案的核心争议焦点为:乔某是否有权代表兆润公司提起本案诉讼?

浦口法院一审认为:兆润公司作为万杰公司的股东,在万杰公司的权利可能受到侵害且万杰公司拒绝起诉的情况下,兆润公司从维护万杰公司利益的角度出发,可以提起诉讼。兆润公司仅有王某斌、乔某两名股东,王某斌拒绝提起诉讼,乔某作为兆润公司监事,有权提起监事代表诉讼。从本案中万杰公司的答辩意见及审理中的陈述看,兆润公司无法通过万杰公司内部救济程序维护自身的利益,故乔某有权以兆润公司的名义提起损害公司利益责任之诉。

南京中院二审认为:兆润公司作为万杰公司的股东,认为万杰公司董事、高级管理人员有损害万杰公司利益行为的,在万杰公司拒绝对王某斌、王某林提起诉讼的情况下,有权以自己的名义提起损害赔偿之诉。根据2013年《公司法》第53条①第6项的规定,乔某作为兆润公司监事,认为兆润公司利益受到损害的,有权代表兆润公司提起损害赔偿之诉。本案中,乔某作为兆润公司股东,与本案具有诉的利益,但无法通过正常

① 2023年《公司法》修订后,条文序号调整为第78条。

的表决程序推动由王某斌代表兆润公司提起2013年《公司法》第151条①规定的诉讼以维护万杰公司利益，本院结合本案具体情况及此前案件审理情况，认定乔某有权以监事的身份代表兆润公司，以兆润公司的名义对损害万杰公司利益的行为提起股东代表诉讼。对董某丰代表兆润公司提出撤回本案起诉的申请不应准许。首先，《公司法》第53条②第6项及《公司法司法解释(四)》第23条③的功能在于赋予监事会或者不设监事会的有限责任公司的监事发动监事代表诉讼的权利。本案中，在乔某业已根据前述规定发动了本案诉讼的情况下，兆润公司免除乔某的监事职务，并不影响本案程序启动的合法性，亦不当然阻却本案诉讼程序的正常进行。其次，不设监事会的公司的监事是公司的法定监督机关，公司设置监事之目的在于防止董事、高级管理人员滥用职权损害公司及小股东的利益。在持股达一定比例的大股东担任公司董事、高级管理人员的情况下，监事对公司董事、高级管理人员进行监督，实系对大股东的监督。股东会免除正在履行监督职责的监事职务，实系大股东利用优势地位规避监督，属于权利滥用行为，该行为将导致监事职责落空，有悖《公司法》立法旨趣。本案中，兆润公司在本案诉讼期间通过内部决议程序免去乔某监事身份并任命董某丰为监事后，由董某丰代表兆润公司向本院提交撤回起诉申请，意在阻止本案诉讼，对此申请，本院不予准许。最终南京中院维持了浦口法院关于王某林返还万杰公司投资款及利润4800万元，并支付自2014年6月11日起至实际给付之日止的利息的一审判决。

江苏省高级人民法院再审裁定指出：乔某系兆润公司原监事，其认为公司执行董事王某斌与他人共同损害公司利益，有权代表公司对王某斌、王某林提起本案诉讼，故乔某以兆润公司名义提起本案诉讼，符合法律规定。原审法院对董某丰代表兆润公司申请撤回本案起诉未予准许，并无不当。首先，乔某作为兆润公司监事已提起本案诉讼，兆润公司免除乔某的监事职务，并不影响本案诉讼程序正常进行。其次，本案中，兆润公司在本案诉讼期间通过内部决议免去乔某监事职务，任命董某丰为监事，并由董某丰代表兆润公司向原审法院提交撤回起诉申请，系王某斌利用持股优势地位规避监督，阻止本案诉讼。原审法院对兆润公司撤诉申请未予准许，并无不当。至于乔某与兆润公司的债权债务关系，与本案无关，本院不予理涉。

---

① 2023年《公司法》修订后，条文序号调整为第189条。

② 2023年《公司法》修订后，条文序号调整为第78条。

③ 《公司法司法解释(四)》第23条规定：监事会或者不设监事会的有限责任公司的监事依据《公司法》第151条第1款规定对董事、高级管理人员提起诉讼的，应当列公司为原告，依法由监事会主席或者不设监事会的有限责任公司的监事代表公司进行诉讼。董事会或者不设董事会的有限责任公司的执行董事依据《公司法》第151条第1款规定对监事提起诉讼的，或者依据《公司法》第151条第3款规定对他人提起诉讼的，应当列公司为原告，依法由董事长或者执行董事代表公司进行诉讼。

在这起案件中，利益受到损害的是万杰公司，但万杰公司受到控股股东兆润公司控制，无法通过自身公司机关对王某林提起直接诉讼。此时有权提起股东代表诉讼的是其股东单位——兆润公司。兆润公司同样受王某斌(王某林之叔)的控制，亦无法通过正常的表决程序推动由王某斌代表兆润公司提起《公司法》第 151 条[①]规定的诉讼，即兆润公司无法提起第一层次的股东代表诉讼。于是法院将监事代表诉讼扩张解释至第二层次。万杰公司利益受损，其法定代表人程某姣怠于代表万杰公司提起直接诉讼，可以由万杰公司的监事王某提起第一层次的监事代表诉讼。然王某未履行提起监事代表诉讼的职责。此时兆润公司的法定代表人王某斌不可能代表兆润公司提起股东代表诉讼，只能由兆润公司的监事乔某代表兆润公司提起第二层次的监事代表诉讼。因此在二审判决及再审裁定中，法院均将乔某列为兆润公司的诉讼代表人，其身份为“公司原监事”。尽管法院认定兆润公司免除乔某监事职务系大股东王某斌滥用股东权利，但在公司内部似乎仍应尊重公司自治，认可免除监事职务之决议的效力，只是该免除行为“不当然阻却本案诉讼程序的正常进行”。从某种意义上说，法院如此认定也是出于无奈。试想，如果原告股东在代表诉讼中丧失股东身份又无其他适格股东继续参与诉讼，法院必然会裁定终结股东代表诉讼的程序，断然不会认为该股东已经根据《公司法》第 189 条的规定启动了股东代表诉讼，丧失股东身份不影响程序的继续进行。事实上，在该案二审中，乔某还因自身债务问题部分股权被强制执行(但并未丧失股东身份)。因此，与其说本案是一起第二层次的监事代表诉讼，毋宁说是一起第二层次的股东代表诉讼，毕竟在案件审理的全过程中乔某的兆润公司股东身份并未发生改变。当然，按照现行《公司法》第 189 条第 4 款的规定，该条款具体适用于本案时，仍需作扩张解释，毕竟万杰公司系兆润公司的控股子公司而非全资子公司。

陕西省高级人民法院在**赵某海与王某凡、党某及第三人陕西海航海盛投资有限公司、陕西皇城海航酒店有限公司损害公司利益责任纠纷案**[②]中明确认可了股东提起的双重代表诉讼。该案中原告赵某海系陕西海航海盛投资有限公司(以下简称海航公司)持股 40% 的股东，陕西皇城海航酒店有限公司(以下简称皇城酒店)系海航公司的全资子公司。赵某海以王某凡、党某在担任皇城酒店高管期间损害该公司利益为由，致函海航公司监事会主席请求对该二人起诉，被拒绝后提起本案股东代表诉讼。陕西省西安市中级人民法院一审裁判与前述【案例 12.12】**林某恩与李某山等损害公司利益责任纠纷案**[③]的解释路径一致，该院指出“本案中原告(赵某海)起诉的是被告(王某凡、党某)损害海航公司利益，且皇城酒店作为海航公司的全资子公司，对皇城酒店财产的损害亦是对海航公司财产的损害”，案件胜诉利益应当归属于母公司，遂判决由皇城酒店的董事王某凡、总经理党某二人向皇城酒店

---

① 指 2013 年《公司法》第 151 条，2023 年《公司法》修订后，条文序号调整为第 189 条。

② 参见陕西省西安市中级人民法院(2014)西中民四初字第 00244 号民事裁定书(一审)，陕西省高级人民法院(2016)陕民终 255 号民事判决书(二审)。

③ 参见江西省高级人民法院(2010)赣民四初字第 4 号民事判决书(一审)，最高人民法院(2012)民四终字第 15 号民事判决书(二审)。

的母公司海航公司赔偿。陕西省高级人民法院改变了对这一问题的认定并指出,本案的胜诉利益应当归属于子公司,即皇城酒店的高管王某凡、党某二人应当向皇城酒店(子公司)赔偿损失,而不是向海航公司(母公司)赔偿。母公司、子公司之间虽然存在控制与被控制的关系,但在法人财产制度上,是彼此独立的两个主体,各自依据相应的财务制度独立核算,自负盈亏。从质的层面而言,子公司的损失必然会导致母公司的损失,但从具体的数量上讲,对于子公司,该损失是直接损失,对于母公司却是间接损失,二者不具有同一性。将子公司的损失直接判归母公司承担,不仅不符合现行法律的规定,亦会直接侵害子公司的财产所有权。但该院对于赵某海提起第二层次的股东代表诉讼则未展开论述,仅以其系海航公司股东、已经履行前置程序为由,径行认定"赵某海有权提起本案诉讼"。当然,该院的径行认定与当时立法供给不足不无关系。

根据《公司法》第189条的规定,提起股东代表诉讼需要经历必要的前置程序,这是因为这一诉权本是属于公司的诉权,股东代表诉讼的代位诉讼性质决定了只有公司怠于起诉或者起诉不能时才可以由股东提起代表诉讼。

另外,从政府争取境外投资的角度看,各国《公司法》都在频繁地进行修改。一方面是适应商业发展的新趋势,另一方面也是为争取境外投资提供相对完善的法律制度。甚至在联邦制国家(如美国),各州都在"朝底竞争"修改各自的《公司法》,以争取更多的公司注册在本州。从我国大中型公司的视角考虑,子公司、孙公司等由多层级公司体系组成的关联公司网络及企业集团已经十分常见。双重代表诉讼甚至更多层级的代表诉讼落地生根,正当其时!

如何在“短”时间出版专著并开展巡回讲座

（代后记）

根据2023年最新修订的《公司法》全面修订改版的《新公司法司法实务与办案指引》终于和读者见面了。与此同时，近半年的时间里，笔者也应“智合”“万法通”“法律名家讲坛”“智元法律课堂”等多家线上平台的邀请，开展关于《公司法》修订以及公司治理的相关讲座。除了线上讲座外，还应贵阳市律师协会、常州市律师协会、盈科律所江苏公司法专业委员会等单位及部门的邀请，开展多场线下讲座。目前，北京、南京、上海以及广州等各地课程也均在陆续排定日期。

如何能够做到新法甫一修订，便可在如此短的时间内完成如此繁重的学习、消化任务并开展专业输出，全新出版70余万字的专著？相信很多读者都会有这样的疑问。但笔者觉得，短时间的“短”字需要加上引号。之所以能够做到这些，笔者觉得概而言之，可以归结为以下几点：

一是，本轮《公司法》修订过程是相对漫长且“难产”的。自2021年12月公布《公司法》（修订草案一审稿）以来，直至修订最终通过，时间跨度有两年之久。就在大家满心以为2023年8月全国人大常委会将进行修订草案交付表决的时候，突然发现表决议程中并未作此安排。最终于2023年12月29日，在1993年《公司法》制定30周年的日子经过第四次审议方获得修订通过。《立法法》第32条第1款规定，列入常务委员会会议议程的法律案，一般应当经三次常务委员会会议审议后再交付表决。这也是实践中俗称的“三读通过”。《立法法》第33条规定，列入常务委员会会议议程的法律案，各方面的意见比较一致的，可以经两次常务委员会会议审议后交付表决；调整事项较为单一或者部分修改的法律案，各方面的意见比较一致，或者遇有紧急情形的，也可以经一次常务委员会会议审议即交付表决。因此，对《公司法》安排第四次审议多少还是有点出乎意料的。

二是，在《公司法》修订审议的过程中，本书的相关准备工作一直在按部就班地准备。2019年7月，拙著《公司法司法实务与办案指引》（修订三版）出版发行后，笔者一直在公司法讲课与办案的一线。特别是《外商投资法》《九民纪要》《民法典》等重要法律、司法意见陆续发布，对于第三版的修订工作也需根据实践情况同步推进。在讲座与交流过程中，也陆续有读者询问何时会推出第四版。考虑到《公司法》修订工作正在进行之中，笔者一方面扎实消化修订内容的新变化、关注立法新动向，另一方面结合我国台湾地区“公司法”、《日本公司法》等进行比较研读,对修订草案的相关制度进行解读,撰写了大量分析文章,并将此融入讲座分享之中。因此,在本轮《公司法》修订通过后第一时间修订完成本书,也就不足为奇了。

三是,关注细节,四审稿并非仅作个别文字改动。2023 年 12 月 29 日全国人大常委会表决通过新修订《公司法》后,次日凌晨“中国人大网”全文发布修订后的《公司法》。笔者也第一时间通读全文,并与修订草案三审稿进行逐条逐字逐句比对,发现最终文本与三审稿还是有较大变化;并非坊间流传的仅仅是加个“的”或者改几处标点符号的问题。例如,关于双重代表诉讼(第 189 条第 4 款)就没有延续自《公司法司法解释(四)(征求意见稿)》直至本轮《公司法》修订草案三审稿仅仅作扩张解释的立法路径。又如,关于法定代表人辞任的规定,就从三审稿第 70 条第 4 款上移到“总则”部分作为第 10 条第 2 款,同时在第 10 条第 3 款中规定“法定代表人辞任的,公司应当在法定代表人辞任之日起 30 日内确定新的法定代表人”,这就使得法律规则具有高度统领性和较强的实操性。再如,第 88 条第 2 款关于瑕疵股权转让情况下资本充实义务的承担,从三审稿的“知道或者应当知道”时受让人需连带承担资本充实责任,改为“受让人在出资不足的范围内承担连带责任;受让人不知道且不应当知道存在上述情形的,由转让人承担责任”,这一调整完全改变了证明责任的分配规则。这些变化不是个别文字改动,而是立法政策的重大调整。

四是,天下武功,唯快不破。根据新修订的《公司法》全面修订本书也经历了半个多月的“恐怖”过程。2023 年 12 月 25 日,国内众多媒体已经相继报道四审稿的相关内容。笔者便开始“闻风而动”,根据三审稿并结合四审稿提前“通风”内容,对全书进行修订。自 2023 年 12 月 30 日凌晨开始,更是毫无元旦假期和休息可言,平均每日对着电脑 14 ~ 16 个小时,一直保持着这种高强度的工作直至书稿修订校阅完毕。接下来繁重的工作就交给出版社的编辑和美编,她们也一样提前设计封面,根据修订的部分书稿先行排版,直至全部书稿修订完毕,最终付梓印刷。

本轮《公司法》修订固然是全面大修,但如果一直关注司法实践、关注立法和司法的最新动态,也就不难发现,除了部分创设性的制度如授权资本制、审计委员会之外,其余大部分内容是从司法解释及司法政策中吸收而来。例如,公司决议不成立、裁量驳回制度、董事及法定代表人辞任、股东出资加速到期、同比例减资、简易减资、清算义务人、董监高受信义务等。此外,即便是作为创新的制度,如对全资子公司知情权的穿透行使、双重代表诉讼,实践中亦有法院已经作出过类似判决。只不过有时一审法院作出判决,到了二审被以无法律依据为由被改判罢了。

当然,对待任何一份判决,即便是最高人民法院作出的裁判,也不影响从学理上进行评析和讨论,也许虽然法律规范并未变更,但过几年裁判尺度就会发生调整甚至完全改变也未可知。如公司越权担保的裁判路径就从识别为“管理性强制规范”调整到“代表权限制说”,甚至民法典合同编通则的司法解释已经不再区分效力性强制规范和管理性强制规范。

笔者在十年前就一直主张对于公司解散案件应当按照非财产案件按件收取受理费，最终2023年9月22日，最高人民法院发布《关于公司解散纠纷案件受理费收费标准的批复》（法释〔2023〕9号），与笔者一贯主张完全吻合。笔者运用法律理论，在多起案件中为当事人争取到法院退还以公司注册资本为基数按照财产案件收取的案件受理费，有时单个案件居然可以退还多收取的案件受理费近30万元！

持续保持对部门法领域的一线实践，潜心钻研部门法理论知识，并时刻关注这一领域的最新裁判倾向，我想，这就是为什么能在"短"时间写成这本书以及开展巡回讲座的原因吧！

云　阔

于江苏通达瑞律师事务所